北京大學中國語言學研究中心

早期北京話珍稀文獻集成

主編 劉雲

日本北京話教科書匯編

分卷主編 陳穎 陳曉

四聲聯珠

[日]福島安正 編著
陳曉 校注

北京大學出版社
PEKING UNIVERSITY PRESS

圖書在版編目(CIP)數據

四聲聯珠 /(日)福島安正編著；陳曉校注 . —北京：北京大學出版社，2018.9
（早期北京話珍本典籍校釋與研究）
ISBN 978-7-301-29722-3

Ⅰ.①四… Ⅱ.①福… ②陳… Ⅲ.①北京話—漢語史—史料②北京話—對外漢語教學—研究資料 Ⅳ.① H172.1

中國版本圖書館 CIP 數據核字(2018) 第 171194 號

書　　名	四聲聯珠 SISHENG LIANZHU
著作責任者	［日］福島安正　編著　陳　曉　校注
責任編輯	王鐵軍
標準書號	ISBN 978-7-301-29722-3
出版發行	北京大學出版社
地　　址	北京市海淀區成府路 205 號　100871
網　　址	http://www.pup.cn　新浪微博：@ 北京大學出版社
電子信箱	zpup@ pup.cn
電　　話	郵購部 62752015　發行部 62750672　編輯部 62754144
印 刷 者	北京虎彩文化傳播有限公司
經 銷 者	新華書店 720 毫米 ×1020 毫米　16 開本　31 印張　491 千字 2018 年 9 月第 1 版　2018 年 9 月第 1 次印刷
定　　價	128.00 元

未經許可，不得以任何方式複製或抄襲本書之部分或全部內容。
版權所有，侵權必究
舉報電話：010-62752024　電子信箱：fd@pup.pku.edu.cn
圖書如有印裝質量問題，請與出版部聯繫，電話：010-62756370

明治十九年四月出版

自邇集
平仄編
四聲聯珠 全

陸軍文庫

第一章 聯珠本意

(阿) 是阿。○阿。甚麼。阿哥。

聽說你學官話呢麼、是學哪、念甚麼官話書哪、念自邇集哪、官話裏分四聲你會分麼、平仄編、都念完了、可以分了、我考一考你、可以您請考、頭一個字是甚麼、是阿、不錯眞念過、也是念完了不大幾天兒、底下那兩個字一句的都念了麼、都念了、爲甚麼不把那倆字倆字的聯在一塊兒說話呢、那我還不能順嘴兒說呢還得學、是阿不錯總得勤學、我想着怪難說的、阿、

總　序

　　語言是文化的重要組成部分,也是文化的載體。語言中有歷史。

　　多元一體的中華文化,體現在我國豐富的民族文化和地域文化及其語言和方言之中。

　　北京是遼金元明清五代國都（遼時爲陪都）,千餘年來,逐漸成爲中華民族所公認的政治中心。北方多個少數民族文化與漢文化在這裏碰撞、融合,產生出以漢文化爲主體的、帶有民族文化風味的特色文化。

　　現今的北京話是我國漢語方言和地域文化中極具特色的一支,它與遼金元明四代的北京話是否有直接繼承關係還不是十分清楚。但可以肯定的是,它與清代以來旗人語言文化與漢人語言文化的彼此交融有直接關係。再往前追溯,旗人與漢人語言文化的接觸與交融在入關前已經十分深刻。本叢書收集整理的這些語料直接反映了清代以來北京話、京味文化的發展變化。

　　早期北京話有獨特的歷史傳承和文化底蘊,於中華文化、歷史有特別的意義。

　　一者,這一時期的北京歷經滿漢雙語共存、雙語互協而新生出的漢語方言——北京話,它最終成爲我國民族共同語（普通話）的基礎方言。這一過程是中華多元一體文化自然形成的諸過程之一,對於了解形成中華文化多元一體關係的具體進程有重要的價值。

　　二者,清代以來,北京曾歷經數次重要的社會變動:清王朝的逐漸孱弱、八國聯軍的入侵、帝制覆滅和民國建立及其伴隨的滿漢關係變化、各路軍閥的來來往往、日本侵略者的占領,等等。在這些不同的社會環境下,北京人的構成有無重要變化?北京話和京味文化是否有變化?進一步地,地域方言和文化與自身的傳承性或發展性有着什麽樣的關係?與社會變遷有着什麼樣的關係？清代以至民國時期早期北京話的語料爲研究語言文化自身傳承性與社會的關係提供了很好的素材。

　　了解歷史才能更好地把握未來。新中國成立後，北京不僅是全國的政治中心，而且是全國的文化和科研中心，新的北京話和京味文化或正在形成。什麼是老北京京味文化的精華？如何傳承這些精華？爲把握新的地域文化形成的規律，爲傳承地域文化的精華，必須對過去的地域文化的特色及其形成過程進行細致的研究和理性的分析。而近幾十年來，各種新的傳媒形式不斷涌現，外來西方文化和國內其他地域文化的衝擊越來越强烈，北京地區人口流動日趨頻繁，老北京人逐漸分散，老北京話已幾近消失。清代以來各個重要歷史時期早期北京話語料的保護整理和研究迫在眉睫。

　　"早期北京話珍本典籍校釋與研究（暨早期北京話文獻數字化工程）"是北京大學中國語言學研究中心研究成果，由"早期北京話珍稀文獻集成""早期北京話數據庫"和"早期北京話研究書系"三部分組成。"集成"收録從清中葉到民國末年反映早期北京話面貌的珍稀文獻并對内容加以整理，"數據庫"爲研究者分析語料提供便利，"研究書系"是在上述文獻和數據庫基礎上對早期北京話的集中研究，反映了當前相關研究的最新進展。

　　本叢書可以爲語言學、歷史學、社會學、民俗學、文化學等多方面的研究提供素材。

　　願本叢書的出版爲中華優秀文化的傳承做出貢獻！

王洪君、郭鋭、劉雲
二〇一六年十月

"早期北京話珍稀文獻集成"序

清民兩代是北京話走向成熟的關鍵階段。從漢語史的角度看,這是一個承前啓後的重要時期,而成熟後的北京話又開始爲當代漢民族共同語——普通話源源不斷地提供着養分。蔣紹愚先生對此有着深刻的認識:"特別是清初到19世紀末這一段的漢語,雖然按分期來說是屬於現代漢語而不屬於近代漢語,但這一段的語言(語法,尤其是詞彙)和'五四'以後的語言(通常所說的'現代漢語'就是指'五四'以後的語言)還有若干不同,研究這一段語言對於研究近代漢語是如何發展到'五四'以後的語言是很有價值的。"(《近代漢語研究概要》,北京大學出版社,2005年)然而國内的早期北京話研究并不盡如人意,在重視程度和材料發掘力度上都要落後於日本同行。自1876年至1945年間,日本漢語教學的目的語轉向當時的北京話,因此留下了大批的北京話教材,這爲其早期北京話研究提供了材料支撑。作爲日本北京話研究的奠基者,太田辰夫先生非常重視新語料的發掘,很早就利用了《小額》《北京》等京味兒小説材料。這種治學理念得到了很好的傳承,之後,日本陸續影印出版了《中國語學資料叢刊》《中國語教本類集成》《清民語料》等資料匯編,給研究帶來了便利。

新材料的發掘是學術研究的源頭活水。陳寅恪《〈敦煌劫餘録〉序》有云:"一時代之學術,必有其新材料與新問題。取用此材料,以研求問題,則爲此時代學術之新潮流。"我們的研究要想取得突破,必須打破材料桎梏。在具體思路上,一方面要拓展視野,關注"異族之故書",深度利用好朝鮮、日本、泰西諸國作者所主導編纂的早期北京話教本;另一方面,更要利用本土優勢,在"吾國之舊籍"中深入挖掘,官話正音教本、滿漢合璧教本、京味兒小説、曲藝劇本等新類型語料大有文章可做。在明確了思路之後,我們從2004年開始了前期的準備工作,在北京大學中國語言學研究中心的大力支持下,早期北京話的挖掘整理工作於2007年正式啓動。本次推出的"早期北京話珍稀文獻集成"是階段性成果之一，總體設計上"取異族之故書與吾國之舊籍互相補正"，共分"日本北京話教科書匯編""朝鮮日據時期漢語會話書匯編""西人北京話教科書匯編""清代滿漢合璧文獻萃編""清代官話正音文獻""十全福""清末民初京味兒小説書系""清末民初京味兒時評書系"八個系列，臚列如下：

"日本北京話教科書匯編"於日本早期北京話會話書、綜合教科書、改編讀物和風俗紀聞讀物中精選出《燕京婦語》《四聲聯珠》《華語跬步》《官話指南》《改訂官話指南》《亞細亞言語集》《京華事略》《北京紀聞》《北京風土編》《北京風俗問答》《北京事情》《伊蘇普喻言》《搜奇新編》《今古奇觀》等二十餘部作品。這些教材是日本早期北京話教學活動的縮影，也是研究早期北京方言、民俗、史地問題的寶貴資料。本系列的編纂得到了日本學界的大力幫助。冰野善寬、内田慶市、太田齋、鱒澤彰夫諸先生在書影拍攝方面給予了諸多幫助。書中日語例言、日語小引的翻譯得到了竹越孝先生的悉心指導，在此深表謝忱。

"朝鮮日據時期漢語會話書匯編"由韓國著名漢學家朴在淵教授和金雅瑛博士校注，收入《改正增補漢語獨學》《修正獨習漢語指南》《高等官話華語精選》《官話華語教範》《速修漢語自通》《速修漢語大成》《無先生速修中國語自通》《官話標準：短期速修中國語自通》《中語大全》《"内鮮滿"最速成中國語自通》等十餘部日據時期（1910年至1945年）朝鮮教材。這批教材既是對《老乞大》《朴通事》的傳承，又深受日本早期北京話教學活動的影響。在中韓語言史、文化史研究中，日據時期是近現代過渡的重要時期，這些資料具有多方面的研究價值。

"西人北京話教科書匯編"收錄了《語言自邇集》《官話類編》等十餘部西人編纂教材。這些西方作者多受過語言學訓練，他們用印歐語的眼光考量漢語，解釋漢語語法現象，設計記音符號系統，對早期北京話語音、詞彙、語法面貌的描寫要比本土文獻更爲精準。感謝郭鋭老師提供了《官話類編》《北京話語音讀本》和《漢語口語初級讀本》的底本,《尋津録》、《語言自邇集》(第一版、第二版)、《漢英北京官話詞彙》、《華語入門》等底本由北京大學圖書館特藏部提供,謹致謝忱。《華英文義津逮》《言語聲片》爲筆者從海外購回,其中最爲珍貴的是老舍先生在倫敦東方學院執教期間,與英國學者共同編寫的教材——《言語聲片》。教材共分兩卷:第一卷爲英文卷,用英語講授漢語,用音標標注課文的讀音;第二卷爲漢字卷。《言語聲片》采用先用英語導入,再學習漢字的教學方法講授漢語口語,是世界上第一部有聲漢語教材。書中漢字均由老舍先生親筆書寫,全書由老舍先生録音,共十六張唱片,京韵十足,殊爲珍貴。

上述三類"異族之故書"經江藍生、張衛東、汪維輝、張美蘭、李無未、王順洪、張西平、魯健驥、王澧華諸先生介紹,已經進入學界視野,對北京話研究和對外漢語教學史研究產生了很大的推動作用。我們希望將更多的域外經典北京話教本引入進來,考慮到日本卷和朝鮮卷中很多抄本字跡潦草,難以辨認,而刻本、印本中也存在着大量的異體字和俗字,重排點校注釋的出版形式更利於研究者利用,這也是前文"深度利用"的含義所在。

對"吾國之舊籍"挖掘整理的成果,則體現在下面五個系列中:

"清代滿漢合璧文獻萃編"收入《清文啓蒙》《清話問答四十條》《清文指要》《續編兼漢清文指要》《庸言知旨》《滿漢成語對待》《清文接字》《重刻清文虚字指南編》等十餘部經典滿漢合璧文獻。入關以後,在漢語這一强勢語言的影響下,熟習滿語的滿人越來越少,故雍正以降,出現了一批用當時的北京話注釋翻譯的滿語會話書和語法書。這批教科書的目的本是教授旗人學習滿語,却無意中成爲了早期北京話的珍貴記録。"清代滿漢合璧文獻萃編"首次對這批文獻進行了大規模整理,不僅對北京話溯源和滿漢語言接觸研究具有重要意義,也將爲滿語研究和滿語教學創造極大便利。由於底本多爲善本古籍,研究者不易見到,在北京大學圖書館古籍部和日本神户市外國語大學竹越孝教授的大力協助下,"萃編"將以重排點校加影印的形式出版。

"清代官話正音文獻"收入《正音撮要》(高静亭著)和《正音咀華》(莎

彝尊著）兩種代表著作。雍正六年（1728），雍正諭令福建、廣東兩省推行官話，福建爲此還專門設立了正音書館。這一"正音"運動的直接影響就是以《正音撮要》和《正音咀華》爲代表的一批官話正音教材的問世。這些書的作者或爲旗人，或寓居京城多年，書中保留着大量北京話詞彙和口語材料，具有極高的研究價值。沈國威先生和侯興泉先生對底本搜集助力良多，特此致謝。

《十全福》是北京大學圖書館藏《程硯秋玉霜簃戲曲珍本》之一種，爲同治元年陳金雀抄本。陳曉博士發現該傳奇雖爲崑腔戲，念白却多爲京話，較爲罕見。

以上三個系列均爲古籍，且不乏善本，研究者不容易接觸到，因此我們提供了影印全文。

總體來說，由於言文不一，清代的本土北京話語料數量較少。而到了清末民初，風氣漸開，情況有了很大變化。彭翼仲、文實權、蔡友梅等一批北京愛國知識分子通過開辦白話報來"開啓民智""改良社會"。著名愛國報人彭翼仲在《京話日報》的發刊詞中這樣寫道："本報爲輸進文明、改良風俗，以開通社會多數人之智識爲宗旨。故通幅概用京話，以淺顯之筆，達樸實之理，紀緊要之事，務令雅俗共賞，婦稚咸宜。"在當時北京白話報刊的諸多欄目中，最受市民歡迎的當屬京味兒小說連載和《益世餘譚》之類的評論欄目，語言極爲地道。

"清末民初京味兒小說書系"首次對以蔡友梅、冷佛、徐劍膽、儒丐、勳銳爲代表的晚清民國京味兒作家群及作品進行系統挖掘和整理，從千餘部京味兒小說中萃取代表作家的代表作品，并加以點校注釋。該作家群活躍於清末民初，以報紙爲陣地，以小說爲工具，開展了一場轟轟烈烈的底層啓蒙運動，爲新文化運動的興起打下了一定的群衆基礎，他們的作品對老舍等京味兒小說大家的創作產生了積極影響。本系列的問世亦將爲文學史和思想史研究提供議題。于潤琦、方梅、陳清茹、雷曉彤諸先生爲本系列提供了部分底本或館藏綫索，首都圖書館歷史文獻閱覽室、天津圖書館、國家圖書館提供了極大便利，謹致謝意！

"清末民初京味兒時評書系"則收入《益世餘譚》和《益世餘墨》，均係著名京味兒小説家蔡友梅在民初報章上發表的專欄時評，由日本岐阜聖德學園大學劉一之教授、矢野賀子教授校注。

這一時期存世的報載北京話語料口語化程度高，且總量龐大，但發掘和整理却殊爲不易，稱得上"珍稀"二字。一方面，由於報載小説等欄目的流行，外地作者也加入了京味兒小説創作行列，五花八門的筆名背後還需考證作者是否爲京籍，以蔡友梅爲例，其真名爲蔡松齡，查明的筆名還有損、損公、退化、亦我、梅蒐、老梅、今睿等。另一方面，這些作者的作品多爲急就章，文字錯訛很多，并且鮮有單行本存世，老報紙殘損老化的情况日益嚴重，整理的難度可想而知。

上述八個系列在某種程度上填補了相關領域的空白。由於各個系列在内容、體例、出版年代和出版形式上都存在較大的差異，我們在整理時借鑒《朝鮮時代漢語教科書叢刊續編》《〈清文指要〉匯校與語言研究》等語言類古籍的整理體例，結合各個系列自身特點和讀者需求，靈活制定體例。"清末民初京味兒小説書系"和"清末民初京味兒時評書系"年代較近，讀者群體更爲廣泛，經過多方調研和反復討論，我們决定在整理時使用簡體橫排的形式，儘可能同時滿足專業研究者和普通讀者的需求。"清代滿漢合璧文獻萃編""清代官話正音文獻"等系列整理時則采用繁體。"早期北京話珍稀文獻集成"總計六十餘册，總字數近千萬字，稱得上是工程浩大，由於我們能力有限，體例和校注中難免會有疏漏，加之受客觀條件所限，一些擬定的重要書目本次無法收入，還望讀者多多諒解。

"早期北京話珍稀文獻集成"可以説是中日韓三國學者通力合作的結晶，得到了方方面面的幫助，我們還要感謝陸儉明、馬真、蔣紹愚、江藍生、崔希亮、方梅、張美蘭、陳前瑞、趙日新、陳躍紅、徐大軍、張世方、李明、鄧如冰、王强、陳保新諸先生的大力支持，感謝北京大學圖書館的協助以及蕭群書記的熱心協調。"集成"的編纂隊伍以青年學者爲主，經驗不足，兩位叢書總主編傾注了大量心血。王洪君老師不僅在經費和資料上提供保障，還積極扶掖新進,"我們搭臺,你們年輕人唱戲"的話語令人倍感溫暖和鼓舞。郭銳老師在經費和人員上也予以了大力支持,不僅對體例制定、底本選定等具體工作進行了細致指導,還無私地將自己發現的新材料和新課題與大家分享,令人欽佩。"集成"能够順利出版還要特別感謝國家出版基金規劃管理辦公室的支持以及北京大學出版社王明舟社長、張鳳珠副總編的精心策劃,感謝漢語編輯室杜若明、鄧曉霞、張弘泓、宋立文等老師所付出的辛勞。需要感謝的師友還有很多,在此一併致以誠摯的謝意。

"上窮碧落下黄泉,動手動脚找東西",我們不奢望引領"時代學術之新潮流",惟願能給研究者帶來一些便利,免去一些奔波之苦,這也是我們向所有關心幫助過"早期北京話珍稀文獻集成"的人士致以的最誠摯的謝意。

劉　雲
二〇一五年六月二十三日
於對外經貿大學求索樓
二〇一六年四月十九日
改定於潤澤公館

整理點校凡例

自1876年9月始，日本的中國語教育開始轉向北京官話。此後陸續出版了大批北京話教材、讀本和工具書，爲研究這一時期的北京話和域外漢語教學留下了寶貴資料。日本學界對這批文獻非常重視，已將代表性教材影印出版，主要收録在《中國語學資料叢刊》（波多野太郎編，不二出版社，1985年）和《中國語教本類集成》（六角恒廣編，不二出版社，1995年）兩部巨著之中。在國内，《日本明治時期漢語教科書彙刊》（張美蘭主編，廣西師範大學出版社，2011年）和《日本漢語教科書匯刊（江户明治編）》（李無未主編，中華書局，2015年）的影印出版也給研究者帶來便利。美中不足的是，這批教材底本均爲竪排，異形詞、異體字、俗字和别字極多，一些手抄本字迹模糊，利用不便。爲了方便讀者使用，我們精選一批口語化程度高的代表性教材，重新録入後加以點校、注釋，横排出版。本套叢書主要服務於北京話研究，整理中儘可能保持彼時北京話的原貌。相關體例如下：

一　關於標點、符號

底本的標點不合規範，斷句也偶有舛誤。整理本依據《標點符號用法》，并結合文義重新標點。底本原有的批注一律放在脚注中，用※提示，以區别於整理者的新注釋。此外，底本中難以辨識的文字用□表示，并出注説明。例如：
　　不在過强的人的左右爲□①，因爲生出是非來，常是弱的敗。
　　注釋：①底本字迹模糊，似爲"美"，又似"業"，列此備考。

二　關於底本訛誤之處

凡係底本中明確的錯訛、衍文、脱漏、倒文之處，均在整理本中直接更正并出校注。舉例如下：

1. 錯別字

這麼著大家就把酒席都撤①了。
注釋：①撤：原作"撒"。

因繁體字或異體字而造成的錯訛，整理後不易看出，可稍作說明：

趕到了他們平上，硬説是才縠①五兩三錢銀子。
注釋：①縠：原作"殻"。够。

2. 衍文

做買賣別太手緊了，恐怕耽誤生意；也別太手松了，恐怕傷了①本錢。
注釋：①底本"了"後還有一"了"字，當爲衍字，今删。

3. 脱漏

像這①樣兒挖肉補瘡的事情，聽着真令人可憐可慘。
注釋：①底本無"這"字，據文義補。

4. 倒文

房德①就走到右邊兒廊子底下門磯兒上坐下了。
注釋：①房德：原作"德房"，二字序誤，今改。

三　關於字形

簡體字、繁體字、異體字、疑難字均原樣録入。有的字與現在的用法有較大差異，在首次出現時注釋説明。例如：

就咂着嘴兒讚了讚，驢蹤①了半天，總搆②不着。
注釋：①驢蹤：躥縱。向上跳。※驢：上平，驤也，下倣此。※蹤：去聲，跳也，下倣此。

②搆: 够。To plot, reach up to. ［美］富善（Chauncey Goodrich）《北京音袖珍字典》（*A Pocket Dictionary* （*Chinese-English*） *and Pekingese Syllabary*, 1891年, 107頁） ※搆: 讀上平, 以物及物也, 下倣此。

人名、地名、書名的用字如果轉換後易引起混淆, 則保留原字。

四　關於詞形

部分北京話詞彙的漢字形體無規範可依, 同一個詞在不同作者筆下和不同詞典中往往有不同形體, 以"嚼裹"一詞爲例, 還有"嚼過""嚼骨""嚼果""嚼谷""嚼谷兒""嚼棍""嚼咕"等形式。類似情況極多, 如"腦油—鬧油、頷磣—憨蠢、疙瘩—疙疸、合式—合適、皮氣—脾氣"。這些豐富的異形詞恰恰展現了彼時北京話最鮮活的面貌, 對於考察北京話口語詞的面貌、詞源和定型過程都極有價值, 如統一爲一個詞形, 既無必要, 也難令人信服。"與其改而不足信, 改而不能盡, 甚或改後反生歧義, 莫如一律不改。"（許逸民《古籍字體轉換釋例》）因此, 我們對底本中的異形詞采取"悉依其舊"的處理方式, 保留原詞形, 疑似的異形詞也都用現代漢語規範詞形注釋。例如:

他們彼此生了疑心, 嫉妒很利害①, 各自分散開了。
注釋: ①利害: 厲害。

讀音完全相同的一組詞, 詞義部分相同, 注釋時補充說明。例如:

他那門口兒寫著①"賈寓", 那就是他家。
注釋: ①著: 着, 助詞。

與現今的叫法不一致的地名和品名, 也當作異形詞處理, 均保持原貌, 例如"戒壇寺""海甸"。一些詞的用字與現今規範用字不同, 如補語標記"得"作"的"、語氣詞"了"作"咯""喇"、"這麼"作"這們"、"做事"作"作事"、"什麽"作"甚麽"等, 這些特殊用字往往反映了當時北京話的特殊發音,也當作異形詞處理,不作改動。

底本中一些帶有污辱蔑視色彩的用詞(如"拳匪"等)僅代表原作者當時的個人立場,這類情況循例均不加更改。

五　關於注釋

1. 對一些有特色的北京話口語詞加以注釋。如:

老太太、大姑兒①,您可憐我一個大。

注釋:①大姑兒:乞丐乞討時對中青年婦女的稱呼。(王秉愚編著《老北京風俗詞典》,中國青年出版社,2009年,149頁)

2. 涉及讀者可能比較陌生的書名、人名、歷史事件、歷史人物或特殊專名時儘可能注釋說明,并爲規範起見注明引用來源。例如:

貴班次①?

候補知州。

注釋:①班次:職位品級。[美]富善(Chauncey Goodrich)《官話萃珍》(*A Character Study in Mandarin Colloquial*, 1898/1916):"問作官的品職爲貴班次。"

3. 注釋詞義中有需要說明的異體字和校對情況時,先說明字形和校對情況,再注釋。如:

我剛才問他來著,他說他是琺藍作①的人。

注釋:①原作"琺是藍作"。琺藍作:製造加工琺藍的工廠。

爲方便讀者使用,所有注釋均采用脚注形式,各頁以①起始,獨立編序。目錄不出注釋,序言視同正文處理。

六　關於書影

此次點校所據均爲已出版或公開的影印本。爲了更好地呈現原書面貌,卷首附有原書的書影。其中，《燕京婦語》原書現爲日本鱒澤彰夫先生個人收藏，其書影出自鱒澤彰夫先生編著的《影印燕京婦語》（好文出版社，2013年），《虎頭蛇尾》書影出自日本關西大學圖書館長澤文庫藏本，《伊蘇普喻言》書影出自日本關西大學東西學術研究所藏本，《北京風土編》書影出自日本筑波大學附屬圖書館藏本，《搜奇新編》書影出自日本滋賀大學附屬圖書館藏本，《華語跬步》書影出自日本東洋文庫藏本，《亞細亞言語集》書影出自日本神戶市外國語大學圖書館藏本，《北京事情》《北京風俗問答》《北京紀聞》《四聲聯珠》《今古奇觀》《急就篇》《華言問答》《中國話》《生意筋絡》《中等官話談論新篇》《官話指南》《改訂官話指南》十二種書影均出自日本關西大學アジア文化研究センター鱒澤彰夫氏寄贈圖書。

附書影的原則是儘量做到與點校本所使用的爲同一版本。但由於年代久遠，各書版本衆多，且多藏於日本，故此有兩種書影與點校本版本不一致：一種爲《官話指南》，點校本所使用的是1903年版，而其書影爲1900年版，但這兩個版本的內容和版式均相同；一種爲《虎頭蛇尾》，點校本爲排印本，其書影爲寫本，內容亦基本一致。另外，因編者能力有限，無法得見《官話續急就篇》《京華事略》點校本的原書，因此其書影暫缺。以上望讀者諒之。

本卷的編校工作由北京大學出版社崔蕊老師統籌，宋思佳、路冬月、唐娟華、王鐵軍、何杰杰等責編老師也付出了大量心血。高淑燕老師在疑難字識別方面提供了幫助，蔣春紅老師提供了《華語跬步》的底本，羅菲菲、郝小煥、謝超、趙正婕、農蕾、朱斯雲、趙芹、趙旭、曠濤群、吳蕓莉、李紅婷、許静、李郭然、黎楠婷在前期準備過程中予以協助，在此一并致以謝意。

陳穎、陳曉
二〇一七年十月

解　題

　　《自邇集平仄編四聲聯珠》於日本明治十九年(1886)四月由陸軍文庫發行，是一部篇幅甚大的漢語教科書，作者福島安正(1852—1919)，校訂者紹古英繼。

　　明治十五年(1882)，時任日本陸軍步兵中尉的福島安正被參謀本部派遣至中國各地進行調查，於1883年升至陸軍步兵大尉，駐北京公使館，聘請紹古英繼作爲其漢語教師，學習北京話。後福島安正於1884年返回日本，整理出版了《自邇集平仄編四聲聯珠》。校訂者紹古英繼應該就是英紹古，卷首總目部分有"大清滿洲旗士"的字樣，故此人爲滿人。他長期協助日本人學習漢語，與日本人合編的漢語教材不僅有《自邇集平仄編四聲聯珠》，還有《官話北京事情》。[①] 根據福島安正及紹古英繼的生平，六角恒廣認爲《自邇集平仄編四聲聯珠》篇幅甚大，內容頗豐，應該不可能完全由福島安正撰寫，主要的編纂者應是紹古英繼。[②]

　　全書共分爲九卷，另附有一卷"俗語註釋"。每卷又分爲28～55章不等，每章以對話形式呈現，並以"空格"來隔開不同角色的說話內容。每章大多附有"注釋"，以解釋上文中出現的某個詞語，多以解釋名物、風俗習慣、官職及歷史事件爲主，以文言形式呈現。"俗語註釋"是對前九卷中某些俗語用文言進行的解釋。全書涉及內容極爲廣泛，且描繪細緻，包括日常生活中的風俗、飲食、着裝、農業、商賈，以及政府機構的組成、官員編制、科舉考試、清代開國以來的歷史事件、北京及周邊的風景名勝等。例如婚喪嫁娶的內容就用了第五

---

　　① 據六角恒廣(2002)《中國語教育史稿拾遺》，不二出版，113頁。
　　② 同上，69—70頁。

卷一整卷共五十一章的內容來叙述，十分細緻全面；涉及政府機構的組成及官員編制的內容用了第六、七卷整整兩卷共八十四章來叙述，第八卷的前半部分亦有涉及，可見内容之豐富。正如全書篇首"叙"中榎本武揚所述："此書以聲繫言，以言繫語，風土人情以至軍國重事，網羅蒐討，殆無餘蘊。"

此書反映的是當時的北京話，全書有幾處已明確指出。例如，開篇"叙"提到："福島大尉原《自邇集平仄編》作《四聲聯珠》十卷，以便武弁之學燕話者。蓋學燕話者，不熟四聲，不特混死活之別字，且混同字之死活。然四聲既熟，而不熟言語，其如學燕話者何哉。"其後的"序"亦指出："步兵大尉福島安正，曩在北京二年，就《自邇集》更編一書，名曰《四聲聯珠》，以便於我學燕語者。"文中先後提到了"燕話""燕語"等詞，可見全書記錄的是北京話。書中有大量北京口語詞彙，例如："間壁兒、敢則、嚼過兒、多咱、打嘎兒、嘎雜子、末末了兒、冒嘴兒、見天、吃瓦片兒、剝口子、覺乎、打野盤兒、鬧手"等。

此書還有一個重要的特點，正如書名中體現的"自邇集平仄編"字樣，即該書是依據［英］威妥瑪（Thomas Francis Wade）所著漢語教科書《語言自邇集》第七章《練習燕山平仄編》（1867：219－241）所編。《練習燕山平仄編》爲了讓學習者更好地練習漢語四聲，首先按聲母的不同進行分組，再以某個字爲首，下面列出一組與該字同音異聲的代表字，以上平、下平、上聲、去聲的順序排列。若哪個聲調無字，則用圓圈代替。《四聲聯珠》則按《練習燕山平仄編》的内容來編排整個課文的例字、例詞順序。但每章課文的具體内容完全是由作者重新編寫，並沒有仿照《語言自邇集》的内容。

《自邇集平仄編四聲聯珠》出版以後，受到當時漢語學習者的廣泛歡迎，因此在明治三十五年（1902）又由博文館出版了洋裝一册本。①

此點校本依據的版本爲《自邇集平仄編四聲聯珠》明治十九年（1886）四月陸軍文庫版的影印本。在此說明以下幾點：

全文爲對話體，底本對於角色轉換處理爲空白間隔，點校本亦效仿爲空白間隔。

底本有模糊不清、標點缺漏或有明顯排版錯誤時，首先參照1902年東京博文館藏本《自邇集平仄編四聲聯珠》進行增補或酌改；若兩書一致，則照錄。

---

① 據六角恒廣（2002）《中國語教育史稿拾遺》，不二出版，70頁。

但聲調標注之處不參照1902年版,因在時間上有先後差別,聲調本身可能存在細微不同,故不參照。

底本每章開篇有例詞,下文中出現例詞的部分均用圓圈標注,點校本亦效仿爲黑點。

底本大部分篇章後有對名物、習俗或歷史事件的注釋,使用語體爲文言文,點校本對文言部分不進行注釋,只標出異體字。

對於政府機構、官名等,一般不出注。但對於涉及滿語、蒙古語的官名進行注釋,例如"巴圖魯"。

目　錄

叙 …………………………………… 1	第十八章　分別字音 ………… 19
序 …………………………………… 1	第十九章　地震成災 ………… 19
凡　例 …………………………… 1	第二十章　參劾保舉 ………… 20
	第二十一章　封開印信 ……… 21
第一卷 …………………………… 1	第二十二章　兵差過境 ……… 22
第一章　聯珠本意 ………… 2	第二十三章　殉難得賞 ……… 23
第二章　議請聯話 ………… 3	第二十四章　銀子整碎 ……… 24
第三章　風塵問答 ………… 4	第二十五章　稅關查禁 ……… 25
第四章　兵食銀米 ………… 5	第二十六章　緝捕盜賊 ……… 26
第五章　飯食規矩 ………… 6	第二十七章　楷字用處 ……… 27
第六章　公文行欸 ………… 7	第二十八章　水路船隻 ……… 27
第七章　小孩初學 ………… 8	第二十九章　盜賊名目 ……… 28
第八章　祭祀齋戒 ………… 9	第三十章　錢糧交代 ………… 29
第九章　訓子惜字 ………… 10	第三十一章　浮橋鐵橋 ……… 30
第十章　縣衙公務 ………… 11	第三十二章　京城訟處 ……… 30
第十一章　分別釋道 ……… 12	第三十三章　四時蔬菜 ……… 31
第十二章　論賣洋藥 ……… 13	第三十四章　佈施香資 ……… 32
第十三章　歌功頌德 ……… 14	第三十五章　發商生息 ……… 33
第十四章　清晨忌諱 ……… 15	第三十六章　文衙值日 ……… 34
第十五章　軍功賞賜 ……… 16	第三十七章　四季縉紳 ……… 35
第十六章　官人禁烟 ……… 17	第三十八章　斤兩秤物 ……… 36
第十七章　應付兵差 ……… 18	第三十九章　婦有七出 ……… 37

第四十章　仰荅神佑 ………… 37
第四十一章　俯順輿情 ………… 38
第四十二章　戲場角色 ………… 39
第四十三章　萬民衣傘 ………… 39
第四十四章　月蝕救護 ………… 40
第四十五章　催徵錢糧 ………… 41
第四十六章　會試在京 ………… 42
第四十七章　鄉試舉人 ………… 43
第四十八章　時文取士 ………… 43
第四十九章　武試科塲 ………… 44
第五十章　　上元燈節 ………… 45
第五十一章　衣飾分別 ………… 46
第五十二章　停止捐納 ………… 47
第五十三章　俗人怕鬼 ………… 47
第五十四章　情殷報効 ………… 48
第五十五章　忌食牛肉 ………… 49

第二卷 ………… 51
第一章　　騾乃馬產 ………… 52
第二章　　受傷免射 ………… 53
第三章　　人皆出痘 ………… 53
第四章　　施種牛痘 ………… 54
第五章　　世職爵位 ………… 55
第六章　　挑選馬甲 ………… 56
第七章　　左右翼稅 ………… 57
第八章　　崇文門稅 ………… 58
第九章　　包送銀信 ………… 59
第十章　　不知電氣 ………… 60
第十一章　糧船倒開 ………… 61
第十二章　奸民偷糧 ………… 62

第十三章　內外兩科 ………… 62
第十四章　請醫規矩 ………… 63
第十五章　東來箭料 ………… 64
第十六章　弓生於弩 ………… 65
第十七章　棺式有二 ………… 66
第十八章　擡棺人數 ………… 67
第十九章　人喜本分 ………… 67
第二十章　缺有四字 ………… 68
第二十一章　檢驗屍傷 ………… 69
第二十二章　人命至重 ………… 70
第二十三章　馬上槍箭 ………… 71
第二十四章　官兵腰刀 ………… 72
第二十五章　帶刀規矩 ………… 73
第二十六章　官兵棍責 ………… 74
第二十七章　插耳遊營 ………… 74
第二十八章　僧遵王法 ………… 75
第二十九章　僧官道官 ………… 76
第三十章　　廟房出租 ………… 77
第三十一章　嚴查保甲 ………… 78
第三十二章　分居同墳 ………… 79
第三十三章　墳墓形式 ………… 80
第三十四章　信佛人多 ………… 80
第三十五章　貧民謀生 ………… 81
第三十六章　官員儀仗 ………… 82
第三十七章　人喜口給 ………… 83
第三十八章　五湖之名 ………… 84
第三十九章　船畏風暴 ………… 85
第四十章　　房租爲業 ………… 86
第四十一章　金銀首飾 ………… 87
第四十二章　銅錫首飾 ………… 88

第四十三章　婦女短見………89	第十六章　蟒袍補褂………115
第四十四章　孝親割肉………89	第十七章　補子之分………115
第四十五章　旌表節孝………90	第十八章　頂戴品極………117
第四十六章　百歲建坊………91	第十九章　官員朝珠………118
第四十七章　民喜族榮………92	第二十章　涼帽暖帽………119
第四十八章　市土糞田………92	第二十一章　糸刻屬員………120
第四十九章　米麥土產………93	第二十二章　州縣牌坊………121
第五十章　民有社倉………94	第二十三章　營官舞弊………121
第五十一章　賑濟良法………95	第二十四章　字識之兵………122
第五十二章　家丁宜防………96	第二十五章　武職書辦………123
第五十三章　長隨名色………97	第二十六章　武衙辦事………124
第五十四章　琺藍銅質………98	第二十七章　武營馬政………125
第五十五章　黃金爲貴………98	第二十八章　武官喜文………126
	第二十九章　官員求雨………126
第三卷………100	第三十章　求雨規矩………127
第一章　飯莊請客………101	第三十一章　刁民可畏………128
第二章　飯舘酒幌………102	第三十二章　關卡查賊………129
第三章　酒樓酒舖………103	第三十三章　官衙形勢………130
第四章　筵席款式………104	第三十四章　官不修衙………131
第五章　俗尚豬肉………105	第三十五章　作樂衙規………131
第六章　滿洲餑餑………106	第三十六章　世職幼學………132
第七章　餑餑名色………107	第三十七章　老米之色………133
第八章　京貨外運………108	第三十八章　高粱小米………134
第九章　俗喜論人………109	第三十九章　高粱造酒………135
第十章　舖房永租………109	第四十章　藥果浸酒………136
第十一章　擺攤租地………110	第四十一章　諸品黃酒………137
第十二章　搭棚佔地………111	第四十二章　黃米性黏………137
第十三章　開張掛紅………112	第四十三章　鮮桃可口………138
第十四章　外科扎針………113	第四十四章　紅黃二李………139
第十五章　蒸骨驗屍………114	第四十五章　北棗爲美………140

第四十六章　諸樣西瓜…… 140
第四十七章　蓮蕖蓮根…… 141
第四十八章　林檎蘋果…… 142
第四十九章　蔗糖米糖…… 143
第五十章　十錦南糖…… 144

第四卷 …… 146

第一章　紅糖黑糖…… 147
第二章　雞卵宜血…… 148
第三章　豕肉之分…… 149
第四章　鴨美惟京…… 150
第五章　牛之名目…… 151
第六章　羊之出產…… 151
第七章　羊可爲裘…… 153
第八章　馬之出產…… 154
第九章　驢騾之分…… 155
第十章　駱駝北產…… 156
第十一章　狐性多疑…… 157
第十二章　兔種有二…… 157
第十三章　狼虎最惡…… 158
第十四章　諸豆之用…… 159
第十五章　金銀源流…… 160
第十六章　金銀名色…… 161
第十七章　運銅由滇…… 162
第十八章　運鐵由晉…… 163
第十九章　錫鉛之用…… 164
第二十章　煤石之名…… 165
第二十一章　鹽政之利…… 166
第二十二章　稽查私鹽…… 167
第二十三章　魚蝦之類…… 167
第二十四章　毒蟲害人…… 168
第二十五章　俗論毒蟲…… 169
第二十六章　松柏各木…… 170
第二十七章　杉木之用…… 171
第二十八章　木炭之用…… 172
第二十九章　春秋二麥…… 173
第三十章　䜺麥蕎麥…… 174
第三十一章　麥蕎分形…… 174
第三十二章　玉米粗粮…… 175
第三十三章　秝米爲梭…… 176
第三十四章　梅子橄欖…… 177
第三十五章　柿餅諸棃…… 178
第三十六章　橘橙柑柚…… 179
第三十七章　蘿蔔諸名…… 179
第三十八章　白菜諸名…… 180
第三十九章　葱爲作料…… 181
第四十章　瓜茄之名…… 182
第四十一章　葡萄名色…… 183
第四十二章　鳥雀俗名…… 184
第四十三章　石榴二種…… 185
第四十四章　板栗白薯…… 186
第四十五章　鴈鵝之類…… 187

第五卷 …… 188

第一章　喪爲白事…… 189
第二章　杠房備喪…… 190
第三章　預備裝裹…… 191
第四章　將死先衣…… 191
第五章　停床易簀…… 192
第六章　成服穿孝…… 193

第七章　剪髮以殉……	194	第三十七章　嫁粧風俗……	220
第八章　陰陽殃榜……	195	第三十八章　因賭棄妻……	221
第九章　殃能傷人……	196	第三十九章　預備喜帕……	222
第十章　入殮之禮……	197	第四十章　喜帕憑據……	223
第十一章　報喪訃聞……	197	第四十一章　以紅爲據……	223
第十二章　靈前設位……	198	第四十二章　響房發轎……	224
第十三章　接三本義……	199	第四十三章　親迎謝粧……	225
第十四章　助喪執紼……	200	第四十四章　娶親紅衣……	226
第十五章　接三送三……	201	第四十五章　蓋頭紅帕……	227
第十六章　喪事念經……	202	第四十六章　喜轎入門……	227
第十七章　伴宿日期……	203	第四十七章　九日回門……	228
第十八章　送殯禮畧……	203	第四十八章　斷絃續絃……	229
第十九章　文武丁艱……	204	第四十九章　一子雙桃……	229
第二十章　拜影上墳……	205	第五十章　無子納妾……	230
第二十一章　媒妁議婚……	206	第五十一章　子分嫡庶……	231
第二十二章　媒妁之言……	207		
第二十三章　男女相看……	208	**第六卷**…………	232
第二十四章　放定婚儀……	209	第一章　六科衙門……	233
第二十五章　置買嫁粧……	210	第二章　通政使司……	234
第二十六章　備辦嫁粧……	211	第三章　捷報遞摺……	235
第二十七章　溺女怕嫁……	211	第四章　摺差遞事……	236
第二十八章　富厚陪嫁……	212	第五章　奏事處官……	237
第二十九章　暗藏賠嫁……	213	第六章　軍機處官……	238
第三十章　行茶過禮……	214	第七章　軍機章京……	238
第三十一章　過禮通信……	215	第八章　吏部天官……	239
第三十二章　堂客填箱……	216	第九章　戶部地官……	240
第三十三章　搶掠婦女……	217	第十章　錢局鼓鑄……	242
第三十四章　預備粧期……	218	第十一章　戶部三庫……	243
第三十五章　擡送嫁粧……	218	第十二章　禮部春官……	244
第三十六章　嫁粧過門……	219	第十三章　兵部夏官……	245

第十四章　京外提塘…………246
第十五章　刑部懲惡…………247
第十六章　刑部秋官…………248
第十七章　死罪減等…………249
第十八章　法司會審…………250
第十九章　工部冬官…………250
第二十章　監修工程…………252
第二十一章　以工代賑………252
第二十二章　盛京五部………253
第二十三章　奉祀禮部………254
第二十四章　陵寢工部………255
第二十五章　陵寢各衙………255
第二十六章　九卿會議………256
第二十七章　都察院官………257
第二十八章　大理寺官………258
第二十九章　翰林院官………259
第三十章　詹事府官…………260
第三十一章　各衙俗論………261
第三十二章　宗人府官………262
第三十三章　太常寺官………264
第三十四章　太僕寺官………265
第三十五章　欽天監衙………266
第三十六章　鴻臚寺官………268
第三十七章　太醫院官………269
第三十八章　內務府衙………270
第三十九章　海子獵獸………272
第四十章　圓明園子…………273
第四十一章　萬壽山園………273
第四十二章　玉泉山水………274
第四十三章　香山御園………275
第四十四章　三山景況………276
第四十五章　南海北海………276
第四十六章　南北池子………277

第七卷………………………………279
第一章　五城御史……………280
第二章　五城善政……………280
第三章　巡捕五營……………281
第四章　內城步軍……………283
第五章　順天府尹……………284
第六章　街道廳官……………285
第七章　內城旗人……………285
第八章　旗人光景……………288
第九章　護軍前鋒……………289
第十章　侍衛處官……………290
第十一章　侍衛差使…………292
第十二章　虎槍營兵…………292
第十三章　內外火營…………293
第十四章　臥佛古寺…………294
第十五章　戒臺禪寺…………295
第十六章　廟分三類…………296
第十七章　光祿寺衙…………296
第十八章　倉場衙門…………298
第十九章　白米老米…………299
第二十章　國子監衙…………300
第二十一章　諸學教人………302
第二十二章　三教一家………303
第二十三章　回教中人………304
第二十四章　天主教人………305
第二十五章　天主教堂………308

第二十六章　拆毀教堂……309	第十六章　出師兵制………341
第二十七章　耶穌教人……310	第十七章　軍營糧銀………342
第二十八章　耶穌教堂……311	第十八章　銀牌獎功………343
第二十九章　雍和宮廟……312	第十九章　軍功賞賜………344
第三十章　黃寺黑寺………313	第二十章　世職官名………345
第三十一章　白雲觀廟……314	第二十一章　黃馬褂制……346
第三十二章　天寧寺廟……315	第二十二章　賞賜勇號……347
第三十三章　月壇地方……316	第二十三章　長江水師……350
第三十四章　景山官學……317	第二十四章　水師捕寇……352
第三十五章　景山景致……318	第二十五章　新疆官制……354
第三十六章　秀女排車……319	第二十六章　平定回疆……355
第三十七章　日壇地方……320	第二十七章　新疆遣戍……357
第三十八章　八里橋地……322	第二十八章　回疆重定……357
	第二十九章　回疆章程……359
第八卷………………………324	第三十章　回疆新創………360
第一章　駐防旗人…………325	第三十一章　征定金川……360
第二章　各省駐防…………325	第三十二章　西藏形勢……362
第三章　屯居旗人…………327	第三十三章　平定西藏……363
第四章　陵寢旗人…………328	第三十四章　金瓶掣佛……364
第五章　花翎定制…………329	第三十五章　蒙古信佛……365
第六章　官兵盔甲…………331	第三十六章　路劫宜防……366
第七章　督標兵丁…………332	第三十七章　理藩院政……367
第八章　撫標兵制…………335	第三十八章　蒙古年班……369
第九章　提標兵制…………335	第三十九章　蒙古貿易……370
第十章　鎮標兵制…………336	第四十章　蒙古筵宴………371
第十一章　協標營制………337	第四十一章　善撲營兵……372
第十二章　各營兵制………338	第四十二章　蒙古樸風……373
第十三章　營兵分哨………339	第四十三章　青海蒙古……374
第十四章　分汛分塘………339	第四十四章　總理衙門……376
第十五章　汛官責任………340	第四十五章　習學西法……377

第四十六章　西學各館	……	378
第四十七章　西學之難	……	378
第四十八章　神機營兵	……	379
第四十九章　兵丁夜操	……	380

第九卷……382
第一章　公私書名	……	382
第二章　人事不同	……	384
第三章　茶社閒人	……	385
第四章　小本營運	……	386
第五章　產煤之山	……	387
第六章　開壙風俗	……	388
第七章　各省在京	……	389
第八章　釐卡抽釐	……	389
第九章　熱在中伏	……	390
第十章　冷在三九	……	391
第十一章　城鄉房式	……	392
第十二章　房屋之分	……	393
第十三章　京中棚舖	……	394
第十四章　京都八景	……	394
第十五章　雇車規矩	……	395
第十六章　宿店規矩	……	396
第十七章　野地住宿	……	397
第十八章　水路買舟	……	397
第十九章　相見禮節	……	398
第二十章　小竊宜防	……	399
第二十一章　繁華宜愼	……	399
第二十二章　茶肆衆人	……	400
第二十三章　窮藉富活	……	401
第二十四章　養贍貧人	……	401
第二十五章　正音爲要	……	402
第二十六章　習話宜勤	……	403
第二十七章　分話別類	……	403
第二十八章　聯話完結	……	406

俗語註釋……407
第一卷註釋	……	407
第二卷註釋	……	414
第三卷註釋	……	421
第四卷註釋	……	428
第五卷註釋	……	434
第六卷註釋	……	442
第七卷註釋	……	447
第八卷註釋	……	450
第九卷註釋	……	455

叙

  福島大尉原《自邇集平仄編》①作《四聲聯珠》十卷，以便武弁之學燕話者。蓋學燕話者，不熟四聲，不特混死活之別字，且混同字之死活。然四聲既熟，而不熟言語，其如學燕話者何哉。此書以聲繫言，以言繫語，風土人情以至軍國重事，網羅蒐討，殆無餘蘊，而其千言萬語悉用四聲以貫之，如聯珠于絲，聯珠之名洵不虛也。大尉居燕不過二年，公暇所著有《隣邦兵備略》②若干卷，《清國兵制類聚》③若干卷，《四聲聯珠》其緒餘耳。

明治十七年十月四日
特命全權公使海軍中將榎本武揚④題於燕京公署

---

  ① 《自邇集平仄編》：此處指（英）威妥瑪（Thomas Francis Wade）所著漢語教科書《語言自邇集》（第一版，1867）的第七章《練習燕山平仄編》（pp219－241）。《練習燕山平仄編》是以某個字爲首，下面列出一組與該字同音異聲的代表字，以上平、下平、上聲、去聲的順序排列。若哪個聲調無字，則用圓圈代替。《四聲聯珠》則按《練習燕山平仄編》的內容來編排整個課文的例字、例詞順序。

  ② 《隣邦兵備略》：此書係福島安正著於明治十三年（1880），"鄰邦"指當時的清朝，全書較爲全面地介紹了清朝的兵制、軍營及武器等情況。

  ③ 《清國兵制類聚》：此書又名《清國兵制類集》，係福島安正自明治十五年（1882）開始在北京的日本公使館任職期間，對清朝的總督、巡撫及將軍等地方官制及兵制進行調查後所編的類似於報告書的著作。

  ④ 榎本武揚：曾於1882年至1885年擔任日本駐清朝公使，該叙寫於明治十七年（1884），正值榎本武揚在任期間。

序

歐州遠矣,而能通其語者不尠。清國則邇矣,而能爲舌人者反不多,何也?蓋其故多端,而語學書之不完,居其一焉。英國公使妥瑪威德氏①所著《自邇集》,爲清國語學書之簡便者。步兵大尉福島安正,曩在北京二年,就《自邇集》更編一書,名曰《四聲聯珠》,以便於我學燕語者。謁序于余,余閱之。藉於聲音而分類,徵於事物而立言。學者能由此書而考究焉,則其於語學思過半矣。加之,如交際之媒,如貿易之便,如制度文物風土人情之觀,皆有資焉。其益豈不大乎。是余之所以樂而序之也。

明治十九年二月 陸軍中將山縣有朋撰

---

① 妥瑪威德氏:即英國人 Thomas Francis Wade,今多譯爲威妥瑪。他原本是一名鴉片戰爭時期英國軍隊第 98 聯隊的一名士官,在前往中國的路途中,他對漢語抱有濃厚的興趣,後成爲翻譯官。1861 年,因中英在條約條款上存在交涉問題,他前往北京赴任。在工作之餘,搜集了大量材料,經過 6 年的醞釀,出版了漢語教科書《語言自邇集》(第一版,1867),該書是其漢語教育思想的集大成作品。

凡 例

一 此書原於威德氏所著《自邇集平仄編》而作，故分章爲四百十有七①。

一 每章初行，標出同字異聲，一音殊聲者，以別音聲之起源變化。而又嵌其字于文中，以示其運轉作用。字傍施環點者是也。

一 各章所述。皆據實事而措語，乃使熟語學併知實況。學者於是乎可博一箭兩鳥之利矣。

一 凡語因人情風俗而生。故此書自人情風俗叙起，繼以國體兵制等。亦所謂自邇及遠者，欲使所學有次序也。

一 東西殊域，習俗不同。文中事實，往往有不易解者，乃於章末，間附註釋。又別編《俗語註釋》一卷，以解釋俚言，以便學者也。

一 章末註釋，特用漢文者，欲使不修語學者亦略知清國之形勢也。

一 此所書記，觀之實事，徵之書冊。又使清人校訂，務無錯誤。雖然，事物無限，而學識有限，加以時日之短，叙事物之多，其所不及，其或有之，覽者諒之。

明治十九年三月十一日
步兵大尉福島安正識

---

① 四百十有七：《語言自邇集·練習燕山之平仄編》共有 420 組，每一組對應《四聲聯珠》的一章，但因《語言自邇集》的 420 組中有重複部分，例如第 126 組的"學"已在第 114 組中出現過，因此再出現的"學"字部分用"見上"代替。故《四聲聯珠》也沒有取用重複部分，爲 417 章。

第一卷

(阿)第一章　　聯珠本意　　(愛)第二章　　議請聯話
(安)第三章　　風塵問答　　(昂)第四章　　兵食銀米
(傲)第五章　　飯食規矩　　(乍)第六章　　公文行欵
(茶)第七章　　小孩初學　　(窄)第八章　　祭祀齋戒
(柴)第九章　　訓子惜字　　(斬)第十章　　縣衙公務
(產)第十一章　分別釋道　　(章)第十二章　論賣洋藥
(唱)第十三章　歌功頌德　　(兆)第十四章　清晨忌諱
(吵)第十五章　軍功賞賜　　(這)第十六章　官人禁烟
(車)第十七章　應付兵差　　(這)第十八章　分別字音
(眞)第十九章　地震成災　　(臣)第二十章　糸劾保舉
(正)第二十一章　封開印信　(成)第二十二章　兵差過境
(吉)第二十三章　殉難得賞　(奇)第二十四章　銀子整碎
(家)第二十五章　稅關查禁　(恰)第二十六章　緝捕盜賊
(楷)第二十七章　楷字用處　(江)第二十八章　水路船隻
(槍)第二十九章　盜賊名目　(交)第三十章　　錢粮交代
(巧)第三十一章　浮橋鐵橋　(街)第三十二章　京城訟處
(且)第三十三章　四時蔬菜　(見)第三十四章　佈施香資
(欠)第三十五章　發商生息　(知)第三十六章　文衙值日
(尺)第三十七章　四季縉紳　(斤)第三十八章　斤兩秤物
(親)第三十九章　婦有七出　(井)第四十章　　仰荅①神佑

① 荅：答。據《廣韻・入聲・二十七合》："答,亦作荅。"

（輕）第四十一章　俯順輿情　　（角）第四十二章　戲場角色
（却）第四十三章　萬民衣傘　　（酒）第四十四章　月蝕救護
（秋）第四十五章　催徵錢粮　　（窘）第四十六章　會試在京
（窮）第四十七章　鄉試舉人　　（桌）第四十八章　時文取士
（綽）第四十九章　武試科場　　（晝）第五十章　　上元燈節
（抽）第五十一章　衣飾分別　　（句）第五十二章　停止捐納
（取）第五十三章　俗人怕鬼　　（捐）第五十四章　情殷報効
（全）第五十五章　忌食牛肉

第一章　聯珠本意

（阿）是　阿　　○　　阿·甚·麼　　阿·哥

聽說，你學官話①呢麼？　是，學哪！　念甚麼②官話書哪？　念《自邇集》③哪！　官話裡分四聲，你會分麼？《平仄編》④都念完了，可以分了。　我考一考你。　可以，您請考。　頭一個字是甚麼？　是"阿"。　不錯，眞念過。　也是念完了不大幾天兒⑤。　底下那兩個字一句的，都念了麼？　都念了。　爲甚麼不把那倆字、倆字的，聯在一塊兒說話呢？　那我還不能順嘴兒說呢，還得學。　是阿，不錯，總得勤學。　我想着怪難說的。　阿？甚麼？你不肯學，就是了，一點兒不難說。　怎麼不難？　常說，說慣了就好了，沒有不能說的。　可有一層⑥，小孩子說容易，我不是小孩子，又不是這兒的人，怎麼能呢？　那倒不然，小孩子自然是容易學話。我有一個朋友，他的孩子三歲，小嘴兒甚麼都說。長到了八歲上雲南去，二十歲回來，一口雲南話。　所以了，怎麼能改京話呢？　你瞧，到了京裡，這位阿哥怕人笑話，用心用意一

---

① 官話：據《四聲聯珠》所處的年代（十九世紀八十年代），當時通行全國的官話是北京話，而非南京官話。
② 甚麼：什麼。
③ 《自邇集》：《語言自邇集》。
④ 《平仄編》：《語言自邇集·練習燕山平仄編》。
⑤ 不大幾天兒：沒有幾天。
⑥ 一層：一點或某一方面。

改,半年的工夫,就會說狠①好的官話了麽②。 那麼,我也學罷。 好,不但學,還得勤學。

註　釋

〔四聲〕習北方官話,宜先明四聲之上平下平上聲去聲,如"聲"字有四聲,上平爲"聲",下平爲"繩",上聲爲"省",去聲爲"盛"之類。○又作詩有上下平,及上聲去聲入聲,與此不同,習話者宜別之。○又官話之所謂上下平,乃聲之自然,且有以"出入"之"出"字爲上平,"直曲"之"直"字爲下平者,此"出"字、"直"字若以作詩論之皆入聲也,習者慎之。

第二章　議請聯話

（愛）．哀・求　・塵・埃　高矮・　愛・惜

聽您說的,實在不錯,從此我要學了。 那寔在好了。 可是,您就把《平仄編》的四聲的字,給聯到一塊兒,做一本話條子③罷。 那我可沒有工夫。我和您的交情,還用我哀求麼? 那也不敢當。 隨您的便,每天給編一個就是了。 要文話,要俗話哪? 雅俗共賞的好。再說,我也不明白那④是文,那是俗。 比方,"這屋裏明窓淨几⑤的,並無半點塵埃,正好用工。"這就是文話。 改俗話呢? 俗話,是"窓戶亮素⑥,棹子、椅子的乾淨,一點兒土沒有,狠可以念書。" 是了,您就請每天在這屋裏來,編給我念罷。 這屋裏可倒乾淨,這張椅子也好,就是這張棹子太高,不得⑦寫字。 那麼,請您這一邊兒來。 這邊兒怎麼着? 您看,這一張棹子高矮。 這一張可以,我就在這兒坐着罷。 那麼請您,每天隨便編給我念,就是了。 可以,一來你不棄嫌我,二來我也愛惜你,咱們倆人,兩好並一好,就可以天天兒一塊兒,切磋琢磨的,

---

① 狠:很。程度副詞,表程度深。
② 麽:表肯定語氣。
③ 話條子:一種隨編隨教的語言教材。話條:話語,句子。據蒙漢合璧會話教科書《初學指南》(1794)記載:"我所求者阿哥疼愛,勞乏些兒可怎麼樣,抽空兒編幾個話條給我念。"(卷上 1b)
④ 那:哪。此句話即"哪是文,哪是俗"。
⑤ 窓:窗。明窗淨几:窗明几淨。
⑥ 亮素:明亮、光亮。
⑦ 得:此處義爲"便於、適於"。

互相討論的用工了。　豈敢,總是求您多指教。

註　釋

〔棹子〕椅子,棹椅之形不同,而名亦異。棹有方棹,高約二尺四寸,寬長皆二尺五寸,四其足而一其面,爲方棹,又名八仙棹。小者爲六仙,又小,爲四仙。方棹短足,而置於床者,曰炕八仙。僅一半者,曰一字棹。又長者八九尺,曰琴棹。兩端峙者,曰條案。帶抽屜者,曰連三抽屜棹,或連二抽屜棹。連二而下有櫃者、曰立櫃。又有炕棹、炕几、茶几等類,其形不一。椅有高背椅、羅圈椅、太師椅、方椅等名。椅無靠背者,曰机子,亦曰机橙①。橙之長而窄者曰板橙,極長者,曰長板橙。小而矮者,曰小板橙,皆以木爲之。亦有以竹爲之者,南方頗多。

第三章　風塵問答

(安)·平　安　○　俺·們　·河岸·

我和您作爲兩個人,彼此問答,好不好?　好,您問,我答。　咱們假粧②,多日沒見。　是。　久違,久違。　彼此,彼此。　多咱③回來的?　前兒④晚上。　一路平安哪?　托福,狠好。府上都好?　承問,承問,都好。您上那兒⑤去了一盪?　到了好幾省的地方兒哪。　各省的人都一樣麼?　不能,口音、風俗,都不能一樣。　那麼,您到了那兒,打聽一個風俗、古跡兒甚麼的,都狠難罷?　可不是!費話⑥着的哪!　都打聽甚麼來着?　我那也沒有準兒⑦,見了甚麼人,可以打聽甚麼事。　你怎麼打聽呢?　我說,你們貴處的水路多,旱路多?　他說甚麼?　他們有說,我們這兒水路多。有說俺們這兒旱路多的。　是了,本來不能一樣。那兒水路多,那兒旱路多呢?　三江、兩湖水路多,船也不少。北五省旱路多,都是坐車,或是駝轎⑧。　有山沒

---

① 橙:凳。據《字鑒·去聲·四十八》:"凳,或作橙。"
② 粧:假裝,裝扮。
③ 多咱:什麼時候,爲"多早晚"之合音。
④ 前兒:前天。
⑤ 那兒:哪兒。
⑥ 費話:費口舌。
⑦ 準兒:准主意。
⑧ 駝轎:馱轎,馱在騾馬等背上的轎子。

水的地方兒呢？　那比方，雲南、貴州甚麼的，不能坐車、坐船，就是坐轎。你是愛坐車，是愛坐船，還是愛坐轎子呢？　坐車，咕噔①的慌②，坐轎子發暈，是坐船好。　你坐的是大船小船兒呢？　走的是河路小船兒。　船上有趣兒罷？　是，兩邊兒河岸上的景致兒，好看着的哪！　好。

註　釋

〔車轎〕北京城内皆車，車有數等。有方頂車，形如轎，有旁門車，皆一二品所乘之車。次者大鞍車，為官員之車。常人則有小鞍車、馬車、驢車之類。轎則惟王，及一品文職可用。常人則或嫁娶，或喪事，婦女始用轎，平日皆不能乘也。若天津、南省，則有四人二人等轎，常人亦可乘之。

第四章　兵食銀米

（昂）．低昂　．昂貴．　○　○

　　你是個甚麼前程③？　我是吃錢粮④，當兵。　那麼，上月的錢粮銀子，換了多少錢？　換了二十二吊多錢。　這個月呢？　本月也差不多。　一個月關⑤幾兩？　一個月三兩銀子。　怎麼纔關三兩麼？　我是一個甲兵⑥，可不是三兩麼。　可這甲兵的三兩銀子，現在也不足三兩。　怎麼？　現在不是十成，只有五成五分，也有六成的，也有八成的，不一樣。　都是怎麼個規矩？　有每年總關一次庫銀的，有五兩正，按十個月，戸部扣回去，這樣的三兩，就是每月關五成五分。有不關庫銀的，那是坐甲，隨着官的，那樣兵不多，就是八成。比方宗室的，三兩，可就是六成。　你這是多少的？　我是每月扣去庫銀五錢七分五厘，下餘的，二兩多，照五五乘，合一兩三錢上下的銀子。　比方銀子落到十二吊一兩，你換多少錢？　換十五吊來錢。　你家裏幾口人？　五口兒。　那麼，夠過的麼？　不夠。　所以了，我看別說是三兩，就是四兩也

---

① 咕噔：指車行進的聲音，形容顛簸之狀。
② ……的慌：跟在某些形容詞和動詞之後，表示程度深。"的"現在寫作"得"。
③ 前程：功名職位。
④ 錢粮：清政府每月發給旗人的薪俸。
⑤ 關：關餉，領取薪俸。
⑥ 甲兵：清代旗兵的一等兵。

不行。 誰說行呢。而且這倆月,錢舖關閉的也不少,銀價也沒有準兒。 一來,銀子的行市,忽長忽落,低昂不定。 二來,東西的價值也太昂貴。 甚麼樣兒的人家兒①,都不好過日子。 別說吃錢粮的人家兒了。 這麼說,當兵的人,沒好日子過了。 別忙,下月就是米季兒了。 儞②關多少米? 五石五斗。 都滿關麼? 不能,寔關③,一石一斗,還有一兩六錢,米折④銀子。那麼還是不够⑤。 可不是! 下月是那一旗⑥的米季兒? 下月是正白、鑲白兩旗麼。 一年是幾個米季兒? 一旗各占四個月,正、四、七、十月,是兩黃旗;二、五、八、冬⑦,是兩白旗;三、六、九、臘⑧,是兩藍旗。 那麼,兩紅旗呢? 那正紅旗,是隨着兩白旗,二、五、八、冬;鑲紅旗,是隨着兩藍旗的,三、六、九、臘月,一塊兒。 是了。

第五章　飯食規矩

（傲）熬菜。　熬夜。　綿襖⑨　狂傲。

這兒京城人,一天吃幾頓飯? 吃兩頓,就是早飯、晚飯。 早飯甚麼時候? 十下兒來鐘⑩。 晚飯呢? 四下兒多鐘⑪。 都是吃甚麼粮食? 吃老米⑫,也吃麵。 吃甚麼菜? 熱天吃炒菜的多。冷天吃熬菜⑬的多。

---

① 人家兒:家庭。
② 儞:你。據《集韻·上聲·四紙》:"伱儞你,汝也。"
③ 寔關:實際領取。
④ 折:折算,折兌。
⑤ 够:夠。
⑥ 旗:努爾哈赤在明萬曆四十三年(1615)建立的一種集軍事、生產、生活於一體的組織,共八旗;正黃旗、鑲黃旗、正白旗、鑲白旗、正紅旗、鑲紅旗、正藍旗、鑲藍旗。另可參見本書第七卷第七章的"註釋"部分。
⑦ 冬:冬月,即十一月。
⑧ 臘:臘月,即十二月。
⑨ 綿襖:棉襖。本章下文亦作"棉襖"。
⑩ 十下兒來鐘:十點鐘左右。
⑪ 四下兒多鐘:四點多鐘。
⑫ 老米:糧倉中的陳米,其色發黃。
⑬ 熬菜:將多種蔬菜放在一起加水燉煮的一種菜肴。

一天吃兩頓不餓麼？　住家兒①的人，早起和晌午②，都吃餑餑③。　一年到頭的，都是兩頓飯麼？　不，舖子裏，天長的時候，有吃三頓的舖子。　叫作甚麼飯呢？　早飯、午飯、晚飯。　冬天呢？　冬天，就還是兩頓。　聽見說，冬天夜長，他們是熬夜做活麼？　那叫打夜作④，不是真熬夜。　熬夜是甚麼？　比方，有病人，或是有事，故意不睡，那就叫熬夜。　是了。住家兒的人，也打夜作麼？　娘兒們到了冬天，都早就預備棉衣裳了。比方到了冬天，棉襖棉褲，還沒拆洗得⑤的，那也要連夜做。　那叫打夜作麼？　不，叫做夜活。　是了，那夜裏不餓麼？　也有吃東西的，叫吃夜消兒⑥。　不做夜活的，自然不吃了。　可有吃的，或是有錢的人，或是狂傲無知的人，他們熬夜耍錢⑦，或是吃鴉片烟，所以夜裡的東西的，也不少。

註　釋

〔午飯〕京師平日不論舖肆住戶，日皆饗飧二餐而已，朝曰饗，以巳刻；夕曰飧，以申刻，俗曰早晚飯。四月至七月，舖肆及農家則有午飯，以午刻食之，則日以三餐矣。城市多以猪羊肉和青菜爲蔬餚，鄉間則粗粮鹹菜而已。舖肆初二日十六日，祭財神以肉，祭畢衆始食肉，常日亦只素食，住戶則視貧富，隨意食肉，惟粮食皆以米麥焉。

第六章　公文行欸

（乍）渣滓　剳·文　一拃　乍見

你使的這個墨太不好。　怎麼見其不好？　一研，滿硯臺上都是碎墨渣滓。　這寫的不是要緊的公文，要好墨幹甚麼？　是給那衙門的公文？　是給小衙門的剳文。　剳文是甚麼？　是大官往下行文，給小官的，也叫剳子。

---

① 住家兒：住戶。
② 晌午：中午。
③ 餑餑：老北京人稱糕點爲餑餑，名目繁多，不同於農村地方稱粗糧主食的"餑餑"。
④ 打夜作：做夜工，夜間工作。
⑤ 得：指完成，做好。
⑥ 夜消兒：夜宵。
⑦ 耍錢：賭博。

是了,這若是小官給大官,該用甚麼文書呢? 那用呈文、申文、詳文。 平行的官,用甚麼? 用咨文、移文,或是照會。 是了。這文書都有多大的紙啊? 都是一拃①多長,半拃多寬的紙摺子。 寫的時候,有甚麼分別麼? 劄文、平行文是每頁四行;呈文甚麼的,每頁五行。 是了。 往上的文書字小,恭敬的樣兒。 那麼往下的文書,自然是大字了。 不錯。 你這個字,一來墨也不好,二來也太寫大了罷。 也不算狠大。 我看,又大又不好。 咳②,朋友啊,幸而是你說我。 怎麼? 咱們倆有交情,不是一半年兒的了,笑話我字不好,我決不嗔怪你,你若是說乍見一兩面兒,沒有甚麼交情的人,人家一定要惱你了。

註 釋

〔墨〕京師之筆墨,多自南來,俗曰湖筆,徽墨蓋指兩湖及安徽而言也。又京師自造之筆,以正陽門外珠寶市李自實家者為上。

第七章　小孩初學

(茶) 叉手·　　茶酒·　扠·腰　樹·扠·

你幹甚麼? 在這兒叉着手兒站着。 我不是在這兒叉手站着,我有我的事。 你在這兒幹甚麼呢? 瞧我的風箏呢! 風箏下不來了? 怎麼好呢? 我告訴你,小孩子家,竟③貪頑兒④,有甚麼好處! 沒甚麼可幹的麼。 這都不像話,與其在這兒叉着手兒白站着,念一念書,好不好? 怎麼念書? 小孩子,到了學房裏,先認字號兒⑤。 怎麼認? 拿紙,裁成一寸多大的四方的紙,寫上一個字,教給你。 我怎麼着? 先生坐在那,儞站在那兒,垂⑥

---

① 一拃:儘量伸展開的大拇指和中指之間的長度。
② 咳:嘆詞。
③ 竟:只,光。
④ 頑兒:玩兒。
⑤ 字號兒:小塊方紙片,上面有單字,以供孩童識字用。
⑥ 垂:垂。據《正字通·土部·丑集中》:"垂,垂本字誤。"

手侍立的,聽他教給你。 認完了呢? 寫紅模子①,念三字經兒、千字文兒、百家姓兒。 念這麼些②呢! 坐在那兒,可小心,站在先生的棹子那兒,更得小心棹子上的東西。 甚麼東西? 比方筆咧,墨咧,先生的烟袋咧,茶咧,點心咧,酒咧,果子咧都別碰。 茶酒點心,都不給我吃麼? 那不能,儞還得規規矩矩站着,別扠腰,別伸懶腰。 坐着呢? 坐着別不端正。 我受不得,還是放風箏好。 有甚麼好! 儞瞧,你那一個風箏在樹扠兒上掛着了,那還搆③得下來麼?念書寫字去罷。 哼④。

註 釋

〔讀書〕蓋讀書之法,大概不論旗民之家,小兒自六七歲,先於家中父兄教以認字數千,始入學塾讀書。有力之家,延師至家爲專舘,貧者入塾師之家爲散學,讀《三字經》《百家姓》《千字文》三種小書後,始讀四子書,即《論語》《孟子》《大學》《中庸》也,時兒已十二三矣。四子讀畢,則讀《詩經》《書經》《易經》《禮記》《春秋》,爲五經。且兼讀時文,習八股之業,八股即時文之規也。並習爲五言六韻詩,詩文二者稍爲可觀,即入府、廳、州、縣之學,考試中式者,爲入學之秀才也。逢子、午、卯、酉年,秀才各于本省考舉人,此儒教之大畧也。

第八章 祭祀齋戒

(窄) 齋戒。 住宅 寬窄 欠債。

您上那兒去? 我要出城聽戲去。 別去了,今兒⑤沒戲。 怎麼會沒戲呢? 今兒是齋戒,所以沒戲。 甚麼叫齋戒? 二月、八月,或是別的時候,遇見祭祀的日子,前三天、兩天,或是一天,都要齋戒。 祭祀甚麼神呢? 天壇祭天,地壇祭地。還有社稷壇、神祇壇、日壇、月壇、太廟、孔子廟、別的神的廟,多着的呢! 怎麼齋戒呢? 文武大官都不在各人⑥住宅裏住,都上衙

---

① 紅模子:兒童練寫大楷字的紙,上邊印着紅格子,格子裏有空心字樣,習字者依樣描寫。
② 這麼些:指數量多。
③ 搆:够,達到。
④ 哼:哼。此處表輕微的允諾語氣。
⑤ 今兒:今天。
⑥ 各人:自己本人。

門裏住,衣裳上帶齋戒牌。 齋戒牌有多大？ 有二寸來長,一寸來寬,四分來厚。好木頭做的,夏天也有紗做的。 大、小、寬、窄,都一樣麼？ 差不多。作官的人,人人都帶齋戒牌麼？ 嘻①,也是那些文武大員,和那有體面的官纔帶呢！ 別的官呢？ 小官兒,不執事的,也帶不着。 帶得着的,都帶好木頭的牌麼？ 那也看有錢沒錢,有錢帶好的。比方執事的小官兒,帶呢可是該當帶,但是靴、帽、衣裳不能整齊,過日子欠債,該錢②,還愁不了,有一個粗木頭的齋戒牌就得了,還能講究好看兩個字麼？

註　釋

〔戲〕京師有戲園,演劇之處,正陽門外大柵欄爲多。其劇有高腔、二黃腔、梆子腔之別。蓋高腔爲直隸之劇,二黃腔來自湖北,梆子腔來自陝西,故又曰秦腔。其衣冠之類,曰行頭。其劇中用物,曰切末子。劇甚佳妙,甲於各省。又有妙年優人,供客酒政,曰相公。然繁華之地,觀劇者宜愼之。另有戲莊子,爲宴客之處,觀劇飲酒,亦頗便宜。

第九章　訓子惜字

（柴）拆毀．　．柴炭．　樣册(．兒/．子)③　○

你怎麼把這一個書給拆了？ 我拿他打狗來着。 了不得,你怎麼這麼造罪④呢！ 怎麼了？ 書是聖人的書,字是聖人的字。 書字是聖人的怎麼着？ 書不可以拆毀,字不可以蹧踏。 蹧踏了怎麼着？ 咱們這兒有敬惜字紙⑤會,一個字也不叫人蹧踏。 是了。 有拿字紙糊牆的,有蘸了油弄火的,燒着了,擱上柴炭甚麼的,那個罪過兒都不小。 到底蹧踏了,怎麼着？ 蹧踏了,那一輩子,癡、呆、獃⑥、傻、雙失目、作瞎子。 啊！這麼樣兒哪麼？

---

① 嘻:嘆詞。
② 該錢:欠錢。
③ 底本"兒""子"爲小字豎排雙列,爲行文便利,改爲大字,並加括號,下文同。
④ 造罪:作孽。
⑤ 字紙:指寫過字的紙,老北京人對這樣的紙非常尊敬,不能隨意處理。
⑥ 獃:怯弱,呆滯。據第五卷第三十二章,本書的"獃"爲"捏"的同音異聲字,故此字並非"呆"之異體,而同"苶"。

老天爺的報應的。　爺們、娘兒們、大人、小孩兒,都是一樣的罪麼?　都是一樣。　我寔在不知道。　不知者,不作罪。　那們①,我母親、我姐姐,他們拿書當樣册(兒/子)②,您怎麼不說他們娘兒倆呢?　我是不知道,沒看見,回來③我必叫他們給我把樣册子兒騰出來。　起④這兒起,我敬惜字紙了。　那纔是好孩子呢!

註　釋

〔惜字〕有結會而爲善者,以惜字放生爲要。放生者,即戒殺也,見有籠鳥、網魚,徹買而放之。惜字則以小竹簍分送於人家,至匝月,則僱傭人荷大簍至,取一月小簍所存之廢字紙去,火之而沉灰於河,惜之以示敬聖人之字也,其工費皆衆輸金爲之。亦有大惜字會,則設義塾,施棺木,費粥濟貧,掩埋枯骨,皆善舉也。惜字特其一端耳。

第十章　縣衙公務

(斬)．沾．染．　○　一．盞．燈　驛．站．

我們那兒那個縣太爺寔在是一個好官。　怎麼知道他好呢?　愛民如子,不貪贓,不愛錢。　也不收舖戶的陋規麼?　不論甚麼錢,一點兒不沾染。辦事如何?　稱得起勤慎兩個字了。　怎麼個勤法呢?　天不亮,就起來辦官事,瞧文書。　那麼早,不漆黑的麼?他怎麼看得見字?　你好糊塗啊!他不會點上一盞燈麼?　我是說着頑兒,稱得起是勤了。　寔在勤。　都辦甚麼事啊? 這個縣衙門裏。　你不知道,這個知縣衙門辦的事多着的哪!　都是甚麼事?　地丁⑤錢糧。　一樣兒了。　百姓打官司。　兩樣兒了,還有呢?　地方上有欽差過境,或是有兵過。　怎麼着?　都得應付。　還有甚

---

① 那們:那麼。
② 樣册(兒/子):舊時家庭婦女刺繡,都有剪紙的"花樣兒",夾於一册書本中,這個書本叫"樣册兒""樣册子"。
③ 回來:待會兒,稍遲片刻。
④ 起:從、自,表示起點。
⑤ 地丁:土地稅和勞役稅的合稱。

麼？　有馬號①。　馬號怎麼着？　就是來往送文書的驛站的馬。　多遠兒一個驛站呢？　四十里三十里不定。　都是知縣管麼？　都是知縣管，一省的驛站，可都是省城的按察司大人總管。　啊，這麼說，知縣忙極了。

註　釋

〔地丁錢糧〕各省之地丁錢糧，皆隸於州縣掌之。每歲分二次徵收，曰上忙下忙，即麥熟，及五穀秋收之二候也。所收之項，有銀有糧，糧有有漕各省，如江蘇白米之數，分解京師，爲官兵食用。其銀錢，統由州縣交省城藩司，藩司總核其數，或留本省官兵俸餉，或解送京城之京餉，或助他省之協餉，各有定例，見《會典》。〔兵差過境〕州縣應付兵丁口糧，及擄菜銀，並僱覓民夫，代兵運送軍火甲械等事。事完，報銷藩司，由地丁開銷，仍由督撫報銷於戶部。

第十一章　分別釋道

（產）攪・雜　嘴・・饞　產・業　懺・悔・

那個人沒頭髮，又像一個娘兒們，是一個甚麼人？　那是一個尼僧，也叫姑子②。　姑子是甚麼人？　是出家的婦女。　那麼是一個女和尚？　不錯。　出家的人，是入了佛教了不是啊？　是入了佛教了。　還有甚麼？　出家的人，好幾樣兒。　我瞧不出來。　好幾樣兒，攪雜在一塊兒，所以難分辨。　和尚，聽說他們吃素不是？　有吃素的，那叫禪僧。　還有甚麼？　有吃肉的，叫應佛僧。　那麼嘴饞的人，也可以出家作應佛僧了。　怕不行，他們都沒有媳婦兒。　沒有別的了？　有喇嘛，也是吃肉，穿黃衣裳，蒙古人多。還有別的麼？　還有一宗③道士，是留頭髮的。　他們都作甚麼？　都是把產業撇④了，出家，拜佛，念經。　道士也拜佛麼？　不，道士是道教，拜玉皇，拜神仙。　經竟在廟裡念麼？　也在廟裡念，也上有死人的人家兒⑤去念。

---

① 馬號：舊時官署或府邸養馬、存車的處所。
② 姑子：尼姑。
③ 宗：類，種。
④ 撇：扔，拋棄。
⑤ 人家兒：住戶。

都是爲甚麼念呢？　人家兒死了人，請和尚、道士、喇嘛去接三①、念經、放焰口②、開天門、破地獄③、轉棺、拜懺，好些個④事呢！　爲甚麼？　說是厶人有罪，請他們來給懺悔。　哦，那就是了。也有請姑子的麼？　也有，少。

註　釋

〔道教〕支那古亦無道教，惟老子著《道德經》，莊子著《南華經》，後世逐漸據之以爲道之所以爲道，漸與儒別。又漸而有徐福、抱朴子之流，直以采藥練丹爲事。而道教若興，而實背於老莊矣。厥後仿釋氏之渣滓，作諸神仙像，妄以老子爲教祖，而鐘鼓鐃鈸經聲聒耳，是若帶髮之僧而非僧，若別有一教焉，即今之道士也。其衣冠則仍古制焉。

第十二章　論賣洋藥

（章）章·程　　○　　生·長　　帳·目·

您貴姓？　賤姓馬。　那兒恭喜⑤？　城外頭洋藥局。　寶字號？　小號大永。　買賣開了多年了罷？　日子不多，纔幾年的光景。　怎麼，新立的買賣麼？　是從前沒有這個樣兒的買賣。　爲甚麼？　老例⑥，不許賣這個，這是新章程。　買賣好啊？　可以，托您的福，還不錯。　我說一句話，您可別多心。這個買賣，與人沒甚麼大益處罷？　誰說不是呢！可也是有吃的，就有賣的，就是了。　不是那麼說，我看是有賣的，纔有吃的呢！　這也是，莫名其妙的事。　這個東西，是本地出的麼？　不是咱們這兒本地生長的。　那兒來的？　洋藥，洋藥麼，西洋來的。　是了。不論那兒來的，人吃了，不是不大好麼？　豈止不大好，簡直的害人，觕悮⑦工夫，蹧踏身子，耗費銀錢。　爲

---

① 接三：舊時風俗，人死後第三天晚上焚燒紙糊的車、馬、人等，由僧道念經設祭，稱爲"接三"。
② 放焰口：舊時佛教法事，喪家於"伴宿"之夜，即出殯前夕，舉行祭禮，請和尚念經，向"餓鬼"施食，作法事，至深夜，叫"放焰口"。
③ 破地獄：舊時佛教法事，以幫助亡者不陷入地獄。
④ 好些個：很多。
⑤ 恭喜：指任職、高就。
⑥ 老例：老規矩，傳統的禮儀和講究。
⑦ 悮：誤。據《康熙字典·心部上》："悮，與誤同。"

甚麽人還吃呢？　吃上了癮了，不吃，渾身酸懶，而且彷彿要死的樣兒。　癮來了，吃了就好了麽？　吃了，那就叫過了癮了。　是了，是了，您從此多多發財罷。　嗐！我也不願意做這個損人利己的買賣，趕①到年下②，清理清理帳目，我也就要收這個買賣，要改行，做別的買賣了。

註　釋

〔洋藥〕本名鴉片，亦曰鴉片烟，來自西洋印度，蓋約八九十年矣，其詳不可考。道光年間，南省亦有種之者，花鮮而豔，美其名曰芙蓉，亦曰大烟，亦曰罌粟花。彼時官禁甚嚴，而民亦羞食之。有食者，亦必歛跡而隱飾之。偶有人前悮言大烟二字者，輒面頰發赤。道光十九年，經林則徐焚西來鴉片於廣東以後，禁益嚴，食之者死刑。咸豐末年，馳其禁而稅之，名曰洋藥，仍禁官員、太監、兵丁，不許吸食，而民間則聽其售賣。各省有種者，仍禁之云。○吸食之法，熬其汁而焚於燈，以烟筒吸其烟，故曰大烟。

第十三章　歌功頌德

（唱）娟妓。　長短。　木廠。　歌唱。

這裏有一個武官衙門，門口兒有幾塊木牌。　不錯，都寫着字哪！你認得麽？　認得，寫的是："嚴拿光棍③，驅逐流娟。"　是，不錯。　流娟，我知道，一定是娟妓，各處來的，恐怕於地方有害，所以不容留他們。　不錯。　那光棍是甚麼？　就是兇惡的匪類。　是了。　這些個匪人，也叫光棍，也叫惡霸，在鄉下害人。　可惡，國法怎麼治他們？　國法也有把他們充軍的，也有枷號的。　好。　我們這兒的地方官狠利害④，拿着光棍，往往的就極刑拷打，不問長短，立刻打死。　那也是除暴安良的意思。　可不是！　那個官還在任麽？　新近升了，上新任去了。　走的時候，百姓怎麼樣？　人都捨不得，給他立德政牌，做萬民衣、萬民傘。叫木廠子⑤裏，給他做了一塊除暴安良

---

① 趕：等到。
② 年下：正月初一，春節。春節前後幾天也可統稱爲"年下"。
③ 光棍：一種在公衆中逞強、蠻不講理的人。
④ 利害：厲害。
⑤ 木廠子：舊時京城承接土木工程估工、包工或批發、零售木料、桌椅等粗製木器的廠子。

的匾,給他掛在衙門裏。　那位官怎麼樣？　他一概不收,說是不合國家的功令,不許做這些個。　怎麼樣呢？　沒法子,人就都嘴裏歌功頌德,萬口同聲的誇好。　人人兒都誇麼？　不但大人,連小孩子都編成曲兒,嘴裏歌唱他的好處哪！　眞好。

註　釋

〔娼〕昔齊管仲爲女閭三百,後世言娼者每以之爲口實。然國家功令寬禁之甚嚴,官員宿娼者,部議其罪;軍民宿娼者,杖而枷示之。然禁之嚴,仍不能絕其源。以京城而言,則聞有堂名、細局、土妓諸名色,遠客來寓於此者,其宜愼之。○又有相公下處者,即上文窄字部註中所言妙年優人之住處也。稍一不愼,家資可立罄於彼云。

第十四章　清晨忌諱

(兆)　招　呼　　着急　　察找　　先兆。

　嗜！太陽出來了沒有？　太陽剛冒嘴兒①,早哪！你睡罷。　睡不着了。你瞧,我夜裏做了一個夢。　呸！別說了！　怎麻②大聲的啐我？爲甚麼？大清早起,別混說。　怎麼了倒是？　早起不許說那個。　我偏要說,我夢見死鬼李老二在街上招呼我。　可了不得！大清早起,不許說夢,你怎麼連死鬼都說出來了呢！　說了怎麼？　告訴你,咱們這兒還不大要緊,不過是早起不許說夢,就是了。　若是別處,怎麼樣？　別處忌諱多了。南邊省分,你若是早起說鬼,說老虎,說蛇,說死,不好的字,人家就一定要著③急了。　是了。不到一處一處迷④,到底說了怎麼着？　凡事,都有一個兆頭兒,吉有吉兆,凶有凶兆。　我不明白。　你明白你還不說呢！你明兒個⑤,書上察一察,找一找,就知道了。　我也沒念過書,也沒地方察找去。　那麼,你眞是一個糊塗人,等着我告訴你罷。　甚麼呀？　大清早起,要說吉利話。說了不好的,怕

---

① 冒:冒。太陽冒嘴兒:指太陽初升。
② 怎麻:怎麼。
③ 著:着。
④ 不到一處一處迷:不到當地,就不能了解當地的具體情況。
⑤ 明兒個:明天。

那就是一天不能順當①的先兆,你知道了?

第十五章　軍功賞賜

（吵）吵嚷.　　窩巢.　　煎炒.　　錢鈔.

這間壁兒②,是怎麼這麼熱鬧?　那是他們家老爺,在外任升了官了。升了官,作甚麼這麼吵嚷呢?　那是報喜的人來報喜哪!不是吵嚷。　那麼他嚷的是甚麼?　他說:"大人升了,得了花翎③了!"　甚麼叫花翎?　那是做官的人,有了功勞得了保舉④,或是出兵得了勝仗,皇上賞的。　就是那帽子上的孔雀尾巴,狠好看的那個不是?　不錯,有花翎,有藍翎⑤。　藍翎是甚麼?　藍翎,是黑的,是老鴰⑥毛做的。　那一樣兒好?　藍翎小,花翎大。不是我看見,帽子上也都是那麼長的,一個樣的翎子麼?　不是論長短。比方出兵打仗,攻破了賊的窩巢,先得藍翎,後得花翎。　是了,藍翎,比花翎的分兒⑦小,不是麼?　對了。　出兵的人也真可憐,他們捨死忘生,辛苦勞碌,得一枝翎子,也不容易哪!　可不是!而且在軍營裏,吃的是苦,住的是苦,那兒能享福哪!　出兵不是有粮草麼?　都是折銀子買飯吃。　也像飯舖兒、飯舘子似的,那們買飯吃啊?　那兒能像那麼煎炒烹炸的好吃哪!一來,買賣街兒上,沒有好的;二來,口分⑧也不多,吃好的,那兒能有那麼些錢鈔呢?　倒是。

註　釋

〔昇官〕官職有升遷者,由本官先寫新官名刺拜望親友,名曰"誇官"。親友回拜,或送頂戴補服,

---

① 順當:順利。
② 間壁兒:隔壁。
③ 花翎:清朝以孔雀羽製成拖在帽後表示官品的帽飾,由皇帝賜給建有功勳的人或貴族。
④ 保舉:推薦以使某人得到提拔任用。
⑤ 藍翎:清代禮冠上的飾物,插在冠後。
⑥ 老鴰:烏鴉的俗稱。
⑦ 分兒:身分,資格。
⑧ 口分:自己分內應得的食品。

各以其品級而送之;或送靴帽綢緞,各以其貧富而備之;或送筵席茶酒,皆可;或只答拜不送,各以其交情之厚薄。而本官亦具柬迎客至家暢飲。富者或張筵演劇,貧者或盃酒談心,俱示喜樂之意而已。○頂戴,翎子,俱由民間舖肆中購買以用,不由官給。

第十六章　官人禁烟

（這）　遮掩·　　·摺奏。　再者·　這個。

令友怎麽新近回來了？　可不是！他是壞了官①了,所以回來了。　怎麽他的官,沒了麽？　可不是,沒了麽！　那麽他告訴我,是告了病②回來的。不是,那是他遮掩的話。　作甚麽遮掩呢？　他怕親友們笑話。　因爲甚麽壞的？　我問他,他也不肯說,我瞧見京報③上,他做官的那一省的督撫的摺奏了,說他吃鴉片烟,還有貪臓的事,所以革了職了。　是了,是了。不是說現在不禁洋藥麽？　平常人可以隨便。官員、兵丁,大槪還有太監,這三樣兒人不許喫。　是了。　我看,不但官兵人等,誰都可以不必吃。　是麽,那本不是好東西。一來,有損無益;再者,也耗費錢。一定吃他,有甚麽趣兒呢！　現在這個洋藥,我看也漸漸的要斷了。　怎麽能斷呢？　如今街上,頗有斷烟的藥賣,而且吃烟的人,也都自己有後悔的了,一來二去的,必要一天比一天的少上來了。　那敢則④好,眞要能斷了這樣兒,那就是衆人的大造化了。是麽。

註　釋

〔告病〕官員有因病呈請開缺,家居養疾者,曰告病。至病愈復官,則仍以原官授之。而愈時,原官已爲他人所官,則俟其人之或升或改除出缺,本病愈之人始得補其缺,名坐補原缺,蓋以杜其

① 壞了官:被革職。
② 告了病:請了病假。
③ 京報:據《四聲聯珠》的刊行年代(1886),此處的"京報"即"邸報""官門抄"。爲解決朝廷及中央六部的指示迅速下傳,各省報呈的文書及時上達的問題,各省駐京的提塘官每日到掌管朝廷題本抄發的督察六科,抄錄所頒發的皇帝聖諭和臣僚上奏本章折件,然後刊刻印刷發回本省。各種每日刊刷的報紙,統稱"京報",又稱"邸報""官門抄"。(據王壽彭《京報·前言》,全國圖書館文獻縮微複製中心,2003年。)
④ 敢則:當然。

取巧規避也。恐病者因其缺之難,而託病以避之也,故仍補之以原缺云。

第十七章　應付兵差

(車) 車馬。　○　拉扯。　裁撤。

你從那兒囘①來？　我從南邊囘來。　起旱②來的,坐船來的？　起旱來的。　道兒好走啊？　走倒還好走,就是大道上住店,狠不方便。　爲甚麼？正遇見兵差。　兵差是甚麼？　有軍營的官兵,一路上在我們一塊兒走。州、縣預備夫、馬、車輛,應付伺侯,所以店少人多。　兵也是住店麼？　沿路走,都是住店。地方官給他們預備店。所以,我說兵差兩個字,就是那地方官們的說的話。　多少兵？　好幾千呢！　人狠多啊！　官兵、車馬,店少人多,擠得慌③。　你知道他們從那兒來上那兒去的兵麼？　那我倒不知道。一天到晚的,接連不斷的過兵,簡直的在兵羣兒裏走。　是了,你該當趕一站過去,就躱開了。　不行,趕站趕不了,破站④又破不了。而且有一個帶兵的官,我們拉扯⑤着,是個親戚。他告訴我,一塊兒走,可以我有一個照應,這麼纔一塊兒囘來了。　到底他們是纔出兵去呀,是囘來的兵呢？　我就聽見說,是軍營裡裁撤囘來的兵。前兒我們半道兒分的手,不知道他們是往那麼⑥去的。

註　釋

〔兵差〕凡有徵調兵馬,以備出征之事,則一切應用口粮、抬夫、車馬、水路船隻,俱有一定之例,皆係沿途州縣,預備供應。事終,報戶部銷算,爲兵差。

① 囘:回。據《字彙・口部》:"囘,回本字。"
② 起旱:走旱路。
③ ……得慌:見第一卷第三章"……的慌"條。
④ 破站:一日的路程,分爲兩日走。
⑤ 拉扯:閒談,扯淡。
⑥ 那麼:哪麼。指哪邊。

第十八章　分別字音

（這）　○　○　○　　這塊兒

這個地方兒人，都愛說"這兒""那兒"的，那個"兒"字，別處我聽他們都不大說，是爲甚麼？　不錯，本來說正經的官話，都沒有帶"兒"字的。　那麼，"這兒""那兒"，該當說甚麼？　該當說"這裏""那裏"。　不錯，我聽南省地方人，都是說"這裏""那裏"的多。　本來那是官話麼。　這塊兒①的人，都愛帶"兒"字，又是爲甚麼呢？　那是京城和北省的口氣，沒甚麼要緊。　是了。還有一樣兒，你剛纔說"這塊兒"的那一個"這"字，也有分別。　甚麼分別？"這塊兒"的"這"字，和"這裏""這個"的"這"字，音不一樣。　怎麼不同呢？"這裏""這個"的"這"字，就念是"者"字的去聲。　"這塊兒"的"這"字呢？你把"這"字底下添上一個"一"字快快的念，就對了。　怎麼講呢？是那一個字的，同音同聲呢？　沒有同聲的字，也沒有同音的字，那個講法，是單指一個說的。　怎麼？　比方你說，這樣東西的總類，就用"這"字，說這樣東西裏的一樣兒，就用"這一"兩個字，快念。　那麼"這塊兒"三字，倒底②是指甚麼說呢？　那是四個字，是"這一塊兒"，就當"此處此地"講。　是了。

第十九章　地震成災

（眞）　眞假　○　枕頭　地震

前幾天，我看《京報》上，說南省地方有水災，狠利害。　不錯，我也聽見說，北省有地動的地方，那事情眞假？　眞的，不但京報上有，而且我們一個鄉親，昨兒新近從他家裡來，說是眞的。　他們那兒地動麼？　可不是！他說，他那天正在炕上，躺在枕頭上睡呢，忽然地一動，嚇得起炕上掉在地下來了，趕

---

① 這塊兒：這個地方，這裏。
② 倒底：到底。

着①跑出院子去了。算是好,他的房子沒塌,那街坊②家的房子和墙,塌了不少哪! 沒傷人麼? 也傷了好些人哪!男女老幼有沒跑出來的,叫房子壓死的、墙砸死的,好些個。 咳,這可真是大災。 所以地方官報明督撫,派人去查災,把受了災的難民,都想法子賑濟了。 是了。地方官怎麼賑濟呢? 頭一樣兒,先給他們挖地窖,蓋草,叫他們當房子住。 還有呢? 給他們米粮做飯吃。 好,他們那兒的錢哪? 也是國家的錢。 京報上有麼?我怎麼沒瞧見。 你是不理會③,一定有的,等我給你找一找。 怎麼沒有"地動"兩個字呀? 上了報寫字的時候,不寫地動。 寫甚麼? 寫地震。 是了。

註 釋

〔地動〕各省地震,固屬常事,惟輕重有異耳。四川、甘肅、陝西、雲南,地震多重。有地開出黑水,吹人入者,有房倒山崩者。而北省不常震,震亦只微覺几動窗鳴,傷屋傷人者少。

第二十章 參劾保舉

　　（臣）嗔怪。　君·臣　砢磣·　趁·着
　　昨兒我看京報上,那一位大人怎麼好好兒的壞了官了,叫誰糹了? 國家設官分職,都有一定的差使,那兒能好好兒的就壞了呢?你別混嗔怪。 那麼,他爲甚麼壞的? 他麼,寔在難說了。 怎麼? 我告訴你,人生在世,有五倫。 五倫是甚麼? 就是君臣、父子、夫婦、兄弟、朋友。 那個五倫哪!是人人知道的,又與他壞官甚麼相干呢? 那個大人,他白念了書了,把家務事看得太重。國家的事看得太輕。而且妻妾太多,停妻再娶。交朋友,也是沒有准話,一點兒不寔誠④。並且不大孝順父母,一味的貪贓、愛錢,所以被人糹了,就革了職了。 現在在那兒呢? 他怕間來,見人砢磣⑤,所以不敢

① 赶着:抓緊時間,趕緊。
② 街坊:鄰居。
③ 不理會:沒有注意,不去注意。
④ 寔誠:真誠老實。
⑤ 砢磣:丟人,不光彩。

回來。　甚麼叫砢磣？　就是害臊、羞愧、不好看，俗話叫做砢磣。　是了，他既怕人笑話，這時候兒在那兒了？　聽說他趁着那河工還沒有完，要去投効出力，想要得一個保舉，開復原官，可不知道行不行。　是了，那也就是碰他的命運罷，這宗人，誰肯保舉他呢！　倒是。

註　釋

〔參劾〕參劾官有二，一由上司查考屬員，隨時查其勤惰，而舉劾之。隨時之外，有三載考績，京官曰京察，外官曰大計，皆指文官言；武官則五年一次，曰軍政。皆有八法之劾，如年老、不謹、罷軟等類。五品以上武職，七品以上文職，皆奏參，聽旨，示行。以下小官，則咨部劾之而已，一由御史隨時糸劾，奏明，候旨行。

第二十一章　封開印信

（正）正月。　○　整齊　邪正。

這兩天是十二月初間兒①了，冷的利害了。　可不是麼！再過十來天，就要封印了。　甚麼叫封印哪？　你不懂得，我告訴你。　請教。　各衙門，連外省文武大小官的衙門，都有一顆印。　都叫印麼？　六部、京中大小衙門都叫印。外省督撫的印叫關防，別的官叫印。武官提督爲印，別的叫關防，也叫鈐記。　是了。　都是頭一年十二月二十，或是十九，或是二十一，三天內挑一個日子封印。第二年正月，也是這三天內，挑一個日子開印。　各省怎麼能一律整齊的都是一天兒開，一天兒封呢？　那都是每年上半年，禮部叫欽天監衙門挑選定了，或是十九、二十、二十一，不論那一天的好日子，行文內外各衙門知道了，所以纔都一天兒開，一天兒封呢。　是了。　不但日子，而且還都是一個時辰，也是欽天監挑定了的。　封了印，就不辦②官事了麼？　雖是那麼說，有要緊的事，還是得辦③，不過不用印就是了。　我看那時憲書上，也有一顆欽天監的印，不是麼？　那就是欽天監的官板④憲書那印，也不論歪正，

---

①　初間兒：初旬。
②　辦：底本作"辨"，據文義酌改。
③　辦：底本作"辨"，據文義酌改。
④　官板：官府刻板刊行的書籍。

打上就是了。　不管他打的斜正，有印，人就知道是欽天監出來的，就是了。　不錯，可有一句話，你說的這倆字，可是"斜正"，不是"邪正"啊，音同字不同。　是，不錯。

註　釋

〔封印〕每歲十二月，至次年正月，必封印一月，所以令在官之人度歲。然有要事，仍照常辦理。○封印之一月內，遇有行文用印之事，則有預印空白之紙，蓋用印於白紙，以備繕寫公文也。

第二十二章　兵差過境

（成）．稱．呼　．成敗．　懲．辦．　斗．秤．

今天這個縣城地方，怎麼這麼熱鬧？　這是這幾天，這兒有兵差。　是了。兵差是甚麼人管？　是地方州縣管，所以這兩天知縣狠忙。是了。這裏的知縣，見了武官大人們，怎麼稱呼？　那不同。見了一二品的提督、總兵、副將，都稱呼大人。　叅將、遊擊、都司呢？　都稱呼大老爺。　守備呢？　稱呼總爺。　千總、把總呢？　稱呼副爺。　外委和額外外委呢？都是老爺，這都是公事的官稱兒，若是有交情的，從叅將以下和知縣，都是寅兄、寅弟的稱呼。　是了。這兵差怎麼預備？　粮草如今都是折銀子，名叫口粮銀、鹽菜銀、草乾銀。還有夫馬、車輛、水路預備船隻。　這差使狠難哪！咳，難着的哪！　應付的好，知縣也有功勞，得保舉麼？　那雖是自然該當保的，然而人的官運好歹，事情的成敗，也都不一樣。　怎麼？　就像我們敝處一位縣太爺，真是公正廉明，衙役們，預備兵差，有不好的，他必要嚴行懲辦。而且收粮運米，出入真是斗秤公平，一點不刻薄百姓，人人都說他必要得卓異①，高升知州知府的了。你想得到麼？今年上半年，叫上司給叅了，就把官壞了。　咳。

---

① 卓異：清制，吏部定期考核官吏，文官三年，武官五年，政績突出，才能優異者稱爲卓異。

第二十三章　殉難得賞

（吉）雞犬　　吉凶　　自己　　記載

我想起一件事來。 甚麼事呀？ 前些年，賊匪反亂的時候的事。 了不得，題①起那個事來，眞是可怕，到今兒還害怕呢。 可不是，我想起來的，就是有我們一個舍親，正在一個地方作官，忽然賊來了。 令親是文職，是武職？ 他是那兒的武職。這天賊要來的時候，他看見衆寡難敵，而且救兵沒到，所以就全家都上了吊了。 咳，可憐！ 賊一會兒進了城，把民人②殺了個雞犬不留。 令親這就是全家殉難了，了不得，可憐可歎。 他早就知道，城大兵少，雖然派了兵守城，可寔在不知吉凶怎麼樣，盼救兵沒到，所以爲國盡忠了。 一家都死了，不絕了後了麼？ 幸而好，前十天，他叫一個家人，保着他的一個小兒子出了城躱兵。那兒想到，半路上叫難民冲散了，他小兒子自己一個人兒，逃回家鄉去了。 後來怎麼樣呢？ 督撫和大將軍們，查明白了，交部議郵，兵部議了，給他一個世職，五品的雲騎尉，還賞銀子，又把他盡忠的事立碑記載上，叫後人知道。這算是皇恩厚待忠臣了。可是我想起來，難受的了不得。 咳，別說了。

註　釋

〔世職〕世職所以賞功酬勳也，有大世職五等，曰公，曰侯，曰伯，曰子，曰男。其下有一等輕車都尉，二等輕車都尉，三等輕車都尉，皆三品。其下有騎都尉，四品。又下有雲騎尉，五品。又下有恩騎尉，七品。凡大世職係由特旨賞之外，有交部議功者，則兵部按其功之大小，分等酬勳，以雲騎尉爲始，功多逐加，至公者亦有之。見《會典》及《中樞政考》。

---

① 題：提。
② 民人：百姓。此處並非表示與"旗人"相對的"民人"概念。

第二十四章　銀子整碎

(奇)．七．八　　奇怪．　起．初　　氣．血．

你帶着多少錢？　作甚麼？　我要買東西。　買多少錢的東西？　我要買三四十吊錢的東西。　不夠了,我有十幾吊錢的票子①。　那寔在不夠。我還帶着銀子呢！你要用,我可以去換錢去。　你帶着甚麼銀子？　我帶着的是松江銀子。　怎麼叫松江？　銀子頂好的,名叫元寶銀子；次的叫松江,大概是地名兒,而且那銀子裏有銅,名叫有成色。　都是怎麼個成色呢？　好松江銀子,是九錢九分銀子,一分銅,名叫九九高松江。　再次的呢？　那是一層一層的,九九起,九八、九七、九六、九五、九四,到八成、七九、七八、七五、七成的都有,那就叫做頂銀了。　還可以使麼？　換錢,還是照着十足的,一層一層的減下來。　銀子有整的,有碎的不是？　不錯,有元寶,有小元寶,有中錠,有錁子②,整的可以碎,碎的可以整。　奇怪了,怎麼可以如此呢？　有爐房③,傾銷銀子,比方起初是整的,用火化了,就改了小的、碎的,碎的改整的,也是那麼着。　怎麼婦女們頭上,都愛帶④金銀呢？　那叫首飾,年輕的人戴的狠多,到老了氣血衰了就愛銀子了,首飾也就不大戴了,說是銀子能燒頭髮,所以老年人就用的少了。　是了,咱們換銀子去罷。

註　釋

〔銀錢〕貿易舖肆,各有其規,如綢緞、靴帽、布疋、茶葉、紙張、藥材、酒粮,凡物之貴重者,皆可以銀交易,其飯食、點心、果品、銅鐵、器皿,及物之零星者,俱可以錢及錢票交易。然本處之人用銀買物者寡,故綢布等舖,用銀交易之舖皆臨時以銀價合錢票,而索值焉。○凡開設錢舖,必寔系殷寔之商人,在地方官處,呈明願開錢舖爲業。官令錢行經紀,查明其人是否家道殷寔,如可以爲錢商者,更須取具五家保人爲保,亦係富足之舖爲保,始能准其開市。假有虧短逃跑者,由官分別拿獲治罪。其治法,先令限若干日,能將所欠發清者,則只枷責,仍令其開舖；不能償清

① 票子:清時商辦票莊所發,憑以兌取銀錢的票據。
② 錁子:金銀鑄成的小錠。
③ 爐房:清代收驗、化鑄銀子的行當。後也存現銀。
④ 帶:戴。

者,計算所欠之數,照誆騙例治罪,以數之多少,爲罪之重輕,或軍、流、徒、死,分別辦理。保人只能保其人,不能分賠。

第二十五章　稅關查禁

(家)住　家　　夾帶　　盔甲　價　錢

這本地住家兒的人,用的東西、吃的、穿的,那兒來的？　煤炭,是本地西山的,糧食是本地出的。　五穀都是本地出的麼？　不,高粱①、小米、黃米、玉米、麥子、黑豆、黃豆、白薯,是本地的;米,是南來的。　穿的衣裳材料兒呢？　布是直隸出的,綢緞是江蘇杭州來的。　聽說綢緞狠貴呀。　南省來的,一路要上好些個稅,所以不能賤賣。　稅關,就是盤查貨物的地方不是麼？　不錯。　不上稅不行麼？　那不行,不但當上稅的得上,而且若是夾帶私貨,叫關上搜出來,一倍罰十倍的。　是了。夾帶私貨,怎麼不許麼？　一定不許,不但這個,比方要夾帶軍器、盔甲、火藥、硝、磺甚麼的,這些個犯禁的東西,查出來還要治罪的。　是了。那麼,賣買人寔在得小心哪!　只要守着各人的本分,就得了,又何必怕甚麼呢？　共總②有多少稅關呢？　那你看戶部的則例上,就明白了。　這一程子③,東西價錢還不狠貴。　這現在,有火輪船④,來得快,比從前旱路上來差多了,所以賤些兒。　是了。

註　釋

〔綢緞〕南方產絲,而蘇州、杭州、江甯,甲於他省,歲遣織造官,各省一人,織辦上用及國用一切綢帛。○貿易,則京師有綢緞舖,皆自南方織來,運京售賣,以正陽門外大街爲多且美。○他如四川川綢、山東繭綢、河南棉綢、貴州綢,皆絲粗而賤,不若蘇杭江甯之綢緞,美而有文也。

① 粱:底本作"梁",據文義酌改。
② 共總:總共。
③ 一程子:一段時間,一些日子。
④ 火輪船:輪船。

第二十六章　緝捕盜賊

（恰）摺①花　○　卡·子　恰巧·

　　昨兒個②晚上，街坊家怎麼那麼熱鬧呀？　咳！了不得，鬧賊了。　打③那麼來的賊？　聽說，打花園子裡後圍墻那麼來的。　賊怎麼知道他們家的屋子、院子的道兒呢？　昨兒晌午，他們家丫頭④在園子裡門口兒摺花兒來着，就影影綽綽瞧見有倆三人，在街上往園子門兒裡張望來着，那就是踹道⑤哪！可不是麼！　趕到晚上進了園子，上了墻，甚麼瞧不見呢！　是了，拏住賊了沒有？　算是好啊，本家兒有打更的人，看見賊了，一嚷。　怎麼樣？　外頭堆子⑥上的兵也聽見了，堵着花園門兒，把賊拏住了兩個，別的都跑了。　甚麼叫"堆子"呀？　就是街上看街兵們住的小房子兒麼。　那小房子兒就是堆子呀？狠像南邊的卡子一樣。　堆卡是一樣，都是查街兵們住的。　拏住賊了，怎麼樣呢？　剛拏住的時候，一吵嚷，恰巧查夜的官兵都來了，就把賊拏到衙門去了。　這些個兵，都是那衙門管哪？　京城是提督衙門管，因爲這些兵都是八旗的召募步甲，所以管得着。　是了，今兒晚上咱們也留一點兒神罷。

註　釋

〔堆子〕京城分內外城。內城大小各街巷，均係八旗步甲兵看守。每旗分甲喇，分段落，如巷口則有柵欄，巷中又有卡房。大街則有官廳，有隨廳之卡房，卡房係南方語，北京以卡房統稱堆子。按例每堆步甲數名，亦視其地之緊要與否而多寡之，其權在廳官酌派。今則步甲中多雇代者，俗稱堆子內之兵，統爲看街兵，雇代者爲幫街的。近年房少，故令步甲攜眷住於堆子，然亦多有貧人借居之弊矣。外城則隸巡捕五營兵所守，亦有堆子。

---

① 摺：掐。
② 昨兒個：昨天。
③ 打：從，自，表示起點。
④ 丫頭：丫頭。
⑤ 踹道：探查道路。
⑥ 堆子：按城內街道皆有步甲邏守之所居之地，稱爲堆子。（清繆潤紱《陪京雜述·官制卷》光緒三年本，4b）

第二十七章　楷字用處

（楷）〇　　〇　　楷·書·　〇

這幾天作何消遣？　沒甚麼事，還是整天的寫字。　寫甚麼呢？　抄書呢。　抄書的字，是小楷了。　也就是小字兒，就是了。　論起寫字來，閣下的字，寔在是有工夫了。　有甚麼工夫，不過是寫成個兒了，就是了。　過謙了，論寫字，是甚麼人寫得好？　眞草隸篆，各有所長，惟有楷書一樣兒，可是翰林院的翰林們寫得好。　別人不行麼？　念書做官的人，可就寔在是屬他們，若論常行①楷書，可用處也多。　甚麼地方用楷書？　小官給上司的公文用楷書，禀帖用楷書；上司給屬官也是楷書，不過字大一點兒；平行的公文和書啓，也都是楷書。　我見平行的書啓，也有用行書的。　那是有交情的。　還有甚麼地方用楷書？　給百姓人等出告示用楷書；或是軍器、槍、礮上的字，戰船、馬的火印②，旗號上的姓氏，都是用楷書。　是了，還有甚麼？　別的不能細說，總是恭敬的地方，都是楷書就是了。

第二十八章　水路船隻

（江）大·江·　〇　　講·究·　匠·人·

兄臺是幾時到這兒來的？　前兩天到的。　道兒上店裏頭住着熱罷？　我是坐船來的，沒住店。　那麼是起水路來的了。　是。　水路來，坐甚麼船？　起我們貴州鎮遠府起，坐的是湖南麻陽船，一直的到湖南沅州府、常德府，纔換船。　換甚麼船？　換湖北的襄邊子船，過湖到岳州府。　過甚麼湖？　洞庭湖。　是了，湖裏的景致兒好罷？　湖裏有君山。　過了湖是那兒？　就是湖南岳州府，到了那兒，又換了滿江紅大船，順着大江到湖北武昌府漢口一帶，他們順着江走，我們入了襄河，到了樊城，想着要起早，從河南這麼來，沒來成。　怎麼？　又從襄河囘去了，因爲家母怕坐車，所以仍然到大

---

① 常行：一般的。
② 火印：以金屬圖識烙物留下的印記。

江裏,坐小火輪船,到了該換船的地方,換了小船,從運河這麼來的。直到天津府,到通州土壩兒,倒小船兒,直這麼一閘一閘的到了齊化門,進京城來了。好,坐船舒服得利害。可是我問您,咱們這兒也有火輪船麼? 有,這些年頗講究造火輪船。 咱們這兒,有那個匠人嗎? 也都是跟着西國人學的。 那就是了。

註　釋

〔各省船隻〕江河自各有其船式,並無火輪船,惟有海船借風以行。自道光十九年,林則徐焚鴉片於粵東,與英有戰事,和約成,遂開沿海數港,各國海船始萃集於各口岸。同治十一年,支那初設招商局,購輪船二隻,以後歲增其數,迄今有三十餘隻云。

第二十九章　盜賊名目

（槍）腔調。　牆壁。　搶・奪　戕木。

　　昨兒晚上,我聽見好些人在街上嚷,可又彷彿唱,是幹甚麼的? 甚麼時候兒? 有三更多天。 那早晚兒①那兒還能有唱的呢!你作夢呢罷! 眞聽見了,不是作夢,嚷的腔調兒,狠好聽着的哪! 啊,是了,嚷完了,就打梆子不是啊? 不錯,不錯,嚷完了就聽見好些打梆子的聲兒。 是了,那是查夜的兵打號兒呢! 做甚麼那麼着? 也是叫人聽見警醒,別睡着了的意思罷。
　　睡着了怎麼着? 比方有賊,半夜三更的,挖窟窿盜洞的,街上一嚷,人家兒就可以醒了。 醒了怎麼樣? 賊聽見你醒了,他還不跑麼! 兵們怎麼不把賊拏着呢? 拏賊也不容易,小賊兒好拏,比方飛簷走壁的賊,不論你多麼高的墻,他都可以走,可以跳,那叫大案賊,怎麼容易拏呢! 墻壁太高,我想也未必攔得住賊來。 不錯,這話對了,俗語說"墻高萬丈,擋的是不來之人"麼! 我們那兒,賊更利害,黑下②三五成羣的來,還有打着燈籠來的。那叫明火執杖的強盜。 黑下怕,白日裏不怕罷? 白日裏搶東西的,那叫白

---

① 早晚兒:時候,時期。
② 黑下:黑夜,晚上。

畫搶奪。　我看見過搶了人的東西,他順着戧①墻的那一根戧木②,他就上了房跑了。　真的麼?　真的。

第三十章　錢糧交代

(交)交代。　嚼過。　手脚。　叫喊。

這一位新縣太爺,不是到了一個多月了麼?　可不是麼!快倆月了。怎麼那一位前任縣太爺還沒走哪?　他們的交代還沒算清哪!　交代甚麼?　你不明白這個事,大凡一州一縣的地方,都有地丁錢糧,到了交錢粮的時候,這些民人百姓們,都來交給知州、知縣。　交了怎麼着?　交了之後,那個官就送到省城布政司的衙門去,作爲國家的經費,這一位前任的知縣,人口多,嚼過兒③大,他把錢糧虧空了,所以新任的官不接他的事。　怎麼樣呢?　總得交代完了,一五一十的,一個字角兒④不短⑤,人家纔接他的事呢!　咳,不錯,本來他平素間不會過日子,手脚子大,怎麼不虧空呢!　所以他如今,印是交了,錢是沒了,日子還是得過,交代還是得完,急得他整天家⑥沒主意,跟的人都餓的叫喊了,都跑了。　那麼他公舘裏,還有幾個人兒呢?　就是他們一家子六七口人兒罷。　多偺纔交代清楚呢?　誰知道哪!

註　釋

〔交代〕舊任之州牧、縣令離任,必將其經手之事及錢糧一切,會計清楚,而交於新州牧、縣令。有虧欠者,予限而勒其交清,逾限不清者劾之。終不能交清者,籍沒其產以償之。

---

① 戧:支撑。
② 戧木:從旁支撑房屋的木柱。
③ 嚼過兒:日常生活的基本費用、支出。
④ 字角兒:字眼。
⑤ 短:少,缺。
⑥ 整天家:整天,成天。也寫作"整天價""整天介"。"家"置於時間名詞詞尾,表示時間長。

第三十一章　浮橋鐵橋

（巧）．敲打．．橋．梁　巧．妙．　俏．皮．

這個地方兒，我走過一回，過河是一道浮橋，怎麼今兒個①這兒改了擺渡了麼？　這幾個月是擺渡，不能有橋。　怎麼？我寔在不信。　不信你瞧，現在這不是擺渡船麼？　我不信會把橋沒了，這個船又小，車和牲口裝不下，那騾子任憑你怎麼敲打他，他不上船有甚麼法子？　慢慢兒的自然就上得去。你不能詫異，這一條河是沙子多，夏天水大河寬，不能搭橋，到冬天纔能有呢。怎麼？　大凡有小河的地方，到了冬天，就得搭浮橋了。　浮橋用甚麼搭？橋梁道路，都是地方官管。冬天該搭的時候，用木架和高粱桿兒搭，搭好了，蓋上土，你看着狠像一道木橋。　倒也巧妙啊！　這算甚麼！那南邊山多的地方，兩座山夾着一道山澗，那巧妙的人，能搭一座鐵索橋。　怎麼個樣兒？兩邊兒山上，石頭上鑿窟窿，拴上好些根兒鐵鎖練子，人走在上頭顫微顫微的，走得俏皮②着的呢！　在那兒？　在雲南。　是了。

第三十二章　京城訟處

（街）．街道．　．完．結　解．開　借貸．

你也不是外省人罷？　不是外省人，也是本京人。　我看你就不像南邊人麼。　閣下呢？　我是天津府的人。　是。　請問您是在這兒本地生人麼？　我倒是在南邊生人，七八歲上③回來的。　尊大人那是做甚麼到南邊去呢？　是在南省做知縣。　是了。知縣太爺管的是民詞④啊？　可不是！請問，這北京的民詞那衙門管？　管的可多了。城裏頭，是提督衙門；大興縣、宛平縣，城外頭外城的地方，是巡城的御史。　有幾位？　五城是十位御

---

① 今兒個：今天。
② 俏皮：滑稽，有趣。
③ ……上：表時間、條件等附着點的意義。
④ 民詞：百姓的訴狀。

史,還有司坊衙門。　不是說,還有街道廳麼?　那是管街道的,不管民詞。　是了。　這纔說的,各衙門遇見打官司的事,小事呢,就在本衙門完結,若是案情重大,還得送到刑部裡結案去哪!　打官司的不少罷?　少是不少,也都沒甚麼大事。　俗語說:"屈死不告狀,餓死不做賊。"但凡不要緊的事,有親友勸解開了,就得了,又何必必得打官司呢?　所以說了。　然而戶婚田土借貸不還的這些事,往往就成了事了。　是麼,所以打官司的人多了。

註　釋

〔管民詞處〕京城分內外,內城隸步軍統領所轄,外城設五城御史,分東城、西城、南城、北城、中城,每城滿漢御史各一員,各轄有正副指揮各一員,名司官,又各有小官,曰坊官,此內外城之地方官也。另有順天府,轄大興、宛平二縣,各有城內外地方之責,大興管京東之事,宛平管京西之事。訟獄之人,則京城之內多訴於步軍統領衙門,外城則訴於司坊官衙門者多,各聽其便。外省來京上控者,或訴步軍統領之車前,或訴於都察院,其大宛二縣,則惟地畝之案,及鄉人多訴之云。

第三十三章　四時蔬菜

（且）切肉　　茄子　況且　　姬妾

這地方的人吃飯,都是吃甚麼菜呢?　那也看甚麼時候,和甚麼人家兒。怎麼?　比方富貴的人家兒,他們見天①雞鴨魚肉海參魚翅的吃,用好幾個廚子,做飯的做飯,切肉的切肉。　那不必說了,平常人怎麼樣?　平常人春天吃菠菜、小葱兒,夏天吃王瓜②、茄子、西葫蘆,秋天吃倭瓜、冬瓜、扁豆,冬天吃白菜。還有一年到頭不斷的是蘿蔔、韭③菜甚麼的。　沒有肉麼?　有也不多,不過四兩半觔④的豬羊肉。　吃牛肉不吃?　牛肉也吃,冬天多,夏天少。人人吃麼?　平常人吃的多,念書的人,拜佛的人,都吃的少。　吃飯吃菜,本來口味不得一樣。　不錯,俗語說"百人吃百味"麼。　那麼一家子五六口人,

---

①　見天:天天,每天。
②　王瓜:此處指黃瓜。
③　韭:韮。
④　觔:斤。

就得五六樣兒菜了。 那也不能,總是萬般出於便家。 怎麼? 你看那有錢的人,本來又有官職,又有產業,況且又是胎裡紅①出身,不但使奴喚婢,而且姬妾衆多,姨奶奶、姨太太們,各人有各人的脾氣。 是了,那自然就得各人吃各人的菜了。 誰說不是呢! 那麼常行人呢? 都是一菜一飯,不管你愛吃不愛。 是了。

註　釋

〔喫菜〕京師人喫菜,冬日多用菜爲湯,夏日則多生食,如王瓜、蘿蔔之類,惟稍加鹽而已,或以醬油芝麻油,涼和之而食,春秋則多以肉炒食。

第三十四章　佈施香資

（見）．奸·臣　　○　·裁減·　見．面．

這西山裏,有一個大廟,叫碧雲寺,您逛過沒有? 去過兩遍②。 有甚麼古跡兒沒有? 聽見說,廟後頭是明朝的一個奸臣魏忠賢的墳在那兒,可不知真假。 還有甚麼? 廟裡頭五百個金身羅漢,人數不過來。還有一股山水,從山裏流出來,狠好喝。 是甜水罷? 那自然是。 廟裡是和尚,是道士,是喇嘛? 是和尚。 這西山裏,就是這麼一個廟麼? 多着的呢! 還有臥佛寺、妙峰山、寶珠洞,說不完,然而如今蕭索的多了。 怎麼? 原先施主們多。 如今呢? 少。 怎麼? 城裏的大官大宦,從前俸銀俸米,是滿關滿得,手頭兒寬綽,自然就愛逛廟,多給香錢。 如今呢? 如今俸祿裁減了,不能滿得,手頭兒素③,所以不能多寫佈施。 甚麼叫佈施? 和尚們和逛廟的有錢的人一見面,就把一本緣簿拿來,請人寫施捨的錢數兒,那就叫寫佈施。 如今寫的少,和尚們就窮了。 自然哪!

---

① 胎裡紅:生於富貴人家的人。
② 遍:趟。
③ 素:拮据。

註 釋

〔魏忠賢〕初名進忠，直隸河間府肅寧縣人。少黠慧，好酒，有膽力，喜馳馬，能左右手射，多奇中，而目不識丁，性猜狠。萬曆年間，因賭博被窘，乃自宮。萬曆十七年，隸司禮監掌東廠太監孫暹。時熹宗爲皇太孫，忠賢謹侍之，導之宴遊，深得其懽心。厥後光宗即位，太孫爲東宮，忠賢得充東宮典膳。光宗即位，未及一月而崩，熹宗即位，忠賢得為東廠，乃大用其事，其間多客氏力也。客氏即封爲奉聖夫人者，乃熹宗之乳母，忠賢因有名魏朝者，而私客氏，朝亦與客氏通，後忠賢、客氏表裡爲奸，卒殺魏朝。熹宗天啓元年八月，矯詔殺顧命太監王安，自此始尾大不掉，威福自作，妒狠隨之，矯橫無忌，欺君罔衆，毒王后，殺妃嬪，殺言官，逐大臣，受賄用私，陞黜任意，各省皆立生祠，平民任意殺戮，種種不法，罪惡已極，參觀楊漣劾忠賢二十四大罪，可知梗概。雖昔之趙高、黃皓、十常侍、劉錦，諸逆閹之不臣之罪，兼而並之，未如此賊一人之多。後熹宗甫崩，與客氏即伏誅。懷宗崇禎元年，法司追論其罪，復磔屍於河間，斬其餘黨。○客氏乃定興民侯二之妻，十八歲入宮，二十歲即寡居。〔西山廟〕西山廟多，阜城門外二十餘里，有四平台山，山上有八大處廟，如長安寺、香界寺、龍王堂、秘魔崖、寶珠洞等，夏日西人多往避暑。又西直門外海甸、西山，有臥佛寺、碧雲寺及萬壽寺等處，亦多西人避暑。

第三十五章　發商生息

（欠）．千萬　　．錢．財　　．深淺　　．該欠．

　　倒有一件事我和您打聽打聽。　有甚麼見教，您只管吩咐。　豈敢。我是一步倒不開，求你給轉借幾百兩銀子，倒過這一步去。兩個月的工夫，我就奉還。該當多少利息，只管照規矩辦。　我有一個朋友，本來有幾個錢，這幾百兩銀子，也不要緊。但是現在不行了，別處也沒地方兒給您借，所以您轉託別位罷。　是，您令友是甚麼買賣？　他是鹽商，本來有好些個錢，不敢說幾千萬麼，也有好幾百萬的銀子。　如今怎麼不行了呢？　如今他不是別的，因爲虧空太大，還有京城不知道是那衙門裏發商生息的銀子，他也交不了利錢。　他一個大①也沒有了麼？　現在有的錢財兒，還不够交官項的呢，那兒能借給外人放賬呢！　是這麼着，親戚有遠近，朋友有厚薄，我和您交深言不得淺，還是求您給張羅張羅罷纔好。　別提交情深淺的話，咱們兩人罷咧，但

---

① 大：大子兒，大錢兒。

凡張羅得出來，我肯叫老弟該欠①別人的去麼！

註　釋

〔利息〕京師貸債之利息，自六厘起，至三分止，爲合例。六厘者，每百金月取六錢；三分者，每百金月取三兩，多取則違禁。然嗜利之徒及里豪，多有以重利盤剝者，有七分、八分、加一、加二之說。七分八分者，每百金月取七兩八兩也；加一者，每百金月取十兩，即什一也；加二，則什二矣。每致索利興訟，而官必繩以法焉。〇又有放印子之說，如貸銀十兩，每月償銀一兩二錢，十月償完，合利二兩，民多樂貸之，以其便也。

第三十六章　文衙值日

（知）知道。　　值班　指‥頭　志向。

你在那兒當差使啊？　我在舖子裏學買賣。　我看你狠像一個當差使的人。　我倒不當差，我有一個朋友，他是常當差。　在那兒當差？　我也不知道是甚麼衙門，但是他們常有該班兒的日子。　甚麼叫該班兒？　就是值班。　是了。你看他在那兒寫甚麼字啊？還是做甚麼事呢？　大概是一個寫字的差使罷。　他寫甚麼？你知道不知道？　我看見他寫過一個單子。　甚麼單子？　就是京城大小衙門的名兒。　是甚麼名兒？　他說是有一個歌兒是各衙門輪流值日的日子。　怎麼說呢？他寫的是吏、翰林（吏部，翰林院）②；戶、通、詹（戶部，通政司，詹事府）；禮、宗、欽（禮部，宗人府，欽天監）；兵、太、太（兵部，太常寺，太僕寺）；刑、都、大（刑部，都察院，大理寺）；工、鴻臚（工部，鴻臚寺）；內、國子（內務府，國子監）；理、鑾、光（理藩院，鑾儀衛，光祿寺）。這些個衙門的名兒。　是了。輪流值日是作甚麼？　是上朝奏事，或是帶引見。你們這位朋友，到底是甚麼差使？　他是一個寫字的筆帖式③。　快高升了

---

① 該欠：借別人的錢沒有還。據"俗語註釋"卷："該欠：欠人之債，曰該錢，故云該欠，言該當還人之意也。"

② 可參見本書第六卷對各職能部門的專章介紹。

③ 筆帖式：清朝官職，此官職配置於朝廷或地方的輔助部門，主要從事的工作爲翻譯漢、滿文獻與文書抄寫。

罢？ 整年家①指头都写肿了,虽然他志向狠大,然而升官还早着的呢！ 那只好慢慢儿等着罢。 是麽。

註　釋

〔值日〕各衙門每日應有奏事之責,而勢不能同日而各衙門俱入朝奏事,故有文武衙門分班值日奏事之例。如此日應奏之事,則一一奏明,無事則遞一無事之奏摺云:"本日並無應奏事件。"其文職衙門值日,如話條內所注云云。武職則有侍衛處、鑲黃旗、正黃旗、正白旗、正紅旗、鑲白旗、鑲紅旗、正藍旗、鑲藍旗,皆滿洲、蒙古、漢軍,凡九處,又有八旗兩翼一處,共十處,輪流值日,每日一處。八旗兩翼者,乃八旗之護軍營,及左右翼之前鋒營也,二衙門共爲一日,曰八旗兩翼,皆與文職相配,輪流值日。文職八日一輪,武職十日一輪。○筆帖式,分七八九品之等,俸銀如品級例,而米則視甲兵,其戶工部,或有加增飯銀者,近日有津帖之銀,尚未明定。

第三十七章　四季縉紳

（尺）·紅·赤·赤　·遲誤·　尺·寸·　翅·膀·

还有一件事,我要问你。 甚麽？ 京外大小衙门的名儿,你都知道麽？那儿都知道呢,知道也不能都记得。 是了。我要都知道,有甚麽法子？ 你买一部书瞧,就知道了。 甚麽书？ 《缙绅》。 甚麽是《缙绅》？ 就是那个红套的书。 啊,那个不大不小的六本儿红赤赤的一个红书套,是那个麽？不错。 那上头写的是甚麽？ 写的是文武大小衙门的官名儿。 还有甚麽？ 京官某衙门官多少,外官的州城府县的土产、风俗,还有秀才的名数儿。还有甚麽？ 文武官的相见的礼节。 那实在是详细的狠了,等过两天我买一部。 你要买,可是买本季儿的。 怎麽？ 《缙绅》是按着春夏秋冬四季儿更换,一季儿一部。 为甚麽？ 官的升迁调补人名不定,所以得换。是了。 你买来瞧,若是他们书铺里,把人名儿更换的迟误了,可以再换一部新的。 我眼睛不行,那个字太小,有尺寸大一点儿的没有？ 也有。 我这就买去。 不行了。 怎麽？ 这时候儿已经晚了,关了城了,你能插上翅膀儿飞出去麽？

---

① 整年家:整年。

註　釋

〔城門關閉〕皇城東安、西安、地安三門，皆每夜有閉者。然各門皆三門，中門永不開，左右二門，每日黃昏，閉一開一。京城內外城門，裏九外七，每日黎明皆開門，名曰開城，黃昏皆閉曰關城。然內城之正陽門，每日於夜之十二點鐘，即開城，以備外城所住之漢官進城入朝當差。然正陽門雖早開，許入不許出，出城者，仍待黎明諸城同開之時，方可出也。從前圓明①園辦事，則每夜十一點鐘，西直德勝二門及外城西便一門皆開，以備當差之人出門，則又許出不許入，入者仍俟黎明。

第三十八章　斤兩秤物

（斤）．斤兩．　〇　錦．繡．　遠．近．

　　昨兒我到舖子裏買東西去，我問他多少錢一個，他說，他們那舖子不論個兒，都是論斤。　你到甚麼舖子去買東西去了？　茶葉舖。　可笑的狠了，若是茶葉舖，一定是論斤了，那有論個兒的哪！　那麼，都是甚麼舖子論斤，甚麼舖子論個呢？　那寔在不同的狠了。比方茶葉舖、肉舖、乾果子舖、海菜店、酒舖，這些舖子都是論斤兩。　甚麼叫兩？怎麼叫斤呢？　東西可以上秤稱的，頂少的爲幾分，十分爲錢，十錢爲兩，十六兩爲斤，一斤至十斤、百斤、千斤、萬斤，都可以。　那麼銀子，也可以論兩了？　不錯，所以銀子也叫銀兩。　也是十六兩一斤麼？　不是，銀子是從萬兩、千兩、百兩、十兩、到一兩，以下就是幾錢、幾分、幾厘、幾毫、幾絲、幾忽、幾微、幾纖②，沒有論斤的。　那麼吃的東西，都是論斤的多罷？　大概是。比方油、酒、糖、醬和鮮菜、雞、鴨、魚、肉、茶葉、烟、檳榔、乾菜、藥材，都是論斤兩。　穿的呢？　穿的綾、羅、綢、緞、紗、絹、布疋，不論五彩、錦繡、花、素的材料，都是論尺寸，各處遠近都是一樣。穿的，不論斤兩麼？　棉花和絲論斤兩。　是了。

註　釋

〔秤規〕至小之秤，可稱一斤，一斤者十六兩也。稍大者三斤、五斤，至十斤。再大者，十餘斤，至五十斤。大者可稱三百斤，五百斤不等。〇有盤秤，以銅鐵爲盤，所以盛物，如糖、面、茶葉、藥

---

① 明：底本作"朋"，據文義酌改。
② 毫，絲，忽，微，纖：計量單位，均爲十進位，十纖爲一微，十微爲一忽，以此類推。

料、諸碎貨,非盤盛不可稱。有鈎秤,所以鈎物,如魚肉青菜等類,鈎之即可稱之。本話條子內,凡論斤者,皆用秤稱之。極小之盤秤,所以稱銀,不曰秤,曰戥子,論毫、厘、分、錢,至兩爲止,兩上用若干兩。大戥至五十兩爲止,而不言斤。

第三十九章　婦有七出

（親）親·戚　　勤·儉·　　寢··食　　狗·嗄·

我們那兒有一個風俗,娶媳婦兒,第二天,媳婦娘家的人來,賀喜、吃酒,你們這兒也是一樣麼？　一樣,那叫兩日酒,許多的親戚、朋友來會親,新婦拜見親戚、朋友,都給拜禮,是那麼着不是？　不錯。　從此,新婦就要入厨拜竈、做飯、做菜,過起日子來了。　寔在也是難說,娶一個好賢良的媳婦兒還好,娶着不賢良的,可是累贅着的了。　也沒甚麼大累贅的,他能勤儉持家,克盡婦道,自然是好,不然,還可以休了他呢！　怎麼爲休？　你連這個都不知道,不是古人有出妻的麼？　啊,出妻就這休妻啊？　是麼。　怎麼就可以出呢？有七出,比方犯了姦盜邪淫,或是忤逆不孝公婆,那都可以出。　作婦人本來也難哪！一天到晚的兢兢業業的,遇見翁姑丈夫有病,就小心服侍寢食不安的,這樣的孝順恭敬的媳婦兒也少罷？　有是有,多着的呢！但是不好的娘兒們也不少,打公罵婆固然不敢,那欺負丈夫的話,說出來,罵出來,比狗嗄①的還不如的多着的呢！　沒法子。

第四十章　仰荅神佑

（井）眼·睛·　　○　　井··泉　　安·靜·

這幾天,竟在家裏來着麼？　前兒②到金魚池去逛了一遍。　金魚池在那兒？　在崇文門外,天壇的墻邊兒那兒。　有甚麼？　有好些個魚池,有金魚,所以京城的大小金魚兒,都是那兒來的多。　是了,金魚有狠好的麼？有,有一種龍睛魚,倆大眼睛,一身的金鱗,好看着的呢！　我想魚的名兒也狠

---

① 狗嗄:原指狗嘔吐,借指人口吐穢語,或說些不着邊際的狂言。

② 前兒:前段時間。

多，真有一輩子沒看見過的。　是，俗語說"魚龍變化"，又說"鯉魚跳龍門"，這麼看起來，魚也是一件尊貴的東西。　到底沒有龍尊貴。　那自然是。　您想龍有龍神，魚不過是水族就是了。　怎麼爲神？　哎喲，您瞧，海裡的爲海龍神，俗說龍王；河裡的爲河龍神，井裡的還說是井泉龍王呢！　是了。　一遇見不下雨的時候兒，多有各處地方官，到龍神的廟裡，禱告求雨，立刻就能下雨的。　啊，是了，我見京報上，常有頒發御書的匾額，叫地方官掛在那一個龍神祠的，也就是因爲天久旱不雨，怕百姓們不安靜鬧事，所以官就求雨，下了雨，請奏發匾額謝神的，是不是？　是。

註　釋

〔謝神〕凡有功德於民者，皆有報祀之儀，或請加封號，或請御書扁額頒發，以酬謝之。有河神、龍王、城隍、關帝、及諸古忠孝臣子，歿後之有靈蹟，以佑衛生民者。

第四十一章　俯順輿情

（輕）輕重。　陰‧晴　請‧安　慶‧弔。

那麼，我看天上的神，都能保護百姓了。　老天爺有好生之德，自然是愛保護人。　那麼下雨不下雨，也就是龍王管麼？　那是這麼着。一來呢，得看事情的大小輕重；二來呢，也是得想理的深淺是非。比方風雨陰晴，那一定是昊天①的執掌，雖然說有神，大概也得聽天上的旨意，龍神能各人行雨麼？所以說了，怎麼又求龍神呢？　不過是這麼着，民間百姓們所知道的，不過是廟裡的神像，而且凡有功於民的，都可以得受國恩，所以就順着民情，纔答謝龍神就是了。　是了。禮制君子法制小人，民間的一切風俗、規矩，以及紅白事和人人的彼此應酬請安、問好、賀喜、慶弔，從古以來冠婚喪祭的事情，也都是因着民人的性情自然而然的去，立法教訓就是了。　不錯，道之以德，齊之以禮，人人能知道，明有王法暗有神，自然不敢爲非作歹了。　不錯。

---

①　昊天：蒼天。

第四十二章　戲場角色

（角）○　　·角色。　　○　　○

您怎麼這兩天這麼愁眉不展的？　你不知道我有我的心事。　甚麼心事？　告訴不得人,也不能說得出口來。　那麼,我也不便往下細問了,不過是有一宗,我和您這樣兒的交情,要奉勸您一件事。　您的台愛①,有甚麼話只管吩咐。　我想人生在世,頃刻就是百年,凡事不必過於認真,就是夫妻、父子,也不過是一台戲,轉眼也就各奔他鄉了,何啓外人呢？　可不是那麼着,人生如夢,那兒能都那麼認真呢,倒是。　不錯,您能把世情看淡點兒,就心裡舒服了。　是是。提起戲來,我早晚②這兩天,還要請您聽一天戲呢！　可以,我奉陪,不論誰請誰,都可以。就是一樣兒,沒有好角色,沒甚麼可聽的。　甚麼是角色？　俗語說角兒,比方扮孔明、劉備的,那叫生角兒;扮張飛甚麼的,那叫淨角兒;扮老生的,那叫末角兒;扮可笑的人,那叫丑角兒;扮婦女的,那叫旦角兒。　是了。　總而言之,叫做生、旦、淨、末、丑,五樣角色。好的唱的好,常行的沒甚麼可聽可看的。　是了,咱們早晚兒聽一天去。　可以。

第四十三章　萬民衣傘

（却）○　　○　　○　　推却。

閣下是幾兒③到的？　前兩天到的。　路上都好走？　托福,好走。我寔在不知道您回來,知道該當遠迎一迎纔是。　不敢當,兄弟也是纔到,而且路上受了一點兒風寒,沒有當天過來請安。　豈敢豈敢！請問路上有甚麼新聞沒有？　倒沒甚麼新聞,路過一個府城,倒聽見一位知府官聲狠好。　是是。　他不但辦事精明強幹,而且愛民如子,所管的地方,連一個鼠竊狗偷的賊都沒有。　這就算得是愛民的官了。　所以走的時候,百姓們都感恩頌德,

---

① 台愛:抬愛。
② 早晚:泛指現在或將來的某個時候。
③ 幾兒:什麽時候,哪一天。

給他送禮。　送甚麽東西？他要不要？　平日他不要民間一文錢，這一回是升任要走了，百姓們送他的東西，萬民傘一把，萬民衣一件，還有匾額、對聯，都是頌揚他的話。　萬民衣、萬民傘是甚麽？　傘是緞子做的，大紅顏色，上頭寫着衆民的名字，衣也是大紅緞子做的，也是寫着衆人的名字。　他收了没收？　他一概推却了不收。　這真是個好清官了。　可不是！

第四十四章　月蝕救護

（酒）究。①辦。　○　酒.肉.　救.護.

我看見昨兒晚上，月亮又圓又好，您也賞月來着没有？　昨兒是十五，所以月兒圓，我也瞧了一會子月亮，後來就睡了。　我們到了十二下兒鐘，還在院子裡哪！　貪看月色了，所以睡得晚。　正要進屋子的時候，忽然月亮起邊兒上一點兒一點兒的，黑上來了，一會兒短了多半拉②，是月蝕不是？　不錯，是月蝕。昨兒晚上，太常寺衙門和外省文武衙門，都有差使。官員們拈香，僧道們打法器，等着月蝕完了纔散哪！　這個差使，也是自古有的麽？　自古以來不論日蝕、月蝕，都是這麽着。比方，欽天監的官，先期算明白了，告訴禮部，知會③京外各衙門，到了那日月蝕的時候，都要這麽打鑼打皷的。　都在太常寺麽？　月蝕在太常寺，日蝕是在禮部。　欽天監若是算不出來呢？　那有罪一定要究辦的，你没看見過《書經·胤征》④上的"昏迷於天象"的話麽？　是了不錯。　俗人們日月蝕的時候，還不敢吃東西。不論甚麽果子、點心、飯食酒肉，都得復圓以後纔敢吃呢！　那文武衙門的差使叫甚麽？　那叫救護。啊。

---

① "究."處於上平聲位置，聲調標注或有誤，照録。
② 多半拉：超過一半，一大半。"半拉"指一半，二分之一。
③ 知會：告知，通知。
④ 《書經·胤征》：《書經》即《尚書》，《胤征》爲其中的一篇。

第四十五章　催徵錢糧

（秋）．春．秋　　央·求　　飯．糗·了　　○

您在那兒住？　我舍下在城外頭。　甚麼地方？　十里村兒。　居鄉麼？　是居鄉。　好，鄉下好。　好甚麼，悶得慌着的哪！　鄉下，頭一樣兒，廠亮①，自己各兒②的地，種上幾畝，收成了之後，打上些個粮食，官不差民不擾的，一家大小過日子，比我們城裡頭居官爲宦當差應役的，强多着的了。　快別那麼說，您城裡頭住的人，吃穿走逛，那一樣兒不熱鬧，不舒心！像我們鄉下人了不得。　怎麼？　春種秋收，固然是一定的。然而好年景兒還將就，粗茶淡飯的餬口。比方遇見旱潦不收、蝗蟲螞蚱、大風、雹子，那可怎麼好！　那也不能常有。　別的不別的③，春秋兒上下兩忙的錢粮，州縣衙門的差役狐假虎威的催粮要租子。給得了，好；一個不凑手④，任憑你百般的央求，也是白饒⑤。

怎麼？　一定要鎖到衙門，鞭子板子的比卯⑥，多嗜交完了纔算。咳，到底身安茅屋穩，心定菜根香，我看鄉下的粮食，比城裡頭的便宜多了。有甚麼好吃的！賁上一焗小米子飯，糗⑦了半天，成了抹糕⑧了，愛吃不吃，那還好哪！您想。

註　釋

〔催徵〕州縣爲親民之官，田賦爲其所司，每歲春秋上下兩忙，即四月及秋收二候，有欠者杖責追徵，聚衆抗糧者，爲首者罪重，平常有欠者，杖笞示警。○蝗蟲不知來自何方，夏秋之間，每月來者，來則遮天蔽日，所過田禾一空，爲災甚巨，然不常至。同治間，見有蝗至，平日之螞蚱不爲災，惟蝗爲災，形似螞蚱，故亦曰螞蚱。

---

① 廠亮：敞亮。
② 自己各兒：自己。
③ 別的不別的：不說別的，不用說別的。
④ 不凑手：手中缺錢，手中不寬裕。
⑤ 白饒：白費精力，徒勞，沒有作用。
⑥ 比卯：舊時地方官府徵收錢糧或緝拿罪犯，限期追繳，稱爲"比卯"。卯：期限。
⑦ 糗：飯或麵食放時間長了，粘連成塊狀或糊狀。
⑧ 抹糕：用蒸熟的糯米做成的糕點，還可加蓮子、杏仁等配料。

第四十六章　會試在京

（窘）○　　○　　窘·迫。　○

這兩天我見有好些個南邊人，都那麼狠斯文的樣兒，是作甚麼的？　在那兒看見的？　在東單牌樓這一帶。　啊，那是租小寓的。　甚麼叫小寓？作甚麼租他呢？　今年是會試的年分。　怎麼是會試？　十八省①的舉人，都來京城裏考進士。　甚麼年分考呢？　頭一年是秀才考舉人，那叫鄉試；第二年就考進士，叫作會試。　租小寓是甚麼？　有一個貢院，是考試的地方，考試舉人也在那兒，所以又叫舉場。　在甚麼地方？　崇文門裏頭，東單牌樓，觀音寺衚衕東口兒外頭，這些考的人來了，都在貢院附近的地方租民房住，所以就叫租小寓。　是了，人人租麼？　人人租。　有多少人？　四五千人不定，三四千人不定。　那兒這麼些房子呢？　到這個年分，這舉場左近②一帶的居民都搬家，把自己的房子租給他們。　租多少錢一間？　不定，十兩銀子一間的還有呢！　他們出得起那麼些銀子麼？　有錢的人租十來間，帶厨子、跟人③，狠濶。若是狠窘迫的舉子，幾個人租一間的也有。　甚麼月分？　三月初八起，進頭塲，共總三塲，是十天。

註　釋

〔會試〕會試者，會十八省之舉人，來會試於京也。以鄉試之子午卯酉年考舉人之次年，即辰戌丑未年也。以三月初八爲頭塲，初十日出塲，試八股時文，五言八韻詩；十一日爲二塲，試五經文，十三日出塲；十四日爲三塲，試策學；十六日出塲。皆欽派考官，而禮部司其事，而考則於貢院，故曰禮闈，考之於三月，故又曰春闈。約各省之舉人四五千，僅中式三百餘人。中式者又有殿試朝考之例，前三名爲狀元、榜眼、探花，俱入翰林院，爲修撰、編修，是爲一甲之三名也。二甲爲賜進士出身，共約百餘人。三甲爲同進士出身，約二百餘人，俱分入翰林院爲庶起士，及六部額外主事，並內閣中書，及各省即用知縣，或歸吏部歸班選用云。

---

① 十八省：清康熙時分長城以南行政區爲十八省，即直隸、江蘇、安徽、山東、山西、河南、陝西、甘肅、福建、浙江、江西、湖北、湖南、四川、廣東、廣西、雲南、貴州。

② 左近：鄰近，附近。

③ 跟人：僕人。

第四十七章　鄉試舉人

（窮）○　　·貧·窮　　○　　○

請問是甚麼年分考舉人，甚麼年分考進士？　子午卯酉的年分是鄉試，考舉人。　幾月？　八月初八進頭一塲，初十出塲；十一進二塲，十三出塲；十四進三塲，十六出塲，共總十天。　會試考進士呢？　是鄉試的第二年三月裏，也是初八進塲，十六出塲，共總十天，和鄉試一樣。　考甚麼？　頭塲是四書題目，文章三篇，詩一首，是五言八韻。　二塲呢？　二塲五經文五篇。　三塲呢，是策學五道。　他們這些進士是舉人考？　是。　舉人是甚麼人考的呢？　是秀才。　秀才是甚麼？　十八省府、廳、州、縣都有學校，每年挑選能文的學生多少入學，就叫秀才。　那學生叫甚麼？　叫童生。　甚麼人管？　有教官。　總管是甚麼人？　一省一個學政，三年一換，是專管秀才的。　到了鄉試的年分呢？　一省有兩個主考的官，去到本省去考，是從京裏放出去的。　京城的秀才呢？　京城和直隸的，都在京城考舉人。到了會試，各省的舉人就進京會試，中了進士作了官，就不貧窮了。

註　釋

〔鄉試〕鄉試者，每子午卯酉年，在各省城之貢院，京師則直隸等府及八旗，各將其府州縣學中之秀才入貢院來考，以八月初八日爲頭塲，初十日出塲。試以八股四書題文三篇，五言八韻詩一首。十一日爲二塲，試以五經文五篇，十三日出塲。十四日爲三塲，試以政事、農桑、理財、治水、武備等諸學策，十六日出塲。各省巡撫司其事，爲監臨之官，京師順天府司其事，各派考官二員爲主考，各取中名數有差，如京中來考者萬人，亦只中三四百人耳。中者爲知縣，或中書等官，皆須候選，不如進士之速也。其於明年欲考進士者，聽其自便。

第四十八章　時文取士

（桌）桌橙．　清·濁　　○　　○

請問這鄉試會試的時候，京城裏都是在貢院考試，不是麼？　是，不錯。　那貢院裏怎麼個樣兒？　也彷彿一個大衙門的樣子。　外省也有麼？　都有,所以預備各省的秀才,在各省鄉試的。　貢院裏,也有寫字的地方兒不是？　那自然,沒有寫字的地方兒,怎麼考試文章呢？　筆硯紙墨。　預備,鄉試是地方官預備卷子,會試是禮部預備卷子。　卷子是甚麼？　就是寫文章的紙。筆墨呢？　筆墨是舉人們自己帶進去。　在甚麼屋子裡寫？　貢院有號房,一號一號的,有好幾千號,一個人坐在一間號房裡寫。　號房有多大？　不大,不過有五尺多高,四尺多寬,七尺多深。　那怎麼擺得下桌橙呢？　沒有桌橙。　木板子,安在兩邊牆上,可以坐人,又安上窄板,可以當作桌子寫字。

文章是古文麼？　不是,是八股時文。　試官怎麼看法呢？　看文章的立意深淺,措詞的清濁,分好歹優劣,好的爲合式,可以取中；不好的爲不合式,不能取中的。　是了。

第四十九章　武試科塲

（綽）．擋碰．　〇　〇　．寬綽．

　　我看見城外頭,好些人射馬箭,耍大刀,拿石頭。我問他們做甚麼的,有人告訴我說,是鄉試考舉人的。那是甚麼舉人？怎麼不在貢院考試文章呢？那是考武舉人的。　怎麼爲武舉人？　各省有文秀才,也有武秀才,武秀[①]才也可以考武舉人,也叫武鄉試；武舉人也考武進士,也叫武會試。　怎麼考法？各省的也是在各省麼？　不錯,也是和文的一樣。　是了。　昨兒你在那城外頭看見的？　安定門外,黃寺的地方。　是,不錯,那叫武塲。　怎麼考刀和石頭呢？　是考的是硬弓、大刀、石頭,名叫弓、刀、石。比方硬弓拉得滿,大刀耍得開,石頭拿得高的,就是好的,可以取中；若是弓拉不開,刀拿起來,擋碰[②]了人,或是掉在地下,石頭拿不動,那都不能中。　是了,有多少人考？也不定。鄉試、會試,在城外考弓、馬、刀、石,那叫外塲。　那城外頭那麼寬綽地方,看熱鬧的人,都擠滿了不差甚麼[③]。　外塲可以瞧得見,到了武考的內

[①] 秀：底本作"禿",據文義酌改。
[②] 擋碰：碰撞。"擋"指戳,刺。
[③] 不差甚麼：差不多。

塲,也是在貢院,就不能看了。　內塲考甚麼?　考《兵法》①《武經》②。　啊,那麼是文武全才了。　是。

註　釋

〔武試〕考武之例,各府州縣有武生,歲以各省學政主之,俱以弓刀騎射之技,中式者爲武秀才。每于文鄉試年之十月,舉行武鄉試,次年四月,或臨事酌定月分,爲武會試,皆考試硬弓、大刀、騎射等技。中式之舉人,曰武舉,進士,曰武進士,皆就近發於綠營習學營伍。舉人以千總用,進士以守備用,或以兵部差官用,或以駐京駐省提塘用。六年後,仍以守備用云。

第五十章　上元燈節

（晝）·週③圍。　．車·軸　臂·肘·　晝·夜·。

　　今年正月裏,大概是十四五兒的那兩天。　怎麼着?　街上怎麼那麼熱鬧啊?　那大概是燈節兒那兩天罷。　多噯爲燈節兒?　正月十五日爲上元節,前一日後一日都有燈,如今是從十三日起,到十七,整五天都爲燈節兒。是,是,舖子外頭四週圍,都是瞧甚麼?　瞧那掛的燈呢!　甚麼燈?　有紗燈、玻璃燈、還有宮燈④,都是有山水人物、鳥獸花卉的畫兒。宮燈是紅綢子做的,可沒畫兒。　還有甚麼?　有紙做的各樣人物鳥獸的燈,還有砂子燈⑤,帶響鐘兒的,都是小孩子們玩兒的。　是了。我是白日裏看見的,因爲有事,沒得細看。　白日裏還不熱鬧,那五天晚上點半夜的燈呢!逛燈的人擁擠不斷,滿街都是人,男女老少,小孩兒,都逛燈。　好熱鬧!　也有富貴人家兒,婦女們坐在車上逛的,人羣兒裏,車走不開,把一個車的車軸兩邊兒的人給擠起來。　這還了得!　人山人海,你的胳臂肘兒拐我的胳臂,我的脚踹他的

---

① 《兵法》:《孫子兵法》。

② 《武經》:據"俗語註釋"卷解釋"武經"爲"古書孫吳所著",應指《孫子兵法》與《吳子兵法》,故此書中的《武經》應指《武經七書》。

③ 週:周。"週"處於上平聲位置,聲調標注或有誤,照錄。

④ 宮燈:節日或祭祀日所用八角或六角形絹製燈籠。

⑤ 砂子燈:一種供玩賞的花燈。燈外繪人物圖像,頭部或四肢另以紙剪,貼在特製的機關上,燈內裝沙子,用手略搖動,使沙子流泄,衝擊機關,紙像即隨之活動。

脚,可眞了不得。 這五天晝夜不斷的人,全是逛燈的? 是了。到明年,我也逛一逛去。 好麽!

註 釋

〔燈節〕每歲正月十五日,爲上元節。自漢朝以此日祀太乙之神,故民間通宵不寐。迨唐時十四十六二夕,亦不寐,燃燈達旦。後京師又於十三十七加二夕,共爲五夜,取五穀豐登之義,因登燈二字同音同聲之義也。○今外省仍三夕,京城五夕。各舖多燃燈,而以茶葉舖、餑餑舖、鐘錶舖、茶社,多燈球,以羊角製之,或紗、玻璃,皆繪以五彩山水人物,鳥卉花蟲,燦爛爭輝,燈月相映,五夕士女如雲,老幼懽躍,車馬輻轇,極爲玻璃世界,而花礮烟火,通夜不絕。工部之中,土地廟燈尤甲於他處。○國服期內,遇上元,則禁燈。

第五十一章　衣飾分別

（抽）.抽·查　綢緞.　醜·俊.　香臭.

你說這街上走逛的人,男女老少都有,怎麽分得出貴賤來呢? 論規矩,是在衣裳上分。 怎麽分? 按禮部則例上,做官的人可以穿上色的衣裳,卑賤的人都是穿青色的衣裳。 眞的麽? 而且皮衣裳,也不是隨便穿,比方貂鼠①、猞猁猻②,都是按着品級穿,不能混穿的。 你說的是公服罷? 到了便衣兒時候,誰還能看得出來麽? 不錯,如今是人不知儉省的多,有錢的就隨便穿。比方人羣兒裏,你要是抽查,巧了③就有極卑賤的人穿着綢緞的。所以說了。 一來年輕的人愛好看;二來如今是衣帽年,穿兩件好的,人就瞧得起他,破爛的人就笑話。 婦女們,也有分別麽? 自然了,富貴貧賤,也必要分的。 如今我看婦女們,不論相貌的醜俊,竟論衣裳首飾的好歹,實在也不對。 不錯,總是人心不古,認假不認眞,不論其內,只看其外。 據我說,不論富貴貧賤,男女老少,總是心田好,品行正,活着論行爲的好歹,死後論名聲的香臭,何在乎衣裳呢! 這話是正論。

---

① 貂鼠:貂。古以貂爲鼠類動物,故稱。
② 猞猁猻:猞猁,獸名。似貓而大,尾短。兩耳尖端有兩撮長毛,兩頰的毛也長。全身淡黃色,有灰褐色斑點,尾端黑色。四肢粗長,善於爬樹,行動敏捷,性兇猛。皮毛厚而軟,是珍貴的毛皮。
③ 巧了:大概。

註　釋

〔貂鼠〕貂鼠爲貴重之服色,文官三品以上,武官二品以上,始能穿貂褂;文四品,武三品者,只可戴貂帽而已。又貂鼠朝衣,亦一二品始可服之,其服日,以十一月初一日服,至次年上元節後爲止。○猞猁猻,五品以下不許用。

第五十二章　停止捐納

（句）居處　賭局　保擧　句段

這幾年聽說停止捐納得官的事了麼？　不錯,停止捐官的事了。　爲甚麼？　咳,你想做官的,本來是得通達古今的學問,而且得品行好,比方居處恭,執事敬,與人忠,爲官教民,得以孝悌忠信禮義廉恥的這些個去教訓,纔算是官哪,不是麼？　那自然的。　捐納的官兒,不是那麼着,本來是花錢買了來的,作了官,還是想撈回去,餘外還要發財。　怎麼發財？　地方的利弊一概不管,不過是多收民間的租稅,任憑地方有流娼土妓,烟舘賭局,他一概不管,只要多弄錢就好。　那還算官麼？　所以說了。如今停了,就爲得是捐納出身的人,沒有好官的緣故。　他們也有好的麼？　比方由擧人、進士,得了小官,改捐大一點兒官的還好。若是沒有念過書的人,雖然也有能辦事的,往往也得保擧,其寔可了不得。　怎麼？　不用說叫他文章華國,求其他,把四書念出句段兒來的有多少？　可笑得狠了。　所以纔停止住這捐納的道路了。　是了。

註　釋

〔捐例〕前因軍需多費之日,曾有捐輸之例,或設捐銅局、捐米局、捐礮局、捐河工局,名目不同,皆以銀數計之。平人捐銀百金,可得八九品職虛銜;一萬兩者,得以道台候選。文職,平人捐至道爲止;武官,平人捐至參將爲止,道台四品,參將三品也。其詳數見籌餉事例。

第五十三章　俗人怕鬼

（取）冤屈　溝渠　取送　來去

我聽說人都怕鬼,這是甚麼緣故？　咳,也是俗論,其實那兒有鬼呢！何爲鬼？　說是人死了,魂魄不散就爲鬼。　是了。我也聽說是鬼能迷人、害人、拉替身兒,都是怎麼一件事情呢？　那是說冤屈死了的人,纔迷人甚麼的哪！　怎麼爲冤屈死？　比方懸梁自縊,俗話說上吊,死了之後,叫吊死鬼兒；抹脖子死的,服毒死的,碰死的,燒死的,跳在河道溝渠裏死的,跳井死的,都是屈死鬼。　怎麼又說拉替身兒呢？　說是人死了,都要轉世托生爲人,惟獨屈死的不能轉世,必得再拉一個人來屈死,這一個先死的鬼,纔能托生爲人哪！啊。　那拉一個人來死,就叫拉替身兒。　豈有此理！　信則有,不信則無,我就不信。　我也不信。　那信有鬼的,了不得。比方半夜三更,叫他一個人兒上街,或是上別的空屋子裏去,取送東西,你就給他一千銀子,他也是怕鬼不敢去。　不信的呢？　不信鬼的,不怕半夜裏上墳圈子裏去,也是來去自如,沒有一點兒害怕的樣兒。　也不能叫鬼迷了罷。　底根兒①就沒有鬼麼,怕甚麼。

第五十四章　情殷報効

(捐) 捐　納　　○　　舒　捲·　　家　眷·

令親是從那兒回來？　起廣東回來。　作甚麼來了？　是進京引見來了。　啊,他是甚麼前程？　是知縣班。　是那一科的舉人？　他是捐納出身,沒考過。　是了,大概也是飽學的人罷？　書他倒念過,但是沒下過塲。怎麼就入了捐班②了呢？　是因爲家資狠多,願意報効,捐納了些個錢,所以就議叙了一個知縣。　多嗏回任去呢？　引見之後,大約十天八天的,就回任去了。　閣下不同他去逛一逛去麼？　我不願意去。　怎麼？　我在家裏,是隨我的便,一無差使,二無買賣,如同閑雲野鶴,舒捲自如。　若是到了外任,作了官親,更舒服哪！　不好不好,那就是寄人籬下了,一切掣肘,一定不願意去。　令親若是請閣下去呢？　舍親雖是捐納出身,倒不是那愛錢的官,

---

① 底根兒：根本,原本。
② 捐班：捐納出身的官吏。

不但自己親朋不帶上任去，這幾年的工夫，連家眷都沒接，總是愛民如子，一味的忠心赤膽，惟恐怕官親幕友招搖生事，於他官聲不好，所以沒人同他去。是了。

註　釋

〔引見〕文官七品，如知縣等官，武職六品，如千總等官，則必引見。○引見之例，外省由督撫備咨文，文官咨吏部，武官由兵部，二部堂官帶領引見。京官文由吏部，武由兵部，或由各衙門本堂官帶領引見，屆時皇上升座，堂官跪進官員名牌，本引見官跪奏自己履歷出身年歲，以聽旨下如何用。外省官每升則必引見，但曾經引見未滿三年者，雖升亦不必再引見也。

第五十五章　忌食牛肉

（全）．圈點．　．齊．全　犬．吠．　勸．戒．

那西邊兒書舖裏，他們的書好不好？　好啊，那是一個老書舖了。　老書舖，所以我怕他的書的板不大真了。　可以，書的板都是新近重新翻刻的，你用甚麼，只管買去。　我倒不用甚麼，白①問一問。　是了。　倒是請問他們書舖裏，常說刷印善書，甚麼是善書啊？　咳，善書你都不知道麼？　知道我問你做甚麼呢？　有《陰隲②文》③，有《暗室燈》④，有《太上感應篇》⑤。　是了，都是勸人行善的，是不是？　對了，比方有行善的人，願意⑥刻出這一部善書來，又做出許多的因果報應的事來，作得了，圈點妥當了，刻成板，刷印了送人，是了。或是別人願意刷，也用這個板，一百部二百部的，刷印了送人。　是了。

不但刷印，還要一篇兒一篇兒的對明白了，比方有模糊不清楚或是紙破了不齊全的，都得再刷。　真是善人了。　還有勸人別吃牛肉、狗肉的，刷一張帖

---

①　白：隨便，隨意。
②　隲：騭。據《正字通·馬部》："騭，省作隲，非。"
③　《陰騭文》：作者不詳，寫成年代疑爲宋，是一篇駢文，以文昌帝君本人的口吻來講述其化身與訓示，列舉古代士人行善得福的事例，說明善有善報，惡有惡報，勸人行善積德。
④　《暗室燈》：清代深山居士撰，內容亦是勸人行善的訓示。
⑤　《太上感應篇》：作者不詳，中國道教善書，託稱太上老君所授，最早見於宋代。
⑥　底本此字模糊難辨，據東京博文館藏本（1902）《自邇集平仄編——四聲聯珠》（以下簡稱東京博文館藏本）82頁補出。

兒送人。　甚麼話？　說牢字從牛，獄字從犬，不吃牛犬，牢獄可免。
爲甚麼不許吃？　大約是說牛爲人耕種，狗是看家的，都是有功於人。比方田
裏沒有牛耕地，夜裏沒有犬吠，那還行麼！所以用這個法子勸戒人。　是了，
怪得①你不吃牛肉呢！

註　釋

〔書舖〕京師書舖，以正陽門外琉璃廠爲最多，惟價值多謊冒，往往值十兩者，索數十兩，稍不愼
還其數，即墮入其術矣。東四牌樓隆福寺，書舖亦有數處，價稍廉，惟書不全耳。

　　自邇集平仄編
　　四聲聯珠卷之一終

---

　　① 怪得：怪道，難怪。

第二卷①

（絕）第一章	騾乃馬產	（缺）第二章	受傷免射
（君）第三章	人皆出痘	（羣）第四章	施種牛痘
（爵）第五章	世職爵位	（却）第六章	挑選馬甲
（主）第七章	左右翼稅	（出）第八章	崇文門稅
（抓）第九章	包②送銀信	（欻）第十章	不知電氣
（拽）第十一章	糧船倒開	（揣）第十二章	奸民偷糧
（專）第十三章	內外兩科	（穿）第十四章	請醫規矩
（壯）第十五章	東來箭料	（牀）第十六章	弓生於弩
（追）第十七章	棺有二式	（吹）第十八章	擡棺人數
（准）第十九章	人喜本分	（春）第二十章	缺有四字
（中）第二十一章	檢驗屍傷	（充）第二十二章	人命至重
（擱）第二十三章	馬上槍箭	（額）第二十四章	官兵腰刀
（恩）第二十五章	帶刀規矩	（哼）第二十六章	官兵棍責
（兒）第二十七章	插耳遊營	（法）第二十八章	僧遵王法
（反）第二十九章	僧官道官	（方）第三十章	廟房出租
（非）第三十一章	嚴查保甲	（分）第三十二章	分居同墳
（風）第三十三章	墳墓形式	（佛）第三十四章	信佛人多
（否）第三十五章	貧民謀生	（夫）第三十六章	官員儀仗
（哈）第三十七章	人喜口給	（害）第三十八章	五湖之名

---

① 底本第二、三卷標題作"自邇集平仄編四聲聯珠卷之二""自邇集平仄編四聲聯珠卷之三"。與其他各卷不同，整理本加以統一。

② 包：底本作"色"，據總目及下文章目改。

(寒)第三十九章　　船畏風暴　　(硨)第四十章　　　房租爲業
(好)第四十一章　　金銀首飾　　(黑)第四十二章　　銅錫首飾
(狠)第四十三章　　婦女短見　　(恒)第四十四章　　孝親割肉
(河)第四十五章　　旌表節孝　　(後)第四十六章　　百歲建坊
(戶)第四十七章　　民喜族榮　　(花)第四十八章　　市土糞田
(壞)第四十九章　　米麥土產　　(換)第五十章　　　民有社倉
(黃)第五十一章　　賑濟良法　　(同)第五十二章　　家丁宜防
(混)第五十三章　　長隨名色　　(紅)第五十四章　　琺藍銅質
(火)第五十五章　　黃金爲貴

第一章　騾乃馬產

(絕)．噘嘴．　斷．絕　馬．撩蹶．子　傴．喪．

您家裏也養活①着狗呢麼？　狗是看家的，一定得養活。　好。一來是看家該當有的；二來，馬、牛、羊、雞、犬、豕，這是六畜，人家兒也是該當養活的。　是麼。可有一樣兒，驢、騾子，怎麼不在六畜之內麼？　不算那兩樣兒。　爲甚麼？　大概這兩樣兒，不是處處有的。　驢、騾不是處處有的麼？　不能處處有，比方雲南、貴州，就沒有驢。貴州名爲黔省，古人不是說"黔驢無技"麼？　是。　騾子，更不是處處有的。北省大約多，南省少。　有一種噘嘴兒騾子，是甚麼？　那叫驢騾兒。　我不懂得。　你眞不明白麼？驢配驢，就下驢；馬配馬，下馬；公驢配母馬，母馬下騾子；若是公馬配母驢，就是纔說的，要下那個噘嘴兒騾子了。　怎麼騾子和騾子，不搭配麼？　不，搭配了也不下甚麼。因爲騾子精寒，斷絕了生產的，所以是馬下騾子。　啊，您家裏有騾子沒有？　沒養活騾子，有一匹馬，前兒賣了。　爲甚麼？　因爲這個馬撩蹶子②，撩得利害，怕他踢了人，所以賣了。　那麼出門怎麼好？　步行兒。　不坐車？　我不愛僱車坐，我嫌那趕車的，年輕的是奸猾，年老的是傴喪③，所

---

① 養活：撫養，飼養。
② 撩蹶子：馬、驢、騾等牲畜用後蹄亂踢。
③ 傴喪：說話做事粗野生硬。

以走着倒自由。　是了,明兒①還是買匹好馬好。　再說罷。

第二章　受傷免射

（缺）補．缺　　瘸 骸②　　○　　確．然．

我忽然又想起來了。　甚麼?　令親那兒不是有一匹狠好的馬麼?　別提那匹馬了。　怎麼?　本來是在軍營裏出過力的一匹馬,那些年出兵打仗、追賊、送信,全仗着那個馬,所以舍親纔得保舉,高升了条將。到去年補缺之後,又出兵,騎着那個馬追賊,了不得!　怎麼了?　一個前失③,起馬上掉下來了。　這纔是慣騎馬,慣跌跤哪!　你可說麼④。　沒摔着那兒呀?　摔了骸了,又叫賊回頭札了一槍,就成了傷了。　保住命了?　好,雖然傷受的不小,可沒死。　如今馬怎麼樣?人怎麼樣?　馬是賣了,人傷也養好了。大人們驗明了,他是右膀受傷,而且左骸是個瘸骸,就奏明了,免了他的騎射,部裏查考了他的傷册,是確然不錯。所以從此以後,他雖然是一個武官,可就是不射馬步箭⑤了。　怎麼有這個例麼?　有這個例,大凡出兵打仗受傷,不能射馬箭的,就可以免他的騎射,止於帶兵、操兵,就是了。　這也是恩典哪!可不是。

第三章　人皆出痘

（君）君．王．　　○　　菌．子　俊．秀．

我想人身上有了傷,或是殘廢,寔在就不成個人了。　可不是殘廢人,那叫殘疾人,或是說有殘疾。　有一樣兒殘疾,也不要緊,可也不礙事,就是不好看,你猜是甚麼殘疾?　我猜不着。　我告訴你,就是人臉上的麻子。　啊,

---

① 明兒:明天。
② 骸:腿。
③ 前失:(一般指牲畜)身體向前傾跌。
④ 你可說麼:類似於"可不是麼"。
⑤ 馬步箭:箭術中的騎射和步射。

那是當差兒得的。　甚麼當差兒？　當差使兒。　怎麼當差使,能有麻子呢？不是給君王當差使,也不是給大人們當差使,是給娘娘當差使。　甚麼娘娘？嗳,話長着的哪！說大概罷,因爲這世上人都說,天上有娘娘,共總九位,是女神。　啊。　這女神專管人間小孩兒的。　哼。　內中有兩位,是癍疹娘娘,痘疹娘娘,管人出花兒①。　出花兒是甚麼？　就是出痘。　啊。　還有出疹子。　啊。　出花兒是娘娘愛這個小孩兒,所以叫他出痘,豈不是給娘娘當差麼？　是了,真奇怪的話。　別的不別的,若是小孩兒覺着發燒,大夫一瞧,是花兒,就給父母道喜,說這小孩兒,是要當差兒了。　本家兒父母,怎麼樣呢？　就買香馨熬水,給小孩兒喝。　香馨是甚麼？　彷彿蘑菇,又彷彿菌子,取其發生的意思。　啊。　小孩兒吃了香馨水,出了花兒,就算可以養活的大了。　到底沒有麻子的俊秀小孩兒好看。　那自然是。

第四章　施種牛痘

（羣）○　·成·群　○　○

那麼人人都出花兒,人人都有麻子麼？　不能。　我說呢,到底是沒麻子的人多罷！　可不是！　有麻子的,是怎麼有的？　說起出花兒來,是這麼着,出三天,長三天,灌漿兒②三天,回頭③三天,所以說,七漿,八蠟,九回頭。怎麼講？　第七天灌漿兒,說那花兒裏,有黃漿,七八兩天,灌足了漿兒,第八天的漿兒要黃蠟似的,第九天就回去了,說是花兒要乾了似的。　人人小時候兒都出麼？　人人出,沒有不出的,而且出花兒死的孩子多着的呢！　年年兒出麼？　不,四年兩頭,大約三年一次。　死了的不說,好了的就有麻子了？不是,是正灌漿兒的時候,孩子各自各兒④拿手抓的,就作了麻子了。　是了。　十二天滿了,就在家裏供娘娘,親友們送吃食,賀喜。　是了,如今是出花兒的年分麼？　還不到呢,而且近來出花兒的少了。　怎麼？　有施種牛

---

① 出花兒:染上天花。
② 灌漿兒:天花的瘡包內生膿。
③ 回頭:此處指天花停出,病勢開始好轉。
④ 各自各兒:自己。

痘的法子，所以每年春天，小孩兒們成羣搭夥的，他父母抱了來種，故此出花兒的就少了。　好，種牛痘狠好。

註　釋

〔種牛痘〕痘者，支那醫書，以爲人生胎中帶來之毒火，故人人不能免其災。率以三年一次爲大班，至期街巷之小兒，皆爲肉爛皮焦之棄物矣，殊可哀可憫。拜佛之人，又以爲痘疹神女所賜，稱之爲痘疹娘娘，其說益妄，而信者多。道光間，廣東有種牛痘者，蓋傳自西國之醫，取牛之痘以種人，試之頗効。咸豐初，種痘盛行於京師，皆善士集財，立地，設局，延聘能種痘之醫種之，近年故出痘者益少矣。然窮鄉僻野，及各省之未知者尚多，安得善士遍爲傳種，以救嬰兒乎。

第五章　世職爵位

（爵）○　・爵位。　○　○

人生在世，高曾祖考，父子兄弟，子孫叔姪，轉眼的工夫，就是兩三輩兒的人。　是麽。曾記少年騎竹馬，轉眼便白頭翁麽，一輩一輩的快極了。　祖上做甚麽，後輩可是不定一樣不一樣。　除去世職的官兒，子子孫孫永遠接連不斷，別的人那兒能呢！　世職的官，是甚麽？　就是輩輩兒爲官的。　輩輩兒怎麽都能爲官呢？　他有世襲的爵位。　爵位，都是甚麽？　有五等，是公、侯、伯、子、男。　往下呢？　往下是輕車都尉，內中也分一二三等。　再往下。　再往下是騎都尉。　還有呢？　還有是雲騎尉。　沒有別的了？　還有恩騎尉。　都是幾品的官？　公、侯自然是出品①的，伯、子、男是一、二品的，輕車都尉是三品，騎都尉是四品，雲騎尉是五品，恩騎尉是七品。　怎麽可以得這個爵位？　多一半②是出兵打仗，有了大功勞纔能得。或是打仗陣亡了，子孫可以得。　輩輩兒有這個爵位麽？　得了的，輩輩兒世襲。　襲多少代呢？　有襲三代兩代的，有世襲罔替的，那是看功勞的大小。　是了。

---

① 　出品：品級之外。
② 　多一半：多半，一大半。

第六章　挑選馬甲

（却）○　○　○　　却˙然

咱們倆人不說這些個。　說甚麼？　說一點兒笑話兒，好不好？　隨您的便。　我想起一個笑話兒來了。　甚麼？　一家子是在旗①的人，弟兄兩個。　是。　哥哥十八歲了，是一個養育兵。　甚麼叫養育兵？　旗人小的時候，都可以得養育兵。一個月一兩五錢銀子的錢粮，也有有米的，也有沒有米的。　多少米？　一石多。　人人可以得麼？　不能人人得，也有一定的額數。　比方某旗多少養育兵，都是一定的。　哦，多大歲數得呢？　那倒不論，看家中人口多少，以人計算，總是人口多的先得，不論一歲至十幾歲，都可以。　你纔說的這個笑話兒，是怎麼着？　那是弟兄兩個，哥哥是一個養育兵，兄弟②是一個閒散，也到了十八歲了。　啊。　這一天晚上，他哥哥說，明兒偺們本佐領③有馬甲④的缺，你去挑選不挑選？　他兄弟說甚麼？　他兄弟却然是要去挑，故意的說不去。　他哥哥呢？　他哥哥也說不去。　那麼都沒去麼？　第二天，衆人到了衙門裏，他兄弟瞧見他哥哥說："你怎麼也來了？"他哥哥說："你怎麼也來了？"　爲甚麼先說不去呢？　都是怕人多難得的意思。　可笑極了。

註　釋

〔養育兵〕八旗各有養育兵，皆於本旗之騎營內有之，他營無有，何也？蓋驍騎，即本旗人之本營也，故於各佐領下之幼丁無養贍者，一歲至十五歲內，皆可補放以贍養之，故曰養育兵，以備他日挑選馬甲，或他營如護軍等類。至護軍營、前鋒營及各旗營，則皆自驍騎營之旗人挑來，是以各營不能再有養育兵之名色也。○養育兵有二，有有米者，有無米者，先補無米之缺繼而補米，如升一級然。○漢軍養育兵皆無米。○漢軍養育兵，不能如滿蒙之可以挑馬甲，須先得敖爾

① 在旗：隸屬旗籍。
② 兄弟：此處指弟弟。
③ 佐領：清代八旗每一旗下的又分幾個參領，參領下又分佐領，是滿語"niru（牛錄）"的漢譯。掌管所屬戶口、田宅、兵籍、訴訟等。
④ 馬甲：清代八旗制的兵丁，隸屬於佐領下。

布,然後始可得挑馬甲。敖爾布,譯即馬褂之兵也,月食二兩餉銀。

第七章　左右翼稅

（主）猪·羊　·竹子　賓主．　住處．

閣下在京城裏那一城住着？　我是在西城右翼①的地方。　怎麽爲右翼？　左右翼分八旗,比方鑲黃旗、正白旗、鑲白旗、正藍旗,這四旗爲左翼,在東城地方;若是正黃旗、正紅旗、鑲紅旗、鑲藍旗,這四旗爲右翼,在西城地方。　是了,不錯。我看見東四牌樓,西邊兒路北,有一個衙門,寫着左翼,那也就是旗下衙門麽？　不,那是稅關衙門。　不是旗下衙門？　不是。　這京城裏頭的稅,管甚麽呀？　分左右兩翼,在東西兩個四牌樓地方,專管買賣房子、田地,和牛、馬、猪、羊的稅課。　是了,別的貨物呢？　別的貨物,比方茶葉紙張、布疋、藥材、竹子、木料,那都另外有稅,有戶部管的,有工部管的,不與這兩翼相干。　啊,那也有稅關。　有內外城,外頭都有戶部、工部的稅局,工部管木料,戶部管雜貨。有一個崇文門稅務司,那是總管雜貨的稅關。　比方外省的人進京,行李也上稅麽？　也得細細的查考,當上的總得上。　是了。　所以外省人,到了城外頭店裏,比方有貨物要寄存,那店家一點兒賓主的情分沒有,必要把你的東西全叫拿出去。　爲甚麽？　怕的是漏稅。　啊。　所以總得到了崇文門,上完了稅,纔能各人上各人的住處去哪!　是了。

註　釋

〔牛馬猪羊稅則〕牲畜之稅,皆隸左右兩翼,仍於城門外,別設卡房以稽查之。牲畜入城,報翼上稅,每牲畜一隻,約上數百文不等。〔房產稅則〕城鄉置買房產地畝,皆赴兩翼納稅,易新契,給以爲據,每產價一兩,稅銀三分,有不納者,罰價之半入官,此旗民交產之例也。民地、民產,亦有赴大興、宛平二縣,納稅易契者。

---

① 右翼:八旗分爲左、右翼。左翼是鑲黃旗、正白旗、鑲白旗、正藍旗;右翼是正黃旗、正紅旗、鑲紅旗、鑲藍旗。

第八章　崇文門稅

（出）出外。　．厨．房　處．分。　住．處。

聽您說進城的東西，總得上稅了。　是，不論進京城的那一門的稅物，總得到崇文門稅條司衙門去交稅，那名叫上務。　啊，進城的上稅，比方出城的人和從京城出外①的京貨，也上稅麼？　那是看上那兒去了，比方德勝門上口外②去的貨物也交稅，不多，別的門大概都不交。　啊，這麼說，穿的綢緞布疋，用的雜貨，都得上稅，那吃的不必上稅了？　怎麼不上稅！你瞧，飯舘子用的海味、乾菜，人家兒日用的果品、魚肉，這麼着罷，家家兒厨房裏，除去粮食和雞不上稅，別的都得上稅。　是了，本來是國課③麼。　所以說了，比方各處的稅則，每年有正額，有盈餘，該當多少，交得了沒事，交不足，稅官監督有處分，還得賠出來呢！　外省也是一樣麼？　各處都是一樣，比方粵海關在廣東，一年該交多少，還有別處，都是那麼着。　是了。我看有幾家兒做過稅官的，他的宅子都狠體面，那是怎麼着？　那是把該交給國家的交完了，所以剩下的錢，就拾掇④各人的住處，蓋起好房子來了。　是了。

註　釋

〔稅則〕百貨來自四方，分入內外各城十六門。而前三門，正陽、崇文、宣武，不在其內，因前三門在外城之內也。其餘內外十三門，皆設卡以稽其入，統隸於崇文門。有貨至，卡役印某門之印于貨包，即派人送至崇文門，查兌納稅放行，歸各鋪卸載。崇文門外，稅務司衙門門首懸木牌，書寫百貨之名及納稅多寡之例，使商民皆知。茲不能一一註寫，然以例約署論之，百分僅取其一二耳。○又蘆溝橋、海淀，及東壩三處，各設分卡，亦隸崇文門。○木料之稅，別於各城門設卡，隸工部司其事。

---

① 出外：到外省市去。
② 口外：泛指長城以北地區。
③ 國課：國賦，國家徵收的賦稅。
④ 拾掇：收拾，整理。

第九章　包送銀信

(抓) 抓破。　○　雞爪子　○

這如今各省的,彼此來往帶信,都是從那麼帶？　是由信行裡帶。　甚麼是信行？　熱鬧的地方都有信行,專管包送緊要書信、銀兩、物件。　比方我在京城,要往湖南帶信,怎麼個辦法？　那狠容易,京城前門以外,都有往南幾省送信的信行。你信或是物件,交給他,給他錢,他就給你帶去了。　啊,若是帶銀子呢？　那也是交給他們,有滙票局,可以帶去。　多大使費？　比方一百銀子,二兩銀子的水脚①,不論往那一省帶,都是一樣。　啊,要緊的,有電報沒有？　聽見說,這二年,有有的地方,比方那天津、上海甚麼的,都設立了,別處還不明白那個理呢！　電氣②通信狠快,沒甚麼要緊。　咳,那明白的說不要緊,那不明白的了不得！　怎麼？　大約人人都說,雷有雷神,稱爲雷公；電有電神,稱爲電母。　啊,那電母,說是個女神,俗稱爲閃電娘娘,雷公是個尖嘴縮腮③的形狀。　啊。　往往把古樹、高樓都抓破了,人瞧見有雞爪子的抓的樣兒,說是雷公抓的。　那麼雷公的手脚,是雞爪子了麼？　不錯,說是雞爪子。　可笑極了。

註　釋

〔信行〕京師城外,即正陽門外,有信行,專送南北各省信件。有緊要事,令其速送,名包程書信。以天津府論之,常行書信,給京當十錢四百文,他處各照遠近酌增。○信行甚多,各分其處,如專走口處者,則不送南方；專走山西者,則不往江南也。

① 水脚:水路運輸的費用,船運費。
② 電氣:電的俗稱,或泛指用電運轉的設施。
③ 尖嘴縮腮:形容瘦且醜陋。

第十章　不知電氣

（欻）欻一聲　　○　　○　　○

題起電報的事來,你知道是電氣傳信,我也稍微明白一點兒。　是,本來不要緊。　我聽見老人們說,了不得,說是雷是老天爺派了來查考人的善惡的,閃是照人心的。　閃是甚麼?　就是電光,俗話說是閃,也說閃電。　咳,雷電是一樣兒,沒有甚麼分別,不過是聽見的就是雷,看見的就是閃電,就是了。　自然哪!那不明白電氣的理的,不那麼說。　怎麼說?　說閃是照人的心的,又說紅閃照人心,白閃照妖精。　妖精是甚麼?　就是飛禽走獸、各樣兒的物件,年深日久成了妖怪,能變人形,就是妖精。　啊。　所以上天除害,差遣雷公電母來劈他。　怎麼叫劈?　就是叫雷震死了的,俗話就說叫雷劈了。　啊。　還說是人若不孝父母,一定天打雷劈。　啊。　所以有人說,某年某月某日,有人走在某處,遇見大雨,欻①一聲來了一個雷,把他劈了。後來一打聽,原來是個忤逆不孝的人。　是了。我想,人被雷震死,都是遇着電氣了。　可不是!

註　釋

〔雷雨雪〕按時憲書本《禮記‧月令》云:"仲春二月,雷乃發聲;仲秋八月,雷始收聲。"各省亦大同小異,南省亦有初冬尤有雷鳴者。北省皆二月開雷,八月收雷,九月或有有雷之日,六七月之雷甚大,平日不甚霹靂也,大時有震死人者。○考京師,自道光二十一年起,至光緒八年,凡四十二年之間,咸豐三年雪大三尺二寸餘,咸豐六七年雨水甚大。最大同治十年,一年之雨量三尺三寸餘;最少同治八年,僅七寸六分而已。光緒九年雨水過多,畿輔及順天屬州縣十餘處,及直隸天津等二十餘州縣,皆為積潦所苦。閭閻多被水災,不勝其苦,京師向少雨水,此日其甚也。

---

① 欻:擬聲詞,此處形容打雷之聲。

第十一章　粮船倒闸

（拽）拽·泥　　○　　鴨跩·　　·拉拽·

你說，南北遠是遠，大概南貨往北來的不少罷？　不少，不用說別的，比方就是南漕這一節①，都不是南來的麼。　怎麼個來法？　那都是歸運河，運到天津，從天津到通州，就倒閘。運到朝陽門外，上車入倉的。　怎麼爲倒閘？　從通州倒朝陽門，有五閘，一閘比一閘高，有人說通州的城門頂兒和京城的地一樣平，可不知眞假。　自然，總是這兒高就是了。　倒閘是這五閘，各有小船，粮到了通州，就用人扛過來，一口袋一口袋的，裝在這邊兒河裏，一閘一倒，倒到朝陽門。　我瞧見過，東便門兒外頭，不也是一個閘麼？　那是大通橋，米到了那兒，就有官量一回。　啊，那小河兒夏天好，不是？　熱天，也有小船兒裝人來回的逛，就是一樣兒不好。　甚麼？　小孩子在河裏洗澡，彼此鬧着玩兒，拿手拽②泥，濺在船上的人的身上，可不好，所以我不愛坐船逛。而且還有一樣兒不好。　甚麼？　河裏有鴨子鳧水，往往的跩③啊跩的一下水，就濺一船幫的水，也不好。　鴨跩和拽泥，我都不管他，請問這粮船和小船兒，在這五閘裏怎麼個走法？　那都是用繂拉，也有人拉繂的，也有叫牲口拉拽的。　不用別的麼？　都是用繂。　是了。

註　釋

〔漕米〕向日運來漕米額數，白、粳、稄、粟等米，每年四百五十萬石有奇，而開放俸甲各項之米，歲約三百數十萬石，故歲多盈餘。咸豐年以來，因軍興道梗，漕運殊艱，迨亂平路通，迄今每歲運倉者，僅一百數十萬石，較之額米數，只十分之三而已。

①　一節：一樣，一段。
②　拽：拋灑，投擲。
③　跩：扭擺着走路。

第十二章　奸民偷粮

（揣）．懷．揣　○　揣．摩　．蹬．踹．

你說這南粮到京裏來，從通州一閘一閘的倒，都是甚麼人管？　這都是倉場總督衙門管。　船是官的？　粮船都是官的。　倒閘扛粮，用甚麼人扛呢？用錢僱人夫，所以在這五閘兩邊岸上住的鄉下人，夏天從三四月到七八月，都指着扛粮爲生。　啊，他們這些窮人，也眞可憐。　也可憐，也可恨。　可恨他甚麼？　他們把米口袋扛在肩膀兒上，那麼幾步兒的工夫，能用手掐破了口袋，把米灌一袖子，灌一懷。　他們懷揣着米，官人瞧不出來麼？　官人一瞧出來，就回明白了官，拿竹板子打他們。　啊，是了。他不揣摩揣摩，懷裏揣着米，人能瞧不出來麼？寔在是糊塗。　也不然。一來米多人多，二來他們是久慣偷米，所以法子狠多，膽子狠大。　還有甚麼法子？　比方懷揣袖灌，那是扛米的偷。若是船上的人，又有別的法子了。　怎麼偷法？　把米口袋，拿脚蹬踹到水裏，泡一夜，到夜裏再撈上來，晾乾了，拿到他們家去。　可恨。　所以我說可恨了。　是了。

註　釋

〔五閘〕自通州至京四十里，有河一道，中砌一石閘，閘以木板處凡五。南粮自天津至通州東門外，則泊而待之，運夫自運河運入內河，河有船載之西行，每閘各用各船易載。至東便門有大橋，名大通橋，官馱畢，復易船北行。至朝陽門，始陸運以車，而入城入倉焉。城外舊有數倉，今傾圮，尚餘二倉，曰太平，曰儲濟，所至之米，亦分貯藏之。東便門至第二閘之間，河長四里，有小艇，夏日遊人如蟻，多舟中載酒攜殽①，浮瓜沈李，歌童聲瑟，士女如雲，亦佳境也。

第十三章　內外兩科

（專）．專．門　○　轉．移　．經傳．

說到天生的五穀、百果，這一層寔在也是老天爺的恩典，養活人的。　可

---

① 殽：通"肴"。

不是！可也有一句俗語說："人喫五穀雜粮，不能沒病的。"所以有好處，也有不好處。　那也不然了。你若是吃的太①多了，自然就要生病的，怨誰？而且有病也不礙，老天爺不是又生出好些個藥材來麼？　是，那自然是。但是天生下藥材來，也得人會用。　那又有大夫，他會給人治病了。　大夫是甚麼人？就是醫生，也說醫家。　啊，醫家老爺們哪！　是。　請問這醫家，有幾樣兒，怎麼給人治病呢？　那可不一樣，比方治人身子裏頭的病，那叫內科；治身子上頭的病，那叫外科。　我還不明白。　比方傷寒、咳嗽、五勞②、七傷③、瘧疾、瀉肚，這些個就是內科的大夫給治。跌打損傷、傷筋④動骨、疔毒瘡癬，這些個就是外科的大夫給治。　大夫個個兒都會治內外兩科麼？　也不同，有專門內科，專門外科的，也有全能治的。　是了，本來病也不能定的。比方先是裏頭的病，回頭又改了外頭的病了，那就得請內外科的兩個大夫了。　那也不但那麼着，就是內科的病，比方傷寒又轉移到瘧子⑤了，也可以換兩三個內科瞧，外科也可以好幾個人瞧，俗語說"病急亂投醫"麼。　大夫也念五經、四書、聖賢經傳麼？　先念一點兒，後來就改念藥書了。　是了。

第十四章　請醫規矩

(穿).穿戴．　．車．船　．痰喘　　串..通

您說，大夫是念書的人學好，是沒念過書的人學好？　總是字深一點兒的好，就是念藥書，也得明白字義兒纔好哪！　那自然。　如今的大夫，明白的少，竟講究車馬穿戴的體面，人家就說他好，衣裳襤褸，就瞧不起他。所以俗語說："趁我十年運，有病早來醫。"運氣好，歪打正着，就能出名發財麼。　大夫

---

①　太：底本作"大"，據文義及東京博文館藏本 102 頁改。
②　五勞："五勞"在不同醫學典籍中有不同意義，一指久視、久臥、久坐、久立、久行五種過勞致病因素，或指志勞、思勞、心勞、憂勞和疲勞五種。
③　七傷："七傷"在不同醫學典籍中有不同意義，一指大飽傷脾，大怒氣逆傷肝，強力舉重、久坐濕地傷腎，形寒飲冷傷肺，憂愁思慮傷心，風雨寒暑傷形，大怒恐懼不節傷志；或指食傷、憂傷、飲傷、房屋傷、饑傷、勞傷、經絡榮衛氣傷。
④　筋：筋。據《玉篇·竹部》："筋，俗筋字。"
⑤　瘧子：瘧疾。

出門是坐車麼？　是，清早在家裏，病人來大夫家瞧，那叫瞧門脈。午後坐車出門，那叫出馬，到了人家裏瞧完了，人家給錢，那叫馬錢。　啊，這坐車麼，是叫馬錢。這若是南邊沒車的地方呢？　騎馬，坐轎子，都可以。　那也可以說馬錢？　也叫脈禮，也可以說脈資。　這若是坐船去呢？也說是馬錢麼？你太死心眼兒了，不論車、船、轎、馬，橫豎①北邊兒地方叫馬錢就是了。　我也是說着玩兒。可是令尊大人的貴恙，這一程子怎麼樣？好些兒了沒有？這幾個月倒見好。　還是咳嗽麼？　本來就是個痰喘的病，應當早治，耽誤了好幾年，遇見了一個愛錢的大夫，和藥舖裏串通一氣，他們傳眞方兒，賣假藥，誆騙了我們好些錢去，永②沒見好。如今另請高明的人給治，算是好些兒了。　是，不好的大夫，寔在是人罵的狗大夫。　可不是！

註　釋

〔請醫〕京師醫家，門首有牌匾，書寫某堂某師傅專理男婦老幼內外兩科疑難大症云云。每日清晨至午，醫生在家看病，病者來，則診脈開方，名曰看門脈。脈錢，京錢一吊二百，僅得其一方，另赴藥舖自行買藥。午後出門赴病家看病，爲出馬。假如一里之內，皆四吊八百文馬錢，逐里加增。如十里以外者，則索十六吊、二十吊不等。○西醫有駱氏者，同治初年至京，德氏踵其後，今已二十年矣，然京師人尚無人肯延至家，惟赴其醫院就醫者多耳。

第十五章　東來箭料

（壯）．裝 載．　○　．粗 奘．　壯 健．

我昨兒在街上，瞧見好幾輛關東大車。　坐着甚麼人？　不是人坐的，是裝載着好些個木杆子，是作甚麼的？　那自然是山貨屋子，或是棚杆子舖用的罷。　不是，不過有指頭那麼奘③，而且一根一根的，都是齊齊截截④一樣長。有多長？　四五尺罷。　是了，那是東三省來交箭桿子⑤的。　啊，那兒的？

---

① 橫豎：總之，反正。
② 永：終，一直。
③ 奘：粗大。
④ 齊齊截截：整齊。
⑤ 箭桿子：箭身。

大約是吉林省罷,常有來交的。 交了來作甚麼? 做弓箭的箭用。 啊,我說不狠粗糙哪!他們交給那兒? 大約是武備院衙門。 武備院是那衙門管? 是內務府管。 武備院是都管甚麼? 凡有一切弓箭、腰刀,和盔甲、帳房,都是那兒管。 那衙門自然匠人也多罷? 自然了。比方弓匠、箭匠、裁縫、鐵匠,這些樣兒的人,多着的哪,總名都叫匠役。 造這些弓、箭、腰刀甚麼的,給誰用? 各旗衙門的甲兵,都是會馬步箭的,一個一個狠雄壯,他們不得用弓箭麼。所行這衙門,還有別處弓匠營兒,都造弓箭,分着給旗兵使喚。那拉弓射的兵,軟弱了不行罷? 不錯,總得挑壯健的。

註　釋

〔甲兵〕八旗,滿洲、蒙古、漢軍,皆有甲兵,即馬甲也,又名披甲。月食餉銀三兩,每月食米五百五斗,此舊例也。近年銀米不敷支放,各折成以給之,每月銀約一兩三錢餘,每三月之米,約一石一斗餘,均以弓矢爲枝。近日各旗皆於甲兵中選兵二三百,操練火槍、檯槍,檯槍者二兵連帶之長火繩銃也。

第十六章　弓生於弩

(床)　　窗戶　　牀鋪　　闖入①　　創始

您說起那拉弓射箭的事來,可了不得! 怎麼? 昨兒個,我差一點兒沒叫箭把我射死。 你在那兒瞧射箭的來着? 在家裏躺在炕上。 胡說白道②的,家裏躺着,那兒有箭到你跟前兒呢! 眞有麼! 怎麼一件事? 是這麼着,我在家裏躺着瞧書來着。 哼。 起牕戶外頭飛進一枝箭來,掉在我的牀鋪兒傍邊兒了。 甚麼叫牀鋪? 就是炕傍邊兒。 那麼你說牀鋪兒。可是北邊沒床,都是炕,這牀鋪倆字,是一句南邊的官話。 不說這個,到底這一枝箭,是那兒來的? 是我們小孩子,拿着小弓兒、小箭兒,在院子裏射家雀兒③來着,所以起牕戶裏飛進來了。 是了,那不過是小孩子射走了手了,

---

① 入:底本作"八",據文義及東京博文館藏本107頁改。
② 胡說白道:胡說八道。
③ 家雀兒:麻雀。

小箭兒沒甚麼勁兒不要緊。　可也不是玩兒的。　那一年我瞧見一本小書兒,寫着弓箭的事。　甚麼話?　他寫的是文話,說:"正然眠至夜半,猛見二賊,月光之中,自外闖入。我便抽弓取箭,連殪二賊,幸無失物"這些話。　誰和你背書呢!請問弓箭是何人創造?　論起這個來,大約弓生於弩,弩生於古之孝子,因爲看見野獸吃他父母的死屍,所以造弩射那個野獸。　那麼說,是古孝子的創始了。　是罷。

第十七章　棺式有二

（追）追趕。　○　○　廢墜。

你說,人的身子,活着在世上,就能吃、能喝、能走、能睡,睡着了也可以能醒。比方一口氣不來,就一閉眼,任甚麼不知道了,寔在無意思得狠。　可不是!人生在世,總是這一口氣要緊,所以俗言說:"三寸氣在千般用,一到無常萬事休。"就是說,人的身子有這口氣,都能知道。一斷了這一口氣,把他扔在山澗裏,任憑野獸來吃,他也是任甚麼不知道。　所以了,上古的時候,父母死了,也不過是扛起來,扔到山澗裏去。過兩天一瞧,狐狸甚麼的,在那兒吃哪!蒼蠅蚊子,在那兒圍滿了。你白日裏看見了,該掏①的掏,該追趕的追趕,還能整天整夜的,在那兒守着麼?　所以說了。　所以纔有孝子,興出弓弩,射野獸來了。　後來呢?　後來就興起棺材來,興起埋葬來了。　不錯。可是聽見說,現在死人的棺材,有兩樣兒麼?　不錯,有滿洲材,是旗人用的;有漢材,是漢人用的。　如今都是用甚麼木頭作棺材呢?　那可是用杉木的多。　我想各處的喪禮,大概不差甚麼罷?　那自然。自從興用棺槨到如今,別的禮行或者有個改變,或是世遠年陳,有個廢墜②。惟獨喪禮,大概古今都差不多。

註　釋

〔杉木〕杉木,北方不生,貴州、四川等省多,生於山而連蔭成林。運至京者,以爲棺槨者多,其細

---

① 掏:轟。驅趕。
② 廢墜:因懈怠而中止。

長者,則用以爲搭①蓆棚之用。故杉木京中之用,蓋甲於各省云。

第十八章　擡棺人數

(吹) 吹打· 　·乖手· 　○　○
　　那一天我瞧見,有好些個人,吹打着樂器,後頭有八個人,抬着一個棺材,那是埋死人的不是? 你說的這麼笨。 怎麼笨了? 那個不叫埋死人,那叫送殯。 是是不錯,是送殯。我還請問您,死了人,都是用八個人擡棺材麼? 不,那是常行人家兒,名字叫八個人亮擡兒。 怎麼爲亮擡兒? 棺材,人瞧得見,亮在外頭,所以叫亮擡兒。 別的哪? 那是分富貴,分貧賤。比方有一二品的大官,那就用六十四個人大槓,有一個大棺罩;再次,用四十八個人。 再次呢? 三十二個人。 再往下? 二十四個人。 還有? 十六個人。 再次? 就是你瞧見的,那八個人兒亮擡兒了。 是了。那棺罩都用甚麼的? 用天青,用大紅,都是緞②子的。 怎麼分? 看禮部則例上都有。 如今都是那麼按例辦麼? 也有有錢的人,就混用。但是也得他家裏有一個官職,纔敢用哪! 各省也都是一樣麼? 不能。南方山多的地方,大官的棺材,八個人擡着,一個個的並肩乖手的走,那山路窄的,還過不來呢!還能多用人麼? 是看地方兒來。 是。

第十九章　人喜本分

(准) ○　○　准··駁　○
　　我想人生在世上,轉眼百年,還是作甚麼好? 據我說,還是守本分好。我想是做官好。 也不見得是富貴就準好麼。 到底是富貴好。 我說一個笑話兒給你聽。 甚麼笑話兒? 一個作知縣的,和一個衙役說閒話兒。說甚麼? 知縣說:"我這個官狠小,有許多的上司管着。" 哼,怎麼樣呢? "不如快升官,得了知府就好了。" 衙役說甚麼? 衙役說:"不行,知府還有

---
① 搭:搭。據《正字通·手部·卯中》:"搭,亦作搭。"
② 緞:底本作"緞",據文義酌改。

道台管着了。" 是呀,有道台管着了。 所以知縣說:"那麼陞了道台就好了。"那衙役說:"不行,還有督、撫、藩、臬管着了。" 他說甚麼? 他說:"那麼怎麼樣呢?"那衙役說:"您怕人管,是爲甚麼?" 他說甚麼? 他說,是怕人不許他由着自己的性兒辦事。 衙役說甚麼? 衙役說:"比方我由着我的脾氣辦事,行不行?" 他說甚麼? 他說:"不行,總得按着規矩。" 衙役說甚麼? 衙役說:"我按本分行不行?" 他說甚麼? 他說:"那就行了。" 衙役說甚麼? 衙役說:"那麼,您若是能按規矩辦事,上司自然喜歡,你辦甚麼是甚麼,沒有准駁①的兩個字了。 這麼說,還是按本分好。 不錯。

註 釋

〔升官〕按文職外任,由縣升州或同知。州升府,府升道,道升臬司,即按察使。臬司升藩司,即布政使。藩司升巡撫,巡撫升總督,總督可兼大學士。○稱總督曰制軍,巡撫曰中丞,藩司曰方伯,臬司曰廉訪,道曰觀察,府曰太守,州曰刺史,縣曰明府,又同知曰司馬。

第二十章　缺有四字

(春)。春夏。　純厚。　蠢笨。　○

我看,這世上人,都是守本分的少。 怎麼? 比方強求,要多得,豈不是不守本分麼? 那是人有向上之心。比方花艸樹木,都是往上長,不是? 所以人,也是那麼着。 是了。比方普世界的人,不論作甚麼,也都彷彿時令一樣,起頭兒②像春天,正興旺的時候兒是夏天,後來是秋天,末了兒③是冬天。春夏秋冬四季兒,那也都是自然本分的理。 是,惟有做知縣,知州的地方官,比別的更難。 怎麼? 像那地方百姓們秉性良善,風俗純厚,能守本分,那自然容易辦事。 是麼。 若是地方民情強悍,風俗澆薄④,不守本分,就狠難辦事。 不錯,不可以教訓麼? 教訓也是因人而施,因地制宜,明白人多的地

---

① 准駁:准許與駁回。
② 起頭兒:開始時,開頭。
③ 末了兒:最後,最終。也說"末末了兒"。
④ 澆薄:社會風氣浮薄。

方兒,就好教訓。若是糊塗蠢笨人多的地方兒,教訓也是難着的了。　是了。那麼作州縣官,各處不一樣啊?　自然哪!有繁缺①,有簡缺②,有冲繁疲難③的缺,那兒能一樣呢!　這冲繁疲難,都是按着甚麼說?　都是按着地方的人數多少,風俗的好不好,來往的人多不多,這些個意思起的名兒。　是了。這麼說,也是各盡其職,不論官民,各守本分的好。　是。

註　釋

〔風俗〕各省有督撫統之,藩司理財察吏,臬司按刑察民,皆寓省城。省外有分巡諸道,道轄各府,府轄諸州縣。州縣爲親民之官,治理之,教訓之,收田賦,理詞訟。各處人情不同,物產亦異,欲考其風土、人情、物產諸事,宜看《縉紳全書》,皆於各縣州之下詳備焉。○《縉紳》,在正陽門外,琉璃廠,大書舖出售。每部六本,他書多以藍爲套,而《縉紳》以赤。

第二十一章　檢騐屍傷

(中).中外。　○　腫‥疼　輕重.

題到作州縣的這一節,這樣的官眞是難作。　怎麼?　比方收民間的錢粮,管民間的詞訟,還有地方的利弊,風俗的好歹,捕拿賊匪,修治河道,還有上司們過境,送往迎來。這些個事都是州縣一個人兒辦的。　這麼說起來,可是難極了。　別的姑且勿論,比方有了命案,這驗傷的這一件事,可就寔在是難得狠了。　怎麼?　大凡地方上有了命案,州縣官都得親身去,驗傷、驗屍。京城裏,也是一樣麼?　不論中外④、各省,甚麼地方兒都是一樣。　京城甚麼官驗?　城外是城上的御史管,城裏是提督衙門管。還有大興、宛平二縣,都是管詞訟的。　甚麼官驗呢?　都是派正指揮去驗,和外省州縣官一樣的驗法。　官自己驗麼?　不是自己,有仵作管。　婦女們呢?　婦女有穩

---

① 繁缺:政務繁重的官缺。
② 簡缺:清代官缺以"簡缺""中缺""要缺""最要缺"來區分政務難易的等次,政務性質又分"冲、繁、疲、難"四類(詳見下條),此四字中占一字的稱"簡缺",兩字稱"中缺",三字稱"要缺",四字稱"最要缺"。
③ 冲繁疲難:清雍正以後,全國州縣政務性質分爲冲、繁、疲、難四類,以便選用官吏。冲謂地方衝要;繁謂事務繁重;疲謂民情疲頑,稅粮積欠嚴重;難謂民風强悍難治。
④ 中外:此處指朝廷內外,中央和地方。

婆①們驗。 死了的算命案，不是？ 是。 這要是活着被人打了、砍了，還沒死的呢？那驗不驗？ 那叫活傷，也得驗。 也是仵作和穩婆們驗麼？ 是，不錯。比方被人打破了皮肉，渾身腫疼，打折了手脚，或是傷筋動骨，不論傷的大小，但是論傷的輕重驗明了，照例治罪。 是了。

註　釋

〔錢糧〕各省田賦，司於州縣，曰錢糧。有充本省者，有運解京師者，皆由州縣解省，省中藩司主之。○運京漕米，各省則有山東、河南、江南、安徽、江西、浙江、湖北、湖南各省，其直隸、盛京、山西、福建、陝西、甘肅、四川、廣東、廣西、雲南、貴州等省之粮，皆充本省經費焉。○其賦銀，各省酌撥京餉，及協助他省之餉，留充本省之餉，皆戶部主之。參考定例，量力指撥。

第二十二章　人命至重

（充）充　當　　虫　蟻　　寵　愛　　鐵　銃　

這衙門裏驗傷、驗屍的仵作和穩婆，是甚麼人充當呢？ 那仵作，衙門的衙役之類，穩婆是地方的收生婆，也當衙門的差使，驗婦女的傷痕。 我想人間要緊的是人命，眞不是兒戲的。 誰說不是呢！俗語說"人命關天"麼，又說："殺人的償命，欠債的還錢。"因爲人不是飛禽，不是走獸，就是禽獸，也是一條命。再往小裏說，一個虫蟻兒，也還是一條命呢，何況乎人哪！ 不錯，人爲萬物之靈，所以人命至重。 是了。不論你是皇親國戚、公伯王侯、官民人等，只要你殺了人，都得償命。 殺人，也分幾樣兒罷？ 也分。 分甚麼？ 有謀殺，有故殺，有鬥殺，有誤殺，有過失殺，有戲殺②。 那一樣兒的罪大？ 謀殺、故殺的罪大，別的一樣比一樣的輕。 謀殺，是打算去殺人？ 是。 故殺，是有意殺人？ 不錯。 鬥殺，是彼此相爭鬥？ 是。 誤殺是錯殺了人？ 是。 過失殺是怎麼？ 過失殺，比方車驚馬碰了，無意之中殺了人，就是過失殺。 我有個街坊，他有一個妾，狠美貌，他也狠寵愛。這一天，他因爲用鐵銃子③

---

① 穩婆：通常指接生婆，此處指舊時宮廷或官府檢驗女身的女役。
② 戲殺：相戲誤傷而致死。
③ 鐵銃子：以鐵製成的用火藥發射彈丸的管形火器。

打鳥兒,沒想到把他的妾打死了,那叫甚麼? 那也算誤殺罷。 是。

註 釋

〔傷痕〕人有被傷者,涉訟於官,官令忤作驗之,女則令穩婆驗之。其驗之之法,皆本《洗冤錄》一書,書中備載男女周身內外骨肉穴道及一切部位,一一照式驗之。如屍已久腐,不能驗者,則蒸其骨而驗其骨色以別之。〇婦屍有傷,則必令其母家一同親眼視驗,如其上身之傷已有致死之據,母家親族請免驗下身者,聽之,所以全婦之恥也。

第二十三章　馬上槍箭

（擱）．擱①搋。② 〇 〇 〇

我和你這些日子,天天兒照着《自邇集》的《平仄編》說話,也有好些個話了。 可不是!這現在就算到了"擱"字兒了,這算是頭一段兒③纔完。 是麼。這個"擱"字兒,有甚麼可說的? 那可多了,照着他《平仄編》上,是"擱搋"兩個字,至於論到"擱"字兒的意思,比方寫字,筆尖兒擱壞了;人的胳膊、手擱了,指頭擱了,多得狠了,所以我也想起一件事來。有一年,我的一個朋友射馬箭。 怎麼着? 他也因為是纔學,一上了馬,他心裏發慌,及至打了鞭子,把箭射出去了,一拉馬扯手④,了不得了! 怎麼了? 沒找着扯手,那馬跑開了,收不住腿,直跑到演武廳的後頭,叫一棵樹一擋,這匹馬纔算是跕⑤住了。 人怎麼樣? 人麼,從馬上掉下來了。 栽了那兒了沒有? 把右胳臂給擱了。 人或是起馬上掉下來,或是翻了車,不論擱搋了那兒,都是要緊的,可不是玩兒的呀。 是麼。 那麼這射馬箭,也不是容易的。 那都得慢慢兒的學,比方一馬三槍,一馬三箭,那都不是一半天兒的工夫練得會的。 是麼。 這算是把一個"擱"字兒也說完了。 算是完了《平仄編》的頭一段兒了。

---

① 擱：戳。
② 搋：碰。
③ 頭一段兒：指《語言自邇集・練習燕山平仄編》的1－78組,第1－5組以"A"為起首輔音,6－78以"CH"為起首輔音。
④ 馬扯手：馬的韁繩。
⑤ 跕：站。

註　釋

〔馬箭〕習騎射之法，幼於十四五時，即以木凳置地，人騎於上，以作乘馬狀，足任力而空其胯間，約片刻，日漸加刻數。日久，乃執弓矢，練習射狀。久之，始乘馬，初習空跑。又久之，始執弓，漸加以矢。○凡旗營、綠營官兵，操演騎射，皆一矢。惟武場試武士，則一馬三矢。○馬槍，則外省綠營及今練軍，多習一馬三槍之技。

第二十四章　官兵腰刀

（額）太　阿　　額數　　爾我　　善惡

這第二段兒，是"額"字起頭兒。　不錯。　咱們倆人怎麼說法呢？　那也得想着方法兒說。　那麼你說。　我那個朋友，那天射馬箭，起馬上掉下來的時候兒。　怎麼着？　不但擰了右胳臂，而且把一把腰刀也給擰折了。是一把好腰刀麼？　雖然是一把腰刀，可也比腰刀不同。　怎麼？　他這一把腰刀，雖然不是太阿寶劍麼，也是數一數二的一把軟鐵的好刀。　怎麼射馬箭，還帶刀麼？　不但帶刀，而且弓插、箭袋，都得繫在腰裏。　是了。　他本來是纔學不多的日子，所以帶上演一演。　那麼說，操演的時候，都得帶刀了。　不但那個，武官們和兵們，在官廳兒上，或是外任的綠營①武官見了大人，都得帶腰刀。　啊。　你瞧那營汛上，兵丁們都有一定的額數。　啊。　每兵都有一把腰刀，年年還得報明上司，說本營並無白鐵腰刀。　怎麼講？　就是說，都是好鋼刀，並不是竟鐵沒鋼的。　啊，這麼說，武官們、兵們，人人有刀，他們隨便帶，不分爾我②，還是各人是各人的刀呢？　不帶，也有交庫的時候兒。帶的時候從庫裏領出來用。　武官兵們，刀兒、槍兒的，都是惡人麼？人還是有善有惡，不過武不善作，就是了。　我是說着玩兒呢，那兒有不分善惡的哪！

註　釋

〔馬甲庫銀〕八旗人挑選馬甲者，由初得之下一月，戶部給庫銀十五兩，以備買購製理弓箭腰刀

---

① 綠營：參見第八卷第七章"註釋"。
② 爾我：你我。

等軍器之用。以後每年仍給銀五兩，以爲修理軍械之需，仍於每月餉銀扣回五錢七分五厘。惟臘月、正月兩月不扣其軍械。每年十一月間，由欽派王大臣點驗軍械之時，隨同點驗。

第二十五章　帶刀規矩

（恩）恩典．　〇　〇　搵倒．

你纔說的這腰刀的事情，到底是甚麼時候帶刀？甚麼時候不帶哪？　旗下①是操演的日子帶刀，論到綠營的官，是每官都有一把腰刀。　啊。　都是綠皮子的刀鞘。　官員們是綠的，兵丁們呢？　兵丁們都是黑皮子的刀鞘，上至提督總兵，雖然位大爵尊，也各人都有一把腰刀。　啊。　比方本營的挑兵、驗餉、驗馬、驗火藥的時候，小官見大官，小官都帶刀。　啊。　各處的汛官、汛兵，迎接大人，也都帶刀。　啊。　就是提督、總兵，見了比他還大的大官，或是巡閱營伍的時候，也都得帶刀。　這麼說，這帶的時候，也就是成了一個規矩了。　可不是！就算是武官的禮節了。　帶在那一邊兒呢？　帶在左邊兒的腰裏，刀靶兒可是朝後。　是了。小官兒們帶刀的時候，大官怎麼樣呢？　大典的時候，也就是帶着，不怎麼樣。若是平常的日子，小官兒帶着，大官兒就說："摘刀，摘刀！"那算是大人們有恩典，謙恭的意思。　武官的營規寔在大呀！　大得狠，小官兒若是有了罪，大官兒可以叫兵丁們把小官兒搵②倒了，打他的腿呢！　可了不得。

註　釋

〔搵倒〕武營之規甚肅，千總以下末弁，有罪大官皆可責之。責時，去冠及外褂，令兵役按倒伏地，一人以軍棍責其股。棍以木爲之，約長五尺，上圓下扁方，飾以紅色，責之之數，或十或二十、三十，至四十止，亦有六十、八十者。〇旗營責官者少，旗兵有犯，則以鞭責之。鞭以牛皮成辮爲之，約長七八尺，柄以朱木，圓長六寸許，鞭之數，每二十七數爲止，或再責，仍二十七云。

---

① 　旗下：指八旗之下。
② 　搵：用手壓、按。

第二十六章　官兵棍責

（哼）．哼．阿　　○　　○　　○

你說，這打小官的腿，是爲甚麼？　武官們有營規，那打叫作軍棍。　使甚麼打？　木頭作的板子，上頭圓，下頭方，有四尺多長，就叫棍。　啊，爲甚麼打呢？　比方他不能約束兵丁，或是打仗有一點兒遲誤，或是平常悞了操演的時刻，或是夜裏沒有巡察街道，這都可以打。　是幾品的以上，就不打了呢？　那總是守備以上，就可以不大挨打了。　守備是幾品？　五品。　啊，那麼千總、把總、外委、額外外委，都常挨打麼？　也不能常挨，錯了，大官可以打他就是了。　打的時候兒，怎麼個打法？　脫了褂子，摘了帽子，叫兵丁們搵倒了，一個人搵腦袋，一個人搵脚底下，一個人打，一個人手裏舉着棍，嘴裏數數兒。　打多少？　打的數兒，是從五棍、十棍起，十五、二十、二十五、三十、四十、六十、八十、一百、一百二十棍，都可以。　一百多棍，那不打死了麼？　雖然打不死，但是他嘴裏哼啊哼的，也就快死了的樣子。　了不得！　可怕極了。

第二十七章　插耳遊營

（兒）○　　．兒女．　　耳．朶．　　二．．三

這麼說起來，武官的小官兒寔在難作。　誰說好作呢！　官挨打，是搵倒了打，兵丁們自然也是一樣了？　兵丁們更利害。　怎麼？　大凡不論官兵挨打的時候兒，都是爬在地下，肚子朝地，腰朝天。　啊。　但是官，可以不褪褲子。　兵丁們呢？　兵丁們罪輕的，可以不褪；罪重點兒的，就得自己褪下褲子來，露着屁股，光腿挨打，所以更利害了。　打完了，幾天纔好呢？　那不定。打完了，兵丁們把他攙扶到他家裏去，他家的妻子兒女服侍他，給他用藥洗，十天八天的，一個月的，棒瘡纔能好呢！　聽說打完了，有插箭遊營的，是甚麼？　那是兵丁們挨完了打，用一根小箭兒，有一尺多長，一頭兒有個小旗子兒，那叫令字旗。一頭兒是個錐子的箭頭兒，插在耳朶上，把耳朶插通了，叫

人帶着各營裏示衆去,那叫插箭遊營。 如今也是那麼着? 各綠營裏,還是那麼着,然而不要緊的事,打二三十棍,也就算完了。 是了。這半天,你把《平仄編》第二段的"額""恩""哼""兒",四個字①,竟說了武營的事了。 第二段完了。

註 釋

〔營〕各省之兵有標,總督所屬曰督標,巡撫所屬曰撫標,提鎮所屬曰提標鎮標,副將所屬曰協標。標分各營,亦有標外之營,每營以參將、遊擊、都司、守備等官爲帶兵官,其下有千總,把總等分帶兵丁,每營兵約數百名曰營,營分司,司分哨,哨分汛,汛分塘。假如某營存城兵若干,在汛兵若干,分於塘者若干,於是碁布星羅,無處非兵矣。

第二十八章　僧遵王法

(法)．發遣　．法子　．頭髮　．佛法．

這又該說第三段②了。 咱們又得說一點兒甚麼呢? 你問我甚麼,我就可以說。 我要問你這第三段的這個"法"字,念甚麼? 論本地口音,"法"字,有三個念法。 都是甚麼? 分下平、上聲、去聲。 各有用處? 可不是麼。 "法"字沒有上平麼? 沒有。 你說給我聽聽。 比方這人若是有了罪,發出去,官話說"發遣"的"發"字,那是法字的上平。 哦,還有? "徵伐"的"伐"字,也是上平。 下平呢? 有一個"乏困"的"乏"字,和這個"法"字的下平,"有法子","沒法子",都是同聲。 啊。 上聲呢? 上聲就是"頭髮"的"髮"字,和這個"法"字的上聲,比方說"無法可治""無法可施",都是同聲。 去聲? 那就是"佛法無邊",和"琺藍"的"琺"字同聲,別的沒有了。 是了。可是你能把這"法"字底下的四個聲的字,連到一塊兒成一句話麼? 那四個聲的字? 那不是寫着的,"發遣""法子""頭髮""佛法"麼? 那容易。 你連。 你聽着,有一個犯了罪的和尚,衙門裏把他發遣了到遠處地方。他

---

① 第二段的"額""恩""哼""兒",四個字:指《語言自邇集·練習燕山平仄編》第79—82組。以 ngÈ 爲起首輔音。

② 第三段:指《語言自邇集·練習燕山平仄編》第83—91組,以 F 爲起首輔音。

沒法子回來，所以留下了頭髮，還了俗了。可惜了兒①，他一肚子佛法，無處可講。　啊，原來和尚犯罪，也是按着俗人治罪呀？　是，和尚也是得遵王法。

註　釋

〔和尚〕凡民有出家爲僧道者，置首領以約束之。在京師者，曰僧錄司，左右善事二人，正六品；闡教二人，從六品；講經二人，正八品；覺義二人，從八品。曰道錄司，左右正一二人，正六品；演法二人，從六品；至靈二人，正八品；至義二人，從八品。由禮部祠祭祀司選擇，移吏部補授。在外省者，其名異。如府之僧官、道官，則曰僧綱、道紀；州則曰僧正、道正；縣則曰僧會、道會，均未入流。府二人，州縣各一人，由各省咨部給劄，仍服方外衣冠，不得與職官並列。○僧道不守規者，聽所司究治，若所犯事涉軍民，聽有司訊鞫，有作奸犯科者，論如法，仍令還俗，編管爲民。

第二十九章　僧官道官

（反）．翻·騰　·煩惱·　反·倒．　喫飯．

我想世上人，不論貴賤尊卑，都得遵王法。　可不是！所以僧道兩門，也都有管他的。　甚麼人管？　僧有僧綱司，俗叫僧官；道有道紀司，俗叫道官。　都是那衙門管這個僧官道官呢？　就是禮部。　僧道犯了罪，也是禮部管麼？　那不是，那是歸地方官管，一面叫他還俗，一面照平常人，治他的罪。　啊，是了。還了俗，僧官、道官就不管他了。　不錯。　請問你一件事。　請說。　僧呢，就是和尚，遵信佛教，也是釋教不是麼？　是啊。　和尚們吃素，不殺生，修來世，或是今世盼着成佛作祖，不是麼？　是啊，你都知道，問我作甚麼？　和尚，我大概明白，那佛教是西方來的。到底道教，他們講究甚麼呢？你不知道道教啊？　是。　道教是道士們，也吃素，尊重太上老君，就是老子。　啊。　他們講究練氣，坐功。　怎麼練？　白日坐着不算，晚上也不能像平人②睡覺，躺在炕上，隨便翻騰③，也是坐着。　啊。　並且斷絕了喜、怒、憂、愁、煩惱，一心清靜。　啊。　久而久之，腦門上開了一個窟窿，出來一個

---

① 可惜了兒：表示非常可惜。
② 平人：普通人，一般人。
③ 翻騰：反復地翻身。

小孩兒,那就是原神①出現,就成了神仙,長生不老了。　眞是那麼着麼？說是那麼說,有坐功不能成神仙,而且反倒瘋了的。　啊。　所以現在的道士,也就是想法子吃飯就是了。

第三十章　廟房出租

（方）方　圓　　房屋　　訪查　　放肆。

可惜了兒的。　甚麼？　好好兒的一個人出了家,作了和尚道士,扔下父母、妻子、弟兄、姐妹,孤孤單單的,一個人到廟裏去,豈不冷清？　所以說了,眞是他們糊塗。　也是出於無法就是了。　怎麼？　如今的僧道都是因爲沒飯吃,纔想出這個法子來。　甚麼法子？　就是出家去當僧道去。　因爲甚麼？　有一宗愚人,自己的小孩兒病了,就在廟裏許下去當和尚,趕到病好了,沒法子就得送小孩子到廟裡當和尚去,道士也是這麼着。　啊。　這叫奶地出家②。　啊。　或是二十幾歲,三四十歲,自己願意當僧道的,那叫半路出家。　啊,到底圖甚麼呢？　也可以學些個經咒,給有喪事的人家念經得錢。哼。　那闊廟有香火地的,更可以吃飽飯了。　啊。　再次的,買一個廟,把廟裏的閒房租給人得房錢。　是了。我比方要租廟裏的房子住,行不行？可以。　他們也不能隨便混租給不好人罷？　那不敢。　自然也得有規矩。　不錯,古人說:"不以規矩,不能成方圓。"　是麼,比方要租給不好人怎麼樣？　若是廟裏有了匪類、盜賊,以及賭博、烟舘這些個事,也是把他們的房屋入官,和尚道士治罪。　甚麼人訪查他們？　大街小巷都有保甲③,俗說十家戶兒,地方官訪查,誰敢放肆,不守規矩呢！　是了。

---

① 原神:元神。道家稱人的靈魂爲元神。
② 奶地出家:幼兒還在吃母乳的時候即出家。
③ 保甲:清代戶籍編制,十戶爲一牌,設一牌頭;十牌爲一甲,設一甲頭;十甲爲一保,設一保長。

第三十一章　嚴查保甲

（非）是・非　・肥瘦・　・賊匪・　使・費・

題起這十家戶兒的事來，寔在是個好事。　可不是！十家一牌，彼此互保，盤查匪類，是狠方便的。　甚麼人管？　比方京城，城內是八旗的步營的官兵管。　怎麼管法？　每年春秋兩次，和舖子裏的買賣人要保狀①，舖子裏寫出本舖子的人來，某人某人的姓名，報了官，官給一個門牌，門牌上寫着某人某人的名姓。　是了。　不論那一夜，半夜裏官兵們在舖子門口兒外頭叫門。　怎麼樣？　叫起他們來，點一點人數兒，和報的對了，沒事。　不對呢？若是少，還不要緊；多出一個兩個來，那就不問你是非好歹，就要把掌櫃的送到衙門治罪。　黑更半夜，官人們能瞧得出他們的模樣兒來麼？　也就是照大概的人數人名兒點，就是了。　他們敢容留匪人麼？　那可不敢，一來怕國家的王法，二來官人們沒事還找事呢！若是有容留的事，他們豈不怕官兵們揣摩着舖子的肥瘦兒②勒索錢財呢！所以與其容留賊匪，被查出來，還得花使費③受罪，不如本分着好。　不錯。

註　釋

〔保狀〕各省及本地之人，在京開設舖肆者，按時均將舖內之人姓名，開寫報明官廳，地方官隨時稽查，不許容留閑人，恐致賊匪溷跡其中。○咸豐間，因髮逆不靖，京師亦令民間設守助約，內外城各舖戶、住戶，各按地段，或數十家、數家爲一團，亦曰團防，團聚而防寇也。又曰水火會，備水具防火災也，皆各家出資出人，互相團助，後平安漸止。今外城尚有名團防公所，亦有火會之名，內城亦尚有未止之處，遇火災即出救之焉。

① 保狀：由保證人填寫的有一定格式的保證書。
② 肥瘦兒：形容經濟實力的高低。
③ 使費：此處指用於打點、賄賂的費用。

第三十二章　分居同墳

（分）.分.開　　.墳①墓．　.脂粉・　・職．分．

這租廟住的人，或是租房住的人，都是給房錢不是？　不錯。　這個我們不說。　說甚麼？　我要請問您，不論租房，不論自己的房，比方人多了房少，怎麼好？　人多了，就再找大房。　一家子祖孫父子，永遠一輩兒一輩兒的，都常在一塊兒住麼？　那樣兒的也有，古來有九世同居的，也有七百口人一塊兒吃飯的。　到了第十輩兒上，不是還得分開麼？　那自然是罷。　所以我想人多了，也是得分着一家兒一家兒的分開罷。　你又說笨了，那叫分家。不錯，分家。　雖然說分開住，也總是一族人活着分開，死了還是埋在一個墳裏。　是了。死以後墳墓的事，我聽說，有在一個墳的，也有分開的。　有這塊地滿了，沒了穴②了，就得另買新地，還是一族的人同埋。那有職分的，有錢的，墳地都體面；沒職分的，墳地都不體面。　不錯，臉上有點兒脂粉，自然好看了；老婦人沒脂粉，自然就不好看，老了。　你說甚麼？　您不說脂粉好看麼？　我說的是，不是脂粉，是說有職分的墳地好。　我聽差③了。

註　釋

〔租房〕前二十年租房頗易，價值亦廉，每三間不過三吊文而已。近年房少，由於艱於修理之故也。是以每房三間，須用十五六吊，精美者倍之。〔墳墓〕人家之墳墓，皆各有其地。如一族則共一墳地，及至地葬棺已滿，無穴可點，則可另購他地，亦勢不能與此地相連。舊地曰老墳，新購地曰新墳，相隔遠近隨便。○點穴者，乃一地之中，應葬之處曰穴，聽風水先生指其處曰點。

---

① .墳：此字排在下平聲位置，聲調標注或有誤，照錄。
② 穴：墓壙。
③ 聽差：聽錯。也寫作"聽岔"。

第三十三章　墳墓形式

（風）˙風雨˙　˙裁˙縫　○　供˙奉˙

你貴處的墳地，怎麼個樣兒？　我們南邊，多有石頭砌一個墳頭兒的，可也有土的。　我們這兒，有兩三樣兒。　都是甚麼？　有打保頂①的墳頭兒，是用泥灰做成高大的墳頭兒，有用泥土抹一個饅頭頂兒的，有用土堆成的。是了。　墳上有栽樹的。　都是甚麼樹？　松樹、柏樹、楊樹、榆樹，葢②住墳頭兒。　我瞧，這也是一件假事，幾棵樹還能遮得住風雨麼？　那不過是孝子賢孫的一點兒孝心就是了。你要說是假的，那麼一家子，比方有一個老爺子、老太太死了，立刻子子孫孫，上上下下，好幾十個人，叫好些裁縫來趕孝衣，那都是假的了？　你別着急。　或者父母死了，送殯之後，家裏穿三年的孝，寫一個靈牌兒，早晚時遇節的，鮮果雞魚的供飯。三年後，祠堂裏永遠供奉着牌位兒，那也全是假的了？　你怎麼這麼着急啊？　我是眞着急。　這不過彼此作爲問答，說着玩兒罷咧！　說着玩兒可是說着玩兒，你替我想一想，說着墳地的事，要說"裁縫"兩個字，我找不着話頭③，怎麼不着急哪！　哈哈哈哈！

第三十四章　信佛人多

（佛）○　˙佛˙老　○　○

你說，人活着，是這一口氣，死後那兒去了？　氣化清風，肉化泥，沒有了。不錯，就是埋藏在墳裏，任憑你怎麼好的棺材，也是年深日久變成泥土的。這麼看起來，人在世上，知道這個，知道那個，死後甚麼也不知道了。　聖賢經傳，也不過教訓人忠君孝親，總沒見說過死後怎麼樣。　那麼着，這有喪失的人家兒，又請和尚念經，還用紙做成車船轎馬甚麼的，或是金庫、銀庫、衣裳物

---

① 打保頂："保頂"是一種考究的墳墓，在土堆外周用灰砌成規則的圓筒形，頂上稍具邊簷，如帽狀，叫做"保頂"。修建保頂的工程叫"打保頂"，可使墳塚長期完好。也寫作"打寶頂"。
② 葢：蓋。據《字彙·艸部》："葢，同蓋。"
③ 話頭：說話的頭緒。

件甚麼的,燒了,也不是做甚麼。 那都是信佛教的人作的事。 誰是佛教的人? 咳,這地方的人,不差甚麼,家家兒供佛。有錢的人家兒另外有佛堂,每天燒香;常行人家兒,家家兒迎門兒供佛,每天早晚燒香。 作甚麼供佛呢? 都是盼着生前平安,死後免地獄的苦楚,有西方極樂世界,可以去享清福去,所以也有請和尚,請道士,給死人念經的,燒紙的。這些個風俗,都是人有貪心,死後還要想好,故此這麼去作這些個假事。 咳,正經讀書明理之人,未必崇信佛老二教罷。 那可誠然。

註　釋

〔供佛〕人家皆有佛堂,皆供奉神佛之像,或木雕,或泥塑,或銅鐵鑄,或刻板而印,或秉筆以畫,或玉石鑿刻以成諸像。按日早晚焚香,月之朔望,則祀以果饌。除夕、元旦、正月,日日祀之,以祈佛佑一家平安。○按佛教,乃僧人廟中之事,然今雖讀書祀孔子之士,家亦供佛,且多赴廟燒香。遇病則禱佛,人死則延僧誦經,亦有延道士誦經者,故人中除僧道二教之外,概曰俗教,亦稱大教,乃至儒佛合爲一矣。

第三十五章　貧民謀生

(否)○　　·浮·沉　　·然否·　　埠口·

這麼說起來,佛教、道教,都是用死後的法子哄人了? 眞是那麼着,死人的人家兒,僧道給搭天橋①、破地獄,就說的是叫人升天堂、免地獄的事。 請問天堂在那兒,地獄在那兒? 也有明白人說,天堂、地獄兩般,俱在人心裏。也有說,天堂、地獄都在世上的。 怎麼講? 比方心存②忠正,自然舉心無愧,就是天堂;心存艱險,自然問心不安,那豈不是地獄麼? 哼。 或是世上富貴平安的人,就是在天堂;貧賤苦難的人,一世浮沉,就是在地獄裏。如此觀之,豈非在人之心中,又在世間乎?閣下以爲然否? 你怎麼說着說着,又撰起文來了呢? 他這兒③有"然否"兩個字,是文話,我不說兩句文些兒的字眼

---

① 搭天橋:佛教法事,爲亡者鋪制通往極樂世界的道路。
② 存:底本作"不",據東京博文館藏本 136 頁改。
③ 他這兒:指《語言自邇集·練習燕山平仄編》第 90 組的例詞。

兒,怎麼連得上呢! 是了。到底我問你窮人多,闊人多? 還是窮人多。那麼地獄比天堂大了,哈哈! 別打哈哈①,你瞧,京城裏,紅事、白事,那些個打執事②的人,不都是窮人麼? 南省各處碼頭,就是文話說埠口的地方,那些裝貨卸貨的賣力氣的窮人,比北京城裏在以下③麼! 那麼還是地獄比天堂大了,哈哈!

第三十六章　官員儀仗

(夫) 夫　妻　　扶　持　　斧　鉞　　　父　母

你說這些貧苦的人,遇着人家紅白事,打執事的這句話,我又明白,又不明白。 怎麼? 紅白事,自然是喜事和喪事了。 不錯呀! 我看見過,這京城裏娶妻的、送殯的,前頭的旂鑼傘扇甚麼的,那就是執事了。 是呀! 可就是這兒,不說娶妻的。 說甚麼? 說娶媳婦兒的,說送殯的。 我說的是夫妻的妻呀! 知道,說娶媳婦兒的。 是了。我就是不明白那些執事,怎麼平常人不用? 那是作官的儀仗,那兒能平常人用呢! 我還不明白,平常的官,車轎前頭,怎麼也沒有? 按着《會典》④的則例,大小官各有各的儀仗,該用甚麼旗傘,用甚麼旗傘。如今外省的州縣官就可以用,大官更不必說了。京裏怎麼沒有? 京裏官太多,若是人人用起來,這街上還走得開麼? 是了。 所以如今紅事,是因為人生一件要緊的事,有職分作官的人家兒,就可以用。白事你看那些個大門纛⑤、大傘一個舉着,兩邊兒還有人拉幌繩扶持着,怕倒。還有金銀執事,斧鉞槍刀,那都是大官的父母之喪,或是本身用的,小官兒也是按品而用,不能僭用⑥的。 是了。咱們說到這兒,這第三段從

---

① 打哈哈:開玩笑,不說正經話。
② 打執事:舊時舉行婚喪嫁娶儀式時,在轎前、棺前有一行人,手執各種儀仗,叫"打執事"。這種儀仗即"執事"。
③ 在以下:少,差。
④ 《會典》:《大清會典》。
⑤ 門纛:旗人出殯時,儀仗隊舉的一種類似於大旗的物件,根據門纛的顏色,即可知此人屬哪一旗。(武田昌雄《滿漢禮俗》,滿洲日日新聞社印刷所,1935年,272頁)
⑥ 僭用:越分使用。

"法"字起,到"夫"字止,又算是聯完了。 不錯,完了。

註　釋

〔車轎〕雖官員必用之物,亦有分別。京城,王皆乘轎,用黃絆。貝勒、貝子、公,皆乘車,用紫韁,騎馬亦紫韁,若王乘馬則黃韁。大員有大勳,亦有賞用紫韁者。其官員乘轎,惟文職一品,如尚書始乘之,用藍絆。二品文職雖亦可乘,然因費大,故二品以下皆乘車云。武職大員,雖一品亦不許乘轎,惟車馬而已。大員一二品,文武皆可坐轎車,似轎之車也,餘俱常行之車。○紫禁城內,大員年老者,特旨賞准乘馬。文職大員,有賞用肩輿者,二人所擡之椅也。

第三十七章　人喜口給①

（哈）哈 哈 笑　 蝦 蟆②　 哈 吧 狗　 哈 什 馬

哈哈！難爲你,混說白道③,瞎謅胡咧④的,把三段兒《平仄編》的字,都聯完了,這又該第四段⑤了,看你說甚麽。這第四段,頭一個就是"哈"字,看你怎麽聯,哈哈！ 你別竟瞧哈哈笑,也替我爲一點難。 爲難甚麽？ 又要聯話,又要說一件事在裏頭,還要關係着風俗、人事,我寔在沒那麽大學問。 你大概可是不能了罷？ 不能了。 頭一個"哈哈笑"三個字,看你怎麽聯。 甚麽？ 看你怎麽聯。 怎麽聯哪,告訴你說罷,聯過了,你沒聽見麽？ 在那一句上？ 我纔說的,"你別竟瞧哈哈笑,也替我爲一點兒難",就在這一句上聯的。 可了不得！你眞會氣死人不償命,哼,那麽着,看你往下怎麽聯那個第二句的兩個字。 我今兒個,眞要氣得你"蝦蟆墊桌腿兒——乾臟肚兒"⑥,看你有甚麽法子！ 了不得！這一個數貧嘴⑦的,他又把蝦蟆倆字,也聯上了。 你也聯哪,誰攔着你哪！ 我是不愛聯就是了,要聯早聯完了。

---

① 口給:善於答辯,口才敏捷。
② 蝦蟆:蛤蟆。
③ 混說白道:胡說八道。
④ 瞎謅胡咧:胡言亂語。
⑤ 第四段:《語言自邇集・練習燕山平仄編》第 92－110 組,以'H 爲起首輔音。
⑥ 蝦蟆墊桌腿兒——乾臟肚兒:俗諺,謂死死承受困苦,無法逃脫。
⑦ 數貧嘴:指無休止地閑談,說話幽默但刻薄,令人生厭。也說"耍貧嘴"。

你别竟"哈吧狗儿掀簾子——嘴儿挑着"①,諒你也不能聯! 他又把哈吧儿倆字也聯了,剩了一句了,還有甚麼可說的? 你就把這"哈什馬"②三個字聯上就完了。 我不聯,你請聯罷。 我已經聯了。 了不得氣死人!可不是聯完了麼!到底哈什馬,是甚麼? 就是那關東大蝦蟆冬天來,可以吃得。是了。

註　釋

〔哈什馬〕冬日則由關東隨一切魚鹿運至,即若大蝦蟆然,味美。按每年十一二月,則關東諸食物至京,統名關東貨,如鰉魚、鹿肉、野猪、黃羊一切。○又關東糖,白而甘,乃米熬成塊者。又關東烟,亦人人嗜之云。

第三十八章　五湖之名

（害）. 咳. 聲　. 孩. 子　. 江海.　利害.

你瞧,我聯了這半天的話,有甚麼錯的地方兒,竟管③言語④,我好和你商量着改。 咳,真可以。 怎麼你咳聲歎氣⑤的?有甚麼錯兒,只管說呀,說了好改。 據我說,也沒甚麼大錯兒,就有一半點兒小末因由兒⑥的地方兒,也是萬沒法子改的。 好說,好說,題起聯這個話來,這一節本來也難,又要說風俗,又要講情理,又要把該當用的幾個字眼兒聯在裏頭,還要不露痕跡,不露馬脚,寔在不容易。 誰說不是呢!得虧⑦您是這兒根生土長的孩子,甚麼事兒,不差甚麼,都知道一點兒,若是我那兒能呢! 言重了,您比我還經的多見的廣呢!您從小兒,不是走南闖北的,三江、兩廣、五湖、四海的,都去過麼?甚麼世面沒有見過,比我知道的多。 那兒的話!不過是北省地方不大熟,南省

---

① 哈吧狗兒掀簾子——嘴兒挑着:俗諺,謂只會用嘴說。
② 哈什馬:滿語音譯,蛙的一種,身體灰褐色,生活於陰濕的山坡樹叢中,主要產於東北各省。
③ 竟管:儘管。副詞,表示沒有限制,放心去做。
④ 言語:說話,說。
⑤ 咳聲歎氣:唉聲歎氣。
⑥ 小末因由兒:細小的事情、問題。
⑦ 得虧:幸虧,多虧。

可還走過幾省，就是了。　那麼，五湖、四海、三山、五嶽，還是都瞧見過，不是？
　那兒能都見過呢！知道幾處，就見了。　比方，五湖是甚麼？　那聽見說過，饒州的鄱陽湖，岳州的青草湖，潤州的丹陽湖，鄂州的洞庭湖，蘇州的太湖，大概這就是五湖。　都有船麼？　湖雖寬大，還是沒江海的利害，有船走，走可是走，也是狠險的，比小河兒裏差多了。　是了。

註　釋

〔湖海山嶽〕五湖者，一曰鄱陽湖，即彭蠡湖，在江西省南昌、饒州、南康、九江等府界，週四百五十里。一曰洞庭湖，在湖南岳州府界。一曰青草湖，在洞庭之南。一曰太湖，在江蘇蘇州、常州及浙江湖州等府界，縱橫三百八十餘里，計三萬六千頃。一曰丹陽湖，在鎮江府。○五嶽者，東嶽泰山，在山東濟南府界。西嶽華山，在陝西西安府。南嶽衡山，在湖南衡州府。北嶽恒山，在山西大同府。中嶽嵩山，在河南省之河南府界。○四海，乃泛指四方之大海而言。○三山，指東海之蓬萊等三山而言。

第三十九章　船畏風暴

（寒）．顢　頇　．寒．涼　叫．喊．　滿．漢．

　我聽見俗語兒說："甯隔千山，不隔一水。"有這個理麼？　你所以還是沒出過外，坐過船，故此不明白這個理。　怎麼講呢？　比方，我起這省到那省去，起旱走，或坐轎子，或騎牲口，這兒到那兒，中間兒隔着一千層山，雖是難到，不是麼？然而任憑你怎麼性兒顢頇①不愛快走的人，走一天，少一天，走一步，少一步，終久②有過得了這千層山的時候兒。　那自然，終久到得了的。水可不是那麼着了。　怎麼？　起旱，那怕走十年八年，三年二年，一年半載，受盡了風霜雨雪，溫熱寒涼，到了就完了。水路，那怕你眼看快到了，你船在河南裏，要到河北裏，都過不去。　怎麼？　走水路，風暴厲害。　風暴是甚麼？就是暴風。那一年我同着我們親戚上任去，走到一個大河裏，正在河這邊兒，要往那邊兒碼頭上灣船③去，了不得，忽然風暴來了，滿船上的東西，東倒西

---

① 顢頇：愚鈍糊塗。
② 終久：終究。
③ 灣船：將船靠岸或停泊。

歪,幾乎船底朝天,一船的人,人人叫喊救命。好容易纔攏了岸①,那風直颳了五天五夜,船上後來連吃的都沒有。 吃甚麼呢? 算是在艙底下,找出來吃剩下的半匣滿漢茶食,大家吃了一點兒。 可了不得。

註 釋

〔風暴〕南省行江、河湖之船,每遇風則避之,名其風曰風暴。一月約數次,舟子相傳,其風皆有一定之日,俱各按時令或神名呼其風名。如九月初九日,則呼爲重陽暴;五月五日,則爲屈原暴云云。風雨屬天,又焉能按一定之日,故舟子又云:"每暴至不能在本日,必前後二三日不定。"以寬其言。此例牢不可破。故江湖水程之客,一聽於榜人之行泊,而不自主其行舟焉。然舟子亦寔能觀風色,每晴日無風之際,忽彼泊舟,則少焉颶風立至,亦可信也。

第四十章 房租爲業

(硪)打·硪 各·行 ○ 項·圈

這麼說起來,坐船走水路,實在是難得狠了。 可不是麼! 那麼,您是愛坐船,還是愛坐車呢? 我都不愛。 愛甚麼? 我愛家裏坐着。 好,倒是個會享福的,可也得舒心。 我怎麼不舒心!我告訴你,我家裏跕着的房子,躺着的地,住不了的房子,而且外頭好些個舖面房,租給人作買賣,月間吃租子。 啊,你敢則是在家裏坐着舒服了,每月竟房錢就吃不了,又何必再出外去呢。 我也不是願意在京城裏吃瓦片兒②過日子,也是無可奈何。 怎麼? 一利必有一害,你看着是享福舒心,其寔可也是累得慌,比出外還難受。 爲甚麼? 像昨兒,有幾處房子倒了,重新得蓋;有幾處墻塌了,重新得砌;這兒豎柱上樑,那兒破土打硪③,拆東墻,補西墻。忙起來,總得親身去照應,一個照應不到,那就是便宜了木廠子,所以也是累得慌。 現在都是租給甚麼人做買賣呢? 各行的人雖都有,就是一個大首飾樓的房錢,算是多些兒。 首飾樓,是賣甚麼? 您怎麼連首飾樓都不知道?比方,婦女們的簪環首飾,小

---

① 攏了岸:將船隻靠岸。
② 吃瓦片兒:有房產者靠出售、出租房屋爲生。
③ 打硪:打夯,用夯把地基砸實。

孩兒們的鈴鐺、壽星、項圈、金鎖,以及酒器甚麼的,都是首飾樓上做。　都是甚麼的？　金銀珠翠,都有。

註　釋

〔房屋〕屋宇有二,有瓦房,有土房。瓦者,燒土爲瓦,屋頂椽上,舖以葦箔,加以灰土,然後以瓦砌之,復以石灰加抹之,故其房多堅固。土房惟鄉村中多,乃以高粱束於屋頂,飾以土泥,故每遇洪雨,則多漏水坍傾之患云。

第四十一章　金銀首飾

（好）　蒿草　絲　毫　好不好　好喜

　　這個首飾簪環,都是金銀珠翠做的？　哼①。　都是甚麼名兒呢？　那可多了,也不好細說,總而言之,分滿漢兩樣兒。　滿洲首飾,怎麼個樣兒？有喜慶大典的時候兒,婦人們都戴鈿子②。　鈿子是甚麼？　彷彿個帽子似的,那上頭都是用金、銀、珠、玉、寶石鑲成的,而且用翠點上。　翠是甚麼？翠鳥兒,一身都是翠毛,好看得狠。人把他得着③,把翠毛拔下來,粘在首飾上,綠森森兒藍蔚蔚兒的,好着的了。　是了,平常戴甚麼？　平常不戴鈿子,梳頭用扁方兒④,金的、銀的,都可以。　漢人呢？　有鳳冠,也是翠的,平常和有事的時候,不論滿漢的婦女首飾,除去戴的鈿子、鳳冠之外,都有名兒。甚麼名兒？　比方橫的爲扁方兒,豎的爲簪子、耳挖子⑤、花鍼兒;手腕子上的是鐲子;指頭上的是戒指兒、指甲套兒;耳朵上的是鉗子⑥。一分兒首飾幾百銀、幾千銀都不定。平常一分兒全的,也得幾十兩。　嗐。　歎甚麼？　我想人生世上,轉眼百年,命如蒿草,要這些個金、銀、珠、寶做甚麼？　哼,那些娘兒們,爲首飾的分、釐、絲、毫的輕重,樣兒的好不好,姊、妹、姑、嫂,你好喜這

---

① 哼:哼。表輕微的允諾語氣。
② 鈿子:婦女頭飾,以黑絨及緞條製成內胎,以銀絲或銅絲置於外,再裝飾以翡翠、珍珠等。
③ 得着:抓住。
④ 扁方兒:大約七、八分寬,七、八寸長,像尺子似的頭飾。旗人婦女梳頭時,把頭髮繞在扁方兒上。
⑤ 耳挖子:舊時婦女髮髻上的首飾之一,一般銀制,或鍍金,也可用以挖取耳屎。
⑥ 鉗子:帶有下垂部分的耳環。

個,我愛那個,常常的分爭辯嘴的,還不少呢! 了不得!

第四十二章 銅錫首飾

(黑)黑·白 ○ 黑·豆 ○

嗐,我瞧娘兒們,不戴金銀首飾,省多了錢了。 敢則是那麼着,但是十八省地方,不論旗民人①等,凡是婦女,沒有不戴首飾的。 有錢的可以,沒錢的怎麼辦的？ 作官爲宦的不必說,比方那有錢的買賣人,也更不必說了。惟有沒錢的百姓,和吃糧當兵的人家兒,再有幾個兒媳婦、兩三個大姑娘,那可了不得。 當兵的,一分錢粮,他養活家小兒,吃飯穿衣還不夠哪,還能打簪環首飾麼？ 可說得就是哪!不戴首飾又不行,戴又沒有,可就有一個絕妙的法子。 甚麼法子？ 戴假的。 紙做的麼？ 不是。 木頭的？ 不是。 甚麼假的？ 銅的、錫的。 銅、錫,怎麼也可以戴麼？人家瞧不出來麼？ 怎麼瞧不出來! 也就是沒法子,不能不戴。 我想,婦女們長得好看的,戴上首飾還可以。若是十分醜陋,戴首飾,也遮不住醜。 您說是這個風俗麼,不論長得好歹,不論頭髮黑黃,不論肉皮兒黑白,那怕他掃帚眉毛、疤癩眼兒②、一臉的黑豆大的麻子,也必得戴首飾。 可笑極了。

註 釋

〔粧飾〕滿洲、蒙古、漢人,在京者,皆各有其飾,如兩把兒頭、叉③子頭,及漢人喜鵲尾、蘇州扁等類,皆常見之熟矣。惟口外來之蒙古,則粧飾婦女,似不同於滿洲。蒙古人之婦女之在京城者,何也？蓋其耳帶之環,髮垂之珠絡,粗而且重。其寔京中滿蒙之婦女,遇有紅事大粧之時,粧似亦如之,但精而且細,其源則亦無不同,其習則日久稍變耳。平日滿蒙之婦女,則日見其新,已難古粧遠甚。口外蒙古婦女,則仍舊耳,故似大相逕庭云。

① 旗民人:旗人及民人。在清代,民人是相對于旗人而被編入民籍的人。
② 疤癩眼兒:眼皮有疤的眼睛。
③ 叉:底本作"乂",東京博文館藏本148頁作"又",據文義改。

第四十三章　婦女短見

（很）○　　傷·痕　好·得很·　恨·怨·

我想遮蓋相貌的醜陋，寔在不在乎男人的衣冠、婦女的首飾。　在乎甚麼？　還是男子在乎仁義道德，女子在乎德言工貌，是要緊的。　可不是！您說這簪兒棒兒的，雖然是爲好看不是麼，也有狠不好處。　怎麼？　我們一個親戚的一個女孩兒，去年十七歲了，叫他父親給打了一根耳挖子，是銀子打的。走到了街上，過來了一個人，一碰，碰在地下了。　怎麼樣？　那個女孩兒纔要說甚麼，那個人趕着從地下撿起來，遞給他了，說了好些個陪禮的話。　姑娘怎麼着？　小姑娘也沒言語，就回家去了。到了家裏一瞧，原來是一根錫鑲的。他父母問他，他照寔話一說，他父母不信。　怎麼樣呢？　他父親說他給了外人了，把女孩兒打了一頓，女孩兒一氣，半夜裏吊死了。第二天報官相驗，一身有打的傷痕，還把他父親問了罪。　嗐，那時候不打，好得很了。所以說了，那女孩兒死之後，我想魂靈兒也是恨怨他父母的。　這麼說，還是不戴首飾好。　不錯。

第四十四章　孝親割肉

（恒）哼·哈　·恒久·　○　·兇橫·

你說人無故輕生，自尋短見，寔在也是糊塗。　可更可憐的是婦女們。是麼，婦女們遇一點兒不要緊的事，尋死的，上吊的，多着的哪！　所以有人說，娘兒們是心眼兒窄。又說，娘兒們是直腸子，心裏沒有轉折兒①。　是，可也有好的。　好的自然也不少。　我看見《京報》上說，那外省，我忘了是甚麼地方兒，有一個孝女。　啊，怎麼樣？　在父母跟前②很孝順。　哼。　這一天他母親病了，病的還是很重，堪堪至死。這麼着，這一個女孩兒急了，半夜裏燒夜香，朝天禱告，願意替他母親死。　這真算是孝女了。　這還不要緊，這

---

① 沒有轉折兒：沒有多餘想法，直率。
② 跟前：指身邊，猶"膝下"。

一晚上急了,拿刀子把胳臂上的肉,剌①下一大塊來,扔在藥鍋裏。 可了不得! 後來怎麼樣,後來他母親好了,地方官趕緊的報明上司,奏明了,請旌表他的孝。 好,眞是孝順,他剌的時候兒不疼麼? 聽見老人們說,這個樣兒割肉救母的人,不疼,連哼哈一聲兒都沒有,人不知鬼不覺的就剌了。 據我想,人能够恒久盡孝,侍奉父母,也不在乎必得剌肉。 也眞算是愚孝,然而比那不孝父母的兇橫逆子,可又強多了。

註 釋

〔割肉〕子女之于父母②,孝者宜也。然村姑、鄉婦、愚子,每有損己身以爲孝者,甚有刳肝和藥、割股啖母者,輒云病若失,母旋愈云。其俗積染已久,遇有此等子女,則鄰里爭譽,戚族咸誇,以爲至孝,故每有請旌表者。○旌表,則以石建坊,書其名以表白之,凡節烈之婦及百歲老人皆然。

第四十五章　旌表節孝

（河）喫　喝　　江·河　　○　　賀·喜·

你纔說的這旌表的事,是怎麼個辦法? 那是這麼着,凡是大孝的孝子、孝女、孝婦。 啊。 和寡婦守節多年的。 啊。 都由地方官查明,報知上司,奏明請旌表。 屬那一部管? 屬禮部。禮部查明了,行文書到本地方官的那兒去,官給他蓋一個牌坊。 用甚麼蓋? 用石頭蓋,也有用木頭的。 怎麼知道誰是誰的牌坊呢? 那上頭有字,寫着某人、某女、某婦的名字、姓氏,叫過往的人,人人兒知道。 是了。 蓋得了牌坊,那本人家裏怎麼樣? 家裏也是親戚、朋友們都來慶賀,有錢的擺酒席,沒錢的也得預備一點兒喫喝兒,大家歡樂一天。 這牌坊叫甚麼名字? 也叫賢孝坊,也叫節孝坊,看人的事情起名兒,而且還有一樣兒。 甚麼? 烈婦、烈女,丈夫死了,跟了去的。 怎麼跟了去? 他也隨着死了的。 那可寔在是難得。 沒有過門,丈夫死了,他也死,就是烈婦,也可就說烈女。 被賊殺了,不從賊的,也是烈婦、

---

① 剌:劃破,割開。
② 母:底本作"毋",據文義及東京博文館藏本151頁改。

烈女。 啊。 丈夫死了跟了去的,是烈婦;沒過門,丈夫死了,趕着過去守節的,也說貞女。總而言之,節、烈、賢、孝,與山川同老,與江河同流,流芳百世,萬古不磨,所以親友們瞧見立牌坊,都來賀喜。

註 釋

〔旌表〕大凡寡婦守節,須三十歲以內居孀,直守節至三十年者,始能旌表。旌表之銀,京中現只不及三十兩云。南省石多之處,皆以石建坊,品①然矗立,衝繁州里,纍纍者多。

第四十六章　百歲建坊

(後). 舠②鹹　　.公.侯　.牛吼.　　.前後.

這節孝的婦女,旌表的牌坊,除了婦女之外,還有別的人麼？ 比方大孝之子,也可以旌表。或是富戶人家,慷慨施捨,救助鄉里,捐輸錢財,千兩萬兩的,那也可以建造牌坊,寫上"好善樂施"的字樣。 還有別的麼？ 還有老人的百歲坊。 怎麼講？ 就是一百歲、一百多歲的老人,也可以建坊。 是了。 我們一個親戚,是南方人,他們那兒有一家兒,一個老頭兒活了一百二十歲纔死的。他一百歲的時候,就給他建造了牌坊了。 人到了八十、九十,可就眞少了。再說人生七十古來稀,活一個八十、九十,也就可以了。若是一百歲,可就眞難了。 怎麼？ 我看見上了歲數兒的人,六十、七十的,一到了冬天就咳嗽,一點兒鹹的不敢吃。吃了,咳嗽的喘不過氣兒來。 咳,那也看是甚麼身子了。身子弱的人,吃菜、喝湯,擱攪多了一點兒,剛覺着舠鹹的不敢喝,不敢吃,碗沒離嘴,就咳嗽起來了。 身子結寔的人,就不咳嗽麼？ 也不是那麼說。那富貴人家兒比方,公、侯、王、伯,大官大宦的老家兒③,或是他本人兒老了,自然沒甚麼病。若是平常人,六十來歲,喘的牛吼似的,多着的了。 咳,一輩子④奔忙勞碌,從小兒到老,前後一天兒沒保養過,怎麼不病不喘呢!

---

①　品:底本作"晶",據文義酌改。
②　舠:過於,太。
③　老家兒:老輩,多指父母。
④　子:底本作"了",據文義及東京博文館藏本 154 頁改。

第四十七章　民喜族榮

（戶）忽　然　　茶　壺　　龍　虎　榜　　戶　口

我還有一件事不明白。　甚麼事？　這各城各鄉的人多得很,忽然有一個老人,或有一個節孝的婦女,或是孝子賢孫,都是誰管這個事,去報官請旌表呢？　這你又不明白了,咱們說了這半天,嘴也乾了,等我把這一把茶壺涮一涮,沏一點兒新茶,您喝一碗兒,我慢慢兒的告訴你。　不用沏新茶了,續一點兒開水就行了,咱們一邊兒喝,一邊兒說。　他是這麼着,一鄉有鄉約,有保正,有地方,有總甲①,不論那兒有事,地方保甲,都可以知道去報官,這是一。二來呢？　二來同族的人,都願意本族有體面的事。比方,一族裏出一個秀才,大家就覺着好看。這一位秀才老爺,再若要中一個舉人,龍虎榜上標了名姓,更體面了,所以秀才鄉試和舉人會試,同族的人都給他幫湊盤川②,爲得是他中了,好大家體面。　是了。　有一個老人,或是賢孝、節孝,同族的人都願意給他請旌表。　是了。　就是不幸,有一個烈婦、烈女,也願意請個旌表給他,一族的人也都覺着榮耀。　同族沒人的人,誰管呢？　咳,你好糊塗,那還有戶口册可查呢！鄉約、保正,是幹甚麼甚麼的哪！

註　釋

〔保甲〕保甲之法,每戶給以印單,書其姓名、習業,出則注所往,入則稽所來。十戶爲牌,則立牌長;十牌爲甲,立甲長;十甲爲保,立保長。自城市達於鄉村,使相董率,遵約法,察姦宄,善則相共,罪則相及。京城內外,有十家戶之查,即此例也。官之大者自查,不在十戶之內云。

第四十八章　市土糞田

（花）花　草　　泥　滑　　話　敗　人　　說　話

人一生一世,轉眼百年。比方纔說的老年人,一百歲還沒死,那寔在是人

---

① 總甲:賦役制度,一百十戶爲一里,里分十甲,總甲承應官府分配給一里的捐稅和勞役等。
② 盤川:盤纏,旅費。

瑞了。　這個地方兒的人，就有好些個老頭兒。　怎麼這兒的人，老年的多呢。　這是一個鄉下地方兒麼。　那麼說，鄉下與城裏有甚麼分別麼？　分別的多了。比方大事，嫁娶婚姻的紅事，喪葬大禮的白事，城裏俗尚浮華，鄉下諸事從儉。城裏飲食、衣服，耗費奢華的多；城外粗茶淡飯、粗布衣裳的多。那是自然的。　自然是自然，可也關係着風俗人情了。你看京城裏的人，愛穿綢緞絲棉兒衣裳，衣裳材料兒上，都是織就了的花草兒、蝠兒、蝴蝶兒、玩意兒。

你說那個，那一天我瞧見一個城裏的人，穿着一身洋扣綢兒①的衣裳，出城逛青兒②來了。走到河沿兒③上，叫河邊兒上的泥，滑了一個勛斗，弄了一身的黃泥。　可笑可笑。他們沒事在城裏頭，瞧見鄉下人進城拉黑土，他們就拿話話敗④人，罵人家鄉腦瓜子白帽盔兒⑤。出了城，敢則就不隨合兒⑥了。　我問您，這黑土是甚麼？　就是城裏街上的土，鄉下人進城，拿車一車一車的拉出城去。　作甚麼？　作爲糞用，攔在黃土地兒裏，好種莊稼。城外的人，作苦活，愛出力，說話直率，沒心眼兒，所以老年的人多，短命的少。　是了。

註　釋

〔黑土〕京城之內，街土盡黑，城外則黃，何也？人戶櫛比相接，凡所燒竈皆煤，傾其灰於街，日久黃土被覆，一也。糞汙不潔，惡水傾地，二也。車馬衆多，日作馳驅，碎瓦舊磚，踏遍於地，三也。故使黑其土，性若糞，故鄉人以車運而糞田。

第四十九章　米麥土產

（壞）○　　·懷·想·　○　損·壞·

題起種莊稼的事來，這田地裏，南省北省的莊稼，也是一定不能一樣的出

---

① 洋扣綢兒："洋綢""扣綢"均爲絲綢織品。極薄而軟，微帶自然皺紋。
② 逛青兒：踏青。清明節前後到郊外散步遊玩。
③ 河沿兒：河邊。
④ 話敗：諷刺，奚落。也寫作"話白"。
⑤ 鄉腦瓜子白帽盔兒：鄉腦瓜子、白帽盔兒均爲罵人語，類似於"鄉巴佬""土包子"。因當時鄉人多戴白氈帽，故以"白帽盔兒"呼之。
⑥ 隨合兒：隨和。

產罷？ 南省米多,北省麥子多,北方直隸、山東小米兒多。 小米兒是甚麼？ 就是粟米。 小米之外,還有甚麼？ 高粱,高粱分紅白兩樣。 還有？ 豆子,黑豆、黃豆、綠豆。 是了。 河南、山西麥子多,所以這兩省的人,都是吃白麵的多。 啊。 到了湖北、湖南,都是白米,麥子狠少。 人都不能吃麵罷？ 狠少狠少。 雲南、貴州呢？ 也是出白米,粗糧也有。 那兒聽說沒有麵。 也是少。江南、江西是魚米之鄉,別省不必多說,總是米多,就是了。 這種地的他們這些莊稼人,是怎麼交租子呢？ 那是按畝交租,總名叫地丁錢粮,遇見旱潦不收、鬧蝗蟲、下雹子這樣的年成兒,國家就寬免他們的租子。 這是恩典哪! 不好的州縣,還是催租子,所以百姓們狠抱怨。 那眞可憐。 從前有一位好官,在某處,愛民如子,不多要民間的錢。去的時候,百姓都捨不得,至今還懷想他的慈愛呢。 那是愛民了。 給他掛了一塊匾,掛在縣衙裏。這麼些年,那塊匾好好兒的沒有損壞一點兒呢! 咳,官若都好,那兒有人抱怨呢!

註 釋

〔高粱〕莊稼之內,京城四外,多種高粱。以三月清明下種,出土後,四月三寸餘,爲小苗。五月六月之間,漸高七八尺,幹質長細,如細竹,而身多葉,葉長約三尺,寬僅三寸。六月先剝一次,以代薪。七月初又剝一次,俗呼爲劈高粱葉,皆村婦、鄉嫗剝之者多。追七月底八月初,高粱子粒熟於其巔,則獲之。而負於家,收其寔而存其杆,俗曰高粱桿,粗者以爲薪,曰秋秸。精者以火烘直其曲,用代竹葦。原其始,因北方乏木,故高粱桿之用處廣,或以爲繕葺土房之蓋,以泥土覆之,是即可代椽;或以爲房內棚架,以糊棚紙;或以爲架隔以作紙壁,即以代板;或以爲插箱匣,即以代竹。而其根仍控之於土,即爲炊飯之用。是高粱之種,不僅爲人粮馬料而已也。

第五十章　民有社倉

（換）歡喜· ·連·環　鬆緩　·更換·

凡爲民父母的,總得叫百姓們歡喜。 可不是麼! 州縣,俗說是父母官,總得通達民情纔好。 這一州縣地方的,交的錢粮,或銀或粮,都是給國家養兵和一切公費,不是？ 是。 餘外還有存在州縣官手裏的麼？ 州縣官是隨收隨解,送省城藩庫,他自己手裏不能存。 是了。 可有一樣兒是存的。

甚麽？　那叫社倉,和常平倉甚麽的,可那些個倉,都是存米的倉,是預備荒年給百姓們吃的。　那麽是賑濟百姓們用的了。　是,大概是那麽樣。　比方,存的米多了,一年比一年年成好,倉裏的所①用不着,米都壞了,怎②麽辦？　不能壞。存米,比方多了,可以借給有力的民人,叫他們彼此連環作保,把米拿去,秋收的時候,一石一石的還倉,民力既可以鬆緩,存米又可以更換,出陳易新,很好的法子。我聽見說,有這麽樣兒的辦的,不知是那一塊兒了。　不管他有沒有,這個法子可是很好。　好是好,就是一利必有一弊,最怕的是不好的人管理着,名兒可是存米,暗地他都偷吃了,剩下空倉了。　那可怎麽好呢！

註　釋

〔倉〕按循古制設常平倉,隨時糶穀,用資貸賑。豐年則勸民出升斗以益之,或用銀市穀,或截留漕米,分藏之,或聽各所在俊秀納粟入監,爲監生,即大學生也。其在常平倉額外者,如河南漕穀倉、江南江甯省倉、崇明倉、福建臺灣備貯倉、浙江永濟倉、玉環同知倉、廣東廣糧通判倉,皆因地制宜,以備所需。時其出納,以佐常平倉之所不及。〇凡民間收穫,各聽出粟麥以備鄉里借貸,曰社倉,民自長之,官不得以法繩之焉。

第五十一章　賑濟良法

（黃）荒亂　青黃　撒謊　一晃兒

比方,年成兒好,不必說了。假如年成荒旱,或是水災,這些個,是都要賑濟,不是麽？　不錯,年成荒亂,一定要請賑濟的。　怎麽請法？　報明了大人,派官查明白了,然後寫奏摺,一面奏明請賑濟,一面就先撥銀子賑濟。啊,好極了,貧窮人受恩不小啊！　本年,比方,正在三四月裏,去年的舊粮食吃完了,今年新麥子沒下來哪,正是青黃不接的時候,那也可以發米賑濟。好麽。　賑濟的法子也多。比方給米,給粮食,賣粥賣飯,按着大口、小口散,

---

① 所:副詞,表"完全"。
② 怎:底本作"民",據東京博文館藏本160頁改。

或是給錢。 好好。 或是買鄰省的米糧來平糶①。 怎麼爲平糶？ 就是賣官米，官人賣米，叫貧民來買，米又好，價又廉，市價自然就平了，落了。好，這個法子也好。 還有以工代賑，就是修理城池，或是修路造橋，叫窮人來作工吃飯。 都好。 有一樣兒不好。 那一樣兒？ 不好的官，不好的書辦、衙役，他們撒謊。比方，一千人領米、飯錢，他們報二千人，哄騙着多領官項，可惡極了。 這樣兒的錢，能長久麽？ 一晃兒②他們也就遭了惡報了，比窮人還窮呢！ 還是好，自然報應也好。

註 釋

〔賑濟〕凡荒政十有二。一曰救災，川澤水淹民廬，有司中報上官，給修理之費。二曰拯饑，水旱成災，奏明恤之，給以銀米。三曰平糶，穀賤傷農，則增價以糶；穀貴傷民，則減價以糶。四曰貸粟，借與籽種以耕，以待秋熟，以後酌取償還。五曰蠲賦，視災輕重而免其賦。六曰緩徵，緩其催科之期以寬民力。七曰通商，年不順成，則令鄰境毋遏糶，以通有無。八曰勸輸，縉紳士民，各聽其輸銀穀，以旌獎酬之。九曰嚴奏報之期，夏災不出六月，秋災不出九月，愆期及匿災不奏報者，論如法。十曰辨災傷之等，水、旱、風、雹、蟲，各有輕重。十一曰興土功，使民作官工以食其力。十二曰反流亾，流亾之民，給以粮費而使還鄉。

第五十二章　家丁宜防

（回）石　灰　　回去　　後悔　　賄賂

咳，我想世上這些個贓官汙吏，寔在是可惡。 是麽。還有一樣人，就是跟官③的，更可惡。 怎麼爲跟官的？ 有一種人，他也是好百姓，從小白念幾句書，些微④也明白一點兒文理。 那也好啊，明白一點兒書不好麽？ 他不作正經的營運兒，比方買賣，或是負苦，這些事都不作，他要去跟官，隨着做官的人去做下人。 主僕也是自古有的，怎麼說這樣做下人的人可惡呢？他若是好好兒的作下人，盡他的職所當盡的，那又好了。他是倚官仗勢，欺壓

---

① 平糶：官府在豐年按平價購糧儲存，以備荒年出售。
② 一晃兒：形容時間過得快，轉眼間。
③ 跟官：官員的隨從。
④ 些微：稍微。

平民，遇着有百姓詞訟的事，他在衙門裏串通書辦、衙役，高下其手，指官撞騙。或是有工程的事，更了不得。　怎麼？　他用石灰水刷墙，拿黑顏色畫磚，可以哄弄查工的人，把修工的錢暗暗的剩到他的腰裏。　本官不管麼？　不好的本官，還要借他的手，給弄①百姓的錢，要帶回去，過後半輩②兒的日子去呢。所以縱容家丁，刻薄百姓，明知還假粧不知道呢。　好官呢？　好官恐怕將來的後悔，不但約束狠嚴，而且自己一點兒賄賂也不敢受。　好。

第五十三章　長隨名色

（混）昏暗。　鬼··魂　渾·厚。　混·亂。

這跟官的名兒也很多。　都是甚麼？　比方，州縣衙門裏頭，一樣兒叫門上。　門上幹甚麼的？　專管收各處文書、百姓們詞訟呈子、稟帖，來客通報，遇事先知。看着不要緊的一個卑賤的人，若是本官心裏昏暗不明，就諸事被他欺負、愚弄，這是一樣兒。　還有？　還有簽押。　簽押是甚麼？　管文書用印，或是辦理文書的稿案。　稿案文書，不是有書辦們辦麼？　雖然有書辦，但是也另外派一個家人專管。　是了，還有甚麼？　管馬號的，就是管驛站的馬匹。　還有？　管倉的，是管收米；還有管錢粮，是收民間的地丁錢粮；又有管牢獄、管厨的、管稅的。　人不少了，都是家人③麼？　都是家人，總名叫長隨④。　都是可惡的罷？　大約好人少，都是作弊的多。這樣的人，生前就是逃脫了王法，死後鬼魂都是被人唾罵的。　沒有一個渾厚的麼？　也有。那忠心爲主、仁心待人的，大約也許有幾個，可就是被不好的多。所以人有俗語說：「跟官的錢下水船。」就是說他們的錢，沒的快的意思。　咳，好人雖有，不好的多，也就混亂的看不出來了。

---

① 給弄：難爲壓榨別人，而將某物弄到手。
② 輩：輩。據《廣韻·十八隊》：「輩，俗作軰。」
③ 家人：此處指僕人。
④ 長隨：泛指僕役。

第五十四章　琺藍銅質

（紅）烘烤　　紅綠　　欺哄　　煉汞

咳,古人說"魚目混珠",又說"眞假難辨",又說"眞金不怕火來煉",這些個話,細想起來,就彷彿不好人混亂的好人一塊兒,寔在難分辨,然而好人倒更好。　不錯,久而自明。你纔說"眞金不怕火煉",可也眞是那麼着。　金銀一定是金銀,銅錫一定是銅錫,那兒能不分呢！　所以說了,你題起金銀銅錫來,有一宗東西,倒底怎麼做的？　甚麼？　就是那假首飾,你從前說過的。那是銅包金和包銀。　怎麼包法？　把銅胎的首飾,包上金銀葉子①。　甚麼包法呢？　打得了首飾,要包的時候,攔在火上一烘烤,把葉子包上,拿一宗石頭一打磨,就和金銀一樣。　是了。那麼那琺藍、琺綠,還有包金的首飾,也是一樣包法罷？　包金首飾,是用銀首飾包金葉子,那又是一種首飾了。至於琺藍、琺綠,是用銅材料做成,燒的銅都紅綠了,然後加上藍色,往往有琺藍瓶、琺藍小玩意兒,欺哄外來的人,說是銀子、金子,很貴的價兒,賣給人用。　是了。他們要眞能燒,早就作了煉汞的法子了。　煉汞是甚麼？　不是道教裏說,能夠把銅錫煉成金銀麼。　那可是謠言。

第五十五章　黃金爲貴

（火）剠口子　死活　燒火　貨物

那麼不說別的,我瞧瞧您戴的這一個鐲子,是金的,是銀的呢？　我這就是一個包金的。　怎麼包？　打得了銀鐲,包上金葉子就和金鐲子一樣。這鐲子上頭的這一個剠口子②,作甚麼的？　那是爲可大可小隨便戴。　戴這個有甚麼用處？　不過好看,本來是婦女的粧飾。　男人作甚麼戴？　本來也因爲出外上路,金子多,不好帶着走,所以有打幾副金鐲子帶着的。　那

---

① 金銀葉子:金箔及銀箔。
② 剠口子:器皿的缺口處。

麼,我又聽見說有金葉子,是甚麼？　那是把金子砸成很薄的葉子,帶着走,也輕巧。　包金東西,就是用那個包呀？　不錯。　金子狠重的東西,很結寔的東西,怎麼能砸得那麼薄呢？　可不是,那費好大的工夫呢！一個人拿砸子,用很大的勁兒,沒死活的砸,纔能那麼薄呢！還有金條,你看見過沒有？　沒見過。　那也是金子打的。　怎麼打？　也是燒火爐子,把金子擱在爐子裏,一拉風箱,火着了,金子化了,然後打成條兒,有二三寸長的,也有長的。　總而言之,金子貴罷？　那自然。一兩金子,換十六兩銀子。若是買辦貨物,銀子不好帶,多有買金條、金葉,帶着走的。那麼這半天說完了沒有？　話說不完,這《平仄編》第四段兒,算是聯完了。　完了,可以歇歇兒罷。

註　釋

〔金店〕京城市金之肆,曰金店。凡金條、金葉等,皆備。以正陽門外正陽橋西珠寶市內路西,金珠店爲多。東四牌樓四大恒,即恒利、恒和、恒源、恒興四處,雖係銀錢之舖,亦兼金店,又凡大銀舖有帶金幌子,畫一金葉、金元寶式者,皆爲市金之處。○金有成色,以十足上赤者爲最上;以下九九、九八直至八成、七成者,皆有。其舖有諸色之小金牌,牌寬二分,長寸許,厚分許,皆按成數之金鑄之者,各鐫成數之名於上。另有試金石一塊,黑色,有鬻金者至,以所鬻之金,磨于石上,復以金牌察色磨之,二金相比,以別上下眞僞。○金價之例,以銀十六兩易金一兩,曰十六換。然行市亦有多寡之分,金少則貴,十七八九兩銀易金一兩,甚至二十兩者皆有。金多則賤,以銀十三四兩即易金一兩,亦有其時,又有零者,如十六兩三錢之行市,曰十六換三,餘倣此。

自邇集平仄編
四聲聯珠卷之二終

第三卷

(西)第一章	飯莊請客	(夏)第二章	飯舘酒幌
(向)第三章	酒樓酒舖	(小)第四章	筵席欵式
(些)第五章	俗尚猪肉	(先)第六章	滿洲餑餑
(心)第七章	餑餑名色	(姓)第八章	京貨外運
(學)第九章	俗喜論人	(修)第十章	舖房永租
(兄)第十一章	擺攤租地	(須)第十二章	搭棚佔地
(喧)第十三章	開張掛紅	(雪)第十四章	外科扎鍼
(巡)第十五章	蒸骨驗屍	(衣)第十六章	蟒袍補褂
(染)第十七章	補子之分	(孃)第十八章	頂戴品級
(繞)第十九章	官員朝珠	(熱)第二十章	凉帽暖帽
(人)第二十一章	參劾屬員	(扔)第二十二章	州縣牌坊
(日)第二十三章	營官舞弊	(若)第二十四章	字識之兵
(肉)第二十五章	武職書辦	(如)第二十六章	武衙辦事
(軟)第二十七章	武營馬政	(瑞)第二十八章	武官喜文
(潤)第二十九章	官員求雨	(榮)第三十章	求雨規矩
(嘎)第三十一章	刁民可畏	(卡)第三十二章	關卡查賊
(改)第三十三章	官衙形勢	(開)第三十四章	官不修衙
(甘)第三十五章	作樂衙規	(看)第三十六章	世職幼學
(剛)第三十七章	老米之色	(炕)第三十八章	高粱①小米
(告)第三十九章	高粱造酒	(考)第四十章	藥果浸酒

---
① 粱：底本作"梁"，據正文標題改。

（給）第四十一章　諸品黃酒　　（刻）第四十二章　黃米性黏
（根）第四十三章　鮮桃可口　　（肯）第四十四章　紅黃二李
（更）第四十五章　北棗爲美　　（坑）第四十六章　諸樣西瓜
（各）第四十七章　蓮蓬蓮根　　（可）第四十八章　林檎蘋果
（狗）第四十九章　蔗糖米糖　　（口）第五十章　　十錦南糖

第一章　飯莊請客

（西）東．西．　酒‥席．　喜．歡．　粗細．

你說了這半天的話，聯了四段兒《平仄編》的字兒，也眞該歇歇兒了。　不往下聯第五段兒①麼？　歇一歇兒再說。我瞧你嗓子也乾了，舌頭也乏了，聲兒也顫微了，大概肚子也必是餓了，等我叫他們給您預備點吃的，您多少吃點兒東西再說。　一點兒不餓，餓了，我和你要着吃。　你能那麼實落②，敢則好了。　別的或者我有鬧虛③的地方，吃喝我從來不懂得裝假。別說是偺們倆人隨便的時候兒，就是親友們請大客，預備上等的酒席，高朋滿座的時候兒，我也是不飽不歇筷兒④。　好麼，那是狠好的了。治酒容易請客難，客吃喝的寔落，主人纔喜歡呢！　到底也得有點兒局面⑤，纔免得人笑話呢！　眞相好，不要緊，俗言說"福大量大"麼。　好說。　可是這京城裡請客，都是在家裡，還是在那兒？　有在家裡的，有在外頭的。　外頭甚麼地方好？　頂好是飯莊子好。這飯莊子，他門口兒有牌，寫着某某堂，又寫着"本堂包辦南席⑥、蘇造餚饌、午用果酌、諸品名酒、細巧點心，一應俱全"。請客也可以在他那兒吃，也可以叫他送到家裡來吃。　都是頂好的菜罷？　粗細都有。

---

①　第五段兒：指《語言自邇集・練習燕山平仄編》第111—127組，111—126組以HS爲起首輔音，127組以I起首輔音，只有一個"衣"字。
②　實落：品格實在。
③　鬧虛：假客氣。
④　歇筷兒：放下筷子，停止吃飯。
⑤　局面：體面，得體。
⑥　南席：泛指南方菜系，亦可具體指福建、廣東地區菜系。

註　釋

〔飯莊〕京城酒食之舖甚多，如飯莊則爲尤便。蓋其門庭寬闊，如大宅第，請客迎賓，肆筵設席，皆可如意。有名者，如東安門外菜廠衚衕聚豐堂，金魚衚衕福壽堂，東單牌樓德興堂、慶會堂、燈市口裕興堂，地安門外東隆豐堂，西安門外德壽堂，皆爲有名之處。前三門外雖有有名之東麟堂、同陞堂、餘慶堂等，味固同味而價貴，屋窄，院宇狹隘，實不如內城也。〇價値現以京錢十六吊一桌之菜，或十六吊一桌之果爲極下，逐漸而上。以二十四吊之菜，二十四吊之果爲中；三十二吊者爲上中；極上者百繙，則有燕窩等貴菜。〇請客者，視客之多寡，人品之文武高下，而主人隨意至莊，按上中下之例，令舖主開一菜單，定准日期，留其某院某室，否則臨期恐致貽悞。

第二章　飯舘酒幌

（夏）瞎　子　　雲・霞・　〇　　春・夏・

我還要請問您，京城裡請人吃飯，除去飯莊子之外，還可以有別的地方兒沒有？　多着的了，飯莊子之外，有飯舘子。　名字就叫飯舘子麼？　總名爲飯舘，分開說，有園、舘、居、樓，四樣兒名字。　怎麼個樣兒？　門口兒有紅紙做的一條兒一條兒的幌子①，或是紅黃綠紙做的，那叫花幌子。　啊。　還有小木牌兒，寫着"南北碗菜""十錦餃子""應時小賣""美味餛飩"這樣兒的字。

啊。　還有酒旗兒呢！　在那兒有這個舖子？　前門外頭多，別處也有。

我這麼上前門，怎麼沒瞧見過？　你又不是瞎子，你大睜着倆眼兒上前門，沒看見那飯舘子的酒旗子上寫着的紅字、黑字麼？　寫着甚麼？　他寫着是"蘭陵美酒鬱金香，玉碗盛來琥珀光，但使主人能醉客，不知何處是他鄉"的那麼一首古詩。　那古詩，我倒念過，彷彿人家說的是玉碗裝上好酒，像琥珀顏色兒，遠瞧着耀眼爭光，如同雲霞五彩的好看。他那飯舖兒裡，也有那玉碗麼？

那不過是那麼寫酒幌子，叫人看見就是了。　是了。這飯舘子一年到頭，都開着賣飯麼？　啊，一年到頭，春夏秋冬四季兒，那一天都有。　明兒我也喫去。　我的請兒②。

---

① 幌子：舊時商店門前懸掛或擺出的表明所賣貨品的標誌。
② 請兒：指請人吃喝或看戲等。

註　釋

〔飯舘〕飯舘有大小之分，餚饌有精麤之別，價值有多寡之異，然概皆定價，無謊言也。然大飯舘有九扣八扣之例，各隨其例，亦不欺人。其所謂九扣者，如食百緡，則給以九十緡；八扣者，百緡只給八十緡也。入飯舘食者，選其潔座，隨意坐之。司傳食者，曰跑堂的，稱之曰堂官。客至，伊問飲何種酒，客即詢以酒菜之名，伊一一報明，隨意命取。酒至，必先設杯箸，並紙數張，客以紙自拭其杯箸。賓主共坐，則各代拭以示敬。餚未至，先佈設鹹菜數事，酒足，則隨意索飯、麵、湯、點，不知其名，則命堂官報出，始索。食畢，堂官會計畢，報客，共若干錢，客另給鹹菜之資，約所食十分之一二。○賓多，爲主人者先請客索菜，二序次之，主人末索之。

第三章　酒樓酒舖

（向）．香臭．　　．詳細．　　．思想．　　．方向．

　　眞個的①，我多嗜預備一個東兒，請你飯舘子裡吃一頓飯去。　我沒工夫，我沒錢，也不能還席。　你這個人，眞是"搬着屁股作嘴——不知香臭"，我拿着猪頭，尋不着廟門。誰請你吃飯，必得叫你還席呢？　我怕是您要下食②，要和我借甚麼，所以不敢領您的賞。　你眞是把好心當作驢肝肺了，我偏要請你，你不吃飯，我請你喝一個酒兒，你還不去麼？你若是眞不懂交情，起這兒咱們就撂開手③，誰也不用認得誰。　您別生氣，也別掛火④，我也是想着法子，要聽你幾句現成的俗語兒、俏皮話兒⑤，就是了。咱們說正經的，別管誰請誰，這喝酒也在飯舖子裏麼？　飯舖子也可以，另外也有酒樓酒舖兒。　也有幌子麼？　有，有酒旗，是黑布做的，沒有字。也有有字的，寫着"聞香須下馬，知味且停車"。也有小酒舖兒，掛一個葫蘆。還有公道處⑥，也叫大酒缸，那兒都可喝。　你說的這麼詳細，我心裡這一陣兒細細兒的，把前門外頭各處兒思想了思想，不錯，是有這些個飯舘子、酒舖兒甚麼的。　在那兒？　有，是

---

① 眞個的：眞的，確實，指內容實實在在而非空說。
② 下食：準備食物，此處指準備酒席請客。
③ 撂開手：丟開手，放開手，指斷絕關係。
④ 掛火：生氣，發火。
⑤ 俏皮話兒：狹義指歇後語，廣義包括俗話。
⑥ 公道處：一種小酒館，先付錢，再飲酒。據《俗語註釋》卷："公道處：酒肆也，飲者先給錢，後飲酒，故云。"

那兒都有,大概前門外頭,街東裡,衚衕兒裡頭,叫作肉市的地方兒,酒飯舖兒多似的。 哈哈!你辨過那個方向兒來了。 辨過點兒來了。

註釋

〔酒舖〕午間無事,或花晨月夕,則可人酒肆飲以助興,酒舖中只市酒,無餚,餚須自市。正陽門外肉市多酒肆,另有賣零餚果者,和盤托出,客任意選市亦可。大酒舖亦可令其堂官向他飯舘索餚饌、飯食、點心,借酒舖爲飯地亦可,但價必貴,何也?酒舖又多算一分,以中飽也。

第四章　筵席款式

(小) 消減・　・學・徒　大小・　　談笑・

我還請問您,這請客吃飯的菜,都是多少樣兒,怎麼個規矩? 雖然樣數兒多,大概的規矩以多爲恭敬。 頂多的是怎麼着? 頂多的是南席。 南席怎麼個樣兒? 先擺一桌果子①。 果子都是甚麼? 四鮮、四乾、四蜜、四冷葷、四熱小碗兒、四點心,四六共二十四樣兒,這統謂之果子。 是了。擺完了果子,就上大菜,大約以八個大碗爲止,也有用九個十個的。 是了。那果子各有名目,鮮果是按着時候兒用,乾果比方栗子、落花生、核桃、瓜子之類,蜜果是用蜜醃的果子,點心細巧,熱菜海味爲貴。 都是一樣,沒有分別麼? 近來年成兒消減,往往的把南席也改得過於粗俗了,有名無實的多,所以飯莊子上的學徒,也都沒見過的菜多,不能照着老規矩了。 怎麼個改法呢? 比方眞正南席,不見豬肉,一律大小碗都是海菜。如今請客的打算盤②,只要盤子碗的數兒對了,菜的口味差了,他也不管。 也可笑的狠了。本來眞正南席,一概都是清湯。如今也有紅湯的,也有醬汁的,所以不對。故此請客的人,往往被客背地裡談笑的多,就是這個原故。 是,不錯。

註釋

〔大碗〕筵席果菜器皿,各有不同,果盛以碟,菜以碗。碗有大小之分,碟碗及盤,又有高平之異。

---

① 果子:此處泛指點心。
② 打算盤:節約,設法節儉。

高者有柄,平者如常式也,皆以細磁,來自江西九江,冬日則有水碗火碗之不同,皆以錫爲之。水碗以錫碗貯水,蒸熱而另盛菜於稍小之碗,以入之,使水煖其碗,亦有作諸鼎鬵①之形者,出湖南永州府,他處者不佳。火碗以錫爲架,而中以小酒盃酌火酒燃之,置錫碗菜之下以熱之。又有火鈷,亦曰火鍋,以錫爲之,亦有銅者,中以炭炙於管,而置菜於四周,寒冬之要器也。

第五章　俗尚猪肉

（些）些．微　　靴・鞋　氣血・　謝・恩

　　吃喝的事兒,也是無盡無休,請客花的錢,總比自己花的多。　俗語說:"居家不得不儉,待客不得不豐。"不論是怎麼貧苦的人家兒,待客的飯食,總些微的比自家吃的强些兒。　除去南席之外,次的是甚麼?　俗禮兒,是八個大碗,其中也分粗細。細些兒的,雞、魚、鴨子;粗的,一概是猪肉。　我想同是頭上的,有官帽兒、便帽兒的不同;同是脚下的,有靴、鞋兩樣兒;同是嘴裡吃的,自然也有粗細的飯食的分別了。　可不是!就比方常行有客來,也不過是自己家裡弄一兩樣兒粗菜。　怎麼個樣兒?　四個碟子,兩碗湯,或是熱天叫盒子②,冷天叫鍋子③。　甚麼叫作盒子,鍋子?　這京城裡,有一宗盒子舖,他賣生、熟猪肉。生的不必說了,熟的拿刀切碎了,擺在一個攢盒兒④裡,就叫盒子。　鍋子呢?　是錫鑞作的,中間有火,四周圍擱菜。　也是猪肉,沒有羊肉、牛肉麼?　沒有。　我聽人說,羊肉人吃了好,牛肉更可以補氣血,怎麼都不用羊肉,盡是猪肉呢?　無論甚麼人,用猪肉的多,請大客,大筵席,也是如此。　我看見《京報》上,外省督撫來京,回任去的時候,寫謝恩摺子來,謝賞克食⑤,是甚麼?　那個是羊肉多。　啊。　朝廷賞他們的,或是肉,或是饅頭不定,叫克食。　是了。

---

①　鬵:彝。據《字彙補・彑部》:"彝,古鬵字。"
②　盒子:一種盛熟肉用的漆盒。
③　鍋子:即"火鍋兒",一種特製的鍋,中心有空腔,其中放入炭火,四周爲鍋身。
④　攢盒兒:盛雜拌果脯或菜肴的盒子,內有隔板將不同菜式分開。攢:攅。據《字彙・手部》:"攅,俗攢字。"
⑤　克食:皇上恩賜之食。該詞或來自滿語 kesi。（愛新覺羅・瀛生《北京土語中的滿語》,1993年,北京燕山出版社,212頁）

第六章　滿洲餑餑

（先）先後。　　清閒　　危險　　限期

我和你說了半天的飯食酒肉的事，先後也說了好些個吃食舖兒了，還有請問一樣兒。　甚麼？　我看見一樣兒舖子，那麼很乾淨，賣的東西，我可是不認得。　怎麼個樣兒的舖子？　門面很好，都是金晃晃的，掛着好些個小金牌子，一塊一塊的，聯在一塊兒，牌子上有字。　舖子裏頭怎麼個樣兒？　舖子裏頭很乾淨，高大清雅，掌櫃的們①一個一個的，彷彿很清閒，櫃裏頭兩邊都是大紅箱子。　哎呀！那巧了是餑餑舖。　甚麼？　也叫達子②餑餑舖，賣的都是餑餑，南方人叫點心。　不錯，我看見有一兩個人在那兒買。他起紅箱子裏，拿一個銅盤兒裝出來，一個一個的，彷彿小餅兒，我說不上來。　那不但在京裏住家兒的人買了家去③待客，或是自己用，也可以出外帶着走，到了某處送人，都可以。　怎麼帶法？　他有外帶行匣，他給裝好了，任憑你山南海北，帶着走，車上船上，怎麼難走的危險的道兒，也一點兒不能碎，不能壞。日子多了，也不走味兒④麼？　那我可不敢定一準⑤的限期，大約冷天三兩個月不能壞，熱天十天二十天的可以，日子多了，就哈喇⑥了，因爲他是油面加糖做的多。　是了。

註　釋

〔餑餑舖〕餑餑者，即點心也。然其舖各有不同，如餑餑舖，則指滿洲點心而專名也。他如點心舖，外城多有之。乃市小餑餑，及肉包、肉韭春捲，冬曰湯元等之餑餑舖也。又有蜂糕舖、燒餅舖、饅頭舖、粥舖、麻花兒作房、茶湯棚子等，皆市點心之處，其點心亦統謂之餑餑，又有湯麪角兒車子、餛飩挑子、燒餅筐子、蜂糕盤子等，則或擔或負，皆呼於街頭，鬻於門外之熟食也。

① 底本如此，照錄。
② 達子：舊時漢人對金、元等北方民族的稱呼。
③ 家去：回家去。
④ 走味兒：食物放長時間後變味。
⑤ 一準：確定。
⑥ 哈喇：(油質或油質食物)日久變質的氣味或味道。

第七章　餑餑名色

（心）．心．性．　　．尋．東．西　　○　　．書．信．

據您說，這達子餑餑是油麵加糖，自然是甜的了。　可不是甜的麼！　我就不愛吃甜的。　各人是各人脾氣，各人是各人的心性，各人是各人的口味，我離了甜的不行。　俗語說："百人吃百味。"有好吃酸的，有好吃辣的，那兒能一樣呢！到底這餑餑都是甜的麼？　都是。　都是一個味兒？　味兒一個樣，樣兒可不一個樣。　都是甚麼名兒？　有大八樣①，也說大八件和中八件②、小八件兒③、槽糕④、套環兒⑤。　啊。　有西洋糕點，長的、圓的、捲捲兒的。　啊。　也是應時對景的做，正月十五上元節，賣元宵，是糯米面做的。到了四月裏，有綠豆糕，是綠豆做的。　是了。　又有籐蘿餅，和玫瑰餅，還有涼糕⑥。五月初五端午節，賣五毒兒餑餑⑦。八月十五中秋節，賣月餅，月餅彷彿月亮，有小的，有大的。小的有茶碗大，頂大的有桌子大。有一百劻的套餅，有錢的人買幾盒子送節禮。　沒錢的呢？　沒錢的瞅着人家吃。　一來我不愛吃甜的，二來我也不懂得買。這麼着罷，那一天您買的時候，我尋⑧一兩個嚐一嚐。　尋東西，是尋不要緊的，比方鹽、醋、茶葉、取燈兒⑨，這些個可以尋，那兒有尋餑餑吃的哪！　我是說着玩兒的，告訴您說罷，新近我們舍親，起外任來了一封書信，叫我買京裏的甜餑餑，我明兒還要求您給買一買哪！

---

①　大八樣：北京傳統糕點，因配料、造型、烤製方法不同而各有其名，配成八種爲一套，多作爲禮品饋贈親友。也說"大八件"。

②　中八件：參見"大八樣"，個頭兒大的，一斤可配成一套"大八件兒"；個頭兒中等的，一斤可配成兩套"中八件兒"。

③　小八件兒：參見"大八樣"及"中八件"，個頭兒小的，一斤可配成兩套"小八件兒"。

④　槽糕：蛋糕。槽，做蛋糕用的模子。

⑤　套環兒：一種甜味糕點，麵製，以條狀面盤扭成圓形，油炸，以酥脆爲佳，多作爲禮品饋贈親友。

⑥　涼糕：北京一種小吃，用江米麵蒸制，中夾豆沙餡。夏天食用，或用冰鎮。

⑦　五毒兒餑餑：端午節吃的一種帶有蛇、蠍、蜈蚣、蜘蛛、蟾蜍所謂五毒圖案的點心。

⑧　尋：介於"借"與"要"之間，請求別人給予，一般不用歸還。

⑨　取燈兒：古代一種引火的小木棒，類似於火柴，一頭塗有硫黃或藥硝，借助火源點燃後用來點燈，故叫取燈兒。

可以。

註　釋

〔八件〕所謂八件者,亦曰八樣,乃八種形像之餑餑也。有福、祿、壽、囍①,有松餅,有棗花,有七星點子,有核桃酥,有太史餅,有捲酥,有山渣螺螄,已足八件矣。外尚有螺螄缸爐、蛋黃酥、巴剌餅、翻毛餅等,統在八件之內。分大者、中者、小者,而其形亦少有差。

第八章　京貨外運

　　(姓)．星宿．　・行・爲　睡醒　姓・名

　　我想京城裏的東西,各省都是願意要買的。　可不是!總名就叫作京貨。京裏到底是出甚麼?　我瞧都是南來的多。　怎麼都愛買京裏的哪?　俗語說:"出處不如聚處。"京裏雖不出甚麼,可是聚貨的地方。　我在南邊,看見過有京裏的人往南邊販運好些個貨物,說是京貨客,您怎麼說不是京裏出的呢?

　　可我沒告訴你麼?這是個聚貨的地方,就是你說的那個京貨客,我也很知道,他是把京裡的各處來的,比方高麗參、關東參,和京裏同仁堂的熟藥,丸、散、膏、丹,這些個。　啊。　和鍍金首飾,和四條衚衕的料貨,還有文武官員的頂子②、補子③、靴子,這些個。凡有京裏賣的,可帶出去的,他就帶出外省去賣。　這樣的客人,也辛苦罷?　辛苦的利害,天天兒起早睡晚,兩頭見星宿的走,挑着那京貨挑兒,各處去賣。　那麼早走,那早晚兒下店,不怕路劫麼?

　　人的心田正,爲家爲業,老天爺自然保佑一路平安。若是人的心田不好,行爲不正,坐在家裏,還遇見明火執杖的賊呢!　眞是那麼着,我有一個朋友,人很不好,前兒叫人偷了個一乾二淨。第二天他睡醒了,乾着急,沒法子。　是那一位?　我不願意說出他的姓名來,因爲他行爲很不好,所以遭報。

---

①　囍:喜。
②　頂子:清代官員的冠頂飾物。用寶石或珊瑚、水晶、玉石、金屬等製成,以其質料和顏色分別官階的品級。
③　補子:清代官服上標志品級的徽飾,以金綫及彩絲繡成。文官繡鳥,武官繡獸,綴於前胸及後背。

註　釋

〔高麗參〕參，來自高麗，即朝鮮國也。歲以九月底來自朝鮮，乃俗十月朔日，領取時憲書之朝鮮貢使也。又十二月底來一次，乃朝賀元旦之貢使也。使臣之隨役，各帶貨物，如參、紙、藥物等類，皆免其稅，至京正陽門內東城根，會同四譯舘中。定期商民互相通商交易，禮部司其稽查，其高麗人役，不得逾百人云。

第九章　俗喜論人

(學)○　・學問。　○　　○

　　好，古人說：“隱惡揚善。”人有好處，可以給他傳揚；若是有短處，總是給他隱藏着，一點兒不可以題名道姓的，叫人人都知道。　　不錯，然而是這麼樣，俗語說：“好事不出門，惡事傳千里。”又說：“若要人不知，除非己莫爲。”作了的事，沒有人不知道的。　　不錯，俗語說：“沒有不透風的墻。”又說：“鐵褲子放屁，三年還要臭出來呢。”又說：“舌頭底下押死人。”眼見是寔，耳聞是虛。所以凡事，總是我看見纔可以說。若是聽見說的，那都不十分可信，故此不說的好。
　　好，您眞是老江湖，不肯作刻薄事，說刻薄話，眞是叫人佩服。像這地方的人，我瞧都是愛議論人的短長，軟的欺，硬的怕，敬光棍，怕財主，說話是嘴甜心苦，作事是上頭說話，脚底下使絆子①，沒有一點兒誠寔。　　誠寔的多着的了，快別那麼說。　　您眞是厚道人，古人說：“厚德載福。”像你這靜坐常思己過，閒談莫論人非的人，寔在少有。　　那兒的話呢！我是照着俗語說的“打人別打臉，罵人別揭短②”那麼想，所以不大愛說人的不好。　　您眞是“練達人情皆學問，洞明世事即文章”了。　　豈敢，豈敢！

第十章　鋪房永租

(修)・修理・　○　　糟朽・　領・袖・

---

① 使絆子：比喻暗中使用手段坑害人。
② 打人別打臉，罵人別揭短：謂罵人時也應顧及對方的顏面，不要觸及別人的短處，以免過分刺傷對方。

我看見一家兒的墻上，掛着一副對子，寫的就是這兩句，眞是好俊格言。那兩句啊？　就是您纔說的"練達人情皆學問，洞明世事即文章"這兩句。咳，論起屋子的點綴收拾來，寔在也是一言難盡，然而屛、畫、對聯，大約寫格言的多，或是畫醒世圖的，也不少。　眞能照着那個行麼？　如今也不過是遮掩房子的醜，比方房子的墻要臟①了，就掛一副對子，或是掛一張大畫兒，就算完了。　爲甚麼不拾掇拾掇房子呢？　這京城裏租房兒住的人多，誰肯掏親錢②，給房東去修理呢？所以連糊棚、糊墻的錢，也不大肯多花，掛上點兒字畫，就算得了。　是了。若是房子十分糟朽了哪？　那有房東給收拾。　租房的人，爲甚麼不自己修理拾掇呢？　誰肯多花那個閒錢呢！而且今兒住的好好兒的，明兒房東賣了，您就得搬家，白收拾了，這個錢誰管呢？　比方房東賣了房，多少日子的限期搬家？　典三，賣四。他把房賣了，是四個月限期搬；典了，是三個月限期搬。　那麼，舖子今兒開着，明兒房東賣了，三四個月的工夫，就得連舖子一塊兒搬開了？　不，舖面房雖然賣了，買房的新房東不能自住，還是得叫開舖子的開舖子。　沒人肯出頭作領袖就是了。若是我有舖面房，我就硬把買賣人撑了，我自己住。　那得給人家倒價③，再者也沒撑的理。

註　釋

〔對子〕屋內壁上，或懸條幅，即長大之紙，畫山水者多，亦有人物鳥獸等畫。或橫披，即畫之橫懸者，有屛，或四，或八，細長之畫，而以上之畫，或皆用字亦可。畫之兩傍，必用對聯一幅，俗曰對子，或五字、六字、七字、八字、九字者，皆可。亦有一二十字爲長聯，如八字者云："畢生所長豈在集古，閒情自託亦不猶人。"五字者云："酒棋同酌着，琴話共彈談"之類，餘効此。

第十一章　擺攤租地

（兄）兄弟。　狗··熊　　○　　○
眞是不到一處一處迷，我們那兒住房子，不是這麼着。　怎麼個規矩？

---

①　臟：髒。據《字彙補・酉集拾遺》："臟，俗髒字。"
②　親錢：自己的錢。
③　倒價：房屋轉讓的價格。

我們那兒開舖子，一來是自己的房也多，二來房東若是要這個房子，舖子裏的人，就得好好兒的去交給人家，另外再單租別處。若不然，到州縣衙門裏去，告他霸產不還，託一個人情兒，就給把他撐了。　兄弟啊，你別那麼說，大概你們那兒，是山高皇帝遠，許你們那麼不說理。咱們這兒，輦轂之下，可萬不敢那麼着。　你眞信了我的話了麼？沒有那麼一件事，我是信嘴兒胡說哪！俗言說："有利不思本。"人家給着房錢，誰肯撐呢！　好話了，再說不論大小，都是一個禮。比方咱們這東西兩廟上，開廟的日子，那些個擺攤子的、賣玉器的、賣古玩的、賣廣貨①的、賣荷包的、賣油紙的、賣書的、賣香麵子的、賣藥的、賣耍貨兒②的，說不完。一切的大小攤兒，都是各有各人的死地，誰也不能占誰一尺一寸。

那些個說書的、瞧西湖景的甚麼的，也是那麼着麼？　不論說書的、唱戲的、變戲法兒的、打把式③的、耍猴兒、耍狗熊的，都是各有各的死地方兒。　誰要這個地方兒錢？　喇嘛要。

註　釋

〔有利不思本〕按放債者，只以三分爲止，一利一本，不許多取。〇三分者，每銀百兩，利銀三兩，按月取利，亦有輕利，以二分五釐、二分、一分五釐、一分，或六釐等類，以上皆定例。若重其利者，官禁之，治以重利盤剝之罪。重利，自四分、五分、六分，至十分，爲加一。如百兩，每月利十兩，尚有加二、加二五等重利。然皆錢數之少者，始有此等重利，非眞正商賈之所爲，皆市井匪類之漁利也，是以禁之。若利，每月不欠，則放債者，不得忽然索本，故曰："有利不思本。"

第十二章　搭棚佔地

（須）必　　須　　　徐　圖　　應許　　接續

您說的這廟裏擺攤兒的地錢，是喇嘛要。　是。　那麼，這說的是喇嘛廟了？　可不是！京城裏這隆福寺甚麼的，本是個喇嘛廟。　若是和尚廟呢？那比方那廟裏是和尚住持，一定就是和尚要了。　道士廟呢？　都是那麼着。爲甚麼別人不要？　在廟裏租地，自然是廟裏的人要。　那麼，請問您在街上

---

① 廣貨：舊稱由廣東出產或運來的貨物。
② 耍貨兒：作爲小商品的兒童玩具。
③ 打把式：習武者揮舞拳脚兵器，練武功。

擺攤子的呢？　那也必須給管街道的人手裏,說明白了,大約也得給他錢。爲甚麼？　俗言說:"管山的吃山,管水的吃水。"都是一定的例,可是俗例兒。

爲甚麼他們不開舖子呢？　本錢不夠,買賣小,開舖子費用大,所以擺一小攤,暫爲經營,徐圖別業。　這是一句文話罷？　不錯,就是暫且作個小買賣兒,慢慢兒的打算別的事。　是了。　慢慢的開一個小棚子,過些個日子,再開大買賣。　那也得發財呀！　那自然。不發財,沒本兒,那兒能開舖子呢！

棚子也是舖子麼？　不是,那是官地,和管地的人說了,他暗中應許了,就可以開。若是用那地的時候,或是有地主兒出來攪,都得拆了那棚子,不能做那個小買賣了。　爲甚麼必得開那個棚子呢？　他若是本利接續的上,有了大財,誰肯開那個棚子呢！

註　釋

〔租廟地〕京師東城,東四牌樓西,路北有廟曰隆福寺。又西城西四牌樓北,路東衚衕內,有廟曰隆善寺,又俗曰護國寺,皆喇嘛之廟,俗稱曰東西兩廟。東廟逢九日、十日,則商肆雲集,西廟逢七日、八日如之,故廟內跬步皆商人鬻物之藪,謂之擺攤。其擺攤之地,則皆有租價,或月取數十吊,或每次取數百文,視其地之大小、廣狹、善惡之不同,以爲等差,皆喇嘛索其值焉。○租地之商人,必宛轉他人,以熟識喇嘛之人爲引線。

第十三章　開張掛紅

（喧）．喧嚷．　．懸掛．　揀．選．　侯．選．

咳,世上人,我想就是兩個人,怎麼說是兩個呢？就是求名和求利兩個人,你說是不是？　可不是麼！　比方求利的人,做小買賣,做大買賣,一筆寫不出兩個"買賣"的字來,都是爲發財。　可不是！　還有一樣兒,就是作官的人,總是願意名聲兒好,不論做大官、小官兒,一筆寫不出兩個"功名"的字來,你說是不是？　可不是！　昨兒大街上,我看見一個開張的舖子放編磩[1],有好些人圍着,有幾個人彷彿辯嘴的似的,大聲喧嚷着說話,那是做甚麼的？

---

[1]　編磩:鞭炮。

那是念喜歌兒的,舖子開張,他給吵喜①,說的是吉言、吉語、喜歌、喜詞兒。啊。還有那舖子門口兒,有狠高的杉槁架子,上頭懸掛着好些個紅小呢兒②,一個一個的金字,那是做甚麼?　那是掛紅。　怎麼為掛紅?　用紅綢、紅緞、紅呢、紅布,都可以,加上幾個金字,寫着買賣興旺的話,兩邊有本舖的字號和掛紅的親友的名字,因為紅是喜事用的。　是了,怪道③娶媳婦兒,用紅轎子呢!　所以了,就是祝壽,也是用紅。做官的人,比方小官兒們,揀選了某項的官,得了缺的時候,或是候選的官,選了某官,都有報喜的人,用紅紙喜報子來報喜。　是了。

註　釋

〔編礮〕古有爆竹之說,以除夕,用竹置火中,使之作響,以除疫鬼。今以紙筒寔火藥,編以千百計,燃之使響,曰編礮,俗亦曰編。更有大紙礮及雙響者,祀神多用之。

第十四章　外科扎針

(雪)．靴．鞋　．穴道．　雨．雪．　．鑽穴．

我聽您說了這半天,大約都是作買賣的事多。　想起甚麼來說甚麼,我也是沒准主意。　可是做官,做買賣之外,還有甚麼人?　還有耍手藝的。　甚麼叫耍手藝的?　就是工人。　工人都有甚麼?　那可多了。比方織布的、織綢緞的,那叫機匠;做衣裳的,那叫裁縫;做帽子的,叫帽匠;做靴子、鞋的,叫靴鞋匠;縫舊鞋的,叫皮匠。　這都是身上穿的。　可不是!　身上穿好衣裳,戴好帽子,穿好鞋好靴子,真是好看體面。　也不但為好看,也是為保養身子。　怎麼?　人身一身,都有穴道。　穴道是甚麼?　皮裏頭通着血脈的道路,一身上下,有好些穴道呢!比方陰天下雨,老年人的筋骨疼,或是受過傷的腿腳,到了雨雪過勤④的時候,那腿腳兒就犯了舊病了,那都是起穴道裡進

---

① 吵喜:道喜,往往要提高聲音,以熱鬧為好。
② 紅小呢兒:紅色的毛織物。
③ 怪道:怪不得,難怪。
④ 勤:次數多,頻率高。

去風寒濕冷的氣了,所以疼,不舒服。　啊。　你說衣裳不穿好了,使得麼? 那麼那不好的男女,鑽穴隙相窺,踰牆相從①的,那都不怕受了風寒麼?　怎麼不怕呢!　不說這個,比方身上筋骨疼,或是腿脚有病,怎麼治法?　有外科大夫,拿銀鍼,按着穴道扎進去,扎了就好了。　奇怪了。

註　釋

〔扎鍼〕外科之病,如筋骨疼痛,跌打損傷,或風寒骨痛,皆有用針灸之法,按人之皮肉穴道,以針刺,亦用艾火灸之,此向例也。甚至霍亂吐瀉之症,即虎烈剌,流行之時,亦用針刺二肘,至死且傳染無休,而俗人仍酷信不改,殊爲惑甚。或有明理內科之醫譏之,而俗仍反笑之。

第十五章　蒸骨驗屍

（巡）．熏．蒸　．巡察　○　．營汛．

奇怪奇怪。　奇怪甚麼?　我沒有聽見說過,人身上有病,用鍼扎進去,就會好了。　可不是!　沒有的話②!　你是沒瞧見過,這扎針的法子,用處廣着的呢!不是竟扎筋骨疼、腿脚兒的病,就是那個夏天中暑,得了霍亂轉筋③的,也可以扎。　扎那兒?　扎胳臂、扎腿灣兒④,流出血來就好。　這個可眞可怕,人的肉皮兒,怎麼一扎就好呢?　內外相連,肉上受傷,或是毒入腸胃的時候,能叫人的骨頭上,都有青黑紅紫的顏色。　怎麼能見呢?　比方打死人的、毒死人的,肉皮兒上看不出來,就蒸骨驗屍。　怎麼蒸?　把死人的骨頭,拿火薰蒸了,就露出來了。　打死人、害死人,若是沒有傷,怎麼就知道是叫人打了、害了,就得驗屍呢?　不論那兒都有人管,比方各處大小地方,都有兵巡察,睄⑤見有死人,就得報官驗屍。或是外省地方,處處都有官人和武營汛地的官兵巡訪,聽見有死人,或是有被害的風聲,自然就得稟報的。　是了。這蒸骨的法子準麼?　那我不知道,大約《洗冤錄》上都寫得明白。

---

① 鑽穴隙相窺,踰牆相從:均指男女偸情之事。
② 沒有的話:不可能,不會,表示不相信。
③ 轉筋:腿部肌肉痙攣。
④ 腿灣兒:膝蓋的背面凹進去的部分,膝膕。
⑤ 睄:瞧。據《正字通·目部》:"睄,同瞧。"

註 釋

〔洗冤錄〕檢驗屍身之書，刑官司之。

第十六章　蟒袍補褂

（衣）．衣．裳　．一個．　尾．巴．　．容．易．

我請問您，百姓們的事，是有官管不是麼？　是。　這官民有甚麼分別呢？　衣裳帽子上，都分得出來。　怎麼個分法？　先說衣裳罷。　可以。平常不過都是便衣兒，那不過有綢緞布疋的粗細之別，那還不要緊，單在公服上看，可是有好大的分別呢！　公服是甚麼？　就是袍子、褂子。作官的人，有蟒袍，是袍子上有織出來，或是綉出來的蟒，各按品級。蟒袍之外，就是平常的袍子，那也與平人差不多。　褂子呢？　褂子有補褂①，有常服，常服也與平常人不差甚麼，論到補褂上可就看得出來了。　補褂上有甚麼？　有一副補子，是前心、後心，兩塊四方的，上頭也有花草、八寶兒、立水②，狠好看。餘外補子中間兒，有一個鳥兒，或是一個走獸。　怎麼又不都是鳥兒呢？　文官的補子是飛禽，武官的是走獸。比方那三品文官的補子，就是孔雀，那孔雀的尾巴上，好些個金晃晃的眼，好看着的哪！　你怎麼單看見這孔雀了呢？　孔雀尾巴長，所以好看，人容易認得。　你能都把文武品級的補子說出來麼？那狠容易說，我瞧過文武縉紳的書，所以都記得。　那麼您說。　等一等兒，這《平仄編》的第五段兒，到"衣"字止，已經完了，等下段兒接着說罷。　也可以。

第十七章　補子之分

（染）〇　．然否．　．沾染．　〇

這又該說第幾段兒了？　大概第六段兒③了罷。　第六段兒，您能還說

---

① 補褂：清代官服，因其前胸及後背綴有用金線和彩絲繡成的補子，故稱。
② 八寶兒、立水：清代官服下端有波浪型的曲線，浪上又立有山石寶物，稱之為"八寶立水"。
③ 第六段兒：指《語言自邇集・練習燕山平仄編》第128－141組。以ｊ為起首輔音。

補褂的事情麼？　可以，沒甚麼難說的。　請教。　文官一品的是仙鶴。二品呢？　錦雞。　三品是甚麼？　是孔雀。四品是雲鴈，五品爲白鷳①，六品是鷺鷥，七品是鸂鶒②，八九品和雜職甚麼的，是鵪鶉、練雀③、黃鸝。　一品到九品的文職，是這個樣兒啊。　不錯。　十品呢？　這可是笑話兒了，官員就分到九品爲止，那兒有十品呢！　我知道，不過是故意兒的說着取笑而已。閣下高談闊論，如許的工夫，想已舌敝唇焦了，是以小弟署爲嘲笑，以爲兄臺散鬱，一者可以解頤，二者代兄台之勞，使兄台暫爲歇息，我可以以後多領大教，閣下以爲然否？　你又沒作文官，爲何也沾染了宦場的習氣，咬文咂字④兒的說起話來了。　不說這幾句文話，這"然否"二字，你怎麼往補褂上聯呢？　哈哈！不錯，謝謝你，眞是替我代了勞了。　說正經的罷，武官一品是甚麼補子？武官麼，一品麒麟，二品獅子，三品豹，四品老虎。　五品呢？　五品是熊，那六七品是彪⑤。　八九品呢？　大概是犀牛⑥、海馬⑦兩樣。　怎麼不準是甚麼麼？你怎麼說大概呢？　如今武官，六品以下，窮苦的多，隨便買舊補子帶，所以甚麼都有。　可笑了。　寔在可笑，也是無法。

註　釋

〔補服〕親王，圓龍文四，前後正龍，左右旁龍。郡王，旁龍圓文四。貝勒，正蟒圓文二。貝子，正蟒圓文二。公，方正蟒二。皇帝袞服，色用青，長覆膝，織金爲卷龍文四。

① 白鷳：鳥名，又稱銀雉。雄鳥的冠及下體純藍黑色，上體及兩翼白色，故名。
② 鸂鶒：鸂鶒，鳥名。水鳥名，形大於鴛鴦，而多紫色，好並游，俗稱紫鴛鴦。
③ 練雀：練鵲，鳥名。屬鳴禽類，體似鴝鵒而小。雄鳥有羽冠，尾部有兩根長羽毛，頭部黑色，發藍色的光，背部深褐色，腹部白色。雌鳥背部和頭部均褐色，羽冠不顯著。
④ 咬文咂字：咬文嚼字，此處義爲裝腔作勢，故作斯文。
⑤ 彪：一說小老虎，另一說爲某種體型較小的貓科動物。
⑥ 犀牛：犀之俗稱，其狀如水牛。
⑦ 海馬：此處指周圍帶有水紋圖案的馬之形象。

第十八章　頂戴品極

（嚷）．嚷．嚷　．瓢．子　．嚷①鬧．　．謙．讓．

您說了的文武官的補子，是身上的穿的褂子上頭的分別。　不錯。　說到帽子上呢？　帽子上有頂子的分別。　也分品級麼？　分品級。小官往上升大官，就換頂子。　是了，不錯不錯，我想起來了。　想起甚麼來了？　有一天衚衕兒裏頭，一個人家兒門口兒，好些個戴官帽兒的人圍着嚷嚷。我打聽了打聽，說是報喜的。我問他們，爲甚麼來報喜。他們說是這一家兒升了官了。　不錯，升官的人家兒，就有報喜的人來報喜。　那報喜的說，大老爺升官了，換頂子了，換紅頂子。您纔說的，升大官換頂子，不是這個麼？　可不是！也分品級啊？　分品級。　分文武麼？　不，文武一樣，比方一品官，是紅珊瑚子頂子。　二品呢？　花紅珊瑚。　三品？　三品，亮藍寶石；四品，涅藍②寶石；五品，亮白水晶；六品涅白硨磲③。　七品是甚麼顏色？　七八九品，都是金頂兒。　金頂兒，都是金子作的麼？　做小官兒，那兒能有眞金子的哪！不過是鍍金的就是了。　題起金子來，我有一個金表，表殼子是鍍金的，瓢子是鋼的，更不值錢，還沒有銀的好呢！　題起銀的來，那生員、監生，該當用銀頂兒，如今④也都是戴金色的了。　頂戴本來是個體制，戴上也必是體面的。　還得那個體面人戴，若是戴着頂帽，和人打架嚷鬧，滿街上瘋跑，也是難看得很了。　那兒有那麼樣的官呢！做官的總都是得整齊嚴肅，恭敬謙讓的樣兒，纔稱職呢。　可不是！

註　釋

〔頂戴〕文武官員，各按品級而戴用頂戴，只分品級，不分文武。如知州五品，守備亦五品，皆用亮白水晶，餘品倣此。一品之上，如公，如王，皆用寶石頂戴，其色紫。至皇上則用紅絨結頂冠，

---

① "．嚷"處於上聲位置，聲調標注或有誤，照錄。另，東京博文館藏本 197 頁作"嚷．"。
② 涅藍：不透明的藍色。
③ 硨磲：一指次於玉的美石，又指海中一種大而厚的介殼，可作裝飾。
④ 如今：底本作"如金"，據東京博文館藏本 198 頁酌改。

不用頂珠。其王中亦有奉恩旨，戴紅絨結頂者，乃異數也。〔監生〕生員即秀才也。監生乃國子監讀書之學生也。

第十九章　官員朝珠

（繞）○　　·饒裕　　·圍繞·　　繞·住·

　　這半天，您說的文武官的頂戴、補服，我大概明白了一點兒了，還有甚麼？　還有朝珠。　朝珠是甚麼？　是一掛珠子，共總一百零八顆珠子，分作四段，一段二十七個，每段有一顆大的隔斷着，名字叫佛頭，戴在脖子上。後頭另外有一個背玉兒，下頭有一個墜脚兒。　還有甚麼？　還有三十顆小珠子，分三掛，一掛上分兩段，一段五個，也有墜脚兒，名字叫紀念兒，就穿在朝珠上，很好看。　官員都戴麼？　文職官員一品至五品，武官一品至四品，別的官不能戴。　珠子是用甚麼做的呀？還是真珠子哪？　那兒有那麼些真珠子哪！那家資饒裕的富厚人家兒，或是大官，自然就用好材料兒做，貧窮的官就帶假的。　這話我又不明白了，到底甚麼材料兒做的呀？甚麼又為假的哪？　好材料，是珊瑚、瑪瑙、水晶、柳青①、琥珀、金珀②、翡翠、寶石，或是沉香、伽南香，這些個做的。假的，是燒料③、玻璃貨做的。　好的多少錢一掛？　幾千幾百銀，不定。　不好的呢？　假的不過十幾吊錢一掛。　咳，有錢的人，不用說別的，他這脖子上，就圍繞着一大堆銀子了。　可不是！也得小心，一個不小心，把紀念兒繞住了手，一使勁，揪折了線，可就砸了好些個珠子也不定。　是麼。

註　釋

〔朝珠〕文職一品至五品，武職一品至四品，皆掛朝珠，王公亦然。皇帝朝珠，以雜寶及諸香為之。

---

①　柳青：泛有綠色的琥珀。
②　金珀：金黃色的琥珀。
③　燒料：一種類似於玻璃的半透明材料，舊時用作首飾及玩物。

第二十章　涼帽暖帽

（熱）○　　○　　○　　冷·熱。

文官武官戴的帽子上的頂子，和穿的褂子上的補子，我大概都明白了，就是這朝珠我也知道了。還有一件事情，要問一問您。　甚麼？　那帽子，我看有好幾樣兒分別，是爲甚麼？　不錯，分暖帽①、涼帽②兩樣兒。　啊，怎麼爲暖帽？　那個樣兒，我說不上來，我畫給你瞧罷，就是這麼個樣兒，你瞧見了？　是了，暖帽就只這一樣兒麼？　分好幾樣兒呢。　都是甚麼？　有絨帽，有呢帽，有江獺皮的帽子，有染貂的帽子，有貂帽，都是暖帽的名兒。　涼帽呢？　涼帽有兩樣兒，是緯帽，和雨纓兒帽子③，就是這個樣兒，等我畫給你瞧。那我倒看見過，可是甚麼人戴雨纓兒的，甚麼人戴緯帽，我分不清楚。因爲我見作官的人，也有戴緯帽的，也有戴雨纓兒的，所以我不明白。　那是這麼着，作官的人，都戴緯帽，惟有出外穿行裝的衣裳的時候，可又戴雨纓兒的涼帽的時候。　啊。　至於常人，沒有官職的，一概都是戴雨纓兒的涼帽，不能戴緯帽。　是了。涼暖帽，都是甚麼時候兒戴呢？　大約三月起，到八月半的光景是涼帽；八九月起，到三月是暖帽。　十八省都是一天兒換帽子麼？　不是，各按各處的冷熱，前後差十天八天的，都可以。　誰管這個事？　京城是禮部奏請，外省是地方官定規④。　是。

註　釋

〔冠制〕官民之冠，冬日皆以皮，惟官用頂，民無頂，無他別，而富者則其冠之皮貴耳。又貂冠，則文三品以上，武四品以上始得用。至夏日則有別，官用緯帽，民用緯笠，官之纓齊於帽邊，常人緯笠之纓長於帽，然官有行路之事，則又用民之長纓緯笠，而加以頂戴焉。○夏日便衣，官民皆不戴帽。冬日便衣，其便帽官民無異，富貴者，少年者，或便帽之上，加以小紅纓一束，及帽花

① 暖帽：清代用爲禮冠，青緞表，布裏，簷上仰，秋分以後至翌年季春服之。（華夫主編《中國古代名物大典》，濟南出版社，1993年，528頁）
② 涼帽：暑日所戴借以透涼之帽，清代始有定制。（同上書，529頁）
③ 雨纓兒帽子：清代的一種便禮帽。官員祈雨時或暑月戴用，因帽後亦拖帽纓，故稱。
④ 定規：決定，商定。

一，以翠玉爲之，聽其便。

第二十一章　叅劾屬員

（人）○　　·人物。　　·容忍·　　·責任·

我念過一句書上說的："君子正其衣冠，尊其瞻視。"我想作官的人，總得衣冠齊整纔體面，不能隨便的。　不錯。一來也得衣冠體面，二來也得人體面。人既作了官，那兒有不體面的哪！　你說甚麼？人作了官，都是體面的麼？啊。　不能啊！　怎麼不能？　好官也多，至於那文武之中，不好的也多得很哪！　怎麼個不好法？　你瞧，文官必是念過書的人，考中了擧人、進士。武官必是弓馬純熟，明白治兵、管兵的法子，這纔能作文武官呢，不是麼？　是啊！　哼，頭上戴着頂帽，身上穿着補服，衣冠齊楚，看着是相貌堂堂，人物兒狠好，做出事來，寔在不體面。文的或是刻薄黎民，貪贓受賄；武的或是壓粮冒餉，虛報軍功，那些個不體面的法子多着的哪！　上司們查出來，怎麼辦？上司們，那兒能立刻就知道呢！比方查出來，受害的人早受過了，也有百姓們受他的苦，十分不能容忍了，在上司衙們來告的，這纔能知道哪！　是麼。及至查出來，要叅辦，往往也有官官相護，不肯重辦的，不過是撤任，或是改調別處，眞立刻嚴叅革職的有幾個？　那也就是，了①他的責任就是了。　可不是那麼着麼。

註　釋

〔壓粮冒餉〕各營之兵額有定制，劣弁或虛其名，無其人，曰冒餉。兵有死亡，不即挑補，而仍冒其名以領餉，曰壓粮。蓋所冒之餉，多入私囊，上司查出，立劾而治罪。〔虛報軍功〕殺賊少而報多，無其寔而飾其名，以邀功者，見《中樞政考·議功門》，爲軍營嚴禁之令。

---

① 了：完結，結束。

第二十二章　州縣牌坊

（扔）．扔棄．　〇　〇　〇

您說做官的，也很難。　怎麼？　念書的，十載寒窗，費盡了工夫；拉弓的，三冬五夏，受盡了苦楚，這纔能有考試得官的道兒。如果自己知道自愛，決不能把這個功名隨便扔棄了的。　自然是啊！那麼爲甚麼我看見《京報》上，常有被上司奏了的，有的是降級調用，有的是改補別的官，有的是留省察看，有的是交部議處，有的是革職永不叙用，甚且有革職拿問，查抄家產入官的。寔在我不明白，爲甚麼好好兒的就把一個官扔了。　不但扔了，巧了打不成米，連口袋都丟了①的，還多着的哪！　寔在糊塗極了。　我想總是利欲薰心，而且不知愛人，只知爲己的這個毛病，所以至於如此。　寔在是那麼着，慾令智昏，見財忘命，所以貪贓愛賄的官，往往要了命的還有呢！或是受了國家的刑罰，或是自己畏罪自盡，寔在可笑可憐，而且可惡的很。　總是百姓們受了他們的刻苦，怨氣冲天，所以老天爺給他們報應。　是麼，您看見過州縣衙門，大堂前頭都有一個牌坊，上頭有十六個大字，爲得是州縣官一坐在堂上，擡頭就看見了。　甚麼字？　寫的是"爾俸爾祿，民膏民脂，下民易虐，上天難欺"這麼十六個字。　好，觸目警心，叫他們作州縣官的，一看好害怕。

第二十三章　營官舞弊

（日）〇　〇　〇　日月．

說了半天，盡說了文官的不好了，請問不好的武官，是怎麼個毛病呢？武官不管百姓的事。　若是百姓們上武官衙門去告狀呢？　武官不管，若是管了，那就爲擅受民詞，也是有處分的。　不說那個，武官的毛病在那兒？那《京報》上也常有，說那作武官的，不是有虛報戰功的麼。　那是打仗出兵的時候的事，平常呢？　平常有壓糧冒餉的事。　那是怎麼着？　比方一個營裡，該當有一千人，他只召募六七百人，那二三百名兵，有名字，沒人。　那麼，

---

① 打不成米，連口袋都丟了：俗語，比喻非但事情沒做成，還造成了一定損失。

那個餉銀呢？　所有的二三百名餉銀,管兵的官,彼此分吃了。　可惡！還有甚麽？　還有揑①報截曠。　我不懂得。　截曠是這麽着,比方上月十三日,一個兵死了,照例是十四,就該召募一個新兵補上。比方一時召募不着,沒有新兵,直等到二十三日纔補了新兵,這十三到二十二的十天的錢粮,名叫截曠,該當交回省城藩司庫裡去。　好,這個法子好。　那武官,他們把這日子,以多報少,以少報多。二十天補足了兵,他們說十天補的,或是舊兵死了一個月,早已止住錢粮,他們說纔死了三天,就補足了新兵。中間的這個截曠,他們假為日月,虛報出去,就把這錢粮入己了。　更可惡！這樣的官多麽？　也不能多,若是有,上司一定查辦的。

註　釋

〔召募〕旗營兵缺出,各按本旗本佐領下之閒散旗人,揀選能習弓馬者充補。若各省綠營之兵缺額,則募民人之能習弓馬者以充之。召募之法,弓馬而外,亦有火槍,及槍、刀、籐牌、雜技,各有其額。如召募時,令小武弁先選能藝之民若干人,層次至大員處,於其中選而扱②補,以充兵額。

第二十四章　字識之兵

（若）〇　〇　〇　若。論。

您這麽說起來,武職官的舞弊的地方,可也不少了。　可不是！　從來文官衙門,有書吏,也叫書辦,那倒是我知道的。　是麽。　請問您,武官衙門辦理一切的文案,是甚麽人辦呢？　那都是兵丁們辦。　兵丁們,不是就知道跑馬、射箭、打槍、放礮、耍籐牌甚麽的麽,其中也有會寫字的麽？　是這麽着,每營中,比方一百名兵之中,有一名字識兵。　字識兵是甚麽？　是會寫字的。他得錢粮的時候,不射箭、打槍的麽？　會箭會槍固然更好,然而考字識的時候,也得考他的例案③和他的字。　甚麽人挑選這個字識呢？　挑這樣的兵,也得念過幾年書的百姓,讀書不成,棄文就武,學一學弓箭,就可以挑這個兵

---

① 揑:捏造。
② 扱:拔。據《字學三正》:"拔,俗作扱。"
③ 例案:舊例,曾經的事蹟、事件。

了。　他們肚子裡，有一點兒文才麽？　若論起他的文才來，不但有有一點兒的，並且有滿腹珠璣、能詩能文的人呢！　爲甚麽不考秀才去呢？　那也是各人所好，不願就文的，爲得是武的升官的道兒快。　是了。

第二十五章　武職書辦

（肉）．揉．的一．聲　剛·柔　○　·骨肉．

我可還要問您一件事。　請說。　還是纔說的，那個武官衙門的書辦的事。　怎麽着？　您說的這兵丁裏，有字識的兵不是麽？　是，有。　得了這個字識，不論甚麽衙門，比方大小武官衙門，都是隨他們自己愛上那個衙門，就上那個衙門麽？　不是那麽着，比方大人衙門，提、鎮和副將，都稱呼大人。這都有科房，科房裏當差的書辦，也是二十多個人呢。　都是字識兵麽？　也有字識，也有別的兵會寫字，而且例案熟悉的，都可以當這個差使。　小衙門呢？　三品以下到五品的守備衙門，也有科房，也有十個八個的書辦。　再往下？　往下七品的、六品的，千把總衙門，不過三五個字識兵當差而已。　是了。　那大人衙門的書辦，也不是常行字識，"揉"①的一聲，就能去當差的。怎麽着？　也是得先學習効力，在小官科房裡，練習例案，而且人的品行也得體面，性情有剛有柔，遇事剛柔都得有，學得老練了，纔能上大人的科房去呢！　也難哪！　雖然難，也是門裡出身的多，多一半都是書辦家中的骨肉子弟，來當這個差的。　是了。

註　釋

〔書辦〕書辦，即書吏之俗名也。按書吏，內外各文職衙門皆有，如內閣、軍機處、宗人府等。大衙門則稱供事，六部以次衙門即爲書吏。其入衙之始，皆司官出題考試，試其文理通順。例案明②晰者，始照額補缺充當，五年報滿，咨吏部，以從九品未入流銓選，名爲吏員班次。○各衙之書辦之子弟，或他學生，有願考書吏者，幼學入塾，稍通儒文之後，即改讀律例公文等書，習公事辦法，俾資入考。○間有父故，而子仍得充其缺，半由考試，半由官惜其才，而役之耳。故武

---

① 揉：擬聲詞，一般形容極快地飛過、閃過，此處形容極快地躥升。
② 明：底本作"朋"，據文義酌改。

職字識,亦每多子弟習父兄之業者,亦箕裘克紹之一端也。官於挑選時,知爲某書吏之子。故每選其才而使繼父業,然非定例也。

第二十六章　武衙辦事

（如）．如貼．　．如若．　．強入．　　出入．

這些個武官的科房裏的書辦,也都是辦些個甚麼呢?　事情很多,國家有六部,吏、戶、禮、兵、刑、工,文武衙門的科房裡,就都有六房。文職的現在不題,單說這武官的衙門六房的事。　您細細兒的說一說。　比方吏房,是專辦本營大小武官的升遷調補的事;戶房,是辦理兵餉和武職的俸薪、養廉①、蔬菜、燭、炭、心紅②、紙張的銀兩的事。　那麼禮房呢?　禮房,是本地方會同文官,春秋祭祀壇廟的事,一切禮節、封開印信和來往書信,這些事。　兵房,自然是管兵了。　不錯。兵丁的一切入營出營,革舊易新的日期,添兵、裁兵、調兵、撤兵的事。　刑房,我想武官衙門,沒有甚麼事罷?　有,有。比方緝捕賊盜,武官的疎防,或是本營的一切責打兵丁的事。　工房呢?　修理衙署,製造軍械、火藥、火繩、鉛丸和帳房、旗纛③,一切營中所用的這些東西,都是工房管。　好,分得很清楚,自然辦事的時候,一定都如貼④了。　不但六房六個正人,還有兩個稿房,總理六房的事。如若那一房辦得不如貼、不妥當,他們稽察兼管。　字也很多,都是六房的人自己寫麼?　不是,有貼寫,貼寫是會寫一筆好字,不大明白例案,一面寫,一面就學了。可也有伶俐的,有傻的。那傻的,他該寫的寫完了,不論甚麼文書,再強入⑤給他,叫他寫,他還是低着頭,順着腦袋流汗的寫。　哈哈!這些個來往文書的出入日期誰管?　那有一房,名叫承發房,管這個。　是了。

---

① 養廉:清代官制,官吏于常俸之外,規定按職務等級每年另給銀錢,曰"養廉銀",簡稱"養廉"。
② 心紅:紅色的印泥。
③ 旗纛:飾以鳥羽的大旗。
④ 如貼:周到,周全。
⑤ 強入:強行塞給別人或塞入某個空間。"入"又作"擩",表"塞"之義。

註　釋

〔疏防〕地方有賊盜、搶刼客旅等事，文武官皆有處分、初条、二条、三条、四条之限。初限四個月，限滿不能獲賊者，罰俸，再限以一年嚴緝，三限亦如之。仍不獲，則又条劾之，如系命案，則官降級留任；若盜案，則官降級調用。

第二十七章　武營馬政

（軟）〇　　〇　　軟·弱。　　〇

您說的這武官科房的事，很清楚。可是還有一樣兒，是該當誰管？　甚麼事？　馬匹是營營兒有的，是甚麼人管？還是兵房的書辦管呢？　那另有一房。　叫甚麼房？　叫馬政房。　"馬政"倆字很好，馬也有好些個規矩麼？那個規矩不少呢！　都有甚麼？　比方一個營之中，有一百個馬兵。　哼。一個兵一匹馬。　誰給他這匹馬呢？　所以有馬政房管這個規矩了。馬兵都是戰兵得的，一得了馬兵，就在馬價裏頭拿出一匹馬的銀子來，給他買一匹馬。　等一等兒，比方新馬兵得了馬兵，那舊馬兵或是升了小官，或是死了、革了，他的原馬給誰？　若是有原馬，新兵就可以接餧；若沒有，就得現給新兵買。馬價，那兒來的？　也是隨着官兵俸餉，在省城藩司衙門裏領來的。　領多少匹馬的價呢？　纔說的一百個馬兵，起頭兒是各有一馬，自然是一百匹馬的價了。然而每年有一個準規矩，比方十分之中，準倒斃①一分，或是二分，每年領一二分馬價。這個銀子領了來，本營自己以多補少，以少助多，各營有各營的辦法，並且馬倒斃了，皮臟還得變價哪！　馬都得强强肥大罷？　不論怎麼辦法，總得一兵有一馬，而且得好馬，軟弱瘦小的不行。　那自然。

註　釋

〔馬政〕聞京城巡捕五營馬政，每馬原有馬乾銀二兩五錢，因不足餧養，於咸豐八年改爲五兩；十年，值軍興旁午，即京城戒嚴、髮逆猖獗之時，俸餉欠發，王公文武大小官員及各旗營應領之項，皆按次折成，故馬乾又改爲一成五分，即銀七錢五分。迨亂平之後，同治十年，又加一成五分，爲銀一兩五錢。今謂此額，亦不足養馬一匹云。

---

①　倒斃：倒地而死，多用於馬。

第二十八章　武官喜文

（瑞）〇　　〇　　花蕊．　　祥瑞．

我和您說了半天的話兒，盡說了這武職辦理文案的事了。可不知道除去辦理官兵馬匹、軍火器①械這些個事之外，還有甚麼別的應辦的麼？　怎麼沒有呢！各處設立營汛，一切的武官，原本是協同着地方的文官保護地方的，譬如盤查奸宄②、緝捕盜賊、護送賊犯、攔阻私鹽的道路，都是武官的責任。　是了，事情不少呢，這麼看起來。　敢則是不少，同着文官一塊兒會銜報地方的事情的時候兒也有，自己單銜報事的事情也有。大官給小官也是用牌，用劄子；小官給大官，也是用呈文，一切體制和文職彷彿。　我看到底武官沒有文官文才大，也沒有文官斯文，總是粗糙似的。　咳，自古緩帶輕裘羊叔子，綸巾羽扇武鄉侯，那都是儒將，不必說了。就是如今武官之中，也分兩樣兒人才兒，有盡會武的，有能文的。　也有讀書人麼？我就認得一位鎮台大人，他能寫一筆好字，而且還會作詩。他那書房裏我也去過，裏頭琴棋書畫，無所不有，好些個梅花也有。冬天快到年底時，我到他那兒，那梅花蕊兒剛開，滿屋子噴香，那兒像個武營的官的屋子呢！　能文會武，善於運籌，萬年不動干戈，就是國家的祥瑞。　雖是那麼說，他可是很愛操練兵丁，人人技藝純熟，兵強馬壯，正是俗語說"兵可百年不用，不可一日不備"的話了。

第二十九章　官員求雨

（潤）〇　　〇　　〇　　潤．澤．

這各處的武營，除了操演兵丁之外，還有甚麼斯文差使麼？　有。比方祭祀各處廟宇。春秋二祭，有文官同城的地方，都是會同文官一塊兒去上祭；沒有文官同城的地方，武官自己率同着小武官去祭。　是了，祭祀甚麼廟啊？有孔子廟、關帝廟、城隍廟、龍神祠，也有各處本地的甚麼忠臣名宦的祠。還有

---

① 器：器。據《正字通・口部》："器，器本字。"
② 奸宄：作亂或盜竊之人。亂在內爲宄，在外爲奸。

先農壇,祭先農壇的時候,武官也有扶犂耕地的禮。　啊。　還有一樣兒。
甚麼？　地方不下雨的時候,要上各廟裏去求雨;雨下多了的時候,要上各廟
裏去求晴。　晴雨是天上的事,官能求得了麼？　地方官以百姓爲重,至誠可
以感動神明,也有一求就能得的。　不錯,小民望雨,可以潤澤禾苗,官若不
求,誰求呢!　所以地方官,必得順着民情去求。再說京城裏和各省雨旱不調
的時候,天子還親行求雨呢,何況官呢!　那是自然的,我想皇上可以求,官怕
不敢去求罷。　各處設立文武官,一處有一處的旱潦,所以各處文官會同武
官,按時看事作事,該求的必得求,不過也是盡他的虔心,爲地方求神就是了。

註　釋

〔扶犂耕地〕直省耕藉之禮,各地方官於東郊先農壇之側,擇地爲耕所。至期祭畢,首官秉耒,一
人奉箱,一人播種,凡府、州、縣,皆如此。每歲收穫,以供祭祀之粢盛。○京師則皇上祭畢,耕
藉,戶部尚書跪進耒,順天府尹跪進鞭,皇帝右秉耒,左執鞭,耆老二人牽犢,上農夫二人扶犂,
皇帝三推三返畢,御觀耕台。從耕三王九卿,以次受鞭耒,三王五推五返,九卿九推九返畢,釋
鞭。是日賜耆老、農夫布各四疋。及秋玉粒告成,擇吉收入神倉,以供天、地、宗廟、社稷之
粢盛。

第三十章　求雨規矩

（榮）○　　·榮耀　　氄··毛　　○
　　天的陰晴不定,說下就下,要晴一會兒就晴。彷彿人有富貴的時候兒,也
有貧窮的時候兒,有平安的時候兒,一會兒有有災病的時候兒。　你怎麼把這
個話說的這麼笨。　怎麼笨了？　現成兒的兩句俗語兒,怎麼不說？是"天有
不測風雲,人有旦夕禍福。"　好好,這兩句①成語好。　所以人也是和天道相
連,天有陰晴,人有吉凶;天有陰晴,人有喜怒;天有陰晴,人有善惡。　不和你
講道理,我倒是想起你纔說的求雨的事,可是有理了。　怎麼？　人既和天道
相連,所以人有祈求,天也必順人的心願。　那又說笨了。　怎麼又笨了？
那叫"人有善願,天必從之"。　是了。　所以求雨在外省,有一個規矩。　甚

---

① 　句:底本作"向",據東京博文館藏本217頁改。

麼？　各城各鄉的民人，有光着腳，手裹拿着香，在滾熱的地上，走着上廟去，頭上都圍着柳枝、柳葉兒。　地方官也那麼着麼？　雖不能那麼着，也是按着規矩，有步禱①的。　步禱是怎麼着？　起家裡走了去。　走了去，前頭還有旗、鑼、傘、扇麼？　那旗、鑼、傘、扇的榮耀，求雨的時候，一點兒都沒有了，就是素服步禱。　是了。　還有有城池的地方，是求雨關南門，求晴關北門。

這是甚麼規矩？　南方屬火，北方屬水，所以求雨閉火，求晴閉水的意思。　哎喲，作文武官，真也得仰觀天時，俯察民情纔行哪！　自然，若不能鑑空衡平、明察秋毫的人，那兒能作官呢！　這兩句又怎麼講？　若沒有心裡空空洞洞，辦事公平，和那明白的眼睛把秋天鳥兒的氄毛②都瞧見了的樣兒，不能算好官。　做官難呀！　可不是！　你怎麼不說了？　第六段《平仄編》完了，說甚麼呢？

第三十一章　刁民可畏

（嘎）．嘎．嘎．的笑．　打‥嘎·兒　嘎‥雜．子　雞嘎．嘎．蛋．兒．

這第七段③"嘎"字起頭兒，而且四聲四個"嘎"字兒，都是按着俗音的連字兒，怎麼說呢？　還可以接着聯那求雨的規矩。　那怕不行罷。　大概可以，我說一個笑話你聽，管保④叫你倆巴掌拍不到一塊兒，叫你嘎嘎的笑。　您請說。　一個作官的人。　甚麼官？　外省的一個知縣。　啊。　他是個念書的人，有六十多歲了。　啊。　這一任作的是某處的知縣。到任以後，他總說愛民如子，與百姓同苦同樂。　好官哪！　到了一個青黃不接，四五月裡，天不下雨的時候，可就求雨去了。　那也是該當的呀！　你聽着罷。有本處的幾個刁生劣監和幾個素日踢球打嘎兒⑤的嘎雜子⑥，頂不好的人。　打嘎兒，我知道，是幾個人用木棒兒打着玩兒的。那本來不是安分的人作的，請問這嘎

---

① 步禱：用一種特殊的步法（多為道教儀禮的步法動作）進行禱告。
② 氄毛：鳥獸貼近皮膚的柔軟細毛。
③ 第七段：指《語言自邇集·練習燕山平仄編》第 142－179 組。以 K 為起首輔音。
④ 管保：保證，肯定。
⑤ 打嘎兒一種兒童遊戲，玩法是一個卵形的木球，兩頭削尖，以棍棒抽打，比賽打出的遠近。
⑥ 嘎雜子：性格乖僻的人，常用于形容那些故意搗亂，不聽調教的人。

雜子是甚麼？　那是一句罵人的話，本來大概是"各自"的意思，就是與人不同的意思，"各自"和"嘎襟"音聲相近，差不多，所以如今都有這麼樣罵人的話。

不說這個，怎麼樣罷？　這些個不好的人說："老爺愛民如子啊，和我們同苦啊，請求雨罷！"就硬把老爺的靴子、襪子都給脫了，頭上也圍上了好些個柳葉兒，叫他日頭①地②裏，走了一天，圍着廟轉。　他怎麼樣呢？　他餓的肚子裏咕嚕咕嚕的，彷彿雞嘎嘎蛋兒③似的，可是敢怒不敢言。到了黑了纔回去，從此再不敢說"愛民如子"了。　刁民也眞可怕呀！　可不是！

第三十二章　關卡查賊

（卡）．卡．倫　　○　　○　　○

各處地方的民情，本來不得一樣。比方遇見純良的百姓，自然是好辦事；若是遇見刁惡的地方，作官也是很難哪！　可說的是哪！爲民父母的，本來也得愛民，也得立身有德行，有仁慈，那纔可以算得是官哪！若是一味的仗勢，以大壓小，這種官，那還算得民之父母麼？　文官固然難作，若是平心靜氣的去作，也沒甚麼難的。古人說，做官本不是好事，若說是我作官好，那一定就不是好官了。　我也聽見人說一副對子說："此心如秋水，何處不春風。"可見得就是俗語兒說的"人平不語，水平不流"的話了。　可不是！公生明，廉生威。你公平正直了，自然有人敬，有人怕了。　文官的爲民父母，講的是國計民生，武官的緝盜安民，總要緊的是盤查奸匪。所以一營分多少汛，一汛分多少塘，或是設立堆卡，查拿賊盜；或是設立鹽卡，專拿私鹽，都是爲百姓平安的意思。各處關稅，可盡是爲和商賈買賣人要錢養兵，沒有甚麼別的好處。　養兵還是爲保護百姓，怎麼不好？而且稅關不但要稅銀，也是查拿犯禁、犯私的貨物，還都是爲民人平安的意思，不是麼？　是了，就彷彿那口外設立卡倫④，盤查一切，也是爲地方平安的意思而已。　不錯。

---

① 日頭：太陽。
② 地：底本作"他"，據"俗語註釋"及東京博文館藏本 220 頁改。
③ 雞嘎嘎蛋兒：母雞嘎嘎地叫着生蛋。
④ 卡倫：清代在東北、蒙古、新疆等邊地要隘處設官兵瞭望戍守，並兼管稅收等事的場所。

註　釋

〔各處稅關〕以京師爲論，崇文門爲百貨之稅，左翼、右翼爲房田牲畜之稅，餘如各省或海口、或衝衢，均各設稅關，詳見《大清會典・戶部・稅關門》。

第三十三章　官衙形勢

（改）．該．當　○　改．變．　大．概．

可是我有一件事，不大明白。　甚麼事？　比方作京官的，每衙門有好些個大小的官，這些個官都是按着時候兒上衙門，及至辦完了事，都各回各人的私宅，不是麼？　是啊。　外官比方大小衙門，也是這麼個樣兒麼？　不然，外官一個衙門是一個官，一個官有一個衙門，一到了任，就各人住各人的衙門，不用私宅。　衙門是怎麼個樣兒？　不大好說，大約是大門三間，六扇大門。大門外有一個影壁，大門裏頭有三間儀門，儀門裏頭是大堂，大堂後頭有辦公事的一個公所。其餘司堂、科房，各有各的地方。這是京官衙門的樣式。　外官衙門呢？　外官衙門有轅門，分東西兩個轅門，那轅門中間是影壁，影壁正對頭門，頭門就是大門。大門外有兩個鼓手樓子①，預備早晚鼓手吹打作樂的地方。大門外有外官廳，預備小官兒上衙門來坐落②的。　啊，該當甚麼時候上衙門呢？　逢五、逢十，或是三八日，那都是上衙門來見大官的日子。　永遠一樣，沒有改變的時候兒麼？　各外省大概都差不多。　大門裡頭呢？　有儀門，就是二門，也彷彿京中衙門的樣兒。　儀門之內呢？　兩邊有許多的官房，或是科房，書辦們住；或是班房，衙役們住。然後就看見大堂，大堂傍邊有內官廳，是大一點兒的小官來見大官的時候坐落的。　大堂後頭呢？　等一等兒，我就告訴你。

---

① 鼓手樓子：放置鼓的鼓樓。
② 坐落：落座，坐到座位上。

第三十四章　官不修衙

（開）開閉。　　○　　慷·慨·①　　○

你倒得把外官衙門的樣兒都告訴我，我就見了世面了。　也沒甚麼大要緊的，不過是官越大，衙門越大，房子越多，就是了。　您說過的，那大堂後頭，是怎麼樣？　大堂中間兒，有一個暖閣，暖閣是四扇屏風，並不開着，是常關着的。　那麼開閉都有一定的規矩罷？　自然，大官出堂，開；有平行的官來拜，開。不能常開的。　大堂以內，到底是甚麼？　有二堂，二堂後有三堂，兩邊都是廂房。二堂是辦理公事用的，三堂是大官同家眷住的，廂房也可以作書房，也可以作學房，也可以作下房兒。　是了。　另外有花廳兒。　在那兒？也在二堂後頭麼？　在二堂東邊兒，或是西邊兒，五間七間不定，裏頭鐘表字畫，各樣花盆兒。簷前必有古樹、古藤，擋着太陽很蔭，拾掇的很體面乾淨。　都是本官自己的錢拾掇麼？　遇着慷慨的本官，自然也有自己收拾，添製舖墊、修理院落、種樹栽花的。然而幾天兒就不在這兒，升到別處去了，誰肯再多添多蓋，扔下一走兒呢！　不錯，我記得兩句俗語兒，說："官不修衙，客不修店。"大概就是您纔說的這個意思了。　對了，然而也是各人是各人的脾氣，也有愛拾掇的。　不說這個，我看見外省衙門有，有兩根大旗竿，在大門外頭的，是作甚麼的？　那是大官纔有呢！小衙門兒也有有的，有事的時候，掛上兩面大旗，旗上寫某官字樣。　是了。

第三十五章　作樂衙規

（甘）甘苦。　　○　　追·趕·　·才幹·

您纔說的，衙門有兩根旗竿掛旗，是甚麼日子掛？　比方督、撫、提、鎮，大員的衙門都有。或是出門，或是閱兵，或是初一、十五的日子，一切大典的時候都掛。　那旗竿後頭，或是傍邊的那個鼓樓，是甚麼時候吹打呢？　那是這麼

---

① 慨：底本"慨·"排在上聲位置，聲調標注或有誤，照錄。

着，比方一個城內，那一個官頂大，他的衙門一天到晚有幾次吹打，頭一次是放亮礮①的時候。　甚麼叫亮礮？　天一亮，黎明的時候，鼓樓上打完了更鼓，可就放亮礮，礮一響，緊接着衙門大堂的點鼓，各打七下兒，外頭鼓樓上，就吹打一次，這叫打頭鼓。　那麼有二鼓麼？　有，到了八點鐘，大堂的點鼓，各打五下兒，那叫打二鼓。外頭鼓樓也接着吹打。　啊。　二鼓的時候兒，小官稟見大官，議論公事，大官發文書、用印甚麼的，都在這個時候。　沒有三鼓啊？　有，到了十下兒鐘，公事辦完，又打三下兒點鼓，一樣接吹打。晚上四點鐘有晚鼓，黑下點燈以後有定更②鼓，鼓樓接吹打之鼓，擂鼓三通，就定更了。　那麼這外官也很樂呀！　看着樂，若是文官爲民操心，辦事掣肘，武官出兵，與士卒同甘苦，或是整天不能喫，不能喝，整夜不能睡，被賊追趕，或是兵多不好管、不好辦的時候，若是沒有精明強幹的本事，和隨機應變的才幹，那寔在也沒有甚麼大樂兒③，我看。　眞是那麼着。

註　釋

〔定更〕每夜有更，所以醒而防盜也。然非一二人常能醒者，故酌分五次，用五人更睡更醒，擊柝鳴金，以示未眠而祛盜。各省皆於地方官衙署之鼓樓中設更夫，以更香五根，香燼則易人。五人五更，則天明。又各城市皆有堆卡，棋布星羅，皆有擊柝之兵及更夫，聽鼓樓鼓聲，則柝聲隨之而易其更數。○京城有鼓樓及鐘樓，亦於每日黃昏擂鼓定更。又鳴鐘若干杵，至天明則止。各市街柝聲皆步軍擊之，徹夜不止。

第三十六章　世職幼學

（看）．看守．　○　．刀斫．④　看．見．

作官是給國家出力，並不是盡爲自己本身的榮華富貴。若是盡爲己身的

---

① 礮：炮。亮炮：清晨天明時用以報曉的一種炮。

② 定更：入夜到天明分五更，定更即初更，大約晚八時左右。亦有觀點認爲晚戌正時（晚七點）爲定更。（劉鵬《北京老照片的故事：凝固的歷史、刹那的永恒》，中國華僑出版社，2014 年）

③ 樂兒：有趣、開心的事。

④ 本組以"看"爲代表字，故"斫"的語音或不符合條件。但因"斫"有"用刀斧等砍或削"義，故此處或爲"砍"的誤字。而《語言自邇集・練習燕山平仄編》227 頁及東京博文館藏本 227 頁均作"斫"，故照錄。

榮耀，一定就不能作好官了。　那是一定之理，不論甚麼事，都得顧大體，不能只圖自己舒服，忘了根本。比方那世職的官兒們，本來不是他自己能耐得的功名，不過是祖父當初在軍營裡，或是功勞高大，或是爲國捐軀掙下的。　不錯，那一個世職官兒，不是祖父拿命換了來的呢？所以總得諸處小心，好好兒的看守着。　我們一個朋友，從小兒襲了一個雲騎尉的世職，他以爲現成兒的五品官兒在頭上，一輩子甚麼也不學，甚麼也不練，把祖宗當年萬馬營中，槍礮群兒裏，不顧死活，受了多少刀斫斧剁的辛苦，疼的死去活來，拿命換了來的官，輕輕兒的扔了。如今官也沒了，叫別的子姪襲了，他也在家裏閒着抱孩子呢。眞也可惜，世職的官，他們都不學本事麼？　怎麼不學！比方八旗都有世襲官的幼官學，初襲官，未及歲的年輕的世職，在學裡念書，學馬步箭，學會了，纔能出學呢！外省的漢世職，也是得會馬步箭，有本事，纔能發標學習當差呢！是了，我新近看見了一個地方兒，彷彿衙門，寫着"世職幼官學"，就是那兒罷？就是那兒。

註　釋

〔世職〕世爵之等有九，曰公，曰侯，曰伯，曰子，曰男，曰輕車都尉，曰騎都尉，曰雲騎尉，曰恩騎尉。自公至輕車都尉，又各有三等，其授爵，則計功。自雲騎尉始，如雲騎尉加一雲騎尉，則合爲騎都尉；再加一雲騎尉，爲騎都尉兼一雲騎尉；再加，則爲三等輕車都尉。如此遞加，至一等輕車都尉。如再加一雲騎尉，則爲一等輕車都尉兼一雲騎尉。再加，爲三等男。積雲騎尉二十有六，爲一等公。

第三十七章　老米之色

（剛）剛 纔　　○　　土·坳·子　　擅 檟·

　　剛纔所說過的一切公私的事兒，您都暫且筭①明白了罷？　您說的，我算是大概都明白了。如今要求您，把各處的土產，吃的、用的，揀②您知道的，畧爲談一談，可以不可以？　怎麼不可以，我是知無不言，言無不盡，遇見不知道

---

① 筭：算。據《集韻·去聲·二十九換》："筭，或作算。"
② 揀：選擇。

的,可就無法了。 也有法子。 甚麼？ 不說,不混說,不強不知以爲知,好不好？ 這個法子妙極了。 那麼,我要請問了。 豈敢！您要打聽甚麼？等我想一想,先說吃的裏頭要緊的罷,就是米這樣兒東西。 米,本來是穀,也就是稻,北幾省沒有南省多。 那麼咱們這北京城吃的老米,是那兒的？我在南邊沒看見過。 也就是南省的白米,由粮船送到京裏來,給官兵們吃的。因爲到了倉裏,收的日子多了,大約一二年的光景,變了色了,放給兵吃,就爲老米。 是了,南省出米,北省怎麼不出呢？ 南省水田多,北省旱地多,而且高高低低的,或是陷坑、窪地,或是土堈子①、土坡子,不能存水,怎麼能種稻子呢！ 那麼出甚麼？ 出產粗粮食,作苦活的人,他們都吃粗粮食。買賣舖兒、旗人,都吃白米、老米、白麪。 甚麼人是苦活？ 比方挑水、推車、擡槓、打執事的人,都是苦活。 擡槓又是甚麼？ 就是擡棺材。 是了。

註　釋

〔白米入倉〕入倉之粗米,經年即成老米,出倉之時,須碾去其糠秕。至南來,有精白米,爲王俸,在通州倉收存。

第三十八章　高粱小米

（炕）康健　　扛擡　　不抗不卑的　　火炕。

這麼說,粗粮中有甚麼？ 高粱、小米是頭行兒②。 這京城附近就有麼？ 有。京城四處,種莊稼的人,都是種高粱和小米兒。高粱有兩樣兒,有紅的,有白的。 怎麼個樣兒？ 很高,有五六尺、六七尺高,大長葉子,那高粱子粒,可是結在頂兒上,所以爲高粱。鄉下的人,從小兒吃高粱的多,可以熬粥,磨成麪,可以貼餅子。那老頭兒,到了七八十歲,還康健呢！種地、鋤地、扛擡,比城內的人年輕的還結壹呢！ 城裏的人不吃麼？ 城裏的人拿高粱餧馬、喂騾子。 小米兒呢？ 小米兒可以煑飯,可以熬粥、磨麪,也可以貼餅

---

① 土堈子：原指土制的缸、甕。此處指地勢凸起的"土崗子"。
② 頭行兒：頭一個,第一個。

子。他們鄉下人，總是以勤儉爲本，不必說貧苦人家兒，就是那個不抗不卑① 的中等人家兒，也不吃細米、白麵，都是高粱、小米兒兩樣。 小米兒，別處也有罷？ 有口米②，也叫口小米兒，那是從口外不遠兒地方來的。 高粱不是聽說可以造酒麼？ 不錯。有一宗高粱酒，就是用高粱燒的酒，所以也爲燒酒。 鄉下屋子我見過，不是有大鍋臺，通着屋裏的大火炕麼？ 可不是！又熬小米兒粥，又睡熱炕，他們到了冬天，很舒服着的哪！ 想起那耕、種、鋤、刨，可也眞苦啊！ 是麼。

註 釋

〔粥廠〕貧民謀食無計者，每歲冬日，以十月初一日起，至次年二月初一日止，開設粥廠，以小米煑粥濟之。○前本冬日濟民，或兩個月、三個月不等。迨後歲凶乏食，年多展限，或至四月爲止。本年水災較重，則自八月即開廠矣。○有官廠，有私廠。私廠，諸善士捐立者，今各城外皆有一廠，而正陽門外尤多。○又近日私廠，亦多奏明請官助小米云。

第三十九章　高粱造酒

（告）高．低．　○　稿．案．　告．訴．

高粱燒酒，是怎麼個造法呢？ 民間有富戶做那個買賣，名字叫作燒鍋，多積蓄高粱和柴火。 在甚麼地方？我城裏頭怎麼沒見？ 城裏沒有，都是在鄉下。比方京東，離京幾十里，就有燒鍋。你若是到了那兒，遠遠的就看見堆的柴火，高低不等，一堆一垛的，好些乾淨的土房、土牆，那就是燒鍋了。有錢就可以開麼？ 不能隨便，都得在衙門報明了老爺們，叫書辦立下稿③案，還得給他執照，俗說是帖，纔敢開呢！遇見水旱不調，年成荒亂的時候，衙門還告訴他們，禁止燒酒，不許囤積高粱，怕的是於民的粮食有礙。 是了。不管他買賣的好歹，這高粱燒酒的名字，到底有多少樣兒？ 就是一樣兒呀！沒有的話。我打過，喝過，有甜的，有苦的，說是甚麼露，甚麼酒的，我忘了。

---

① 不抗不卑：不卑不亢。
② 口米：內蒙古地區所產之米。
③ 稿：底本作"槁"，據文義及章首例詞酌改。

啊,是了,那都是藥酒。　怎麼爲藥酒？　高粱酒雖是一樣兒,然而高粱酒,可以用藥泡,泡得了,可以治病。又可以用花兒和果子泡,泡得了,也可以香甜,改了口味兒。你喝的大約就是那藥酒罷。　花果泡的,也算藥酒麼？　總名都是藥酒,分開可多了。　您記得幾樣兒麽？　記得好些呢！　您說一說。可以。

第四十章　藥果浸酒

（考）尻骨・　○　考・察　依靠・

　　這麼說,藥酒是治病的酒了。　雖說是治病,好人也喝得。比如上年紀的人,腰疼、腿疼、四肢麻木、腰酸、腰脊骨,起脖頸子上起,直到尻骨那兒止,常常的酸疼,那就可以喝史國公①、五加皮②這兩樣兒。若是人虛弱呢,那就可以喝參苓酒③,那可以追風、去寒、理血、補氣。酒引藥性,藥借酒力,常喝,祛病延年,就是藥酒的好處。還有狀元紅、黃連葉、珍珠紅④,這些酒,百病全治,人都可喝。　甚麼人出的主意呢？　也是大夫,照人的病源一一的考察了藥性,自古傳流到今的方子,酒舖兒就照方炮製了藥,泡酒賣。　竟依靠古方,不加減改變,那行麽？　也都是不即不離的藥,沒大妨礙,好人、病人喝了都沒事。好人喝了沒事,狠好,病人喝了沒事,還是白喝,好不了病,不是麽？哈哈！別較眞兒⑤,這不過是掩耳盜鈴,哄人賣酒就是了。　那花果的酒呢？玫瑰露、蓮花白、菊花露,是用花兒泡的,佛手露、蘋果露、沙果露、葡萄露,都是用果子炮的。還有茵蔯⑥,是用蒿草泡的。香、甜、苦、辣,各有各味兒,總名都是藥酒,都是高粱燒酒而已。

---

① 史國公:藥酒名。
② 五加皮:藥酒名,用五加浸製而成。
③ 參苓酒:以人參與茯苓浸製的酒。
④ 狀元紅、黃連葉、珍珠紅:均爲酒名。
⑤ 較眞兒:認眞計較。
⑥ 茵蔯:蒿類的一種,多年生草本植物,全草有香氣,可以入藥。

第四十一章　諸品黃酒

（給）〇　　〇　　放．給．　　〇

如此看來,這燒酒的名兒雖多,可就是一個燒酒,就是了。　可不是那麼着麼。　燒酒之外,還有甚麼酒沒有?　有黃酒。　怎麼爲黃酒?　顔色兒黃,所以爲黃酒,而且味兒薄淡,不像燒酒那麼利害。　黃酒也是本地造的麼?　不是,是南來的,南省各處雖都有,然而總是浙江紹興府的好,所以又叫紹興酒。造得了,收起來,日子越多越好,故此又叫陳紹。　啊。　這黃酒之中,也分好幾樣兒,有木瓜,有百花,都是加料加味的。黃酒味兒稍甜,有陳紹,就是纔說的總名。有老酒,有清酒,老酒色濃,清酒色淡,也還是黃酒。北京有一種良鄉黃酒,山東有山東黃酒,雖有黃酒之名,顔色也稍黃,可寔在離那個眞紹興酒差得遠了。　酒名兒雖多,總名,我看,也就是兩樣兒罷?　那兩樣兒?一種燒酒,一種黃酒,對不對?　不錯,對了。　可是我打聽打聽,燒酒是高粱作的,黃酒到底是甚麼作的呢?　黃酒是黃米做的。　黃米是甚麼?　黃米等我慢慢的告訴你,這說過的老米,那是倉裏裝着的,按月按時放給官員兵丁們吃,那小米是鄉下人們的粗粮,這黃米可就是黏小米兒。　你細說說。　可以。

第四十二章　黃米性黏

（刻）刻①．搜　〇　　〇　　〇

到底請細說,黃米是甚麼?作甚麼用的?　黃米大小的粒兒,很像小米兒,就是顔色兒微黃一點兒,性質是黏的,就彷彿白米之中,不是有一種糯米麼?這黃米就是小米兒之中的糯米似的。　是了。　可以造酒,就是黃酒。　還有甚麼用處?　往往喝小米兒粥的時候,加上點兒黃米,那粥就戀和②了。　是了。　還可

---

① 根據"刻．"的聲調,或應排在去聲位置。或因該詞用字不固定,而使用"刻"字指代一個陰平字,見下文註釋"刻搜"條。

② 戀和:濃稠黏軟。

以磨成面,蒸黏糕。夏天用粽葉包好了,作三角兒形狀,在大鍋一煑,就爲黃米粽子。　粽子大約是古時候,五月端陽節的那個角黍,不是麽?　就是那個,如今文話,還是寫角黍兩個字呢!　那不是用糯米作的麽?　南方糯米新鮮,也好,也多。到了北京,糯米又陳,不好,又少,所以那糯米粽子,還不如黃米的粽子呢!然而糯米粽子是通行的,黃米粽子雖好,可不能請客,不能送禮,還算是個粗糧。　甚麽人用的多?　黃米南北雖有,除作酒、作點心之外,不能作飯用,因爲太黏,故此不能通用,可又有一樣兒。　甚麽?　蒙古人貴黃米飯和羊肉,以作祭祀之用,那是蒙古古禮。　黃米、白米甚麽的,都是販運來的麽?　白米南來,黃米本地就出產。　米糧也有稅賦麽?　有大概的稅,而且販運糧食的人,都是照例天天有的買賣,不能挾帶私貨,也不用刻搜①,自然就照例辦理了。

註　釋

〔米糧稅〕按糧食無稅,近者外省于米舟有厘稅,故京報中有買米救荒之米船,請免收厘金。

第四十三章　鮮桃可口

(根)．根　本．　　闋．哏　　〇　　艮．卦．

說過的幾樣兒,是米和酒甚麽的,我又想起有一樣兒果子來了。　甚麽名兒?　就是桃,這一樣兒出在那兒?這兒有沒有?多不多?　有,也多。這京西北山裏就多。頂大的有飯碗大,常行的也不小,頂小的爲桃奴兒②。又有一種好的,是從京南深州地方來的,其甘如蜜,然而來着很難,因爲有幾百里的道兒。這本處的名兒,有大葉子白,有五家香,都有小茶碗大,香甜可口兒。也有酸桃,不好吃。又有一種四五月裏就可以有,碧綠,有紅紋一線,尖兒上微灣,名叫鸚哥嘴兒桃,狠好看,又脆又甜。　那我倒吃過,不很好,眞是中看不中吃。　我見古人說,西王母有桃,被東方朔偷了去吃,那是甚麽桃?你吃過沒有?　我沒吃過,也沒偷過。　還有人說,東海神山上,有好仙桃。所以有人說,如今好桃的種兒,都是從東海來的,因爲他的根本好,故此結出來的桃兒也

---

①　刻搜:摳搜。此處指搜尋、搜查。
②　桃奴兒:此處指小桃子。

好。　那也是謠言罷。我不知道,有一件事我請問你。　甚麼?　您纔說的偷桃,那是古人們的戲言,彷彿比方,彷彿笑談,又說東方朔會鬭哏①,就是詼諧的意思,那不必論了。我問的是,怎麼有用桃木刻成人形,埋在地下,能辟邪的,這話是眞的麼?　那是風水先生,他們論那八卦的方位,比方乾卦是西北,艮卦是東北,埋石種樹,可以趨吉避凶,有那些個話,也不可信。　是了。

註　釋

〔趨吉避凶〕人有心中疑難之事,即就卜筮之人占卜,以爲趨避。其卜者有數等,曰周易卦,即古之筮,以草數十根(□五十根)兩手分取如儀,取其所餘,以爲奇耦之數,合《周易》某卦之詞,以定吉凶,而使人趨避之。今多以錢三文代草,而以干支五行夾雜附會,失筮之本旨矣。一曰六壬,取支干配兌,以爲吉凶。市上多賣卜者,而其言多妄,人每爲其所惑焉。

第四十四章　紅黃二李

（肯）○　　○　　肯·不·肯·　　一揹··子

古人說:"桃李無言。"俗話有"桃紅李白",可以見桃李兩樣兒相連了。是麼。　這地方有李子沒有?　有,李子有兩樣兒,一樣兒是紅的,一樣兒是黃的,這黃的又名爲玉皇李子,顏色嬌嫩。　紅黃那一樣兒好?　紅的甜,黃的香,但是都得熟透了纔好吃。若是生脆的時候兒,可是苦澀。　那自然,誰吃生的呢?　你聽我說呀。在南邊地方,把那生李子摘下來,青綠苦澀很難吃的時候,把他按扁了,擱在醋和辣芹椒的裏頭一泡,賣給小孩子吃。　誰肯買那個呢?　你別提誰肯不肯買那個,那地方小孩子,吃慣的嘴兒,跑慣的腿兒,個個兒都拿着一揹子②一揹子的錢,買那個吃。沒錢的小孩兒,也要得一個大,買點吃纔好呢!　到底李子,這地方兒那兒多?　還是西山裏、北山裏多。可是不大好的東西,吃多了肚子疼,所以也有一個地方有俗語兒說:"桃飽杏傷人,李子樹底下埋死人。"有這個話,看起來,杏兒、李子都不如桃兒了。又有一說,桃兒、杏兒可以爲蜜脯,可以曬乾兒。李子不能,因爲水多質少,所以不能

---

① 鬭哏:謂作出滑稽的舉動,或說可笑的話以引人發笑。
② 一揹子:一批。

耐久的原故。　是罷。

第四十五章　北棗爲美

（更）更改·　〇　　道埂·子　　更··多

　　看來果子，還是這個地方比南邊好，而且又多。　也不盡然，據我以公道而論，各有各的好處。比方南方有的，這北方沒有；北方有的，南邊又不出產，寔不能一概而論。　我在這兒，吃過一樣兒，南邊就不大有，有也不好。　甚麼？　就是棗子這一樣兒。　那東西這兒叫棗兒，不說棗子。寫信，開單子，可以說棗，一個字。那棗兒，本來是這地方多，河南也多。也有一種白的，叫白棗，本地有兩種。　都叫甚麼？　一種叫嘎嘎棗兒①，兩頭是尖的；一種叫纓絡棗兒②，是長而圓的。這兩樣兒，出的都不遠，就在這城外四鄉，以至城內住家的都有。這棗兒曬乾了，爲紅棗；入蜜餞了的，爲蜜棗。又有在野地山上出的，爲山棗，又小又酸，所以又說是酸棗。還有一宗黑棗兒，就大約就古時所說的羊棗。黑棗的樣兒彷彿羊糞，所以又爲羊矢棗。九月裏棗兒熟透，天就快冷了。　眞是棗兒一熟，天就快冷了麼？　那是一定的，萬無更改。　摘取棗兒，怎麼個摘法呢？　不能摘，是用一根竿子去打，所以俗說打棗兒，就是把棗兒打下來的意思，沒有說摘棗兒。又有俗語兒說："有棗兒的一竿子，沒棗兒的一竿子。"是比方凡事各處去張羅摒擋，不止於在一處去謀求，如同打棗兒的，見棗樹就打，不必在園內見着有棗兒纔打的意思。　那酸棗兒那兒多？　城外山坡兒，和那道埂子③上更多，不要緊的。

第四十六章　諸樣西瓜

（坑）·坑坎·　　〇　　〇　　〇

　　不論是種果木樹，或是種五穀，我看都得下雨，沒有雨，得澆水。比方沒

---

① 嘎嘎棗兒：中間粗，兩頭呈尖圓形的脆棗兒。
② 纓絡棗兒：大而長圓者爲纓絡棗。
③ 道埂子：土路兩旁凸起的部分。

水,是萬萬不行。 有一樣兒是又不喜懽雨水過多,和棗兒是相反。 甚麼? 瓜。 啊,瓜,不喜雨水麽? 喜旱,俗說"旱瓜潦棗"。 瓜有幾樣兒? 在果子之內的,有西瓜,西瓜之內有兩三樣兒。有青皮的,有花皮的,有白皮的,有黑皮的。那青皮的個兒不大,六月初間先熟;花皮的個兒大些兒,後熟;那白皮的,不但皮白,那穰兒、子兒,都是白的,故此又叫三白[①]。 黑皮的呢? 黑皮和三白最後熟,個兒都很大。那黑皮的,又是通紅血似的顏色的穰兒。 別處也有? 北省多而且好,最好是河南的,瓜的子兒也大,出在汴梁城,所以叫汴梁子兒。 要那子兒甚麼用處?竟爲種瓜使麽? 那那兒能用得了呢!是把那個子兒拿來炒了,作爲請客宴會飲酒的一樣兒乾果子。把那瓜子兒,用牙磕開,吃那裏頭的仁兒。 我看沒甚麼意思。 不過喝酒、解悶兒就是了。所以又有俗語兒說"瓜子兒不飽是人心",比方送人禮物雖輕,也是表明恭敬之意。 這西瓜那兒多? 京南離城不遠,沙地旱地多,所以種瓜的多。若是窪地,和有坑坎的地,那就很怕存水、下潦了,故此種瓜不行。旱地、沙地,瓜穰兒甘甜;水多的地,穰兒稀而且淡。 是了。

註 釋

〔西瓜〕西瓜莫美於北省,河南爲最,蓋沙土之性宜於瓜也。其處之瓜,以汴梁之地爲最,瓜大而子亦大。每棄瓜瓤[②]而獨取子,以爲各省瓜子一舖之用,宴客者,無處不以瓜子一味爲先者。○京城之南海子牆,及京西盧溝橋一帶,多種瓜,味甘而美。〔乾果舖〕有乾果舖,所售如瓜子、落花生、核桃、松瓤、榛子,及諸鮮果之乾脯。並密果,如棗、梅之類,皆以蜜餞者,然夏日亦賣鮮果,兼售黃酒、海菜,及諸品糖物。

第四十七章 蓮蓬蓮根

(各) 哥哥 影··格 各自各··兒 幾·個·

到了夏天,正在六月裏極熱的時候兒,找幾個朋友,在一個大廠院子的大天棚底下,也不論賓主,不過是歲數兒大的是哥哥,年輕些兒的是兄弟,一塊兒

---

① 三白:一種優良品種的甜瓜。"三白"指皮、肉、瓤皆白色。
② 瓤:瓢。據《龍龕手鏡·瓜部》:"瓢,瓜實也。瓤、瓠,二俗。"

消夏避暑,說說笑笑,吃西瓜,喝酒,你瞧好不好？　怎麼不好！我小時候兒,七八歲的時候兒,就愛一首詩。　甚麼詩？　寫的是："落日放船好,輕風生浪遲。竹深留客處,荷靜納涼時。公子調冰水,佳人雪藕絲。片雲頭上黑,應是雨催詩。"這首詩,說晚上日頭快落的時候兒,小夫妻二人,在船上喝冰水,吃藕,又在荷花的池子裡,真有個意思。　你怎麼七八歲,就念詩、作詩麼？　不是,是先生叫我寫字,給我打了一個影格兒①,叫我套上紙,照着寫。　是了。你說那藕,是甚麼？　藕你都沒吃過？就是蓮花的根兒麼,蓮花的根兒爲藕,開的花爲蓮花,又叫荷花。花謝了,結的大綠磓子似的,那爲蓮房,俗叫蓮蓬,蓮蓬裡頭有子兒,爲蓮子。　這兒有麼？　有,有水的地方兒,夏天都有,好看好吃。那藕鮮的是脆,乾了作藕粉,蓮子入果子,也入藥,從福建來的好,爲建蓮子。　啊,那是乾的了罷？　乾的,本地荷葉曬乾,可以包醬,包醬小菜,荷梗也入藥。蓮花裡的東西,是各自各兒有各自各兒用處。　那一天買幾個藕吃。　藕,不論個兒,論幾枝。

註　釋

〔影格兒〕小兒初習字,師以紅筆寫字一張,令兒以墨筆描寫,爲描紅模子。稍能寫,則師寫墨字一張,令兒以白紙舖於上,描其影,即影格也。寫影格頗佳之後,則師又寫一跳格,乃寫一字,令照描,而下空一格,令照寫。久之,則脫手臨古帖字矣。

第四十八章　林檎蘋果

（可）可‥惜了‥兒　　可否‥　　饑渴‥　　賓客‥

真可惜了兒,我活了這麼大,沒吃過藕,我寔在缺典②。　那很不爲缺典,不爲稀奇,就像我罷,雖然吃過些個東西,那沒吃過的,也多多了。　他是這麼着,新樣兒的沒吃過,沒見過,那可以。常有的東西,沒吃過,豈不可惜,也真可笑。　你說那個話,有一樣兒東西,我就沒吃過,在北邊。後來到了南邊,纔吃

---

① 影格兒:用來影着描摹的字範。
② 缺典:原指儀制、典禮等有所欠缺。此處指缺憾、憾事。

着了。　甚麼？　林檎①。　林檎是甚麼？　你要問沒到過南邊的人,他寔在還沒見過呢！　怎麼這北邊沒有麼？　大約沒有罷。　你說沒有,我今年夏天吃着了,在北京。　怎麼個樣兒？　彷彿沙果兒,比沙果兒大,又青又脆,吃着像林檎。　那是檳子,又叫虎拉檳②,那不是林檎。　林檎不像那個檳子麼？　比檳子小,比沙果兒大,青、甜、脆、美,這北邊沒有,所以說不上來。北邊有的,是一種好果子,叫蘋果,比檳子、沙果、林檎,一切全强,可是南邊又沒有。　蘋果,出在那兒？　北山裡,七月初就有,京裡果匠,能把他收到第二年四五月裡。還有呢,那果子不但是吃,可以解渴,而且"蘋"字,和"平"字同音,所以人都愛買,取平安之義。　嗐,論起東西的吃過沒吃過,也寔在無所可否。論到專治人的饑渴的東西,不過是粮食和水。若說會賓客入酒席,那吉祥話兒的果名兒,大約不少。　不錯。

第四十九章　蔗糖米糖

（狗）．溝．渠　小‥狗．兒．的　　．猪．狗　　．足．够．

　　纔說的那藕和林檎兩樣兒,我算是都明白了。林檎這兒沒有,不必說了。那藕到底是那兒出的多呢？　不是有個南北海麼,夏天那裡頭就有荷花兒,那荷花根就是藕。　這麼說藕是在泥裡頭了,也不很乾淨罷？　哎,最潔淨是蓮花,雖然不論那一個河道溝渠裡,都可以種蓮,可是乾淨極了。古人也說:"出於泥而不染",比他爲君子,可見他是極乾淨的了。　是了。你纔也說,藕也可以作藕粉,那藕粉是作甚麼用的？也是吃的麼？　了不得,你越發糊塗了,藕粉怎麼吃不得！有藕作的,有荸薺作的,雪白很細。吃的時候,加上白糖,用開水一沖,冷天或是病人,都可以吃,也說喝藕粉。　是了,這我又想起一樣兒來了。　甚麼？　纔又聽您說白糖,那不是用甘蔗熬的那個麼？　是啊,那是河南來的多。　昨兒我在街上,瞧見一個老太太,抱着個小孩子,很愛的樣兒,在

---

①　林檎:水果名,又名花紅、沙果。果實卵形或近球形,黃綠色帶微紅。
②　虎拉檳:蘋果的變種。

賣糖的糖担子上,買了一根關東糖①給那個孩子,老太太嘴裡還說:"小狗兒的②,別哭,吃糖罷!"那糖是關東來的麼? 該當是從關東來,如今本地作的假的多。 那糖是甚麼作的? 是糯米熬的。 街上還有一宗,打鑼賣糖人兒的,小孩子給他一個大錢,他用一點兒糖,擱在一個模子裡,吹一口氣,或人或物,或是小羊兒,或是豬狗似的頑意兒③,那是賣甚麼的? 那是吹糖人兒的④一個頑意兒,用糖不多,一手指頭糖,足夠就賣一個大。

註 釋

〔病人〕按北省人有病,則必節飲食,不食葷,且多有以靜餓爲主者,南省人亦然。常云:"病則忌油。"凡魚肉葷腥之類皆忌之,所食者只糖及薑,以開水冲之,曰薑湯。又稀粥、蒸饅首等,食以助胃云。

第五十章 十錦南糖

(口).摳.破.了 ○ 口..舌 叩.頭

我看那吹糖人兒的,沒甚麼大利息罷? 那本是一個小買賣兒,小孩子買一個,一會兒就拿小指頭兒摳破了,就吃了。回來又哭着要,或是這一家兒的孩子,把那一家兒孩子的吹的糖人兒弄破了,兩下裡⑤孩子對打起來。兩家的大人,因爲了這個糖人兒,也弄成打架辯嘴、口舌是非的,也常有。 那糖人兒就是吹的,用模子一按,不是麼? 吹的,還有倒的一樣兒糖人兒。 怎麼倒的? 用好白糖熬水,倒在一個模子裡,等稍微涼一點兒,就把那水倒出來,然而挨着模子的糖水,可早就粘住了。然後把模子打開,就是一個糖人兒,雪白很細,次⑥糖不行。 還有甚麼糖? 論到糖,要緊的是十二月二十三日,這

---

① 關東糖:用麥芽糖加工製成,搓成長條再切成段兒的甜食。
② 小狗兒的:對小兒親昵的指稱。
③ 頑意兒:玩物,玩具。
④ 吹糖人兒的:一種食品小販,以麥牙糖稀爲材料,用竹管吹成中空圓泡,再拿陶土製成的各樣模子(人、猴、雞等形),兩片合在圓泡上,冷却即成。以一根短秫秸爲支柱,兒童先玩後吃。
⑤ 兩下裏:兩方面,兩人。
⑥ 次:差,不好。

一天算是齊全的日子了。因爲家家兒在這一天晚上,要祭竈神,也稱竈王,必要把諸般的糖,都擺上,比方關東糖、糖瓜兒①、糖餅兒、十錦南糖②。那南糖裡,另外有好些名字,一盤一盤的擺好,點上了香燭,在廚房竈前祭祀。主人叩頭之後,把糖撤下來,一家之人,大家吃糖,以後就要過年了。那些個糖名兒雖多,總而言之,還都是米糖多。 還有甚麼? 還有細作的小糖果子,小糖頑意兒,都有鈕扣子大小,那都也是米糖和蔗糖化成的。 是了。

註　釋

〔打架辯嘴〕人無論親族鄰友,偶有一言不合,彼此辯論,甚者以致口角相爭,曰辯嘴。彼此相毆者,曰打架。有如此者,則必有勸解之中人,勸打架者,曰勸架。觀辯嘴者,曰勸解。彼此各約數十人對毆者,曰打群架。執持器械者,曰械鬥。京城匪人,往往亦有械鬭者焉。

　　自邇集平仄編
　　四聲聯珠卷之三終

---

　①　糖瓜兒:用麥芽糖加工製成的食品,做成圓型的就叫"糖瓜兒"。
　②　南糖:一種麥芽糖所製的小糖塊,形狀多樣,黏附芝麻、花生、松仁等。

第四卷

(古)第一章	紅糖黑糖	(苦)第二章	雞卵宜血
(瓜)第三章	豕肉之分	(跨)第四章	鴨美惟京
(怪)第五章	牛之名目	(快)第六章	羊之出產
(官)第七章	羊可爲裘	(寬)第八章	馬之出產
(光)第九章	驢騾之分	(況)第十章	駱駝北產
(規)第十一章	狐性多疑	(愧)第十二章	兔種有二
(棍)第十三章	虎狼最惡	(困)第十四章	諸豆之用
(工)第十五章	金銀源流	(孔)第十六章	金銀名色
(果)第十七章	運銅由滇	(闊)第十八章	運鐵由晉
(拉)第十九章	錫鉛之用	(來)第二十章	煤石之名
(懶)第二十一章	鹽政之利	(浪)第二十二章	稽查私鹽
(老)第二十三章	魚蝦之類	(勒)第二十四章	毒蟲害人
(累)第二十五章	俗論毒蟲	(冷)第二十六章	松柏各木
(立)第二十七章	杉木之用	(俩)第二十八章	木炭之用
(兩)第二十九章	春秋二麥	(了)第三十章	䉽麥蕎麥
(列)第三十一章	麥蕎分形	(連)第三十二章	玉米粗粮
(林)第三十三章	籼米爲稑	(另)第三十四章	梅子橄欖
(略)第三十五章	柿餅諸梨	(留)第三十六章	橘橙柑柚
(恪)①第三十七章	蘿蔔諸名	(陋)第三十八章	白菜諸名
(律)第三十九章	葱爲作料	(戀)第四十章	瓜茄之名

① 恪：正文章目中作"駱"。

（略）第四十一章　葡萄名色　　（掄）第四十二章　鳥雀俗名
（略）第四十三章　石榴二種　　（路）第四十四章　板栗白薯
（亂）第四十五章　鴈鵝之類

第一章　紅糖黑糖

（古）料．估．　・骨・頭　古・今・　堅．固．

我這麼料估①着，不論甚麼糖，大約總是白顏色兒的多，對不對？　對呢，倒也不差甚麼。可就是一樣兒，不能都是白的。　也有黑的麼？　怎麼沒有！有一種黑糖②，顏色就如同黑醬一樣。　也是吃的麼？　吃是吃得，也甜，也好，但是有一樣人頗用。　甚麼人？　娘兒們，每逢婦人生兒養女，坐月子，必用這個糖。據老娘兒們相傳說，婦人生產之後，渾身的骨頭縫兒，未曾合好，而且身子不潔淨，必須用這個黑糖沏水，早晚喝，可以揑③好骨縫兒，可以乾淨血水。所以早晚都是喝小米兒粥，加上這黑糖，又在粥鍋裡，臥上雞子兒④，而且還就着核桃穰兒吃，都是與坐月子的婦人身體有益的。故此每逢三朝洗兒湯餅會⑤的日子，親友送禮，必送黑糖、小米、雞子兒、核桃穰兒這四樣兒。雖然是這個鄉風兒，這麼個論兒，其寔古今醫書上，到底不知道有這個法子沒有。那都不管他，請問您黑糖是甚麼做的？　也是甘蔗，有人說是白糖之下的底子，大概有理。還有紅糖、紅糖盒兒，兩塊圓的，累在一塊兒，也與黑糖不相上下。　我雖愛問，可是我不大愛吃甜的，所以不大喜懽吃糖。　不吃甜的也好。　怎麼？　我聽見人家說，甜的吃多了，最傷牙。若是要打算叫牙齒永遠堅固，少吃糖最好。　是了。

---

① 料估：估計。
② 黑糖：顏色較深、近似黑色的紅糖。
③ 揑：硬扯攏，扯在一起。
④ 雞子兒：雞蛋。
⑤ 三朝洗兒湯餅會：舊俗，小孩出生第三天舉行的慶賀宴會。因備有象徵長壽的湯麵，故名。

第二章　雞卵宜血

（苦）窟窿　〇　・甜苦・　褲子

這麼說，從此以後，少吃甜的，反倒覺好了。　怎麼？　你不是說，甜東西吃多了，愛掉牙麼？　那不過道聽途說的事兒，誰真試過呢！　那麼我還吃我的糖，或是不愛吃甜的，那都隨便，不必瞎費話了。您纔說那雞子兒，就是雞蛋麼？不是文話叫雞卵麼？　是那個。　那個，人吃了可好啊！吃了生血，長津液。　我也常吃。　這兒雞子兒那兒來的？　鄉下各村裡，養活小雞子①。　小雞子，是甚麼？　就是雞，雞是官話，俗說小雞子。雄雞叫公雞，雌雞叫母雞，小小雞子，叫小小雞兒，都是四鄉②養活，有人挑進城裡來賣。那雞是春天的好，到十月就老了。作那個雞買賣的沒有稅，可是雞子兒有稅。　賣雞子兒的人，不容易呀！　怎麼？　挑的好好兒的，一個觔斗，不都砸碎了麼！　不但栽觔斗得小心，就是用手拿，也得小心。磕碰一個小窟窿兒，震一個細縫兒，那雞子兒，夏天就臭了，冬天就壞了、凍了。　是麼。所以往往夏天有蒼蠅在雞子兒上抱③着，那必是破了的。　有這麼一句俗語兒說："蒼蠅不抱沒縫兒的雞蛋。"　是甚麼意思？　是比方這個人這件事，必有個不好的緣故，所以傍人纔議論，決不是悞造謠言。　是了。這麼說，咱們吃雞蛋的人，那兒知道那賣雞子兒的苦楚呢！　他的甜苦誰能管呢？我想起一個笑話兒來。　甚麼？　一個小孩子偷了一個生雞蛋，藏在身子底下，椅子上。他母親問他，他使勁一坐，坐了一褲子雞蛋黃兒。　可笑極了。

註　釋

〔蒼蠅〕夏日多蠅，固人所共知。然京中之蠅尤甚，厨竈之中尤不可問矣。總之人烟衆多，街市汙穢所致。惟室中潔淨，窗紗齊整，稍可。

---

① 小雞子：雞。無論小雞、大雞均可叫做"小雞子"。
② 四鄉：鄰近城四周的鄉村。
③ 抱：蒼蠅長時間停留。

第三章　豕肉之分

（瓜）瓜果。　　○　　多寡。　　懸掛。

我看這瓜兒、果兒、糖兒、豆兒，這些個東西，都是小孩子們用的多，大人用的少，不是麼？　那也不一樣，有老人還愛吃零碎兒①呢！　老人，牙嚼得動麼？　自然不能嚼的也多，但凡能嚼得動的人，還是眞愛吃硬的。吃瓜果兒愛吃脆的；吃飯愛吃硬些兒、骨立②的；吃肉愛吃燒猪、燒鴨子、晾肉，甚麼硬他愛吃甚麼。　等一等兒，您說的燒猪是甚麼？　猪，文話就是豕，這燒猪可是小猪兒。因爲有一樣兒舖子，在京城裡名叫掛爐舖，專管燒小猪兒，也燒鴨子。那小猪兒，皮很脆，牙不好，嚼不動。　大猪也燒麼？大猪不能整個兒的燒，可是也可以用一塊去燒，那叫燒肉，也叫爐肉。　在甚麼地方兒出猪？　猪有兩樣兒，有車猪，有鞭猪。車猪是從京東玉田縣一帶，用大車拉來，在東西兩個四牌樓地方，賣到各猪店裡。又有湯鍋專宰殺猪賣，天天早起，倆四牌樓有肉市，就是湯鍋裡賣宰得了的猪的。然後各城的人、鄉下的人，都可以來買。又有盒子舖，薑③了去，轉賣給住戶，隨便不拘多寡，半斤四兩，皆可以買。　我瞧見過，有舖子在架子上懸掛着肉的，那就是盒子舖罷？　不錯，那鞭猪是從京北或京南，用鞭子掏來的，也是照車猪一樣規矩買賣。可是車猪肉嫩而貴，鞭猪粗老而賤。　小猪兒呢？　小猪兒是各鄉下的，用小車推來，專供爐舖燒的。

註　釋

〔燒猪〕按宴客之筵，有滿漢席之分。漢席者，即果碟大小碗，以雞鴨魚肉佐海味爲之。滿席則用燒燎白煑。燒者，即燒猪、燒鴨、燒肉；燎者，亦似燒，如烤雞、烤鹿肉、烤羊肉等；白煑，則以猪羊肉，整以水烹，而後切之。

① 零碎兒：此處指亂七八糟的小食品。
② 骨立：硬，硬實。也寫作"骨力"。
③ 薑：囤積。整批買進，準備出賣。

第四章　鴨美惟京

（跨）誇獎。　○　侉子　跨馬。

我不大喜懽吃猪肉，那燒猪不用想賣我的錢。　百人吃百味，您愛吃甚麼？　纔說的鴨子就好，或燒或煑，都可以。　論到鴨子，可是京城的比外省的强多了，京城的鴨子肥美，外省的鴨子乾瘦，故此外省的人到京，都誇獎這兒的鴨子，怎麼這麼肥嫩呢！　爲甚麼那麼好呢？　他是這麼着，這京城的鴨子，是用粮食填的，怎麼會不肥呢！　何爲填？　你没看見過麼？那爐舖裡，把高粱和黑面兩樣兒，和到一塊兒，捏成了一個個的細而且長的嘎嘎兒①似的，晾的微乾，把鴨子的嘴掰開，把那個食填到鴨子嘴裡，他不吃也填塞滿了，慢慢的消化，所以鴨子肥而美，別處地方不能。　鴨子那兒賣？　這各城外，有河水的地方兒，就有鴨子房兒，他們專作那個買賣。　爲甚麼外省的鴨子不好呢？　京城公侯王伯，富貴人家兒多，而且在旗的，滿洲規矩，送禮請客，多有用燒猪燒鴨子的出買賣。所以作這買賣的人，就想出法子來作。　外省呢？　外省除去大衙門用，別的平常人家兒，用這個的很少。　京城甚麼人作這個買賣？　也是山東的人開爐舖的多。　我看山東人，也是侉子②多罷，怎麼能想出這個法子來呢？　文人提筆寫字，武將跨馬掄刀，人的本事，各有一能。　是了。

註　釋

〔城外河水〕京師各城外，皆有河，環流曲抱之，名護城河。源自京西北之昆明湖水而來，引入長河，由西直門，北轉德勝、安定二門，南歷東直、朝陽二門，又南至東便門，由大通橋而東，下通州。其由西直而南，轉而歷各外城，復北而入東便門，水則皆爲護城之河也。

---

① 嘎嘎兒：舊指雞蛋。
② 侉子：方音較重的，較爲土氣的人。

第五章　牛之名目

（怪）乖．張．　○　拐．騙．　怪．道．

人的吃食，口味不同，有愛吃葷的，有愛吃素的。　何爲葷，何爲素？　葷的是禽獸的肉，素的是青菜。　是了，不錯。然而菜之內，還有葷素呢！　怎麼一樣都是青菜，爲甚麼還有葷素之分呢？　那素的，除了葱、蒜、韭菜之外，別的都算素的。　青蒜①、韭菜呢？　那也算葷。　誰說的？　大約是佛教裡興的，如今都這麼論。而且葷的之中也有大小。猪羊肉算是葷，雞、魚、雞蛋等類，算小葷。　大葷呢？　牛肉，就爲五大葷之一。　那四葷呢？　我也不懂得是還有甚麼，但是因爲牛是大五葷之一，所以不吃牛肉的多。如今有朋友，在一塊兒吃飯，這一位不吃牛肉，彷彿他脾氣乖張，却倒也不是，是他忌大五葷，入了佛教之故。　您我記得也不吃牛肉，也是入了佛教麼？　又不然。官場之中，禁止宰殺耕牛，因爲恐怕牛都宰殺了，可就不能耕田了，有妨農務，所以不許吃，這是一。又《禮記》上說："天子無故不殺牛。"那牛是名曰太牢，祭祀天地纔可用，人不敢吃，所以我們也不敢吃。　牛有幾樣兒？　有水牛，有黃牛，還有黑牛。水牛，是南邊種稻田用的；黃牛也可以馱東西，也可以拉車，也可以吃；黑牛是祭祀用的犧牲。　我是愛吃牛肉，我想佛教不許人吃葷，所以牛肉更不可吃。若是我不坑繃拐騙②、害人、欺負人，吃點兒牛肉，也不算我的罪。　怪道我沒見過你買猪羊肉呢，原來愛吃牛肉啊！　可不是！

第六章　羊之出產

（快）○　○　攞．痒．痒．　快．慢．

牛是那一處的多？　南省水牛多，大犄角，青白色；黃牛各處都有。這北邊的牛，還是口外的多。　我雖然不吃猪肉，因爲嫌他肥、膩人，然而偏乎③還

---

① 青蒜：蒜苗。
② 坑繃拐騙：坑蒙拐騙。"繃"，底本作"㣔"，據文義酌改。
③ 偏乎：偏愛。

是愛吃羊肉,不過您沒見我買過,就是了。其寔我頓頓兒不是羊,就是牛。　好,羊肉也好,而且這北邊的羊尤其好。　怎麼？　又肥又大,尾巴也大。南邊的羊又小又瘦,而且又少。　爲甚麼北邊的羊大而又多呢？　離口外近,所以多,又好。　這麼說起來,羊肉在這兒京城裡便宜了？　也看甚麼時候兒。京中的羊,從五月以後就覺賤。直到年底,就貴起來了,正月到三月底都是很貴。雖然很貴,也比南邊的賤多了。　其所以貴賤之故,爲甚麼？　夏天青草多,羊從口外來,一路上隨便吃草,所以賤。正月以後,到三四月,草沒長起來,必得乾草、豆子餧,所以貴。　冬天怎麼倒不很貴呢？　冬天,是把羊都天天宰了,凍起來,不用草料□他,所以也不能貴。　販賣羊的人,北邊都是從口外來的麼？　都是蒙古地方來的,到了京城,在四牌樓稅務司上稅,然後纔能賣給賣羊肉的人呢。　羊肉可以吃,羊皮、羊骨頭呢？　羊骨頭可以燒火,羊犄角可以作羊角燈①,彷彿玻璃似的。　我看一個賣零碎②的,他說是牛骨、牛角作的,那不是羊的麼？　甚麼？　有小簪子,有小鬍③梳兒,還有在頭髮裡撾④痒痒兒的小長木梳兒似的那個。　那是牛角的。　羊皮呢？　羊皮作皮衣裳,可是本處的羊不如口皮⑤,口皮又不如西皮⑥。　你快說罷,甚麼皮不皮的,我不明白,快說罷！　快慢由不得我,他東西有這個分別麼,我沒法子。

註　釋

〔羊〕羊來自張家口,至京德勝門外,有羊市,入城赴右翼稅務司納稅,京城業羊之人,皆回教人也。

① 羊角燈：用透明角材料做罩的燈。
② 零碎：零星的日用生活品。
③ 鬍：鬍鬚。據《彙音寶鑑・沽下平聲》："鬍,名鬚也。"
④ 撾：撓,搔。
⑤ 口皮：張家口產的毛皮,以白細軟而聞名。
⑥ 西皮：陝西省產的毛皮。

第七章　羊可爲裘

（官）.官·員　　○　　管·理·　·習慣.

　　那麽說，這皮子有好幾樣麽？　別的細毛兒①，貂鼠、海龍②、水獺、狐狸、猞猁猻、金銀豹、烏雲豹③、灰鼠④、銀鼠⑤，那都不能細說，單說這羊皮，有好幾樣兒呢！比方西皮桶兒，那是從陝西來的，那個毛板兒細軟。口皮是口外來的，毛板兒粗硬。所以西皮貴，口皮賤。這兩樣兒魚目混珠，狠難分別，總得細看，用手揉着試一試纔行呢！　人人可穿麽？　多半西皮是富貴人穿，口皮是常人穿。那毛頭兒又有分別，頂長的白而細軟，名叫大麥穗兒，次之爲二麥穗兒，三四麥穗兒更短小了。再短小的毛爲鷹爪毛。再短小，只有一點兒的，爲珍珠毛。又另有一種，在口外來的，爲骨種羊，可以作帽子，作小毛衣裳，顏色又黃而白的珍珠毛，名爲草上霜。　常人也分這些樣兒麽？　常人不過分大小毛兒而已，不能細分。再比常人又次的人家兒，穿老羊皮。　何爲老羊皮呢？　就是本地的羊。　羊不是從口外來的麽？　羊是從口外來，到了本地，吃了羊肉，把那皮子作衣裳，那就爲本地的老羊皮。還有一宗，二毛剪鑪兒⑥的，稍爲細些兒。　那細毛貂狐之類，甚麽人穿？　那是大官員們穿。總而言之，羊皮是貧富通行的，所以皮貨進口過關，那管理稅務的官役人等，他們差務是狠忙的。　販賣皮貨的人，也是大買賣罷？　自然麽。你怎麽不買一件皮襖⑦穿呢？　我從小兒沒穿過，故此習慣成自然，不怕冷。　是了。

註　釋

〔細毛〕貂鼠以下等，皆細毛者，所以別於羊皮也。京城細毛皮貨，另有鋪肆，東四牌樓、正陽門

---

① 細毛兒：此處指貴重上等的毛皮。
② 海龍：海獺。
③ 烏雲豹：沙狐。身小色白，皮集爲裘。
④ 灰鼠：松鼠的一種。毛灰褐色，頸下和腹下的毛白色，毛皮珍貴，可以製裘。
⑤ 銀鼠：鼬科中最小的一種。夏季背部棕色，腹部白色，冬季全身純白色，毛皮珍貴。
⑥ 二毛剪鑪兒：被剪過羊毛後未長豐滿的羊皮，用作皮衣時稱"二毛剪鑪"。
⑦ 襖：底本作"裯"，據文義酌改。

珠市口,皆有之。又正陽門外大街之東有果市,瓜子店之北有數富商,皆貨細毛,及綢緞各色上等衣服處。○羊裘,則正陽門外大市、半壁店多,他處亦有。

第八章　馬之出產

（寬）寬窄·　　○　　款·項·　　○

老天爺生產萬物,都是爲人用的。　是麼,天地之大,何所不有。這些個飛禽、走獸,都是供人用的多,比方牛羊兩樣兒,於人是極有益的。　馬、牛、羊、雞、犬、豕,本來名爲六畜,是家家該當養活的。　馬可不能家家兒養活。甚麼人養活呢？　當兵的,還是當馬兵的,他們可以養活。　各省的兵也多,馬兵也多,南北都有兵,可是南北都有馬麼？　北省的馬,比方直隸、河南的馬,大半都是從口外買來的,京城也是那麼着,因爲口外馬多。　南省呢？南省也有出馬的地方,四川有川馬,個兒小,可有力量。別省也都有,都不狠大,惟有甘肅的馬大,是從關外來的。　兵丁養馬,他們的錢粮,夠養馬的麼？那是在人吃的銀米之外,另給他養馬的銀子,名叫馬乾。　每名一匹馬麼？馬兵每人一匹,武官有例馬,按品級大小,分馬之多寡,從十幾匹到四匹、二匹的。　那兵們,就是人各一匹了。　也有家裡錢財富足,手頭兒寬綽的兵,可就都有自己在官馬一匹之外,又另外養活一兩匹私馬的。那手頭兒窄的,一匹官馬,還僅夠一養活的呢。　這麼說,養活私馬是在乎他家道兒貧富,手頭兒的寬窄了。　是麼。私事買賣,南省也有養活馬的。　作甚麼？　駝東西,名叫馬駝子①。他們養馬,僱給人駝東西,得錢養家過日子。　那個馬,是自己拿錢餧,不能有馬乾銀子罷？　你是故意兒說糊塗話,那馬乾,是武營的兵馬錢粮的款項,那兒能給私馬呢！　我是說着頑兒呢！

---

① 馬駝子:用馬載運貨物,貨物裝簍或有一定形式的捆載,負於馬背。駝:據《類編·馬部》:"駝,徒蓋切。馬畜負物也。"

第九章　驢騾之分

（光）光·明·　○　廣·大·　　·遊·逛·

人是有四肢，兩隻胳臂，兩隻腿，牲口是四隻腿。　你真算得清楚，一點不差。這樣兒的費話，說他有甚麼益處？　雖是不要緊的話，也有道理。　甚麼道理？　你想人和牲口不同，是為甚麼？就因為是人為萬物之靈，萬物都是供人用的，人所以體面尊貴。　是麼，照這麼說，實在有理。你看牛、馬、驢、騾，雖然比人的勁兒大，可還都是為人所用，給人使喚着。　是那個理。但是牛馬，我知道，那驢騾是甚麼？　驢，彷彿馬，比馬小些兒，長耳朵，南省不大有，北省多，直隸從口外來的更多，可以騎，可以馱，可以套車，可以拉磨，可以耕地。　那騾呢？　騾，俗呼騾子，似馬而非馬，鬃短，比馬稍高。　啊，我們那兒沒有。　南省也少，湖北省還有，可以馱人，馱馱子①，狠有力量。可是都是沒閹割的，京城和直隸各省地方，有用騾子套車的，都是母的多。還有一層，驢是驢產的，馬是馬產的，騾子可不是騾子產的。　怎麼？　騾子，是馬產的。因為驢配驢，生驢；馬配馬，生馬；公驢母馬相配，生騾。　母驢公馬呢？　那若是相配了，就生撅嘴兒騾子，名叫驢騾兒，比真騾子小些兒。　是了。　俗語說：「人是衣裳，馬是鞍韂②。」好牲口配上好鞍韂，週身的銅什件兒③，擦的光明透亮，好看着的哪！　說是這麼說，我們那兒沒有騾子，今兒可是初次聽您說。　我從前也告訴過你一回了罷！天地之大，何所不有，那兒能你都見過呢！　寔在是天下的地方廣大無邊，等我把各處地方都能遊逛遍了，自然開大了眼了。　那一定。

---

① 馱子：馱垛，捆紮成垛供馱運的貨物或行李。
② 韂：鞍飾，佩於鞍具下。
③ 銅什件兒：銅製的小物件，主要指銅環、扶手等物。

第十章　駱駝北產

（況）誑騙。　狂妄。　〇　況且．

你說這四條腿兒的，還有甚麼有用的牲口？　還有駱駝。　駱駝，我也沒見過。　你貴處是那一省？　浙江。　那寔在難怪你沒見過了。這樣的牲口，是從蒙古來的，最怕熱，到了三月就得出口[①]，八月初間纔回頭進口，所以就是京城四外[②]和直隸地方，離口近的省分有，南方去不了。　怎麼個樣兒？　狠高大，比騾子、馬高的多，也大。有個天生的肉鞍子[③]，人可以騎，也可以馱粗重的東西，能馱五百觔的分兩。四個大肉蹄子，頭似羊，項下多長毛。你這麼說，我總是不如瞧見纔好。　那不要緊，等着到了冷天，天天街上有駝煤進城的，一連五六個，拴在一塊兒，你可以細細兒的瞧瞧。　是了。　我又想起一個笑話來說，說出來你可別惱，這是人家現成兒的笑話兒。　你快說罷，不用交代了。　有一個南方人，到了北京，看見了駱駝不認得，問人是甚麼。北方人就誑騙他，說是蠻驢。　我明白了，這個北方人，必是繞着灣兒罵他呢。　不錯，說南蠻是驢的意思。　那南方人怎麼樣？　他聽見了，知道北方人罵他，他作了一首詩。　詩說甚麼？　詩說："頭似胡羊頸似鵝，也非驢馬也非騾。此物南方真個少，畜生惟有北方多。"　嘻，北方人反倒被他罵了。可不是！可見人不可狂妄，而況且外來之人討教、打聽，更該當誠誠寔寔的告訴，纔是道理。那個北方人輕薄，所以反受其辱了。不錯的，人以誠寔為貴。

註　釋

〔駱駝〕此物產自口外，購而使之運粮、煤、炭、石等粗重之物。每駱駝一頭，約銀四五十兩。〇冬日，蒙古人至京，亦有攜帶駱駝出售者，又自通州至賣買城，清魯貿易之貨物，皆藉此力。

---

① 出口：出邊塞關口。
② 四外：四周圍。
③ 肉鞍子：駝峰。其狀如鞍，故稱。

第十一章　狐性多疑

（規）.規 矩.　○　詭.詐.　富.貴.

　　說完了一宗說一宗，說完了一樣兒說一樣兒，不可眉目不清，不可辭不達意，那纔是說話的規矩。　不錯，凡事都是如此，豈但①竟這個規矩，還得分門別類呢！　分門別類，那是作書。若論你我隨便說話，也就是想起一樣兒來說一樣兒，就是了，那兒一定拘②分門別類的說呢！　也有可以聯着說的，假如昨兒是論六畜，牛、馬、駱駝等類，這都是四條腿兒的，咱們就還是說四條腿兒的，好不好？　可以。四條腿兒的，是桌子、椅子、板櫈甚麼的，你要叫我說那一樣兒？　我要說的，不是那個死物，是要聽您論那個活物兒，比方狐、兔、狼、虎等類。　哎呀，那還是獸類呀，可以先說狐狸罷。這狐狸，是生在山裡，性情詭詐，人輕易看不見。　那個東西爲甚麼那麼詭詐呢？　他總時時刻刻防着人拿他，最多疑，所以人愛疑惑的，也就是說"狐疑"。　輕易不見，人得不着他罷？　怎麼得不着！若是得不着，那些富貴人們穿的狐皮袍褂，都是誰的皮呢，不是狐狸的麼？總還是沒有人能③。這東西雖然有的地方兒也多，然而有名的，還是雲狐，就是雲南出的。再就關東多，本地雖也有，不能多。也有人說那東西能修煉，會變化人形，千年的毛白，萬年的毛黑，那些胡編混造的話，可就都是附會之談，不足爲據的了。還有稱他爲狐仙，說他能禍福於人，更不可信了。別的不必說，眞能是仙，怎麼會叫人穿他的皮呢！　不錯。

第十二章　兔種有二

（愧）.虧 欠.　.揆 守.　.傀 儡.　.慚 愧.

　　爲甚麼人都說狐可爲仙，能禍福於人呢？　總是俗人信鬼的緣故。比方有一處閒房子，多年沒人住，這就沒人敢住了，往往就說那房子有鬼，或是有狐

---

① 豈但：難道只是，何止。
② 拘：限制，拘束於。
③ 能：厲害，有能耐。

仙，不可去得罪他。甚至有一個州縣官的舊衙門，多年沒人住，一個新任官來，不信狐鬼，打開後樓，住了一夜，就會見神見鬼的，自己瘋癲，尋死上吊。及至死後，居然就傳說，某官是中了邪了，死了。　眞的麼？　不是中邪死了，大約是因爲他虧欠了國帑①，賠不了了，尋死的。　可笑之極了。我想作大小官，能有撐守，自己清廉，不必說沒有邪祟，就是有邪祟，也是一正壓百邪，怕甚麼！

可不是！不過是宦場之中，有人說是傀儡之塲，名利之客，清廉操守的固然多，枉法營私的也不免有其人。　我們不必論那些個，還是說咱們的獸類的東西。　甚麼？　纔說狐兔相連，狐是論了，兔呢？兔有山兔兒，有野貓②。山兔兒，有黑、白、灰、黃，各種顏色兒不一，可以供小孩兒頑意兒。野貓可以吃，把他的肉燉爛，名叫兔肉脯兒。　皮可以穿麼？　兔兒皮，萬不可作衣裳穿。怎麼？　世俗有戲謔的話，以兔爲嘲笑③。假如有人穿兔皮，人一問他，甚麼皮的？他必臉上害羞，百般慚愧，所以不能用兔皮爲裘。　這兔兒在甚麼地方多？　有山的地方兒大約都有，野貓可是北邊多，南方也有，少。　狐兔相連，是爲甚麼？　俗話有"兔死狐悲，物傷其類"，大概這二物，是形類有相似的地方罷。　是。

註　釋

〔戲謔〕俗以男色龍陽，爲呼之兔子，故云。

第十三章　狼虎最惡

（棍）○　　○　．翻．滾④　　棍．子．棒．．子

說完了狐兔了，該說狼虎了。　哎，這兩樣兒，有甚麼可說的呢？你既要問，我就說個大概。先說那狼，狼是山中的走獸，能吃人，也更愛吃小孩子，比方挨着附近山坡兒的莊村兒，可都家家兒牆上，用白灰畫一個圈兒在牆上。

---

① 國帑：國家的公款。
② 野貓：指一種野兔。
③ 以兔爲嘲笑：因將男寵稱爲"兔子"，故以此爲嘲笑。
④ 滾：底本將此字排在上聲位置，聲調標注可能有誤，照錄。

那作甚麽？ 相傳，說是狼怕圈兒。 眞的麽？ 我不是狼，也不知道。 笑話兒了。 誰說不是可笑呢！然而狼雖說是能吃人，可人也能拿得着狼，拿着之後，肉可吃，皮子可以作衣裳，作褥子。 狼是那兒地方多？ 北方多，南方少。 那虎呢？ 虎是各處都有，還是有老山老嶽的地方兒多。 那狼或者容易拿，那虎可怎麽個拿法呢？ 聽說拿老虎的法子，是刨一個陷坑，坑面兒上用蓆蓋上，加上土，如同地一樣，老虎一過，就掉在坑裡，這是一樣。還有用藥箭，埋伏在道傍，老虎一踹着機檻，箭一出去，射中老虎的身上，他就疼的滿地翻滾，就死了。本來那虎的力量大，不像狼，可以用棍子棒子就能打倒的。

虎有甚麽用處？ 虎皮作褥子用，古人說"擁皋比"①，就是舖虎皮爲坐褥。那虎肉可吃，虎骨熬膏藥，或是泡酒，人喝了有力量。 那兒虎多？ 那兒也不多，到底虎是少，不過有山的地方往往有就是了。 是了。

註 釋

〔圈兒〕近山荒村，狼寔多，往往夜出，啖人子女及雞豕等類。故鄉人多以灰畫白圈於黃土墻上，蓋俗傳狼有畏圈之謠，然此固無足論，惟夜宿荒村野店者，宜愼防之。

第十四章　諸豆之用

（困）．坤道．　○　閨闥．．乏困．

這以上所說過的牲口、野獸，雖然都是四條腿的，我看也有個分別。 甚麽分別？ 有用人餵養的，有不用人餵養的。 那是自然。比方牛、羊、馬、驢、騾、駱駝，都得吃草、吃料，那虎狼誰還能去餧他呢！ 牛馬的草料是甚麽？ 草，夏天青草，冬天乾草；料是豆子。 豆子是甚麽豆子？ 黑豆。那豆子樣兒也多，有黑豆，有黃豆，有勻豆②，有赤小豆，有菉豆③，有豌豆，有青豆，多得狠了。餧牲口的料是黑豆。作豆腐是黃豆。作澄沙④可以爲點心餡子的，

---

① 皋比：虎皮。
② 勻豆：芸豆。
③ 菉豆：綠豆。
④ 澄沙：一種較細膩的豆沙。將豆類煮製成泥狀，過濾，加糖，因多用紅小豆，故顏色黑紅。

是赤小豆。賣成哄小孩兒的，是勺豆。那青豆可以作豆瓣兒、豆嘴兒①，都是用水一泡，作菜用的。豌豆可作點心，作糕。菉豆，可作糕之外，夏天又可熬湯，人喝了去暑。這些個豆子，都是三月清明節種，到秋天收成。　都是在城外莊稼地裡種，不是？　不錯。可是人家兒的院子竹籬上，也有種豆的。　甚麼豆？　扁豆。扁豆有兩三樣兒，有白扁豆，有青扁豆，有龍爪扁豆。鄉下菜園子裡固然有，城內的住家兒，坤道②婦女們，也有種着頑兒的。　嗐，老娘兒們、小姑娘兒，在閨閫③以內，還種莊稼麼？難說。　不是種莊稼，不過院子大，地寬綽，他們到了夏天，種一點兒，作爲頑意兒。比方夏日天長，身體乏困，看見竹籬之上，這個綠森森的頑意兒，也倒醒眼解悶兒，故此纔種的。　是了。

註　釋

〔菉豆〕菉豆亦曰綠豆，質小而圓，夏日北人多煎湯汁，飲以代茶，云能袪暑，以其性寒之故也。又有服藥腹中作亂，或誤飲毒者，速取綠豆杵碎，以水攪和，飲之即愈。一曰賣汁飲之，亦可。

第十五章　金銀源流

（工）工　夫　　○　　金　礦　　通　共。

看起來，糧食五穀寔在是與人有益的，就是人種地、種莊稼、種菜園子，那一樣兒都得費事、費勁、費工夫，不但費工夫，而且還得在行，明白天時、地性。若是叫我去，可寔在不行。　農工商賈，各有一能，那兒能人人兒都會呢！農是種莊稼，工是手藝人，一樣的借天時。借着天時，盡人力就收成了。　商賈也不錯。　商賈是買賣人，不是麼？　是呀。　那講究是地利。　怎麼？地裏出的金銀，他們買賣人，一本萬利的，借着地利盡人力，就發了財了。　也是不容易，那兒能一下兒一個陽眼兒④的呢！　那不管他發財不發財，倒運不倒運，單說他們這金銀，都是那兒的？　那金子，是金礦裏出來的；銀子，是銀

---

① 豆嘴兒：大青豆以水浸泡，稍稍發芽，用作菜肴，故稱"豆嘴兒"。
② 坤道：婦道，指婦女們。
③ 閨閫：內室，特指婦女居住的地方。
④ 陽眼兒：一種箭靶的組成部分，呈圈狀。參見本章"註釋"部分。

礦出來的。　那不必說,自然是山裏、礦裏出來的,我是要問這金銀出在那兒?那一省,那個地方兒多?　那可難說。如今所有各省用的金銀,都是原先古人傳留下來的。通共①算起來,是國寶源流,整了又碎,碎了又整,當初是那些個,如今還是那些個。　古人的金銀,是從山裏礦裏出來的,如今人怎麼不開礦,多取金銀呢?　有兩層。一者礙於風水的地方兒多,不敢亂開,不肯亂動,恐怕開山動土,礙于風水,民生不利;二者是也有開的,往往算一算,不夠開礦的工價。　怎麼?　比方費百金之費去開礦,所得的生金不足百金,豈不是白耗費麼?所以不大有開礦挖取金銀的事。　咳,天不愛道,地不愛寶,可惜山川的寶物,人不能多得呀!　我看是物以罕為貴,若是多了,遍地黃金白銀,可又不值錢了。　也有理。

註　釋

〔陽眼兒〕弓矢之用,以的為準。另有鵠射者,矢去鏃,以骨為有孔之具以代鏃,以布作圈,裹以草,凡數重,層層環套為的,發矢中者,其圈即落地。最小之的心,以紅布為之,名曰金陽眼,中之最難。故有此語之喻,言事不能皆易為也。○按陽眼者,言其如太陽之紅,而又如目之形也。金者,貴也。

第十六章　金銀名色

（孔）空　虛　　○　　面孔　　閒空

這麼說,您纔說過的,金銀整了碎,碎了整,整的是怎麼樣兒,碎的是怎麼個樣兒?　論規矩,以銀子為主,大銀子是元寶,以五十三兩為一個元寶;其次二十兩的錠子也有,十兩的錠子、方槽,五兩的錠子、錁子,一二兩的小元寶兒,這都是整的。　碎的呢?　銀子用火化,大錠改小錠,若用火燒紅,用鐵錘砸扁了,再用鐵剪剪碎了,就叫碎的。碎的多了,再用火化,又是整的了。　甚麼人化這個呢?　京城中有一宗舖子,名叫爐房②。他門口兒掛着牌子,寫"散碎成錠"的字樣。　是了。他也管燒銀子麼?　也有管燒的,然而燒銀子,大

---

① 通共:總共,一共。
② 爐房:鑄造銀器、帶有作坊的店舖,多兼營銀子的存儲和兌換。

半是鐵舖鐵匠燒。　化大錠改小錠,或是化散碎成錠,銀之中不攙別的麼? 有一宗藥,名硼砂,還有一點兒銅,攙和①在裏頭。　用藥,大約是化銀的工用,攙銅作甚麼?　比方不攙銅的,爲十足高銀子,攙銅的,就爲有成色了,有九九、九八、九七、九六、九五,直到八八、八五的都有,銅若多,就爲頂銀了。頂銀也用得麼?　那不行,往往銀子不足數,暫以一二小塊,頂充其數,所以爲頂銀。　是了。　還有一宗九九銀,爲松江銀子,九成九銀,一成銅,那可倒是買賣通行的。　金子呢?　金子也有金條、金葉、小金元寶。然而不過富家,或是遠行銀多不便,所以用金,其實金子不是買賣通用之物。　聽說有銀票,是甚麼?　那是銀店、銀號、大買賣,他們開出來的票子,憑票取銀若干。那倒輕巧,狠方便啊!　方便是方便,比方他那舖子若是空虛了,外面假裝富足的面孔,可是瞅一個閒空兒,他就關門跑了,你可就剩了一張廢紙了。　可了不得!這麼說,還是實銀好。

註　釋

〔元寶〕元寶形如舟,重五十三兩,亦有五十二兩,餘者不等。按京中錢市,在正陽門外珠寶市,每日城內外諸錢舖,俱有一二人至市,買賣銀錢,其例以元寶一枚爲一碇,以錢爲一吊,爲易銀若干之准。假如今日八分銀一吊,則銀八錢可買錢十吊;銀八兩,可買錢一百吊;則元寶一枚五十兩,可買四百吊矣。其三兩二兩之餘,則又用以爲加減損益,以爲行市焉。

第十七章　運銅由滇

(果)飯　鍋　　國　家　　結果　　過去。

有兩句俗言說:"吃遍天下鹽好,走遍天下錢好。"看起來,銀子、錢是好東西。　據我說,好是雖然好,然而也是死物。況且也不可太多,多了,就反倒受累。　可是沒這死物,又不行哪!少了又不夠哪!　別說那個話,那本來是古聖賢制度,銷山爲錢,煑海爲鹽,不過利於民生就是了。　還是呀②!利於民生麼,您說死物。　若是沒有粮食,沒有絲棉,沒吃的,沒穿的,那行麼?銀、錢

---

① 攙和:混合攙雜在一起。
② 還是呀:意爲正是這個道理,用以肯定對方講得對,再抓住其言進行勸導或反駁。

豈不是死物，寒不可衣，饑不可食麼？　您也別說那個話，有了粮食、絲綿等類，也得有錢買米、買穿的，比方火上擱着①一個空飯鍋，沒錢買米，行麼？身上冷了，是一個光身子，沒錢買衣裳穿，行麼？所以國家造錢，叫民間好彼此貿易，您想對不對？　對是沒甚麼不對的，然而說到收元結果②，還是得先農而後商，你想對不對？　我算說不過你，但是請問有一句話說："錢爲青蚨，飛去飛來。"難說錢是個銅作的，怎麼能飛呢？　那無非說錢能流通的意思。　是了，錢能流通，還是個活物不是？　說不過你，咱們倆人沒話。　說正經的罷。請問鑄錢的銅，是那兒來的？　銅是雲南來的，那兒山裏出銅，銅礦煉得了，送到京裡來，京中有錢局，用銅鑄錢。　各省的錢呢？　各省都有錢局造錢。別的銅器呢？　那比方銅壺、銅盆、銅鍋、銅爐子，那是民間採買私銅，或由外海來，或由內山出，算起來還是雲南的銅多。那一年我在南邊船上，看見好些個運銅的船，在我們船傍邊③過去，聽說都是雲南來的。

註　釋

〔銅〕凡銅之良者，產于雲南，召商開採，歲輸京師五百七十萬四千斤有奇，分爲六運。承運之官，由尋甸、東川，水陸兼運，至四川之三峽，出江漢，經湖南、湖北、江西、安徽、江蘇，達運粮河，以達京都。〔錢〕凡京師鼓鑄，統設二局。其隸於戶部者，曰寶泉局，歲鑄錢七十六萬千二百八十緡，遇閏加鑄四萬九千九百二十緡。其隸於工部者，曰寶源局，歲鑄錢四十四萬三千六百九十八緡百七十文，遇閏加鑄二萬四千九百九十七緡有八十文。

第十八章　運鐵由晉

（闊）〇　〇　〇　寬闊。

算起來，金、銀、銅、鐵，可都是地利中要緊的東西。　我說，鐵比金、銀、銅，還要緊。不用論別的，竟說每天作菜作飯，沒有鐵鍋就不行。豈不比別的還要緊麼？　說得是，可沒有鐵鍋的時候兒，又用甚麼作菜呢？　你怎麼改

---

① 着：底本作"看"，據文義及東京博文館藏本279頁改。
② 收元結果：了却前緣，得到結果，謂前有因緣則必有相對的後果。
③ 傍邊：旁邊。

了,說話竟愛辯別了,我不和你擡死槓①了。　別着急,還是要請問正經的,這個鐵那兒來的?　那誰不知道呢!鐵是出在山西。　街上我看見有鐵舖,帶火爐的,好些人打鐵,砰啊嘡的,有不帶火爐的鐵舖,鴉沒雀靜兒②的,是怎麼個分別?　那有火爐的鐵舖,是熟鐵舖,是從山西來的鐵塊,在這兒燒紅,打造菜刀、釘子、鐵條、鐵絲,各樣兒的東西。那沒火爐的,是生鐵舖,又叫冷鐵舖,都是在山西省鑄得了的鐵鍋、鐵勺、鐵鈷、鐵盆、鐵壺、鐵爐,打得了的鐵釘、鐵條甚麼的,運送到各處,所以京中也有。說來說去,鐵還是山西的多,就是了。

銅造各樣的器皿,鐵不可以造器皿麼?　這纔說的不是鐵器麼?　是是,我說錯了,我是說,銅能造器皿,又能造錢,鐵造器皿,不可以造錢麼?　也可以,那前二十年,有一宗鐵錢,使了沒幾年的工夫,後來就使不開了。　爲何呢?　總是銅貴鐵賤,故此一行使的時候,鐵錢就沒有銅錢好,後來越使越覺着行使的地方兒不寬闊了。所以如今山西有一宗二八錢,那還是當日二成鐵錢,八成銅錢的規矩。如今有名無寔,竟用銅的,鐵錢就廢了。　是了。我們所聯的《平仄編》,第七段兒也完了。　是麼。

第十九章　錫鉛之用

（拉）拉扯・　邋遢・　蜊・蜊③蛄・　蠟・燭

你把這《平仄編》第七段兒聯完了,着實費心了。　那兒話呢!聯雖然是聯完了,然而天上一句,地下一句,東拉西扯,一點兒不聯貫。　拉扯也罷,聯貫也罷,到底聯完了,就將就算一個話條子了,何況還聯得清楚呢!　那你可是過獎了,我正自己看着聽着狠不像話呢!不過隨問隨答,盡其所知,就是了。

那麼着,咱們不說閒話兒了,還有請問的事。　請說。　金、銀、銅、鐵,算是都聽您說過了。五金之內,不是還有錫麼?　可不是!錫也叫錫鑞,好的極白,如同銀子,打成器皿、茶壺、酒壺之類,又白又亮,可是得乾淨人用,常擦纔好。若是遇見個邋遢人,不擦不拾掇,把個像銀子的高白錫器,使喚的就如同

---

① 擡死槓:比喻跟別人頑固地無理爭辯。擡槓:爭執,爭辯。
② 鴉沒雀靜兒:靜悄悄,沒有聲息。
③ 蜊:此字處於上聲位置,聲調標注或有誤,照錄。

個黑倭鉛似的了。　倭鉛又是甚麼？　是頂不好的錫，又軟又黑。　也作器皿麼？　也有作壺用的，可是太不好，所以用的少。　那麼，有何用處呢？　有用處。鉛有白、青兩樣兒，又可入銅，造器皿，又可作槍礮子兒。　這鉛出在那兒？　貴州、湖南都出的。　平常操演兵丁們，也用鉛子兒麼？　平常不用，惟有操練打靶的時候用，以中的爲準。　是了。　有一年，一個教塲裏，兵丁們打靶，那正是秋操的時候。有兩個小孩子，在野地裏掏促織兒、撲螞蚱①，挖着一個蜊蜊蛄②，正頑着的時候兒，可巧一個打靶的鉛子兒，飛到孩子的腿上。這麼着，傍邊兒的人，好容易把孩子帶到城裏頭，那大夫住的又遠，黑了纔來，拿着蠟燈，明晃晃蠟燭一照，這纔把鉛子兒取出來了。所以瞧打槍礮靶，一定要留神。　那自然。

註　釋

〔錫鉛〕錫之良者產於南洋，以時而至，由廣東買而輪於京師，歲輪二十一萬千七百十有二斤。白鉛、黑鉛產於湖南、貴州，亦招商開採，歲輪京師，白鉛三百八十四萬九百十有四斤，黑鉛七十萬五百七十一斤，是舊規也。近年練軍防勇所費寔非尠少矣。

第二十章　煤石之名

（來）○　·來去。　○　倚·賴。

山中之物，五金之外，還有甚麼？　還有煤，有石頭，煤有紅煤、硬煤、軟煤之分。出京城南山的好，北山的次。有煤窰、煤廠，運煤用駱駝駝載，駝來的爲重載駱駝，回去的爲放空③的駱駝。　駱駝來去，走那一個城門？　走西直門、阜成門、西便門的多，因爲山是京西一面兒之故。　能運到多遠去？　從前可運到天津，如今那邊有煤窰了。再說，俗言有"百里不運粗"之說，所以狠遠，煤一定昂貴。　石頭西山也有麼？　有山的地方，石頭自然是多，也分個出產不出產。假如這山看着有石，可是蘇脆用不得；那山看着沒有石，可又

---

① 螞蚱：蝗蟲。
② 蜊蜊蛄：蝼蛄。
③ 放空：運載工具（如車輛、駱駝等）走遠路不運載東西。

出絕好的白石。比方西山有石塌,有石灰窰①,既可以把粗石鑿出個坯子來,運到京城石頭舖裏造作,又可以把石頭燒灰,運到城裏抹牆用。 我看牆上有黑色的,是白石灰麽? 那是青石灰,攪和白石灰用。 是了。 石頭之中頂好的,有一宗漢白玉,光滑白淨,可作欄杆、石柱、華表、石人、石馬等類,作爲墳前的陳設儀仗之說。又有石頭子兒、鵝卵石,都是水沖出來的。然而南方石頭多,而且賤,因爲山多的原故,有好些石牌坊、石橋等類,較比北方便宜。 啊。

第二十一章 鹽政之利

(懶) 鬖 貪婪 懶惰 燦爛

天地之利,生出來的東西,都是於人有益的。不但山上生這個生那個,金咧,銀咧,銅鐵咧,草木咧,煤咧,甚麽的,就是水裏也生好些個水族甚麽的。而且造船,過江過海的,那一樣兒不是有益的! 是麽。海水裏不說別的,頭一樣兒有益的是鹽,這一樣兒更是人一天也離不開的。 鹽是鹹的不是? 難爲你說,你眞明白。 可海鹹河淡麽,海水鹹,所以可以作鹽。 也不竟是海裏出鹽。論各省的鹽,固然濱於海的地吃海鹽,而且海鹽也行的遠,銷的地方兒寬。然而還有鹽井、鹽池,各處也不一樣。 鹽政是怎麽個規矩? 那是出鹽的地,設立有管鹽的大人們,也有好些小官,招商人們來交錢領票,給他們鹽,叫他們賣去,交的錢爲鹽課。 這麽說,鹽算是歸官管了? 是。不歸官管,豈不民間爭鬧起來了麽? 管鹽的官,辦理的自然公正清楚,於民有益罷。 那也不敢懈怠,不敢含糊②。比方公事鬖鬖③,或是貪婪暴虐的小官,那鹽政大人們,隨時都要叅辦的。所以都必要奉公守法,不敢不公正,核算也得勤謹,稽察也不敢懶惰。往往那些鹽商,感念大人們的德政,就給他掛一塊匾,作一把萬民傘送他。 匾我知道,是塊木板,塗粉寫字,誇獎他的好處。那萬民傘是甚麽? 是紅緞子作的,寫着衆人的名字的一把大傘,紅地兒金字,太陽照着金光燦爛,好看着的哪! 是了。

---

① 窰:窯。據《廣韻・平聲・四宵》:"窯,燒瓦窯也。窰,上同。"
② 含糊:粗心大意。
③ 鬖鬖:原指頭髮散亂下垂貌,引申爲邋遢、不整潔。此處形容公事頹廢。

第二十二章　稽查私鹽

（浪）檳榔　狼虎　光朗　波浪

說起來，管鹽的官狠費心了。　是麼。北方鹽運使、鹽法道，這都是三四品的文官，以下分司其事的，或實任，或委員，還不少哪！　都是文官？　是。　沒有武官麼？　有，是稽察私鹽的。　怎麼爲私鹽？　是這麼着，這鹽是民間每天必用的東西，說到每天必用的東西，又何必派官呢？難道民間每天吃飯用的菜果，和飯後用的縮砂、檳榔，零零碎碎，還都得派官管麼？　所以說了。　因爲這鹽更比那別的東西不同，天天吃，天天用，所以鹽課是一大宗國家的國帑，可又必得分清某省出的鹽，只許某處某處吃，不許侵佔銷鹽的地方，以致國課不足。　好。　民間有愛小利的人，往往不交課私賣，這還不敢公然去作。惟有一種鹽梟，他們把此處的鹽，運到不該銷的地方去私賣，始而三五成群，繼而成群作隊，居然攜帶槍刀，形同狼虎。官兵攔阻，甚至拒捕傷人，只圖他的私財便宜，不管鹽商難交引課，所以各處設立鹽卡，多派武官帶兵把守要路，緝捕私鹽，故此也有武官管鹽的這個事。　鹽是那兒的好？　有淮鹽、川鹽、海鹽、井鹽、池鹽之分，雖然都是鹹的，只屬川鹽黑，別的多是白的。還有一宗鹽，彷彿六棱兒小珠，顏色光朗、白淨，出在雲南，名開化鹽。　眞是奇怪，海水我見過，不過波浪滔天的水，可又人得作鹽吃，眞是天地生物，於人有益不淺。

註釋

〔縮砂檳榔〕二物皆可爲藥，能開胸胃，助消化，故飯後，人每用之。縮砂，藥舖中市之，又有荳蔻一種，較縮砂尤美。檳榔則來自安南，種亦不一。

第二十三章　魚蝦之類

（老）打撈　勞苦　老幼　旱潦

常言說："一方水土養一方人。"又說："管山的吃山，管水的吃水。"大約挨着山近的人，必是種果木的多；挨着海近人，自然作鹽的多了。　是，也不能竟是煑鹽、熬鹽,還有別的養生之道呢! 甚麼? 挨海近,海水鹹,可作鹽。比方挨河近,河水淡,也作鹽麼?所以海鹽生涯之外,無論江、河、湖、海,邊兒上的人,就是打魚的人多。 這兒魚都有甚麼? 魚名兒太多,不常見的,不大吃的,那也不必多言了。以京城而論,還是鯉魚多,鯽魚次之,其次是白魚[①]、鯿魚,又有青魚、花鯽魚,這是常有的。至於一年一次的,是三月四月裏,有黃花兒魚,就是石首魚,個兒不大。黃花魚過去,就是海鯽魚,個兒大。但是這兩樣兒,從天津到這兒,都不能得着活的。過了五月節,就都完了。 還有別的沒有? 那漁人打撈魚,本來按着時候,四季各有雜魚,但是不常見,人就不起名子,所以就總名雜魚就是了。可還有鱓魚,分三樣,青、白、黃三樣之中,白鱓最好,又肥、又嫩、又大、又長。再者就是螃蟹[②],從春末起到冬初都有,可是八九月的好,因爲高粱紅了,蟹肉就肥了。又有一宗海螃蟹,肉稍粗,夾子狠大。鰕米沒有大的,四季都有,不過冬天貴就是了。這魚蝦之類,都是絕妙的酒菜兒。 咳,吃的人不理會那打撈的人多麼勞苦,下水受冷,費盡氣力,送了來賣,也不過爲養活他的老幼就是了。 可不是麼!窮人們,不但遇見旱澇不收的年分受苦,平常比上富貴人,也有"高樓一席酒,窮漢半年粮"的那個俗言。 咳,可歎。

註 釋

〔魚〕京城魚少,價亦不甚廉,然雖至廉時,人亦食之者寡。天津府則以魚爲菜,如南省魚米之鄉然。○有鱔魚,味美,而黃鱔不如白鱔尤佳。○有白蛤、青蛤,春日多入席饌以宴賓。

第二十四章　毒蟲害人

(勒) 勒索。　○　○　歡樂。
　　天生的禽獸鱗蟲,都是爲人吃的多。 也有害人的,那大的狼虎之類不必說。比方小蟲兒,也有害人的。 小蟲兒,如何能害人呢? 這兒俗論說,有

---

① 白魚:白鱗。
② 蟹:蟹。

五毒兒。 五毒兒是甚麼？ 長蟲，一樣，就是蛇；蜈蚣，兩樣兒；蠍虎子①，又名守宮，三樣兒；蠍子，四樣兒；還有疥蝦蟆②，五樣兒，共總為五毒兒，都能害人。 那一樣兒利害？ 五者之中，蠍子狠利害，他尾巴上有個鈎子，能螫人，螫人的肉上，立刻紅腫，狠利害的，還能從此叫人性命有礙。 真的麼？ 固然也不能立刻要人的命，然而紅腫潰爛，日久不能好的也多，夏天蠍子狠多。 有多大？ 有一二寸長，就是大的了。 這麼一點兒的蟲兒能害人，可惡。 還有小的兒呢！ 甚麼？ 一樣是臭蟲，有珠子大小，一夜可生幾百個，善於咬人，啞人的血。一樣是擺翎子③，有筆尖兒大，夏天咬人利害。更這兩樣，比蚊子、虼蚤④、虱子、蒼蠅，都利害。 這小毒蟲兒，真有甚麼法子避他？ 臭蟲，是屋子乾淨可以沒有，因為他本是爛木頭裡生的。那擺翎子，無法避他，他身子太小，窗紗的眼兒裏都能進來，沒法避。 咳，這些毒蟲雖毒，我看到底不毒。 你說甚麼纔算毒呢？ 那作官的人，不善治理衙役，叫他們出來勒索百姓，要錢，以致民人們父子兄弟受他的凌逼，不能常常的歡樂，那纔是毒呢！ 是，孔子說：「苛政猛於虎。」不錯。

註 釋

〔制毒〕臭蟲於三月則出，熱天尤甚，無術避之。惟潔其屋室，密其壁縫，使無隙穴，可免。逆旅之中，夏日尤多，無法以袪。○有云，以羊骨燒灰，使其烟熏之可免。故云：「羊肉舖中無臭蟲。」然亦不知確否。○擺翎子，亦夏日雨後多，被毒之處，以西藥阿摩尼亞水擦之。

第二十五章　俗論毒蟲

（累）勒死　雷電　累次　族類

說來說去，毒蟲子咬人、螫人，有甚麼法子解沒有？ 那臭蟲不過是要屋子潔淨，自然就沒有。萬一被咬，可以用蒜切作兩半，擦一擦，別的不要緊。惟有蠍子利害，螫人一下兒，人立刻肉皮紅腫，有個法子，用紅繩紅線勒在被螫的

---

① 蠍虎子：壁虎。
② 疥蝦蟆：癩蛤蟆。
③ 擺翎子：白蛉子，夏天一種叮人的小蟲。
④ 虼蚤：跳蚤。

底下，可以去毒，就好了。　紅繩、紅線一勒就可望好①，眞的麼？　我據理而想，不行。不但勒上紅線、紅繩，就是把人勒死，那毒也好不了。那都是俗論，以爲用繩線勒，可望痊癒，殊不知越勒，血脈越不通，更利害。惟有一法可治蠍毒。　甚麼法？　有一宗西國來的，和血相反的，可不是相對的藥，一敷上就好，可以打聽西醫就知道了。　是了。　說起來，這蠍子大的也有。　有多大？　有五六尺長，有一尺多寬。因爲有一次下大雨，天上大雷大閃，把一棵古樹劈了，所以樹裏蠍子，也就有人說是他成精了，叫雷劈死了。　那都是俗論罷？雷電本是一股電氣，偶然燒了古木有之。恰巧那毒蠍藏在樹裏，自然被燒死。若說一定是雷劈蠍子，那我不能信，斷無此理的。　據這本地俗傳，說的有鼻子有眼兒，而且不是一回半回了，累次三番的那麼說，某處雷劈了幾個這些話。還說毒蟲，比方蠍子、蜈蚣這些族類，能夠修煉多年，受了日精月華，就成了妖怪，能變幻人形的。那些個謠言，你更不信了。　不信。　我也是不信，不過有這俗傳，不能不告訴你。

註　釋

〔制毒〕毒蟲之內，以蠍子爲尤甚，每歲至春三月出，至夏日則多。每于大雨時行之時，烈日曝物之際，窗間、棚上、墻角，皆可見之。至秋深天涼則隱。冬日入土，或墻中爲穴以棲，謂之避宿。至春又出，避之無術，惟窗門嚴密爲要。被螫者，以西藥阿摩尼亞藥水擦之可愈。

第二十六章　松柏各木

（冷）○　　·棱·角　冷·熱　　·發·愣

題到古木二字，那一年，我走到城外頭，看見許多墳塋地方，種着都是松柏樹多，是爲甚麼？　那墳地上講究的是古木參天，松陰匝地。所以然，爲得是蔭涼兒照着墳墓，不叫日頭晒着的意思。　這一說，這兒這松樹多了。　也不多。這南西門外，就是右安門外頭，有花廠子，包種樹木。比方某家的墳地上要種樹，給他多少錢，他就可以來給種，包管②能活。　他是那兒的樹呢？

---

①　望好：（疾病等）見好，開始康復。
②　包管：保證，肯定。

他廠子裏有松柏樹秧子,都是他自己秧的,也分馬尾兒松、刺兒松①、柏樹秧兒。　山上沒有麽?　山上有,也不多。縱有,也是當年人種的。　那麼城裏城外,那些木廠子、棺材舖,攔着的那些個松木板片,一磊一磊的,棱角兒齊齊全全的擺着,那是那兒來的松木呢?　那是由南來的,或是關東由水路來的。可是如今也有一種白果松,那木料兒雖大,可是脆,不大十分結寔。至於那四川、雲南、貴州、廣西,各處有山有樹的地方,那些松樹,自己由山出產,不但木料運往各處作材料兒用,而且本地也作柴燒,那松柏是便宜的。　活人用木料可以,栽樹歇凉兒可以。纔②你說給死人栽樹,死人也知道冷熱麼?　那不過是孝子順孫,望着松阡③祭奠的時候,心裏悲愁,外面兒發愣的預備,與死人無益罷。

註　釋

〔花廠子〕花廠子者,養花之處,凡春秋四季之花皆備。惟南省茉莉,尤爲花廠之要。蓋京城用茉莉薰茶葉,名曰香片,及薰鼻烟之用。外省之香片茶,及薰烟,皆京中運出者。又梅花亦南來,皆小株,置盆中,無大者。

第二十七章　杉木之用

（立）玻．璃　分·離　禮·貌．　站．立．

　　松柏樹,除去城外墳墓地方有,城裏人家兒有沒有?　人家兒有的是棗樹、桃李樹、杏樹,沒有松柏。若有,也是廟裏有。　城裏深宅大院,種幾棵松柏樹,配着桃杏花兒,隔着玻璃窗戶,紅的、綠的,好看不好看?爲甚麼人家兒不種松柏呢?　因爲墳上種,所以活人就忌諱,不肯種。　城裏雖沒活松柏,可是多松木板片甚麼的。　啊,還有杉木多。　我怎麼沒理會在那兒?　木廠子門口兒,堆的一塊兒垛起來,又獘又大的,那就是杉木。　也出在西山、北山麼?　不然,北省沒有,那是南來的多。　啊。　南邊山上出,有江西來的,

---

① 刺兒松:普通的松樹。底本"刺"作"莉",據文義改。
② 纔:剛纔。
③ 松阡:植有松樹的墓地。

有川裏來的。 川裏是那兒？ 四川麼。 那麼您說川裏。 南方商人說，四川是川裏，廣東是廣裏。 把四川倆字，分離開了，我就不明白了。 那沒要緊。四川、貴州，山上出杉樹，粗的鋸斷了開板作棺材，細的就叫杉槁。 是了，那我倒見了，是棚鋪門口兒攔的那個一排一排的，跕在那兒的那個不是？ 可不是！題起這杉木作棺材是頂好的，盛興，用的多。就是那杉槁，城裏搭棚，也是萬萬必得用的。所以這個木料買賣好。 是了。 還有一個小笑話兒，若是有人的身量高，可就比作他是杉槁，因爲長的意思。 啊。 說是有一個人，身量長，他又沒甚麼禮貌。這天站立在人的前頭，擋住人瞧不見前頭，人就說："你躲開點兒罷，這麼杉槁尖子①似的。"

註　釋

〔木廠子〕木廠有大小之分。大者本大利寬，凡官工修城池、衙署，及陵工，皆其承辦，或爲巨室、造園庭，及辦理一切工程皆可。小者，僅市木料，亦不齊全。

第二十八章　木炭之用

（倆）〇　　〇　　倆·三　〇

不論甚麼木頭，都是南來的麼？ 本地也有，柳樹多，楊樹多，還有棗木多，再者就是雜木。 那好材料的木料，自然作木器用了。 不錯。 不成材料兒的呢？ 不成材料兒的燒火，當柴用，還可以燒炭。 真個的，我正要問，這木炭是從那兒來的？ 有京南的，有京西北的。京南來的，一兩天的路程，用車推，那是大炭；京北那兒來的，用山背子②背，是細炭、碎炭多，還有疙瘩炭，樹根兒燒成的。 炭是家家用的，必然多罷？ 京城地方燒煤，每天早起生火，必得用炭。但是有錢的，可以買百十斤，存下零碎用；沒錢的人，每天門口兒，有抓零炭的來賣。 怎麼爲抓零炭？ 零碎賣，你買倆三大錢的，他拿手抓給你，所以爲抓零炭。 這麼說，不生炭火盆麼？ 南省多用炭盆，京城因爲炭貴，富貴人有銅火盆、手爐、腳爐，都用炭；貧苦人、乞丐，用小火罐兒，每

---

① 杉槁尖子：戲稱身材細高的人。
② 山背子：背着背簍賣山區土特產的人。因過山路，不能用車，只能由人背。

天燒一個錢的炭渣兒。　說來說去,大炭不用麼?　大炭,是餑餑舖烙滿洲餑餑用的多。還有一宗燒不透的,爲烟頭炭,也可以燒肉烤肉用。總而言之,炭雖人人離不開,沒有煤多。　那自然是罷,這兒燒煤的多麼。

第二十九章　春秋二麥

（兩）.商.量　.凉.熱.　.斤.兩.　.原.諒.

　　滿洲餑餑舖所作的餑餑,怎麼必得用炭火呢?　那個餑餑細膩,用好麵、好糖,必得用炭火烙出來,纔乾淨好看。柴火、煤火,不行,炭火性軟、柔和。麵,就是麥子不是?　就是麥子做的,但是麥子也有兩樣兒。　那兩樣兒?　有春麥秋麥之分。秋麥,是秋天收莊稼之後種的。到了春麥了,是春初現種的,通身①都是到夏至麥秋的時候兒,一塊兒收割。　那一樣兒好?　還是秋麥好,秋麥經一冬天的寒雪,到春長起來,力足。春麥現種現長,力不足。所以秋麥性柔,和平,人喫了舒服,作餅、作麵,也都有勁。春麥力不足,可性暴,顏色也紅,俗名轉窩子,吃了不大安穩。所以做細膩餑餑,必得用好麥子的好麵。人家兒每日吃的兩頓飯,是米多,麵多?　那看是甚麼地方的人了。以京城而論,五方雜處,南方人喜吃白米,山西人愛吃麵,因爲他們家鄉,就是南方米多,山西麵多。山東人和北京人,麵、飯攪和着吃。　那麼,幾天一回麵,幾天一回米,是怎麼個攪和法呢?　舖子有一定之規,一頓麵,一頓米飯;或一天的麵,一天的米飯。到了住家兒了,就得每天當家的人現和衆人商量,今兒天氣的凉熱,或吃炒②菜就③飯,或吃熱湯兒麵,都得應時對景。　麵論升斗麼?　麥子論升斗,面論斤兩。　俗言說:"一人難稱百人意。"又說:"百人吃百味。"就是大家商量着吃,也未必都合口味罷?　那也得彼此體貼、原諒,過日子。

---

① 通身:全部,完全。
② 炒:底本作"妙",據文義改。
③ 就:吃主食或飲酒的同時佐以菜蔬。

第三十章　䴬麥蕎麥

（了）〇　·無·聊　了·斷·　料·理·

天生五穀,都是養人的。　那還用你說,那樣兒不是爲人吃了飽呢！　我見街上有一宗小買賣人兒,挑一個挑兒,挑兒上有一鍋稀粥似的,又不是白米熬的,又像麥子熬的,那是甚麼粥？　那叫大麥米粥。　那一鍋粥,不夠幾個人喝的,爲何那麼挑着賣？　京城地方熱鬧,那是故意兒挑到街上,賣給小孩兒們的。　大人不買罷？　若是偶然靜坐,無聊之極的時候兒,買一碗喝,也未爲不可。　大麥,是粗糧食罷？　本來就是䴬麥①,鄉下人吃的多。　我又想起一樣兒來。　又想起甚麼來了？請說。　你別着急,不是我沒個了斷,愛問,因爲眞不知道,所以愛打聽。　請說罷。　還有一宗蕎麥,這兒有沒有？　蕎麥有是有,那個東西,種得晚,收割的晚,總在大秋以後纔收呢。不差甚麼十月底,收的時候兒還有呢。　怎麼個吃法？　那也可作麵條兒,如同麥麵的規矩,也可作餅,那蕎麥在半粗半細之間。然而這地方不大種,有種的也不爲一定準靠着他爲粮食的。有一年,上半年不下雨,五穀收成無望,到了七月初纔下大雨,民人們把那乾壞了的地,拾掇料理清楚了,就都種起蕎麥來。那一年蕎麥大熟,大家靠他爲粮。　是了。

第三十一章　麥蕎分形

（列）罷··咧　·瞎·咧　咧·　咧·嘴·　擺·列·

這一陣兒,談論這麥子蕎麥甚麼的,我忽然想起一個笑話兒來。　說着正經的話兒,你總愛說笑話,我想着沒甚麼意思。　閑着沒事兒,因話兒題話兒②罷咧！也可以說正經的,也可以瞎說白道,你聽我說罷。　那麼請說。　有一個秋麥和蕎麥,自言自語的,彼此誇功。那蕎麥先自己誇說:"我一年在外

---

① 䴬麥:大麥。
② 因話兒題話兒:順着前面的事由而說出想說的話。

頭的時候兒少，幾天兒的工夫，就收成了，我回家來，坐着享福。不像你這麥子，從九月裏就在外頭，挨冷受凍風吹雪打，直到第二年五月裏，又受毒日頭晒，這纔囘來。並且我能在家裏和五穀大家夥兒團團圓圓過年。你是在外頭，一個人兒過年，你眞沒我們好。"麥子聽見有了氣了，"吧"的一聲，就打了蕎麥一個嘴巴，沒想到把蕎麥打歪了。到如今蕎麥是三棱兒子粒，不周正①。那蕎麥也急了，拿起一把刀子來，"哧"的一聲，把麥子劃了一下子，沒想到把麥子肚子，劃了一道大縫兒，後來長嚴了。到如今麥子身上，有一道傷痕。　哈哈！這是甚麼人編的？信口兒這麼瞎咧咧②，那有這麼一件事呢！豈有此理，豈有此理。　你雖說豈有此理，然而到底你笑了，只要你笑一笑兒，咧一咧嘴兒，就算我沒白說。不信你把一顆麥子、一粒蕎麥，擺列在眼頭裏③，細瞧瞧，這笑話兒說的對不對？　我沒工夫，說正經的罷。

第三十二章　玉米粗粮

（連）接 連　 憐恤　 臉面　 練習

別說閒話兒了，正經還是說完了麥子甚麼的，再接着說別的粮食，接連不斷的說，好不好？　說一樣粗粮食罷，你吃過玉米沒有？　沒吃過，怎麼個樣兒？　初種出土，直到長大了，都和高粱彷彿，葉子也像，杆兒也像，趕到長成了，還是比高粱矮一點兒。長成之後，高粱是在頂兒上結子粒，這玉米是在頂兒上出天花兒，花兒落在傍岔兒上，傍岔兒上結玉米，有七八寸長，一根上尖下圓的棒子，上頭結無數的子粒，可又有葉子包着，所以南省又叫他作包穀。怎麼個吃法？　那子粒像黃豆大小，把子粒取下來，磨麵作餅，或攙黃豆磨麵，就名爲雜合麵。貧戶人家，天天以雜合麵爲粮，價值狠賤，一兩銀子可買五六十勉。富戶人家，憐恤貧人，也有買雜合麵作餑餑，或蒸或烙，施捨濟貧的。平常人家買這個，也可作一樣兒餑餑，形如墳墓，名叫窩窩頭④，也故意取笑兒說

---

① 周正：端正。
② 瞎咧咧：沒有根據地亂說。
③ 眼頭裏：眼前，面前。
④ 窩窩頭：用玉米麵或其他雜糧麵做成的麵食，形狀似圓錐形，但底部中間有窩，利於蒸熟。

黃墡,或有美其名曰黃金塔。吃這個人家兒,恐怕人笑,自己覺着貧苦,臉面上不好看,所以在富貴人前,不肯說這窩窩頭的名字。南省鄉村,用這個造酒,名叫包穀酒。此粮雖粗,用處甚廣,或連那棒子①煮熟,用嘴啃吃,所以又叫棒子。　棒子是那個,那個練習武功用的,槍、刀、弓、弩、棍子、棒子的棒子麼?不是,是玉米骨頭②。　啊。　棒子晒乾,可作瓶塞兒,又可燒火。

第三十三章　秈米爲梭

(林)○　樹．林．子　　．房．檁　　．租．賃．

粗粮食,除了高粱玉米之外,還有甚麼?　小米兒。　那也說過了,有一種粟米,是甚麼?　照如今官話說,粟米還是小米兒的名字。　不是也說未曾去皮兒的爲粟麼?　有那麼一講,然而你問粟米,可就是小米兒。　那麼不用說了。　還有甚麼米沒有?　有一種梭子米,就是秈米。　何爲梭子米呢?也是白米之中的一種,因爲長的兩頭尖,身兒長,好像織布的梭一樣,所以爲梭子米。　出在這兒麼?　也是南來的。　比白米怎麼樣?　可比白米粗,煑出飯來,不大滑流順口兒。　顏色兒白麼?　來的時候,大約是白,隨着別的米入倉,所以也成了老米的黃顏色兒了。　啊。　另外也有一種白的,叫洋梭子③。　啊。　總而言之,這梭子米,人吃了不如白米,不如老米。　怎麼?吃下去,這麼刺心刺肝的,叫你心裏不受用④,是因爲米性油少,發溢的原故。也給兵丁們吃麼?　那放的時候,配搭成數兒,放給兵食。那南粮來的時候,在通州河岸上,挽着多少粮船,都是爲官兵們的俸餉用的。　多早晚⑤南粮來的時候,我也逛一逛去。　好看着的哪!那南來的船多着的哪!各樣兒船都有,眞可逛。　有多少只船?　那可那兒能數得過來呢!船桅杆就彷彿樹林

---

① 棒子:此處指玉米芯。
② 玉米骨頭:玉米芯。
③ 洋梭子:梭子米,顆粒形狀細長的米,質地不良。
④ 受用:舒服,爽快。
⑤ 多早晚:什麼時候。

子似的，還有木料船，木料、柱子、房柁①、房檁②板片都有，還有貨船。　不是竟粮船哪？　不是。你去，一天逛不過來，可以租賃一個客店住下，多逛兩天。可以，等粮船來了，咱們去。

註　釋

〔通州河岸〕通州在京都朝陽門外四十里，東門外有土壩，凡南粮來皆於其岸泊之。每年四月至七月，極爲鬧熱，都人往遊者亦甚衆。〇自京赴天津，即於此處登舟，自僱之舟，價固不廉，五六圓至十餘圓，若衆搭之舟，每人只制錢一吊餘云。

第三十四章　梅子橄欖

（另）〇　　零碎。　領袖。　另外。

五穀百果，名兒眞也不少，南北地氣不同，不能處處一樣。　可不是！比方米是南來的多，粗粮可是北邊的强。　您這一程子，把米粮零零碎碎也說了好些樣兒了罷？　我可眞沒空兒去記，大約零碎寫在紙上，也成了一本小書兒了。　我想，米是五穀的頭，果子之中，甚麼打頭呢？　那可不能說，然而以果子說，必得樹上先開花兒。　那是不錯，俗語說的"先開花後結果"麼。　這麼說，以花兒而論，可要算是梅花爲百花領袖了。　不錯，又有俗言說"梅占百花魁"麼。　花兒可是冬末春初就開，所以爲百花魁。果子，我看不怎麼樣，果子就叫梅子，狠酸，五月裏纔熟。　這兒有麼？　沒有，雖然冬天有小梅樹，在盆子裏種着，開花聞香兒。若是要像南方大梅樹，冬天開花，春天結果，夏至梅黃，那麼樣兒可沒有。　我去年夏天聽見說，京裏有酸梅湯，是梅子熬的，你怎麼說是沒有呢？　那也是南來的，名叫烏梅，就是黃梅晒乾了的，帶到京裏來熬。要青的像青水杏兒似的青梅，像熟杏兒似的黃梅，這兒沒人瞧見過。　另外，還有一樣兒，也像青梅，可是兩頭尖，吃在嘴裏先苦後甜，那是甚麼？　那是橄欖，又叫青果，也是南來的，這兒沒有。　啊。

---

① 房柁：房梁。
② 房檁：架在屋架或山牆上用以支承椽子或屋面板的長條形構件。

第三十五章　柿餅諸棃

（略）〇　〇　〇　·謀略·

論到我，可是見天愛吃零碎兒。　都是偏乎愛吃甚麼？　夏天，瓜兒、果兒；春秋兒，糖兒、豆兒；冬天，沒甚麼可吃的，偏乎愛吃奶子①、奶卷兒②、奶子烏他③、奶餅兒甚麼的。那春夏之交，可以吃果子乾兒④。　甚麼爲果子乾兒？杏兒晾成的乾兒，配上柿餅兒和藕，或是棃，切成片兒，拌在一塊兒加上糖，就爲果子乾兒。　啊，是了，說到柿餅兒，是柿子作的麼？　可不是！是柿子按成餅，晾乾了，上頭有那個一層白麵似的，名爲柿霜。冬末春初，柿餅狠多，從山東曹州來的，名爲曹州耿餅。　新鮮柿子，這兒有麼？　有，九月以後就有了，大而且甜。另外有一宗高庄兒柿子⑤，又叫火柿子，不但這兒有，各省都有。可就是高庄兒的，各省有，那大而扁的，除去京城附近地方，別處少。　是了，您纔也說棃，這兒棃多不多？　棃多，有鴨兒棃⑥，形似鴨蛋，有白棃、波棃、秋棃、糖棃、酸棃、沙果兒棃⑦。　你愛吃甚麼？　白梨甜，又麵淡⑧。鴨兒棃長遠⑨，味兒也好。其餘的不大好，酸棃太酸。　那作果子乾兒，加上藕片兒，我閉上眼睛一想，紅的、白的，可倒有個頑意兒。　可不是！冬天沒藕，或是春天藕貴，果子乾兒裏有假藕，也好看。　假藕是甚麼？　作小買賣兒，也有有謀畧的人兒，他把棃切成片兒，鑽七個小窟窿兒就充藕，看不出來。

---

① 奶子：牛（羊）奶。
② 奶卷兒：一種乳酪，但要去掉水分，加上餡兒卷起來。
③ 奶子烏他：一種牛奶小吃。將山藥煮熟搗爛，加糖和牛奶，壓成扁平方塊製成。
④ 果子乾兒：老北京春夏季食品。以柿餅爲主，加入杏乾兒，用開水浸泡，最後加入鮮藕片，調成濃汁，冰鎮後食用。
⑤ 高庄兒柿子：平放時頂部隆起的柿子。
⑥ 棃：底本作"犁"，據文義及東京博文館藏本 310 頁改。
⑦ 沙果兒梨：一種小梨，大小如沙果兒。
⑧ 麵淡：形容水果的果肉質地細軟。
⑨ 長遠：長久，此處或指鴨梨出現的時間長，即很長一段時間均可見鴨梨。

第三十六章　橘橙柑柚

（留）·一·遛·兒　　收·留　　·楊柳·　　五·六·

南省也有各樣兒的棃麼？　有，不狠多，這鴨兒棃大約各處都有，別的不狠齊全。有一宗秤鉈棃，上小下大，形似秤鉈，所以爲名。　看起來，南省的果子少了。　不然，各有各的好處，比如橘子、柑子、柳丁、柚子等類，可是南省多，所以爲南鮮。　啊。　那橘子，有春橘、福橘、同庭紅①，各樣兒名字。橘子皮兒有麻癩②的就是柑子，又爲麻柑。春橘紅的，又爲黃果。橘子皮兒光的，就是柳丁。比柑子大的，就是柚子。那柚子，有人腦袋大的，我吃過，味兒太酸。這些個橘、橙、柑、柚形類不相上下，古人說："一年好景君須記，最是橙黃橘綠時。"北方人不大理會那個話，那說的正是初冬光景。我們從前在貴州道兒上，在柑子樹底下騎着馬，一伸手，就悄默聲兒③偷偷兒的摘他一個，藏在袖子裏，把馬扯手一帶，一遛兒④就跑了。　那樹的他主人，看不見麼？　我們一遛兒跑了，他那兒理會呢？其實也不過賣兩個小錢兒一個，稀⑤爛賤的東西，不像北邊當作希罕物兒，從冬天收留到春末夏初還賣呢！在南方，年下可吃橘子、柑子之類。到了二三月，楊柳長了葉兒的時候，橘、柑、橙、柚，早沒人要了。　不錯，去年五六月裏，京中果攤子上，還擺着爛橘子呢！

第三十七章　蘿蔔諸名

（駱）攦起·袖··子　　騾·馬·　　裸·身　　駱·駝

吃果子，也是無盡無休。有錢的北邊人，在北邊可以吃南鮮。沒錢的北邊人，在北邊吃一個棃啊甚麼的，也就行了。　豈止如此呢！我們那個朋友，從

---

① 同庭紅：洞庭紅，一種優質的橘子，多產於太湖邊洞庭山地區。
② 麻癩：此處指橘子皮有小黑點和凹凸不平的部分，不光滑。
③ 悄默聲兒：沒有聲響或聲音很低。
④ 一遛兒：放在動詞之前，表示動作的連續、迅速。
⑤ 稀：置於某些形容詞前，表示程度深。

前有錢的時候,每天飯後,必要吃一個橘子。那橘子本是南鮮,好的水多,蜜呀似的那麼甜。他吃的時候,兩隻手捛①起袖子,彎着腰,怕那橘子水兒,弄到衣裳上。到後來,沒了錢的時候,要吃好果子,沒錢,不吃,心裏發熱,燒得慌。怎麼好呢? 他就花倆大錢,買一個水蘿蔔,當果子吃。 嗜,可歎!我也有個朋友,原先富足,金銀滿庫,騾馬成群,吃西瓜去子兒加白糖。後來運氣背了②,一貧如洗的時候,把人家吃剩的西瓜皮,他拿來啃。 可歎可怕!人不可太過,暴殄天物,有甚麼好處!像我纔說的,吃蘿蔔當果子的那一位,可歎不可歎! 不管他怎麼着,論到蘿蔔,這兒的怎麼這麼賤?有幾樣兒? 蘿蔔也名萊菔,一宗小白蘿蔔,正二月有,稍大就完了。一宗小紅蘿蔔,二月到四月,約有三寸來長,就完了。以後六月伏天種的,為熱蘿蔔,到八月收成,可以醃,有七八寸長。到冬,有大青蘿蔔,有八九寸長,可以生吃。又有象牙白③,細長。還有大蘿蔔,是扁的。又有變蘿蔔,圓的似的。更有胡蘿蔔,也叫紅蘿蔔,紅而細長。約有十來樣兒蘿蔔,隨您愛怎麼吃都可。 種園子的人,一年到頭,裸身赤足,種菜供人,寔在也可憐。 是麼。 我聽人說,有頂大的蘿蔔,在北方一個駱駝馱兩個蘿蔔,真的麼? 那是大離話④罷,我不敢信。

第三十八章　白菜諸名

(陋) 搜 衣 裳　　樓 房　　酒 簍　　鄙 陋

　這麼說,這蘿蔔算一宗通用的菜了。 是,菜裏頭,除去春天菠菜,夏天王瓜,秋天以後,就屬蘿蔔、白菜算大宗兒⑤了。 啊。 俗言說:"頭伏蘿蔔,二伏菜。" 怎麼講? 六月裡,狠熱的時候,不是有一個三伏天麼? 啊,那伏天我倒知道。 伏天,有三十天,每十天為一伏,分頭伏、二伏、三伏,也說初伏、中伏、末伏。 啊。 那頭伏十天之內,種蘿蔔;二伏十天之內,種白菜。

---

① 捛:撩,捋。
② 運氣背了:倒霉了,運氣背晦了。
③ 象牙白:蘿蔔的一種,似象牙狀,即現在常見的長條白蘿蔔。
④ 大離話:脫離實際的話,大話。
⑤ 大宗兒:此處指數量大。

都到八月底可得,早種,晚種,都不行。　是了,白菜,我們那兒少,這兒有幾樣兒?　論正白菜,就是纔說的那一樣兒,京城四外狠多,也好。河南也好,河南的白菜子兒,用小玻璃筒兒,帶到南邊去種。頭一年可以,第二年再留下子兒接種,就變成青蔴葉似的了,不好吃。　地性使然。　可不是!如今論別的白菜,有小白菜兒,三月以後有;有熱白菜,四五月有,都不如八月以後的大白菜。從九月到第二年三月底還有呢!狠長遠。　怎麼?　從十月起,地快凍了,就把白菜擱到地窖裏收着,所以也叫窖菜。又有一種箭杆白①,細而且長。雲南地方也有一種蓮花白,形似蓮花瓣兒,味兒也甜美,好吃。　我都沒吃過。這各省也有沒有的地方,然而這白菜,可以用鹽醃,用醬醬。　啊。　那一回有個沒白菜的地方,他那兒有人請客,因爲南邊住的是樓多,衆客都摟②衣裳上樓。到了樓房裏,主人打開一個小酒簍兒似的醬菜簍兒,取出一小塊兒白菜,可是醬的,衆客以爲希奇。　物以罕爲貴麼,天下之大,那兒能一樣出產呢!那沒出過門的鄙陋無知之人,以爲處處的東西一樣。　可笑了。

註　釋

〔樓房〕京城住戶,無住樓者,惟王府有後樓,以供神佛,或廟中有樓。民間則酒肆、茶社間有有樓者。又戲園皆有樓。

第三十九章　葱爲作料

（律）○　·驢馬·　屢·次·　律·例·

俗語說:"要飽是家常飯,要煖是粗布衣。"看起來,青白小菜比雞、鴨、魚、肉,倒算是常用的東西。　可不是!也不在乎省錢一樣兒,本來是家常兒應用的東西麼。比方菜裏頭,頭行兒的作料兒,就是葱、薑,北方人還有蒜,這樣兒更常用。所以葱、薑、蒜,都是常用的東西。　薑,那我知道。那東西,南方人離不開,除去作菜,還有糖薑、鹵薑,好些樣兒。蒜是甚麼?　蒜是彷彿葱,可

---

① 箭杆白:一種葉子粗硬的白菜,色青,嫩時可吃。
② 摟:撩,挽。

是扁葉兒,可有個大根兒,分好些個瓣兒,味兒辣,又渾氣①,彷彿臭似的,可吃不可吃,不要之緊。　葱,我看這兒京城的狠粗寔,比南邊的大多了。　葱是北方的好,山東、直隸都可以,有大指頭奘。冬天的老葱,春天的羊角葱②、小葱兒,味兒香甜可口,生吃微辣,熟吃甜甘。北方人會種葱,他用土埋上半截兒,所以被埋的地方,都是白兒③。　種菜園子的人家兒,眞辛苦啊！　種田,用水牛耕地、種地,用驢馬犁地。種菜園子,是人力耕種鋤刨,上糞移栽,不定④出多少身汗呢！　不錯。去年夏天,因爲天熱,我屢次的出城,瞧見種菜的人了,眞是費勁。　那鄉老兒⑤,種地、種菜,不但費勁,而且按着四時節氣,甚麼時候下種,甚麼時候收成,都是有一定的律例,不是亂來的。老農老圃,都有他的老規矩,那是不錯的。

註　釋

〔葱菜〕京城四鄉,附郭者多菜圃,業此者多本地人。葱有甚巨者,南省無之,山東亦多,冬日白菜入窖,菜圃中只餘菠菜,以籬覆之。

第四十章　瓜茄之名

(戀)　○　○　○　．依　戀．

你竟講究⑥了菜了。　菜可多了,那兒講究的完呢！　還有甚麼？說兩樣兒,隨意兒。　茄子,王瓜,俗說黃瓜,還有南瓜、冬瓜、絞瓜⑦、絲瓜、西胡蘆、瓠子、飄兒菜⑧、龍鬚菜、甕菜⑨、蘆蒿、竹笋、茭白、茭兒菜⑩、韭菜、芹菜、蕪

---

① 渾氣:難聞的氣味。
② 羊角葱:在舊葱根上長出來的新葱,老北京人喜生吃。
③ 白兒:葱的莖部,即葱葉下端白色處。
④ 不定:副詞,表示數量大,說不清。
⑤ 鄉老兒:農民,鄉下人。
⑥ 講究:此處指談論,品評。
⑦ 絞瓜:可作菜吃的一種瓜,或爲西胡蘆的變種。
⑧ 飄兒菜:飄兒菜,白菜的一種,莖部類似飄狀。
⑨ 甕菜:蕹菜,俗稱的空心菜。
⑩ 茭兒菜:一種類似茭白,但莖細長的蔬菜。

荽，又叫香菜、茴香菜、芥菜、撇拉①、苣笋、冬笋、蘿蔔纓兒、香椿，那扁豆甚麼的，大約說過了，你看那兒數得完呢！　哎喲喲！也不用說上這麼一車的菜名兒，我又不種園子，又不當廚子，不過打聽一樣半樣兒的就得了。　打聽那樣兒？　我問問，這兒的茄子，怎麼那麼大？我們那兒都是長的，沒有這個圓的。　不錯，這話倒不錯。這茄子，各省恐怕都是長的多，圓的是北邊多，京城四外的大茄子，名叫大海茄。也有長的一種，分黑白兩樣兒，名叫涼水茄兒，那個不作菜用。　是了。瓜是幾樣兒？　王瓜，又叫黃瓜，最長遠，四月到九月都有。冬瓜很大，倭瓜又叫南瓜，可是南方的名兒，北方人叫那南瓜，又是一種，就是那個紅的，綠底兒的，不能吃，可擺盤子好看，也叫金瓜。那倭瓜是紅瓢兒，黑綠皮兒的以麵淡為好。還有一宗癩瓜，南方叫苦瓜，是細長的，紅了好看，味兒苦。　你怎麼知道這些菜名兒？　在西山那兒，有一個朋友，他種園子。每年夏天，我出城去，在那兒住一住，就是好幾個月，所以知道。　他待你好麼？　很對勁②，我每次回來，他都依戀難捨的樣兒。　啊。

第四十一章　葡萄名色

（略）○　○　○　忽畧。

菜分四時，春夏秋冬，老天爺生物，要叫人甚麼時候兒都有吃的。　不但菜分四時，就是以果子而論，亦復如此，也按時分四季兒。　我不信，你說我聽。　不用細說了，一定也是那麼樣。　春天是甚麼？　橘、柑、橙甚麼的，雖說冬天的，到正月很可吃呢！還二三月，桃、杏開花之後，跟着就有青木杏兒。四五月，桃兒、李子就下來了。五月，櫻桃、桑椹兒。六七月，西瓜、香瓜兒、蓮蓬、藕。八月，石榴也熟透了。九月，棗兒、葡萄都熟了，柿子也下來了。南方熱天，五月裏有梅子，又有楊梅、林檎、枇杷果甚麼的。　不論你怎麼說，冬天沒甚麼果子。　到冬天自然少，然而山裏紅③，還有栗子、落花生，這些乾果兒，加上橘子等類，再有人會收藏的，一年四季，沒有沒果子的時候兒。　也不

---

① 撇拉：苤藍，肉質球莖可食用，質脆嫩，可鮮食及醃製。
② 對勁：和睦，情投意合。
③ 山裏紅：山楂。

必說這個,請問果子之中,葡萄這兒的好不好？　葡萄有兩樣,有圓的,有長的,圓的可以多擱日子,從今年秋天,直收歲到明年四月還有。長的擱不住,然而長的甜甘。另有一種小甜的,梭子葡萄,是乾的。有人告訴過我,是從甚麼地方兒來的來着,我因爲不要緊的事,就忽畧了,沒記住,大約是西路來的罷。

此處葡萄多不多？　不少,有一宗葡萄露酒,就是葡萄泡的,很好。還有一種小黑葡萄,是酸的。

第四十二章　鳥雀俗名

（掄）混　掄　　人　倫　　渾　圖　着　　講　論

那一天有葡萄的①時候,一個葡萄樹底下,拿一根棍子,打下幾個新鮮葡萄來,我嚐嚐,準好吃,我最愛吃那個。　可笑極了。　笑甚麼？　從來是說摘葡萄,沒有說打葡萄的。　摘就摘,說錯了也不要緊,何必這麼分辯字眼兒。

不是那麼說,倒有打棗兒的,棗兒熟了的時候,拿杆子到棗兒樹底下,一陣混掄②,有棗兒一竿子,沒棗兒一竿子的,就都打下來了。"混掄"倆字怎麼講？

就是用棍子亂舞的意思,還有一解。　甚麼？　那是土話,說那不懂事務的人,見天吃喝耍鬧,沒錢假充有錢,胡穿混吃,百般非分的樣子。　是了,我見那衣裳不扣鈕子,歪戴帽子,手裏拿着一個雀兒籠子,走道兒③七搖八擺的,是那個不是？　對了,就是那等人。　他手裏拿的是甚麼鳥兒？　有畫眉、胡巴剌④、白鴿、子子黑兒⑤、四喜兒⑥、黃鳥兒、烏桐,名兒太多。　是了,這兒鳥兒除了這個之外,還有甚麼？　有烏鴉,俗叫老鴰⑦。有喜鵲,像烏鴉,可又有白毛兒。有家雀兒、斑鳩、陽雀,就是子規,又爲杜鵑,黃鶯、鷂鷹。俗說,七月七日這一天,沒有雀鳥兒。　都飛到那兒去了？　說上天河搭雀橋,渡牛郎織女

---

① 底本"的"後有一"找"字,據東京博文館藏本 320 頁刪。
② 混掄:(拿棒子等)胡亂揮舞。
③ 走道兒:走路。
④ 胡巴剌:伯勞鳥。又作"呼伯喇""虎不拉"。
⑤ 子子黑兒:一種鳥,稍小於麻雀,學名山雀。
⑥ 四喜兒:鳥名,學名鵲鴝。
⑦ 鴰:鵲。

去了。所以往往嫁娶之日，爲人倫之始，都說迎鳳輦、渡雀橋的喜詞兒。　這些個鳥名兒，不大和文義鳥名兒相合罷？　因爲是日久，以訛傳訛，俗名兒都一天一天的渾圇①着叫開了。若是一定要講論到文義，鳥字傍的名兒難解得狠，只好說俗名兒罷。

註　釋
〔那等人〕京市大街，有手提雀籠，衣冠不正之輩，俗曰虚子，即匪人也。軍兵之內，間亦見此類。

第四十三章　石榴二種

（略）○　○　○　　大．略．。

　　我瞧見一幅畫兒，畫的狠好。　是山水人物，是鳥獸昆蟲，還是花卉？是花卉，帶鳥兒，一棵梅花兒樹上，落着一個鳥兒。　那名爲"寒雀登梅"。啊。還有一幅，是一個月亮，一棵樹，樹上有三十個鳥兒，彷彿烏鴉似的，可有白毛兒。　那就是喜鵲麽，那畫兒名兒叫"一月三十喜"，說一個月有三十天喜事的意思。　啊，也是吉祥話兒啊！　可不是！　還有一幅，畫的是一棵石榴樹，樹上結着一個大石榴，石榴熟透了，自己迸開了，露出好些個石榴子兒來。　那名爲"榴開見子"，是說人要生子的意思，也是吉祥話兒。　眞石榴也有迸開的麽？　怎麽沒有！熟透了，就自己裂開了。　石榴是幾月有？　五月開花，花兒是紅的，所以古人詩上說："五月榴花照眼明。"　沒有別的顏色兒？也有白的。　啊。　五月開，八月果子熟，這兒果子裏頭，石榴也算狠好的，有狠大的。　多大？　也不過碗大。石榴皮兒澁，子兒甜，有一種酸的，吃不得。有大樹，也有在盆子裏種的。本處夏天，不差甚麽家家都要買兩盆擺着。　怎麽爲石榴呢？　聽人說，是廣西南邊來的，是王安石得來的種兒，所以爲石榴。　眞的麽？　眞不眞我不知道，大畧．是如此說。

註　釋
〔一月三十喜〕此語蓋謂一月之三十日，日日皆喜也。按每歲六大建，則每月計三十日，六小建，

---

①　渾圇：含糊，糊塗。

則每月計二十九日。〇每三年一閏月,五年再閏以定四時,遇閏月則一年有十三月矣,常年計三百五十四日,閏年則三百八十四日焉。

第四十四章　板栗白薯

（路）．嘟．嚕　．爐灶．　．船櫓．　道．路．

　　這自來的吉祥話兒,總是借個物件兒爲名,說的多罷?　可不是!或像形取義,或借字抄音,比方榴開見子,是像形的,早（棗）兒、立（栗）子,是借字音的。　棗兒我知道,栗子這兒有麽?　有,山裏來的,秋天就熟了,南邊叫板栗,也叫毛栗子,本來外皮有毛。有生吃的,甜甘,有作菜、燉雞肉用。京中又有糖炒的,別處沒有,也可賣,也可蒸,都以爛了爲美。　我又聽見,到秋天以後,街上賣一樣兒東西,他吆喝說的是:"賽栗子蒸化了!"我買了一瞧,不是栗子。　那自然不是,他說賽栗子麽,那是白薯。　白薯是甚麽?　那東西是在土裏長着,人看不見,竟看見他的秧兒。山東多,他們叫地瓜,有一宗紅皮兒的,一宗白皮的。京城四外雖有種的,也是山東人。他們會種,按時翻秧子,拿一根棍子,把那秧子一嘟嚕①、一枝子的倒騰②。翻得好,白薯在土裏長的大,粗實;翻的不好,他在土裏細小,不長。　啊。　近來京城到冬天來,街上兩邊有用土搭起爐灶,埋鍋蒸的,那就是白薯。還有一宗,是芋頭,南邊也有一種羊芋。又有山藥、山藥豆兒③這些東西,種類不差甚麽,味兒也彷彿。　不是正經糧食罷?　雖然不是正糧,也可以充饑。那年有個朋友,在南邊走水路,正在灘河走,船淺住了,傢伙④壞了。他們收拾船舵、船櫓、篙、槳⑤的時候,沒有吃的,岸上一個賣紅薯的,救了他們的餓了。　哎,道路之上,有吃的就好,管他甚麽呢!

---

① 一嘟嚕:累累下垂的一簇。
② 倒騰:搗騰。此處指種白薯時,需要多次地翻秧。
③ 山藥豆兒:山藥藤上所結的零餘子肉芽。略呈圓形,小如葡萄,皮灰黃,肉白,煮熟可食,味同山藥。
④ 傢伙:器具。
⑤ 槳:底本作"漿",據文義改。

第四十五章　鴈鵝之類

（亂）○　　○　　○　　．雜　亂．

　　吃的東西，不論糧食粗細，總還是以糧食爲貴。　古人說，民爲邦本，食爲民天，食是頂要緊的。　所以人不拘何人，不拘何業，也是謀食餬口要緊，故此有重利的地方。人只知其利，不見其害，後來受了傷，就有兩句俗言說，是"人爲財死，鳥爲食亾"。　怎麼比鳥兒呢？　那設網，安打籠，擱上食，鳥兒進去吃食兒，就被人拿住了，豈不是爲食亾麼？　不錯，這兩句話比得好。　還有人上遠路他鄉，不顧風波艱險去謀利，也有兩句話比。　甚麼話？　說"鴈飛不到處，人被利名牽。"是說鴈都不能到的地方，人都要到的意思。　題起鴈來，這地方鴈多麼？　八月鴻鴈來，看得見，平常在城外沙堤之上歇息。那飛的時候，有人拿槍打，或是落着的時候，也可以拿。　甚麼用處？　用他的毛作扇子，或作箭的翎花。那鴈飛開能擺字。　怎麼個樣兒？　也不過一字、二字、人字，這三樣兒，也是人的比方，就是了。他那兒能認得字，會擺字呢！是了，不過他有次序，不雜亂，就是了。　也有天鵝，水裏的野鴨、鷺鷥、鴛鴦，這些鳥兒，大同小異，都差不多。就是鴈飛的遠，就是了。　够了够了，咱們說點兒別的罷。　也好。

註　釋

〔扇子〕扇分三種，有紙扇、絹扇、毛扇。紙扇者，摺疊之扇也，以紙爲之，碎竹爲骨，貫一軸以資開闔。絹扇又曰宮扇，一柄而圍以圈，以絹糊之，或畫，或字，各盡其妙。毛扇，即羽扇也，此外亦多竹、蒲、芭蕉、蓆、油紙等扇，難以枚舉。

　　自邇集平仄編
　　四聲聯珠第四卷終

第五卷

(倫)第一章	喪爲白事	(龍)第二章	槓房備喪
(馬)第三章	預備裝裹	(買)第四章	將死先衣
(慢)第五章	停床易簀	(忙)第六章	成服穿孝
(毛)第七章	剪髮以殉	(美)第八章	陰陽殃榜
(門)第九章	殃能傷人	(夢)第十章	入殮之禮
(米)第十一章	報喪訃聞	(苗)第十二章	靈前設位
(滅)第十三章	接三本義	(面)第十四章	助喪執紼
(民)第十五章	接三送三	(名)第十六章	喪事念經
(謬)第十七章	伴宿日期	(末)第十八章	送殯禮畧
(謀)第十九章	文武丁艱	(木)第二十章	拜影上墳
(那)第二十一章	媒妁議婚	(奶)第二十二章	媒妁之言
(男)第二十三章	男女相看	(囊)第二十四章	放定婚議
(鬧)第二十五章	置買嫁粧	(內)第二十六章	備辦嫁粧
(嫩)第二十七章	溺女怕嫁	(能)第二十八章	富厚賠嫁
(你)第二十九章	暗藏賠嫁	(娘)第三十章	行茶過禮
(鳥)第三十一章	過禮通信	(捏)第三十二章	堂客塡箱
(念)第三十三章	搶掠婦女	(您)第三十四章	預備粧期
(寧)第三十五章	擡送嫁粧	(虐)第三十六章	嫁粧過門
(牛)第三十七章	嫁粧風俗	(挪)第三十八章	因賭棄妻
(耨)第三十九章	預備喜帕	(女)第四十章	喜帕憑據
(奴)第四十一章	以紅爲據	(暖)第四十二章	響房發轎
(嫩)第四十三章	親迎謝粧	(濃)第四十四章	娶親紅衣

（訛）第四十五章　蓋頭紅帕　　（偶）第四十六章　喜轎入門
（罷）第四十七章　九日回門　　（怕）第四十八章　斷絃續絃
（拜）第四十九章　一子雙祧　　（派）第五十章　　無子納妾
（半）第五十一章　子分嫡庶

第一章　喪爲白事

（倫）○　　車·輪　囫圇·　·沒論·。

人生在世，無論做官爲宦，或是作買賣、學手藝，總有百年不斷的錢財兒，可是沒有百年不死的身體，細想起來，也是一場大夢就是了。　那是那麼着，古人說："縱有千年鐵門檻，終須一個土饅頭。"又說："沒有百年不散的筵席。"就是聖人也說："自古皆有死。"這麼看起來，也是人人不免的事，死了，就算完了一輩子的事了。　完是完了，人死之後，也得有個葬埋的規矩。　那我知道，不過刨一個坑兒，埋了就完了。　你是故意兒那麼說着頑兒罷？天下各處，都在一個大地之上，日頭起東出來，起西落下去。雖是天天如此，彷彿車輪一樣這麼轉，然而這地上頭，各國各處的風土人情、規矩禮行，可是不能一樣，必有不同的地方。雖有不同的地方，惟獨死了人的這件事，必是都有一個埋葬之禮，那兒能像你說的，刨坑一埋就完了呢？　我是囫圇着說的，至於埋葬之禮，那一定處處都有，不過隔里不同風，此處的死人，是怎麼個規矩，您說一說。那可了不得，不但有錢富貴的人，講究治喪的禮，就是不論怎麼沒論兒①的人，家裏有了喪事，也都要盡心盡力的花錢去辦這個白事。　白事，是甚麼？　就是喪事。　你請說說。　那可話長了，因爲喪事一切，多用白色。　故此爲白事？　是了。

註　釋

〔土饅頭〕墳形凸起高土，形似饅頭，故有土饅頭之喻。按墳式不同，有以土凸起者，有凸起而用泥飾之者，有以灰築之者，曰保頂。南省有以磚石砌之者，數式，各以家傳之俗而爲之。

---

① 論兒：規矩，講究。

第二章　杠房備喪

（龍）窟窿　龍虎榜　瓦隴　胡弄

請說喪事的大概給我聽，聽完了，還有別的請教的呢！　那可一言難盡，儘着①往快裏說，不就悮工夫就是了。京城之中，有一宗舖子，名叫槓房，專預備抬死人的。　舖子之中的人抬麼？　不是，是轉傭的窮人，賣力氣的，也叫抬槓的槓夫，也叫閒丁兒②，都是窮苦的人。雖是窮苦的人，槓房裏的掌櫃的人，可很會打扮他們。　喲，那窮人，破鞋、爛襪子，衣裳上窟窿眼睛的，怎麼個打扮他們呢？　他們舖子裏，有青衣，有鞋襪，給他們穿，而且還有一宗綠駕衣，是預備王府和宗室人家喪事，抬槓人用的。不但這衣裳，就是本喪家，或是武官一品至九品，或是念書的書香人家，龍虎榜上標名，登科作官，直到入閣拜相，一切的文武執事，他都預備。只要你有了錢，到那槓房裏一說，他就都給預備。　這麼容易！那麼有了白事，有錢很容易辦哪！　是麼。有錢有勢的人家，大殯出來走到街上，眞是兩邊的人，填街塞巷，甚至上房，把瓦隴兒踹壞了的都有。　沒的呢？　沒的，也不敢隨便，這不是別的事，可以隨便胡作胡弄，也得按着規矩。因爲喪禮，也是那《大清會典》上、禮部的例上寫明白的，所以該當如何辦，都得照例。　等等兒，《平仄編》寫到這個"龍"字兒，可是第八段兒③完了。　第九段④再接着說罷。

註　釋

〔青衣〕青衣，賤役之衣也。凡業之賤者，如樂工、皂隸等輩，其衣皆青，雖其人彼此有慶賀拜年之禮服，亦青褂，不敢服紅青也。然士大夫有喪弔，亦服青褂焉。

① 儘着：儘量。
② 閒丁兒：沒有固定職業的貧苦人。
③ 第八段兒：指《語言自邇集・練習燕山平仄編》第 180—208 組，以 L 爲起首輔音。
④ 第九段：指《語言自邇集・練習燕山平仄編》第 209—226 組，以 M 爲起首輔音。

第三章　預備裝裹

（馬）．爹．媽　．麻木．　馬．鞍　打．罵．

這到了第九段兒《平仄編》"馬"字兒了，您請接着說說白事的禮節罷。嗐，古聖人說："父母之年，不可不知。"就是說人的爹媽，上了歲數兒了，自己就得常常的想着，老家兒是一天比一天老了，或是有老病兒咳嗽勞傷，或是腿脚兒不俐儸①，身體不靈便，四肢常覺麻木，許多可怕的，所以就給父母得預先預備裝裹②棺木。　裝裹是甚麼？　就是衣衾，俗說鋪蓋，和裝老③的衣裳。都是甚麼衣服呢？　還是按着品級的禮服預備。　沒有官職的呢？　常人就穿常人的服色，不過是綢緞甚麼的，好一點兒就是了。　棺木呢？　那可不同，幾兩銀子也是棺木，幾百兩、一二千兩，也是棺木，都是南來的，杉木多，或是四川建昌花板。常人用河柳、白果松、雜木、楊柳木，都可。有錢的預先都買妥，備辦齊全了，那棺木起一個名兒，叫壽木。一切備妥，以防不測。所以父母上了年紀，寔在是爲人子的，不可不知的。　論到"棺木"二字，古今人人都必得用的，也是可歎的事。　不錯，任憑你大文官，活着坐好轎子、好車；大武官，活着騎好馬，用好馬鞍子；常人一生不能坐轎；窮人一世不但不能騎馬、坐車，而且常受人欺辱打罵，到死後都是一樣的棺材二字，豈不可歎！

註　釋

〔棺木〕棺有二式，一旗一民，旗棺蓋高，曰山子，民棺則其蓋平。

第四章　將死先衣

（買）○　葬．埋　．收買．　發賣．

備辦妥了裝裹，比方老人死了之後，自然就得給他穿好了這個裝裹呀？

---

① 俐儸：俐落，靈敏利索。
② 裝裹：人死後入殮時穿戴的衣着。
③ 裝老：預先爲死時準備的衣着。

不是死後穿，是快死的時候先穿。因爲俗說，身體死後，雖然是必得葬埋，那死人的魂靈兒可是去托生，不肯叫老人的魂精着來，光着去。　這話，我就不大懂了，魂怎麼個穿衣裳法呢？　那話你也別較眞兒，俗禮兒，以訛傳訛的地方兒多。況且又有佛教，說人死後托生的話，所以俗人那能明白那個禮的所以然呢？據我按着禮想，不過是事死如事生的，一個"孝"字兒就是了。　也不必說別的話，就是請問您，俗論何必一定在人快死的時候穿，是其意何居呢？　說是帶着氣兒穿，魂得的着，嚥了氣之後再穿，魂就赤身露體的了。　這實在可笑之極了。　也不過是告訴你這兒地方的風土人情就是了。至於愛惜父母的身體，所以買結寔棺材，多年不朽壞，那是眞有一點兒益處。　這一說，棺木好的，值錢定了。　那算準了，這京城裏木廠子，有收買建昌花板的，當舖有當好棺木的，木廠又發賣上等杉木板的，都是爲富貴人用的。　是了。

第五章　停床易簀

（慢）．顚頂　　隱‥瞞　　豐滿．　快．慢．

　　那麼說，人快死的時候，就必要穿好了衣裳了？　是麼。穿好之後，停放在床上，因爲北邊人多一半都是炕，不過南方人在京的，和舖子裏用木床和木板搭舖睡，其餘不論旗民，全是在炕上睡。所以將死之人，穿好衣服，必須移在木床上停放，靜等着嚥氣，這個禮名爲停床。是古禮不是，我也不大知道。大約是古禮罷，您未必不知道，是盡故意兒的不告訴我。　我不是有意顚頂，故意的不說，有意隱瞞着，怕你知道，寔在不大明白。　我想，那不是古時候的易簀之禮麼？　是了，不錯，大約是那個意思罷。可是老年人，死了的停在床上，活人這麼一看，也有好看的，也有可怕的。　怎麼？　比方沒甚麼大病，不過是一時急症，忽然死了的，他必是臉面兒豐滿，眉目善靜①，令人可敬。若是病的日子多，延纏②了一半年，慢慢兒纔死的，必是形容枯槁，面目消瘦，彷彿惡鬼似的，就叫人瞅着害怕。　他死的快慢我不管，我就請您快說這停床之後

---

①　善靜：慈祥而穩重。
②　延纏：疾病久治不愈。

的事就完了。 你雖然忙,不管他死的快慢,我可總得想着法子,把這"慢"字兒的字母聯完了,纔能說別的呢! 哈哈!

註　釋

〔炕〕炕,以磚砌之榻也。冬日燃火於爐,爐在地中,通炕,炕中空而火炙之,故滿炕皆熱。河南、直隸之界,約黃河以北,地冷之處,皆用炕,京城亦然。然南人之在京者,仍用木牀者多。

第六章　成服穿孝

(忙)·白·茫·茫　　·急·忙　　鹵·莽·　　○

哈哈! 那麼說,這又到了"忙"字兒的字母了,您怎麼說那白事的死人停牀之後的事呢? 那極容易聯着說了,父母老家兒死了之後,停在牀上,子孫男女等,就白茫茫的一片。 甚麼? 都穿上白孝了。 白孝,就是孝服麼? 是,也叫孝衣,論喪禮,這爲成服。 怎麼穿的這麼快? 事前就隨着預備裝裹的時候兒,預備下了現成兒的,所以就都急忙着快穿上,萬一有親友鄰居來探喪、道惱①呢? 穿上好看齊整,又規矩,又盡孝,爲何不穿呢? 這可是說那個有的主兒,若是平等之家,也得現去買布,現裁現做。再遇見窮人沒的主兒,還得現找人借錢,那兒能那麼吹口之力,就都得了呢? 比方做不起的人家兒,怎麼好呢? 做不起孝衣的人家兒,也有竟勒一塊白布在頭上的,或是系一根孝帶兒在身上的。還有如今這些年,有賃孝衣的,專把男女孝衣做成許多件,出賃給人穿衣,又·便宜,又便·宜②。我們街坊,他有一間,家裏落③了白事,沒錢做孝衣,賃了一件孝衣來,可是沒有穿。 爲何呢? 長短不合體麼? 倒不是不合尺寸,因爲他是個糊塗蠻纏④、鹵莽⑤無知的人,賃了一件女孝衣來。哈哈哈!

---

① 道惱:向遭遇不幸或不快事情的人進行問候安慰。
② 底本給兩個"便宜"加上了聲調標注,以區分兩個詞的讀音及意義。
③ 落:得到,受到。
④ 蠻纏:不通情理。
⑤ 鹵莽:魯莽。

註　釋

〔成服〕服制有五，曰斬衰，曰齊衰，曰大功，曰小功，曰緦麻。凡親族男女，各有成服之定例，詳見《大清會典・禮部・喪禮門》。○今喪事應成服者，皆以白布，但分粗細而服之。

第七章　剪髮以殉

（毛）貓 狗・　羽・・毛　卯・刻・　相・貌・

　　這穿孝也是大禮呀！　遵制成服麼，怎麼不是大禮呢？那禮部例上，都有人的五服的規矩，或是斬衰、齊衰、大功、小功、緦麻，一一的分的清着的呢！穿上孝，成了服，又當怎麼樣呢？　該當剪頭髮，父母死，子孫男婦都鉸①；丈夫死了，妻子鉸。鉸下來的頭髮，可是給死人擱在手裏拿着，那死人這時候躺在床上，傍邊有好些用的零碎兒東西，比方荷包、扇子、手巾、玉器、玩物之類。　啊。　手裏拿着頭髮。　我明白了，這大約彷彿是古殉葬之義罷？　巧了是那麼着。　他身上穿衣，脚上也穿靴子或是鞋麼？　穿，都是新的，新靴或是新鞋。可是脚的踝子骨②上，綑上一根蔴繩兒。　作甚麼？　怕詐屍。何爲詐屍？　人死了，一面綑上他的腿脚兒，一面小心家裏養活的貓、狗、雞、鴨甚麼的，若是這小牲口兒一跳到死屍上，死人就跐起來，追活人，打活人，往往把活人就打死了，就爲詐屍。　胡說的話罷？那有個詐屍的呢？　俗論都那麼說，所以連雞毛撣③子，都不敢挨着死屍，說那也是羽毛兒的東西，怕沾着了詐屍。其寔，比方人今兒晚上酉時死了的，到不了明天卯刻，就變了相貌了，夏天就臭了，那兒能詐屍呢？不過是愚人俗論兒，就是了。　所以了。

註　釋

〔剪髮〕剪髮置於父母之手，蓋表殉禮也。○凡有父母之喪，身穿白布孝衣，男不剃髮，凡百日，婦不粧飾又然。叔伯兄嫂之喪，遞減期，不剃髮，不粧飾。

---

① 鉸：剪。
② 踝子骨：脚踝處兩邊凸起的骨頭。
③ 撣：揮。據《漢語大詞典》（卷六）："撣，同揮。"

第八章　陰陽殃榜

（美）○　·煤炭.　美·貌.　·愚昧.

　　我可真不信這詐屍的事。　俗論了不得，有說的就有信的，還說寧可信其有，不可信其無，這是一。再者有一宗人，叫陰陽，他管給死人開寫殃榜①的事，人若是得罪了他，他就有好些個法子嚇唬人。　陰陽是作甚麼的人？　人死後請他來，他把死人的生年月日，和死的時日一合算，定規幾天可以出殯，某日可以出殃。　出殯我知道，就是埋葬不是麼？　是。　出殃是甚麼呀？　說死人死後，有一股子氣，藏在地下，到了某日從地下出去，就爲出殃，還說此氣落於何方，化爲甚麼顏色兒。　這又是謠言罷？　先不必管他謠言不謠言，只顧世俗這麼一論。陰陽這麼一說，喪家就每夜熬油費火，冬天費煤炭，大家熬夜，又怕詐屍，又怕出殃。若不信，直②彷彿不能。　您纔說得罪了陰陽，他到底怎麼嚇人法呢？　或是半夜裏裝鬼裝神的飛磚、洒砂子，在窗戶上刷拉刷拉的，人就害怕，說鬼來了，又請他來給禳解，他又可以得利了。　嘻！不論你蓋世英雄、官高位顯，或是錦繡才子，或是美貌佳人，只要一嚥了這一口氣，就任憑人造謠言了。死人何罪，受這個冤枉名兒，詐屍哩、出殃咧的鬧！　也都是愚昧無知的多，就是了。

註　釋

〔熬油費火〕油，指燈膏而言。火，指爐火而言。燈之膏有二，曰香油，即芝麻油也，味香故云香油，可燃燈，亦可烹菜而食。一曰燈油，乃菜子或他草子爲之，味惡，只可燃燈。○近日亦多用西國之煤油以燃燈焉。

---

① 殃榜：舊時風俗，人去世之後，陰陽先生在一張紙上寫明死者生卒年月、死因等，放於靈旁，出殯時由專人舉到墓地。這張紙就是"殃榜"。

② 直：簡直，實在。

第九章　殃能傷人

（門）捫捵　　門扇　　○　　憂悶

可笑極了，這個陰陽所作的嚇唬人的事。　還有俗論可笑的事呢！俗人說，這殃能傷人，也能傷物。比方人被殃打了，人就永無升官、發財，一切的好事，就天天像病了似的；樹木花草兒被殃打了，就也不開花，也不長葉兒，幾天的工夫兒，就要枯乾死了。這死人的殃，能有這麼個利害，你信不信？　我不但不信，而且還是可笑。　等我再說一個笑話兒，你大笑笑兒。一家子有了白事，到了出殃的日子，就都躲了，竟剩下一個膽兒大的人，他獨自一個不怕，在那死人屋裏看着。　啊。　屋子裏，照俗例預備下吃的、喝的、酒菜茶飯，並那使用的烟袋、手巾，一切的零碎兒，都是給死人照規矩預備的。到了時候兒，這個人因爲喝了好些酒，可也不害怕，在燈底下，解開了自己的衣裳，正在那兒拿虱子呢！　好，一個人兒醉後捫捵①，也倒有趣。　別忙，正在拿虱子的時候兒，忽然起外頭來了一個鬼，把門扇給摘下來了，就進來了。青臉紅髮，好怕人，他趕着②也不怕憂悶，鑽到一個櫃子裏躲避着去了。一會兒那個鬼，也來開櫃子，他嚇的嚷了一聲："鬼！鬼！鬼！"那個鬼，沒想到櫃裏有人，就嚇死了，原來是一個賊。　可笑極了！

註　釋

〔烟袋〕烟袋有三種，曰旱烟袋，乃吸烟葉者，其桿粗，其鍋大。曰潮烟袋，其桿稍細，其鍋小。吸烟葉之切絲者，曰水烟袋，通身以銅製，中空盛水，而吸烟葉之絲。旱烟以關東來者佳，潮水二烟以南來者佳。○烟，一作菸。

---

① 捫捵：摸索。
② 趕着：敢情，原來，出乎意料。也寫作"趕子""趕自"。

第十章　入殮之禮

（夢）懵懂　結盟　勇猛　睡夢

古人云："天下本無事，庸人自擾之。"比如這些出殃詐屍的事，俗人之中，糊塗的、懵懂的信，或者可以，不足和他分辯。難道說明白人也信麼？讀書明禮之人，也預備出殃麼？　是這麼着，隨鄉兒入鄉兒就是了。就比方死人停床之後，以入殮爲大要緊的事，入殮的時候，棺材之中，一點兒毛不敢擱。死人也不穿裘服，都是棉衣裳。相傳說，棺中有毛，死人托生禽獸，你想有這個理麼？然而世俗有此論，無論明白糊塗的人，就都這麼相傳着信，寔在是俗論很霸道。

那倒也不必管他了，但求您說一說入殮以後的禮節罷。　入殮，是把死屍放入棺木之內，那棺內先得擱好幾十個銅錢，按死人歲數兒擱，一歲一個，名叫墊背錢。還有死人用的零碎，如手巾、扇子、荷包之類，放好，蓋上被，然後蓋棺，停在中堂，定于第三日請僧道接三[①]。到了那天，遠親近友、本家街鄰，都來接三，都要送弔奠的禮。　他們都穿孝麼？　不，除了和孝子孝孫換帖結盟約人穿白孝，別人不過素服就是了。然而可嘆！　甚麼？　俗云："有錢難買靈前弔。"有弔奠的固然是好，然而人在人情在，勢力之家，衆人勇猛向前去弔；窮人也沒人理。　咳，死人已入睡夢長眠，也不管弔與不弔罷。

註　釋

〔換帖結盟〕朋友中義氣相投，乃結盟爲義兄義弟。換帖者，以紅柬彼此書寫姓名籍貫，及祖父三代名諱，妻之門氏，子女之名，彼此易之，曰換帖，亦結盟之朋友也。其帖名蘭譜。

第十一章　報喪訃聞

（米）眯瞪眼　迷惑　米糧　機密

入殮之後，纔接三哪？　人一死，就先得報喪，凡有親族人等，一切來往的

---

① 接三：舊俗，人去世後第三日，請僧道來作法事設祭。

親友之家,都得去報。 怎麼報法呢? 用訃聞,也叫訃文,是用大米色的紙,折成柬帖,寫上死的日期。 甚麼話語呢?您說個樣兒我聽聽。 是這麼樣兒寫:"不孝某人等,罪孽深重,不自殞滅,禍延顯(考、妣),誥封某官、某名、某氏,慟於某年月日時,壽終(正、內)寢,距生於某年某月日時,享年若干歲,哀此訃聞。"這些個話,是大一點兒的字,另外幾行小字兒,是"某日領帖,某日伴宿①,某日發引②"這些個話。下面矮些個寫"不孝某人等,泣血稽顙,齊衰期服孫,某人,泣稽首"這些個話。 我沒見過這個,還有甚麼伴宿咧、領帖咧,你都得細說說我聽。 等我閒了,寫個樣兒,你瞧瞧,就明白了。至於伴宿甚麼的,都是喪禮,自然我都要說到的。 您寫樣兒的時候兒,可得寫大一點兒字,千萬別寫蠅頭小楷,我又是眼力不濟,別叫我眯瞪眼兒看,還看不出來。 自然,總叫你瞧得出來,但是一樣兒可歎。 甚麼? 人生在世上,活着的日子,這是我的,那是我的,愛這個,貪那個,聲色貨利,受多少迷惑。一年穿多少布疋,吃多少米糧。這個不叫人知道,那個是機密,怕人洩漏。趕到一閉眼,就任憑活人擺弄了。 可歎!

註 釋

〔米色〕米色紙,亦曰栗色紙,以其色如老米及栗子也,喪事寫訃信則用之。紅事及他喜事,則用紅紙。常行寫信,用花箋,或八行書,乃白紙而印以紅行綠花,計行有八,故曰八行書。

第十二章 靈前設位

(苗)喵喵的貓叫。 禾苗 藐小 廟宇。
如今還是請您說一說那辦白事規矩,送了訃聞之後,又當怎麼樣呢? 這喪家該當設位,把棺材停在堂中,有一個木架,周圍用綢緞作的幃幔,罩上了棺材,名叫堂罩。那堂罩之前,又掛一個白幔帳,帳內設太師椅一張,椅前有棹子,棹、椅都有圍子,椅子上有墊子、靠背,棹子上有陳設古玩幾件,棹前有圍棹,棹邊兒有古銅或古磁花瓶一對、蠟臺一對、香爐一個、香盒一個、香插一個、

---

① 伴宿:喪事習俗,在出殯的前一天,親友夜晚不睡覺,守在靈柩邊。
② 發引:出殯之日將靈柩抬出家門。

另有大悶燈①一個,晝夜點着。棹子前頭有小矮棹一張,上頭擺着大酒壺兩把,奠杯三個,預備有客來弔奠的時候,奠酒用的。　都是甚麼日子來弔奠呢?　就是我說過的接三的日子起,就天天有來弔奠的了。　那麼,這就快說到接三了罷?　快是快說到了,喪禮可又是南北不同風。北邊入殮之先,怕詐屍,貓兒狗兒的,都拴起來,怕往屍首上跳,比方街坊家裏,有喵喵的貓叫的聲兒就害怕,是這個風俗多。南邊入殮之先,又必要先請和尚來開路,念一會兒經,纔入殮呢!　啊。　至於鄉下,可又不同了。有一年正是春末夏初,滿地小禾苗兒的時候兒,我出城逛去,瞧見好些人,鬧鬧吵吵,哭的嚷的,往村兒外頭跑,我看他們那個樣兒,彷彿有急事似的。一打聽,敢則②是死了人,報廟兒,不論大小村兒,那怕很藐小的個小村兒呢,村口兒必有一個小廟宇兒,死了人,就去報廟,那就叫報廟兒。

第十三章　接三本義

(滅)咩咩的羊叫。　○　○　滅火。
這鄉下人,有死人的時候兒,興這個報廟兒,是怎麼個意思呢?　就是說人死之後,魂已出身,飄飄蕩蕩的,必是要到那個廟裏去掛號,從此纔往陰司去呢!活人又恐怕他一個人兒到廟,不能和神說話,故此替他去報。　可笑的事。　又有說是魂既在廟,恐怕他從此赴陰,沒錢沒吃的,所以把他起廟裏接回來,到家祭他,給他去燒紙,然後送出他去。　你竟說這些個無來由、不要緊的話,幹甚麼呀?　你聽着,雖是無關緊要,不是麼,我是要告訴你那接三的事,所以我起根兒上說起。這接三的意思,就是把那亾魂接取回來的意思,接三之後,夜裏又送三③,就是把亾魂送出去的意思,然而如今有名無寔了。城裏接三、送三,還不如鄉下的禮有一點兒眞禮呢!　城裏怎麼樣?　城裏到了接三的日子,不過是送祭禮的多,弔奠的多,就是了。　甚麼祭禮呢?　祭席

---

① 悶燈:一種提燈,周身爲鐵或銅制,前方留一面玻璃以透光。
② 敢則:原來。
③ 送三:在接三當天的傍晚,僧衆焚燒寫有佛經的黃紙、紙車等,意思是送逝者魂靈上西方,親人跪地行禮,整個過程叫"送三"。

就是做得了的菜，還有送豬羊的。　活豬羊麼？　那兒能送活的呢！滿院子裏咩咩的羊叫喚，那像幹甚麼的呢！都是宰殺了，擺好了，送來供在靈前頭。那一天白日黑下，靈前頭燈燭輝煌，永遠不能滅火，直到天亮纔完。　啊。

第十四章　助喪執紼

（面）○　　·棉·花　勉·力　·臉·面

竟送些個祭禮，還有甚麼？　還有祭軸、輓聯，也叫對聯。　這又都是甚麼？　祭軸，是用一幅緞子，或是哈喇①、洋呢、綢紗俱可，約長丈餘，上下有橫杆、軸頭，上面寫四個斗大的字，都是讚美亾人的功德、好處的話。　那綢緞洋呢的上頭，怎麼寫字法哪？　不是寫的，是用金銀紙，或是白紙，照字的樣式，剪出來，下一面襯上白粗些兒的紙，中間襯上棉花，把針綳在綢緞上，兩邊兒還有小字兒，上首是亾人的官銜、姓氏、名諱，下首是本弔奠的人的名字，拜奠的字樣。　那對聯呢？　對聯是一幅對子，寫在兩大條綢子上，也是歌功頌德的話，彷彿祭軸一樣，也叫輓聯。　這都是怎麼個用意呢？　本來的意思是古禮。古時候，靈柩是用車拉，車上有繩索，來送殯的人，大家拉着繩子，幫着拉車，所以《禮記》上有"助喪必執紼"的話，紼就是那喪車上的繩子。大概鄉下人，如今還往往恐怕有那個規矩，是送殯來的親友，都拿一幅兒白布來，拴在車上，預備拉着走。慢慢的用綢，用緞，有輓之名，無輓之實了。　總是愛好看的意思，就是了。　可不是！如今親友家，有了白事，來弔奠的人，遇着沒力量的人，比方該當用這個的時候，他必也東拼西湊，勉力的巴結，為的是臉面上好看。　據我看，也都是虛好看兒。　可不是！

註　釋

〔對聯〕對聯者，以紙二幅，平寫各數字，務相對，裱而懸於室中者。新年則以紅紙書而貼於門楹，曰春聯。或有刻於門者，字之多者，曰長聯。祝人壽者，曰壽聯。弔死者，曰輓聯。

① 哈喇：哈喇呢，一種質地良好的呢絨。

第十五章　接三送三

（民）○　·民·人　·憐憫·　○

這些弔奠的祭禮、祭軸，都是在那一天送起呢？　接三那一天起，直到送殯的頭一天止，那一天都可以送來。　是了，那接三的日子，都是甚麼時候熱鬧呢？　接三總是晚上的事，這一天有用和尚的，有用道士的，有用喇嘛的。作甚麼用他們？　用他們來念經，常人用和尚的多，不論旗人、民人，都是一樣。　喇嘛呢？　喇嘛，是蒙古人用的多，滿洲人也有用的，民人用的少。道士呢？　道士經有用的，可是太費錢，很貴，所以不大用，有錢的隨便。　念經而已，有甚麼費錢的呢？　他們不論和尚、道士、喇嘛念經，都是用五色綢子，紮成法臺，有許多佛像、神像，各種法器，許多供獻，錢少了行麼！這是一。而且接三這一晚上，經念到天亮，破地獄、放燄①口、散施食、燒冥器，許多的花錢的事。到了二更天，衆和尚鐃鈸法器、鼓手樂人、喇叭號筒、大鑼大鼓引路，衆親友都素服同着本家的孝子孝孫，一同到大街上，把那些紙糊的車、馬、槓箱、轎子、棹子，各樣的東西，都燒了囬來，這就爲送三。送三囬來，纔放燄口到天亮呢！　我看，佛經這些事，與亾人毫無益處，與本家大有損處，不過是拿出些個錢來，花完了就算是完了而已。　誰說不是呢！有這個錢，施捨給窮人們，憐憫那些鰥寡孤獨的人，好不好？　說的是呢！

註　釋

〔冥器〕有冥衣舖者，亦裱糊匠爲之。人有糊棚窓，則僱之，彼謂爲白活。白者，色也；活者，活計也。有燒活，即冥器也。凡車、馬、人役、僕、婢，及諸般用器、衣飾、冠履等物，皆以紙糊之，而備喪家之用，以焚化於亾魂者。又有黃活，則以紙造諸色獻神之物，以焚於爐者，其色黃，故云黃活。

---

① 燄：焰。據《龍龕手鑒·火部》："燄同焰，反火光也，火氣也。"

第十六章　喪事念經

（名）○　　姓。名　　○　　性。命。

　　接三之後，又當如何呢？　那看家當兒^①來。有錢的人家兒，靈在家的日子多。沒錢的人家兒，靈在家的日子少。　都是以多少日子爲止呢？　大約從五天起，七天、九天、十一天、十三天、十五天、十七天、十九天、二十一天、二十三天、二十五、二十七、二十九、三十一、三十三、三十五天爲止，這些日子之內，就是以念經爲要緊。　不是接三的日子念了麽？　那不算，那不過是一夜半夜而已。這念經，是要多念，或是三天經、五天經、九天經、十幾天經，總是單數兒。和尚、道士、喇嘛，都可以，或是念全了更好，所以然，爲得是借神佛之力，超度死人的魂靈兒升到西天，不在地獄受罪，所以必要把亾人的姓名寫在一個黃疏^②的上頭，焚化了，叫神佛知道。　人生性命二字，是老天給的，活幾十年，是借天地之氣生活的，那兒有這些神佛的事呢？我不信。　他是這地方兒的風俗麽，所以遇見念經的日子，親友們來弔奠的更多，又瞧熱鬧兒，又盡了人情，又助威。　怎麽叫助威？　念經的末天兒，要在大街上燒化好些個紙糊的樓、庫、金銀財寶甚麽的，和尚們、鼓手們、鑼鼓喧闐^③的，往街上去。親友送到街上，越多越顯威武，所以總論爲助威。　是了。

註　釋

〔單數〕數有單雙，即奇耦也。喪事數尚單，凡念經之僧道，及樂工等，並喪在家之日，皆以奇。紅事所用一切人物，或日，則用耦。蓋喪事用奇者，恐喪事重疊也。紅事用耦者，取男女成雙，不至零落也。

① 家當兒：家產。
② 疏：僧道拜懺時所焚化的祈禱文。
③ 喧闐：喧嘩，喧鬧。

第十七章　伴宿日期

（謬）〇　〇　〇　　謬妄。

　　我想這些念經超度的一節，總屬僧道的謠言，萬不可信。　誰又信呢！讀書明理的，和那謬妄無知的人，本來差的多，寔在不可一例而論。我們有一位舍親，他就不信，而且明明白白的寫在那喪棚裏，說："恭遵聖人之訓，故此不請僧道談經。"親友們來了一瞧，有以爲奇怪的，有以爲是明白人的，所以這樣的人，也不少。　是麽。那麽請問喪事念完經，還有甚麽？　就是伴宿。　伴宿是甚麽？　就是送殯的頭一天的事。那沒錢的人家兒，靈在家的日子又少，往往的就在這伴宿的這一天，也有念經的，也有不念竟開弔的，家中來好些男女親友送弔禮的，無非祭筵、金銀紙錁這些東西，也有送分資①的。　分資是甚麽？　就是送銀子、送錢來給本家，資助他辦理白事的意思，所以叫分資。送多少呢？那是看交情厚薄深淺，量力資助。　到底何爲伴宿呢？　是說亡人明日一早，就要離開家了，所以這一夜，本家的人和來的親友，都一夜不睡，陪伴那亡人的靈柩，以明親熱之意。　眞都不睡麽？　那也不過是那麽件事就是了，還是白天收分資要緊。　哈哈！

第十八章　送殯禮畧

（末）揣摩　甚麽　塗抹　始末。

　　我這麽揣摩着，白事到了這伴宿，就剩了明兒一天，一送殯，也就算完了罷？　可不是麽！也就算沒有甚麽了。但是這送殯這一天，事兒太多，頭行兒是大槓、夾槓、棺罩，都在頭一天伴宿的日子，就晾在大街上了，有人看守着。　到了第二天呢？　第二天，按着亡人家裏所有的官職的、品級的官名兒，用紅牌寫上，一對一對的，在前走着，其餘的都是按品的儀仗，旗鑼傘扇、斧鉞槍瓜、樣車、樣轎、樣馬，都是空的，鼓樂喧闐，旗人用靈旛，漢人用銘旌。辦理這

---

① 分資：份子。

些事的,都是那槓房的人預備。先期開寫一個單子來,給本家兒看,該添的,拿筆再添上,該去的,拿筆塗抹了去,定妥了。到念經伴宿的日子,先來擺設許多儀仗,大富貴有的人家兒,也有天天擺設長執事的。到了送殯這一天,用夾槓把棺材擡出來,到大街上,大槓、執事、儀仗在前,送殯的官客在靈前,孝子孝孫駕靈,那孝婦在靈後頂喪,女眷車輛一輛一輛緊跟。其餘官客的空車,反倒在後跟隨,送殯出城,葬埋自己的墳上,這名爲送殯。到這時候兒,白事的始末根由,大概算完了。 是了。

第十九章 文武丁艱

（謀）○ ·圖·謀 某··人 ○

這就算都說完了白事了罷？ 完是完了,還畧有一點兒要緊的,你得知道。 甚麽？ 孝家,父母之喪,都有三年的孝,說是三年,可又只是二十七個月爲止。假如作官的人,父母死了,爲丁憂;父死爲丁外憂,也說丁外艱;母死爲丁內憂,也說丁內艱,都是二十七個月爲滿。這二十七個月之內,不當差、不升官,開①了缺,在家裏住着,一點事兒沒有,名叫守制。比方父母死了,不報明丁憂,打算圖謀要升官,那爲匿喪不報,是有罪的。打算多支一天,少守一天,都不行。讀書人丁了憂,要下場考試,也不許。 武官呢？ 武官在任丁憂的多,大員們也是開缺回籍。別的武官,雖不回家,可是二十七個月內,不能升官。 旗人、漢人一樣麽？ 一樣是一樣,旗人們可又是有穿一百天孝的,百日孝滿,可以素服當差,這可是京官。在外任的大員,回京穿百日孝,百日滿了,在京當差,二十七個月完了,纔升外任。小官們,文外官旗人,也是丁憂,回旗守制,二十七個月滿,纔能選缺呢！我有個朋友,不必提是某人了,他就是現在丁了憂了,還沒滿二十七個月呢！

註 釋

〔丁憂〕丁憂,計二十七月,不計閏月,服滿,始起復文武大員。有能宣力勤能,必不可離者,亦有

---

① 開:底本此字難以辨認,據東京博文館藏本 356 頁補。

奪情而留任，改爲署理者。○軍營，則墨經從戎，留營辦事。武官，亦服內可以帶兵，俟軍務告竣，仍囬籍補行守制。

第二十章　拜影上墳

（木）○　　模樣　父母　草木

看起來，這親死丁憂，是孝子不忘其親的意思了。　可不是，還有想着雙親的模樣①兒，把父母的形容畫下來的。　畫下來作甚麼？　畫的有兩樣兒，一樣是行樂圖，按四時春夏秋冬的衣冠穿戴，按一生文武官民的起居動作，畫成他父母的形容樣兒。一樣是專畫大像，衣冠整肅，那叫影②。這兩樣兒的畫工，總名寫眞，是很好的手藝，畫的和眞的一般無二。爲人子的，就畫了這兩樣兒，擱在家中，子子孫孫的傳代、供奉，按四時供獻。還有只供神主牌位的，也是按時供奉，供的屋子，名叫祠堂。　不到墳地上墳去麼？　去，怎麼不去！三月裡清明節，七月十五中元節，十月初一下元節，送寒衣，還有年終，共總三四次去上墳，供獻祭禮，奠酒燒紙。至於平常日子上墳，就是新娶媳婦到墳上拜祖，和二十七個月孝服滿了，到墳上脫孝。除去這兩樣，再就是種樹修塋兩樣，沒事不去。　這墳墓都是各人是各人的麼？　各有各家的墳，墳上的樹株莊稼，一切草木，都有看墳人照管。　這白事說完了罷？　完了，《平仄編》第九段兒也完了。

註　釋

〔寫眞〕畫工之多，畫肆之多，無如京城廊房頭條衚衕。蓋此巷內，畫店盈之，並售扇、燈。○近日京中，亦多用洋法照像者。

---

① 底本正文部分的例詞均未作出標記，據章首例詞酌加。
② 影：圖繪的人物肖像，往往專指人去世以後所畫的生前的形象。

第二十一章　媒妁議婚

（那）在 這 兒 哪　　·拏 ·賊　　那·個　　那 裏

　　我和你商量，說完了白事，這到了第十段兒①《平仄編》了，咱們說一點別的，好不好？　愛說甚麼說甚麼，您出主意。　我想生死倆字，是要緊的，還是說生好，死的事都是些個虛禮兒。　生人必得男女，男女必得配成夫婦，纔能生兒養女呢！　那麼着，就說夫婦婚姻的事，可有一宗，俗們簡而明，別太說多了，我還要請教別的呢！　可以。婚姻起頭兒，先得有媒人。　怎麼？　婚姻，總得男家求女家。比方有一個人家兒，他有一個兒子，要說一個媳婦兒，他的父母就得給他去找一個好姑娘。這姑娘是個人家兒裏藏着的閨女，不是滿街擺的東西，你可以自己上街去找，說：“在這兒哪！”“在那兒哪！”或是找朋友，找該欠你的錢的人，你滿街拏賊似的去找去。所以總得請媒人，或是叫媒婆兒。　這媒人和媒婆兒，是男女兩樣兒罷？　總名呢，都叫媒人，就是人的親戚、朋友、本族，或是街坊、鄰居，甚至底下的下人，不論男女，都可以管這個事。比方他們來說，某家之男，可以配某家之女；某家之女，可以配某家之男。本家兒②父母聽見了，總是男家請他去求女家。不論那個人，只要他自己願意作媒人，就可以求他。那媒婆兒，是個老婦人，他專管作媒的事。但是他在那裏頭，想着兩家兒的謝禮，所以往往從中壞事，他的話，多一半兒是靠不住的。

註　釋

〔媒人〕媒者，所以聯合二姓爲一之中人也。男女皆可爲之，或至親好友，或鄰舍良朋，下而僕役婢嫗，皆可爲之。但完婚時，上人則謝以酒席，下人則謝以財帛，以示區別。〇有媒婆者，老婦人充之，專管說合二姓親事。但多粉飾其詞，以白爲黑，往往二姓不察，致墮其術中，而使怨女爲白頭之嘆，才郎獲無據之媿，殊可憫也。〇有官媒，主罪人之婦女應官賣者。〇有牙婆，主買妾之事。買妾者，託彼，而彼代爲轉覓，故貧家之賣女者，往往託之云。〇又煩薦僕、婢、車夫、

---

①　第十段兒：指《語言自邇集・練習燕山平仄編》第227—254組。其中227—252組是以N爲起首輔音，253—254是以ᵑO爲起首輔音。

②　本家兒：當事人。

及下人，亦有一行人，曰媒人。

第二十二章　媒妁之言

（奶）○　　○　　·牛　奶·　　耐·時

　　這媒人們去說，某家男配某家女，他這個差使，叫甚麼名字？　叫題親，也叫說親。到了女家，說某家的小人兒①，人有出息兒，有人才兒，沒有外務②。他家裏父母性兒好，沒脾氣，而且弟兄少，妯娌們和睦，怎麼彼此幫助着幹事，並且家裏怎麼財主，怎麼有產業，將來小人兒念書下場，必可以金榜題名，連中三元，姑娘將來是一品夫人的造化。他到了女家，都大約是這些個話。　到了男家呢？　到了男家，說姑娘性格兒溫存，活計兒③好，手兒巧，並且長得好，有福相，將來必興家，可以叫公婆喜歡，從小兒他孝順父母，將來必過了門，能孝順公婆。姑娘的母親也是很好的脾氣，將來兩親家必定和氣。他嘴裏說得天花亂墜，其實別的先不必提，你猜，姑娘有母親沒有？　有沒有啊？　從小兒沒娘，起八個月上，就沒奶吃，喫牛奶長大的，而況且也醜陋，還有脾氣，守不得窮，耐不得富，有錢混花，沒錢不能耐時④，是這麼個女孩兒。　怎麼媒人都是這麼說法麼？　可也是媒婆兒和下人們。若是誠寔的親友們作媒，必要兩家門當戶對，彼此配合，那必是一五一十的，三言兩語，就要定規了。定規了之後，就要彼此相看。相看的時候，彼此對式，就要定親了。　是了。

註　釋

〔一品夫人〕婦人隨夫之品，而得對誥。一品爲一品夫人，二品爲二品夫人，三品爲淑人，四品爲恭人，五品爲宜人，六品爲安人，七品爲孺人，八九品亦爲孺人。○或子之品大於夫者，則隨子之品封贈。〔活計兒〕活計，生活之計也。今指婦女之鍼黹而言，如織、繡、縫、補等類，皆爲活計。本女工之以覓生活之語，而今凡家中衣履，以線縫之者，皆曰活計。○正陽門外，有東西荷包巷二，巷中皆市荷包者，以綢緞爲質，以五色絨線繡之，或花卉草蟲、山水人物，字印諸色，亦

---

① 小人兒：年輕男子或未成年的男孩子。
② 外務：不務正業。
③ 活計兒：刺繡等針線活。
④ 耐時：耐得住日子。

有以金銀線爲之者，凡男女身上可佩者，總名荷包，另有細名，其工亦總曰活計。

第二十三章　男女相看

（男）．喃．喃囈語．　　男婦．　　○　　災難．

如此說，這彼此相看，是怎麼個規矩呢？　媒人來告訴，彼此兩家兒願意，可就要相看。相看之先，先有換帖兒之說，是男女家，彼此把這兩個男女的生日、時辰的帖兒，寫了交給媒人，兩頭送去。他們讀書明理的人，也就要憑這個，要相看做親了。惟有常人、愚人，必要先去合婚。　合婚是怎麼着？　請算命的先生，把這兩個人的生辰，照着天干、地支的五行生尅，去合一合，合妥了的，纔能做親；不妥的，說合不上，也就算了。這個風俗，也和白事的風水的迷惑人差不多，還是信的人不少。比方合妥了，可以爲婚，要相看的時候，是女家先相看男的。男家的父兄，帶着男的，同媒人到女家來，讓到庭堂裏，女家父兄看一看男的人才兒、模樣兒。這時候兒，女家的女的姊、妹、嫂子、兄弟，必先有一個風聞，彼此悄默聲兒的議論，就是文話說的喃喃囈語，彷彿說夢話似的，你一句、我一句的議論，不叫本姑娘知道。　那麼說，姑娘眞不知道麼？　大約女家的男婦大小，除了姑娘本人兒，沒有不知道的。及至相看妥了，暗暗的告訴媒人，媒人轉知會男家。男家同來，另外定規日子，叫幾位女客，上女家再去看姑娘去，這就是彼此相看。相看妥了，就要放定①。放定之後，就是百年不散的夫妻，富貴、貧賤、歡樂、苦楚、享福氣、受災難，那就都是一輩子看各人的造化了。

註　釋

〔合婚〕有司卜筮之人，曰術士，亦曰星士，以人之生年、月、日、時之干支，如甲子年、乙丑月、丙寅日、丁卯時，共干支八字，復以金、木、水、火、土五行配於干支，以爲生尅之說。如金生水，水生木，木生火，火生土，土生金，及金尅木，木尅土，土尅水，水尅火，火尅金云云。男女二人之八字相生合者，爲良婚；相尅忌者，爲凶婚，此猶其正者也。另有以生年之干支，謬纂福德、五鬼諸名色，以爲合婚之說，雖儒士、宦家，皆爲其愚弄，以致二姓男女將成之局，爲其一言而敗之此等

---

① 放定：舊時婚俗，訂婚時，由男方給女方送來金銀首飾之類的訂婚禮品。

風俗,良可慨也。○官家、儒士、大賈、庸夫,無不酷信星士,以其能以人之生年、月、日、時八字,以決人之一生休咎,俗曰算命。偶有哲士弗信,反爲世人所笑焉。

第二十四章　放定婚儀

（嚢）嘟噥　．嚢袋　擤了一刀子　齉鼻子

俗語說:"嫁雞隨雞,嫁犬隨犬。"自然是配定之後,爲女子的,要從一而終了。　可不是!然而也不是相看了,一半句話,就算是定規了。婚姻之禮,固然是一言爲定,也得要有好些個禮節。　怎麼個禮節？　挑選了好日子,男家先預備下了定禮的東西。　都是甚麼？　或是金如意、銀如意、玉如意,或是金鐲子、銀鐲子、玉鐲子,或是頭上戴的簪環首飾幾樣兒,裝在紅匣子,或是紙匣子裏,都可以。到了這一天,有堂客四位,或是二位,那倒隨便,可總是雙數兒,不能一個人兒,帶着使喚的婦女坐車,南省一定是坐轎,因爲沒有車。到了女家,女家也是媒人預先知會了,所以也預備下了堂客接待,彼此見面,然後給姑娘把首飾插戴起來,就叫放定。漢禮,姑娘下地給男家的堂客磕頭;旗禮,姑娘在炕上坐着,低着頭,不言語。　他心裏知道不知道？願意不願意？　知道,到這時候兒,一定知道。願意,那得過了門纔能知道哪!　怎麼？　先是男女不能見,都是兩家父母定規,及至娶了過門之後,比方彼此醜陋,就有不願意的。　怎麼樣呢？　也只好暗中嘴裏嘟噥、抱怨。或是男的沒才能本事,不過是個吃喝酒飯嚢袋①,女的雖然心裏恨不得把他擤②了一刀子似的那麼恨,也沒法子。或是女的禿頭、瞎眼、齉鼻子③、咬舌兒④,男的也沒法子,彼此不願意,也難離開。

註　釋

〔如意〕如意,以木爲之,屈曲其體質,上寬下窄,蓋出於佛教,僧衣之上所以絆襟,如鈕扣者。今之如意,約長二尺餘,以花梨、紫檀等佳木爲之,寬約二寸,屈曲如弓。上中下各鑲以白玉,或直

① 酒飯嚢袋:酒嚢飯袋,譏諷無能的人,只會吃喝,不會做事。
② 擤:刺,鑽。
③ 齉鼻子:鼻氣息長期不通暢的病態。
④ 咬舌兒:發音不清楚,類似於"大舌頭"。

以金、銀、玉爲之,每喜事多用之。○皇上有喜慶之典,則王公大員,皆呈如意一隻,以表賀禮焉。

第二十五章　置買嫁粧①

（鬧）撓　着　　鐃鈸　　煩惱　　熱鬧

　　嘻,照您這麼說,這男女婚娶之後,兩個本人兒不願意,也就只好怨命罷了。　可不是!父母之命,誰敢不遵呢?然而也沒甚麼法子,可作父母的,也萬不肯錯配了,所以對勁的也很多,不過偶然有幾個醜陋的就是了。俗語也說"好漢無好妻,癩漢娶花枝"的話,只好怨命而已。論起父母養兒女來,也真不容易。比方女家自從女兒放了定之後,就得預備嫁粧。　嫁粧是甚麼?　女孩兒將來出嫁過門用的東西,分好些樣兒,有木器,是箱、櫃、棹、椅、鏡箱兒、帽鏡,一切家中屋裏擺設的木頭做的,除了水桶、鍋蓋、廚房裏用的之外,都得預備。不過有嫁粧舖,只要臨時"錢出急家門"②,一到撓③着錢的時候,這些個還可以買。　是了。　有銅錫器,是茶壺、茶碗的茶盤兒、燈臺、蠟籤兒④,凡屋裏隨手使的,除了舖子用的銅酒幌子、油幌子,和樂人用的號筒、鐃鈸之外,凡有沾着銅錫的器皿,都得預先打造,而且銅臉盆、胰子⑤盒兒,那是更要緊的。這些個東西,雖然臨時可買,然而有臨時不對姑娘的勁兒⑥,怕女孩兒心裏膩臢⑦煩惱,所以必得早備辦。　真是疼愛女兒的心無所不至。　作父母很難,俗語說:"養女是賠錢貨。"看不得買這個,買那個,擺了一屋子。到後來,白熱鬧熱鬧了一會子眼睛,都給人家擡了去了。　嘻,家家兒如此。

---

① 粧:底本作"姙",據總目及分卷目錄改。
② 錢出急家門:俗語,比喻想要迅速辦妥某件事就需要花錢。
③ 撓:拿,取。
④ 蠟籤兒:上有尖釘下有底座可以插蠟燭的蠟臺,用以擺在上供的桌子上。
⑤ 胰子:肥皂。
⑥ 對勁兒:合意。
⑦ 膩臢:心情不悅,不爽快。"臢"指不乾淨,污穢。據元・無名氏《凍蘇秦・第二折》:"你問我官在那裏?教我說個甚的,可兀的乾受了你這一肚皮膩臢氣。"

第二十六章　備辦嫁粧

（內）○　○　○　內。外。

這嫁女兒的粧①奩，除了木器、銅、錫，還有甚麼？　還有磁器②。　都是甚麼？　那也就是茶碗、飯碗、果盤、花瓶，除了飯舘子用的磁器傢伙之外，凡姑娘愛的用得着的，那都得買。有錢的，還到南邊江西九江府，去定燒去呢！沒別的了？　古玩、鐘、表、玻璃玩意兒、盆景兒，棹子上擺的一切的古銅瓶、古銅爐甚麼的，大大小小、零零碎碎的，都可以預備。　沒別的了？　這大概說過的，都算是外面皮兒③的，還有內囊兒④呢！　怎麼？嫁粧還分內外麼？那算準了，一定分內外，那外面皮的棹面兒上的都好辦。　怎麼？　有錢就可以現買，怎麼將就一點兒就行了。內囊兒，總得慢慢兒的預備。　都是甚麼呢？到底是。　從姑娘頭上的簪環首飾起，到腳底下的鞋鞋腳腳的止，你想，得多少東西。比方有錢的，叫裁縫做春夏秋冬四季兒的單、袷、皮、棉、紗的衣裳，那自然還容易，雖不能吹口之力就得，然而有錢使的鬼推磨，那怕打夜作呢，總得的快。　沒錢兒的哪？　可憐那貧家小戶兒，得他作娘母子⑤的，一鍼一鍼的戳，戳了來的工錢買布、買材料兒，再給他女孩兒做衣裳、做鞋脚，你想這是一半會兒能完，一半句話能辦的事麼？所以說得慢慢兒的預備，並且就是有錢，那不得一個工夫兒呢！　是麼。

第二十七章　溺女怕嫁

（嫩）○　○　○　老。嫩。

無論貧富，都是一樣兒的養女孩兒難就是了。　不錯，所以有溺女之說了。　怎麼？　南省多有那麼着的，因爲女孩兒，從小兒吃喝穿戴，養活大了，

---

① 粧：粧。據《集韻·平聲·十陽》："粧裝糚粧，《說文》：'飾也。'"
② 磁器：瓷器。
③ 外面皮兒：表面。
④ 內囊兒：內中，內部。
⑤ 娘母子：母親。

回頭①還得一大分粧奩聘出去。俗語兒說："嫁出女兒潑出水。"女孩兒出了嫁，就是人家的人了，不但等到出嫁是人家的人，從小兒就是人家的人。不但從小兒，一生了女孩兒，就說這是一個外姓人，將來是個賠錢貨，所以不如生下來，把他拿水淹死，就完了一輩子的事了。　真有這個麼？　誰還哄弄你！你若是不信，瞧那《京報》上，或是勸善的書上，說這個溺女的風俗的話多着的哪！　南省有，北省也有麼？　北省有是也有，大概少的很，也有掐死的，都是怕賠嫁粧，將來。　必得多賠麼？　世俗的風氣不古，人好繁華，搶能鬭勝，必得說："出得了我的門兒，進得了你的門兒。"不然，怕人笑話。比方山西的地方，給女兒作珠子鞋，一雙鞋得多少顆珠子，就得幾百兩銀子一雙鞋。　也寔在可惡，人的好看，那在乎打扮呢？　在乎甚麼？　我想總是頭髮的黑黃、面皮兒的老嫩、腰的粗細、品行的好歹，衣裳首飾的多少沒要緊。　都像你，敢則好了。

註　釋

〔珠子〕珠子有大小之別，有眞偽之分。云來自關東大白者，約每顆數百兩，常行極小之珠如米者，亦須數金。婦女以爲首飾，其偽者以玻璃爲之，貧家婦女之飾也。○京城正陽門外珠寶市，有金珠店，蓋金、珠每可照價相易云。

第二十八章　富厚陪嫁

（能）○　·才·能　　○　　○
我說的是，人若是有好品行，有好德行，而且再有好才能，那自然是算頂好的體面。若是沒甚麼好處，竟穿好衣裳，戴好首飾，又算個甚麼好兒呢？　說固然是那麼說，但是該當辦的，人在世上不能不辦，該當有的，作父母的也不能在兒女跟前打算盤。論起嫁女孩的人家兒，寔在也分個貧富。我看見過，那個聘姑娘的有陪陪房的、陪房子的、陪地畝的、陪買賣舖子的。　甚麼叫陪房？　陪房一節，可倒是古禮，文話的字眼兒，是用一個"媵"字兒。　不錯，古書上見過。　如今的陪房，或是買的丫鬟使女，或是幾個奴婢，還有帶厨房、厨子一

---

① 回頭：此處指過一陣子，遲些時候。

塊兒陪的,都總名叫陪房。頂少的陪一個丫頭,這丫頭也有一小分兒嫁粧,您瞧,這是得多少錢花呢？　那陪房我明白了,那陪地、陪房子、買賣甚麼的,是怎麼樣？　那是把產業給姑娘的意思。所有嫁粧,一切的木器、衣箱、零碎,都在娶的頭一天,女家給男家送過去,幾百人擡着。這房子、地畝、買賣,可怎麼擡呢？更有法子,把房的契據、地的字兒①擱在一個花瓶裏擡過去。　房契、地契可以擡得,買賣呢？那怎麼擡？　有法子,把舖子的幌子擡過去。那地畝,也有陪一塊土坯②的,一塊土坯算一頃地。　可了不得!

註　釋

〔土坯〕土坯者,以黃土和水爲泥,另以木爲長方形,約長尺餘,寬四寸,厚二寸,而空其中,以爲土之模範。每作時,寔泥於中,而起其模,泥乾於地,取以爲成造鄉村土房牆壁之用。〇城內房間則以磚,盖細土坯而燒於窰者,若陶瓦然。

第二十九章　暗藏賠嫁

(你)〇　·泥土·　擬·議·　·藏匿·

您說,這嫁粧陪姑娘的地畝,用土陪一塊算一頃,一頃是多少畝啊？　一頃是一百畝。　土坯是甚麼？　土坯是鄉村裏蓋土房用的土磚,就是黃土和成泥,有一個木頭模子脫的,那叫土坯,是很不值錢的東西。　別說土坯不尊貴,上了嫁粧的槓子上擡着,那麼一點兒泥土的東西,可值一百畝地呢!　可不是!　這女家,自然也預先通盤籌畫,父兄大家擬議,陪多陪少,一定也有個規矩罷？　那自然有規矩,看家當兒來。你說,"擬議"這倆字,是打算的意思麼？　不錯,就是打算打算,商議商議的講法。　是了。　適纔說過的這些個澗陪送,都是姑娘過了門之後,一個人自己使麼？　也是歸入男家的產業一塊兒,另外有給姑娘的替己③。　替己是甚麼東西？　沒人知道,悄默聲兒藏在箱子裏,或是金銀,或是寶貝,那都不定,也是看家當兒來。　是了。他整年整

---

① 字兒:買賣契約,多指地契或房契。
② 土坯:土坯。
③ 替己:私自積蓄的錢財或物品。也寫作"體己""梯己"。

輩子的,在男家住着,這箱子裏的替己,藏匿得住麼? 富厚人家兒房屋多,箱籠也多,那兒藏不住呢? 貧戶人家,自然難了。 我正也要問呢,貧家小戶兒,也能備辦得起許多的嫁粧麼? 那不能,也有八擡兒的,還有頭幾天叫人擯了來,或是用車拉了來,不過倆箱子、倆匣子而已。再有,就是鏡箱兒銅盆,沒有別的。 是了。

註 釋

〔綢緞〕綢緞,皆以絲爲之,南省以杭州、江南、江蘇爲最,故三省清國設有織造官三員,司官織之工。歲運貢京師,藏之於緞疋庫。緞疋庫隸戶部,在東安門內之南池子。他省如四川、河南、山東、湖廣,亦有絲,可織諸色綢,則遜於江南矣。○正陽門外大街,多綢緞舖,皆運自南省。

第三十章　行茶過禮

（娘）○　　爹·娘　　○　　蘊·釀

　　如此說,金珠綢緞是富貴人家的嫁女兒的陪送,裙布荆釵是貧窮人家的嫁女兒的陪送了。 是,女家的陪送女孩兒,是費了爹娘萬分的心力。那男家的,爲兒子成家,也不是容易。 您也說一說。 纔說的嫁粧,都是預先女家的預備。還沒到娶的日子呢,那娶的前兩個月,有一個通信之說,也叫過禮,也叫行茶,分旗、民、貧、富不同。以上等的人家說,旗禮兒,用紹興酒八罎、白鵝八隻、小猪八口、羊八隻,也有用四罎、四隻的,名叫猪羊鵝酒,這還不要之緊。
　　還有別的麼? 有麼,多着的了。有金珠翠鈿的頭面,或是四分八分。若是好的,一分兒就值幾百兩銀子,常行的,也得百數兩銀子一分兒。還有鐲子、首飾、簪環,這都算頭上的。 自然還有身上的了。 有麼,有四季的衣裳,都是五彩繡水,好綢緞材料兒作的,都是給姑娘的。 沒別的了? 還有舖蓋、褥子,或是四分兒、八分兒,不定。 作甚麼用這麼多? 這樣兒的一分兒,那樣兒的一分兒,材料兒、顏色兒各別,所以不能不多預備。可有一宗,舖蓋的棉花和材料兒,可是單着,擡到娘家去,娘家給作,作成了的時候,隨着嫁粧給擡同來。 擡的時候,好天可以,陰天下雨只好改日子了? 不能,就是好天不好天,都得按着那個選定的日子,那怕春夏的雨水泥濘,或是秋天的連陰雨,冬天眼看着要蘊釀下雪來的時候,搭上油紙也得擡着走。 是了。

註　釋

〔選日〕每歲十月朔日，政府頒行曆書于王公文武大小官員，其軍民人等，係自買曆書。所買者，乃琉璃廠大書舖，自赴欽天監衙門，將刷畢官曆之餘板，自行刷印出售於軍民者也。按曆書選擇吉日，趨吉避凶。○另有術士代擇吉日，其吉凶者，皆以日之干支及二十八宿、五行之生尅而論之也。

第三十一章　過禮通信

（鳥）嗆嗆的貓叫。　○　鳥·獸。　屎·尿。
這行茶過禮都是一樣麽？旗漢。　纔說的是旗禮兒，漢禮只用鵝酒，沒有猪羊，有龍鳳餅幾百個。　旗禮沒有這點心麽？　有大饅首一二百個，漢禮兒還用茶一二百瓶。　就是茶葉呀？　茶葉。　怪不得叫行茶呢！　是麽。還有一樣兒要緊的，不論貧、富、旗、漢，都用。　甚麽？　叫作通書，是一個大紅全柬，畫着金龍鳳花兒，上頭寫着那選定的某日迎娶的日子、時辰，叫女家知道。　是了，所以說是通信了。　不錯，把這就備的信兒，通娶知意，好預女姑娘出閣。①　姑娘也就②知道了罷？　也就假裝不知道就是了。女家接了通書之後，見天更忙了，該買的、該作的、該預備的，而且臨期嫁粧的東西，都堆滿了屋子了，姑娘怎麽能說所不明白呢？並且有小妹妹、小兄弟，擠眉弄眼，嘴裏嘟嘟嚷嚷的四六句兒的說玩話，摳③他。也有哼哼唧唧的，也有故意兒④學咳嗽的，學嗆嗆的貓叫喊的。也有故意兒拿着那龍鳳餅，和姑娘說那個鳥獸的花樣兒的。這幾天，可憐那姑娘茶飯不能正經按頓兒吃，人見不敢說一句話，甚至就是屎尿，都不敢常上茅厠去撒。　爲甚麽？　一半兒是害臊、拘泥，一半兒是怕到了婆家，不能常大小便去，所以先在家裏，少吃少喝，練習着一點兒。　那麽也眞可憐。　是。

註　釋

① 此句話似乎不知所云，但東京博文館藏本 377 頁亦如此，照錄。
② 就：底本作"家個"，據東京博文館藏本 377 頁改。
③ 摳：戲弄，逗弄。
④ 故意兒：底本作"故並兒"，據東京博文館藏本 377 頁改。

〔饅首〕文曰饅首，俗名饅頭，以麥麵罨使霉，而和以麵做成，蒸之。大者約勉許，小者如酒杯。凡宴客之飯，多用小者。加以肉餡者，曰肉饅頭。

第三十二章　堂客填箱

(捏)．捏①弄．　．呆．獣　○　罪．孽．

　　我聽見您②這麼一說，我心裏想起一件事。　怎麼？　古來的女兒出了門子，拜了堂之後，提着瓦罐出去打水，到如今都這麼誇他，說："能盡婦道。"若是像您這麼說，這姑娘故意兒的不吃飯，粧害臊，諸事這麼捏捏弄弄③的裝傻，這算是怎麼一件事呢？這算婦道呀，還是算體面呢？　哎，也不是他故意兒捏弄，他也不比誰呆獣④，也不是願意受這個罪孽。你想，婦女的脾氣是柔和的，臉皮兒薄，而且這快出門子⑤了，眼看要離開父母，做人家的人去了，他心裏怎麼是不難受呢？並且這一通了信之後，天天兒七姨兒、八老老⑥、嬸子、大媽、姑姑、舅母的，都來填箱。　填箱是怎麼件事情？　都給姑娘送東西來，幫着裝箱子。　送甚麼？　左不過⑦是衣裳、首飾、鞋脚、手巾、扇子、香珠兒等項，都是姑娘用的，本家兒一一的收下，道了謝，留茶留飯，一天到晚忙不過來，姑娘怎麼是得勁⑧呢！所以不如閒⑨事不知，閒事不管，各人在屋裏忍耐而已。是了，到了兒⑩就不說話，不作甚麼了？　到是時候兒，自然慢慢兒的就好了。

　　得到甚麼時候兒？　總得出門子之後，回門的時候，纔能慢慢兒的，一天比一天的好得過來呢，可就又有了姑奶奶的脾氣了。

---

① 底本此字無聲調標記，據所處位置酌加。
② 聽見您：底本作"聽您見"，據東京博文館藏本378頁改。
③ 捏捏弄弄：體態羞澀，拘謹，拘束。
④ 呆獣：呆茶。神情呆滯。
⑤ 出門子：姑娘出嫁。
⑥ 老老：姥姥。
⑦ 左不過：總歸，反正。
⑧ 得勁：舒服，順暢。
⑨ 閒：底本作"間"，據文義酌改。
⑩ 到了兒：直到最後。

註 釋

〔箱〕箱有數種,有木箱、皮箱、躺箱、紙箱之別。木箱者,以木爲之,極佳者,樟木、楠木,凡貴重之嫁粧內多用之。又花棃、紫檀,乃硬木也,爲小匣亦可。常行木箱,乃雜木板爲之,而飾以色,價廉而不堅。躺箱者,大堅木箱也,富者以之置衣,衣不摺疊,而平放入,以其箱大也。紙箱,即高粱桿排插,而糊以紙,可置輕巧之物。惟皮箱,以牛皮爲之者,或加以漆,或釘以絆,有印花飾者,有加金花者,貴州來者尤佳。京城正陽門外大街多皮箱舖,一切出外路途之具,如臉盆、茶壺、碗包、帽盒之類,皆售於皮箱舖,以備客中之用焉。

第三十三章 搶掠婦女

(念) 拈花   年月   捻匪 念誦

女子生來,說有三從四德。三從呢,是在家從父、出嫁從夫、夫死從子。四德呢,是婦德、婦言、婦工、婦容。這樣說,那兒還能有脾氣呢? 我纔也是說,那世俗的女子,眞有規矩的女子,那兒能鬧脾氣呢?而且出嫁從夫的這一件事,也是娘兒們的一個苦事。俗語兒說:"隨夫貴,隨夫賤。"丈夫好呢,固然好了。若是當頭人①沒出息兒,又有甚麼法子呢? 我說過的,嫁雞隨雞,嫁犬隨犬麼,只好認命而已。 那古語還有句話:"紅顏薄命。"那怕他長得彷彿天仙似的,或是彷彿畫兒上的美人拈花微笑的樣兒,命好自然好;命不好,嫁一個沒長進不出衆的爺爺兒②,也將就了。最怕是趕上個不好的年月,或是饑荒,沒飯吃,父母把他賣了,給人家做妾,作丫頭。或是像那些年,河南、安徽,那幾省鬧捻匪③的時候,好些個長得俊俏的姑娘,都叫賊給搶了去。或是自幼兒爲病許下出家作尼姑,俗說當姑子,整天家念誦經咒,那纔算都是可憐的哪!豈不是紅顏薄命麼? 眞是。 若是得一個一夫一妻,白頭兒到老的一輩子,那就是萬幸。 知足者長樂,能忍者自安。別說是娘兒們,就是個爺們,也不可有不知足、不安本分的地方兒。 可不是!

---

① 當頭人:當家的,一般指丈夫。
② 爺爺兒:泛指男子。
③ 捻匪:清代中葉後,在安徽、江蘇北部和山東、河南等邊境的農民起義軍。

第三十四章　預備粧期

（您）○　·您 納。　○　○

古人說："安分是便宜。"所以無論男女,也都是知足安分是要緊的。　實在是聽天由命好。　咱們說的是娶媳婦兒的紅事,如今說來說去,又說到旁岔兒①去了。　也不算旁岔兒。　那麼咱們說到那兒了?　說到填箱了,衆人給女家送嫁粧的東西,齊備了之後,把箱子裝好了,鎖上,掛上一個鑰匙袋兒。那鑰匙袋兒,都是用五彩綾子緞子,堆出來的人物兒,很好看,櫃子上也是那麼着。趕到齊理②完備,也就快到了日子了。家裏是叫棚舖搭棚,叫傢伙舖上碗盞傢伙,楾椅板凳,掛的羊角燈,楾子上的香插兒、舖墊、紅氈子,一切的東西。叫廚子開單子,買辦一切的乾鮮水菜,各樣兒果品。妥當了之後,預備雞鴨魚肉,或是海味的筵席,這也就到了嫁粧的這一天了。　怎麼叫嫁粧的這一天呢?　就是娶的頭一天。從這天一早兒,女家諸親友,男女老幼,一起兒一起兒③的來,出分資。　他們怎麼知道是這一天的日子呢?　前些日子,也是先下帖請,說是"某日小女于歸,敬治喜筵候光。"所以朋友們都知道了來,若是親戚不下帖,口請兒④,也請的早。所以女親戚早就都來填箱了。　是了,親友的分資,本家兒收了,怎麼樣呢?　那無非說："費您納⑤心了。"一句道謝的話而已。

第三十五章　擡送嫁粧

（寧）○　安·寧　擰·壞　佞·口

這女家收完了分資,怎麼樣?　這一天從八點鐘就擺筵席,喝喜酒,男客在男客一塊兒,或是大廳,或是別院兒,房子少的,在院子裏搭棚。女客在上

---

① 旁岔兒:題外話,不相干的話。
② 齊理:收拾,整理。
③ 一起兒一起兒:一波接一波,陸陸續續。
④ 口請兒:口頭上邀請。
⑤ 您納:您。

房,或是後院兒搭棚,男女不同席,這是自古的禮。吃了早飯之後,可就要送嫁粧了,先早請下了幾位官客,或十位、二十位不定,做爲送粧的人,又派四個老媽兒,要齊全人。　齊全人我知道,是要不禿、不瞎、不聾、不啞的,對不對?　不對,不是那麼講,是要有夫、有子的娘兒們,這爲齊全人,取其將來新婚的男女,也是永遠齊全有兒女的吉利兒。　是了,派他們做甚麼呢?　叫他們到了男家,把那當初放定的東西,當面交代。若是男家有老親①呢,他們就說幾句福壽康寧的話;有小孩兒呢,他們就說幾句誇講的話。其寔人家的老人家安寧不安寧,小孩兒好不好,他也不管,不過討要喜賞的意思。　給他們錢麼?男家。　給他們,同着嫁粧一塊兒去,這嫁粧都有人夫一擡一擡的擡着,或一百擡、幾十擡,頂少的八擡。　這麼些人夫,他們半道兒上,有把箱子的鎖擰壞了,偷東西的沒有?　他如何敢呢?他們都是轎子舖給僱來的,那都有頭兒,那頭兒在本家兒跟前落保,而且那一張佞口②很會說話兒,叫本家兒喜歡。那自然是麼。

註　釋

〔轎子舖〕有業轎子舖者,乃備紅事嫁娶之花轎、彩轎者也。斯舖多兼傢具出賃,嫁娶之家,用棹、椅、舖墊、磁器,及厨房鍋鈷等類,皆可往賃之。○另有車轎舖,在正陽門外廊房頭條衚衕路北,凡大員之轎,及轎車(似轎之車,曰轎車)、輿車,皆可在此處置買。蒙古王公多購車於此處,以其爲富貴之車,非常車也。

第三十六章　嫁粧過門

(虐)○　　○　　○　　暴。虐。

凡事都是那麼着,叫人喜歡,自然人也叫你喜歡。　而且俗語說"和氣生財"麼,人若是和人和氣,自然得便宜的了,並且這擡嫁粧有人,不但嘴頭兒花哨,心裏也得擔沉重兒,好些個巧妙東西,給人家磕了、碰了,那賠得起麼?

---

① 老親:年邁的父母。
② 佞口:利口,巧嘴。

比方要碰壞了桌牙子①，磕了磁器邊兒、口兒，那真得叫他賠麼？　也可是沒法兒的事，那可能怎麼樣呢？也就是數落②他一頓，算完了。再者，誰也不肯那麼大意。　這嫁粧到了男家，怎麼樣？　這天，男家也是請諸親友來喝喜酒，也是頭幾天就下帖，請的帖上寫"某日（小兒家男）授室，敬治喜筵候光"的這些個話，到這前兩天，預備一切，和女家彷彿。可是門口兒，有花紅彩紬懸掛，棚中屋裏桌子上，有圍桌，椅子上有椅帔、椅墊。到了本日，親友來出分資、賀喜，早飯之後，可就要迎粧了。　怎麼迎法呢？　大廳上或是棚裏，設擺高擺果席幾桌，茶碗、酒盅兒都要乾淨齊整，門內擺列娶新人的花轎。另外有鼓手樂人，二十四個或十六個，在半路上等着嫁粧來到，在嫁粧前擺列着在兩邊兒，一邊兒走，一邊兒吹打着走。那女家也有鼓手，一起兒在男家的鼓手後頭走，男家的叫迎粧鼓手，女家的叫送粧鼓手，在街上鼓吹起來，兩邊兒瞧熱鬧兒的人不少。到了男家，一樣一樣的都擺在姑娘的新房裏。　那麼新姑娘的東西不少啊！　好說話兒的公婆，自然好。比方遇見暴虐的公婆，不許媳婦用，也沒法子。

註　釋

〔磁器〕磁器，概十八省而論，無有能出江西九江府之右者。九江之磁，細而美，有薄如紙，而圖書字畫，寫於外而映於內。凡魚鴨之碗，各以其形製，行之於各省，京中亦來自江西者多。他處有磁，粗而厚，如直隸磁州，亦有磁，質樸粗笨，無可玩賞。京師東直門外有窰，但燒瓦器土碗而已，以北地土粗水重之故乎。○磁以古磁為貴，古玩家多藏之。

第三十七章　嫁粧風俗

（牛）妞兒　　牛馬　　鈕扣　　拗不過來

　　這您說的，我又不明白了。　怎麼？　人家女家父母，為他們姑娘買辦了好些個嫁粧的東西，好容易送到，女家的父母心裏，想夠姑娘後半輩兒使的了，為甚麼公婆不許媳婦用呢？　這嫁粧的緣故，不得一樣，本來起頭兒是為姑娘

---

① 桌牙子：桌子邊緣有裝飾雕花的部分。
② 數落：用絮叨的言語批評，訓斥人。

用的,如今興來興去,多一半兒成了個外面皮兒的俗規矩了。這家兒把嫁粧陪了姑娘送到男家來,男家的父母,往往也有有姑娘的,他疼愛他妞兒①的心盛,又沒錢去給兒女作牛馬,所以一見了好嫁粧進門兒,他就想着把這個留着,給他的沒出門子的妞兒預備着,作他的將來的嫁粧。磁器、木器、銅錫器,都收起來,好衣裳也留起來,將來連一個鈕扣都不用添,現現成成兒的,就給他自己各兒的姑娘預備了嫁粧了。 女家的父母答應麽? 俗語說:"嫁出去的女兒潑出去的水。"那要管,也沒法子管了,這是一樣兒的人家兒。還有一樣兒,是姑娘自己願意把嫁粧讓給他的小姑子去作嫁粧的,這又是一樣兒。還有因為娶了親之後,丈夫沒錢,把嫁粧賣了過日子的,這又是一樣兒。所以一分嫁粧,擡來擡去,轉好幾個人家兒的都有。不過內囊兒首飾衣裳,不能跟着木器一塊兒走,就是了。 作甚麼必得這麼着? 是這個風俗拗不過來,那可有甚麼法子呢?所以上至國家大婚,下至貧人,都有嫁粧。多少不同,好歹不同,就是了。

第三十八章　因賭棄妻

（挪）○　·挪·移　○　懦·弱·

如此說,這嫁女的人家,都是必得有粧奩了。 是,不論貧富人家兒,怎麼樣的遷兌挪移,都得有嫁粧。不過是有錢兒的,求其要求全責備;沒錢兒的,叫其有兒就是了。惟有一樣兒,丈夫吃、喝、嫖、賭、鴉片烟,無所不為,產業乾了,日子緊了,吃喝兒沒了,硬把姑娘的嫁粧兒賣了。姑娘秉性賢良,脾氣好,懦弱無能兒,眼瞅着也萬沒法子,眼看着一分楠木、樟木,或是硬木,闊嫁粧一文不值半文的,就給淹蹇②了,你又有甚麼法子? 那邊只好是怨命,再說東西罷咧,有了置,沒了棄,算甚麼! 那固然是麼,竟是東西,也不要緊。 還有甚麼比東西高的? 還有人。 怎麼? 任憑怎麼樣,還能把他的自己的妻子也賣了麼? 那可難定,本來沒有這個理,也沒有這一篇兒例。但是有那麼一

---

① 妞兒:女兒。
② 淹蹇:原指艱難窘迫,坎坷不順。此處類似於"糟蹋""作踐"。

宗，可恨的人，因爲賭錢，把妻子的嫁粧都賣了。末末了兒①，剩了一個光人兒了，他會一骰子把奶奶兒②也輸給人家了。　那麼，這一個奶奶兒肯跟了人去麼？　肯的或者也有，我不知道是誰。但是有一個節烈的婦人，聽見丈夫把他輸給人了，他就吊死了。　嗐，那眞可憐。

註　釋

〔賭錢〕賭之爲害大矣，功令森嚴，禁之寔甚，而自蹈法網者，指不勝屈。其賭之法，有鬭牌，即葉子戲也，取紙爲牌，圖寫人物，計百二十張，中有十胡、梭胡、拉岔等名。有鬭骨牌，即牙牌令也，有打天久、頂牛兒、喝醋、拉大車等名。此牌賭也。有骰子，以骰六枚，各刻一、二、三、四、五、六之形，擲於碗中，有赶老陽、吊猴兒、搶狀元籌、打圍等名。有壓攤，取前骰三四枚於盒中，一人搖之，衆人卜其數，出錢壓於案上，以較猜測。有壓寔，以盒裝木籌一，刻形飾紅，而案上爲一、二、三、四之形，以盒置中央，衆以錢卜於案，揭盒視，紅所向之處，以博勝負。京師賭局，以寔、攤二者爲多，有司常捕交刑部治罪。〇另有鬭蟋蟀、鬭雞、鬭鵪鶉等賭，亦干功令。

第三十九章　預備喜帕

（耨）〇　〇　〇　．耕　耨．

說來說去，又說到旁岔兒了，快說正經的娶親的事罷。　嫁粧剛過去，那兒就擺完了呢？　只當擺完了罷，您快說娶罷！　說到容易，但是有一件事，不好說。　有甚麼不好說的？竟管說，沒要緊。　你說沒要緊，我想着說也是不要緊，但是這一樣兒說出來，是很要緊的。不說，是嫁娶的要緊東西；說，又說不出口來。　怎麼你這麼爲難，是個甚麼東西？　東西不要緊，用處要緊，是新人一輩子的要緊的憑據。　快說是甚麼，我不愛聽這半語子③。　不是我爲難，這個物件兒，說粗極粗，說細極細，南方人叫喜帕，俗話也沒有明定出是個甚麼名字來。　到底是個甚麼東西呢？　是一塊白布。　作甚麼用？

這可叫我怎麼直說呢，寫話條子，寫在紙上，也不好看，也不雅，只好說個隱語罷。是爲新婚的晚上，新郎耕耨良田的時候用的。　我倒明白了，一定是男

---

① 末末了兒：最後，最終。
② 奶奶兒：家庭中的主母，戶主之妻。
③ 半語子：只說了一半的話。

女二人,晚上圓房兒用的了。作甚麼,這你也當作一件要緊的東西說呢？　你不知道這個東西,是嫁粧都過去了之後,這一晚上,姑娘的母親給預備妥了的,彷彿一塊大手巾,可是白的。　紅的不行麼？　那可不行,一定得用白的。這個東西,比方一分嫁粧都沒有都可以,這個萬不能沒有的。　奇怪了。

第四十章　喜帕憑據

（女）○　　○　·男女·　　○

我眞不明白,你纔說的這個話,這個大白手巾,有甚麼可有大關係的？人不說不知,木不鑽不透,這個裏頭有點兒講究。　甚麼講究？　老天爺生人,有男女之別,男大當婚,女大當嫁,豈有沒一個自然的憑據麼？所以女子生來,他有一點元紅,藏在下體裏頭,一天不出嫁,不和男子到一塊兒,一天這個元紅常在。只要一出嫁,和丈夫圓房兒之後,可就出來了。用這個白布,所爲試驗這元紅之用。　比方到了那一天,沒有這個紅,怎麼好？　只要他是一個姑娘,萬萬的不能沒有。　比方萬一沒有,怎麼辦？　萬一若是沒有,那可就了不得了。　怎麼了不得？　出嫁的第二天,新郎要拿這一塊布給他的母親看,有紅,大家喜懽,預備喜筵,門口兒掛彩紬,叫姑娘的娘家的人來看見喜懽,進門來大家賀喜。若是沒有,可就不預備了,不但不預備,而且等娘家來了人,立刻就要。　要怎麼着？　就要把姑娘送回去。　還是花轎擡回去麼？　難哪！用一輛破車,叫他們娘家拉回去,而且把所有的嫁粧東西都給他扔在街上,甚麼也不要。　怎麼這麼辦呢？　這有個要緊的緣故,等我告訴你。　慢談慢談。　畧爲歇一歇兒。

第四十一章　以紅爲據

（奴）○　·奴僕·　努·力·　喜·怒·

到底有甚麼緣故呢？您快說罷。　比方有娶媳婦兒的人家兒,第二天門口兒很熱鬧,人人兒都笑話說,這一家兒的媳婦兒,今兒拉囘去了。三五成群,街談巷議,你一句我一句,雞一嘴,鴨子一嘴,不差甚麼,把大牙都笑話掉了。　笑話甚麼？　就因爲沒有那個元紅,都疑惑那姑娘在家裏不貞潔。不但疑惑,簡直的說他不貞潔。並且就有聽見風兒就是雨兒的,那些個奴僕下人就編造謠言,說這個姑娘在家裏,和某人某人不清楚,和某人某人有那麼一件事情,有枝兒添葉兒,彷彿他活眼兒見似的。　這還了得!不這麼辦不行麼?　是這個風俗麼。　那麼比方作父母辦理女兒出門子的事,好容易努力巴結,買辦嫁粧,花錢費心,末末了兒,給這麼一手兒,有甚麼法子?　有甚麼法子,敢怒而不敢言,只好忍氣吞聲,帶回家去。　把女兒帶回家去,怎麼樣呢?　也有另嫁給人的,也有逼着女兒尋死上吊的。　是真的麼?　真,常有這個事。　這男家喜事變成有氣的事,真是喜怒相連,一大塲夢似的。　可不是!雖然竹籃兒打水一場空,却也臉面上好看。

註　釋

〔貞潔〕養女之法最難。七歲以後,即不許與他兒童同戲,以示男女有別之義。稍長則不共男子同席飲食。且自幼至嫁,凡行動出門,上車下車,一切皆爲保護,恐有跌傷,以有致他日有礙云。

第四十二章　響房發轎

（暖）〇　　〇　　暖・和。　〇

說來說去,這喜事的事,也快完了罷?　快了,就剩了一娶了。　我請教的事情多,您不差甚麼,該掐的掐,該去的去,別竟拉籠①工夫了。　有話即長,無話即短,不是我愛拉絲②,話擠話③麼,有甚麼法子?既是還有別的話談論,或是有甚麼下問的,我就掐頭去尾,我簡決的說就是了。　那麼,嫁粧過來了,怎麼樣?　嫁粧過來了,安粧之後,可就要發轎了。老規矩,是夜裏娶,爲得是清淨,近來白天娶的多,爲得是熱鬧。　就是一頂轎子麼?　有燈。　甚麼燈?　羊角燈,燈上寫着喜字兒,或八對,或十對、十二對,直到二十四對都可以。或是用紗燈,也叫金燈,也是那麼些對,隨便。　沒別的了?　有宮燈,是紅綢子的,兩對。這燈之外,有鼓手一班兒,或是十六個、二十四個、三十二

---

① 拉籠:耗費,消耗。
② 拉絲:不乾脆,拖延。
③ 話擠話:交談中順着情理,相機而說想說的話。

個都可。另外有用儀仗的,是漢人用的多,都是按着品級,如同白事用的一樣。那我知道,不用再說了。　娶的時候,是先響房。　怎麼講？　那洞房,擺好了嫁粧之後,不許一個人進去。到了吉時,一個樂人在屋內敲一聲鑼,階下的鼓手,一齊吹打起來,這名叫響房,爲得是有鬼怪在屋裏,聽見聲兒就跑了,新房可以乾淨。到這時候兒,看天的冷熱了,涼快還好,或是暖和天也將就了,若是熱天,新人的罪孽可就要到了。

註　釋

〔羊角燈〕羊身可用者,如肉可食,皮可爲裘,骨可爲薪以炊,或燒灰爲糞以治田,腸可爲弦以上弓彈棉花,或捆束包囊。而角可爲燈,爲燈之法,取角洗淨,刀刮爲極薄之片,輻輳多片,以熨斗烙之,粘連一處,屈曲爲圓形,以空其中,即燈籠之罩也。大者約如斗,小者如碗。凡富貴家,大賈肆,皆用之。燃燭於中,光代玻璃,偶有觸破,尚可粘補修飾如新。京城之工羊角燈者爲最,正陽門外廊房頭條衚衕路南尤佳。

第四十三章　親迎謝粧

（嫩）〇　〇　〇　老·嫩。

　　爲甚麼新人的罪孽到了呢？　俗規矩,新郎、新婦都得穿棉的,新婦棉襖棉褲,外罩着大棉襖,到時候就得穿好了,在女家的炕上坐等兒。那新郎也是穿一套棉袍褂,在男家等着。　你說錯了罷？我有一天在街上,遇見一輛車,坐着一個俏皮小夥兒,穿着禮服,有人跟着,我聽見說,那是新郎上女家去謝親。我打聽了打聽,敢則是新郎上女家去娶親,你怎麼說那是在男家等着的話呢？　不錯,有這一節。他是這麼着,古禮本來有親迎之說,如今也有,俗叫大聚,那是很費事,照樣兒也是一分儀仗執事,花錢不少,所以舉動的少。你纔說看見坐車去的那個,那叫謝親,是娶的之先,或是嫁粧來了之後,有親友媒人帶着新郎去到女家去,進門磕頭,也叫謝粧。因爲嫁粧之內,也有給新郎的衣帽甚麼的。　是了。　可是一樣兒,這一天新郎拉得下臉來[1]的少,到了女家,朝上磕頭叩拜,紅着個臉兒,不敢說話,因爲臉皮兒薄,害臊。　也不能不老着

---

[1]　拉得下臉來：不顧及面子。

個臉兒①去,不去,誰替去呢？哈哈！　臉皮兒老也罷,嫩也罷,說咱們娶親的話罷。　那麼不管他老嫩了,快說轎子去了,怎麼樣？　轎子之先,有娶親的車呢！

第四十四章　娶親紅衣

（濃）○　　·濃 淡。　　○　　擺·弄。
　　娶親的車,又是怎麼回事？　女家在家裏,預備姑娘妥了,正等着的時候,男家的娶親太太的車到了,這是早已兩三個月之先,男家在至親裏頭,請下的一個上年紀而且齊全的人,這時候來娶親。　他也穿平常的衣裳麼？　他穿的是大紅氅衣兒②。論起婦女的衣裳,雖然是可以用紅、紫兩樣兒,然而都是年輕的婦女穿的。若是過了四十,就不能用紅紫了,然惟有娶親太太,雖然年老,也可以用紅的。　甚麼意思呢？　那為祛煞,說是新人的跟前,或是將要上轎子的時候,都必有一股煞氣,所以用紅顏色,可以冲煞。故此轎子、衣裳,無一不用紅的。　無一不紅,是兩家的親友中的婦女,人人都用這紅的麼？不然,除去娶親太太和女家請妥的一位送親太太,兩個人用紅,別的婦女按着年紀兒,老些兒的穿青、藍,中年的紫、絳,年輕的紅、綠,也有擦胭抹粉兒的,也有青水臉兒③的,那粧飾的濃淡,是各隨其便。　是了,請問這娶親的車,到了女家,怎麼樣？　女家的堂客雖多,可就是送親的那一個堂客出來迎接,進了屋子,讓茶、讓坐,些微的待一會兒,就要擺弄新人了。

註　釋

〔冲煞〕煞者,凶之謂也,術士取男女生年月日時之干支,以合嫁娶之日之干支,以吉凶爲趨避,此載之于選擇吉日之書,猶不失爲趨避之正論。另有一說,謂人死之棺有凶煞,人不可對之行,新婦之轎有凶煞,亦不可對之行,且有五鬼、桃花,種種煞名,以故世俗多用紅,以爲紅能破鬼祛煞云云。凡有鄰家死喪,則我門窗粘紅紙以避其凶煞、惡殃,或朱書黃紙爲符以袪之,皆冲煞之故也。

①　老着個臉兒：不顧及他人的尷尬,厚着臉皮做某件事。
②　氅衣兒：滿族婦女所穿的一種便禮服,袖子寬長,圓領,腰身較肥,襟袖花邊很寬。（徐世榮《北京土語辭典》1990年,514頁）
③　青水臉兒：婦女未經化妝,未施脂粉時的本來臉色。又寫作"清水臉兒"。

第四十五章　蓋頭紅帕

（訛）哦一聲　訛錯　○　善惡

請問,怎麼個擺弄新人的法兒呢?　轎子來之先,新人早已沐浴梳頭,穿大紅的衣裳,坐在屋裏等着。到了轎子快來的時候,娶親的堂客到了的時候,門口兒有人言語,同稟了女家的送親的堂客,接進來坐一會兒。那娶親的人,帶着老媽兒,用一塊大紅綢子包袱,包着一塊紅蓋頭,約有四尺長見方,或是紅綢紅呢的都可。上頭綉着三藍的花兒,或是麒麟送子、富貴平安的花樣。　做何用呢?　到了屋裏,給姑娘蓋上頭,蓋了之後,就告辭要走了。底下人吩咐外頭,娶親太太走了,外頭衆人都站起來,哦一聲答應,送親的送他囘去,這時候兒,轎子也就到了。　擡轎的人,他們怎麼認得這女家的門,也不能走錯了道兒麼?　那如何能訛錯呢?還有男家的人帶道兒呢!再者,還有好些位娶親的官客呢,到了門口兒,大家叫門,嘴裏說:"求親來了!"裏頭人把門關上,總有半點鐘不開。　作甚麼?　俗說是關婆婆的性。因爲不知道婆婆的脾氣善惡,好呢固然好;萬一婆婆的脾氣凶橫呢,姑娘過門必要受氣,所以纔關門,是這個緣故。

第四十六章　　喜轎入門

（偶）毆打　○　偶然　嘔氣

轎子到了門口兒,必得關門麼?　都是那個規矩,這時候兒,裏頭有人叫外頭鼓手吹各樣的樂器,笙、簫、笛、管,粗樂、細樂的吹打,吹打半天,然後要包兒。　這又是甚麼?　是要錢,都是女家的小孩子,在門裏頭要,外頭娶親的官客說:"吉時到了,請早開門罷!"裏頭不開,又要,要個三囘五囘的,男家的娶親有人,從門縫兒裏送進包兒去。　門縫兒很小,包兒送得進去麼?　錢不多,就是倆大錢,也有包一點兒茶葉的。及至裏頭叫"和樂開門",外面一吹打,裏頭開了門,外頭灑一把錢進去,名叫滿天星,衆小孩兒,大家一搶,這外頭抽轎杆兒,擡進轎腔兒去。若是門口大,也可以擡進去,直到屋門口,兩邊用紅氈子擋住，不見天日。請姑娘上轎，不管六月伏天，一身棉衣裳，頂着蓋頭上轎。有父親的，是父親抱上轎去。出了門兒，到了婆家，也是關門。　這又是甚麼意思？　是關姑娘的性。姑娘從此進了門，好，不必說，比方脾氣性子不好，婆婆輕是唾罵，重是毆打，這就快受氣的日子到了。　偶然有一點兒嘔氣，就打罵麼？那還了得！　那也不能。　往下怎麼樣？　往下，《平仄編》第十段完了，該第十一段兒①了。

第四十七章　九日回門

（罷）．八九．　　提．拔　　把．．持　　罷．．了

　　這第十一段兒《平仄編》了，該說別的了罷？　已經是已經了，不能不說完了這娶親的事，咱們急不如快，粗枝大葉的，題一題就結了。姑娘進門下轎，拜天地，入洞房，吃喜筵席，喝交盃盞兒，官話說合巹。送親的男女來了，男家待喜酒，回去過了一夜。第二天，女家或是四位、六位堂客，來吃兩日酒。男家的新郎，以喜帕爲女子的憑據，給母親道喜。比方喜帕無紅，登時把姑娘休回；若是有紅，大家懽喜。定規四天，或是六天、九天上回門。從此夫婦和睦，百歲和合，白頭到老，沒話。　這姑娘不受婆婆的氣，行不行？　若是好的，一輩子婆婆待女孩兒似的，可就婆婆看他八九不離十兒的，自有提拔他、教訓他、疼愛他、可憐他的。若是姑嫂不和，妯娌不睦，一個人兒，抓尖兒賣快②，把持家產，這樣不好的婦人，婆婆難說也罷了不成？一定也要威喝威喝他的，或是強嘴，不服說、不受教的媳婦也有，攪家不賢良的也有。或是背晦③的婆婆，拿着媳婦當小菜兒④的也有。俗語說："婆婆嘴碎，媳婦耳聾。"那兩句話，你沒有聽見過麼？　聽見過。

---

①　第十一段兒：指《語言自邇集・練習燕山平仄編》第 255—288 組，以 P 爲起首輔音。
②　抓尖兒賣快：爲顯露自己才能，搶先做出漂亮事，意圖壓倒別人。
③　背晦：因年老而糊塗。
④　小菜兒：比喻不被重視的人或事物。

第四十八章　　斷絃續絃

（怕）·琵　琶　·扒·桿·兒　　○　·恐·怕。

如今紅事也說完了,媳婦兒也過了門了,讓他們過日子罷,我們該說點兒別的了罷？　固然是說點兒別的好,可是還有一樣兒,夫妻的事,還有一兩樣兒規矩,我得找補①着說完了。　那麼,二十四拜都拜了,何在乎一拱手兒呢？多的都說了,您請找補罷。　一夫一妻,這爲琴瑟調和,是很好的。　甚麼爲琴瑟？　琴是一樣兒樂器,瑟也是古樂器,如今瑟少,琴還有。　怎麼個樣兒？我沒瞧見過。　彷彿琵琶似的,可比那個大,前寬後窄,有七根絃瑟聽說是二十五根,有說五十根的。琴瑟彈起來,聲兒和到一塊兒,如同夫妻和好的一樣。啊。　比方妻子要半路死了,那名字叫斷了絃了,也說斷絃。　斷了絃,怎麼樣？可以再娶麼？　可以,那叫續絃。　再死呢？　再續,十回八回的續都隨便。所以俗語說:"媳婦兒是墻上的泥皮,揭了一層又一層。"　這也太比方的不值錢了！續絃的人,若是老了,還能續小姑娘兒麼？　那不能續很小的,比方五十歲,還可以續三十五六歲的老姑娘。　那兒的這麼老的姑娘呢？　那是他父母,起小兒給他攀人家兒,扒高枝兒②,像猴兒扒桿兒的似的扒,扒老了,只好給老頭兒作填房了。　恐怕不能白頭兒到老罷？　是。

第四十九章　　一子雙祧

（拜）·擗　開　·黑·白　千百·　·拜·客。

人生不幸,半路途中,妻比夫先走一步,男續絃,可以。比方妻沒死,能娶倆三妻麼？　那不能,停妻再娶,那是有罪的。可也有娶二房、三房的,漢人有,旗人不能,可也得有二三之分。　不能一般大？　不錯,也有兩頭大的。怎麼講？　一個人娶兩個妻,彼此一般大,那是有個緣故。　我是糊塗人,你得擗開了、揉碎了的說,我纔能明白呢。　那個緣故,倒很有理,不是黑白不

---

① 找補:添補、補充。
② 扒高枝兒:攀附有財勢的人。

分，隨便一個人娶倆，是因爲弟兄二人，一個兒子，所以兄給他娶一個，弟給他娶一個，他在這屋裡一個月，那屋裡一個月。這屋裡生的，是這屋裡後代，那屋裡生的，算那屋裡的後代。這還有名兒呢！　叫作甚麽？　叫作一子兩不絕，以後百年、千年，他們家千百個子子孫孫，多少支派，都從這一個人傳下來的。

有這個規矩，倒也好得很。　那題目很大，娶的時候，都得告訴明白了親友，那倆娘兒們，在家裏穿衣裳、吃、喝、屋子、出門、瞧親戚、拜客，一切的內外光景，都是一個樣，所以爲兩頭大。　誰是姐姐，誰是妹妹呢？　不稱呼姐妹，彼此叫奶奶，或是太太。　好是好，比方就是一個得子，那個不得呢？怎麽好？　那再商量，我沒法子。

第五十章　　無子納妾

（派）拍打　木　牌　　一屁股蹶下　　分派

好，好，這些日子，您說的話也不少了，要緊的紅白事，也都算是說了個大概了，咱們如今說別的罷。　再說幾句兒，就算紅事也完了。　還有甚麽？　娶妻是大禮，還有納妾，也是要緊的事。假如人沒有兒子，就可以納妾，俗話叫立人。　怎麽爲立人呢？　因爲俗說，妾是屋裏人。立，就是納的意思。妾，也是媒人給說的麽？　也有媒人給說，也有自己的親友的丫頭，都可以。總而言之，是用錢買的。　沒錢的人，不能立人罷？　那自然，有錢的富貴人，三個、五個、十個、八個，都可以。　也和妻一般大麽？　不能，不能，和下人一樣，伺候老爺吃飯、穿衣裳、疊衣裳、換新鞋、拍打舊鞋，都不是妻幹的事，並且還得服侍妻呢！　多少錢買一個？　那不定，有好的，名字叫"細人"，常行的叫"糙人"。細人幾千幾百兩銀不定，至糙的，也得百十兩銀子的身價。　也有行市麽？　那不能像買別的東西有行市，也不能定那個行市，也沒招牌，彷彿舖子賣貨似的那麽賣。　招牌是甚麽？　是舖子門口兒的寫字的木牌。這賣女孩的，都是窮人，出於無奈，賣給人甘心爲妾、爲奴，看好歹定價兒。所以他是很卑賤，在妻的跟前，整天站着，不敢一屁股蹶下①，諸事聽候妻的分派，自己

---

① 一屁股蹶下：粗俗隨意地坐下，尤指將整個臀部坐於椅子上，而非有禮節地坐於椅子邊沿。

不敢作主。　是了。

註　釋

〔納妾〕立妾之道,亦因無子而始。然今俗富貴家多姬妾,亦通病也,姑勿深論。然妾若生子,年逾三十而妻物故者,仍有續絃,重娶正妻者,亦有扶正者。扶正何也？即以妾爲妻也。其扶正之日,亦請客賀喜,若娶妻之禮同。○有以婢爲妾者,先令婢侍寢,仍以處女粧飾,曰通房丫頭,似姪而生子,乃改爲婦粧,而以妾呼之。○夫死,妾不願守者,聽其嫁人,所生子留之。

第五十一章　子分嫡庶

（半）・輪　班　　板・片　　整・半・

我有一句笑話兒要問您,人立了妾,和他的妻,天天兒是輪班上他們倆人屋裏去麼？　那不定。妻若年輕,自然是雨露均霑。妻要嫉妒,俗說吃醋,還不許男人和妾常見面兒呢！妻若是老了,有了妾,就自己單住,叫男人和妾同住。或是妻好佛念經,自己在佛堂裏住,直①不管妾的事。我們有一個親戚,老太太好佛,愛念經,施捨善書,屋子裏刷印善書和佛經的板片,都堆滿了,永遠不見男人的面兒。他們的丈夫有兩個屋裏人,都很年輕,長得俏皮,倆人分班兒,整半拉月在這一個人屋裏,整半拉月在那一個人屋裏。到了兒也沒兒子,就生下了三女孩兒。　比方,妾生了子,和妻的一樣麼？　那倒一樣,都是兒子,可是妻的叫嫡出,妾的叫庶出。長大了,叫他父親的妻爲嫡母,父親的妾爲庶母。可憐這妾生下來的子,自己不敢叫名字,還得稱呼他少爺、少大爺、哥兒②,如同小主人一樣,自己終身如同奴婢。　永遠那麼着麼？　或是他生的子,成人作官,可以稱呼爲老姨太太。一立之後,有叫姨奶奶的,有叫姑娘的,不定。　那麼,賣身的人沒法子。　可不是麼！

　　自邇集平仄編
　　四聲聯珠卷之五終

---

① 直：索性,直截。
② 哥兒：財勢人家的少年男子。

第六卷

（盼）第一章	六科衙門	（幫）第二章	通政使司
（旁）第三章	捷報遞摺	（包）第四章	摺差遞事
（跑）第五章	奏事處官	（北）第六章	軍機處官
（陪）第七章	軍機章京	（本）第八章	吏部天官
（盆）第九章	戶部地官	（迸）第十章	錢局鼓鑄
（朋）第十一章	戶部三庫	（必）第十二章	禮部春官
（皮）第十三章	兵部夏官	（表）第十四章	京外提塘
（票）第十五章	刑部懲惡	（別）第十六章	刑部秋官
（撇）第十七章	死罪減等	（扁）第十八章	法司會審
（片）第十九章	工部冬官	（賓）第二十章	監修工程
（貧）第二十一章	以工代賑	（兵）第二十二章	盛京五部
（憑）第二十三章	奉祀禮部	（波）第二十四章	陵寢工部
（破）第二十五章	陵寢各衙	（不）第二十六章	九卿會議
（剖）第二十七章	都察院官	（不）第二十八章	大理寺官
（普）第二十九章	翰林院官	（洒）第三十章	詹事府官
（賽）第三十一章	各衙俗論	（散）第三十二章	宗人府官
（桑）第三十三章	太常寺官	（掃）第三十四章	太僕寺官
（嗇）第三十五章	欽天監衙	（森）第三十六章	鴻臚寺官
（僧）第三十七章	太醫院官	（索）第三十八章	內務府衙
（搜）第三十九章	海子獵獸	（素）第四十章	圓明園子
（算）第四十一章	萬壽山園	（碎）第四十二章	玉泉山水
（孫）第四十三章	香山御園	（送）第四十四章	三山景況

（殺）第四十五章　南海北海　　（曬）第四十六章　南北池子

第一章　六科衙門

（盼）高　攀　　盤　查　　盼　望

閣下這些日子所談的，都是居家過日子的話多，或是紅白大事，說的很詳細，我承指教的地方兒多。　豈敢！老兄不恥下問，所以我纔敢信口兒瞎說，論起老兄的位分①，我寔在還不敢高攀呢！　言重言重！但是我想，家常私事都知道了，這官事，閣下可以賜教不可以？　我沒當過差，不大明白公事，您若是一定要明白官事，可以瞧《京報》。　我瞧是瞧過，好些個不明白的，就比方那"科抄②"是甚麼，我就不明白。　官事分六部，你知道啊？　那知道，是吏、戶、禮、兵、刑、工，六部，不是麼？　是，還有六科，也是和六部的名兒一樣，叫吏科、戶科、禮科、兵、刑、工科。　這衙門在那兒？　在午門前頭，外省大臣奏事的摺子所奉的旨意，交到內閣，他們科裏，從閣中抄出來，發到外面，纔能上報，纔能看報哪！　是了。那麼這六科，都管甚麼事？　稽察六部的事，外省有報六部的，也必達知六科。　稽察和盤查一樣不是？　稽察是查事，盤查是查庫，查點軍機甚麼的。　這六科裏，是甚麼官？　都是給事中，是御史升的，還是屬都察院管，盼望升到給事中，就算御史中的體面的官了。　是了。

註　釋

〔科官〕掌傳達綸音，稽考庶政。吏、戶、禮、兵、刑、工，曰六科，每科掌印給事中，滿漢各一員，滿漢給事中各一員，皆正五品文職。又滿洲筆帖式八十員，分隸六科，吏、戶、兵、刑，四科各十有五人，禮、工二科各十人。○六科之政，見下"都察院官"。

① 位分：地位，身分。
② 科抄：由六科給事中分類抄錄朝廷內外章疏及帝王諭旨，參署付部的一種檔案。

第二章　通政使司

（幇）幇助。　綑·綁·　毀·謗·

　　您纔說外省奏事到了的摺子，那個送摺子的人，在道兒上走着，我看見過。　　怎麼個樣兒？　　一個人騎着一匹馬，背着一個大箱子似的，馬脖子上一串大响鈴，對不對？　　你怎麼知道？　　那個事情，是前年我上南邊去，找一個鄉親打把式①，求他幫助幫助我，他給了我盤川。囬來的時候，道兒上和這個背箱子騎馬的走了一道兒。我和店家打聽，店家說，那是奏事的摺本，所以我知道。　　你說的似是而非。　　怎麼不是麼？　　那大概是送題本的驛馬，一個箱子，綑綁着一小卷兒油紙甚麼的，對不對？　　是那個樣兒，怎麼爲題本？　　各省督、撫、提、鎮、大員，或是到任，或是尋常公事，都要寫一個本章，送到京裏來，叫驛馬給送。　　送到京裏那兒呢？　　送到通政司衙門，那衙門的大人，是管送這個本的。本到了，他們折了匣子，送到內閣轉遞。那本分正副兩分兒，正本內閣進給皇上瞧，副本是中堂看。還有批本處，批了該怎麼辦的規矩，發到六科裏，交給六部辦。比方是工部的事工科抄，抄了送工部辦，工部辦了，再轉咨本省的督撫去。　　是了，他們那些送本的馬牌子，跑開了橫②着的哪！碰了人白碰，人罵他，毀謗他，他早跑了。　　那是官馬夫，不是人不惹他，是尊敬本章。　　是了。

註　釋

〔通政司官〕掌達全國之章奏，堂官有通政使，滿、漢各一員，正三品。副使滿、漢各一員，正四品。參議，滿漢各一人，正五品。司官有經歷，滿、漢，各一員，正七品。知事，滿、漢各一員，正七品。筆帖式，滿六人，漢二人。○有登聞鼓廳，筆帖式，滿、漢各一員。○衙門在西長安門外路南，登聞鼓廳在衙門之外，西長安門左近。舊例，民有枉屈者，擊鼓上訴，通政司官代奏，今皆歸都察院，或步軍統領衙門代奏，鼓廳亦坍圮矣。○凡內外臣工摺奏，許自送呈交奏事處，其餘外省題本，皆郵遞至通政司，移送內閣。在京各衙門之題本，仍徑送內閣。

---

①　打把式：此處指向別人借貸金錢或貨物。
②　橫：粗暴，凶蠻。

第三章　捷報遞摺

（旁）胖腫．　　旁邊　　吹唠．　　胖瘦．

這些個送題本的驛馬,是誰管？　各省州縣管,專管是本省按察司,總管是兵部。　那馬都不很肥,可走的很快。　牲口和人似的,比方胖子能跑麼？若是馬都那麼臕滿肉肥,渾身胖腫啊似的,那跑得開麼？常行的題本,和各樣公文,慢走着點兒,還不要之緊。比方要緊的日行四百里、五六百里、八百里的公文,或是奏摺,那就得下站預備着一匹馬,在大道旁邊兒,等着上站的馬,跑到這邊兒,接過來就得騎上跑。　他們怎麼知道呢？　那必是有軍務的時候兒,所以站站兒都得預備。　那一天六百里,跑的可真快罷？　聽見俗傳說,那跑報的馬,飛也似的,對面來了人,他碰死是白碰,可不知道是真不是？　那巧了是替跑報的人吹唠①罷！　誰知道呢？　且不管那個,這個公文,自然是給各衙門的了。　是麼。　那奏摺送到京裡來,也是由通政司遞麼？　不是,看是怎麼來的了。若是緊要的,由驛馬遞了來的,不論是有幾百里的字樣沒有,那都是由捷報處收下,轉遞。　捷報處,是那衙門管？　也是兵部管,有派出來的官,在那兒專等驛遞的奏摺,若是摺子一到,不論早晚,都必是立刻呈遞的。　是了,還有一樣兒,跑報的馬夫,瘦的還好,若是胖子,可叫馬給顛壞了。　不管胖瘦,當了馬夫總得跑。

註　釋

〔驛政〕每驛相間,約三四五十里不等,視地設驛,隸於州縣,而總于臬司。其馬之多寡,馬夫視之,皆因地之繁簡而設,如簡處約馬三匹,多者約數十匹云。

① 吹唠:吹噓,吹擂,誇耀。

第四章　摺差遞事

（包）．包裹．　厚．薄　保．護．　．懷．抱．

方纔您說的緊要的奏摺,是由驛馬遞,不是麼？　不錯。　常行的奏摺,也是驛遞麼？　不能,那都是專差一個小官兒,或是一個妥當的人,名字叫摺差。　是了。那我也瞧見過,一個小武官兒,騎着個騾子,一個騾夫,也騎着騾子。那武官兒身上背着個小黃包袱,包裹的很嚴密,也不很大,有一尺多長的大小,三四寸的厚薄。到了店裏,我們的夥計告訴我說,這是那一省大人的到任謝恩的摺差。他們吃了晚飯,連夜又走了,我們是第二天早起纔走的。　怎麼你們不連夜走呢？　一來我們也不很忙,再說那一程子道緊,不敢起早,走也不敢夜裏走。　那摺差怎麼連夜走呢？　他們是官差,一路上都有舖兵按段兒保護。比方有個山高水低兒,遇見路劫啊甚麼的,瞧見他背着黃包袱,那一個大膽的賊敢劫脫①官人呢？而況且我們來,是和人搭幫②走,又有娘兒們,又有懷抱兒的小孩兒,累了累墜③的,能夠大天大亮走就算好,不然,每天總得巳飯④時纔能起身呢！　是了。

註　釋

〔摺差〕外省文武大員,有應奏之事,皆派小武弁一員,齎摺入都,即摺差也。遇緊要之事,或軍務,則具摺由驛遞京。〔舖兵〕州縣設舖司兵,以稽察奸宄,而安行旅。分段設棚,聲勢聯絡,每州縣多者五十餘名,少者二十名云。

---

① 劫脫:搶劫。
② 搭幫:搭夥,結夥。
③ 累了累墜:累里累贅。
④ 巳飯:在巳時吃的一頓飯。巳時爲九點至十一點。

第五章　奏事處官

（跑）．拋棄．　·袍褂．　跑·脫．　槍礮．

我不用竟說我的私事，還是請教您摺差的事。　怎麼着？　他是一個外省的怯①小武官兒，到了京裏，眞可是俗語兒說的："鄉老兒進皇城，頭一遭了。"他如何知道遞在那兒呢？　那他總得先住店，店裏人告訴他，叫他上接摺子的地方兒去遞。　接摺子的地方兒叫甚麼衙門？　那叫奏事處，專管收接奏摺。不但外省來的，就是本京城各大小衙門，有奏事的，天天都是他們接。　是幾品的官？　這是個差使的名兒，也有幾位大人，一二品的，那不過是管理。有幾位司官似的，都是別衙門送來當差，大約內務府的多，總得念過書，認得滿漢字，還得好記性兒。雖然是把學房裡的書本兒拋棄了多年，可是各衙門的例案，都得知道一點兒。那個差使難當，要好衣裳、好袍褂，你聽見過唱戲和古兒詞小說上說的皇門官，他們就是那個差使脚色。濶人兒好當，沒錢的當不了。　自然麼。　我知道有一位當奏事官的，當了幾年，賠墊不起了，好容易告假②告病的，纔離了那兒了。跑脫開了之後，從新又改了個別的差使，如今也作的了大人了。新近在城外頭，操演兵丁們打連環槍礮那一位有鬍子的就是他。　啊。

註　釋

〔奏事處〕此處在大內，有奏事官數員，皆選於各衙門之幹練司官充之，而內務府者多，又以大臣一二員統之。〔摺子〕雍正中，命諸臣有緊密事，改用摺奏。專設奏事人員以通喉舌，無不立達御前，其通政司，惟掌文書而已。

---

① 怯：土氣，不大方，不入時。
② 告假：請假。

第六章　軍機處官

（北）背負．　　南北．　　向背．

本來那奏事的官,是難當哪!又得體面衣裳,又得好記性兒,又得天天兒去當差,對不對？　可不是麼!摺子上去,得記得某處某衙門所遞的。摺子下來,記得是怎麼奉的旨意,或是依議,或是知道了,或是留中,或是另有旨,都得記清了,一點兒,一個字,錯不得的。　不錯,那《京報》上,都有這些個罷,您說的大概很對。　比方另有旨的,就得下上諭了。　上諭是甚麼人寫呢？　本來是皇上的話,叫軍機處給寫的,就是上諭。　軍機處也是個衙門麼？　是一個辦理要緊的機密事情的地方,天天兒召見。那也不算是衙門,就是在紫禁城裏頭的一個地方,所以叫軍機處。那裏頭有幾位大臣,都是有能耐、有學問的,而且素日都是有許多的經濟抱負之才,所以纔入選的。本任的職分,也是各部院的大臣。　甚麼抱負、背負的,我也不懂,大概就是有治理國的才就是了。

是麼。不論東西南北,那省的摺奏,或是京城裏各衙門的摺奏,都是他們先奉旨,然後寫上諭。　旨意不是內閣發出來麼？　也是由軍機處發過去的,再說,這軍機處是雍正年間纔設立的,一切所有都是那兒辦。　凡事,我想,順着諭旨行的,就是忠臣良民。比方有不遵的,背旨的,就是不好的人,或是亂民所以人心的向背,關乎着順逆好歹,對不對？　是麼。

註　釋

〔軍機處〕雍正中設立軍機大臣,擇閣臣及六部卿貳熟諳政禮者,兼攝其事,並揀部曹、內閣侍讀、中書舍人等爲僚屬,名曰軍機章京。

第七章　軍機章京

（陪）披①衣．　　陪伴．　○　配偶．

"普天之下,莫非王土。率土之濱,莫非王臣。"誰敢不遵着王法呢？　是

---

① 披:此字處於上平聲位置,聲調標注或有誤,照錄。

麼。這軍機處幾位大臣,就能辦理這麼許多的事麼？　還有好些個小官呢,都是各衙門挑選了來的,有員外,有郎中、主事甚麼的,總名叫軍機章京①,俗人稱呼他們小軍機。都是科甲出身,或是清文熟悉的人。他們天天兒進紫禁城裏頭去當差,和軍機大臣們商辦承寫一切的諭旨,真是體面差使。　也辛苦得很罷？　那可是天天兒很忙,起早,是天天兒天不亮就得起來,上車進朝去。古詩說:"朝臣待漏五更寒。"是不錯的。　橫豎②五更天總得出被窩兒,披衣裳起來,有事總得下半天回家。沒甚麼事,回家也得晌午歪③。他們可是陪王伴駕的當差呢！有差的陪伴君王,像你我不當差,也不用起早,實在是無用的人了。　咱們也沒那個造化④,滿打着⑤起早,也不過是三下五除二,爲錢算帳,或是愁早起的,巴結晚上的,就是了。　僭們也還不至於那麼着,然而您如今這兩天也起不了早。　怎麼？　您不是新近成家,纔新婚配偶麼？　別玩笑。

第八章　吏部天官

(本)．奔．忙　〇　根本．　投奔．

咱們沒有工夫說閒話兒,也不必論咱們的家長里短兒的,奔忙勞碌,我倒是還要跟您習學一點兒公事的規矩,不知道您都知道麼？　知道的,我必不藏奸;不知道的,你可以另找明人去討教。　那麼,您把六部的事說一說,可以不可以？　那是人人知道的,吏、戶、禮、兵、刑、工,共總六部,各有專司。比方先說吏部,是古稱爲天官,如今也說天官吏部。那部裏有滿漢尚書各一人,是一品的大官;左右侍郎,滿、漢各二人,是二品的官,這都稱爲堂官。餘外有四司,是管理普天下京外的文官,一品至九品,和未入流,所有的陞、遷、調、補,都在這吏部裏管。　那麼,吏部算是文職官的一個根本衙門了？　不錯,是那麼

---

① 章京:漢語"將軍"的滿語譯音。清代用於某些有職守的文武官員。
② 橫豎:不管怎樣,無論如何。
③ 晌午歪:午時過後。
④ 沒……造化:無福享受。
⑤ 滿打着:滿打算着,即作最大可能的考慮。

着。凡有在京候選的，每月初一，都得在吏部去投供。外省文職四品以下，來京引見的，都拿着本省督、撫的咨文，先得到京投奔吏部報到，然後纔能帶領引見。並且文官有功，可以議叙，有過必要議處，都是吏部管。那官員的多少你可以看《大清會典》，或是買一部《縉紳》查一查，自然就都知道。　那我倒也都買過，就是不懂得起那兒瞧起。　那沒甚麼，閒着的時候兒，我可以教給你。　那敢自①好了。

註　釋

〔吏部〕掌中外文職銓叙黜陟之政。尚書，滿漢各一人，從一品；左右侍郎滿漢各一人，正二品。○文選司，郎中，滿三人，蒙、漢各一人，正五品；員外郎，滿、漢各二人，從五品；主事，滿一人，漢二人，正六品。○考功司，郎中，滿三人，漢二人；員外郎，滿二人，蒙、漢各一人；主事，滿一人，漢二人。○稽勳司，郎中，滿漢各一人；員外郎，滿二人，漢一人；主事，滿、漢各一人。○驗封司，郎中，滿、漢各一人；員外郎，滿二人，漢一人；主事，滿、漢、蒙各一人。○堂主事，滿四人，漢一人，司務，滿、漢各一人，從八品；筆帖式，滿五十七人，蒙四人，漢十二人，七八九品不等。○文選司，掌班秩遷除，均平銓法。考功司，掌論劾考察，旌別功過。稽勳司，掌更名改籍、終養、服制，兼稽在京文員俸廉。驗封司，掌封贈襲廕，土司嗣職。共四司。

第九章　戶部地官

（盆）噴　水　·盆　罐　○　噴..香

凡事都必得有規矩，比方家常日用的俗事兒罷，吃飯必得泡湯，掃地必先噴水，甚至於碟兒大、碗兒小、鍋勺盆罐兒、棹椅板凳啊甚麼的，沒有沒個規矩的。何況天下的公事，治理百姓，全靠文官，選取文官，自然總得有一個吏部專司其事了，對不對？　是麼。　吏部之下，是那一部？　戶部。　戶部管甚麼，有多少官？　那尚書、侍郎，也是六個人，和吏部一樣。別的官，可是按着各省的名兒設立的司，比方陝西司、福建司甚麼的，有十四司了，辦的事是專管普天下各省的地丁錢粮。　就是田賦不是麼？　是麼。還有一切出產，和關稅，和戶口人丁。一切的錢粮，是由州縣地方官徵取了，交到省城藩司庫裏。

---

①　敢自：當然，求之不得。

那裏把該給官的俸祿、兵的餉銀給完了,或是該送進京來,給京中的官兵俸餉。每年把用過的帳目,報名戶部銷算,那名爲報銷。戶部稽查有不對的,駁出去再算。至於京城八旗的俸餉和漢官的俸祿,都是戶部管,有稽查,有核算,事務匆忙,差使繁,各司的司官,都得精明強幹,纔能當差呢! 銀子來了,就在戶部裏收着麼? 不是衙門裏收,是衙門裏另外有銀庫,另外有管庫的大人,收發支放,每月有一定的日期。 說起來,銀子是好的,不論甚麼人,吃喝穿戴,都離不了他。 怪了,銀子穿也不能煖和,吃也不能覺着噴香①酥脆,可是吃喝穿戴,誰也離不了他,儞說怪不怪?

註　釋

〔戶部〕掌全國土田、戶口、財穀之政。尚書,滿漢各一人。左右侍郎,滿、漢各一人。〔十四司〕郎中,山西、河南、江南、江西、福建、浙江、四川、廣東、廣西、貴州十司,每司滿、漢各一人;山東司,滿、漢各二人;湖廣、雲南二司,每司滿二人,漢一人;陝西司,滿、漢、蒙古各一人。員外郎,福建司,滿五人,漢一人;廣西司,滿四人,漢一人;江南、陝西、廣東、雲南、貴州五司,每司滿三人,漢一人;山東、河南、江西、浙江、湖廣、四川六司,每司滿二人,漢一人;山西司,滿、漢、蒙古各一人。主事,每司滿、漢各一人,惟福建司,多蒙古一人。〔堂〕主事,滿四人,漢二人。司務,滿、漢各一人。筆帖式,滿百人,蒙古四人,漢軍十六人。內倉監督,滿二人,以本部司官選充,二年而代。○山東司掌稽山東布政使司及盛京民賦,收支奏冊,兼覈長蘆等處鹽課,請引疏銷。○山西司掌稽山西布政使司民賦收支奏冊,兼覈遊牧察哈爾地畝。○河南司掌稽河南布政使司民賦收支奏冊,兼覈遊牧察哈爾及圍場捕盜官兵俸餉。○江南司掌稽江蘇、安徽二布政使司民賦收支奏冊,兼覈江寧、蘇州織造支銷奏冊。○江西司掌稽江西布政使司民賦收支奏冊。○福建司掌稽直隸、福建二布政使司民賦收支奏冊,兼覈直屬內府莊田及遊牧察哈爾地畝。○浙江司掌稽浙江布政使司民賦收支奏冊,兼覈杭州織造支銷奏冊。○湖廣司掌稽湖北、湖南二布政使司民賦收支奏冊。○陝西司掌稽西安、甘肅二布政使司民賦收支奏冊,並行銷茶引,兼覈在京漢官俸廉、外藩俸幣,及巡捕五營俸餉、各衙門經費。○四川司掌稽四川布政使司民賦收支奏冊,兼覈本省關稅,及在京人官戶口。○廣東司掌稽廣東布政使司民賦收支奏冊,兼覈八旗繼嗣歸宗,更正戶口。○廣西司掌稽廣西布政使司民賦收支奏冊,兼覈京省錢局運銅鼓鑄,及內倉支放供應芻豆。○雲南司掌稽雲南布政使司民賦收支奏冊,兼覈山東、河南、江南、江西、浙江、湖廣等省歲運漕糧、京通倉儲,及江寧水次六倉收支考覈。○貴州司掌稽貴州布政使司民賦收支奏冊,兼覈各關各口徵收之稅課。

---

① 噴香:非常香。

第十章　錢局鼓鑄

（迸）繃皷。　　○　　○　　迸跳。

　　自然是，俗語說："吃遍了天下，鹽好。走遍了天下，錢好。"銀子、錢，是好的。　你題起錢來，戶部也管錢局的事。　京城有幾個錢局？　有兩個。一個是寶泉局，是戶部管；一個是寶源局，是工部管。　錢，是銅鑄的不是？　那自然是，俗言說人沒錢，也說沒銅。　銅出在那兒？　出在雲南，我聽見說，從雲南來，都是用黃牛駝銅的多。　牛的用處也不少，我看見過北省有牛拉車的，又叫他耕地，又叫他駝東西，也可以殺了吃肉，也可以使他的皮繃皷，骨頭做小玩意兒，牛的用處不少啊。　不用說閒話兒。那銅在南邊用牛駝，因爲是山道。到了貴州地方，就上船，由水路湖南北地方，從運河直運到通州，到京裏來，交戶部收了，發到錢局鑄錢。　各省的錢，也是從京裏鑄了送去的麼？不是，那是各省城裏都有錢局，各造各的錢。　錢有幾個樣兒？　本來就是銅制錢，一個當一個的，如今有當十的銅錢，也是通行，可現在是京城裏使。那些年還有鐵當十的錢，鐵制錢兒。還有銅當百、當五十、當五的錢，還有銅當千、當五百的大錢。又有鉛錢，是一個當一個的，如今都不使了。　是了。我看見街上，小孩子三五成群，打牙汕嘴兒①的，滿車轍②裏，撒土攘烟兒③的迸跳，拿着好些個小鐵錢兒玩兒，就是那個麼？　不錯，就是那個。

註　釋

〔錢局〕錢之爲法，輕重必合宜，過輕則民多私鑄，過重則民利盜燬。權輕重之中，以重二銖八十有八黍爲率，鎔赤金，和以白黑鉛及錫，依古九府圜法制之，徑八分，輪郭外周，中作字，兩面皆陽起，清文曰寶泉，漢文著年號，左右列通寶二字，以頒行全國。○錢局有二，隸戶部者曰寶泉，隸工部者曰寶源。○錢局之政，掌於戶部、工部之侍郎，俱專任其事。○咸豐間，因經費支絀，鑄當十錢，亦鑄當十鐵錢及當五銅錢，並鐵制錢。又鑄當千、當五百、當百、當五十之銅大錢。又鉛制錢，連銅制錢共十種，行之數年漸止。今惟存銅當十錢，都中通行，及銅制錢二種焉。近

---

① 打牙汕嘴兒：無拘束地互相調笑、逗樂。也說"打牙涮嘴"。
② 車轍：此處指車道。
③ 撒土攘烟兒：孩子淘氣胡鬧，弄得塵土飛揚。

年私鑄不少，官亦如不能制者。

第十一章　戶部三庫

（朋）．割．烹　　朋友．　　手．捧　　碰．破．

好，有錢比甚麼都好。比方打算送人穿的，不知道甚麼材料好，就可以送人家幾十吊錢；想要送人點兒喫的，可又不會做菜，沒學過廚子，不會割烹，可就不如送人倆錢兒，叫他自己買着喫。　那實在是錢方便，有錢就有朋友，沒錢沒人理。有錢固然好，銀子更好，你要雙手捧一個元寶給我，我就很喜懽。　元寶是甚麼？　就是銀子的名兒，各省收了地丁銀子，散碎的擱在一塊兒，鑄成五十兩一個的大元寶，裝在木頭做的鞘裏，那叫銀鞘。　一鞘裝幾個？一鞘是二十個，一個五十兩，二十個是一千兩。論銀子可不論勐，然而比方粗東西，銅、鐵、棉花、青菜甚麼的，可是十六兩一勐，所以俗言也說那一千兩銀子，是六十二斤半，就是說最多的錢的意思。　這銀鞘裝得了怎麼樣？　就送到京裏來，作官兵的俸餉。　是了。怪不得《京報》上說，提督衙門奏，餉鞘到京呢！　對了，就是那個，到了京交戶部銀庫收存。　那一路都得小心罷？比方丟了，解官和地方官得賠，或是銀鞘有損壞碰破的地方兒，都得查明白了數兒，一點不能少的。　戶部就是這一個銀庫不是？　餘外還有倆庫，一個是緞皮庫，裝綢緞的，從南織造送了來的；一個是顏料庫，是裝各樣兒顏色材料的，總名戶部三庫，是各有專司，統歸戶部管。

註　釋

〔戶部三庫〕凡庫藏之隸於戶部者，有三。一曰銀庫，各省地丁，及關市鹽茶諸稅課，歲輸至京者，藏之。一曰緞疋庫，織造所辦之縑帛紗縠，歲輸至部者藏之。一曰顏料庫，凡一切丹青顏料，及錫、鉛、銅、鐵、香料等，咸藏之。○凡三庫之政，皆特簡大臣綜理之，其財用出入之數，月有要，歲有會，皆覈實以聞。○凡三庫，皆設郎中、員外郎分理之，司庫、大使屬焉。主事一人，兼掌三庫文案。凡藏取於庫者，皆書其數，歲終參考之，以待奏銷。○管理三庫大臣無定員，三庫各官皆滿員。郎中每庫一人，員外郎每庫各二人，三庫堂主事一人。三庫大使，銀庫二人，緞疋、顏料庫各一人。三庫司庫，銀庫一人，緞疋、顏料庫各二人。三庫筆帖式共十五人。三庫庫使共二十六人。○凡直省賦稅輸部者，歲有常數，覈數無闕，迺移銀庫，準部定權衡受之，如啓檔、驗封有作弊及數不實者，論罪，此銀庫之政也。〇凡歲用縑帛紗縠，由織造官，江寧、蘇州、杭州各一人，市絲民間，織染輸部，部移緞疋庫受之。其上供御服者，則輸於內府，歲所需之財用，皆給公幣，具冊達部，以待稽覈。有造作不如法者，論罪，此緞疋庫之政也。〇凡器用所需，百物之良，各有土產，直省有司，歲支正賦，市自民間，大者疏聞下部，小者以冊達部，部覈其數，移顏料庫受之。採擇不精良者，論罪，此顏料庫之政也。

第十二章　禮部春官

（必）逼迫。　口··鼻　筆·墨　務·必。

大概這銀錢都是戶部所管，我知道了。戶部之後的禮部，所司的事是禮行不是麼？　是，禮部的大人，也是和吏、戶部一樣，倆滿、漢尚書，四個侍郎，也都有司，各司的司官分管一切的禮行。　大概都是甚麼呢？　比方祠祭司，管的是祭祀，所有壇廟神祇的祭祀，和先期齋戒的日子，陵寢的祭祀，各樣祭品的物件、規矩。那儀制司，管官員品級，人民一切婚喪嫁娶的禮。　人生以禮義爲先，也是順着人情辦的。　小民無知，不明白禮義，所以家喻戶曉，叫父兄能教訓他的子弟。從小兒鬧苗①、使性子，必要打着罵着，叫他守規矩。　不錯，齊之以禮麼，不能不逼迫着，叫子弟守規矩。　所以他從小兒說話行事，一動一靜，耳、眼、口、鼻，也都要體面端正。上學念書，抱着書包，拿着紙、硯、筆、墨，都務必得有個學生樣兒。女孩兒們從小兒也是這麼着，大些兒學鍼斨②、學過日子。五六歲以後，男女有別，就不能一塊兒玩兒鬧啊的了。家家如此，這都是從國家禮的儀制裏教訓出來的。　好，俗言說："打不怕人，罵不怕人，只怕禮兒賓得住人。"禮部還有別的司麼？　還有主客司、精膳司，各有各事。又有鑄印局，文武大小官的印信，都是他們管，他們鑄造的，我大約告訴過，不用再絮煩了。

註　釋

〔禮部〕掌吉、嘉、軍、賓、凶之秩序，學校、貢舉之法。尚書，滿、漢各一人；左右侍郎，滿漢各一

① 鬧苗：（小孩）鬧脾氣。
② 鍼斨：針線活。

人。〇儀制司,郎中,滿二人,漢一人;員外郎,滿三人,漢一人;主事,滿、漢各一人。〇祠祭司,郎中,滿二人,漢一人;員外郎,滿三人,蒙古、漢,各一人;主事,滿、漢各一人。〇主客司,郎中,滿、漢、蒙古各一人;員外郎,滿二人;主事,滿、漢各一人。〇精膳司,郎中,滿、漢各一人;員外郎,滿二人;主事,滿、漢、蒙古各一人。〇鑄印局,員外郎,漢一人;筆帖式署主事,滿一人;大使,漢一人。〇堂主事,滿三人,漢軍一人;司務,滿、漢各一人;筆帖式,滿三十四人,蒙古二人,漢軍四人。〇儀制司掌嘉禮、軍禮、學校、貢舉;祠祭司掌吉禮凶禮;主客司,掌賓禮;精膳司,掌五禮燕饗之儀,與其牲牷;鑄印局,掌鑄造寶印,共四司。樂部,典樂無專員,以本部滿尚書暨各部院堂官知樂者兼之,或派王。掌五音六律,合陰陽之聲。〇神樂署,署正,漢一人,正六品;署丞,漢二人,從八品;協律郎,漢五人,正八品;司樂,漢二十三人,從九品。和聲署,署正,滿、漢各一人;署丞,滿、漢各一人,以禮部、內務府司官充。供奉、供用無定員,以太常寺、鴻臚寺、內務府官充攝,分掌協律之事。

第十三章　兵部夏官

(皮)．批．評．　．皮．毛　鄙．俚．　屁．股．

說了吏、戶、禮三部了,您連說帶批,批評的很有理,這可要領教兵部的事了。　兵部專管天下武官和兵制的事,尚書、侍郎也和那三部一樣。武選司管武官的升遷調補,武庫司管軍器一切,職方司管武官的議敘、議處,車駕司管馬政、驛站。凡有各省的官兵,由督、撫、提、鎮、管、統,咨報兵部查核,各省兵制,隨時或有增減,也是報明兵部議准、議駁,也都不定。所有武官是由行伍出身的多。　行伍是甚麼？　就是由吃糧當兵出身,慢慢兒的得一個小官兒。旗兵呢？　也是歸兵部查核,旗官也是旗兵出身的多。　我聽說也有武科甲出身的。　有,有武秀才、武舉人、武進士、武狀元出身,可是發到綠營去學習,做武官。　行伍和科甲,他們是那一樣兒武官好？　論說呢,武科甲的人,弓、刀、石,都很有力量,馬步箭也純熟,而且還有內場《武經》,一肚子韜①畧,豈不是好麼？　啊,是啊。　然而竟有勁兒也不行,那《武經》他們也不過是知道一點兒皮毛,那運籌幃幄之中,決勝千里之外,也未必人人兒都能看不得那行伍出身的武官,雖然說話彷彿粗俗,辦文書彷彿鄙俚②,然而深明白營伍的規矩,

---

① 韜:韜。據《正字通‧革部》:"韜同韜。"
② 鄙俚:粗野,庸俗。

和兵丁們知疼着熱,倒很有得力的地方。　我見那練武的,都是大漢仗兒①,身量魁偉,肐臂粗,力氣大,脖子腦袋一般兒粗,一般兒獎,長腿、獎腰、大屁股蛋兒②,眞有個樣兒。　那也是空大老泡兒③,沒甚麼大用。

註　釋

〔兵部〕掌中外武職銓選,簡核軍實。尚書,滿漢各一人;左右侍郎,滿漢各一人。○武選司,郎中,滿三人,蒙古、漢各一人;員外郎,滿四人,漢二人;主事,滿、漢各一人。○車駕司,郎中,滿三人,漢一人;員外郎,滿三人,蒙古、漢各一人;主事,滿、漢各一人。○職方司,郎中,滿四人,漢二人;員外郎,滿三人,蒙古、漢各一人;主事,滿、蒙古各一人,漢二人。○武庫司,郎中,滿二人,漢一人;員外郎,滿、蒙古各一人;主事,滿、漢各一人;堂主事,滿四人,漢軍一人;司務滿漢各一人。○館所監督,滿、漢各一人;筆帖式,滿六十二人,蒙古、漢軍各八人。○武選司掌武職除選封蔭,及征伐訓誥,頒其政令。○車駕司掌驛傳郵符,中外馬政。○職方司掌天下輿圖,以周知險要,叙功覈過,以待賞罰黜陟。○武庫司掌兵籍、戎器、鄉會武科及編發成軍。共四司。

第十四章　京外提塘

（表）．標．文．書　　○　　表．裹．　鰾．膠

武營官兵一切的文書,由外報兵部,由京發到各省,也是不少罷?　那誰能數得過來呢?　都是由驛馬遞麼?　分緊要的、尋常的。比方要緊的,還有火票④呢!那火票有兵部的印,不論那衙門文書,都有要緊的,要緊的用兵部火票遞去,驛站上分外的送的快。尋常的都可以交給兵部的提塘。　提塘是官麼?　是官,是武進士充當的多,一省一個,住京,專管領京裏的文書,送到各省去。外省也有一個住省的,專管從省送到京裏來。比方《京報》,他們也封上封筒兒,把封筒兒上的月日,彷彿標文書似的,寫好了,送到各省去,所以叫提塘報。或是外省的文書送到京,他們分送各衙門去,也是由舖司,或是順⑤

---

①　漢仗兒:魁梧的體格。
②　屁股蛋兒:臀部肥厚隆起的部分。
③　空大老泡兒:外表似是雄壯,實際虛弱無力。
④　火票:清代遞送緊急公文的憑證。
⑤　順:由。

馬帶送。　官事內外表裏精粗，製造得很規矩，寔在周密啊！　這提塘還有一件緊要的差使。比方有國家的詔書，頒行天下的時候，也是從京提塘發到馬上，送到省城提塘，省提塘送到各處道、府的地方，可都是謄黃①。　是了。他們這差使當多少年呢？　該當三年罷，三年滿了，或留幾年，以後升守備，作武官，再另補別的武進士。　武進士盼着作官，很好的道路。　等等兒，近來看見《京報》上，有說提塘不愛離開這個差使，彷彿鰾膠②似的戀戀不捨，貪圖公費，那也是他們的毛病。　人不得一樣，那兒能碧清如水呢？

第十五章　刑部懲惡

（票）漂沒　嫖賭　漂布　錢票子

　說了一樣兒說一樣兒，說完了兵部的事，該甚麼了？　該刑部了罷？　刑部怎麼着？　是管理天下刑名的事。　怎麼為刑名？　天下的良民、好百姓，自然是守規矩，遵王法，萬不能作惡犯法的了。那無知的匪類，不守王法，不愛父母的遺體，更不懂得名聲的好歹，各人想着在世上吃虧彷彿傻子，安分彷彿無能，把自己的身子，看成不要之緊，去作奸犯科，也有知法犯法的，及至犯了王法，一世為人，白白的來了。或被死刑，就是斬、絞；活着受罪，就是軍、流、發遣和徒罪甚麼的。受了罪不算，還被人唾罵。管這個刑名的，就是刑部。　世上人，原自古有善惡兩樣，惡人也有享福的，然而轉眼之間，身家就如同被水漂沒③了一樣。明有王法暗有神，自古以來，那一個惡人逃了報應的？　所以了，他這些惡人，也不過是不守本分，不務正事，或是吃、喝、嫖、賭，或是悞作非為。王法懲治，也不過是叫人學好，如同漂布似的，叫人乾淨，別有渣兒就是了。故此說刑期無刑，朝廷也是盼着沒有受刑的纔好，律例的書雖多，但願不用。　題起律例來，那一天在書舖裏，一部《大清律例增修統纂集成》，他要六兩銀，合錢票子④一百多吊，我要買，太貴。　可以買了看看，六兩不為貴。

---

① 謄黃：皇帝下的詔書，由禮部用黃紙謄寫，叫謄黃。
② 鰾膠：用魚鰾或豬皮等熬制的膠，黏性很大。
③ 漂沒：冲沒。
④ 錢票子：舊時一種用以代替並可兌換錢幣的紙幣。

第十六章　刑部秋官

（別）憋悶。　　分·別　　䰾·嘴·　䰾·拗·

我也想要買一部《大清律例》瞧，就是我打開了瞧了一瞧，都不懂得，心裏更覺着憋悶了，所以我沒買。那個書是說刑法的①事麼？　可不是！那是刑部律例舘修的，分門別類，分別的清楚着的呢！說起刑部來，古名秋官，那衙門大人，也是有尚書、侍郎，和吏部一樣。就是司官很多，分十八司，按各省的名兒，比方雲南司、湖廣司之類。各司管各省的刑名，督撫報了來，刑部查核定擬，或題或咨，都有定例。　刑法有幾樣兒？　五刑，名叫笞、杖、徒、流、死。怎麼爲笞？　小竹板兒打腿爲笞，大竹板兒爲杖。　徒呢？　發出去五百里地方，有一年的、年半的、二年的、二年半的、三年的，都爲徒罪。　流罪呢？流是發出去或二千里、二千五百里、三千里，爲流。還有個軍罪，分四樣，近邊軍、邊遠軍、極邊軍，還有附近軍，是軍罪裏極輕的，軍和流差不多。　死呢？死有兩樣，絞、斬，還有凌遲，就是剮罪。　人人兒犯了法，都是一樣受刑麼？俗語說："王子犯法，庶民同罪。"那都是一樣的。不怕你是老頭兒、䰾嘴兒②老太太兒，犯了罪，也是一樣。　那麼只要不和王法䰾拗，就不怕罷？　不犯王法，誰也不怕。

註　釋

〔刑部〕掌法律刑名，以肅邦憲。尚書，滿、漢各一人；左右侍郎，滿漢各一人。〔十八司〕郎中，直隸、江蘇、安徽、江西、福建、浙江、河南、山東、山西、四川、廣東、廣西、雲南、貴州十四司，每司滿漢各一人；奉天司，蒙古、漢各一人；湖廣、陝西二司，每司滿一人，漢二人；督捕司，滿、漢各一人。員外郎，直隸司，滿、蒙古各一人，漢二人；奉天、安徽、江西、福建、山西、四川、廣西、雲南、貴州九司，每司滿漢各一人；江蘇、湖廣、河南、山東、陝西、廣東六司，每司滿二人，漢一人；浙江司，滿一人，漢二人；督捕司，滿一人。主事，山西司，蒙古、漢各一人；餘十七司皆滿漢各一人。〔堂〕主事，滿五人，漢軍一人；司務，滿、漢各一人；筆帖式，滿一百五人，蒙古四人，漢軍十五人；

---

① 底本此處有兩個"的"，據東京博文館藏本438頁刪。
② 䰾嘴兒：癟嘴兒。因牙齒脫落而顯得凹陷的嘴。

提牢主事,滿、漢各一人;司獄,南北二所,每所滿二人,漢軍、漢人各一人,從九品。○又置設官醫生二人,分隸二所。〔贓罰庫〕司庫,滿一人;庫使,滿二人。〔律例館〕總裁,無定員,提調等官,皆本部通習法律之人充之。〔總辦秋審處〕坐辦者,滿漢司官各四人,選諳練者充之,各司兼總辦者十餘人。○直隸司,掌直隸及八旗遊牧、察哈爾左翼所屬刑名。○奉天司,掌盛京、黑龍江、吉林將軍及奉天府所屬刑名,兼宗人府、理藩院文移關白之事。○江蘇司,掌江蘇所屬刑名。○安徽司,掌安徽所屬刑名,兼鑲紅旗文移關白之事。○江西司,掌江西所屬刑名,兼正黃旗文移關白之事。○福建司,掌福建所屬刑名,兼戶部、戶科、鑲藍旗文移關白之事。○浙江司,掌浙江所屬刑名,兼都察院、刑科文移關白之事,兼司本部條奏、彙題及各司爰書駁正者,會其成,比年一奏。○湖廣司,掌湖北、湖南所屬刑名。○河南司,掌河南所屬刑名,兼禮部、詹事府、太常寺、光祿寺、國子監、鴻臚寺、禮科、正紅旗,文移關白之事。凡夏令熱審,則布告各司,頒行全國欽岬如制。○山東司,掌山東所屬刑名,兼兵部、太僕寺、兵科文移關白之事。凡步軍營,捕獲盜竊,歲登其數,請叙。○山西司,掌山西及八旗遊牧、察哈爾右翼、建威將軍、右衛都統所屬刑名,兼內閣、翰林院、起居注舘、中書科、內務府、奉宸苑、武備院、上駟院、欽天監、鑲白旗文移關白之事。○陝西司,掌陝西、甘肅所屬刑名,兼大理寺文移關白之事,兼稽核囚粮出納,俾無侵冒。○四川司,掌四川所屬刑名,兼工部、工科文移關白之事,秋審則序次直省之爰書而稽核之。○廣東司,掌廣東所屬刑名,兼鑾儀衛、正白旗文移關白之事。○廣西司,掌廣西所屬刑名,兼通政司文移關白之事,及以時散給囚衣,朝審則序其爰書而稽核之。○雲南司,掌雲南所屬刑名,兼太醫院、鑲黃旗文移關白之事。○貴州司,掌貴州所屬刑名,兼吏部、吏科、正藍旗文移關白之事。○督捕司,掌中外旗人逃亾之事,共十八司。

第十七章　死罪減等

（撒）撒開　　○　撒了　　○

俗語說:"爲人不作虧心事,半夜敲門心不驚。"可見在世作人,總要不自欺,纔是好人。若作了虧心事,縱然逃脫了王法,有個風吹草動,總覺着各人心上過不去,何況天網恢恢,疏而不漏,有幾個脫了王法的?比方脫了王法,終久也必得惡報的。　　誰說不是呢?比方人犯罪受刑罰,遇見恩旨赦了罪,本人兒把那虧心事,也早撒開在九霄雲外了,沒想到後來也是要遭到別的惡報的。所以俗言說:"禮制君子,法制小人。"明白人,誰肯去犯法呢?　　小罪兒不論,比方犯了死罪,輕容易也不能立刻就死罷?　　那分兩樣兒,有立決的,是立刻斬、絞;有秋後的,是每年秋後纔斬、絞的。內中又分兩樣兒,一樣兒是情寔,一樣兒是緩決。情寔的,秋後處決,可以死;緩決的,有死之名,可又等明年秋後,又審一回，三次緩決，又減等問罪了。　皇上的恩典，寬的很哪！　一來是恩寬，二來是總不願意輕易殺人，是願意人悔過自新纔好。　本來，人何必犯死罪，好好兒的把家業、妻子、兒女，一概全撇了，各人的命也不要了，這是何苦！

第十八章　法司會審

（扁）．邊．沿　○　．圓扁　　方便．

我還請問您，所有各外省的，有死罪的人，都得告訴刑部不是麼？　是那麼着。不論山南海北，所有有官管的地方，有死罪，都得先報刑部，就是外省極遠的邊沿地方，也是那麼着。　怎麼報法？　比方有一個人，把那一個人殺死了，這一個人就得給他抵命，俗話叫抵償。本地方州、縣地方官，審明報知府，由本道轉按察司勘明白了，詳報督、撫，報到刑部。小罪用咨文報部，死罪是用揭帖。　怎麼爲揭帖？　因爲死罪是得用題本告訴皇上，照着題本的樣兒寫一分，那叫揭帖，給刑部。　皇上看了，怎麼着？　旨意必是三法司核擬具奏。　三法司是甚麼衙門？　就是刑部，和都察院，和大理寺，這三個衙門。這三個衙門奉了旨，就會同商量妥了，又會同題本告訴皇上一囘，又奉旨，某人着斬，或是絞，秋後處決。刑部把這旨意行文給本省督、撫，統計一年的罪人，歸爲秋審去辦，所以刑部有秋審處，辦這個事。　俗語說：“人爲財死，鳥爲食亡。”我想犯死罪的人，多半兒是爲錢的這個東西多。　嘻，這個又圓又扁的東西，很害人哪！　圓扁的這個東西，本是叫人方便的，人自己要找死，誰能顧得了他呢？

第十九章　工部冬官

（片）．偏正．　．便．宜　諭．拉　片．段．

俗言說：“知足者常樂，能忍者自安。”人犯大小罪，都是一不知足，二不能忍的多。　犯罪有刑罰，所以聖人說：“君子懷刑，小人懷惠。”這刑部不過是這些事，咱們說別的罷。　那麼請問工部，是如何規矩呢？　工部堂上，尚書、侍郎也是和別的部一樣，可是專管工程，有各司分着辦事。　都是甚麼工程呢？

有營繕司管蓋造一切的工程，比方修理舊有的工，改造新工，一切的房屋大小多少、地勢的偏正、方向的可否，大約都是他們管。要緊的是水利司。管甚麼？　這江河水利，比方修堤、開河這些事。　工部的差使，得會打算盤纔行罷？　有料估所，甚麼工程都得料估一囘，然後纔能修造。　比方城墻、河堤，很大，很長，都是一個人管理修造麼？　那是分出來，雖然監修的是一兩位官，那匠人是各有商人承辦了去，均攤勻散，不能苦的苦，便宜的便宜。若不分清楚了，那還公道麼？修官工的商人，也不敢謅拉①說："我修得好，也不用怕我修得不結寔。"總是各按各的片段兒，得保個年分，比方保十年，十年之內工程壞了，還得賠修呢！　是了。

註　釋

〔工部〕掌天下工虞器用，辨物庀材。尚書，滿、漢各一人；左右侍郎，滿、漢各一人。○營繕司，郎中，滿四人，蒙古一人，漢一人；員外郎，滿五人，漢一人；主事，滿、漢各二人，蒙古一人。○虞衡司，郎中，滿四人，漢一人；員外郎，滿四人，蒙古、漢各一人；主事，滿三人，漢二人。○都水司，郎中，滿五人，漢一人；員外郎，滿五人，漢一人；主事，滿四人，漢二人。○屯田司，郎中，滿四人，漢一人；員外郎，滿五人，漢一人；主事，滿三人，漢二人。○節慎庫，郎中、員外郎，滿各一人；司庫，滿二人；庫使，滿十一人。○製造庫，郎中，滿二人，漢一人；司匠，滿二人，從九品；司庫，滿二人；庫使，滿二十二人。○料估所，滿、漢各三人，於司員內簡委。○琉璃窰監督，滿、漢各一人，以司官充。○木倉、皇木廠監督，滿、漢各一人，以司官充，管理街道廳，係御史一人，本部司員一人充。○堂主事，滿三人，漢軍一人；司務，滿、漢各一人；筆帖式，滿九十三人，蒙古二人，漢軍十二人。○寶源局，監督，滿、漢各一人，以司官簡委；大使，滿、漢各一人。○營繕司，掌繕治壇廟、宮府、城垣、倉庫、廨宇、營房。虞衡司掌山澤採捕，及陶冶器用，修造權衡、武備。都水司掌水利河防、橋梁道路。屯田司掌修繕陵寢，供億薪炭。柴薪監督滿二人，煤炭監督滿二人，均司官兼代，掌採取薪炭，以供宮府。共四司。節慎庫掌出納金錢。制造庫掌攻治金革。料估所掌審曲工勢，以鳩百工。琉璃窰掌大工陶冶。木倉掌儲木。皇木廠掌稽收運木。街道廳掌平治道塗，清理溝洫。

---

① 謅拉：說大話，吹噓。

第二十章　監修工程

（賓）．賓　主．　　○　　○　　殯　葬．

水利是工程的大宗兒，我想也是極要緊的。《京報》上看見過，黃河或是別的水，有開口子的地方，常有淹壞了村莊兒和田地甚麼的，寔在利害。　俗言說"水火無情"麼。　有這個事，怎麼不修好了麼？　怎麼不修呢？不是新近《京報》上有修理黃河的事麼？　我也沒理會瞧。工部除了水利，還有甚麼大工程？　大工也多，我想頂要緊地方是陵寢。年年有歲修，有另案專修的，那都得小心恭敬，派人去修。　都是工部官去麼？　每逢大工程和要緊的工程，都是奉旨先派一囘勘估大臣，查明白了，估明白了，然後工部請派監修大臣，這監修不定派那衙門的大人呢！　不在工部當差，他們明白工程的事麼？　總得有工部的官人跟着，彷彿工部是主，他們是賓，分賓主似的。他們不過是監修，將來銷算查考，還是工部管理那一本賬。至於陵寢的歲修，是本處的守護大臣，他們也可以修，很要緊的。　那自然了，常人殯葬了祖父爺娘之後，還得年年兒修理墳墓呢！何況是皇上家的陵寢呢，自然更慎重了。　是麼，萬般以孝爲大，生養死葬，貴賤都是一樣。　不錯。

第二十一章　以工代賑

（貧）．拚命．　．貧．窮．　　品．．級．　　牝．牡．

我又看見《京報》上是一句話說："以工代賑。"是怎麼件事清？　那是遇見不好的年頭兒，或是水災，或是旱潦不收，各處的百姓沒有吃的，若不賑濟他們，他們好的呢，安分守己，聽天由命的，自然是餓死；不好的，一定要鬧事、搶劫的，去爲非作歹的去了，就是有刑罰治他，他也是剷出去[①]，拚命[②]似的，不要命了，所以必得賑濟這些個貧窮的人。賑濟的法子，或是給錢、給米、給衣裳，

[①] 剷出去：豁出去。不惜犧牲一切，下最大的決心。

[②] 拚命：拼命。

這些個之外，可就找該修的河堤、城池、橋梁、道路甚麼的，僱這些個窮人來修，給他錢、米，這就叫以工代賑。 都是國帑發出來賑濟麼？ 國帑不足之外，也勸民人和官紳們有錢的，叫他們捐輸，照他們捐的銀錢多少，給他們大小官兒的品級虛銜，那可就是戶部辦了。 是了，本來有了水旱偏災，是那一方百姓的苦難。聽見說，山西地方幾年沒下雨，草根樹皮都吃沒了，飛禽走獸都吃盡了，真的麼？ 那年有那個事，不但禽獸不分雌雄牝牡都吃沒了，後來連人不分男女，都有煮了吃人肉的話。 真麼？ 也是聽見說，後來賑濟了，又下了雨，纔好了。 是了。

第二十二章　盛京五部

（兵）兵丁　○　稟報　疾病

咱們算是把六部的大規矩，都說完了。 六部，沒有可查考的書麼？ 那都有，比方《大清會典》，是各衙門的事都有。另外各部都有則例，吏、戶、禮都是則例，兵部是《中樞政考》，刑部是《大清律例增修統纂集成》，工部是則例。可以和那有的人家兒，借了查考看看，自然都明白了。 等我閒着，慢慢兒的找着了瞧去。 有一樣兒，還忘了說了。 甚麼？ 六部裏除去吏部，那戶、禮、兵、刑、工，五部，可是盛京地方都有。 也是和京裏的五部一樣麼？ 不，每部就是一位侍郎。 是了，所管的事呢？ 那是那本處的五部的事，比方刑部管本處的詞訟和一切的刑名；工部管那兒的工程就是了。還是京裏的五部，總理那兒的事。往往那兒的侍郎調囘京裏各部當差的也有。 比方那兒的兵部，也管天下的兵丁麼？ 那還是京城的兵部管，那兒不過是管本處旗兵甚麼的。有武官的事，稟報那兒的兵部，還得總報京裡的兵部，一切陞遷調補，或是有疾病開缺，都是京裡兵部管，別的部也是一樣。 是了。

註　釋

〔五部〕盛京五部侍郎，戶部、禮部、兵部、刑部、工部，侍郎各一人。凡盛京官，品秩俱視京師，其五部之司官，則有○戶部經會司、郎中、員外郎、主事各一人。○糧儲司，郎中、員外郎各一人，主事二人。○農田司，員外郎二人，主事一人，堂主事二人。銀庫，郎中、員外郎各一人。禮部左右司,郎中各一人,員外郎各二人,堂主事一人。兵部左右司,郎中各一人,員外郎、主事、堂主事各二人。刑部前、後、左、右司,郎中各一人。前司、左司,員外郎各二人;後司、右司各一人。前、後、左司主事各一人,右司三人。堂主事,蒙古、漢軍各一人。工部左右司,郎中、員外郎各一人,主事各二人,堂主事二人。○戶部,司庫一人,庫使八人,掌官莊六品官二人,筆帖式二十三人,內倉正副監督各一人。○禮部,讀祝官八人,贊禮郎十六人,筆帖式十人,管千丁六品官一人,鳳凰城迎送朝鮮官三人,助教四人。又有牧務、總管、翼長各一人,牧長、副牧長各十七人,牧副、副牧副各三十四人,亦總轄於禮部。○兵部,筆帖式十二人,驛站正副監督各一人,驛丞二十九人。○刑部,筆帖式滿二十三人,蒙古二人,漢軍五人;贓罰庫,司庫、庫使、司獄各一人。○工部,筆帖式十七人;銀庫司庫二人,庫使八人;管千丁四品官、管瓦料五品官、管匠役六品官各一人;看守大正殿六品官二人。

第二十三章　奉祀禮部

（憑）.砰．磅　　．憑據．　　○　　聘．嫁．

　　這六部的事,算是說完了罷？　還有禮、工二部,別處也有。　是那兒有那衙門？　東西兩陵有禮部,叫奉祀禮部。工部是管陵寢的工程,禮部奉祀是管理陵寢的祭祀的祭品。額設有郎中、員外郎、主事這三樣兒官,有一百多差役,專管祭品。祭品裏頭,有牛、羊、果品、野雞、鯉魚、油、酒、粉、麵、醬、糖這些個東西。所有差役們是各司其事,一個個的都是小心恭敬,不敢草率大意,甚至走路,都沒有腳步兒的聲兒。攔東西、拿傢伙都是慢慢兒的,斯斯文文兒的,不敢有個大聲兒。　那麼,像我這麼咭叮咕咚的走,攔東西呱打砰磅的響,那萬不能當那個差役罷？　那算準了。　那祭祀,都是甚麼日子祭呢？　一年五次,是清明節、七月十五的中元節、冬至節、歲暮和忌辰的日子。到時候,奉旨從京裏遣王公去祭。　這禮部的官,是滿、漢都有麼？　竟是滿洲的人,沒有漢官。　牛、羊都是本處的麼？　不是,羊是從京裏東西四牌樓,左右翼買了去的;牛是張家口外買的,買的時候進口有憑據,免稅。　是了。差役們是本地人麼？　那都是本處人,而且是他們彼此結婚聘嫁,子頂父缺,世世的作奉祀的差役。　是了。

第二十四章　陵寢工部

（波）水。波　　准。駁　　播米。　　簸。箕。

論到陵上的工部，也是管那兒的工程了，自然是。　也是設立幾個員外、主事的司官，彷彿陵上的禮部似的，所辦的事是專管本地的常行小工程。《京報》上，常見有"專摺奏請修理陵寢的房屋"甚麼的，那也都是那兒的工部管麼？　纔告訴你的小工程麼。那大工，奏請的都是派員專修的。　我明白了，這工部不過是預備隨時修理的衙門就是了，不能像京工部，管各處修理蓋造的大工，不能像京工部水利司，管江河洪水波濤沖堤刷岸的那些水利，不過是預備立刻有要工，或是小工程的差使就是了。　對了，若有大工，那奏明了，派大員勘估了，另有監修大臣。這些事，統歸京工部，銷算錢糧，分別准駁[①]，一切都有則例。　那兒工部也有差役麼？　也有，也都是本處民人充當，每年、每月給他們銀米。　那米是那兒的？　也是由漕米撥去的，那兒各衙門官員的俸米，差役的米糧，也有白米，也有小米兒。我看見過那兒的官人們，過日子早晚飯，娘兒們自己燒柴火做飯，都是把火燒着了，播米[②]的播米，洗菜的洗菜，山村的日子倒很好，有意思兒。　也是用簸箕播米麼？　啊，那還用說麼。

第二十五章　陵寢各衙

（破）土。坡　　婆。娘　　筐。籮　　破。碎。

題起山村的景致兒來，頗有意思，我很愛。　陵寢地方本來是挨着山，當差使的各衙門，禮部、工部之外，有內務府，專管上祭的祭品的差使。　祭品，不是說是禮部管麼？　禮部管辦理祭品，交到內務府。內務府的司官和官人們，他們管作供，比方生的做熟了，擺好了，那些個事。　還有別的衙門麼？　還有守護的八旗官兵。　有多少？　分八旗，每旗兩個防禦，是五品的武官，

[①] 駁：駁。准駁：批准或駁回。
[②] 播米：簸米，用簸箕將米中的糠篩去。

百十個兵。這說的是一陵，各陵都是一樣。另外有總管，是三品的，翼長四品的，每一陵，一個總管，兩個翼長，都是八旗滿洲人。他們這些官兵，永遠在那兒守護，所以都帶家眷，娘兒們、孩子們都在那兒，一輩一輩的，彼此結婚，天天兒坐在家裡就看見山了，也有吃了飯，拿着活計，出了門兒，找個土坡兒，樹底下去作活的，和本地的那些差人們的婆娘，說個家長里短兒，很有趣兒。也有孩子們，在草地裏頑兒，囘家的時候兒，給他母親拿着活計筲籠兒①，唱唱咧咧的囘去，很有闔家歡樂的樣兒。　他們住甚麼房？自己的，是租的？　都是官給蓋的營房，可是近年來倒塌的多，墻垣都破碎不齊，失修的多了。　是了。

第二十六章　九卿會議

（不）不字作詩裏有作上平用的

　　咱們六部說完了，又帶着說了點兒陵寢的官兵的事。　不錯。　該說甚麼了，現在？　等等兒，這本是一半說事情，一半聯續那《平仄編》的四聲，不是麼？　是啊。　這聯到甚麼字了？　"不"字兒了。　這個字之下，怎麼沒有四聲呢？　那寫着"作詩裡有作上平用的"。　是，那倒不錯。到底這個字念甚麼？　那就是"不知道"的"不"字兒麼？　你錯了，這個字不念"布"的音。念甚麼？　念"布歐切"。　是了，照着布歐倆字念，有甚麼話麼？　上平裏有，下平、上聲、去聲都沒話。　您說說。　你問我，我就可以說。　我還問衙門的事。　可以。　那衙門人常說六部、九卿，都是甚麼爲九卿呢？問別人都不大知道，問您，您知道麼？　知道倒知道，告訴你，你信不②？　怎麼不信呢！　六部，是吏、戶、禮、兵、刑、工，加上都察院、大理寺和通政司，這三個衙門，共總九個衙門，這就是九卿。有緊要的政事，奉旨九卿會議，就是這九個衙門。　是了，別的衙門也管會議的事不？　那就是王、軍機和內閣大學士、翰林院、詹事府、六科、各道御史，《京報》上常有派諸王、軍機大臣、大學士、九卿、翰、詹、科、道會議，就是這些個衙門。　是了。

---

① 筲籠兒：以竹篾或柳條類枝幹編成的盛物用具。其大小、深淺、方圓等形制因用途而異。
② 底本在"不"字處標記圓圈，以示上平聲，本章下文同。

第二十七章　都察院官

（剖）．掊剋．　　○　　剖．開　　○

六部、九卿都已說了,如今要請往下再談罷。　你要記准了,六部和通政司、都察院、大理寺爲九卿。　是,纔不是說過了麼?　再重一重,還有話呢!　甚麼話?　都察院、大理寺和刑部,又算是三法司,專管刑部的刑名,殺人的重案。那大理寺,就是古來的士師官①。　都察院呢?　那個衙門事情多了,大員有左都御史,滿、漢各一員,左副都御史,滿、漢各二員。　沒有右的麼?　有是有,可不在都察院。　怎麼?　右都御史是各省總督兼銜,右副都御史是巡撫兼銜。這衙門專管稽察官事的弊病,參劾不好的官,外省督、撫兼這個銜,所以纔可以參劾人。　是了。　那大人之外,有散御史,分各道,比方山東道、山西道之類,按省的名兒分。各察各省的事,而且凡有一切官事的毛病,和貪贓不法的官,或是有聚斂之臣,掊剋②在位,各御史無論大小,都可以隨便參劾,專摺奏聞,請旨。　六科裏,不也是御史麼?　那是給事中,是御史升的,那爲科,御史爲道,所以說科、道,可是給事中,也是屬都察院大人管。　自古以來,御史就是言官不是?　不錯,眞有忠直敢言的,把一片赤心剖開給皇上看,都願意。所以御史的補子,不是鳥兒,不是獸。　是甚麼?　是獬豸③的,取其忠正的意思。　是了。

註　釋

〔都察院〕掌察覈官常,整飭紀綱。左都御史,滿、漢各一人,從一品;左副都御使,滿、漢各二人,正三品;右都御史,爲總督兼銜;右副都御史,爲巡撫兼銜。六科給事中,掌印滿漢各一人;六科給事中,滿、漢各一人,正五品。○十五道監察御史,掌印御史,滿漢各一人;江南道,滿漢各三人;山東道,滿漢各二人;京畿、河南、浙江、山西、陝西、湖廣、江西、福建、廣東、廣西、四川、雲南、貴州十三道,每道滿漢各一人,從五品;經歷,滿漢各一人,正六品;都事,滿漢各一人,正六品;筆帖式,滿三十五人,蒙古二人,漢軍五人;又六科筆帖式,滿八十人;巡倉御史,京倉十二,

---

① 士師官:古代執掌禁令刑獄的官名。
② 掊剋:聚斂,搜括。
③ 獬豸:傳說中的神獸。獨角,能辨曲直,見人相鬭,則以角觸邪惡無理者。

通州倉二，共十四人，一年而代。六科，分吏科、戶科、禮科、兵科、刑科、工科，掌傳達綸音，稽考庶政。○吏科，分稽銓衡，註銷吏部順天府文卷。○戶科，分稽財賦，註銷戶部文卷。○禮科，分稽典禮，註銷禮部、宗人府、理藩院、太常寺、光祿寺、鴻臚寺、國子監、欽天監文卷。○兵科，分稽戎政，註銷兵部、太僕寺、鑾儀衛文卷。○刑科，分稽刑名，註銷刑部、通政使司、大理寺文卷。○工科，分稽工程，登出工部文卷。○監察御史，掌糾劾官邪，條陳治道。○京畿道，分理院事及直隸、盛京刑名，稽查內閣、順天府，大興、宛平二縣。○河南道，分理河南刑名，照刷部院諸司卷宗，稽查吏部、詹事府、步軍統領、五城。○江南道，分理江南刑名，稽查戶部、寶泉局、宣課司；左右翼監督，在京十有二倉，總督漕運，磨勘三庫月終奏銷之籍。○浙江道，分理浙江刑名，稽查禮部、都察院。○山西道，分理山西刑名，稽查兵部、翰林院、六科、中書科，總督倉場、坐糧廳、大通橋監督、通州二倉。○山東道，分理山東刑名，稽查刑部、太醫院，總督河道，催比五城命盜案牘、緝捕之事。○陝西道，分理陝西刑名，稽查工部寶源局，覈勘在京工程。○湖廣道，分理湖廣刑名，稽查通政使、國子監。○江西道，分理江西刑名，稽查光祿寺。○福建道，分理福建刑名，稽查太常寺。○四川道，分理四川刑名，稽查鑾儀衛。○廣東道，分理廣東刑名，稽查大理寺。○廣西道，分理廣西刑名，稽查太僕寺。○雲南道，分理雲南刑名，稽查理藩院、欽天監。○貴州道，分理貴州刑名，稽查鴻臚寺。○巡視五城，分中、東、南、西、北，每城給事中或御史，皆滿一人、漢一人，於六科內及十五道內奏委，歲一更代。掌彈壓地方，釐剔姦弊，其屬，兵馬司指揮、副指揮、吏目各一人。○稽查八旗旗務，及專司一年稽查，皆隨時奏派。

第二十八章　大理寺官

（不）我・不　・不是．　補・缺　不可・

都察院我也知道了，說了半天了，您口乾舌苦了罷？喝點兒茶不喝？　我不・。　那麼說大理寺罷。大理寺是和都察院一樣麼？　不是，是和都察院、刑部，爲三法司，遇有京外的殺人命案，該當斬、絞的，三法司會同辦理。　那衙門多少官？　有堂官，爲正卿、少卿。正卿，滿、漢各一員，是三品；少卿，滿、漢各一員，是四品；小官之中，不是員外、主事。　是甚麼？　分左右兩寺，各寺有寺丞、評事這些官，是六七品的。左右寺分看各省的命案、揭帖，說刑部的時候，我說過的。　不錯，我還記得呢！可是他那衙門的官，竟看外省的揭帖麼？京城的命案，他們不管麼？　怎麼不管！京城有了命案，刑部各司分着審問，審妥了，說請一位御史和一位大理寺小官，上刑部去會審，那爲會小法。過了小法，又定日子，刑部大人請都御史，或是副都御史和大理寺的卿，到刑部去會審,那爲會大法。過了大法,纔能定案。 除去這個,還有甚麼？ 還有各省的,有一宗永遠枷號的人犯,統歸大理寺管。 沒別的了？ 再有,也就是本衙門的額外人員,補缺引見,一切的事和各衙門一樣。 是了。這些事,雖然是官事,然而也不可不知。 所以我也不能不說。

註 釋

〔大理寺官〕掌平反重辟。正卿,滿、漢各一人,正三品;少卿,滿、漢各一人,正四品。○(左寺、右寺)寺丞,滿、漢各一人,漢軍各一人,正六品。○左右評事,漢各一人,正七品;堂評事,滿一人;司務,滿漢各一人;筆帖式,滿四人,漢軍二人。○寺丞、評事,分掌京師五城、順天府屬直省各死罪之刑。

第二十九章　翰林院官

（普）舖蓋。　·葡·萄　普·遍。　舖··子

　　九卿科道,都完了,後該說甚麼衙門了呢？ 以後,雖然是還有許多衙門,然而常說的,是六部、九卿、翰、詹、科、道。既然六部、九卿完了,自然說翰、詹衙門爲是。 翰、詹是一個衙門麼？ 不是。翰是翰林院,詹是詹事府。這兩個衙門頂體面,他們的出身,也是苦念書的出身,由秀才考舉人,舉人考進士,進士先點翰林院庶吉士,庶吉士在庶常館用功念書,到三年,下一科新進士來了,他們就散館,或用部員,或用知縣。頂好的,又留在翰林院,以編修用,升侍講,升學士,作大官。這樣的出身,將來外作督、撫,內作堂官,是人人敬重的。那自然了,他們學問高的好處。 所以翰林爲清貴的衙門,衙門的二門,有一塊匾額,寫着"登瀛門",是說到了瀛洲,如同神仙意思罷。 真是體面。 想當初作一個窮秀才,到了八月鄉試,考舉人的時候,自己背着舖蓋,跨①着號筐②,筐子裏除了筆墨之外,沒錢買好吃的點心肉菜,不過是買幾個果子、梨、葡萄甚麼的。三月裏會試考進士,也是下場受苦。俗言說:"十年窗下無人問,一舉成名天下知。"及至中了進士,入了翰林,題名錄出來,十八省的人一看他

---

① 跨:拷。
② 號筐:科舉考試的各考房中裝文具的筐子。

的名姓，各處普遍都傳開了。別的不說，第一開舖子的人，要求他們作翰林的，給寫一塊舖子字號的匾。他若肯寫，舖子人就覺着十分的體面的了不得了。　　也寫了十一分了。　　怎麼講？　《平仄編》第十一段完了。　　完了麼？那麼再接着編罷。

註　釋

〔翰林院〕掌國史、圖籍、制語文章之事。掌院學士，兼禮部侍郎，滿、漢各一人，從二品；侍讀學士，滿、漢各三人，從四品；侍講學士，滿、漢各三人，從四品；侍讀，滿、漢各三人，從五品；侍講，滿、漢各三人，從五品；修撰，從六品，無定員，以授第一甲第一名進士，即狀元者；編修，正七品，無定員，以授第一甲第二三名，即榜眼、探花，及第二甲進士者；檢討，從七品，無定員，以授三甲進士者。○庶常館，教習大臣，滿、漢各一人；小教習，翰林官六人；庶吉士，進士入館之未散館者，無定員；典簿，滿、漢各一人，從八品；孔目，滿、漢各一人，從九品；待詔，滿漢各一人，從九品；筆帖式，滿四十人，漢軍四人。○翰林院衙門，有辦院事、協辦院事，滿、漢各二人，以翰林院編修、檢討揀充，非正額也。

第三十章　詹事府官

（灑）撒手　一眼瞰着　洒掃　○

您說，要說起來、寫起來也很快，這麼一撒手兒①，《平仄編》又到了十二段兒②了，完了四分之一了，我請教的事可還不少呢！這往後夠寫的麼？　那沒甚麼，咱們一邊兒寫，一邊兒編，說到那兒是那兒，不怕《平仄編》完了，事情還不完，還許想別的法子呢！　是麼，總是您多勞就是了。　豈敢！這算不了甚麼，咱們書歸正傳，還是說翰詹衙門的事，好不好？　翰林院已經說過了，可不知道詹事府，是管甚麼事的衙門？　那衙門，是管皇太子的事的衙門，堂官名正詹事、少詹事，三四品的堂官，有司經局洗馬③、中允、贊善，是五六品的官，通身都是伺候太子的。這衙門的官，都是從翰林出身的，都是有學問、體面的人纔能做呢！　他們衙門在那兒？　在交民巷中間，中御河橋北邊兒，河的東

---

① 撒手兒：任其發展，不加約束。
② 十二段兒：指《語言自邇集・練習燕山平仄編》第289—303組，以 S 爲起首輔音。
③ 洗馬：官名，輔佐太子。亦作"先馬"。

岸上。　是了,我彷彿一眼瞰①着過那兒有個衙門似的,可是不很熱鬧,門口兒也不大乾淨,也沒官人灑掃,彷彿沒人上衙門的樣兒。　不錯,就是那個衙門,現在沒有可辦的事,因爲皇太子的時候兒,他們的差使纔多呢!翰詹衙門本來相連。詹事府的堂官是詹事,翰林院堂官是掌院學士,可是內閣的大學士,也上翰林院去,到了翰林院也算是堂官,都是體面尊貴的衙門堂官。　那自然。

註　釋

〔詹事府〕掌經史文章之事,與翰林院學士同。詹事,滿、漢各一人,正三品;少詹事,滿、漢各一人,正四品;左右春坊庶子,滿、漢左右各一人,正五品;左右中允,滿、漢左右各一人,正六品;左右贊善,滿、漢左右各一人,從六品;司經局洗馬,滿、漢各一人,從五品;主簿,滿、漢各一人,從七品;筆帖式,滿六人。

第三十一章　各衙俗論

（賽）．顋．頰　　○　　○　　賭．賽．

談論這些衙門的制度,也有一定的書可以考察,比方以俗論,有甚麼可說的麼?　若論制度,一看《會典》,比我說的更詳細;若論俗論,也沒有甚麼可說的,不過有說東邊戶部街爲富貴街的。　就是前門東邊兒的戶部街麼?　是。　怎麼爲富貴街?　那條街上有戶部,是富的,因爲他有錢。又有吏部,是管天下的文職的。更有宗人府,是天潢②一派,所以更是貴了,所以爲富貴街。　是了,還有甚麼俗論?　還有前門西邊兒,是刑部街。那條街上有都察院、大理寺和刑部,又有鑾儀衞和太常寺,總名刑部街。因爲那條街上,一下大雨,滿街都是水,不能流通,非得三五天的工夫纔能下去呢,這是一。還有翰林院的衙門,在東長安街路南裡,衙門門口兒,門的兩顋頰裡,有兩大堆土,沒人敢動。所以有兩句俗語說:"土屯翰林院,水淹刑部街。"　那個水,自然是溝眼③不通的緣故。　自然是罷。　土是那兒來的?　不知道,我想是西北風多,把

---

① 瞰:快速地看一眼。
② 天潢:皇族,皇室宗親及後裔。
③ 溝眼:排水溝的牆洞或水溝管道的口兒。

車轍的沙土颳過去的，日子多了，就成了高岡兒了，所以生出這兩句俗言來了。

怎麼不通一通溝，刨一刨那個土堆呢？　因爲信風水的人，多以爲動了那個土和水，就與本衙門不好、不吉利，所以彼此以這兩句俗語兒，彷彿彼此爭強賭賽的似的，誰也不敢動，誰也不肯動。　我想這也是可笑的事。　有明白人，也不便不順人情，所以隨他去，以爲是風水就是了。　可怪。

第三十二章　宗人府官

（散）．三　四．　○　傘·蓋　　散．放．

纔說了半天的俗論兒，又耽誤正經的請教了。　豈敢！你要問甚麼？纔題到的各衙門裏頭，有好幾處還沒談到呢！比如宗人府，就還沒說呢！　是和各衙門的制度，也大同小異，堂官大一點兒。　堂官是一二品，是三四品的？也不是一二品，更不是三四品，是出品的。王爺、貝勒、貝子、公爺們作那衙門的堂官。　有幾堂？　有五堂，正堂一人，爲宗令；左右四堂爲左右宗正、左右宗人，共五堂。　也有郎中、員外，甚麼的了？　有是有，名目不同。衙門分三司，一經歷司，左右各一司。司官稱呼爲理事官，就是郎中；副理事官，就是員外。　都是五品不是麼？　司官品級，可是五品頂戴，因爲都是宗室人員，他頂戴可是四品。　怎麼？　所有宗室，不但作官的，就是閒散宗室，通身都是四品頂戴。武職老虎補子，直到升到文職四品纔換文補子，到三品纔換三品頂戴呢！　是了。那王爺們出門上衙門，也和大人們一樣麼？　雖然王公們有儀仗、傘蓋旗扇甚麼的，是在本府裏有大典的時候用，尋常出門，還是和大人們一樣，不過王坐轎用黃絆，騎馬用黃韁，貝勒、貝子、公騎馬用紫韁，就是了。

宗人府專管宗室，不是麼？　專管是專管，然而也是會同別的衙門。比方宗室有與旗民人詞訟的事，就會同刑部；戶婚田土，會同戶部。宗室們的養贍錢糧，每月每人三兩，都是歸本旗散放。也管覺羅①，和宗室的規矩差不多，錢粮可是每月二兩。　是了。　宗人府王公之外，有一位三品漢堂官，名叫府丞，兩個漢主事，專管衙門書吏、衙役。　啊。

———————————

①　覺羅：清代皇帝的伯叔兄弟支系通稱爲覺羅。

註　釋

〔宗人府〕掌皇族之屬籍,以時修輯玉牒,辨昭穆,序爵祿,均其惠養,而布之教令。凡親疏之屬,胥受治焉。宗令一人,左右宗正各一人,左右宗人各一人。初制以親王、郡王爲宗令,貝勒、貝子爲宗正,鎮國公、輔國公爲宗人,厥後不拘一格,惟擇賢能者任之。府丞,漢一人,正三品。○左司理事官,宗室二人,正五品;副理事官,宗室二人,從五品。○右司理事官,宗室二人;副理事官,宗室二人。左右司主事,宗室四人,正六品。○經歷司,經歷,宗室二人,正六品;堂主事,宗室二人,正六品;筆帖式,宗室二十四人,漢主事,二人。○左右司分掌左右翼宗室、覺羅之籍,稽承襲次序,秩俸等差,及養給貧幼、優恤婚喪之事,書其子女嫡①庶生、卒、婚、嫁、官爵、名諡,以備玉牒紀載。○凡天潢宗派,以顯祖宣皇帝本支爲宗室,伯叔兄弟之支爲覺羅。○凡宗室,束金黃帶,戴四品藍頂。○凡覺羅,束紅帶。○凡宗室以罪黜爲庶人者,束紅帶;覺羅以罪黜爲庶人者,束紫帶。○凡宗室、覺羅所生子女周歲,書其年月日時,母某氏,詳其嫡庶次弟,具冊送府。宗室載入黃冊,覺羅載入紅冊,其以罪黜者之所生子女,備錄送府,如前法,各附黃紅冊後。○凡每年黃冊、紅冊所紀之宗室、覺羅,每十年纂修玉牒之時,彙入於牒,以帝系爲統,以長幼爲序,存者朱書,歿者墨書,誤同名,改卑幼者,每修成一次,於皇史宬、宗人府、盛京各尊藏一部。○凡封爵十有四等,和碩親王,世子,多羅郡王,長子,多羅貝勒,固山貝子,鎮國公,輔國公,不入八分鎮國公,不入八分輔國公,鎮國將軍,輔國將軍,奉國將軍,奉恩將軍。天命間,立八和碩貝勒,共議國政,各置官屬。凡朝會、燕饗,皆異其禮,錫賫必均及,是爲八分。天聰以後,宗室內有特恩封公,及親王餘子有授封公者,皆不入八分。其有功加至貝子,準入八分,如有過降至公,則仍不入八分。○凡宗室奉恩將軍以下,爲閒散宗室。○凡立教,左右翼各設宗學一,擇宗室子弟聰秀者入學,每學以王公一人總其事,有總管二人副管八人,皆宗室充之,率教習教之。○左右翼各設覺羅學四,擇覺羅子弟聰秀者入學,每學以王公一人總其事,覺羅副管二人,率教習教之。○凡宗室考試,只有鄉試考舉人及會試進士,俱與旗民另立一場,而無秀才。覺羅與旗人同應歲科及鄉會試,並考用中書、筆帖式、庫使等官。○凡宗室,可用侍衛之官。其侍衛中,宗室之額九十人,一等九人,二等十八人,三等六十三人,俱由府會領侍衛內大臣揀選引見,補授。○凡禁令,宗室不得濫交匪人,其漢人落第留京、輕薄好事之徒,不得延訓子弟,及與爲容納。○凡議罪,王以下及宗室有犯,或奪所屬人丁,或罰金。非叛逆重罪,不擬死刑,不鞭責,不監禁,謂刑部監,不革去宗室。○凡宗室、覺羅,犯笞杖等罪,有品秩者,照職官降級、罰俸例,議處;無品秩者,皆折罰養贍銀有差。犯至軍流徒罪者,照旗人犯徒流軍罪之折荷枷日期,以二日抵一日,在府之空室拘禁、鎖禁,滿日省釋。犯重罪者,請旨定議。○凡閒散宗室,每月養贍銀及每三月米,與甲兵同。

---

① 嫡:底本作"適",據文義改,本章下文同。

第三十三章　太常寺官

（桑）桑梓．　　○　　嗓．子　　喪．氣．

　　各有專司，宗人府管宗室、覺羅，一切的官都是宗室，怎麽又有漢官呢？　專管書辦、皂隸、衙役們，因爲他們都是民人充當的。　別的衙門書吏們是甚麽人管？　是滿、漢司務各一員。　爲甚麽宗人府只有漢官管，不怕他們舞弊麽？　不怕。一者王公們位尊，壓得住；二來私事或者漢人們有桑梓情殷，彼此念同鄉之誼，公事那兒敢呢？　不說這個了，請問還有甚麽可先說的衙門？
　　還有太常寺。　管甚麽？　管祭祀，所有京外各壇、廟，春秋祭祀一切的禮節，都是那衙門管。　堂官是甚麽品極？　三品的正卿，四品少卿，司官是寺丞，還有讀祝官、贊禮郎。　管甚麽？　贊禮郎，是祭祀的時候，嘴裏說行甚麽禮，行甚麽禮，讀祝官是念祝版的。　祝版是甚麽？　是一塊見方的薄木板兒，上頭白地兒，寫滿洲楷字。　字是甚麽話？　是祝文，祀告所祭的神。祭祀的時候，贊禮郎呼讀祝，讀祝官就捧着祝版，跪在神座前讀、念。　人人都會念罷？　贊禮、讀祝兩樣官很難，總得先學習，從十幾歲，就得天天嚷練嗓子，慢慢的嗓子好了，纔習學那個話，直到所都會了，然後纔能挑那個差使，得了那個官，在御前行走的更體面。比方贊的好，念的好，奉旨，某人聲音洪亮，可以賞戴花翎，幾年的工夫，升文官同知。所以俗語說："十年窗下苦，不如一聲嚎。"就是說他們，憑嗓子可以作官了。　那麽他們很喜懽。　是麽。　不好了，或是錯了呢？　那了不得，立刻就革職。　那就不喜懽了罷？　那就垂頭喪氣的囘家去了，還喜懽甚麽呢！

註　釋

〔太常寺〕掌祭祀壇廟。正卿，滿、漢各一人，正三品；少卿，滿、漢各一人，正四品；寺丞，滿一人，漢二人，正六品；博士，滿、漢、漢軍各一人，正七品。贊禮郎，滿二十三人，漢十四人，正六品；讀祝官，滿八人，六品；典簿，滿、漢各一人，正七品。司庫、庫使，滿三人；筆貼式，滿九人，漢軍一人。○犧牲所牧，滿、漢各一人。○神樂署，漢署正一人，署丞二人，協律郎五人，司樂二十三人，樂舞生、執事生九十人，樂生一百八十人，舞生三百人。○凡犧牲，每歲牛二百四十，由順天府行近畿各州縣市之，及張家口外牧場選供。羊四百三十九隻，豕三百九十有九，由左右翼稅務分四時市之，均由寺卿會順天府尹及兩翼稅務監督選收。又鹿四十有五隻，供自內務府奉宸苑。兔四百四十九，供自光祿寺，均每祀屆時行取，豫日送寺。歲支戶部倉豆草價，及兩翼稅銀千六百兩，以供芻牧，犧牲所牧率牧人謹飼之。博士五日赴所驗視。所牧勤職者，五年送吏部、兵部議叙。如洗滌失宜、侵冒芻豆者，論如法。〇凡籩篚之寔，以黍、稷、稻、粱，歲取帝籍所登，謹貯神倉，以供祭祀。又籩豆中，有魚、鹿脯、棗、栗、榛、棱、韭、芹等，及餅、餌、粉、稻，均博士監治。

第三十四章　太僕寺官

（掃）騷擾．　〇　掃．地．　掃．興．

太常寺我知道大概了。還有一個衙門，有"太"字兒的，是甚麼來着？　那是太僕寺。　太僕寺這個衙門在那兒？不大理會。　在東交民巷南邊兒，城根①的那兒，不差甚麼②的人不大知道。　管甚麼？　管馬政。　也有堂官？有正卿、少卿，也有員外郎、主事，可是一樣兒，沒甚麼事。　不是管馬麼？在古時制度，太僕本是專管馬政，如今通歸兵部管了。這個衙門，有官無事，大約還有一樣兒馬，是蒙古來的馬，那衙門可以稽察稽察，別的比方驛馬、兵馬、官馬，都是兵部管了。衙門沒甚麼事，又在那僻靜的地方，雖然說不許附近居民和閒雜人等在門口兒騷擾作踐③，然而夏天，那城根兒的人在那門口兒掃一掃地，在蔭涼兒裏涼快涼快，也很可以。　那衙門官常上衙門麼？　有到任的大人，可以就大家上衙門，沒事也不常去，倒是個清冷衙門，所以當差的人也不大高興。　不大高興，就不常去了麼？　別人都不常去，比方有一個愛上衙門的常去，到了衙門裏沒事，也很覺掃興，故此都因循④的多罷。　凡事都是那麼着，越忙越高興，不忙就無精打彩的了。　是麼，事不提神，就打不起精神來。比方六大部的差使，大小官兒都是忙的，每天家⑤車、馬、人兒跑着，高興着的哪！

---

① 城根：城牆附近一帶地區。
② 不差甚麼：此處義為一般的，普通的。
③ 作踐：糟蹋，胡搞。
④ 因循：守舊，遵循舊規則。
⑤ 每天家：每天。

註　釋

〔太僕寺〕掌兩翼牧馬場，均齊賞罰之政。正卿，滿、漢各一人，從三品；少卿，滿、漢各一人，正四品。○左司員外郎，滿、蒙各一人；主事，滿、蒙各一人。○右司員外郎，滿、蒙各一人；主事，滿、蒙各一人，主簿，滿一人，正七品；筆貼式，滿、蒙各八人；牧場統轄，一人，以察哈爾統一十一吏一一口軍都家副。○人校副兼二在張爾場八翼牧場，總管人管古皆人防人各人；翼領四人，驍騎校三人，蒙外百二，協領十人，護軍三百十四人；馬牧群九十二，每群、牧長牧副各一人；牝馬護群百六十，每群牧丁八人；牧馬群三十二，每群牧丁十有四人。○凡牧場分界，左翼四旗，自布護衣卜拉克至察漢齊勞臺，東西百五十里，自都什山至巴顏托羅垓，南北百三十里。右翼四旗，自努赫圖溝至烏赫爾齊勞，東西百五十里；自克衣格達瓦都得衣哈喇至布林噶蘇臺河岸，南北三十二里，彼此不得侵越。總管、翼領，各住適中之地，約束牧長等，加意牧放；副管、防禦驍騎校、護軍校，各於本翼本旗場內巡察，嚴緝盜馬及墾耕者。○凡牧群，左右兩翼，設牝馬一百六十群，每群二百四十六匹至一百三十二匹有差，騸馬三十二群，每群二百有五匹至五十九匹有差。○凡牧課，每年夏季，列卿及少卿名，請簡一人，率屬赴牧場，稽其孳生斃損之數，分注於冊，三年均齊一次，以定賞罰，仍以均齊冊送兵部核奏。○牝馬群，每三馬，三歲，徵孳生駒一，以孳年正數外餘百十六匹者爲上，八十匹以上次之，八十匹以下又次之；正數內少百匹者爲下，五十匹以上次之，五十匹以下又次之，牧長、牧副視上下等別，以定賞罰。牡馬群，以在場見牧者爲十分，視馴習及斃損之多寡，以定賞罰。至協領以上各官，各統計所管之馬，按其生、馴習及斃損之多寡，賞罰有差。

第三十五章　欽天監衙

（嗇）嘛嘛的叫狗①　○　○　吝嗇。

　　我又看見，有前門裏頭，東邊交民巷西頭兒，兵部街有兩三個衙門，也不很熱鬧。而且大門裏頭也有民房，裏頭住着人家兒，也有小孩兒頑兒，也有娘兒們，手裏把月科兒②裏的小孩子拉屎，那娘兒們嘴裏，嘛嘛的叫狗。那些人家兒怎麼都在衙門裏住呢？那不是外來的人，都是本衙門的皂隸的家眷，看守衙門的。　那都是甚麼衙門呢？　那是欽天監、太醫院、鴻臚寺，三個小衙門，往北就是兵部和工部大衙門了。　欽天監是管甚麼？　管天文，比方天上的星宿方位，日月蝕的日子時刻，一年的時憲書四時的節氣，挑選吉凶的日子，都是他

---

① 底本如此，各字均爲上平聲。
② 月科兒：嬰兒出生還未滿月。

們管。 他們就在那衙門裏觀星麼？ 另外有觀象臺，在東裱褙衚衕口外，城根兒有個高臺，在那上頭觀星。 時憲書，俗名說皇曆，是不是？ 就是那個書，每年十月初頒行天下，蒙古、高麗、西藏各處，一切外藩，都是遵那個正朔。 一年有多少節氣？ 二十四個節氣，是立春、雨水、驚蟄、春分、清明、穀雨、立夏、小滿、芒種、夏至、小暑、大暑、立秋、處暑、白露、秋分、寒露、霜降、立冬、小雪、大雪、冬至、小寒、大寒，共二十四個節氣，合一個月兩個，一年三百六十天，有六個小建①，合三百五十四天。所餘之日，積三年一閏月，五年再閏月。所以四時寒暑勻停，無不照節氣所定的，小民按節氣種地、收成。比方清明種地，小滿都長起來，白露以後到寒露，收穫莊稼。 這皇曆都是官的，百姓們能得着麼？ 有賣的，也是官板，幾個錢一本，窮人、吝嗇人也都一家必買一本的。 是了。

註　釋

〔欽天監〕掌測候推步之法，占天象以授人時。兼管監事大臣，特簡，無定員；監正，滿一人，正五品；監副，滿、漢各一人，正六品。○時憲科，五官正，滿、蒙各二人；春、夏、中、秋、冬五官正，漢各一人，秋官正，漢一人，皆從六品。五官司書，漢一人，正九品。○天文科，五官靈臺郎，滿二人，蒙古、漢軍各一人，漢四人，從七品；五官監侯，漢一人，正九品。○漏刻科，五官挈壺正，滿、蒙各一人，漢二人，從八品；五官司晨，漢軍一人，從九品；博士，時憲科，滿一人，漢軍、蒙古各二人，漢十六人；天文科，滿三人，漢二人。○漏刻科，漢六人，皆從九品；主簿，滿、漢各一人，正八品；天文生、陰陽生，滿、蒙十六人，漢軍八人，漢二十四人；又天文生，漢五十六人；陰陽生，漢十人，皆食粮；筆帖式，滿十一人，蒙四人，漢軍二人。○凡測量儀器，御制天體儀、赤道儀、黃道儀、地平經儀，均徑六尺。地平緯儀，一名象限儀；紀限儀，一名距度儀，均半徑六尺。地平經緯儀，地平徑五尺，象限徑六尺。御制璣衡撫辰儀，徑六尺。設於觀象臺上。○測日圭表，立表高一丈，平案長一丈六尺二寸；末植立表，長三尺五寸，設於臺下晷影堂。○候時壺漏，播水壺三，分水壺一，受水壺一，中浮時籌，水盈籌盡，泄水于池，設於臺下壺室。○凡測候之法，設觀象臺於京城東南隅，在崇文門內東單牌樓南，東裱褙衚衕東極城墻邊，日以滿漢官各一人，率天文生十有五人，登靈臺，考儀器，以窺乾象。每時以四人分觀四方，晝夜輪值，按時記風、雷、雲、氣、流星諸象，次日報監。應奏者按占密題，不應奏者註册。○元日寅時驗風起之方，八節如之。雷始發聲驗雷起之方。皆即時報監，按占密題。晴、雨按日記注，彙錄一册，至次年二月初一日恭進。○凡時憲書，歲以二月一日進來歲時憲書式，四月一日頒式直省刊刻，十月一日恭進，並

---

① 小建：夏曆的小月。

頒賜王、公、百官。○凡相度風水,遇大工營建,委官相陰陽,定方嚮,諏吉興工。

第三十六章　鴻臚寺官

（森）。森·嚴　○　○　○

　　欽天監是管理天文、歲時的,我知道了,那鴻臚寺衙門是管甚麼？　那是管皇上升殿,文武官朝見的時候,那鴻臚寺的官就排班,排齊文武官的班,然後纔能朝見。這排班的官叫鳴贊官,有人手裏拿一根大鞭,升殿的時候,把大鞭掄開,打石堦一下兒,口裏說："靜鞭！"可是用滿洲話。三次之後,東西兩班文武大小官,各按文東、武西排立。那時候,氣象森嚴,規矩整齊,然後鴻臚寺的贊禮官口呼"跪""叩首",至三跪九叩首為止,都是用滿洲話。又有升官之後,例應給皇上謝恩,遇見升殿的日子,一齊來謝恩,也是鴻臚寺管。這論的是京官,外省來引見的官,那兒能長等着升殿的日子呢？所以引見之後,都到鴻臚寺望闕謝恩,那衙門有個皇亭子,就是演禮謝恩的地方。　多少日子一升殿？　元旦日,就是正月初一日,和皇上萬壽的日子,還有會試的年頭兒,四月二十五,都是升殿的日子。　除這個之外,沒別的差使？　除管排班之外,沒別的事,也是個清簡衙門,官有正少卿,是四五品的。　平常上衙門的日子也少罷？　就是外省有官謝恩,必得到鴻臚寺去,所以常有官在那兒預備教習禮節。此外,就是本衙門的事,照例辦理而已。　是了。

註　釋

〔鴻臚寺〕掌朝會、祭祀、燕饗之儀。卿,滿、漢各一人,正四品;少卿,滿、漢各一人,從五品;鳴贊,滿十四人,漢二人,從九品;序班,漢四人,從九品;主簿,滿、漢各一人,從八品;筆帖式,滿四人。○凡習儀,新進士傳臚,習儀於禮部;外國貢使入朝,習儀於本寺,均委鳴贊、序班教以昇降拜跪之儀。○凡糾察文武各官,有失誤朝賀,及行禮失儀者,由寺題參。○凡大典、慶賀、朝覲,本寺官皆有贊相導引百官之差。

第三十七章　太①醫院官

（僧）僧道。　　○　　○　　○

還有相隔不遠的是太醫院，不是麼？　是。　管甚麼？　是給皇上家治病的，那衙門有堂官爲院判，五品的官。還有御醫，差使也是很體面，而且是很要緊的，很愼重的。比方內廷傳喚他們，他們就該照各人應當的差使去當，作那個官的人，門口兒掛門封，是"御前太醫院，內廷侍值"的字樣。　他們的本事都是好的麼？　也有頂好的，自然是當要緊的差使，給宮廷內看病。也有在太醫院學習的。大夫自己閒着，也給常行人家兒看病。常人以爲是太醫院出來的，必是好的，其寔更不見高，也和平常的大夫差不多。　那就是有名無實了。　還有只在那衙門有個名字，他戴九品頂戴，掛朝珠，竟爲體面，也不看病，也不學醫的，這樣的人也有。　那是爲甚麼？　不過爲人敬重他，是個體面官就是了。　那一層不必說了，本來這個學醫不是容易的，該當念甚麼書？　總論說是藥書，內中也有好些分別，要緊的是《藥性賦》和《本草綱目》《傷寒總論》。有俗語說："熟讀內外科，不如臨症多。"　真是那麼着。　然而如今庸醫太多，無論讀書的，或是僧道們，略知一點兒醫道，就要給人家看病。　寔在可惡。

註釋

〔太醫院〕掌醫之政令，率其屬以供醫事。院使一人，左右院判各一人，皆漢員。御醫，漢十五人，七品用六品銜；吏目，漢三十人，八品、九品各半；醫士，漢四十人，從九品；醫員，漢三十人；又効力醫生無定額。○掌九科之法，曰大方脈，曰小方脈，曰傷寒科，曰婦人科，曰瘡瘍科，曰針灸科，曰眼科，曰口齒科，曰正骨科。○掌炙制之法，以治藥。○凡御藥，本院官定方具奏，以藥二劑合煎，同近臣監視候熟，分貯二器。一器本院官暨近臣次第先嘗，一器進。○奉旨視諸王、公主暨文武大臣疾者，既事，仍具狀覆奏。外藩公主、額駙、台吉、大臣，遇疾請醫，奉旨往視者，亦如之。○文武會試，以醫十一人入場中供職，由院簡送禮部聽委。○軍前需醫，由院遴選二人具奏，得旨，即馳驛往。兵部遣官護行，其隨征醫人，私以庸醫充代者罪之。○刑部設醫士二人，令獄囚之病者受其藥，由院簡送，六歲一更。

---

① 太：底本作"大"，據下文"太醫院"改。

第三十八章 內務府衙

（索）˙調 唆　　○　　鎖˙上　　追溯˙

這太醫院是內廷的衙門了？　算是在大內伺侯差使，就是了。若論管理皇家的事的，另外有內務府衙門，那衙門大堂在紫禁城內，紫禁城外有分開的七司、三院，各司其事。　那七司呢？　七司，是會計司，管錢帳；掌儀司，學禮節；都虞司，管內旗兵丁；愼刑司，管刑法，比方常行事，太監犯了罪，都是歸愼刑司管；營造司，管造物件；廣儲司，管儲備銀子；慶豐司，管牛羊牲口，豫備祭祀之用，共總七司。　三院呢？　三院是武備院，管盔甲、帳房、軍械；上駟院，管御馬；奉宸院，管園庭，比方海子①、圓明園都是那兒管。　那海子，我起墻外頭走過，有一百幾十里周圍。　一面兒四十里，四四一百六十里。　裏頭進得去麽？　閒人不許進去，比方有人和那個人鬧着頑兒，故意叫那個人進去，後來被官人給鎖了，送了衙門了。官問他，他說：「我不敢進去，有人調唆我，叫我進去，所以把我鎖上了。」　眞有這個事麽？　這不過是說，禁地森嚴，外人不敢進去的意思。或者從前有這個事，如今人追溯從前，所以都怕被奉宸院的官給鎖拿了，所以不敢進去。　啊。

註 釋

〔內務府〕總管，無定員，於滿洲文武大臣或王公內簡用，掌內府一切事務。堂郞中一人，正五品；主事二人；委署主事兼筆帖式一人，掌治堂事，凡府屬文職升補，武職則隷于都虞司；又章奏文移，皆堂郞中等掌之，筆帖式三十八人。稽罕內務府御史，所屬筆帖式八人。○廣儲司，管理六庫，總管郞中二人，郞中四人，員外郞十二人，主事一人，司庫十二人，掌理內府庫藏，筆帖式二十六人。○管理江寧府、蘇州府、杭州府，職造官各一人，以內務府官奏簡，仍帶原銜；所屬有司庫各一人，庫使各一人，筆帖式各二人。○會計司，郞中二人，員外郞，六人，主事一人，委署主事一人，掌理內府帑項，筆帖式二十六人。○內管領三十人，副內管領三十人，筆帖式八人。○管理三旗納銀莊郞中一人，員外郞六人，主事一人，筆帖式十二人。○掌儀司，郞中二人，員外郞八人，主事一人，掌內府典禮；司俎官五人，六品銜；贊禮郞十七人；筆帖式二十二人。○御

---

① 海子：湖泊，中南海以及什刹海等都曾稱爲"海子"。

茶膳房，尚膳正、尚茶正，頭等侍衛各一人，二等侍衛各二人；尚膳副、尚茶副，三等侍衛各二人；尚膳，三等侍衛四人，藍翎侍衛七人；尚茶，三等侍衛三人，藍翎侍衛四人；主事、委暑主事各一人；筆帖式十二人。○御藥房，主事、委暑主事各一人，庫掌二人，筆帖式十二人。○都虞司，郎中二人，員外郎五人，主事一人，掌府屬武職陞補，及內府護軍供應畋漁；筆帖式二十六人。○掌御舟，筆帖式二人。尚虞，筆帖式一人。○慎刑司，郎中二人，員外郎四人，主事一人，掌內府刑罰，筆帖式二十人。○營造司，郎中二人，員外郎八人，主事一人，掌理造作，兼司薪炭，筆帖式二十六人。○刊刻御書處，監造一人，庫掌三人，署庫掌四人，筆帖式二人。○武英殿修書處，監造二人，庫掌四人，署庫掌五人，筆帖式五人。○養心殿造辦處，郎中二人，員外郎二人，主事一人，庫掌六人，筆帖式十六人。○慶豐司，郎中二人，員外郎十人，主事一人，掌牧舘廠牛羊，及口外牧場孳生蕃息，筆帖式十六人。○府庫有六，曰銀庫、鍛庫、衣庫、茶庫、皮庫、瓷庫，各有專司，其出納則山西歲貢潞綢。由工部、江南、浙江、貢茶；由戶部、光祿寺、蒙古王公、台吉、外國君長、番部喇嘛，朝貢方物；由禮部、理藩院，均移送至府，付各庫驗收。○打牲烏拉、貢珠、索倫、烏梁海、貢貂，會戶工二部，區別等次。盛京、寧古塔貢人參，寧古塔、瓜爾茶貢貂，由府區別等次，均具奏貯庫。○山海關外屯衛貢狼、狐、水獺等皮，盛京貢布、棉、鹽①、靛，張家口貢紅花，三旗遊牧處貢羊皮、玉草，即得勒蘇草，均送庫驗收。○織造官有三，江寧、蘇州、杭州各遣官一人，設機募匠，分織龍衣、彩幣、錦緞、紗、綢、絹、布、棉甲，及采賣金絲織絨之屬，歲由府擬定色樣，及應用之數，奏行織造。上用者陸運，官用者水運，各依限輸庫驗收，以數咨戶部奏銷。○江西九江府景德鎮，差官制造瓷器，輸庫收貯，歲終由府奏銷。〔都虞司〕凡內府三旗之制，護軍營，鑲黃掌正黃旗、正白旗，護軍統領各一人，正三品；護軍參領各五人，三品銜，食五品俸；副參領各五人，四品銜，食五品俸；護軍校委署參領各五人，護軍校各三十三人，護軍委暑護軍校各五人，護軍共千有六十五人。○前鋒營，前鋒校委暑參領各二人；前鋒校各二人；前鋒委署前鋒校各二人；前鋒共百十有四人。○驍騎營掌關防參領，三旗各五人，以司官兼攝；副參領各五人，滿洲佐領各五人；旗鼓佐領各六人；正黃旗朝鮮佐領二人。驍騎校，正黃旗十有三人，鑲黃、正白二旗各十有一人，共領催百四十人。三旗三十內管領下，共領催百二十，驍騎五千二百五十人，均隸於內務府總管，由司掌其升選僉補，及咨行俸餉之事。○凡圓明園三旗之制，四品營總一人，護軍參領、副護軍旗領、護軍校、委暑參領，旗各一人；護軍校各三人，護軍共百二十人，由圓明園總統王公大臣掌其升選僉補，仍隸于司。○凡軍器，內府三旗護軍，准兵部奏定日期，由內務府總管察驗，官員各隨本旗，由兵部暨欽派之王公大臣察驗。○凡訓練，內府護軍、驍騎，歲以春秋二季，由該管官督率操演。前鋒營隨時練習，賞罰各有差，此舊制也。○三旗新槍營，於驍騎、護軍、前鋒三營內，每旗百五十人。三旗陳槍營，每旗百五十人，亦如新槍營，俱按日操演，此新例也。○又同治中，幼丁五百八十餘人，選入神機營操演，曰幼丁隊。○凡捕牲烏拉官弁總管一人，翼領二人，驍騎校七人，筆帖式七人，副驍騎校七人，領催三人，委署

---

① 鹽：底本此字模糊難辨，據東京博文館藏本484頁補。

領催十有一人，管理虞人採捕之事，弓匠、織匠各一人。○凡虞人地賦，新舊牲丁，共二千三百八十有二丁，賦四千四百八兩七錢，地千七百七十二頃二十四畝，地賦八千八百六十一兩，各有奇。○凡採捕，捕牲烏拉、珠軒，各歲納東珠十六顆；參丁，每丁納人參七兩五錢；蜜戶，每丁納蜂蜜七十斤。盛京牛莊諸處網戶，每丁納魚五百斤；鷹手，每丁納雉百；狐戶，每丁納狐皮四張；蜜戶，每丁納蜂蜜五十斤。王多羅樹獵戶，每丁納野豕二，鹿臘九十束；水獺戶，每丁納水獺皮四張；鸛戶，每丁納鸛翎十有五副；漁戶，每丁納細鱗魚五十尾。密雲縣檜手，每丁納鹿二；鷹手，每丁納雉一百有十。薊州蜜戶，每丁納蜜四十斤。永平府蜜戶，每丁納蜜六十斤。張家口鷹手，每丁納雉百。冷口鷹手，每丁納雉百有六。其畿輔各州縣，投充牲丁，及以地來投之鷹手、鶉鶉戶、狐戶、雀戶、鵰戶、野鴨戶，所納鷹鶉諸物，各如應用之數，無定額。東珠、人參及水獺、狐皮交廣儲司，蜂蜜交內管領，鸛翎交武備院，鷹、鶉、海青交鷹鶉房，餘交尚膳房，均按則折銀，準抵正賦。○凡官馬，內府三旗護軍營共養官馬四百六十三匹，前鋒營百三十二匹，驍騎營九十九匹，分給官兵，各支馬乾銀牧養。○凡畿輔行宮，京東七處，京西四處，京北六處，口外十有三處，各設千總，自一人至七人，委署千總，自一人至十有二人；兵自四人至二百七十一人有差，分隸湯泉、盤山、黃新莊、熱河各總管管轄。

第三十九章　海子獵獸

（搜）．搜．察　○　老．叟．　．咳．嗽．

這麼說起來，這海子地方，閒人不許進了？　不錯，閒雜人等一概不許進去，就是每年秋令以後，許民人進去打掃柴草。然而進去的時候，也有執照，出來的時候，也是要點查人數，裡面的官人也要各處搜察，不許有一個閒人在內的。　我白打聽打聽，裡頭到底都是甚麼呢？　有宮殿樓臺，還有圍場，那本來是皇上打圍的地方，所以麋麇野鹿都有，另外還有一宗四不像兒[①]。　四不像兒是甚麼？　又像這個，又像那個的，所以叫作四不像。　是怎麼個樣兒？　我也沒看見過，聽見一位老叟說過。　老叟又是甚麼？　俗話說老頭兒。　啊，他怎麼說？　他說，他從前在海子裡當過差使，說那四不像兒，又像牛，又像鹿，又像驢，又像羊，不知道像甚麼，大概普天下沒有那個野獸的樣兒。　還有甚麼？　還有黃羊、兔兒、老虎。　老虎不吃人麼？　在虎城裡養活着，預備打圍用的。　這都在海子裡麼？　不錯，大概是那麼着。　比方你見了

[①]　四不像兒：麋鹿。

老虎,敢大聲的吆喝他麼？　別說吆喝,我連咳嗽一聲兒都不敢哪!

第四十章　圓明園子

(素)．蘇．州　迅．速．　○①　·平·素·

您纔說的海子的事,我知道大概了,是屬那衙門管,我忘了。　屬內務府奉宸院管麼,纔說的你就忘了,眞好記性兒。　我小時候兒吃多了猪腦子了,所以忘性兒大。　不是那麼着,你是沒把我的話擱在心上。　那兒話,那兒話！我是眞疎忽了,您請徃下說罷。　奉宸院除了海子之外,還有三山圓明園。　那圓明園在那兒？　在西直門外,約有十二里地,有個鎮店②,名字叫海淀,有兩三條熱鬧街。過了海淀三二里地,就是圓明園,是一個大園子,周圍也有一二十里寬罷,裏頭有樓、臺、殿、閣,是皇上避暑的行宮。每年正月以後,皇上必然要徃那兒辦事去,內廷娘娘妃嬪們都去,十月裏同來。那裏頭的舖墊、陳設,雖然咱們不能看見,大概都是起南邊蘇州、杭州織辦了來的,也有圓明園八旗官兵在那兒當差。　各衙門也都上那兒當差了？　按着値日的日子去,俗說下園子,瀾車、瀾馬跑的快纔能下園子呢！　論當差奔走,自然是該當迅．速．,不敢遲悮的。然而平．素．間,不養活快車、快馬,怎麼能去呢？　那也是少年的當差人,纔有那個高興呢！

第四十一章　萬壽山園

(算)．酸．的．鹹．的　○　○　算．計．

自然是麼,少年人當差奮勉,自然喜懽跑車跑馬。若是老練當差的,還是按部就班的,不能爭强鬭勝了。　可不是！官場也有習氣,經練的多,把事情苦的、辣的、酸．的、鹹．的,滋味都咂透了,自然就沒有那個好勝的習氣了。　是了。　比方那圓明園的西邊兒,就是萬壽山,山上也有園子,皇上在圓明園住

---

① 底本此處無"○",上聲位置有一大段空白,故酌加。
② 鎮店:集鎮。

着的時候,往往也上萬壽山去,名曰"挪動"。比方當差的人,半夜裏跑到圓明園,聽說皇上挪動了,在萬壽山呢,就又得徃那麼趕。　等等兒,您這話,我聽着不對了。　那一點兒不對了?　當差的人,半夜裏下園子,城門關着,怎麼能出去呢?　下園子的時候兒,德勝門和西直門,和西便門,三個城門都是夜裏十一二點鐘的時候就開了,許當差的人出去,進城可不許。　那就是了。所以當差的人,到了那兒,算計着時候兒,都得快趕。及至到了天亮,差使完了,看那萬壽山的前頭,昆明湖的水,太陽的光照着一片光亮,或是夏天,湖裏荷花盛開,有趣兒着的哪!沒事順着河堤看一看十七孔橋、鎮水的銅牛身上有御筆的字,堤外的稻田綠森森的,景致兒好看着的哪!　這就是萬壽山麼。是。

第四十二章　玉泉山水

（碎）雖·然　跟·隨　·骨髓·　·零碎·

雖然是您這麼說,我想俗語說"看景不如聽景"罷?眞好看麼?　那實在是眞好,萬壽山之外,再往西去,又有玉泉山,更好。　您去過?　那一年,我跟隨一位大人,往那麼有差使,大人進園內有差,我在那外頭遠遠的看見過。有甚麼景致兒?　有山,有塔,那不過是人力所爲,惟由天生的一股泉水,從山裡流出來,寔在那水甜的了不得。　常人能喝得着麼?　從山裡流出來一股水,遠通昆明湖,由湖引到長河,一直環繞京城,直流到通州。　那麼,咱們這東直門外,東便門外的護城河,就是那個水麼?　不錯,所以人在沿路都可以喝。然而山根兒底下流出來的更好。如今大內裡頭都喝的是玉泉山的水。是了。　夏天的時候,那兒有一個五孔閘,水從閘出來,也有婦女在那水裡洗衣服。　今年秋天涼快了,我也到那兒喝一點兒水去。　夏天可以,很冷了,你手擱在那水裡,涼氣兒湃①的你的骨髓都涼的了不得了。倒有一個法子,等這兩天,我把手底下的零碎事情辦完了,我同你逛一逛昆明湖,就可以遠遠的看見玉泉山,也可以喝着那山根兒底下的水了。　那很好,不怕那兒官人管

───────
① 湃:用冰鎮或用冷水浸,使東西變涼。

麼？　咱們遠遠兒的,怕甚麼!

第四十三章　香山御園

(孫)子·孫　　○　　損··益　　○
　　玉泉山的景致很好了,還有甚麼？　往西南去,有香山。　啊。　那兒有一個大園子,也是有官兵守護。那個營就是健銳營,也是京中八旗的人挑選了去的,每月四兩銀子的錢粮,從乾隆年間設立的。如今這百十多年來,他們都在那兒住家,子孫都在那兒挑缺當兵的多,而且那園子的西邊兒,有那麼很大的一個大廟,就是碧雲寺。　我記得是您說過罷,這個廟。　說過沒有,我也忘了。　不是裏頭有羅漢堂,堂裏有五百個羅漢麼？還有一股山水很好,對不對？　那麼是我說過也不定,但是香山,原先老年①,比方到了秋天,九月裡,楓樹紅的時候,皇上從圓明園就上那兒去看紅葉去,山高秋老,想來是霜葉紅於二月花了。　一定是好,不用說別的,那些個園子裡的樓臺殿閣,遠看着不是和天宮似的麼？　是,萬壽山、玉泉山、香山,總共三山。萬壽山爲靜明園,玉泉山爲靜宜園,香山爲清漪園,連圓明園算上,那個工程,在當初可寔在工夫不小,錢財不少,心思也費得大了。　自然,常行人造一個小花園,還得斟酌損益,點綴舖陳呢,何況那麼大的御園呢!

註　釋

〔健銳營〕總統無定員,以王公大臣兼任。○翼長參領等官,左右翼翼長各一人,正三品;八旗前鋒參領,正三品;副參領,正四品,每旗各一人;署參領,每旗二人;前鋒校共五十人,正六品;副校四十人;筆帖式四人;前鋒水師教習、漢侍衛把總,各十人;又藍翎長,五十人;前鋒、署前鋒,各十人。○前鋒二千名,委前鋒一千名,有米養育兵五百名,無米養育兵三百三十三名。○習雲梯、馬步射、鳥槍、馳馬、躍馬、舞鞭、舞刀、水戰、駕船、駛風之技,翼長隨時督率訓練。〔練軍〕現有入神機營者,則健銳營馬隊,及威遠健字隊。

---

①　老年:多年以前,陳年。

第四十四章　三山景況

（送）．松樹．　○　．毛骨．悚．．然　　迎送．

　　嗐，你說要逛一逛三山的景致，看看樓臺，可惜不如從前了。　怎麼？那前幾年，我上西山回來，路過萬壽山後頭的松樹畦，看了看那山上的廟啊樓啊甚麼的，不覺得渾身毛骨悚然的害怕，心裏憲在難受。　爲甚麼？必是你一個人走道兒，沒個主擎骨兒①，所以心虛。再不然，就是叫山風吹了。　不是。着了涼了？　不是。　怎麼了？　你沒聽見，那年外國人來，火燒三山的事麼？　那事我聽見說過，了不得，聽說燒的很利害。　可不是！我走到那兒，想起從前的樣兒來，所以心裡很難過的了不得。思前想後，想起那年的火焰②冲天的光景，可是又害怕，想起三山的燒了之後的樣兒，可是又難受，所以渾身上下不得勁。　然而如今我要逛一逛，也不過看看山水，瞻仰瞻仰那地方兒就是了。　可以。那一天我沒事，和你一塊兒走一趟。　我找您來，是我家裡伺侯着您。　咱們俗不講禮，不必鬧那些客套，甚麼伺候了、迎送了、專等了那些繁文假話，全用不着。那一天閒了，不論誰找誰，一塊兒出城去，就逛了。　那麼很好。　還有一節。　甚麼？《平仄編》十二段兒也完了。　請往下聯纔好。

第四十五章　南海北海

（殺）．殺死．　○　．癡傻　．拏剪．子鉸．一．點．

　　好快！　甚麼？　又到了《平仄編》第十三段③了。　那麼請往下聯罷。當說的話很多，恐怕不够編的。　那可也就是看光景就是了，揀要緊的說。

---

　　①　主擎骨兒：可倚賴的自信心，穩定的心情和意志。諸橋轍次《大漢和辭典》："主擎骨儿：頼るべき人（可倚赖的人）。"（1984 修訂版，大修館書店，337 頁）

　　②　焰：焰。據《集韻・去聲・五十五豔》："焰，火光，或作焰。"

　　③　第十三段：指《語言自邇集・練習燕山平仄編》第 304—322 組，304—321 組以 SH 爲起首輔音，322 組以 SS 爲起首輔音。

甚麼要緊,那軍營打仗陣亡的事,我看要緊。 他陣亡也罷,殺死敵人也罷,不說那個,還是說咱們要逛的事要緊。我眞要看一看西山地方,和三山的山水景致纔好。 眼下這三五天,我可眞沒工夫兒,不能奉陪,只好過些日子再說罷。 我眞等不得。 咳,死打忘了啃了①,咱們眞算是癡傻獃呆,就完了。怎麼? 何必忙着出城,逛三山呢?眼前有一處好景致,出門兒就瞧見了,為甚麼不先看看去呢? 在那兒?甚麼景致兒? 也是奉宸院管的,名叫南海北海,在皇城外,西華門裡,內西華門外頭。那外西華門,本來叫西安門,俗說是說外西華門。 南北海有甚麼? 京都八景裡的太液秋波,是兩個大水池,中間有一道橋,橋兩頭有兩個牌樓,一邊兒叫金鰲,一邊叫玉蝀,都在牌樓上寫着。橋上來往人,都可以走,往兩邊兒一看,有好些個樓啊、亭子啊、廟啊甚麼的。在水邊兒上,夏天有荷花兒,紅的綠的,花兒蓮蓬好的很。也有採蓮船,把那個蓮蓬拿刀子、剪子弄下來,梗兒長的,拏剪子㲋②一點兒,十個一把兒,齊齊截截兒的賣。 是了。

第四十六章　南北池子

（曬）．篩．子　　○　．顏色．　　曬．乾

蓮花兒本來好看,而且用處也多。 不錯,花兒香,荷葉綠,藕白,這是他的色。花兒可以泡酒,葉子可以包東西。 藕不過是果子。 豈止果子,撈起來,拏篩子晾上,後來作藕粉,可以做點心。 顏色還是白麼? 還是白,但是曬乾了的藕,總不能十分大白就是了。那蓮子更好,又可以入藥,又可以做點心,人吃了有益處。 南海、北海不是官地方麼? 是啊。 怎麼可以賣蓮花兒、蓮蓬呢? 那也是交官剩下的,不好的可以賣。還有一處。 那兒? 景山前頭,神武門東西裡,圍着紫禁城的那池子,名叫東華門北池子,西華門北池子,南邊為南池子,夏天也是滿地的荷花兒,也是紅綠的好看。所以遊人們夏天多有往那兒逛去的。 沒有別處了罷? 這纔說的,這池子裡的蓮花兒,也

---

① 死打忘了啃了:雙方打架,只一味地用手打,但忘了趁機咬對方一口。比喻做某件事只一味地用一種方法,卻忘了有更好的捷徑。

② 㲋:本義為細剪而不使其斷,此處表"稍微剪去"之義。

是屬奉宸院管,都是官地方兒。那後門外頭,就是地安門外頭,有一個十岔海①,地方兒很大,夏天也是滿海的荷花兒。有一道堤,種着柳樹,綠②森森的好看得很。　那咱們可逛罷?　那是私地方兒,人人可去。

　　自邇集平仄編
　　四聲聯珠第六卷終

---

　① 十岔海:什刹海。
　② 綠:底本作"緣",據文義及東京博文館藏本497頁改。

第七卷

(山)第一章	五城御史	(賞)第二章	五城善政
(少)第三章	巡捕五營	(舌)第四章	內城步軍
(身)第五章	順天府尹	(生)第六章	街道廳官
(事)第七章	內城旗人	(手)第八章	旗人光景
(書)第九章	護軍前鋒	(刷)第十章	侍衛處官
(衰)第十一章	侍衛差使	(拴)第十二章	虎槍營兵
(雙)第十三章	內外火營	(水)第十四章	臥佛古寺
(順)第十五章	戒臺禪寺	(說)第十六章	廟分三類
(絲)第十七章	光祿寺衙	(大)第十八章	倉場衙門
(他)第十九章	白米老米	(歹)第二十章	國子監衙
(太)第二十一章	諸學教人	(單)第二十二章	三教一家
(炭)第二十三章	回教中人	(當)第二十四章	天主教人
(湯)第二十五章	天主教堂	(道)第二十六章	拆毀教堂
(逃)第二十七章	耶穌教人	(得)第二十八章	耶穌教堂
(特)第二十九章	雍和宮廟	(得)第三十章	黃寺黑寺
(等)第三十一章	白雲觀廟	(疼)第三十二章	天寧寺廟
(的)第三十三章	月壇地方	(替)第三十四章	景山官學
(弔)第三十五章	景山景致	(挑)第三十六章	秀女排車
(疊)第三十七章	日壇地方	(貼)第三十八章	八里橋地

第一章　五城御史

（山）．山　川　　〇　　．雷閃．　善　惡

　這一陣，本來是談論衙門的制度規矩，怎麼就說到城外各處的景致去了？　　三山的地方，本來是奉宸苑管的麼，故此纔由奉宸苑說到這兒了。不是忽然衙門，忽然山川，忽然鄉下，忽然城裏的隨便亂談的。　　是了。您纔說城外，是大城之外，不是麼？　　是，那三山本來在西直門外，二三十里的山上。　　這譬如正陽、崇文、宣武，這三門之外，也說城外麼？　　不是，那是說外城。　　外城和內城，有分別麼？　　外城有七個門，南中間兒是永定門，南左為左安，南右右安，正東是廣渠，正西是廣安，東之北是東便，西之北是西便，共七個門。另外有有俗名字的。　　甚麼？　　左安俗叫蹉躞①門，右安叫南西門，廣渠是沙窩門，廣安叫彰儀門，別的沒有俗名。　　甚麼官管呢？　　有巡視五城的御史，他們的衙門都在正陽門裏頭西城根兒，五個衙門共總。　　是了，每衙門幾位御史？　　一滿一漢，俗說巡城的都老爺。　　他們倆人能辦事麼？　　外城的制度，分東、西、南、北、中五城，每城二位御史之外，各有正副指揮、吏目，是五六品、七品的小官，屬巡城的管。地方有一切常行詞訟，或是該辦的、該查的，都是城上的御史管。　　御史不是都察院的五品官麼？　　是啊，巡城是一年的差使，派了巡城，到了本管的地方威權大極了，說一句話，真是如同雷閃似的，人很怕，因為他們是專查民間的善惡，所以人很畏服。

第二章　五城善政

（賞）．商．量　　．晌午　　賞．賜　　上．下

　賞善罰惡，是地方官的責任，這五城都老爺，他們有些個甚麼責任呢？　　民人的戶婚田土，喧鬧官司，到了司坊衙門裏去告狀。司坊衙門，都得詳到城上去辦。　　司坊衙門，又是甚麼？　　就是那指揮甚麼的，到了城上，要緊的送

---

① 蹉躞：用磚或石砌成的有棱角的慢坡。

刑部,不要緊的就隨便了結了。　是了。　至於應辦的善政,倒很不少,都是五城十個御史,一塊兒商量着辦。　都是甚麼？　比方每年十月初一日起,到年底止,冬三個月,貧民的粥廠①,那是五城管,各按地方設立粥廠施粥。近年五城會議,會奏,請旨展限兩個月、三個月、四個月不定,直到四五月,夏天纔完。又有冬天施貧民棉衣、棉褲,設立育嬰堂。還有一輛牛車,一天進崇文門,就是海岱門,一天進宣武門,就是順治門,到了晌午歪,就回去了。　牛車幹甚麼？　專拉死了的小孩兒。　多大的？　一生下來的,到兩三歲,都可以拉出城外義地去埋。雖然是奉旨體貼貧民,賞賜貧民的恩典,可都是五城御史管這個事。　很好,沒別的了。　還有一個水局②,俗叫水火會,召募有二千練勇,專為救火和拿賊的,也是五城管。　這是老例麼？　不是老例,是因為二十多年以前,長髮賊③造反的時候,城裏預備。到如今沒撤,每月每年也得幾千上下的銀花費罷？　啊。

第三章　巡捕五營

（少）火．燒　　刀．勺　　多少　　老少．

這外城地方,屬五城管,五城御史是文的,有武官沒有呢？　就是提標的兵,屬提督管。　那一個提督？　就是步軍統領管的巡捕營,也有副將、參將、遊擊、都司、守備,各按汛地,安設官兵,緝捕賊盜,彈壓④地方。比方夜裏某家有了賊,或是不拘晝夜,某處火燒了房子,這些官兵,都該當去拿賊救火。　他們在那兒住？　各有官廳、堆卡。　在家裏喫飯,是在堆子裏喫飯？　有買現成兒吃的,有自己弄火,預備碗盞傢伙、刀勺鍋灶的,不得一樣。總是一天到晚,不離開那官廳堆卡,就是了。　這巡捕營,有多少兵呢？　五營有一萬兵罷,近年整頓綠營,所以這個巡捕營裏,除去老少頓弱的不用,也選了好些個練

---

① 粥廠：舊時官府、慈善團體或個人施粥給飢民的地方。
② 水局：救火隊。
③ 長髮賊：對太平天國起義軍的蔑稱。
④ 彈壓：控制,制服,鎮壓。

軍,常到教場裏操演。　他們是穿甚麼號衣？　一色①紅邊兒、藍心兒的坎肩,有一個圓光兒,可是分五色,因爲按着五管分的,上頭寫着某營某汛的字樣,你沒看見過麼？　是了。有一天,我在城外教場瞧熱鬧,聽見說這是綠營的兵打槍呢,就是他們麼？　不錯。　怎麼叫綠營呢？　他們旗子是用綠色,因爲他們都是漢人當兵,十八省都是一樣,所以和八旗的旗色不同。　是了。

註　釋

〔步軍統領〕提督九門步軍,巡捕五營統領一人,左右翼總兵各一人,俱滿員,以大臣兼之,掌管門禁鎖鑰,統率八旗步軍,五營將弁,以肅清輦轂,協理刑名,所屬文職十有七人,武職六百六十人。○員外郎二人,主事二人,掌勾撿旗營簿書。司務一人,掌稽查簿書,兼理俸餉。筆帖式十二人,掌文移繙譯。○左右翼,步軍翼尉各一人,正三品。八旗步軍協尉、副尉各二十四人,協尉正四品,副尉正五品,掌董率守衛,巡警掃除。步軍校,每旗滿洲三十四人,蒙古、漢軍各九人。委署步軍校,每旗滿洲各五人,蒙古、漢軍各二人,掌分汛警夜,清道詰奸。捕盜步軍校,滿洲每旗各三人,蒙古、漢軍每旗各一人,緝捕賊盜,稽查奸宄。領催二千三十一人。步軍萬七千八百四十七人。門軍六百四十人。○城門領,從四品,內九門每門滿二人,外七門每門漢軍一人。城門吏,正七品,內九門滿十八人,外七門漢軍七人。門千總,正六品,內外門每門漢軍二人,共三十二人,掌嚴啓閉出入,以稽詐偽。○信礮總管一人,正四品。司信礮官,每旗漢軍一人,正五品,掌監守白塔信礮。○技勇營,道光二十八年,步軍營內,滿洲每旗裁去步軍一百名,改設技勇兵五十名;蒙古每旗裁去步軍六十名,改設技勇兵三十名,此爲陳技勇營。同治二年,滿洲每旗裁去步軍一百名,添設技勇兵五十名;蒙古每旗裁去步軍六十名,添設技勇兵三十名;又漢軍裁去步軍一百三十名,添設技勇兵六十五名,此爲新技勇營。陳新共合技勇兵一千八百名,平日緝捕賊盜,並按期操演排槍、籐牌、抬槍、鳥槍、長槍等技。○巡捕五營內,中營副將一人,從二品;南北左右參將各一人,正三品;五營遊擊各一人,掌訓練弁兵,分駐巡緝,五營都司各一人,正四品;中營守備四人,南營五人,北左右營各三人,正五品;中營千總十人,南營十二人,北左右營各八人,正六品;中營把總二十人,南營二十四人,北左右營各十六人,正七品,掌分守營汛,緝捕姦匪。外委千總、外委把總,及額外外委,皆在馬兵額數之內,分汛協防,隨營差委。馬兵四千名,戰兵三千名,守兵三千名。○同治四年間,設五營練軍,屬神機營所轄,計五營練軍三千人,名三成隊,按中、南、北、左、右營,以色別於坎肩。其坎肩均系紅邊藍身,而中之月光黃者屬中營,紅者屬南營,黑者屬北營,青者屬左營,白者屬右營。按每月三九日,合操於安定門外兩黃旗教場,所操演者,則排槍、長槍、花槍、籐牌、雙刀,中南二營又有子母礮。其官兵每月口分之銀,官二兩,兵一兩。○凡城門,朝啓以昧爽,夕閉以日入。○凡守衛,皇城內專

---

①　一色:顏色、款式完全一樣。

隸八旗滿洲,分汛九十,列柵一百十有六。皇城外,八旗滿洲、蒙古、漢軍,分汛六百二十有五,列柵千一百九十有九,均令步軍校督率步軍,按所轄地界,防守稽查,夜則擊柝、傳籌、巡更,黎明迺止。外城分隸五營官兵,統以副、參、遊、都,轄以專汛守備,分防以千把總,率兵巡營如前。○凡緝姦,京城內外遇有強竊、橫惡、負罪潛逃、私毀、私鑄、賭博、鬭毆者,均責成八旗、五營專汛、兼轄等官,隨時緝獲,按名議敘有差,逾限不獲,諱匿不報,軍捕受財縱放,該管官扶同徇隱者,並論如法。○凡訓練,八旗步軍習步射,城門驍騎習鳥槍,均春秋操練。步軍翼尉同城門領,更番考閱。內九門設大礮各十,外七門大礮各五,每門礮手二名。五營營官月考其屬之弓矢;守備千把總各練汛兵,春秋習鳥槍,與城門驍騎同。○凡禁令京城內傳更閉柵,王公官皆禁行走,惟奉旨差遣,各部院傳事,民間昏喪祭祀,或疾病產娩、延醫、召媼,均詢明聽出。若無故夜行,及弁兵疏縱,與非時妄拿者,論如律。然今則柵欄坍塌,禁令廢頹,夜行任意。○火災隨時防範,遇有失,官兵各按旗營界址,即時赴救。○送葬者禁出正陽門。夏至日祭北郊,即地壇,春秋祀東西郊日、月壇,臨期朝陽、阜城、安定諸門,禁亦如之。

第四章　內城步軍

（舌）賒欠。　唇舌　棄捨　射箭

　　外城地方,有巡捕營管,我知道了。　也不但竟管外城,比方大城四周圍以外,都是五營的巡捕兵管。　啊,那麼說,德勝門、東直門以外,也是他們管了?　是,不錯,各大城以外,東西南北,都是他們管。　那麼內城呢?　內城是步軍營,可也是屬步軍統領,就是提督衙門管。　哦。　這步軍統領的官銜,是提督九門步軍巡捕五營統領,俗就稱他提督兩個字。雖然是武官,可總是以文職尚書兼這個差使。　以下是甚麼官?　以下是左右翼兩個總兵,俗稱副提督。　往下呢?　有翼尉、協尉,再往下有步軍校,各按各旗的地方管。　那旗在那兒呢?　內城是九門。　那我知道。　以北而論二門,東為鑲黃,是安定門;西為正黃,是德勝門。東邊倆門,北為正白,為東直門;南為鑲白,為朝陽門。　啊。　論到西面兒倆門,北為正紅,是西直門;南為鑲紅,是阜城門。　南邊兒呢? 南邊不是三門呢麼?　南的東邊為正藍,是崇文門;西邊為鑲藍,是宣武門;至於正中的正陽門,可是兩藍旗管,各有步甲兵,按街按巷,晝夜巡查。比方有辯嘴、打架,或小買賣兒,因為有人賒欠不還,彼此多費唇舌,那都是步甲兵們管。夜裏追拿賊匪、不好的人,多有賊偷了東西,看見兵來,就把贓棄捨了,在道兒上跑了的。可這些兵,也不打槍射箭、操演,專管拿賊。

第五章　順天府尹

（身）身體．　　．神．仙　　審．問．　　謹．愼．

你纔說的這內城的制度，大概我知道了，而且知道，武官是屬步軍營管。請問，沒有文官麼？　地方的文官，有一個順天府府尹，管許多的州縣，都在京城東西南北四外。惟獨京城之內，有兩個知縣，東城一個，叫大興縣；西城一個，叫宛平縣，各管出東西城外，百十里的地方兒。　順天府，也算是個知府麼？　纔說的府尹麼，你沒聽見麼？知府是四品，府尹是三品，比知府大。而且還有一個府丞，是四品，並且又有一個六部漢侍郎，大人們兼管順天府尹的事，名叫兼尹。凡京城的旗人和順天所管的民人，考試秀才，都是順天府管。子午卯酉，三年一次鄉試，考舉人，辦理科場的事，也是他管。　百姓們的詞訟呢？　旗人、民人在京城口角細故①，打官司，多有在提督衙門的；偶然爲戶婚田土，也有在大、宛二縣的。　這麼說，這順天府和大、宛二縣的官，沒甚麼事，身體清閒，又作官，又善靜，和神仙似的，倒很好了。　甚麼話！京城輦轂之下，不但審問尋常官司，凡有一切差徭，都是順天府縣們辦。多少大衙門，彼此交涉辦事，那一樣兒不得謹愼呢？　是了，有一年鄉試，不是說在順天府衙門門口兒出榜麼？　是麼，會試可是在禮部。　是了。

註釋

〔順天府〕兼尹一人，特派大臣。府尹一人，正三品。府丞一人，正四品。所屬治中一人，正五品。通判一人，正六品。經歷一人，從七品。照磨一人，從九品。○轄京縣二，曰大興縣，在安定門內，知縣一人，正六品；縣丞一人，正七品；典史一人，未入流；巡檢三人，從九品；牐官一人，未入流。曰宛平縣，在地安門外迤西，知縣一人，正六品；縣丞二人，正七品；主簿一人，正九品；典史一人，未入流；巡檢四人，從九品；閘官一人，未入流。○儒學教授各一人，正七品；訓導，滿一人，正七品；漢一人，從七品。

---

① 細故：細小瑣碎的事情。

第六章　街道廳官

（生）生長　　繩子　各省　賸下

京城的公私事，我看您不差甚麼都知道，您是京裏生長的麼？　我雖不是這兒根生土長，然而在這兒也住了多年了，所以都知道一點兒半點兒的。　請問，這纔說的內城文武官管的事不少，但不知道這街道該當甚麼人管呢？　內城是八旗步軍營，各按地方，打掃修墊，晴天土乾潑水，陰天下雨，就得拾掇黑泥，俗語不是說"無風三尺土，有雨一街泥"麼？　外城呢？　外城有一個衙門，是街道廳，專管那前三門以外，外城各處的街道。　也有好些個兵們管罷？　不是兵管，是各舖戶人自己管自己門口兒，下雨拾掇，晴天打掃，高的剷平了，窪的墊起來。這街道廳的兩位滿漢官，可是常坐車出來查看，見那兒有不好的地方兒，就把那舖子裏的人叫出來，爬在地下，叫衙役拿竹板子打，所以街道廳是很利害的。　可真利害。　比方新開舖子門口兒，掛幌子，立幌竿，拴繩子，都得先報明了街道廳。南北各省的人，在京裏外城開舖子，幾間門面，多大地方，一一的都得報明，都屬街道廳管。若是都報了，賸下一兩樣兒沒報，街道廳定要治罪的。　規矩也很嚴哪！　利弊相連，未免的衙役們也要舞弊的。　那是不能少的罷。

第七章　內城旗人

（事）失落　九十　使喚　事情

內城之內，人戶不少啊！　京城內城之內，都是八旗滿、蒙、漢軍人，各按本旗地段住，所有民人都在外城住。　沒有的話！我看見四牌樓北邊一個衚衕兒裏，就有民人住家兒的麼！您怎麼說是內城之內盡是旗人呢？　嗐，我先說的那是老例。如今準其旗民交產①，也可以隨便住了，老例和新例不同。是了，怪道呢。　從前旗人各按本旗住，不許一個人逃出境外，即或有因病走

---

① 交產：交易房產。清代政策，內城房產只許旗人相互典賣，旗人與民人禁止交易房產。清中期以後這一政策出現鬆動。

失，或私逃的，一定要緝捕回來，不許失落在外。近年旗人生齒①日繁，有許往吉林開墾種地的，有許往四外各省各覓生理的，自願出旗②，往外省皆可以。所以那八九十的老人，都以爲旗人出外不好。　那也是固執不通的話，與其坐守窮苦，爲何不想生財之道呢？　老年旗人，多有戶下壯丁，預備使喚。如今很少，不差甚麼都是自己去作，而且作小本營生、手藝買賣的不少，總得有一個大小事情，纔能餬口過日子。　本來是那麼着好。　因爲只靠挑錢粮當兵，人多缺少，如何能養身呢？所以朝廷恩典，也是聽其自便就是了。　到底出外的多，在京的多呢？　還是在京的多，因爲人多疎懶，不愛出外的緣故。　也眞無法。

註　釋

〔八旗〕清朝開基之初，建旗辨色，用飭戎行，厥後歸附既衆，即按行軍旗色，以定戶籍，設官分職，以養以教，而兵寓其中。始立四旗，重爲八旗，合滿洲、蒙古、漢軍爲二十四旗，制度備焉。及定鼎燕京，分田授宅，辨方定位。○凡八旗序次，曰鑲黃，曰正黃，曰正白，爲上三旗；曰正紅，曰鑲白，曰鑲紅，曰正藍，曰鑲藍，爲下五旗。行軍苑狩，以鑲黃、正白、鑲白、正藍四旗居左，爲左翼；正黃、正紅、鑲紅、鑲藍四旗居右，爲右翼。官差除授，公差踐更，以上下旗爲辨。朝祭班列，旗籍界止，以左右翼爲辨。○凡八旗方位，左翼自北而東，自東而南，鑲黃旗在安定門內，正白旗在東直門內，鑲白旗在朝陽門內，正藍旗在崇文門內；右翼自北而西，自西而南，正黃旗在德勝門內，正紅旗在西直門內，鑲紅旗在阜城門內，鑲藍旗在宣武門內。○滿洲八旗，每旗都統一人，從一品，副都統二人，正二品，掌宣佈教養，整詰戎兵，以治旗人。所屬有五甲喇，有頭、二、三、四、五之分，每甲喇參領一人，正三品，副參領一人，正四品，掌頒都統副都統之政令，以達於佐領。其佐領，正四品，鑲黃旗八十六人，正黃旗九十三人，正白旗八十六人，正紅旗七十四人，鑲白旗八十四人，鑲紅旗八十六人，正藍旗八十四人，鑲藍旗八十七人。每佐領下有驍騎校一人，正六品，稽查所治人戶、田宅兵器，以時頒佈其職掌。○蒙古八旗，旗各都統一人，副都統二人，所屬二甲喇，曰六，曰七，以其隨滿洲五甲喇之後也。各參領一人，副參領一人，其佐領，則鑲黃旗二十八人，正黃旗二十四人，正白旗二十九人，正紅旗二十二人，鑲白旗二十四人，鑲紅旗二十二人，正藍旗三十人，鑲藍旗二十五人。每佐領下，驍騎校一名，職掌同滿洲。○漢軍八旗，旗各都統一人，副都統二人，所屬五甲喇，每甲喇參領一人，副參領一人。其佐領，則鑲黃旗，正黃、正白三旗，各四十人，正紅旗二十八人，鑲白旗三十人，鑲紅旗二十九人，正藍旗三

---

① 生齒：人口。
② 出旗：出旗籍，從旗人變爲民人。

十人,鑲藍旗二十九人。每佐領下,驍騎校一人,以上職掌同滿洲。○凡編審丁册,閱三年,各旗都統飭所屬佐領、驍騎校、領催,稽新舊壯丁五尺以上,及已食餉未及歲者,咸登諸册。每戶書氏、族、官、爵,無職曰閑散某,備載其父兄子弟、兄弟之子及戶下人。舊册之應開除者,注名裁除,編印册二,一存旗,一報戶部,部彙疏以聞。盛京將軍,各省駐防將軍、都統、副都統等,飭所屬編丁亦如之,有以未成丁及非正身子弟冒入册,以應入册及不應開除之壯丁隱漏者,皆論如律。○凡八旗設兵之制,滿洲、蒙古旗每佐領下,親軍二人。上三旗隸領侍衛內大臣,下五旗隸宗室王公。前鋒二人,隸前鋒統領。護軍十有七人,隸護軍統領。步軍領催二人,步軍十有八人,隸步軍統領。鳥槍護軍三人,鳥槍驍騎四人,礮驍騎一人,隸火器營。領催五人,驍騎二十人,弓匠一人,鐵匠或鞍匠一人,各隸本旗都統。○口外八旗游牧察哈爾,每佐領下,親軍二人,前鋒二人,護軍二十五人,領催六人,驍騎三十五人,每旗捕盜兵二十人,各屬本旗總管管轄,統隸於八旗蒙古都統。○圓明園八旗護軍三千六百七十二人,馬甲三百名,有米養育兵一千一百七十六名,無米養育兵六百五十名。○健銳營前鋒二千名,委前鋒一千名,有米養育兵五百名,無米養育兵三百三十三名。○內滿洲火器營,護軍二千六百四十名,礮甲五百二十八名,有米養育兵五百十四名,無米養育兵三百三十四名。○外火器營,護軍二千六百四十三名,鳥槍甲三百五十二名,有米養育兵四百八十六名,無米養育兵三百十六名。○漢軍八旗,每佐領下領催五人,鳥槍驍騎四十二人。每旗籐牌軍百人,於驍騎內選充,各隸本旗都統。步軍領催一人,步軍十有二人,隸步軍統領。八旗兩翼,各設世職官學二所,左翼鑲黃正白相兼,鑲白正藍相兼;右翼正紅正黃相兼,鑲紅鑲藍相兼。凡世職官員,世管佐領等,年幼十歲以上,即入學讀書,學習清漢文義、清語、騎射,給與半俸。五年期滿,兵部奏請欽派王大臣考驗,將早已及歲者,分別等第具題。一等者,帶領引見,或分部,或挑侍衛,恭候欽定;二等者,交該旗印房學習以對品補用;三等者,仍准留學五年,照常給食半俸,再遇考驗,仍平常者,立即革退,其世襲另選承襲之人承襲。○凡旗學,八旗各設官學,以教官軍子弟之穎秀者,國子監掌之;各設義學,以教貧不能延師者,禮部掌之。本旗月委參領,會禮部司官稽察。○[驍騎練軍]滿洲驍騎槍營,官一百二十員,兵二千零三十八名,每旗官十五員,兵因按佐領之數不同,多者如正黃旗二百七十名,少者如正紅旗二百二十二名,大約每佐領下定為三名。蒙古驍騎槍營,官五十六員,兵六百六十一名,每旗官七員,兵因按佐領之數不同,多者如正藍旗九十名,少者如正紅旗六十五名,大約每佐領定為三名。漢軍驍騎槍牌營,官八十員,兵三千五百名,上三旗每旗官十員,槍兵四百名,牌兵一百名;下五旗每旗官十員,槍兵三百名,牌兵一百名,以上滿、蒙、漢、槍、牌營,官兵共總六千四百零五員名。○滿、蒙操演鳥槍、擡①槍,漢軍槍及擡槍之外,復有籐牌之技,各有專操大臣,在都統、副都統內簡派。

---

① 擡:底本此字模糊難辨,據東京博文館藏本513頁補。

第八章　旗人光景

（手）收·拾　生·熟　手··足　·禽·獸·

您說，這旗人的當兵，是怎麼個當法？　小的時候，可以得養育兵，每月一兩五錢銀子。　有米沒有？　有有米的，三個月一石多，因爲額缺不一樣。人人都可得這個麼？　缺少人多，不能都得。到了十八歲，可以挑馬甲，每月三兩銀子，三個月五石五斗米。近年米不足，約一石多。　多少馬甲？　每旗五個甲喇①，一甲喇十七八個佐領，一佐領十八個馬甲，還有五個領催②。　領催多少錢粮每月？　領催的米和馬甲一樣，銀子每月四兩。　那麼，馬甲可以升領催了？　不錯，領催算是兵頭。　升甚麼？　升驍騎校是六品。　再升甚麼？　往上有佐領，世襲的多，是四品。五品有印務章京，四品是副參領，三品是參領，往上是二品的副都統。再升，升都統，是一品的，滿、蒙、漢軍三個都統，八旗二十四個都統，官兵各旗大同小異。　這麼說，旗人也可以升到都統了？　有那個道路就是了，還得命運。　一個旗人，一分錢粮，又要收拾住的房子，又要柴、米、油、鹽、醬、醋、茶、生熟的菜，妻兒老小不必說，再有姊妹，或是弟兄手足，人的嚼裹③就顧不過來，還能養活禽獸麼！　甚麼禽獸？　小貓兒、小狗兒、小雞子④、鳥兒甚麼的。　儞先說的幾句話都像話，末了⑤一句說錯了，那不叫"禽獸"，那叫"小牲口兒"。　是了。　照你這麼說，一分錢粮眞是不夠。

---

① 甲喇：參領。具體見第二卷第六章"佐領"條。
② 領催：官名，佐領下有好幾個領催，司佐領內的文書俸餉。
③ 嚼裹：指日常生活的費用、支出。也作"嚼過""嚼穀"。
④ 小雞子：雞。無論小雞、大雞均可叫做"小雞子"。
⑤ 末了：最後，最終。也說"末了兒"。

第九章　護軍前鋒

（書）．詩．書　．贖罪．　數‥錢　數．目．

旗人練習弓馬，可以挑兵缺，比方攻讀詩書，也可以考試秀才了。　那只要你能文章，會策論，怎麼不可以呢？規矩是和民人一樣，而且還有筆帖式、中書等類，都可以考。　成名的道路也寬哪！　寬是寬，但是父兄教養巴結①，自己不圖上進，到了老大無成，可也自覺不能光宗耀祖，萬難贖罪的了。　武的道路，還有甚麼？　有護軍和親軍，和前鋒三營，都是兵缺。　怎麼爲護軍？　是護衛紫禁城的兵，每旗挑選强壯的，弓馬熟練的去當。　前鋒呢？　前鋒是在紫禁城前面，分左右翼，每翼四旗，和護軍一樣，都是每月四兩銀子，米是和馬甲一樣。俩看見《京報》上，有八旗兩翼值日那個衙門，那就是護軍營和前鋒營兩個衙門值日了。　是了，那親軍營呢？　親軍，是皇上自己的兵，就是御林軍，那也是八旗的滿、蒙人，每月四兩，有米。這些個喫粮當兵的人，關領餉銀的時候，也關銀子，也關搭錢，都是由戶部出來的。　是了，怪得我見有兵們，在關餉的日子數錢呢！　那是從錢舖裏出來，查對換銀子的數目呢罷。因爲如今雖然搭放錢，可又改折銀子，那能你看見那錢呢？　那可不知道。

註　釋

〔護軍營〕護軍統領，每旗一人，正二品，掌護軍之政令。護軍參領，每旗滿洲十人，蒙古四人。內司鑰長、署司鑰長各一人。副護軍參領如參領之數。護軍校、署護軍參領，每旗七人，隨印協理事務。護軍參領、副護軍參領各一人。護軍校各二人。筆帖式各二人。門筆帖式，鑲黃、正黃、正白上三旗各十人。護軍校，八旗滿洲、蒙古，每佐領下各一人。護軍，每佐領下各十有七人。○護軍，八旗護軍，鑲黃一千七百九十一名，正黃一千八百七十一名，正白一千八百四十五名，正紅一千五百三名，鑲白一千七百一十九名，鑲紅一千七百二十名，正藍一千八百二十七名，鑲藍一千七百九十九名。○包衣護軍營，鑲黃四百名，正黃四百名，正白四百名，正紅一百七十六名，鑲白一百三十名，鑲紅八十四名，正藍一百九十名，鑲藍一百二十名。〔前鋒營〕前鋒統領，左右翼各一人，正二品，掌本翼四旗前鋒之政令。前鋒參領，左右翼各八人，署前鋒參領各

---

① 巴結：此處謂勉强供給，使之上進。

四人,掌督率前鋒,警蹕宿衛,每翼隨印協理事務。前鋒參領各一人,前鋒校二人,筆帖式二人。○前鋒校,左右翼各四十八人,每旗十二人爲一隊。鳥槍什長,左右翼各二十四人,隊長如之。前鋒,八旗滿洲、蒙古,每佐領下二人,操演步射,又於兩翼內,各分前鋒之半,兼習鳥槍,如法訓練。○前鋒,八旗前鋒,左翼四旗八百九十九名,右翼四旗八百六十五名。〔練軍〕護軍前鋒二營,現有各練軍。護軍營每旗官三十二員,兵五百九十名。前鋒營每翼官十五員,兵一百八十五名,按期操演鳥槍、抬槍、長槍等技,止其值班宿衛之差。○其人神機營者,名左翼前鋒軍營馬隊,右翼亦如之,及威遠駿字馬隊。〔圓明園護軍營〕總管無定員,以王公大臣兼任。參領每旗一人,副參領每旗二人,署副參領每旗四人,護軍校、副護軍校每旗各八人,隨印參領各二人,護軍校四人,筆帖式八人,護軍三千六百七十二名,馬甲三百名,有米養育兵一千一百七十六名,無米養育兵六百五十名。○包衣三旗護軍一百二十名,馬甲三十名,無米養育兵一百六十名。〔親軍〕八旗親軍,鑲黃旗滿洲一百六十九名,鑲黃旗蒙古五十六名,正黃旗滿洲一百八十六名,正黃旗蒙古四十八名,正白旗滿洲一百七十二名,正白旗蒙古五十八名,正紅旗滿洲一百四十三名,正紅旗蒙古三十九名,鑲白旗滿洲一百六十八名,鑲白旗蒙古四十八名,鑲紅旗滿洲一百七十二名,鑲紅旗蒙古四十四名,正藍旗滿洲一百六十八名,正藍旗蒙古六十名,鑲藍旗滿洲一百七十五名,鑲藍旗蒙古五十名。

第十章　侍衛處官

（刷）刷洗．　○　耍・笑．　○

這親軍,是甚麼官管呢？　親軍是很體面的兵,平常護紫禁城內,前面各門,他們的官,就是侍衛。　侍衛是什麼出身呢？　侍衛有好幾樣兒,有御前的,有乾清門的,有大門上的,有公、伯、侯爵當的,有由各處旗員去挑選的,大概分頭、二、三、四等。頭等三品花翎,二等四品花翎,三等五品花翎,四等六品藍翎,纔說公、侯、伯爵們,那都是特旨賞的。　都是旗人,沒有漢人麼？　也有,可是由科甲出身的武進士,纔能得侍衛呢！　那差使很體面,不是麼？　一定是體面,一來得弓馬嫻熟,二來得漢仗魁偉,三來得人才出眾,四來得家道富足,纔可以當那個差使呢！比方春秋四季,單、夾、皮、棉、紗的衣裳,都得講究。至於靴子底兒,都得刷得雪白上粉。　天天得刷洗罷？　豈止刷呢！有錢的,一天一雙新靴子也不定,衣裳一下雨淋濕了,就得另換。有差的日子,或是輪流值班,或是隨駕侍衛；沒事的時候,彼此閒談講論,都要嘴巧伶便,隨意耍笑。比方拙口笨腮的,那就萬不能當那個差使。　沒有堂官麼？　有領侍衛內大臣,是武一品的大官,管他們。

註　釋

〔侍衛〕清朝之初,以八旗將士平定海內。鑲黃、正黃、正白三旗皆天子所自將,爰選其子弟,命曰侍衛,用備隨侍宿衛,統以勳戚大臣,視古虎賁、旅賁氏,職綦重焉。〇領侍衛內大臣,正一品,鑲黃、正黃、正白上三旗每旗二人。〇內大臣,從一品,六人。〇散秩大臣,無定員,掌統領侍親軍。〇乾清門御前侍衛,由三旗侍衛內擢用,無定員。〇頭等侍衛,三旗六十人,宗室九人,正三品。〇二等侍衛,三旗一百五十人,宗室十八人,正四品。〇三等侍衛,三旗二百七十人,宗室六十三人,正五品。頭、二、三等,俱花翎。〇藍翎侍衛,三旗九十人,正六品。每十人設侍衛什衛什長一人,隨印協理事務,侍衛班領十二人。〇漢侍衛無定員。〇主事一人,筆帖式十二人,貼寫筆貼式二十七人,掌辦理章奏,收發文移。〇凡宿衛,更番輪值,凡六班,班分兩翼,各設侍衛班領一人,署班領一人。〇凡扈從,後扈二人,於領侍衛內大臣內簡命;前引十人,于內大臣、散秩大臣,暨統領、副都統內簡用。〇豹尾班侍衛,於三旗侍衛內,選功臣後裔六十人,日以二十人,值後左門,乘輿出入,以十人執豹尾槍,十人佩儀刀,侍於乾清門階下左右。駕出,豹尾班殿於後,以領侍衛內大臣一人,侍衛班領二人領之。駕還宮,隨至乾清門,退歸值。〇凡升除領侍衛內大臣員缺,除奉特旨補授外,將滿洲、蒙古、都統、內大臣、散秩大臣、步軍統領、前鋒統領、護軍統領,暨各省滿洲將軍職名開列具奏,候簡命。〇內大臣缺出,將散大臣職名開列具奏補放。〇散秩大臣,多由特恩補授,或人員不敷,於宗室鎮國公、輔國公,鎮國、輔國將軍,宗室頭等侍衛,暨公、侯、伯、子、男內,簡選引見,或授,或署,候欽定。〇侍衛初選均授為三等侍衛、藍翎侍衛,歲以冬月推升。一等侍衛員缺,以二等侍衛引見升補。二等、三等侍衛員缺,以次遞行引見升補。至勳戚後裔內,有特旨初選即授為一二等侍衛者,即坐補本旗員缺。宗室侍衛,不論鎮國、輔國、奉國、奉恩將軍,先選三等侍衛,以次升補,亦如之。〇上駟院侍衛,每旗七人。司轡、司鞍侍衛無定員,隸上駟院,其兼上虞備用處。十五善射、善騎射、善鵠射等處侍衛,各有專管,統在三旗額內,無定員。〇漢一等侍衛以一甲一名武進士補授,二等侍衛以一甲二名、三名武進士補授,三等侍衛於二甲內簡選,藍翎侍衛於三甲內簡選。〇凡習射,三旗侍衛,按期於該旗侍衛教場,騎射二次,步射六次,領侍衛內大臣暨侍衛班領察驗。〇親軍按期習騎射於侍衛教場,協理事務侍衛班領及親軍校察驗。

第十一章　侍衛差使

（衰）․衰․敗․　　○　　摔․東․西　　草․率․

　　纔說的這侍衛,都是得年力精壯的人罷？　　那自然,總得年壯才明、弓馬純熟的,比方那老年的人,氣力衰敗了,遇見當差,或走或騎馬的時候,他們如何行呢？　　怎麼侍衛那麼體面,還有走的時候的差使麼？　　嘍①!那差使別人求着要走着去當,還摸不着呢!　　怎麼呢？　　那是在皇上的轎子前頭,或是馬前頭,那麼一對一對的走,又得恭敬,又得快當②。倆手雖然活動,也不能像摔東西似的那麼活動,倆腿雖然是動,也不能像平常跑跑顛顛的那麼個樣兒,另有一個規矩。還有打燈籠的、打提爐的各樣兒差,又有在轎子後頭,拿豹尾槍③的,那爲後扈。各有各的差使,不但得自然,又得要恭敬,一點兒不敢草率,寔在不容易。　　您說這侍衛這麼難當,當些年,他們還轉別的官不轉？　　可以升外任,按品級升外省綠營的副將、參將、遊擊、都司都可以。你沒看見那《縉紳全書》上,某營參將某人底下,寫着"侍衛"倆字,那就是侍衛出身。　　是了。

第十二章　虎槍營兵

（拴）․拴․捆․　　○　　○　　涮․洗․

　　比方纔說的,這些個侍衛們,若是遇見皇上有出宮來的時候,他們的差使就不少罷!尖④有前引,有後管,很多的差使,另外有騎馬拿槍的人。　　那是甚麼人？　　那是虎槍營的。　　預備甚麼？　　本是預備出獵打圍,打老虎用的。　　也是火槍麼？　　是長槍,有尖刃兒,可以扎的。　　如今也有虎麼？　　海子裏有虎城兒,從前有虎,現在沒有,也是口外解了來的,預備打獵之用。　　來的時

---

① 嘍:嘆詞。
② 快當:迅速,敏捷。
③ 豹尾槍:用豹尾裝飾的槍,爲清帝侍衛所執。
④ 尖:在前或先行的。

候,怎麼來的？　那總是預備陷坑、舖席、蓋土,等虎掉下去,然後拴捆上,再把他弄上來,然後用網車拉到京裏來,一路上免不了受雨雪泥土之類。到了海子,再用水把他涮洗了毛皮兒,纔能乾淨,收在虎城裏,預備打圍的時候用的。

打的時候,怎麼個樣兒,聽見說過沒有？　聽見說,前兩天,用酒泡的羊肉,一塊一塊的喂他,叫他喫的飽了,可也就醉了。到打的時候,用鐵籠裝着他,擱在圍場中間兒,四周圍都是官兵。然後用小哈吧狗兒去逗他,狗跳跳躓躓①的去,用爪兒抓他,他有了氣,一出來,衆槍兵用虎槍攢扎②,生生把虎扎死。這虎槍營,如今每逢皇上出來巡狩,上那兒都必在前頭騎馬拿槍,如同儀仗一樣。

註　釋

〔虎槍營〕總統一人,以公、侯、領侍內大臣簡用。總領三旗各二人,大臣侍衛簡用。虎槍長副長,每旗各七人。筆帖式六人。○三旗虎槍六百人,遇車駕巡狩,虎槍總統、總領,日以十人佩虎槍前導。安營後,偵看豹出入,設弩箭挈刀。若行山遇大獸,則列槍從之,奉旨殺虎,或追蹤,或尋山,得實具奏。有旨則殺虎以獻,以首先刺虎一二人名奏聞。○如差在畿輔近地,或於口外殺虎,量地方遠近,奏聞請簡總統或總領,酌帶虎槍人前往。○選八旗善騎射者,每旗各參領二人,前鋒護軍校二人,前鋒、護軍十八人共一百數十人,於行田時,在蒙古圍後,列隊隨行。獸有逸出圍外者,馳騁射獵,以勵士氣,以整軍容。

第十三章　內外火營

（雙）·成　雙　　○爽·快　　·雙·生

還有別的營沒有？用槍的。　纔說的是虎槍營是用扎槍。論到用火槍,可有火器營,這是老火器,專習鳥槍,都是滿洲、蒙古的兵,這是早有的營了。到了乾隆年間,又添設了外火器營。　怎麼分內外呢？　內火是在城裏,外火是在西直門外頭,藍靛廠地方。雖然兩個營,彷彿成雙成對的,可是一個營用一顆堂印。那內火不必多說了,無非照例操演,外火的地方倒很好。　怎麼？　藍靛廠是一個鎮店,外火就在那兒蓋了一個很大營房。三十年前,有一位大

---

① 跳跳躓躓:蹦跳跑動的樣子。
② 攢扎:亂槍齊扎。

人,把那營房,重新修理,周圍挖濠築墻,眞是深溝高壘,很嚴肅,圍着濠是一棵一棵大柳樹。北門外,正順着長河,夏天好些遊人逛青兒,在那樹底下歇凉兒,寔在沒有那麼爽快的了。每逢操演的日子,鑼聲一響,各營房的兵,分八旗扛槍上教場操演,規矩整齊嚴肅,比別的營分外的好。　那不離圓明園不遠兒麼？　三里地,順着昆明湖的大堤,就到了萬壽山了麼。往西北去,就是香山的健銳營,這內外火和健銳營的兵,都是每月四兩銀的餉銀,米和馬甲一樣。您那有熟人麼？　有一個舊街坊,哥兒倆,是雙生兒①,一個在藍靛廠,一個在香山,都是開小舖子兒,別的熟人沒有。　是了。

註　釋

〔火器營〕總管六人,以大臣兼之。左右翼,翼長各一人,正三品。八旗營總,每旗一人。鳥槍參領,每旗一人,副參領各二人,兼管礮位各一人,署參領各四人,五品頂戴花翎署參領十人。鳥槍校每旗二十八人。筆帖式每旗二人。鳥槍藍翎長二十八人。○乾隆三十八年分爲內外。內火器營駐在京師,護軍二千六百四十名,礮甲五百二十八名,有米養育兵五百十四名,無米養育兵三百三十四名。外火器營駐紮京西藍靛廠,護軍二千六百四十三名,鳥槍甲三百五十二名,有米養育兵四百八十六名,無米養育兵三百十六名。

第十四章　臥佛古寺

（水）○　　誰　人　　山水　　睡　覺

說來說去,這藍靛廠地方,倒很有趣兒。　你聽,我告訴你。西直門外,有六里來遠,有一個萬壽寺,每年四月初八日,佛的生日,所以開廟,起四月初一日到十五,天天兒就開。萬壽寺裏,有好些山子石兒②,還有騾子,起井裏往外打水,這是一處。從萬壽寺往西,又五六里,就到了西頂廟,也是四月初一到十五,半個月開廟,你猜這西頂是那兒？　是那兒？　就是藍靛廠街上,就在外火器營的營子的東門外頭。　啊。　到了這時候兒,天清氣朗,誰人不想往城外逛一逛呢！並且順着大堤,看看玉泉山、昆明湖、萬壽山的山水兒景致,有錢

---

① 雙生兒：孿生子。
② 山子石兒：花園中堆疊的假山。

的就不囘來了。　在那兒住呢？　或是從那麼上碧雲寺，或是上臥佛寺，那一個大廟裏不可以住兩天？不過晚上睡覺①罷咧！可是得給和尚香錢。　碧雲寺我聽見您說過，那臥佛寺在那兒？　臥佛寺也在碧雲寺那兒不遠兒，有一個臥佛，有一股山泉，有好些桂花。京城裏各富貴人家兒，擺的桂花盆兒，都多一半兒是在這廟裏擱着，因爲那兒的泉水，清而且輕，澆出花兒來，香而且豔。那兒廟有多大？　比碧雲寺小多了，然而也可算是個有名的廟②。

第十五章　戒臺禪寺

（順）○　　○　　○　　順。當。

　　西山的廟，聽說不少罷？　少是不少，有名的可逛的，也不過就是三五下裏③。　還有甚麼？　有戒臺寺在那兒。　遠一點兒？　得過山那一邊兒去呢！那廟很大，廟裏有一個大戒臺。　怎麼爲戒臺？　出家當和尚，必得受戒。受戒的時候，不是隨便，今天一個和尚來受戒，明天一個和尚來受戒，總得定規下一個準日子。前幾個月，寫下報帖，說某廟於某月某日，令僧人來受戒，那些出了家，沒受過戒的和尚，就都先到那個廟掛號。到了那受戒的正日子，就成群搭夥的去受。然而廟裏這許多的和尚，若干的使費，那兒來的呢？必有一個大善人，或是富戶，或是貴家，拿出許多的錢來，佈施在廟裏，廟中的主僧，纔能辦這個事。那戒臺寺有個大戒臺，就是傳戒時候，主僧升座的時候用的。　別的廟裏，沒有這個事麼？　大廟也有，很少。　和尚們盡是指着有人佈施，他們就算是喫飽飯了罷？　那一定。和尚們一天沒人佈施，他們一天就得挨餓。若是常常有人施捨錢財米粮，他們就算是造化，過日子就順當了。俗語說："指佛穿衣，賴佛喫飯。"就是他們。　不錯。

---

① 底本在"上睡"處標記兩點，據篇首生詞改。
② 是個有名的廟：底本作"是有名個的廟"，據東京博文館藏本527頁改。
③ 三五下裏：三五個方向，三五個地方。"下裏"表方向、方位。

第十六章　廟分三類

（說）說話。　○　○　朔望。

您和我這些日子所說的，也有公事，也有私事。我現在聽您說的太多，有一點兒記不住，怎麼好？　這本是隨便兒說話兒，那兒能都記得住呢？不過你把那說的事情的大概的影子模兒①記住，就得了。　不錯，您說的是。比方題起廟來，京城的廟，都一樣麼？　不能一樣，有香火廟，有買賣廟，有清靜廟。怎麼個分別？　香火廟是每月朔望的日子開廟，好些香客來燒香。　甚麼叫朔望？　朔，是每月初一，因為初一那天，月亮的光兒有一點兒生光的意思，所以為朔。望，是每月十五，因為十五那天，月亮和日頭相對，月兒圓的日子，所以為望。這兩天，是開廟的日子，人都來燒香。京城內，比方東嶽廟、南藥王廟、娘娘廟，都是香火廟。　買賣②廟呢？　比方隆福寺，逢九、逢十開；護國寺，逢七、逢八開；土地廟，逢三的日子開。那廟裏都是買賣人去趕廟，擺攤子賣貨，那就為買賣廟。　那清靜廟呢？　就是纔告訴過你的，西山臥佛寺、碧雲寺和戒臺寺，還有山裏頭的大廟，那都為清靜廟。另外也有好些小廟兒，或城或鄉，不能全記。總而言之，好佛的人多。所以京城裏，每一個衚衕裡，都有個小廟兒，不差甚麼。到了鄉下，必有一個小廟，各村各莊都是一樣。　啊。

第十七章　光祿寺衙

（絲）絲線。　○　死生　四五。

等一等兒，《平仄編》十三段兒完了罷？　完是完了，還有一個"絲"字，附在這後頭，所以他完了，就算是十三段兒完了。　那一個"絲"字，是"思想"的"思"字，還是"公私""有司""斯文"的"斯"字呢？　都不是，是絲線的絲字。不管他那一個字，我們又該說甚麼呢？　衙門的事是公事，也都完了。走逛的事是私事，也說了好些個了。咱們也說了兩大段兒紅白的事，可顯着多一點

---

① 影子模兒：模糊的印象，大概的印象。
② 買賣：底本作"賣買"，據前文改。

兒，怪累贅的。　也不爲多，那一樣兒事，大得過喪事和喜事呢？　是啊，死生是大事，所以多說一半句兒，也不爲多。你想一想，還落下①那一個衙門沒有？我倒想不起來，我想說過的，也都全了罷？　不知道的地方兒，承您指教。我不能全記，也記了十之四五了，着寔承指教，寔在借光②了不得了，謝謝謝謝。　了不得，你題起"光"字來，我倒想起一個衙門名兒來，還沒說呢！　甚麼衙門？　光祿寺。　管甚麼的？　管筵宴的，每逢皇上家年下、正月裏，有廷臣宴、宗親宴、外藩宴，或是大典的喜筵，卿會試的舉人的鹿鳴宴，進士的恩榮宴，或是陵上有時的祭筵，都是那衙門預備。也有堂官，是四品的卿，以下司官有署正，那衙門在東安門裏頭，東華門外頭。　是了，那兒有個地名兒叫光祿寺，就是那兒麼？　就是那兒。　說完了。　完了，《平仄編》十三段兒也完了。

註　釋

〔光祿寺〕掌大內膳饈，及燕饗饔飱之需。正卿滿漢各一人，從三品。少卿滿漢各一人，正五品。所屬大官署，署正滿漢各一人，從六品；署丞滿二人，從七品。珍饈署，署正滿漢各一人，署丞滿二人。良醞署，署正滿漢各一人，署丞滿二人。掌醢署，署正滿漢各一人，署丞滿二人。分掌禽、魚、酒、醴、鹽、醢、果蔬之物，以時供具。○典簿，滿漢各一人，掌奏疏文移。司庫，滿一人，掌出納。筆帖式十八人，掌繙譯。○凡燕筵滿席，視用麫多寡，定以六等，價值以是爲差。萬壽聖節，及元日賜燕，皇子成婚，公主下嫁，賜福晉父母、額駙父母燕；除夕，賜下嫁外藩公主、蒙古王、公、台吉等酒饌，用四等筵。燕朝鮮國，及達賴喇嘛③貢使，用五等筵。御經筵講書，衍聖公來朝，安南、暹羅、緬甸等國貢使，朝鮮國押貢官，都綱喇嘛、番僧，用六等筵，均滿席。○文武會試，入闈、出闈燕，均用漢席。正副考官、知貢舉上席，同考官、監試御史、提調中席，內簾收掌、外簾四所及禮部、光祿寺、鴻臚寺、太醫院，各執事官下席。○實錄會典告成燕，與會試燕同。文武進士恩榮燕、會武燕，讀卷執事各官上席，進士中席。○凡大內膳饈，視尚膳房來文供具，遇車駕巡幸，日需膳饈，視內務府來文供具，委署官二人，隨行經理。○凡典守、司庫，收貯金器、銀器，及銅器之屬；大官署，收貯几席薦墊之屬；珍饈署，收貯瓷器、錫器，及龍旗、御杖之屬；良醞署，收貯釜、甑、勺、箸、釀具、碾碓之屬。有年久損壞者，以時修整。○凡奏備，歲支戶部庫帑六萬兩，及歲入果園地租，治備供用飲食、物品，設黃冊房，選滿漢署官各一人，專司綜覈。○凡承應戶役，設茶長以煎乳茶，設園長以供果實，均給之地以任其役，設行戶以和買牲畜禽魚、

---

① 落下：遺忘某件東西或事情。
② 借光：憑借別人的名聲、地位或榮譽而得到好處。
③ 嘛：底本此字模糊難辨，據東京博文館藏本532頁補。

果蔬醯醬，均隨物定值，時時酌劑。

第十八章　倉塲衙門

（大）．答應．　搭救．　毆打　大小．

《平仄編》到了十四段兒①了，對不對呀？怎麼不言語？您．　不是你和我說話，我不答應你，到了十四段，剩下兩三段兒就完了，應說的話多，該告訴你的事情，也還不少呢！你想夠編的麼？　那沒甚麼難的，咱們先儘着要緊的說，就是了．　那個要緊？　喫要緊．　不錯，民以食爲天，一定是吃的要緊。
　　比方您和我說過的各營的兵丁們，不也是以錢粮、米石是要緊的麼？　是啊，錢粮銀子是戶部管，按月給兵們，是很要緊的．　我打聽打聽，這米是那衙門管？　也是戶部，按月按季給兵們．　米也在戶部裏擱着麼？　不是，另外有倉收米，總管收米的，是倉塲衙門．　衙門在那兒？　在海岱門外頭，那衙門有滿漢兩位侍郎．　沒有司官們麼？　那就是各倉的監督，一倉兩個，一滿一漢，都是從各衙門要了來的，一面作倉監督，一面還算是各衙門的司官。米從南來，到了朝陽門，運進倉來，各人管各人的，晝夜派官人看守着。比方這一倉被賊偷了米虧空了，那就是這一倉的人認賠，那怕你賠的家產盡絕，堪堪急死．，也沒人搭救．。平常無事還好，開倉的日子，拉米的車夫，或是和兵丁們有吵鬧毆打．的事，在倉門裏頭，那都是監督的事。量米的斛口，各倉都是一樣的大．小．，但是米的多少，他們得管．　是了．

註　釋

（倉）凡京師倉，十有三，八旗五營兵食，官軍牧馬豆貯焉。通州倉二，王公百官俸廩米貯焉。又專隷戶部倉一，供內府奉祭禮，待外藩屬國，廩餼之米，牧馬之豆。倉各分廒，貯米以萬石爲率。〇凡倉塲之政，掌於總督、侍郎，承以坐粮廳，分司於大通橋監督及各倉監督。〇京師祿米倉，建於朝陽門內，凡五十七廒，內二廒四間，餘各五間，共二百八十三間，井六。〇南新倉，建於朝陽門內，凡七十六廒，內二廒六間，餘各五間，共三百八十二間，井九。〇舊太倉，建於朝陽門內，凡八十九廒，內三廒六間，餘各五間，共四百四十八間，井九。〇海運倉，建於東直門內，凡

---

①　十四段兒：指《語言自邇集·練習燕山平仄編》第323組—362組，以T爲起首輔音。

百厫,內四厫六間,餘各五間,共五百有四間,井十。○北新倉,建於東直門內,凡八十五厫,每厫五間,共四百二十五間,井十。○富新倉,建於朝陽門內,凡六十四厫,每厫五間,共三百二十間,井十。○興平倉,建於朝陽門內,凡八十一厫,每厫五,共四百有五間,井八。○太平倉,建於朝陽門外,凡八十六厫,每厫五間,共四百三十間,運水門三。○萬安東西二倉,建於朝陽門外,凡九十三厫,每厫五間,共四百六十五間,西倉運水門五,東倉進四。○裕豐倉,建於東便門外,凡六十三厫,每厫五間,共三百十五間。○儲濟倉,建於東便門外,凡百有八厫,每厫五間,共五百四十間,井三。○本裕倉,建於德勝門外清河橋,凡三十厫,每厫五間,共一百五十間,井三。○豐益倉,建於德勝門外安省橋,凡三十厫,每厫五間,共一百五十間,隸內務府。○通州西倉,建於新城,凡二百有三厫,內一厫六間,餘各五間,共一千十有六間,井九。○中倉,建于舊城南門內,凡一百十有九厫,內一厫四間,二厫六間,餘各五間,共五百九十六間,井五。〔米從南來〕有漕各省,歲輸粮於京師,山東三十四萬八千七百七十八石,河南二十一萬九千八百七十四石,江蘇七十二萬六千八百八十九石,安徽五十六萬六千二百七十六石,江西七十七萬百三十二石,浙江八十五萬六千七百三十九石,湖北十三萬二千四百三石,湖南十三萬三千七百四十三石。○有漕各省,歲輸粮米數百萬石,上供京師,爲官兵俸餉之需。自咸豐間,髮逆不靖,徵運維艱,俸餉減成散放者幾二十年,蓋官員俸米僅五成,兵米僅二成也。計南漕,惟江蘇、江西、安徽、浙江等省,徵運本色,因民氣未復,不能足額,計歲輸不過百萬上下,加以山東粟米二十余萬石,照現在章程開放,每歲所餘無幾。經倉場侍郎奏請,令江西、湖南北、河南四省,酌徵籌買,欲集三四十萬石,運京入倉,蓋今仍歲共入百余萬石焉。○各省粮船,既抵通州,正兌漕粮於石壩交兌,改兌漕粮於土壩交兌。坐粮廳官,查驗米色皆純,呈驗於總督倉場侍郎,迺按數起兌。正兌者,由石壩入通惠河,經普濟、平下、平上、慶豐四閘,今俗呼普濟閘,花兒閘、高碑店閘二閘,每挿換船,至大通橋,在東便門外,其監督官,掣驗無闕,乃分水陸運交京收貯。改兌者,由土壩裹河,至通州城南換陸路,交通州倉收之。其起解、掣驗、換車之處,各建有號房暫貯。其過壩,由閘上岸、下船,皆僱夫肩負之,俗呼扛糧。河岸貧民,三月起,則群喜,日望粮至,負米得微資糊口,每石數文,七月止。○凡發米,王公百官俸廉以春秋仲月;八旗兵食以四季,每季按旗先後分月支放。

第十九章 白米老米

(他)。他‧人 ○ ‧佛塔‧ 牀‧榻‧

米都是南來的,不是麽? 那我大概告訴過你,不用再累贅了。 我也不說那個,請問怎麼爲老米,怎麼爲白米? 米是稻子裏的子兒,那兒能有兩樣呢?但是從南去了稻皮兒來的,就是很好的白米;不去稻皮兒的糲米,那就一直的進京入倉,今年收了,明年放出來,顏色乾黃,就爲老米。 白米不進京城麼？　在離京四十里通州的地方有倉，在那兒裝着。　作甚麼用？　專給王爺俸米用，春秋二季，戶部發下俸票，關俸米的王府，自己上通州去拉了來。　怎麼常行人也有喫白米的呢？　本來是他人不能用的，你看見的常人喫白米，那是王府用不了的賣出來，常人也可以買着用。近年也有洋白米，也有關東運來的白粮，民人們自行買賣用的。　哦，老米是給兵用。　也不但兵，官的俸米一年春秋二季，兵的十二個月，各按各旗支領外，還有給貧民的粥米，是粟米，就是小米兒，山東來的，給刑部獄囚的囚粮米，和太監們吃的米，匠人們吃的米，都是按倉按時支領。倉塲管收放，戶部管總司其事。　是了。那有錢的，還有買了兵丁們吃不了的米，和住家兒每天吃飯留下一點兒的米，給和尚們喫。　那作甚麼？　那是好善的人，願意齋僧、修廟、造佛塔，叫佛爺保佑他無災無病，晚上睡在牀榻之上，夢穩神安的意思。　還都是喫的要緊不是？　可不是！

第二十章　國子監衙

（歹）獃·呆　○　好·歹·　　交代·

國家治國，不外乎"教養"兩個字。　是麼。　百姓們農田、水利、栽桑、種田，一家家的都盼着五穀豐登，遇着一個好年頭兒，那是不用說了。　哼。兵丁們錢粮米石養活着，俗語說："養兵千日，用兵一時。"那也不用說了。哼。　養兵養民的法子，是很好的了。這"教"字有甚麼規矩，您把那要緊的說一說。　要緊的，孔孟之道，教訓人以禮、義、孝、悌、忠、信，所以國家在各州、縣設立學校。縣有縣學，州有州學，府有府學。設立教官，有教授、教諭、訓導的名目。總理的是一省一個學政，是從京城放出去的大人，三年一換，按時他上各州縣去考。百姓們養了兒子，自小兒看那糊塗的、獃呆的，那就不必了；聰明的，就叫他念書，長大去考。學政看他的文章好歹，人品邪正，好的就中他爲秀才，後來鄉試考舉人，會試考進士作官。　哦。　還有京城的太學，就是國子監，各省的人，願意來監裏讀書的，就名爲監生。可是給銀子爲經費，纔能算他是監生呢！　監生，有甚麼榮耀？　也可以戴一個頂戴，彷彿秀才是的①。但是真能念書作文的，可以和秀才一樣考舉人。然而也有不爲考試，只花幾個錢捐一監生，爲誇耀鄉裏，遮掩門戶的，也不少。還託付人，把銀子送到京裏來，交代明白了，領一個執照，就算是監生的，也是很多。

註　釋

〔國子監〕祭酒，滿、漢各一人，從四品。司業，滿、漢、蒙古各一人，正六品。監丞，滿、漢各一人，正七品。博士，滿、漢各一人，從七品。典簿，滿、漢各一人，從八品。典籍，漢一人，從九品。助教，漢六人，分率性、修道、誠心、正義、崇志、廣業六堂；又八旗官學助教，滿十六人，蒙古八人，皆正八品。學正，率性、修道、誠心、正義四堂，漢各一人。學錄，崇志、廣業二堂，漢各一人，正八品。演算法舘，助教漢一人，又鄂羅斯舘，滿、漢各一人。筆帖式，滿四人，蒙古、漢軍各二人。○國子監，祭酒、司業，掌成均之法，以教國子，及俊選之士。監丞，掌學規以督教課，糾其勤惰，均其廩餼。博士，掌闡明經說以助啓迪。典簿，掌簿書以稽文移之出入。典籍，掌諸經史以備諸生誦習。○六堂，曰率性堂、修道堂、誠心堂、正義堂、崇志堂、廣業堂，有助教、學正、學錄，掌教直省俊選之士。○八旗官學，設滿蒙助教，掌分教八旗子弟，官學各在本旗界地。○演算法舘設助教，掌分教漢學生。○凡成均之教，分經義、治事，以教諸生。經義，以御纂經說爲宗，㫈②及諸家；治事，若兵、刑、天官、河渠、樂律之類，各名一家，皆綜其源流，詳其得失。助教、學正、學錄，課以制藝策論。司樂月試，祭酒季考，以辨其勤惰優劣，而董勸之，○凡直省貢監生到監，持本籍文書赴監考到，外堂學習。貢生積十有四月期滿，監生積二十四月期滿，移吏部序選。○凡留學肄業貢監生，在學肄業者百五十六人，在外肄業赴學考課者百二十人，至三十六月，擇其才學優異者，保薦引見錄用，餘移吏部。滿洲肄業生以筆帖式用，遇官學助教員缺，同與考選。漢軍准簡選川、廣、雲、貴州縣佐貳官，漢肄業生以教職先用。○凡官學之教，八旗各立學，選子弟年少資敏者，滿洲六十人，蒙古、漢軍各二十人，令入學讀書。滿助教教以清文國語，蒙古教習教以蒙古語言文字，漢教習教以經書文藝，月試繙譯、四子書藝、校射各六次。祭酒司業以時入學，稽其勤惰，春秋會文、會射於太學。三年學成者，請命大臣考試，取其尤者，升爲監生。工繙譯者，考充各部寺庫使。在學年久者，考充本旗外郎、外郎各步軍官廳寫字辦文者。○凡算學之教，設肄業生，滿洲十有二人，蒙古、漢軍各六人，於各旗官學內考取；漢十有二人，於舉人貢監生童內考取。附學生二十四人，由欽天監選送，教以天文演算法諸書，五年學業有成，舉人引見，以欽天監博士用。貢監生童，以天文生補用。○凡四夷之學，番夷諸國，有願遣其子弟詣學觀光者，准其肄業，以滿漢助教各一人，教以語言文字，所司供其居室服食器用，

---

① 是的：似的。
② 㫈：旁。據《字彙·方部》："㫈，旁本字。"

業成願歸國者聽,然今無此事。○凡考取教習蒙古教習,於領催護軍内選補,五年期滿,以本旗驍騎校、護軍校用;漢教習奏請欽命大臣,會本監,於肄業之恩貢生、拔貢生、副貢生、歲貢生及優貢生内考取,按名次序補,三年期滿,以知縣教職用,均由監引見,候旨吏兵二部銓選。漢教習有助職列一等者,請旨再留學三年,以知縣即用。○算學教習於習算有成之學生内考補,五年期滿,以欽天監博士叙用。○凡錄送鄉試,在監肄貢監生,及武英殿供書各學教習;欽天監天文生,遇大比之歲,均由監集試,校文錄科,册送順天府鄉試。○凡進士題名,每科進士詣學釋褐後,移取工部庫帑百兩,按諸進士甲第先後,詳其姓名里居,勒碑於戟①門外。○凡成均膏火,歲支戶部庫帑六千兩,月給内外肄業生廩餼有差。○凡各學膏火,教習月給銀二兩、米二斛,學生給銀有差,均於戶部支領。○官學漢教習,歲給夏衣、秋衣各一襲,二歲給冬裘一襲,均於工部支領。

第二十一章　諸學教人

（太）胎孕。　扛擡　○　太甚。

算起來,監生不少,不能都在監裏讀書了。　那是勢所必然,不能都念的了。您想,各省的民人願意捐的有多少?國子監衙門有多大?那兒裝得下呢!人從一生下來,一世的造化好歹,早就定規了,該當長大成人,或文,或武,或貴,或賤,都是天定的。　還有人說,在娘的胎孕裏,就早已命定了。一輩子或是後來作官,作買賣,甚至倡、優、隸、卒、趕腳②、負苦、挑、背、扛、擡、乞丐討着喫,都是命定了的呢!　所以說了,然而不能不學,不能不受教,就是了。　那是一定的,儒教第一教訓人以孝、悌、忠、信、禮、義、廉、恥,不怕你不作官、不成名,就是貧苦一輩子,也得明理,知道忠孝。　古人說"求忠臣於孝子之門"麼,那是應當知道的。　故此不論貧富,都得學。比方國子監衙門,除去監生讀書之外,有八旗官學生,在八旗各處設立官學,統有管理的人。宗室有宗學,覺羅有覺羅學,都是學滿漢五經四書,還有馬步箭。世職有幼官學,未到十八歲的世職,在幼官學裏學習弓馬、讀書。另外有好些個義學,是官紳富戶捐錢立的學校,預備貧家子弟念書的。　聽見京報上說,官學也廢弛的很了,打算要整頓不是?　可不是!現在很講究這個事。　據我看,也是廢弛太甚了,眞得整

---

① 戟:戟。據《集韻・入聲・二十陌》:"戟,或作戟。"
② 趕脚:自備騾馬車輛,供客騎乘運貨的營生。

頓了。　可不是！

註　釋

〔宗學〕左右翼各設宗學一，擇宗室子弟聰秀者入學。每學以王公一人總其事，宗室總管二人，副管八人，教習繙譯共十四人，教習騎射共六人，學京堂官四人，歲一校試，別優劣，定去留。
〔覺羅學〕左右翼各設覺羅學四，擇覺羅子弟聰秀者入學，每學以王公一人總其事，覺羅事副管二人，教習清書一人，教習騎射一人。漢書生徒每十人漢教習一人，總察課程。京堂官四人，三歲一校試，分別優劣，酌定去留，學成與旗人同應考試歲科，及鄉會試，並考用中書、筆帖式、庫使。盛京設宗學一，覺羅學一，凡居盛京宗室、覺羅子弟，擇聰秀者入學，以將軍及奉天府尹總其事，設總管、副管，清漢書、騎射教習，與京師同。〔八旗官學〕八旗各設官學，以教官軍之子弟之穎秀者，國子監掌之。滿洲選額六十人，蒙古、漢軍各二十人。滿助教教以清文國語，蒙古助教教以蒙古語言文字，漢教習教以經書文藝，本旗月委參領稽察。〔義學〕八旗各設義學，以教貧不能延師者，禮部掌之。〔世職幼官學〕兩翼各設世爵官學，派滿洲大臣十人，分蒞其事，各委參領二人，更番稽察。世爵十八歲以下，十歲以上，均令入學，習國語、騎射，三年試之。〔義塾〕官紳士庶，捐錢立塾，以教民間子弟之貧無力者，旗人子弟，亦隨意入讀。其塾師，聽掌塾之紳者，公擇文學品行兼優之師以充之。〔咸安宮官學〕於八旗及内府三旗貢監生員及官學生内，選其秀者，每旗不過十名。〔景山官學〕選内府三旗幼丁，每滿洲佐領下八名，旗鼓佐領下四名，内管領下六名，教之同八鼓官學例。〔萬善殿官學〕選幼年内監教之，無定額。按諸學近年多因屋宇傾圮，膏火無餘，致多廢弛。光緒九年稍加修葺，今仍不振。

第二十二章　三教一家

（單）單 雙　○　膽子大　雞蛋

　　如此說，人當讀書明理，修身齊家的工夫，都是儒教的好處。　是麼。怎麼也有出家的人呢？　誰出家了？　您說過的，和尚、道士、喇嘛們。　不錯，說過，還有尼姑，又叫姑子，和女道士，這都是出家人。那是這麼着，雖說儒、釋、道三教，然而究其理，也是教人一個"好"字兒，一個"善"字兒，就是了。
　　您那麼說，我不服。怎麼和尚、道士、姑子們，都是出了家，不娶不嫁，孤孤單單的。都若是出了家，孤孤單單的，幾十年之後，世間就沒了人了，還有儒教的夫和婦順，成對成雙的，生兒養女的好麼？　孤單也罷，成雙兒也罷，我說的不論他們單雙的事，是說這教法也都是好，就是了。所以有人說"紅花、白藕、青荷葉，三教原來是一家"的話。　怎麼講？　像那儒教說惻隱之心，釋教說慈悲之心，道家說道德之心，不是都是一個"仁"字麼？又儒教說惟精一，釋教的不二法門，道教論貞一，這也不是一個"一"字兒麼？如此看來，不論那一教，還都是教人一個善不是麼？　那麼怎麼不好的僧、道、女尼們，也有邪淫犯戒的呢？　唉，那心不好膽子大的人，不論那一教，都有犯罪的。然而人心似鐵，官法如爐，誰也脫不了王法。故意犯法犯戒的人，比方雞蛋望①鵝卵石上碰，沒有不碎的，那眞飛蛾投火，自尋其死了。

第二十三章　回教中人

（炭）貪贓　談論　平坦　柴炭

您說的也是，古人說："禍福無門，惟人自召。"像那佛教從印度國來，本是教人一個"空"字兒，爲甚麼和尚們偏犯色戒？道教老子以清淨爲本，爲甚麼道士們不守清規？儒教孔子的治國安民，爲甚麼作官的多有犯貪贓的毛病？不但丟官罷職，也是叫人談論。那貪名兒所以都是自取，論本教，豈不是都是叫人學好麼？　可不是！　三教之外，還有甚麼別的教門兒麼？　咳，大道本來平坦，天道無私，人生在各國，所以就另外有好些個教法。那邪教不必論了。比方回回教②在中國的日子也不少了，由唐朝就有他們，穿衣也是用布，喫飯也是用米麵，住處也是用房子，燒火也是用柴炭，可有一樣兒。　甚麼？　不喫豬肉，過年另外有一個日子，總以三百六十天算，每年到了那個日子，還要看新月芽兒，見了月芽兒就賀新年。十八省都有他們，各處都有禮拜寺，七天一次，名叫主嘛兒③，就是禮拜的意思。京城裏賣羊肉、開蠟舖的，都是他們。讀書成名，考試文武，都和民人一樣。　他們的教主是誰呢？　那不是默罕麻德兒④麼，立教到如今，有一千二百多年了。如今西路地方，伊犂一帶，他們人很多。　啊。

---

① 望：往。老北京人念"往"爲去聲，而非上聲。
② 回回教：伊斯蘭教。
③ 主嘛兒：來自"聚會"的音譯，伊斯蘭教定每週星期五爲聚禮日。也寫作"主麻"。
④ 默罕麻德兒：穆罕穆德。

第二十四章 天主教人

（當）．應．當　　○　　攔．住．　典．當．

　　如此看來，回教的人，也不少啊！　那本是一個教門兒，不論那兒的人，想要入那個教都可以。可是一入了教之後，子子孫孫就都是回教了。　那麼，是不論其人，只論其教了。　是。　回教之外還有甚麼？　近年有西洋的教，兩樣。　甚麼？　天主教和耶蘇教。　這有多少年了？　天主教久了。從前明朝末年的時候，有西洋人利馬竇，他們就來傳教，南北省的人，多有入教的，勸人應當尊敬造天地人物的主宰，所以爲天主教。　到本朝，用他們造曆書①，如今欽天監觀象臺的那些個察看天文的渾天儀甚麼的，都是他們新造的。聽說康熙年間，也叫他們鑄礮，往軍營裏用。後來到了嘉慶、道光初年，大概就不用他們了，叫他們回去。　他們在那兒傳教呢？　京城有四個大堂。是甚麼堂？　傳天主教的會堂。　四個堂都有名字麼？　有東、西、南、北的名目。　在京城那兒？　東堂在東單牌樓北，干魚衚衕，西堂在西直門大街，南堂在宣武門內，東城根兒，北堂在西安門裏頭，鹽池口。他們因爲不用他們造曆，回去了，各堂就都封起來，把洋樓用磚砌了，攔攔住閒人，不許進去。那些入教的本地人，沒了會堂，也都不敢言語是教內人了。　都是甚麼人？　鼻烟舖、餑餑舖、鐘錶舖的人多。　沒有窮人麼？　也有窮人，平素間典當衣裳過日子，想要入教發財的人也有。　哦。

註　釋

〔天主教久了〕天主教來自泰西，入其教者，自知其規，閱其書者，亦知其理，今將其教，約略言之如左。長安掘地得唐時古牌一，乃大唐建中二年，歲在作噩，太簇月七日，大耀森文日建立，朝議郎前行台州司士參軍呂秀岩書，其碑名大秦景教流行中國碑序。按此教，支那未之前聞，然其碑載開天地，匠萬物，立初人，皆今日天主教所謂天主上帝造物造人之語，並有三一妙身，即今天主教所謂三位一體之語。以此觀之，則唐代天主教已入支那矣。○《神仙通鑒》載，遠西國人云，去支那七萬九千里，經三載，始抵西羌界。彼國初有童貞馬利亞，於辛酉歲，寔漢元始元

---

①　造曆書：制定曆法。

年，天神嘉俾阨承爾，即加伯列，恭報天主，特選爾爲母，既而果孕降生，取名耶穌。至三十歲，辭母遊行如德亞，即猶太國，傳教淑人。所行聖跡甚多，爲國中巨家及在位者嫉，謀殺之，釘其手足於十字架上，終時，天昏地震，時年三十三。死後三日復活，身極華美，又四十日，將升天，面諭宗從百二十人，分行天下訓誨云云，此又一證。○《職方外紀》載，亞細亞之西，近地中海，有名邦，曰如德亞，即猶太國。此天主開闢之後，肇生人類之邦，天下諸國載上古書跡，近者千年，遠者三四千年而上，多茫昧不明，或異同無據，惟如德亞史書，自初生人類，至今將六千年，萬事萬物，造作原始，悉記無訛，異邦推爲宗國。其經典中第一大事，是天主降生救拔人罪，預說什詳，後果降生如德亞之白德稜，即伯利恒之地，名曰耶穌，譯言救世主也。在世三十三年，教化世人，其後耶穌肉身升天，諸弟子分散萬國，所化國土，如德亞爲最先，延及歐羅巴、利未亞，大小千餘國，歷今千六百餘年，其國皆久安長治，其人皆忠孝貞廉云云，此又一證也。○明朝萬曆間，西國有利馬竇先生，越九萬里，航海至支那，體天主愛人如己之意，赴上海邑，寓在安仁里潘恩宅，今改武廟，及敬業書院，昔在彼處爲天主堂十字街，至今民間亦呼此名。有觀星臺，明流寓西域人造，高不過二三丈，湖石疊成，具玲瓏嵌空之致，盤旋上之，彌迂遠，前舖紫石爲階，刻黃赤道及經緯躔度。乾隆年間，修敬業書院廢台，今石砌猶爲可識。○明徐光啓，字子先，父思誠，上海邑人，有孝行，好行其德。萬曆二十五年，光啓舉鄉試第一，又七年成進士，由庶吉士歷贊善，從西洋人利馬竇，學天文、曆算、火器，盡其術，遂徧習兵機、屯田、鹽筴、水利諸書。楊鎬四路喪師，京師大震，累疏請練兵自劾，神宗壯之，後請多鑄西洋大礮，以資城守，熹宗善其言。天啓三年，擢禮部右侍郎，時上以日食失驗，欲罪臺官，光啓言：「臺官測候，本郭守敬法，元時嘗當食不食，守敬且爾，無怪臺官之失占，臣聞歷久必差，宜及時修正。」上從其言，詔西洋人龍華民、鄧玉函、羅雅谷等，推算曆法，光啓爲監督。四年正月，光啓進《日躔歷指》一卷，《測天約說》二卷，《大測》二卷，《日躔表》二卷，《割圜八線表》六卷，《黃道升度》七卷，《黃赤距度表》一卷，《通率表》一卷，是冬十月辛丑日食，復上《測候四說》，其辯時差里差之法，最爲詳密。五年五月，以本官兼東閣大學士入參機務，加太子太保，進文淵閣。光啓負經濟才，有志用世，及柄用，年已老，值周延儒溫體仁專政，未竟其用。明年十月卒，蓋棺之日，囊無餘資，請優恤以愧食墨者，上納之，諡文定。崇禎七年，賜葬在上海縣二十八保徐家匯，查繼申，銘文淵閣大學士兼禮部尚書，贈太保，諡文定。徐光啓墓在縣邑中，有徐光啓牌坊，額寫閣老坊，在上海明倫堂亦有記牌，額曰：「宰相明崇禎朝文淵閣大學士徐光啓。」其爲贊善時，有《辯學章疏》，略曰：「遠人學術最正，愚臣知見甚眞，乞爲隆重。臣見邸報，南京禮部，參西洋陪臣庞廸我等，內言其說浸淫，即士君子亦有信向之者，云其妄爲星官之言，士人亦墮其雲霧，曰士君子，曰士人，部臣恐根株連及，略不指名。然廷臣之中，臣嘗與諸臣講究道理，書多刊刻，則信向之者臣也。亦嘗與之考究曆法，前後章疏，具在御前，則與言星官者亦臣也，諸陪臣果應得罪，臣豈敢幸部臣之不言以苟免乎！然臣累年以來，因與講究考求，知此諸臣，最眞最確，不止蹤跡心事一無可疑，寔皆聖賢之徒也，其道甚正，其守甚嚴，其學甚博，其識甚精，其心甚眞，其見甚定，在彼國中，亦皆千人之英、萬人之傑。所以數萬里東來者，蓋彼國教人，皆務修身以事天主，聞中國聖賢之教,亦皆修身事天,理相符合,是以辛苦艱難,履危蹈險,來相印正,欲使人人爲善,以稱上天愛人之意。其說以服事上帝爲宗本,以保救身靈爲切要,以忠孝慈愛爲工夫,以遷善改過爲入門,以懺悔滌除爲進修,以天堂眞福爲作善之榮賞,以地獄永殃爲作惡之苦報,一切戒訓規條,悉天理人情之至。其法能令人爲善必眞,去惡必盡,蓋所言天主生育拯救之恩,賞善罰惡之理,明白眞切,足以聲動人心,使其愛信畏懼,發於繇衷故也。臣常論古來帝王之賞罰,聖賢之是非,皆範人於善,禁人於惡,至詳極備,然賞罰是非,能及人之外行,不能及人之中情。又如司馬遷所云,顏回之夭,盜蹠之壽,使人疑於善惡之無報,是以防範愈嚴,欺詐愈甚,一法立,百弊生,空有願治之心,恨無必治之術。於是假釋氏之說以輔之,其言善惡之報,在於身後,則外行中情,顏回盜蹠,似乎皆得其報,謂宜使人爲善去惡,不旋踵矣。奈何佛教東來千八百年,而世道人心,未能改易,則其言似是而非也。說禪宗者,衍老莊之旨,幽邈而無當;行瑜珈者,雜符籙之法,乖謬而無理,且欲抗佛而加於上帝之上,則既與古帝王聖之旨悖矣,使人何所適從,何所依據乎!必欲使人盡爲善,則諸陪臣所傳事天之學,眞可以補益王化,左右儒術,救正佛法者也。蓋彼西洋鄰近三十餘國,奉行此教,千數百年,以至於今,大小相卹,上下相安,其久安長治如此。然猶舉國之人,兢兢①業業,惟恐失墜,獲罪天主,則其法寔能使人爲善,亦既彰明較著矣。此等教化風俗,雖諸臣所自言,然臣審其議論,察其圖書,參互考稽,悉皆不妄。臣聞由余西戎之舊臣,佐秦興霸;金日磾西域之世子,爲漢名卿。苟利於國,遠近何論焉!又伏見梵刹琳宮,遍布海內,僧番喇嘛,時至中國,即如回回一教,並無傳譯經典可爲正據。累朝以來,包荒容納,禮拜之寺,所在有之,高皇帝命翰林臣李翀、吳伯宗與回回大司馬赤沙黑馬哈麻等翻譯曆法,至稱爲乾元先聖之書,此見先朝聖意,深欲化民成俗,是以褒表搜揚,不遺遐外。而釋道諸家,道術未純,教法未備,二百五十年來猶未能仰稱皇朝表章之盛心,若是以崇奉佛老者崇奉上帝,以容納僧道者容納諸陪臣,則興化之理,必出唐虞三代之上矣。皇上豢養諸陪臣一十七載,恩施深厚,諸陪臣報答無階,所抱之德道,所懷之忠藎,延頸企踵,無繇上達。臣既知之,默而不言,則有隱蔽之罪,是以冒昧陳請,倘蒙聖明採納,特賜表章。目今暫與僧徒道士一體容留,使敷宣勸化,竊意數年之後,人心世道,必漸次改觀,乃至一德同風,翕然丕變,法立而必行,令出而不犯,中外皆無欺之臣,次戶成可封之俗,聖躬延無疆之遐福,國祚永萬世之太平矣。即令諸陪臣將教中大意,誡勸規條,與其事跡功効,畧述一書,並已經繙譯書籍三十餘卷,原來本文經典一十餘部,一併進呈御覽。如其踳駁悖理,不足勸善戒惡,易俗移風,即行斥逐,臣與受其罪。臣於部臣,非敢抗言相左,特以臣考究既詳,有懷不吐,私悔無窮,是以不避罪戾,齊沐陳請。至於部臣所言風聞之說,臣在昔日,亦曾疑之矣,伺察數歲,洞悉底裏,乃始深信不疑。使其人果有纖芥可疑,臣心有一毫未信,又使其人雖非細作奸徒,而未是聖賢流輩,則其去留,何與臣事。修曆一節,關係亦輕,又安敢妄加稱許,爲之游說,欺罔君父,自干罪戾哉。竊恐部臣伺察詳盡,亦復爲君,其推轂獎許,亦不後於臣矣。"○〔造曆法〕自明中葉,泰西人入支那,而天文演算法精於支

---

① 兢:底本作"競","競"本爲"兢"之異體字,但據文義改爲"兢"。

那。支那因大統法,係許魯齋所定,故終扼其說不行。清康熙帝天縱聰明,命欽天監有靈臺郎,皆用西法,惟置閏用中法,以合堯典,千載之失,定於一旦,然後乾象昭明,千歲可坐而定矣。○〔觀象臺〕按天文儀器,康熙十二年,又五十四年造。○〔傳教〕天主教來自萬曆間,至清朝國初,各處雖有習教之人,然未有明文,考聖諭中,有天主教,亦屬不經,因其人通曉曆法,故國家用之訓,於是民間入其教者,亦弗能自誇也。嘉慶間,不用洋人造曆,天主教人亦被查禁,人更不敢明言。後咸豐間,清兵與英佛戰敗,結盟城下,各處遂明建會堂,而解其禁。聞今日都中,入其教者,約二千餘家云。○〔四教堂〕分東西南北名目,東堂在東單牌樓北,干魚衚衕西口內乃其後門,其正門在王府大街路東。近一二年間,修理高大,煥然一新。西堂在西直門大街路南。南堂在宣武門內東城根路北,聞係明徐光啓之家廟改造會堂者。北堂在西安門內,蠶池口內路南,此堂中有博覽堂,鳥獸石類備集,頗悅人目。○天主教,有由俄國傳習者,曰希臘教,京城亦有一堂,在城之東北隅,人呼之爲東天主教。

第二十五章　天主教堂

（湯）．喝．湯　．白．糖　軄．①臥．　燙．手．

　　後來甚麼時候兒,天主教又興起來了呢？　二十多年之前,西國人來和約到京,所以又重修會堂,天主教就更興旺了。　啊。　那北堂在蠶池口,他們那兒有博覽堂,把好些飛禽走獸、魚鱉鰕蟹、蟲蟻兒、石頭甚麼的,都擺在那博覽堂裏頭,人人都可以去看。還有仁慈堂,專治病,不論甚麼人,有病的到那兒求治,他們就給藥。病重的,可以在那兒住,他們服侍病人吃藥喝湯。　甚麼湯？　西洋的洋鐵②罐子裝來的牛肉湯,或是有力量的洋酒,攔上白糖雞子兒,病人好了很好,不好,任憑你軄臥個三月倆月的,都可以。每日還是給錢給飯,甚至那治病的姑娘,給病人倒茶倒水喝,怕病人燙手,就親自拿扇子搧,眞是行善愛人。　很好啊!　還設立男女學房,把本地的人的貧窮難養活的兒女收留了去,上學念書,後來長大成人,挑選配耦成婚。　也是德行的事啊!

　　這也不但在京城,比方天津、上海,各處口岸,通商的地方,都早就有了傳天主教的了。　哦。　但是愚人無知,妄想入教可以發財,或是入教倚勢欺人,

---

① 軄:躺。據周志鋒《明清小說俗字研究》:"'軄'同'躺',俗字更換聲符。"(中國社會科學出版社,2006年,42頁。)

② 洋鐵:鍍錫鐵皮或鍍鋅鐵皮的舊稱。

所以各處的民人,多有恨惡這天主教的,以致常有滋事的事。 是了。

第二十六章　拆①毀教堂

（道）刀　槍　　擤線　　顛倒　道理

如此說,這恨惡天主教的人,都是怎麼滋事呢？ 也有小事兒,也有大事兒,小的不過造些個謠言,說天主教堂有甚麼男女混雜的事。 真有那個事麼？ 事寔在是沒有,然而無風不起浪,因爲是他們每七天一個禮拜,男女老少,都是七天一次進會堂,禮拜天地萬物主宰的眞神、上帝、老天爺。禮拜的時候,恐怕閒人攪擾,所以關門閉戶,大家祈禱,並且作樂按琴,男女讚拜,不許外人看。 哦。 因此外人看不見,就誤造謠言,說七天一個混沌,男女不分,沒有倫常的那些話,這是小事。 大的呢？ 大事常有拆毀會堂,毆打天主教人的事。頂利害的,是十二三年之先,有天津殺天主教的人的事。 怎麼鬧起來的？ 那一年,也因爲病人多,所以天津地方,有一個天主教堂的仁慈堂的法國人的妻子,就是給人看病的外國娘兒們,施捨棺材給死人,底下人辦理不善,甚至一個棺材裝兩個人,好些在堂裏養病的人死了,就擡了出來。外人看見說,外國人害人,挖眼剝心,配藥作銀子。大家一吵翻,一會兒的工夫,拿磚的,拿石頭的,拿槍刀②的,拆了會堂,殺了二十多外國人,本地人也不少,並且把耶穌教的會堂也拆了不少,差點兒鬧成大事。 怎麼辦的？ 算是上司們一擤線頭兒③,追究出來,把滋事的拿住了,治罪抵命纔完的。 咳,我想總是那個教和大教人④,規矩彼此顛倒,人疑惑他們不合道理,纔有這個事。 可不是！

註　釋

〔天津教案〕天津,素日有水火會,約共七十餘處,每處約百數人,所以防火災也。每有被火之

---

① 拆:底本作"折",據文義及卷首目錄改。本章下文同。
② 槍刀:底本如此,不同於章首生詞"刀槍"。
③ 擤線頭兒:找事情的根源。擤:繞(線),引申爲找尋。
④ 大教人:信奉儒家思想的普通漢人,尤其相對於回民、基督教人而稱。

處,則鳴金集衆往救之,此向例也。同治庚午,法人在天津設堂傳教,已將十載,民教相安,尚無他嫌。是歲五月初間,法國所建之仁慈堂者,向以醫病及收留孤兒弱女爲事,因兒病多死,買棺殯葬,疫染者既多,棺出者自衆,民間疑之,而仁慈堂買棺之華人,從中漁利,時買一棺殮二孩,而給法人以雙價,以致外間傳言云,一棺兩三屍,何孩死之衆也。正懷疑之際,初八日鄉民獲用藥迷招幼孩之匪犯張栓等二名,送官究治,官照例擬死罪,未即正法,而民疑天津縣有意開脫其罪,群情洶洶,幾欲入署搶犯,兼有拆天主教堂之說。知府張光藻聞之,飭令縣速正犯者之罪,人心始安。至二十日,鄉民又送到一犯,名武蘭珍,訊之係迷拐人者,並稱迷人之藥,係教堂內王三所授,先已迷拐一人,得洋銀五圓等語。是時通城內外皆知,愈疑天主教堂用藥迷人,已有實據,咸忿忿不平。官知之,府縣同謁通商大臣崇厚,請詢法領事查辦。時法國領事豐大業,查問堂內並無王三其人,旋定於二十三日巳刻,府縣帶犯人武蘭珍,赴堂質訊,蘭珍語言支離,且門庭徑路,與犯供不符。官以犯供不確,毋①庸辦查,惟囑法傳教人謝福音,嗣後教堂幼孩,有病死者,請官驗明,始爲埋葬,免致物議生疑,謝亦允去。官亦擬出示諭民,並將武蘭珍一犯先行正法。詎料是日未刻,街市人聲鼎沸,各火會人鳴鑼聚衆,刀槍劍戟,填街塞巷,傳言人民在崇厚署前,與法人鬥,故火會往助焉。蓋公訊武蘭珍於教堂之際,士民觀者雲集,偶與教堂人有違言,抛磚石相擊。豐領事負氣,逕至崇厚公署訴之,神氣兇悍,帶有洋槍,向崇厚施放,幸未被中,崇厚撫慰之,令其勿出致激民忿。豐弗從,忿而出署,路遇知縣劉傑,復向劉放槍,誤傷其僕。故人民公忿,將豐群歐致死,火會衆人和之,遂焚天主堂並法公舘及仁慈堂,與英美國耶蘇教講書堂共九處,且法國洋行,亦同時被燬,殺死法國十三人,及俄國行路人男女三人,總共二十餘人。崇厚以寔告,奉旨命曾國藩往津查辦,曾國藩奉畧云,教迷拐人口,教堂授藥一節,犯人所供游移,亦無教堂主使確據,仁慈堂查出男女一百五十餘名口,逐一訊供,均稱習教已久,係其家送堂中豢養,並無被拐情事,至挖眼剖心則全係諉傳,毫無確據。天津城內外,亦無一遺失幼孩之家,寔以本年四五月間,有拐匪用藥迷人之事,適是時堂中死人甚多,由是浮言大起,猝成巨變云云。又將案天津府知府張光藻、知縣劉傑二員,革職交刑部治罪,旋奉旨從重改發黑龍江効力贖罪,並拿獲滋事人犯,定以斬罪者十六人,軍流徒罪者二十餘人,其所毀之教堂等處,各予賠修。○按各處民人,常有與教民齟齬者,或傷人,或毀堂,惟此次爲巨案焉。

第二十七章　耶蘇教人

（逃）叨恩　．逃跑．　討．要．　圈套．

這麼說,耶蘇教也和天主教一樣被人恨惡了。　稍微的比天主教好些兒。怎麼？　因爲天主教是永遠把四個堂門關着,所以雖然有男女學房、治病的

---

① 毋：底本作"母",據文義改。

醫院、幫助窮人的善事，人反倒疑惑，耶穌教不然。　怎麼？　耶穌教，就是天主新教，四百年前，有一個人另立新教，這一個人叫路得。　哦。　他是照着當年耶穌在世講道的規矩，到處明明白白的宣講。所以如今耶穌教堂的人，都是天天大開堂門，講論人生在世，怎麼蒙造人物的上帝主宰的大恩，生養成全，處處保護，衣食不缺，災病不染，永遠平安的好處。怎麼不知自愛，故犯貪嗔癡愛一切的毛病，甚至不忠不孝，不仁不義。怎麼老天爺降罪，一切的刑罰，比方水火旱潦、瘟疫流行的這些個事。人終日叨恩保佑，反倒拜一切銅鑄、鐵打、木雕、泥塑、板印、筆描、石頭鑿的假神像，怎麼老天爺有報應，刑罰一到，世人難以逃跑，這些個話。　哦，也說的好啊！　所以人聽見，也有感悟入教的。本來自古說"善有善報，惡有惡報，不是不報，日子未到"的話。　是麼，人行惡，如同欠了老天爺的債似的，將來報應一到，彷彿來討要欠帳似的，世人何苦自尋苦惱呢！　嘻，任你使盡諸般圈套，末了兒還是一塲空。　真是何必自尋苦惱啊！

註　釋

前四百年無耶穌教之說，蓋泰西所奉者，天主教而已。因彼時有天主教人名路得者，疑天主教中之人所立教規，多屬浮文，非耶穌立教本意。耶穌者，即天主教中所云之救世主也。故路得別立一教，曰耶穌教，人或亦稱爲新教，而謂天主教爲舊教云。〇耶穌教率以簡樸奉耶穌，不似天主教之浮規，如天主教以人有罪，彼神父能赦之，耶穌教則無此理。然天主教之初，亦非有此規，寔人之爲之。故人之有小罪者，如詈人妬人之類，自覺，即自訴於其神父："我詈人矣，妬人矣。"神父量其罪之大小輕重，而罰其金，或罰其念經，則云："爾罪耶穌已赦之矣，甚勿再犯，恐貽重咎也。"耶穌教則不然，有過則改，無過加勉，不但無求赦之浮規，亦無節飮食如素食之虛文，其規則早晚或日間，隨時隨地，惟祈禱上帝，益我身心德行，並自勉自責，愛人如己，不自欺。每七日禮拜於會堂，誦詩讚美上帝，謝恩認罪，此外皆如常人云。

第二十八章　耶穌教堂

（得）話．叨．叨．　　得．失．　　〇　　〇

您說，他們耶穌教的會堂裏，天天除了講論道理之外，也有別的善事麼？怎麼沒有！他們分兩樣兒，說當日耶穌在世，是醫病趕鬼兩樣兒，所以如今也

是趕鬼醫病。　怎麽趕鬼呢？　當日的神奇，那不必說了，如今講道勸人，就是要把人心中的邪僻私欲魔鬼趕出去，比方人回心向善，入了教，就能作一味的正事，不作惡事，就算心中的邪鬼沒了，這是一樣。　那一樣兒呢？　那一樣兒，是設立施醫院，醫治病人，雖也和天主教的法子差不多，然而是公正明白，沒有藏着治的。　光明正大，不論作甚麽，都該當如此的。　是麽。　耶蘇教堂在那兒？　各省如今大概都有了。以京城而論，也有十來個會堂呢！不但七日一次禮拜的日子開門作禮拜，平常也是天天有講書的人在臺上，一天到晚，話叨叨兒①似的那麽講。　有幾個會堂，都在那兒？　東城米市大街、燈市口兒，西城阜城門大街、地安門外頭十汊海②地方，各處都有。　也是入教的人，一家都得入麽？　那隨他的便，一人也可以，一家也可以，父不強子，男不強妻，各人任憑各人。　也好，人的窮通得失，本有一定的命，何況這個事呢！聽其自然，一強求，倒覺是不是真心向善了。　是麽。

註　釋

〔會堂〕耶蘇堂之在京城者凡五處。東城有三，一東單牌樓米市施醫院，一考順胡同，一燈市口；西城有二，一絨線胡同，一地安門外十汊海，此外尚有分堂講書之處，亦此五處所分出者。

第二十九章　雍和宮廟

（特）忐·忑　○　○　特·意。

嗐，俗言說："爲人不作虧心事，半夜敲門心不驚。"我想不論甚麽教門兒，總是教人爲善就是了。　是麽，自己沒有虧心作事，自然就不覺心裏忐忑，沒甚麽害怕的了。　人心裏有不善的時候，各教門的話都不一樣，意思大概相同罷。　你說這話不錯，儒教說私欲，釋教說魔障，道教也說道高一尺，魔高一丈，回教也說的彷彿是鬼的意思，耶蘇教說魔鬼，都是說人心裏的惡念不好，如同鬼一樣。　是，那是個無形像的鬼。　可笑一樣兒。　甚麽可笑？　那喇嘛的教門，有打鬼的規矩。　怎麽打？　年年十二月二十三的這一天，就在雍

---

① 話叨叨兒：絮絮叨叨，話多囉嗦。
② 十汊海：什刹海。

和宮起頭兒打鬼，三十日隆福寺裏也打，正月初八日在旃檀寺打。　雍和宮在那兒？　那在東城北新橋兒北頭兒路東，可是路北的廟很大很寬，高樓大廈，有好幾百喇嘛住，那西藏裏的活佛來京，就住在這個廟裏。　怎麼這個廟這麼大？　那從前本來是雍正皇上的王府，後來改了廟的，因爲雍正登了基，那府誰還敢住呢？所以就改成廟了。　旃檀寺在那兒？　在皇城裏頭，金鼇玉蝀橋的西頭兒北邊兒。打鬼的日子，喇嘛連日念經，叫活人粧扮奇形怪狀的鬼和骷髏，送出廟門來，又說送祟，又說打鬼。那個日子，京城男女大小，好些人特意瞧去。　很熱鬧罷？　是，很熱鬧，可就是那個規矩可笑。

註　釋

〔雍和宮〕廟在北新橋東北，本雍正帝之潛邸也。今爲喇嘛廟，有乾隆御牌，言喇嘛教之事甚詳，蓋言喇嘛爲番語無上二字之意，即番僧之如漢語稱僧人爲上人之意。又云，製金瓶一置西藏，遇有喇嘛自言轉世者，人多則將其名入瓶中鬮之，以所鬮出者爲眞轉世者。因喇嘛中有所謂活佛者，生而能言其前世之事，衆蒙古番人等群推尊之，供養甚富。後視爲利藪，僞者漸多，故以瓶鬮之云。

第三十章　黃寺黑寺

（得）小··鑼·兒·鏑·鏑·的·聲·兒　　○　　必·得·　　○

您說這打鬼，喇嘛他們是怎麼個意思呢？　本來說這魔障，是人心裏的私欲，遮蔽了天良，所以作不好的事，那兒能這個鬼有形像呢？他們以鬼有形，粧出來送出廟去，其寔心裏的鬼，未必出去了，還是不能行善事，所以有名無寔，豈不可笑？　誰管他那些個，到了多嚐打鬼的日子，我也瞧瞧熱鬧兒去，就結了。　也就是當個熱鬧兒瞧就是了。　可不知道共總幾處打鬼？　蠟月起二十三，雍和宮起，年底有隆福寺，正月初八是旃檀寺，這是說過的。還有正月十五是黃寺打鬼，二十三是黑寺打鬼，這就算快完了。末了兒，又到了雍和宮打鬼，是正月三十的日子。　黃寺黑寺在那兒？　黃寺的廟在安定門外頭，有二里多地，有東黃寺西黃寺兩個廟。黑寺在西黃寺的西北上，有三里多地。打鬼的日子，城裏和四鄉的人，都聚在那兒，有車馬的，在那兒故意的往來跑車跑馬。到了喇嘛送祟出來的時候，不但人眼睛裏瞧見些個鬼神形像，耳朵裏聽那喇嘛的吹號筒、吹喇叭、打鑼、打鼓、打鐃鈸、放編礮，還有小孩子們怕那個鬼，在傍邊兒人群裏躲着，不敢出來。　那麼小孩兒們沒甚麼可逛的了？　也有賣耍貨兒的，賣頑意兒的，賣糖的，打糖鑼兒的①。　賣糖和打糖鑼兒，是兩樣兒麼？　都是賣糖的，但是賣糖的鑼大些兒，噹噹的響，打糖鑼兒的是小鑼兒鏑鏑的聲兒，有這個分別。　這也是必得分得。　可以分得出來的。

註　釋

〔打鬼〕按打鬼爲喇嘛送祟之意。自每年十二月二十三日，至次年正月底止，各喇嘛廟皆有念經送祟之事。然正月十五爲黃寺打鬼，二十三日爲黑寺打鬼，此二廟在安定德勝二門之外，地平廠，士女如雲，跑車跑馬者尤衆。○喇嘛教本出於佛教，周末自印度入西藏，昔西藏有拔思發者，始起紅教，仕元世祖大有功。其後于明末，宗喀巴起而變之，成黃教，即今之喇嘛教也。

第三十一章　白雲觀廟

（等）燈　燭　　○　　等　候　　馬　鐙

我這半天，聽您講究這喇嘛和別的廟，都是釋教的，不知道道教也有甚麼大廟麼？　有，不很多，有一個大廟在城外頭。　甚麼門外呢？　西便門外頭，一里多地。　叫甚麼名兒？　叫白雲觀，是一個大道士廟，年年的正月初一日起，開到十九日止。十八的這一夜，到十九早起，廟裡的一夜是燈燭輝煌，不但本廟的道士，還有外來的香客遊人，上千上萬的，都在廟裏，一夜不睡。作甚麼熬夜不睡覺呢？　說也可笑極了，說是等候着會神仙呢！　怎麼爲會神仙？　道教的人，說是天上有神仙，都是凡人修行之後成了的。每年十九日，白雲觀因爲他們廟的起頭兒，是一個姓丘的修蓋的廟，這十九是他的生日。可又說他也必是死之後，早已成了神仙了，故此這一夜就都不睡，想要請個眞神仙從天上下來，和我見一面兒，我也可以成神仙，也到天上去。　寔在是人的癡心妄想。古人說，有三樣兒好處，一樣兒是發財有錢的事，一樣兒是楊州②

---

① 打糖鑼兒的：舊時北京一種小販，沿街敲擊一面小鑼，賣廉價糖果和粗製玩具，以吸引兒童的注意。一般是挑一副擔子，前面是一個龕形櫃（略如小屋），內放玩具、糖果，後端爲一木圓籠，內有部分貨物。

② 楊州：揚州。

地方兒好,一樣兒是跨鶴升天作神仙,問人願意那一樣兒。一個人說:"我願意腰纏十萬串,騎鶴上楊州纔好。"您想人的貪心有多大！　咳,生來能有飯喫,不給人牽馬墜鐙①,就算中等,何必神仙呢！　鐙是甚麼？　馬鐙。　啊。

註　釋

〔姓丘的〕元太祖征奈曼時,聞長春眞人之德,自詔招之。眞人者,嚮入終南山修道者也。於是出見帝於雪山之陽,帝乃攜歸置於燕。今之白雲觀,則帝所爲眞人立也,今尚存道經三千卷焉。〇有飯堂,諸道士齋食之處,崇實書一聯曰:"世間惟有修行好,天下無如喫飯難。"

第三十二章　天寧寺廟

（疼）鼕鼕的鼓聲兒　　疼痛。　〇　板橙。

"貪嗔癡愛"四個字,我聽說是佛門中的戒規,那裏能一個活人,還能作天上的神仙呢？寔在是妙想天開了。　可不是！那都是糊塗極了的想頭②。可是和您打聽一件事。　甚麼？　您纔說的,那白雲觀是道士的廟,正月裏可以逛,平常日子也可以去麼？　怎麼不可以！人少更好逛了。　多咱我也瞻仰瞻仰去。　你若是愛逛那清雅的廟,何必竟上白雲觀呢？離白雲觀不遠兒,還有一個大廟。　叫甚麼名兒？　天寧寺。　離白雲觀多遠兒？在那一方？　就在白雲觀後頭不遠,廟裏很清雅。　有甚麼？　有花園、水池子、樓臺殿閣,都很清靜。夏天城裏的人,多有上那兒避暑,秋天多有上那兒看菊花的。　廟裏也是道士麼？　是和尚罷,住持也不多,那一天我和你那兒去遊玩遊玩,倒很好。　總是清雅比熱鬧有趣兒。　可不是麼！像那德勝門外的大鐘寺可也好,可也是平常去好,正月裏初一到十五開廟的時候兒,門口兒太熱鬧,吵的慌。　甚麼熱鬧？　盡是耍頑藝兒的,鐺鐺的鑼聲兒,和鼜鼜③的鼓聲兒。再者我那一天是騎騾子去的,回來倆腿整疼痛了兩三天,因爲沒上和尚的客堂裏坐一坐兒去,廟門口兒雖然有賣茶的板橙,又很賊,沒能歇一歇兒的緣

---

① 墜鐙:向下拉正馬鐙,侍候尊長上馬。亦表示對人敬仰,甘執賤役之意。
② 想頭:期盼。
③ 鼜鼜:咚咚,擬聲詞。此處"鼜鼜"與篇首所列例詞"鼕鼕"字形不同,照錄。

故。　那麼,還是上白雲觀、天寧寺去好。　哼。

註　釋

〔天寧寺〕寺有銅佛石塔,相傳係晉朝物,清雅可遊。○一云,元孝文皇帝之所建。有塔十三層,係隋文帝的建者云。

第三十三章　月壇地方

（的）我·的　·仇·敵　到底·　天　地·

　　說來說去,又說到走走逛逛的事情上去了。　因話提話兒,本來也沒甚麼大規矩。然而也是說一樣兒,知道一樣兒。　我的記性有點兒不好,您能按着規矩說,按着走的道兒說,我可就更容易記了。　我可知道你要上那兒去呢？　就是纔說的,起天寧寺逛完了出來,不可以再逛別處麼？　徍遠處,可太遠了。　近處呢？　近處往北,也沒甚麼逛的地方,倒有一個大地方兒得知道。　甚麼地方兒？　月壇。　啊。　月壇,正名兒叫夕月壇,是祭祀月亮的壇。　多噷祭呢？　每年八月秋分的日子祭祀,那地方很清雅,往西看,是一派的山光；徍南去,通蘆溝橋的道；徍東,就進了阜成門,就是平則門了。　說着說着,您把我帶進城來了。　因爲天晚了,我怕你關在城外頭,前不着村兒,後不着店兒,那兒睡覺去呢？我又和你相好,有交情,又不是仇敵,又不是傍不相干兒陌路人,怎麼不叫你早些兒進城呢？　嗞①,嗞,到底天地間,您是我的一個好朋友。俗語說："相與滿天下,知心有幾人。"您把我帶進來,承情承情,我就要到您府上喫晚飯去了,哈哈！　別說笑話兒了,說這正經的罷！

註　釋

〔月壇〕在阜成門西郊,制方,東嚮一成,方四丈,高四尺六寸。面甃金磚,四出陛皆白石,各六級。方壝②,周九十四丈七尺,高八尺,厚二尺二寸。壝正東三門六柱,西南北各一門二柱,柱及楣閾皆白石,扉皆朱櫺。壝東門北門外燎爐各一,東北鐘樓一。壝南門外,西爲神庫、神厨,

---

① 嗞：拟聲詞。用舌抵齒,嘴唇上下開合作聲,表示稱讚、企慕等。

② 壝：祭壇四周的矮墙。

各三間,宰牲亭、井亭各一;南爲祭器庫、樂器庫,各三間;東北爲具服殿,正殿三間南嚮,左右配殿各三間,衛以宮墻。宮門三,南嚮,墻垣周二百三十五丈九尺五寸,東北各門一,皆三門,北門東角門一,覆瓦均綠色琉璃。○歲以秋分日,迎月出,祀夜明,以北斗五星、二十八宿、周天星辰配,丑辰未戌年,皇帝親祭。〔蘆溝橋〕在京城之西南二十五里,有蘆溝河,其源出山西太行山,入宛平縣境,又俗呼小黃河,以其流濁而易淤也,亦謂之渾河。一東流至通州南高麗莊,合白河;一南流經良鄉縣東、固安、霸州、永清、東安、武清、小直沽,達於海。桑乾水入幽州境,亦謂之南桑乾水。宋宣和四年,童貫侵遼,遣劉延慶等出雄州,至良鄉,爲遼所敗。降將郭藥師,請奇兵夜半逾蘆溝,襲燕京,入迎春門,以軍無繼,不能克,延慶營於蘆溝橋,潰還,遼人追至涿州而去。蘆溝,蓋京師南面之巨塹也,今名永定河,有永定河道管理之。有橋長二百餘步,建自金代,明正統年重修,橋欄皆石鑿獅子形勢,早晨波光映月,爲京師八景之一,曰蘆溝曉月。

第三十四章　景山官學

（替）˙樓˚梯　˙提˙拔　體˙量˙　替˙˙工

　　我請問,咱們假裝算是進了阜成門了,又該上那兒去了？　城裏頭有大街,離門臉兒①有一里地,有個大廟,門口兒倆大牌樓,一個大映壁。　甚麼廟？　歷代帝王廟。自古以來的前代帝王,都供在那廟裏。　那沒甚麼可逛的,您說過阜成門外的月壇了,我還要先看看日壇在那兒。　那還得往東,一直的出朝陽門去。　就是齊化門哪！　啊。　走！　等等兒,爲甚麼不順路先進外西華門呢？　外西華門,就是皇城的西安門哪！　啊。　進去瞧甚麼？　南北海,金鰲玉蝀橋。　又來了,那說過了。　說過了,算你瞧見過了,咱們就瞧瞧大高殿。　在那兒？　在景山的西門兒外頭,這大高殿,是供着天地的主宰老天爺的地方。三個大牌樓,周圍紅墻很高,比方不下雨的時候,皇上在這兒來求雨拈香。　不說這個,景山好看罷？　那是一座大山,周圍有墻,可以起外頭瞧。　啊,瞧去罷！　告訴你一件事,景山有個學校,是內務府的,名叫景山官學,專教訓內務府三旗的人的學生念書。　小孩子上學、念書,彷彿上樓梯似的,一步步的學,後來可以上進,有這一個學房,好極了。　可惜,從前本是要提拔內務府的人才,所以體量他們貧寒,設立學校,教訓貧寒子弟。

---

①　門臉兒:此處指城門附近。

那兒知道年久廢弛,甚至學生找一個替工兒①來念。 作甚麼? 竟爲得那個飯錢。 嘻!

註釋

〔景山官學〕清漢各三,共設六學,選內府三旗幼丁,每滿洲佐領下八名,旗鼓佐領下四名,內管領下六名。

第三十五章 景山景致

(弔) 貂・皮 ○ ○ 弔 死・

念書是爲將來成名,怎麼不自己好好兒的念呢? 嘻,因循廢弛,所以必有弊病,故此官學生們只圖得膏火②,教習們只圖三年報滿,得一個好處,以致百弊叢生。如今好了。 怎麼? 所有的官學,大加整頓,從此以後,自然不敢作弊,將來必要人才濟濟了,豈止景山官學呢? 是了,很好。請問,景山是怎麼個景致兒? 那山在紫禁城後頭,周圍紅墻。 有幾個門? 有三個門,正門是北上門,東邊是景山東門,西邊是景山西門,那座山也是人力堆成的,也不很高。山上有五個亭子,有方的,有圓的,樹木叢雜。 也有房子罷? 豈止房子呢!有殿。 甚麼殿名兒? 壽皇殿和永思殿和觀德殿,比方有老皇上駕崩了,梓宮③就停在觀德殿,那永思殿就是皇上上觀德殿上祭的時候,在那兒辦事的殿。 壽皇殿呢? 那是老皇上的喜容兒④供在那兒。 是了,那景山,平常人也可以在外頭瞧得見不是麼? 墻外頭,車馬人走的道兒,可以看得見,春夏秋亭子在樹林子裏,很好看。冬天下雪的時候,青松白雪,更好看。墻外車上轎上,大人們穿着貂皮褂子上朝下朝的不少,雪景兒好着的呢! 景山我記得了。 俗也叫煤山,明朝崇禎皇帝弔死在煤山,就是這個山上。 啊。

---

① 替工兒:代替別人做工的人。
② 膏火:膏油燈火,引申爲供學習用的津貼。
③ 梓宮:皇帝、皇后的棺材。
④ 喜容兒:專指生時的畫像,人去世以後,其畫像叫"影"。

註　釋

〔壽皇殿〕在景山門內正北,殿凡九室,重簷金楹,一如太廟制,供奉列聖御容。遇元旦、歲暮及聖誕忌辰,皆皇上親詣行禮,諸皇子皇孫,及近支親郡王皆從。其旁爲永思殿,即列聖苫廬地,凡臨瞻謁日,必於永思殿傳膳辦事,孝思不匱意也。

第三十六章　秀女排車

（挑）挑選　條陳　挑着　跳躍

　　聽您說,這個景山地方,竟在周圍也很大罷？　你算哪！坐車走,從東往北,繞到西面兒往南,總夠三里來地,東西都是紅墙隔住各衙衕兒,很齊整。到了選秀女的年分,就在這景山的四圍排列車輛。　秀女是挑選入宮的麼？外八旗①的官員女子是挑選進宮,選上了爲貴人;內三旗②的女子,選上了的是作宮女兒,到二十五歲放出來。　沒有各省漢女子麼？　沒有。　怎麼爲排車？　聽見老人們說,從前車輛太亂,女子們下了車,不能有道兒走。所以後來有大人們奏事,上了條陳,某旗在那兒,某旗在那兒,按着次序,晚上車上挑着燈籠,燈籠上頭寫着字,也是某旗某官之女的名字。下車之後,車一輛一輛的轉出來,又遶回去,周而復始,女子按次序上車,所以再不能亂了。　那時候兒很熱鬧罷？　下車之後,人看不見,排車的時候,兩邊也是賣喫食的、看熱鬧的,男女大人帶着小孩兒瞧。小孩兒們看見那人多的熱鬧兒,一個個的歡歡喜喜樂的跳躍非常的,但是不許離車很近了,因爲有好些戶部的官人,在那兒撐逐閒人,不准往前去。　是了。

註　釋

〔選秀女〕順治年間定,八旗滿洲、蒙古、漢軍官員,另戶軍士,閒散壯丁秀女,每三年一次,由戶部行文八旗二十四都統,並各省駐防八旗及外任旗員,將應入選之女子年歲,由參領、佐領、驍騎校、領催及族長,逐一呈報都統,彙咨戶部。戶部奏准日期,行文到旗,各具清册。委參領、佐

---

① 外八旗：八旗。之所以稱爲"外八旗",是相對於"內三旗（內務府三旗）"而言。
② 內三旗：內務府三旗,上三旗（鑲黃、正黃、正白）的包衣（滿語,指家奴）統稱"內三旗",爲皇家私屬的家奴。雖亦稱作"旗",但與八旗的構成制度不同,是各自獨立的兩種體系。

領、驍騎校、領催、族長、及本人父母或親伯叔父母、兄弟、兄弟之妻、送至神武門、依次序列、候戶部交內監引閱、有記名者、再行選閱、不記名者、聽本家自行聘嫁。如有事故、不及與選者、下次補行送閱、未經選閱之女子、及記名女子私相聘嫁者、自都統、參領、佐領、及本人父母、族長、皆分別議處。有殘疾不堪入選者、由族長、領催、驍騎校、佐領、具結呈報都統、聲明緣由、咨送戶部奏聞。○康熙年間定、選閱秀女時、有係后族近支、及母族係宗覺羅之女者、均聲明。○乾隆五年議准、八旗秀女、例應三年一次、戶部請旨閱選、移咨八旗造冊送部、照內務府選秀女之例、俟選後再行聘嫁。遇有事故不得閱選、俟下次閱選、其未經閱選者、雖至二十餘歲、亦不准私行聘嫁。○六年、奉旨、閱選秀女、無論大小官員及兵丁、每女子各賞車價銀一兩、動用戶部廣儲司庫銀。○八年、奉旨、選秀女時、外任旗員之女、若概令送京閱看、路途遙遠、不免往返跋涉之勞、嗣後外任文官同知以下、武官遊擊以下之女、停其送閱。○二十三年奏准、嗣後遇閱選秀女之年、將各旗佐領下附入之額魯特及歲之女、一同入選。○四十五年奏定、密雲駐防送選秀女、照良鄉、順義、三河駐防例、三品以下官員及兵丁之姊妹女子、不必送選。○嘉慶四年奉旨、八旗包衣三旗之女、向例挑選一次、名牌擲下、方准聯親。如未及歲即擅自聯親、不獨有違例禁、倘挑選留牌、則成何事體、嗣後未選之女、私自聯親之事、永行停止。○五年奉旨、向來挑選秀女、皇后、皇貴妃、妃嬪之親姊妹俱行備選、於體制殊有未協。嗣後自嬪以上、其親姊妹、着加恩不必備挑、永著爲令。○六年奉旨、從前公主下嫁與蒙古王之子嗣者居多、下嫁與勳舊之子嗣者較少、故於八旗挑選秀女時、公主之女亦一體入選、嗣後公主之女、著加恩毋庸入選、並永爲例。○又奉旨、從前皇考每遇選看秀女、皆指配與聖祖派衍二十四支宗室、今朕選看秀女、理宜照此按代指配、與世宗派衍宗室、嗣後進呈宗室單時、惟將世宗派衍宗室之名單照例進呈、候朕將所選秀女酌量指配、永著爲例。○又奏准、嗣後於選看秀女之日、令該旗帶領章京等、按照秀女原牌次序、領進神武門外東柵欄、准跟隨一人、其領牌太監等、仍照秀女原牌次序、由宮門送出、令戶部及該旗帶牌章京等公同看視、在甬道之西上車、再從西柵欄放出。將北上門兩柵欄令步軍營嚴行管理、毋許閒雜人等出入擁擠。是日自王以下大臣官員進內時、皆由東華門西華門行走、不准出入神武門。○十二年奉上諭、嗣後皇后妃嬪之姊妹及親兄弟、親姊妹之女、於挑選秀女時、仍一併備挑、著戶部、內務府聲明另爲一班、不必定拘年歲、作爲各本旗頭起帶領、著爲令。○按元時、後宮女官多至四萬、久禁不放、清朝定例、不揀擇天下女子、惟八旗秀女三年一選、擇幽嫻貞靜者入後宮及配近支宗室、餘聽其父母爲擇配。後宮使令、皆內務府包衣女、亦於二十五歲放出、從無久居禁內者。

第三十七章　日壇地方

（疊）爹．娘　．重．疊　○　○
我本是求您帶着我看看各處的景致兒、沒想到到了景山這兒、又聽見您說了好些事情，我也大概都記得了，如今咱們還是徃東好，徃北好，徃那麼好呢？

徃北，起景山，出了後門了，徃東出外東華門，就是東安門哪，再徃東徃北拐灣兒，見了路東的大街，過了四牌樓，可就得出齊化門，就是朝陽門了。　等等兒，您得慢慢兒的走，我趕不上。　你閉着眼睛一想，就如同到了城外頭了。

那兒有甚麼呢？　有個壇，叫日壇。　必是供日頭的地方兒。　對了，這日壇名朝日壇，每年春分的日子上祭，也是周圍紅墻，有三里多地遠，一個大廟，就在日壇的東邊兒。　甚麼廟？　東嶽天齊廟，在大街的路北裏，每年三月二十八日東嶽天齊的聖誕，從三月十五日開廟，直開到二十八日。因爲每月初一十五都開，所以三月十五開到二十八，燒香還願的人不少。　還甚麼願？　或是兒女給爹娘因病許願，或是父母爲求兒女許願，都可以燒香還願。那人很多，廟裏的碑，都是重疊着立在那兒，寫着立廟的緣故。　啊。

註　釋

〔日壇〕在朝陽門外東郊，制方，西嚮一成，方五丈，高五尺九寸。面甃金磚，四出陛皆白石，各九級。圓壇，周七十六丈五尺，高八尺一寸，厚二尺三寸。壇正西三門六柱，東南北各一門二柱，柱及楣閾皆白石，扉皆朱櫺。壇西門外燎爐一，西北鐘樓一；壇北門外，東爲神庫、神厨，各三間，宰牲亭、井亭各一；北爲祭器庫、樂器庫，各三間；西北爲具服殿，正殿三間南嚮，左右配殿各三間，衛以宮墻，宮門三，南嚮，墻垣周二百九十丈五尺，西北各門一，皆三門，北門西角門一，覆瓦均綠色琉璃。○歲以春分日，迎日出，祀大明，甲丙戌庚壬年，皇帝親祀。〔東嶽天齊廟〕在朝陽門外二里許，居日壇之東，南嚮，廟宇巍峨嚴肅，祀東嶽泰山之神。每月朔望二日，則開廟，商賈雲集，恐男女混雜，是以初二十六即朔望之次日，爲婦女入廟焚香之日，而男子是日不得入矣。獨是俗傳，東嶽天齊之神，謬謂神有姓名，爲黃飛虎，係三月二十八日生辰，故每歲三月望日開廟，則必日日開之，至二十八日始止，男女焚香，遊人如蟻，亦春日遊興之一助也。○東嶽廟中頗寬敞，正殿之後有寢宮，周圍各司，塑諸地獄冥鬼之像。其後有文昌殿，有銅特一，俗傳病人按已之患處，而按摩銅特，則病可立愈，是固妄誕不經之談。而其銅特，則已被撫摩光明如鏡焉。○其後殿之西北隅，有皇上行宮，蓋每謁東陵，則駕必由此過，暫爲畧坐之處也。○是廟爲道士廟，廟之東西有多房，層廊曲檻，亦頗幽靜。外省仕官之旗員，有扶喪車而至者，多賃其處，爲治喪之所，即租爲舘舍亦可。廟之後有後門，院落宏敞，有馬廐，客之携騾馬牲畜者，亦頗可飼餧便宜。

第三十八章　八里橋地

（貼）體．貼　　○　　．銅．鐵．　　．牙帖．

咱們起東嶽廟逛了出來，往西進城回去罷。　你爲甚麼不順着大橋的這一條石頭道，一直的下通州逛一逛去呢？　怎麼？這齊化門外頭的石頭道，通着通州麼？　啊，那是乾隆年間修的，因爲乾隆皇上體貼南來的貨物從水路到了通州，進城的時候兒，土道不好走，所以修這條石路。　你怎麼知道的？石頭道的傍邊兒，有兩個琉璃瓦的黃亭子，裏頭有碑，碑上有記載的話，所以知道。　這倆黃亭子在一塊兒麼？　不，一個在齊化門外，有五六里，那一個在離通州八里地的八里橋的不遠兒。　石路共總多少里？　起齊化門，大約到通州西門，有四十里。　您纔說八里橋，大概是必有河了。　那就是從通州到京的水路運粮河，有五個閘口的那個河。　是，您原先說過。　那八里橋橋底下，粮船可以過來，過的時候得免桅。　我聽說，那年在那八里橋有打仗的事，就是這個地方麼？　就是外國人來的那年，在那地方有那個事罷。　那麼南貨，都可以水旱兩路，起通州來了。　粮是一定水路來，那是官運；客貨不論甚麼，旱路走石頭道的多。可是眞得東西結寔，不然，咕咚①的就壞了。　怎麼？皆因如今年久失修，石路的坑坎很大，所以不能不壞車。就是人坐的車，也得車上的什件兒②，不論銅鐵，都得結寔纔行，不然，車就壞了。　貨車有客人跟着麼？　那有客棧一封信，交給趕車的，到城裏有有牙帖③的經紀收管上稅。　是了。

註　釋

〔運粮河〕在通州城西，即大通河，又名通惠河，自京城之西山發源，由城而繞東，達通州。凡漕運，由通州石壩入通惠河，經普濟、平下、平上、慶豐四牐，每牐換船，至東便門外大通橋，運交京倉分收。每歲三月中，至六七月止，絡繹不絕。〔粮船〕各省漕船原數萬四百五十五號，直隸三

---

① 咕咚：咕噔。見第一卷第三章"咕噔"條。
② 什件兒：扶手、銅環等小物件。
③ 牙帖：舊時捐稅之一種。牙商或牙行納稅後取得牙帖，方准營業。

十有九，山東千五十四，江南江安所屬四千八百八十七，蘇松所屬六百四十八，浙江千九百九十九，江西千有二，湖廣八百二十六，嗣經裁減，寔存六千二百四十二隻。然因近年各省漕粮，概搭載溮船，直到天津，漕船亦大減其數。〔八里橋〕通州之西約八里，故俗曰八里橋，跨運粮河。咸豐庚申，英法人從天津至此戰，大敗清兵。〔客貨〕客商之運貨，自南而來，多以水運至通州，如綢緞、繡貨、絲線、紹興酒、金華火腿、醬豆腐、茶葉、紙張、白糖、顏料、茉莉花、湖筆、徽墨、涼帽、雨傘、竹枕、磁器等類，皆由水路達通州，轉運以舟車，入朝陽門，赴崇文門稅務司納稅，皆有各行經紀理其事。又洋貨布疋之屬，亦由通州易小車，或由天津以車載入廣渠門者亦多。〔附錄〕按京師東便門外至通州之水路，有牐四重，凡吾人之欲以舟達通州者，在東便門外，僱一船，至二閘，即慶豐牐，約四里，上船之後，即宜向其舟人言明欲達通州之意，令其代僱下閘之船，伊等必公平代爲定價不致多索。議妥之後，至慶豐閘下船，步行過閘，彼一呼，而下閘之船立刻回應。若吾不與之言明，而一切自僱，則不惟價值多索，奇貨可居，且遲悞時刻，或遇風雨，爲最難之事也，不可不知。

自邇集平仄編
四聲聯珠第七卷終

第八卷

(店)第一章	駐防旗人	(天)第二章	各省駐防
(定)第三章	屯居旗人	(聽)第四章	陵寢旗人
(丟)第五章	花翎定制	(多)第六章	官兵盔甲
(妥)第七章	督標兵丁	(豆)第八章	撫標兵制
(頭)第九章	提標兵制	(妒)第十章	鎮標兵制
(土)第十一章	協標營制	(短)第十二章	各營兵制
(團)第十三章	營兵公哨	(對)第十四章	分汛分塘
(退)第十五章	汛官責任	(敦)第十六章	出師兵制
(吞)第十七章	軍營糧銀	(冬)第十八章	銀牌獎功
(同)第十九章	軍功賞賜	(雜)第二十章	世職官名
(擦)第二十一章	黃馬褂制	(在)第二十二章	賞賜勇號
(才)第二十三章	長江水師	(贊)第二十四章	水師捕寇
(慚)第二十五章	新疆官制	(葬)第二十六章	平定回疆
(倉)第二十七章	新疆遣戍	(早)第二十八章	回疆重定
(草)第二十九章	回疆章程	(則)第三十章	回疆新創
(策)第三十一章	征定金川	(賊)第三十二章	西藏形勢
(怎)第三十三章	平定西藏	(參)第三十四章	金瓶掣佛
(增)第三十五章	蒙古信佛	(層)第三十六章	路刦宜防
(作)第三十七章	理藩院政	(錯)第三十八章	蒙古年班
(走)第三十九章	蒙古貿易	(湊)第四十章	蒙古筵宴
(租)第四十一章	善撲營兵	(粗)第四十二章	蒙古樸風
(搯)第四十三章	青海蒙古	(寡)第四十四章	總理衙門

（嘴）第四十五章　習學西法　　（催）第四十六章　西學各館
（尊）第四十七章　西學之難　　（寸）第四十八章　神機營兵
（宗）第四十九章　兵丁夜操

第一章　駐防旗人

（店）揣量　　○　圈點　　客店

我和您，不必說不要緊的閒話兒了，倒是有正經請教的。　甚麼事？我知道的必說，不知道的，可以您另外和別人打聽。　您太謙了，您必知道。　甚麼呀？到底是。　您是在外頭久歷風霜的人，山南海北的道兒，大概都必知道罷。　那可寔在不能都知道，不但我，誰也不能，您可以買一部天下路程的書看看，可以知道大概。那個書名兒叫《示我周行》①，也不能都全了，不過是大道的大關節目②，就是了。　那我倒有一部，因為不齊全，所以我纔問您。是了，我也有句話問您，咱們這些日子所說的話，連你帶我，倆人編的雖不多，大約《平仄編》也快完了，請你揣量③揣量，還有甚麼可編的，可說的。這個工夫兒，我把那編過的，給您先圈點出來，等您想起甚麼來，咱們再談。　可以可以，就是那麼辦，我心裏要請教的，是一樣兒不明白。　甚麼？　那一年我住在一個客店裏，離京有好幾千里，店裏的街坊是一個旗人，過來說話兒，並且說他們有好幾千旗人，都在那兒住了二百來年④了，怎麼旗人能在外省住呢？那是外省的駐防，等我可以告訴你。　請教請教。

第二章　各省駐防

（天）天地　　莊田　　拏舌頭餂　　搩筆

請教，何爲旗人駐防呢？　當初在二百年前，國初的時候，多用八旗的兵

---

① 《示我周行》：清代賴盛遠所著，介紹去往各地的線路及當地的商業分佈。
② 大關節目：指主要、重要的部分。
③ 揣量：掂量。
④ 二百來年：底本"來""年"二字顛倒，據文義改。

下江南征戰，平定三藩的那些個事。後來平定了各處，就留下旗人當兵的，在那各處駐劄防備，所以爲駐防。年久日深，旗兵在那兒生兒女，長大配偶，子子孫孫很多，就是駐防旗人。　是了，都是那一省有呢？　陝西有西安將軍，廣東有廣州將軍，福建有福州將軍，四川有成都將軍，湖北有荆州將軍，浙江有杭州將軍，兩江有江寧將軍，山東有青州副將都統，還有別處也有，不能細說。他們都是管本處駐防旗兵的麼？　是。　他們所管的旗人的規矩，也和京城是一樣麼？　大規矩都是一樣，駐防的人雖然在各處，他們本旗的都統，還是屬京城都衙門管。讀書的也可以鄉試考舉人，在本省的貢院考，或是讀滿洲書考繙譯舉人。那可是從京城裏出題去到那裏，考官考完了，把文卷送到京裏來看了，然後取中。但是一件。　甚麼？　天地之氣，各省不同，在某省的旗人，也就像某省種莊田的民人樣兒差不多了，說話的口音，也就各隨各省了。我要把這個話寫了記在紙上，這管①筆禿了，不行了。　你使這一管筆好。這是一管新筆。　你啣在嘴裏，把筆尖兒搻舌頭䑛②一䑛，就可以捵筆③，按我說的記在紙上了。

註　釋

〔駐防八旗〕昔國初開基，以遺甲十三副，勃興滿洲，征尼堪外蘭敗之，又得兵百人、甲三十副，既而歸附日衆，初立四旗，後倍之，合爲八旗。寔天命元年之前二年，明萬曆四十四年也，初立八旗，以兵三百稱爲牛祿，佐領統之，以五牛祿稱爲甲喇，条領統之，以五甲喇稱爲固山，都統統之，固山即一旗也，蓋合滿洲蒙古編成。天聰九年，又分蒙古爲八旗，其兵則有萬六千八百四十人。崇德七年，又分漢軍爲八旗，其兵有二萬四千五十人，明之降將孔有德、尚可喜、耿忠明之天佑兵、天助兵皆入漢軍，斯時合滿蒙漢軍爲二十四固山。順治元年，移都燕京，三部八旗，皆從入關，惟內大臣和洛輝留守盛京，其時英王征陝西之軍，都統準塔征山東之軍，豫王征江淮之軍，每路各五六萬。合京師宿衛之軍約二十餘萬，厥後以留京師者爲禁旅，以鎮各省者，爲駐防。初駐劄直隸之順德，山東之濟南、臨清、德州，江南之徐州，山西之平陽、潞安、蒲州等八城。後因各省之形勢，設將軍、都統、副都統、城守尉、防守尉等官，分別駐防焉。國初遼瀋之民，多

---

① 管：量詞，多用於筆。
② 䑛：舔。
③ 捵筆：原指用毛筆寫字，蘸墨後，在硯上微蹭，以減少過多的墨汁，使筆尖端直，這一動作俗稱"捵筆"。此處是用舌頭舔。

爲滿臣所隸，太宗憫之，拔其少壯者爲兵，設左右兩翼，命佟駙馬養性馬都統廣遠統之，其後歸者漸多。入關後，明降將踵至，遂設八旗，一如滿洲之制，是爲漢軍。康熙中，三逆平，其藩下諸部落，亦分隸旗籍。雍正中，定上三旗，每旗佐領四十，下五旗，每旗佐領三十，其不足者，撥內務府包衣人隸焉。〔各省駐防八旗〕現今各省駐防旗兵列在於後。○山西太原、歸化、綏遠等城九千六百餘人。○山東青州、德州二城二千五百餘人。○河南開封城九百餘人。○江南江寧京口二城四千餘人。○浙江杭州乍浦二城二千七百餘人。○福建福州城二千七百餘人。○廣東廣州城五千四百餘人。○四川成都城二千七百餘人。○湖北荊州城六千四百餘人。○陝西西安城六千七百餘人。○甘肅寧夏、涼州、莊浪三城三千九百餘人。○盛京一萬九千六百餘人。○吉林一萬三千四百餘人。○黑龍江一萬一千四百餘人。○安徽、江西、湖南、雲南、貴州、廣西等六省，不設駐防旗兵。

第三章　屯居旗人

（定）釘子　○　頂戴　定規

各省的駐防，我聽您說，又知道大概了，怎麼直隸省沒有麼？　直隸離京近，京城多少旗兵，所以不必另有，然而也有。　那爲甚麼？　那爲小九處，各有小旗武官管，總管另外有一位大人，隨時欽派管理。　都準知道在那一塊兒麼？　附近京城的州縣，比方玉田縣，聽說就有，再者也有旗人散住在鄉的，那爲屯居旗人。這個事兒，我不大知道細底，雖然這麼告訴你，你可以再和別人打聽明白了。再說，別隨便說，恐怕碰釘子，叫人說你知道的不齊全。　您都不知道，我和誰打聽去呢？　那麼着，你就找老師傅去問，必沒錯兒。　問誰呢？　你看戶部則例，那上頭就都必有，再查《會典》，那上頭把各處的文武官的品級頂戴和一切的規矩，都寫的明白，查這兩樣兒書，必都知道。　我和一個朋友，定規的是後兒①晌午上琉璃廠買硯臺、法帖，那麼我就手兒②買這兩部書來，沒事兒查一查，就可以知道了。　世間無難事，最怕有心人，你要都知道，非下死工夫，多覽多讀，那兒能行呢？　不錯，承教承教。

---

① 後兒：後天。
② 就手兒：順便。

註　釋

〔畿輔駐防〕寶坻五十三人,滄州五百廿四人,東安五十三人,采育五十三人,保定五百七十三人,固安五十三人,良鄉五十三人,霸州五十三人,雄縣五十三人,以上爲小九處,屬在京奉派稽察大臣之管轄。○密雲二千百五十三人,昌平五十四人,玉田百五人,三河百五人,古北口二百十七人,順義五十四人,以上六處,屬駐密雲副都統之管轄。○山海關一千百二十七人,永平百五人,冷口百五十五人,羅文峪百三人,喜峯口二百七人,以上五處,屬駐山海關副都統之管轄。○張家口一千百七十人,獨石口百廿五人,千家店五十二人,以上三處,屬駐張家口察哈爾都統之管轄。○熱河喀喇河屯二處,官兵二千三百廿六人,屬駐熱河都統。○以上總名畿輔駐防八旗,官兵共計九千五百廿六人。○此外有察哈爾蒙古八旗,官兵八千五百八十九人,在張家口外一帶地方游牧,屬察哈爾都統。

第四章　陵寢旗人

（聽）聽見。　　停止　樹梃　聽其自然

我聽見說,陵寢的地方也有旗人,那爲甚麼旗人呢？　那爲守護陵寢的旗人,有兩樣兒,分外八旗旗人和內務府旗人。　啊,您說一說那箇規矩。　每一陵有八旗,一旗兩個五品武職,名叫防禦,帶着旗兵守護。　往上沒有大官管麼？　有一個總管,兩個翼長,總管三品武職,翼長四品武職,比方東陵那兒有幾處陵寢,就有幾處的這些個官兵,西陵也是那麼着。　啊,內務府的旗人呢？　那是每陵有每陵的郎中、員外、主事、筆帖式,都是文職,是永遠在那兒伺候祭祀,守護陵寢的旗人。　餘外那兒別的衙門呢？　別的衙門,比方禮部、工部的司官,那是六年一換,不常在那兒的。　沒有別的守護的了？　從前有侍衛,如今停止那個官守護了。　本地沒有漢兵麼？　有,東陵有馬蘭鎮總兵,西陵有泰寧鎮總兵,有鎮標綠營的兵,周圍守護。那陵上的松柏和別的雜樹很多,比方有賊偷砍一棵樹作柴燒,兵丁們登時就要把賊拏住。　若是有乾旱死了的呢？　那沒法子,官把樹枝兒收起來,剩下個樹梃兒①,都得記帳奏明。　本來水旱是天的意思,那得聽其自然。　是。

---

① 樹梃兒：樹幹。

註 釋

〔陵寢〕永陵在興京啓運山，距盛京二百四十里，乃肇祖、興祖、景祖、顯祖皇帝之陵。○福陵在奉天府之承德縣天柱山，距盛京二十里，乃太祖高皇上之陵。○昭陵在奉天府承德縣隆業山，乃太宗文皇帝之陵。○東陵在順天府遵化州，距京師二百四十里，乃太宗皇后、順治、康熙、乾隆、咸豐、同治皇帝之陵寢在焉。○西陵在易州，距京師二百八十里，乃雍正、嘉慶、道光皇帝之陵寢在焉。○陵寢均設禮部、工部、內務府，奉祀各官暨官兵人役，各供守衛灑掃。又各設牛羊圈，置吏以飼犧牲。各設莊園，置莊長以供粢盛，界內禁止樵採，歲時祭饗。○特命王公大臣守護東西陵，國有大慶則告祭。○在陵寢奉祀守護之官兵，皆各有營房，以居其室家。○在陵寢官兵，俸餉米糧，各有支領之處。官之俸，係由陵派員赴京，在戶部支領，回陵散放，旗兵餉銀，由省城撥交地方官，送於總管衙門散放；官兵之米，係由漕糧撥給。東陵例撥漕糧四萬六千八百七十石，白糧千三百餘石，自天津府轉輸薊州。西陵例撥漕糧萬九千一百餘石，白糧四百五十石，自白溝河轉輸易州，此嘉慶以前之數。今陵寢人多，自當加增米石，然漕糧未足原額，亦係照成減放，惟陵寢官兵俸餉，皆係寔放八成云。○東陵馬蘭鎮總兵，西陵泰寧鎮總兵，俱係綠營漢兵，而二總兵則兼總管內務府大臣，以轄內務府奉祀之在陵一切官役衆人焉。○設有承辦事務衙門，其堂官，即派往守護之王公二人，與總管內務府大臣兼總兵官一人，共三人，總理在陵之官兵一切政務，惟內務府另有專案之事，則總管內務府大臣一人理之。

第五章　花翎定制

（丟）．丟．失　　○　　呀．咕．　　○

我想不論甚麼差使，總得小心，比方看守甚麼官東西，就得小心在意，天天兒有事沒事，都得防範，萬一丟失了甚麼，寔在是不能說我不知道。　可不是！所以有守護的差使，或是護衛的差使，都得自己留心。　護衛是一個官兒名不是？　王府的伺候王的爲護衛，三四品，戴花翎，是武官。　若是皇上的護衛們呢？　那名叫侍衛。　啊。　分頭、二、三等。　頭等的，自然也有花翎了。不但頭等，頭、二、三等的，都是花翎。　有四等沒有？　四等的就名藍翎子。他們不戴花翎麼？　不戴，就是藍翎子，是六品的頂戴。　啊，那頭、二、三等呢？　頭等是三品，二等是四品，三等是五品。　啊，像這侍衛之外，還有甚麼人戴呢？　侍衛之外，護軍營的武官也戴，前鋒營也戴。　大官們呢？　大官自一品到五品，總得有打仗的軍功，纔能賞戴呢。這以上所說的，都是單眼的花翎，是孔雀毛上的一個光兒。　有兩眼的沒有？　那叫雙眼，那得有花翎的人再有功，特旨賞的，纔能戴呢！再者王爺都沒有翎子，貝子戴三眼的，這個本是體面的制度，難得的很哪！有笑話兒，街上抬槓、打執事的閑丁兒，他們戴雞毛，紅白的翎兒，也鬧着頑兒說戴翎子了，眞是可笑叫人家發呀呿[①]。　呀呿是甚麽？　那是街上的土話，就是譏誚人的口氣。

註　釋

〔侍衛〕領侍衛内大臣六人，鑲黄、正黄、正白三旗，每旗二人，正一品；又内大臣六人，散秩大臣無定員，掌統領侍衛親軍，其侍衛分等，一等者曰頭等會衛，花翎三品，六十人；二等花翎四品，百五十人；三等花翎五品，二百七十人；又藍翎侍衛六品，九十人；宗室侍衛九十人，一等六人，二等十八人，三等六十三人。○侍衛每十人設侍衛長一人，御前侍衛、乾清門侍衛，皆於三旗之侍衛内簡擢充當，無定員。○隨印協理事務，侍衛班領十二人，俱於班領署班領，及什長内選用。○侍衛更番輪直，凡六班，班分兩翼，各設侍衛班領一人、署班領一人、侍衛三十人，宿衛乾清門，爲内班。散秩大臣一人、侍衛親軍十人，宿衛中和殿；侍衛什長三人、侍衛親軍三十人，宿衛太和門，爲外班，以領侍衛内大臣一人總統之。内大臣、散秩大臣二人，隨班入直，行幸駐蹕，一如宫禁之制。○漢一等侍衛，以一甲一名武進士，即武狀元補授；二等侍衛，以二名三名武進士，即武榜眼、探花補授；三等侍衛於二甲武進士内簡選，藍翎侍衛於三甲武進士内簡選，無定員。○凡習射，三旗侍衛，按期於該旗侍衛教場，在東安門内之南北隅，又金鰲玉蝀橋之北巷栴檀寺後，騎射二次，步射六次，領侍衛内大臣暨侍衛班領查驗。〔花領〕按花領，即孔雀翎也，以孔雀尾制之，有三圓文、二圓文之分，又名三眼花翎、雙眼花翎，其一圓文者，即常行單眼之花翎也。三眼者，貝子戴之；雙眼者，鎮國公、輔國公、和碩額駙戴之；單眼者，内大臣，頭、二、三等侍衛，前鋒統領，護軍統領，前鋒參領，護軍參領、前鋒侍衛皆宿衛宫庭者，均得戴之，又諸王府長史、一等護衛，亦得戴之，其翎根並綴藍翎；貝勒府司儀長、親王以下二三等護衛，及親軍校、前鋒校、護軍校，均戴染藍翎。然侍衛等官以其宿衛官宫庭，故得戴翎，若按品遷用綠營等官，無宿衛之差，則反不得戴用翎子矣，俗曰倒拔翎。惟有特賞及軍功，奉特旨賞戴花翎、藍翎，無論文武，終身戴之。○凡領侍衛府、管護軍營、前鋒營，及火器營與鑾儀衛等衙門中滿員五品以上者戴花翎，六品以下者戴藍翎，王府則頭等護衛許戴花翎，餘戴藍翎。○親郡王、貝勒爲宗臣，向例皆不戴花翎，惟貝子冠三眼孔雀翎，公冠雙眼孔雀翎，以爲臣僚冠。乾隆中，順承勤郡王泰斐英阿充前鋒統領，向上乞花翎，上曰："花翎乃貝子品制，諸王戴之反失制。"傅文忠恒代奏，某王年幼，欲戴以美觀，上始許之，因並賜皇次孫封守王者三眼花翎，曰："皆朕孫輩也。"由是親郡王屢有蒙恩賜者，嗣乾隆帝欲定五眼花翎，爲親郡王定制，爲和相所阻，未果行。○國初勳臣，多有賜雙眼花翎者，後奉特賜者多。○定制，外任文臣無賜花翎者。乾隆中，方觀承官直隸制

---

① 呀呿：譏諷，用冷言冷語批評人。

府,聖眷頗優,以古北口大閱,公乞賜花翎,得邀特賞,嗣後外任督撫屢有蒙恩賜者。○軍營打仗立功,或奉旨特賞戴花翎、藍翎,或統兵大員,保奏請賞。然皆先請賞戴藍翎,再有功,則又保奏請賞花翎,皆終身戴之,有大功,由花翎有再加賞雙眼者。○擡槓,打執事,京師有備殯喪之肆,曰槓房。喪家以錢僱其人,擡棺以葬,其肆所僱之人,皆市井貧民,曰閒丁兒。自食其力者,而皆青衣號帽,帽上有紅翎,以雞毛爲之。打執事者,即舉其儀仗之人也,亦係其肆中備之。

第六章　官兵盔甲

（多）．多少　　搶‥奪　　花朵‥兒　　懶‧惰．

武營的官兵,有多少體面的制度？　你說的是怎麼個意思？　比方穿盔甲、帶腰刀,得賞賜的一切東西,和帽子上的花翎、藍翎,不都是好看的麼？是,旗營的官兵,每逢有大閱①的年分,應穿盔甲。　外省各綠營的官兵呢？那也有盔甲,如今也不大穿了,可是有欽差的閱兵的時候,提督見欽差帶刀,總兵以下都穿盔甲。至於兵丁們合操,或是射箭、打鎗駁的時候,也就不穿盔甲了。　出兵打仗的時候呢？　那都不穿,不過是戴貂尾兒帽子穿戰裙、馬褂兒而已,因爲打仗的兵,以方便爲本,不宜重笨。比方攻取城池、搶奪軍械的時候,身子穿盔戴甲,怎麼能靈便呢？只好隨便纔好。　是,上陣殺賊,講的是馬上馬下的躪蹠跳躍,務必講究好看,又不是妞妞②,打扮的花朵兒似的,有甚麼用處！　所以了,兵本是殺賊的,官是操練兵丁們的技藝的,講的是武藝精熟,氣力強壯,身子結寔,喜的是勤謹,怕的是懶惰,若是以外面兒齊整體面好看爲能,有何用處！　是。

註　釋

〔大閱〕凡按舊例,由兵部三歲一奏請,得旨,疏列王公大臣名,請簡王公大臣總理其事,先飭八旗都統等,各帥所部,訓練成式,總理王公大臣合八旗將校甲兵,擐甲操演。凡鹿角、長槍、鳥槍、神威礮、子母礮、蒙古畫角、海螺、旗纛之屬,各飭所司修整以備用。○大閱在南苑閱武臺。

---

① 大閱:大規模地檢閱軍隊。據《清史稿·志一百十四·兵十》:"太宗始舉大閱之典。八旗護軍、漢軍馬步、滿洲步軍咸集。……傳令閳礮而進,聞蒙古角聲而退。次漢軍馬步,次滿洲步軍,進攻礮軍。大閱禮成。"(中華書局 1976 年,4122 頁)

② 妞妞:小女孩。

○凡八旗簡閱軍士,春月分操二次、合操一次,秋月合操二次,列陣之法與大閱同。○蘆溝橋演礮,每歲一次,疏列兵部尚書、侍郎,奏簡一人監視。○仲春、孟秋,習鳴螺,部遣官稽閱,歲以爲常。○閱兵,分年查閱各省營伍,差派大臣前往查閱,直隸、山西、陝西、甘肅、四川五省,分爲一年;湖北、湖南、雲南、貴州四省,分爲一年;廣東、廣西、浙江、福建,四省,分爲一年;山東、河南、安徽、江蘇、江西五省,分爲一年,四歲而遍,周而復始。如遇應查直隸等省之年,直隸、山西差派一員,陝西、四川差派一員,甘肅差派一員;應查湖北等省之年,湖北、湖南差派一員,雲南、貴州差派一員;應查廣東等省之年,廣東、廣西差派一員,浙江、福建差派一員;應查山東等省之年,山東、河南差派一員,江蘇、安徽、江西差派一員。兵部於每年開印後,將應行查閱之省分,具奏請旨,併將領侍衛內大臣、滿州大學士、都統、尚書、侍郎各職名,開列進呈,或欽點大臣前往,或即令該省總督、巡撫就近查閱,恭候欽定。如各省官兵遇有調赴軍營,一時未能撤回者,即於折內聲明,將何省暫停查閱。○各省輪應巡查之年,查出兵丁技藝生疎,廢弛營伍者,將提督、總兵照例議處。如係總督、巡撫本標所轄者,將該總督、巡撫交吏部議處。○總督、巡撫、提督、總兵按年輪巡,自行查閱營伍。如遇欽差大臣巡查之年,則該省總督、巡撫、提督、總兵停其查閱。○提督簡閱之年,則各鎮停簡閱;督撫簡閱之年,則提鎮停簡閱。○墩臺、營房,設於邊關扼要及水陸孔道,撥兵駐宿,以備偵候防守,遇有傾圮,次第修理,本營官隨時巡閱,遇新舊接替時,察驗交代。○直省標營軍器,以都司、守備爲專管官,副將、參將、遊擊爲兼管官。遇有動用修補,估價詳報,給公項治備,歲終彙送布政使司覈銷。督撫提鎮,歲委官查驗,取具冊結,歲終彙疏保題,以冊達部稽覈,虧闕參論。

第七章　督標兵丁

（妥）託·情　駱·駝　妥·當　唾·沫

　　論到兵的制度,旗兵呢,是分八旗營和各旗營,您也說過了。那外省綠營的兵怎麼分？論甚麼呢？　外省兵有親標,有外營。　怎麼爲標？　有督標、撫標、提標、鎮標、協標,這是綠營的兵制。　我不明白甚麼叫標。　那"標"字,是本管的麾下的兵的意思。比方有總督的省分,就有督標。　十八省都有總督麼？　不是,直隸總督、兩湖總督、閩浙總督、兩廣總督、四川總督、陝甘總督、兩江總督、雲貴總督,就是這八個總督,所管的親兵就爲督標,或是中營、左營、右營,就稱爲督標中營、督標左營、督標右營。另外有個中軍官,是個副將,總理各督標的營務,然而督標中營的事,可就是這個中軍副將兼管。這各營一切的大小武官兵丁,都是總督管的,所以爲督標。　是了,這些兵,天天都跟着總督麼？　你說糊塗話,那兒能一二千兵,都跟着呢？不過總督管就是了。可其中有挑選幾十個精壯的，跟着總督出門，騎馬圍護着，比別的兵體面，所以也有託情求恩願意跟的。　是麼，跟着總督騎着大馬，穿着好衣裳，一定比騎着駱駝的蒙古兵好看。　也不竟爲好看，有要緊的差使，還得派他們去辦，爲的是妥當可靠。　他們的錢糧，夠當那體面差使的麼？　那總得穿好衣裳，一定得賠墊，俗語兒說："沒吃燒餅賠唾沫。"①不賠不行。　爲甚麼呢？　爲升官升的快些兒。　是了。

註　釋

〔綠營〕直隸督標兵三千四百三十五名，提標六千百七十五名，泰寧鎮三千九十三名，通永鎮兵五千五百十一名，馬蘭鎮二千七百八名，天津鎮七千五百三十八名，宣化鎮五千九十二名，正定鎮二千九百八十六名，大名鎮三千九百三名，順天府屬四路廳百二十八名，承德府百五十六名，張家口四十名，獨石口四十名，以上共兵四萬八百五名。○山東撫標四營，兵一千七百七十八名，河標四營，兵千六百十三名，兗州鎮九營，兵五千一百四十二名，登州鎮九營，兵三千五百四十八名，曹州鎮十二營，兵五千五百八十六名，以上共兵一萬七千六百六十七名。○山西撫標二營，兵千八百六十四名，大原鎮三十一營，兵九千九百十八名，大同鎮三十三營，兵九千九百九十七名，以上共兵二萬一千七百七十九名。○河南撫標三營，兵二千三百七十四名，河北鎮十營，兵四千三百六十五名，南陽鎮十二營，兵五千三百四十七名，歸德鎮五營，兵一千九百七十二名，以上共兵一萬四千五十八名。○江蘇督標十一營，兵四千四百廿九名，狼山鎮七營，兵一千八百二名，淮揚鎮十營，兵四千七百七十七名，徐州鎮三營，兵二千九十三名，撫標二營，兵一千百二十七名，提標二十營，兵五千五百五十五名，蘇松鎮四營，兵一千二百四十五名，福山鎮四營，兵九百九十九名，漕標七營，兵三千四百十六名，以上共兵二萬五千百五十三名。○安徽督標二營，兵一千零二十七名，撫標二營，兵七百九十名，提標二營，兵八百八十八名，皖南鎮六營，兵二千二百八十四名，壽春鎮七營，兵四千三百七十五名，徐州鎮一營，兵八百七十八名，以上共兵一萬二千四十二名。○江西撫標三營，兵一千九百八十五名，九江鎮十四營，兵四千五百七十五名，南贛鎮十八營，兵五千四百二十四名，以上共兵一萬一千九百八十四名。○福建督標四營，兵千八百六十四名，撫標二營，兵七百八十五名，水師提標十一營，兵五千二百六十二名，陸路提標八營，兵三千百五十三名，福寧鎮七營，兵二千六百四十一名，建寧鎮七營，兵二千三百九十六名，汀州鎮五營，兵一千七百二十八名，漳州鎮八營，兵三千二百五名，海壇鎮四營，兵千七百八十名，南澳鎮二營，兵九百六十四名，臺灣鎮十八營，兵七千七百四名，以上共兵三萬一千四百八十二名。○浙江提標二十一營，兵七千四百四十六名，定海鎮七營，兵三千百

---

①　沒吃燒餅賠唾沫：比喻無論做任何事，都要有所付出。

三十二名,海門鎮九營,兵三千二百四十二名,溫州鎮十三營,兵四千二百二十四名,處州鎮六營,兵一千七百十六名,衢州鎮七營,兵二千二百九名,以上共兵二萬一千九百六十九名。○廣東督標六營,兵三千九十六名,撫標二營,兵一千七百七十九名,水師提標十三營,兵八千七百二十七名,陸路提標二十一營,兵八千四百三十六名,陽江鎮十三營,兵六千百八十九名,南韶連鎮十營,兵四千七百卅六名,瓊州鎮五營,兵二千百四十九名,潮州鎮十二營,兵四千四百二十一名,碣石鎮四營,兵二千二百十九名,高州鎮十營,兵三千九百五十一名,南澳鎮五營,兵二千五百十一名,以上共兵四萬七千六百十四名。○廣西撫標二營,兵一千二百二十名,提標十八營,兵五千三百九十三名,左江鎮十二營,兵三千五百三十九名,右江鎮八營,兵二千二百三十三名,以上共兵一萬二千三百八十五名。○雲南有督標一、撫標一、提標一。臨元鎮、開化鎮、騰越鎮、鶴麗鎮、昭通鎮、普洱鎮。然自變亂後,營伍廢弛,僅存兵一萬七千五百三十二名。○貴州撫標二營,兵一千三百十一名,提標十四營,兵七千四百八十三名,安義鎮八營,兵四千四百八十八名,古州鎮十一營,兵七千二百二十二名,威寧鎮四營,兵二千二百三十五名,鎮遠鎮十八營,兵一萬四百十五名,以上共兵三萬三千七百五十四名。○四川軍標三營,兵一千二百六十名,督標三營,兵一千八百六十三名,提標三十營,兵一萬二千九百五十三名,川北鎮十一營,兵三千七百九十七名,重慶鎮十四營,兵四千四百三十八名,松潘鎮十營,兵三千七百八十九名,建昌鎮十二營,兵四千七百五十五名,以上共兵三萬二千九百七十五名。○湖北督標三營,撫標二營,提標五營,鄖陽鎮四營,宜昌鎮四營,協標及城守等十八營,共兵一萬八千三百四十八名。○湖南撫標一、提標一、鎮箄、永州、綏靖等三鎮,統共四十六營,兵二萬二千八百九名,外有辰永、沅靖道標屯營,鳳凰廳、乾州廳、永綏廳、保靖縣、右丈坪廳等處,苗兵五千名。○陝西撫標三營,兵百九名,固原提標四十四營,兵七千八十一名,延綏鎮八營,兵二千五百五十八名,陝安鎮十一營,兵一千五百六十三名,漢中鎮十六營,兵一千六百四十一名,以上共兵一萬二午九百十二名。按原額,有三萬一千三百十五名,自戰亂後,流離分散,未至其半。○甘肅關內,督標五營,兵一千七百五十名,提標十八營汛,兵三千七百七十名,涼州鎮三十三營汛,兵三千六百七十四名,西寧鎮二十九營汛,兵三千二百八十六名,肅州鎮三十五營汛,兵三千百十九名,河州鎮二十六營汛,兵三千二百八十七名,固原提標六十三營汛,兵四千四百六十九名,寧夏鎮四十營汛,兵一千九百二十名,以上共兵二萬五千二百七十一名。關外巴里坤鎮屬,僅存兵一千四十三名,關內外統共兵二萬六千三百十四名,缺額一萬七千一百七十四名。○伊犁自兵燹後,營制廢弛,額兵無可記者。○以上各省綠營,統共四十四萬四百十三名。〔總督〕兼都察院右都御史銜,正二品,加兵部尚書銜,從一品。直隸一人,曰直隸總督,駐保定府;江南江西一人,曰兩江總督,駐江寧府;福建浙江一人,曰閩浙總督,駐福州府;湖北湖南一人,曰湖廣總督,駐武昌府;四川一人,曰四川總督,駐成都府;陝西甘肅一人,曰陝甘總督,駐蘭州府;廣東廣西一人,曰兩廣總督,駐廣州府;雲南貴州一人,曰雲貴總督,駐雲南府;惟河南、山東、山西,不設總督。〔巡撫〕兼都察院右副都御史銜,從二品,加兵部侍郎銜,正二品。直隸、四川、甘肅,以總督兼理;山東、山西、河南、江蘇、安徽、江西、福建、浙江、湖北、湖南、陝西、廣東、廣西、雲南、貴州、新疆,各一人。江蘇駐江蘇府,福建駐臺灣府,新疆駐烏魯木齊,餘駐各省城。

第八章　撫標兵制

(豆) 兜底子　○　升斗　綠豆

　　那督標的兵制,您已經說了大概了,不知道撫標的兵制也是一樣麼?　總督十八省,共有八位,巡撫可是共有十六位,所管的兵,也是分幾營,大約左右二營的多,中軍官是一個參將,兼管左營的事。　有總督的省分,比方湖北省城罷,那不就是又有督標兵,又有撫標兵了麼?　不錯。　撫標兵,總督管的着麼?　管的着,督標的兵,巡撫可不必管,因爲總督比巡撫大。　那些個當兵的,都是本省城人麼?　都是本省城的人多,外來的往往的也有,可少,招募的時候,必得有保人,纔能入營當兵呢!　那自然,比方他是個匪類人呢,沒有保人,當了兵,後來豈不於營規有礙呢!　所以本省、本地的人多,爲的是知根兒①。　好。　可是有可笑的地方兒。　怎麼?　比方一個撫標的小兵兒,當了幾年的兵,家裏很苦,沒幾年的工夫兒,技藝好,馬步箭強,就一等兒一等兒,升到了把總了,也可管兵了。這一天一個兵有了錯兒,那個把總要打,那個兵就兜底子②一挖苦他,說:"老爺不記得和我借米的時候了?求您饒恕了小的罷!"　可笑極了。他們的兵米,不是一樣的升斗麼,怎麼人家夠吃,他和人家借呢?　是麼,據我想,人的粮米,馬的綠豆,都是一定是一樣。　等等兒,馬是吃黑豆,不是綠豆,別混說。

第九章　提標兵制

(頭) 偷盜　頭臉　○　透澈

　　總督、巡撫是文職不是?　那還用說。　怎麼也標下有兵呢?　總督管一省的軍務,巡撫的省分,也是如此,不但自己有親兵,而且提標、鎮標、協標的兵,督、撫都可以管。　我先問您,提標是怎麼着?　提,就是提督。　十八省

---

① 知根兒:了解底細。
② 兜底子:指揭發人的隱事或醜事。

都有麼？　有沒有的,比方山西就沒有,是巡撫兼提督。　啊。　他手下的兵,爲提標,分中、左、右、前、後等名目,爲營中軍官,管理中營的事。　是個甚麼官？　叅將。　也和督撫同城麼？　不同城的多,督、撫是在一省的中間兒,提督是在一省要緊的地方兒。平常沒事,一省的武官兵丁都歸提督管,是武官的頭一個,出兵打仗的時候,提督可以調遣全省的兵,所以爲提督某省全省軍門。　比方平常夜晚偷盜,或是打搶的事都是誰管？　督、撫、提標的兵的地方,各管各的,別的外營各有各汛地。不但賊盜,比方口角打架,誰打傷了誰的頭臉,或是戶婚田土的詞訟,吵鬧起來,兵丁們隨時彈壓,叫他們上文官衙門去打官司。若是不知道底細,不問個透徹①,隨便誣良爲盜,那不但兵丁們有罪,該管的官也有處分呢！

第十章　鎮標兵制

（妒）督撫．　　毒害．　賭博　嫉妒．
　　請問,鎮協標的兵是怎麼樣的規矩？　督、撫、提、鎮四大標,協標很小,那督、撫、提三標,已經說過了,這鎮標,就是總兵的標下。　啊,鎮就是總兵麼？是,也稱總鎮,也說總兵,也爲總兵官。　督、撫、提是一省一個,總兵呢？　總兵不得一樣,比如山西是三鎮,雲南是六鎮,每一鎮一個總兵官,別省也有三五個、幾個的不定。　是幾品？　正二品,和提督平行,可是受督撫的節制,他的標下的中軍官是遊擊,也兼管中營的事,分中、左、右、前、後五營的名目,有五營俱全的,有二三營的,有四營的不一樣,各營都是遊擊、都司的官,分管官兵。
　　總兵駐劄一省的甚麼地方呢？　都是要緊的地方,也往往和道同城。道就是道台麼？　是,稱呼總督爲制台,巡撫、提督是撫台、提台,總兵爲鎮台,所以道就稱爲道台。　那麼文職還有布政、按察二司,稱呼甚麼台呢？　那說藩台、臬台。　總兵和道同城,能管百姓的事麼？　不能。　兵民彼此詞訟呢？　也是咨送兵丁,到文官衙門去審問。比方,兵丁彼此相鬬打架,武官可以管;若是和民人有打架鬬毆、殺傷毒害、人命官司,那都歸文官管;平常的吵

---

①　透徹:透澈。底本如此,不同於篇首生詞"透澈"。

鬧、賭博、匪類，武官也可以嚴拿了，送文官懲治，按律治罪，這都是按例辦事。總而言之，文武兩相和睦，彼此無嫉妒的心，兵民就都相安無事了。　那自然。

第十一章　協標營制

（土）禿　子　　塗抹　　塵土　　唾沫

　　武官到了提督、總兵，也就可以算到了頭兒了。　是麼，那武官，總兵是正二品，協台是從二品。　協台是甚麼？　協就是副將，也稱呼協鎮，是幫助總兵的意思，總兵為總鎮，所以副將就稱協鎮，也叫協台。　他的標下的兵，就是協標麼？　是協標，也分中營或是別的一二營，不能多。　也有中軍官麼？怎麼沒有？是中軍都司，別的左右甚麼的營，是遊擊，或是都司。　協台和總鎮平行麼？　不能，總兵大，副將小。　不都是二品官，戴花紅頂子的麼？總兵的二品彷彿巡撫，協台的二品像布政使。　是了。　況且武官從當兵的出身起，直到了升到總兵，算是可以歇一歇，操練自己的弓馬了。若是升到協台，還得常常豫備馬步箭，防備督、撫、提、鎮來操演他的營兵的時候，連他一塊兒看呢！　他屬督、撫、提管，不必說了，也屬總兵管麼？　有屬提台轄的副將，有屬總兵管的副將。　嘻，武官總得人材漢仗出眾，有一點兒殘疾不行。那自然，瘸子、瞎子、癱子、禿子，又不能打槍、射箭，又不體面。　比方上司看這副將的弓馬不好，怎麼樣？　那就奏參革職，兵部的名冊上，就塗抹了他的名字了。　軍營打仗受傷，不能弓馬的呢？　那國家定例，念其軍營受傷，就免了他的騎射。　那麼他的弓箭就用不著了。　可以高高兒掛起來，任憑塵土多厚，也不動了。　本來軍營裏苦，真有整天整夜摸不著水喝，連唾沫都咽乾了的時候。　還有喝馬溺①的哪！那真苦，何況又受了傷，自然得免了他騎射的。

註　釋

〔副將〕副將，乃從二品之武職，所管有標，然亦屬提督、總兵分轄，且其升任，係由正三品之參將

---

①　馬溺：馬尿。

升補，亦須引見。如叅將、遊擊一例，其權遜於總兵多多矣，有辦事可嘉、訓兵得法者，則督撫保薦，爲堪勝總兵，候旨簡用。

第十二章　各營兵制

（短）．端　正．　○　．長　短．　斷．絕

督撫提鎮四大標，協的小一點兒的標，我都明白了。　你明白甚麼？　他們的各標之下都是營，營裏都是小武官兒和兵，對不對？　可倒不錯，你知道的，但是標之外，還有沒有了？　那可還不明白呢，還得請您說。　標的兵，爲親標，餘外有營。比方有一個省分，省城是總督的標下幾營，巡撫標下幾營，省城之外，某要緊的地方，是提督的標下幾營。　啊，那我都知道了。　一省有幾個鎮台，每一個鎮標，又有標下幾營。　啊，我也知道了。　餘外還有單營，有屬提督管的，有屬總兵管的，還有屬協台管的。　啊。　這單營，或是叅將，或是遊擊、都司、守備不定，不是本標，可是屬本管。那個官自己辦事，就是一營的兵馬的事，有事報明本管的，提、鎮、協彷彿各標下的中、左、右、前、後的各官，可不是他們那屬標下的樣兒，更得精明强幹，人品端正，曉暢營伍，纔能作那個單營的官。　據我看，武官能技藝，會操演兵就得了，還論甚麼才能的長短麼？　你那兒知道，平常操練兵馬，整頓營伍，教訓兵丁，申明紀律，就得有點兒才能纔行。比方兵臨城下，外無救兵，內無粮草，吃喝都斷絕了，那時候兒就應了俗語說的"將在謀而不在勇，兵在强而那在多①"的那個話了，無才行麼！　也對。

註　釋

〔兵〕按清朝兵制，滿洲蒙古漢軍八旗官兵三拾餘萬外，有綠營兵額，共計五十四萬四千有餘，係招募民人者，督撫提鎮標下之兵即是也。當康熙乾隆全盛之時，國庫富裕，普免天下錢粮四次，普免七省漕粮二次，巡幸江南六次，而仍存七千餘萬兩。至乾隆四十六年，增兵之議起，一舉添兵六萬六千餘人，費銀每年二百餘萬兩。至嘉慶十九年，仁宗覩帑藏之大爲支絀，慨增兵之仍無實効，特詔裁兵一萬四千有奇。至道光年間，又裁兵二千有奇，仍有五拾九萬四千有奇。咸

---

① 兵在强而那在多：此句"那"字可作"哪"字解。另據東京博文館藏本 614 頁，"那"作"不"。

豐初年,髮賊擾亂天下,當是時,綠營積習已久,或吸食鴉片,或聚開賭場,無事則游手恣睢,有事則雇無賴之人代充,見賊則望風奔潰,賊去則殺民以邀功,竟無一人足用者,於是始爲招勇之計,以能平定髮賊念匪回逆,嗣後各省視爲成例,一朝有事,舍兵招勇,別無良策。而綠營官兵,雖經次第裁減,然仍有四拾餘萬人,概貧賤小民,而積弊行於其間,徒擁虛名耳。近年各省,仿照曾國藩所定練軍章程,選練綠營官兵,與防勇同,以五百人爲一營,築設營壘,常駐其內,不許散住,每日操練陣式,演放洋礮洋槍,大有成績。於是各省督撫,陸續奏請裁勇練兵之議,朝廷遂嘉納之,普令全國漸次改練,是爲清國陸軍之一大改進矣。

第十三章　營兵分哨

（團）○　　·團·圓　　○　　○

請問各營中的兵,又怎麼分呢？　一營之中,不論是標下的,是單營的,都分哨。　哨是甚麼？　一營或分四哨,或分二三哨,那是以兵數多少而分,每哨都有帶兵官。　甚麼官呢？　是這麼着,不論標營、單營,都是參將、遊擊、都司的多。　哼。　參、遊、都之下,都各有一個中軍官,是守備。　哼。　守備是五品。　那我知道,以下就是哨兵,六品的多,是個千總。　哨分三個或是四個,以何爲名呢？　分左、右、前、後。　啊。　比方左哨千總,右哨千總之類。　是了。　哨之中又分司,爲頭司、二司、三司、四司之類,也是看兵數多少。　有甚麼官麼？　就是把總,是七品的官,所以說"千把、千把"的,就是千總、把總兩樣,都是分着帶兵的官。　啊。　餘外還有外委千總、外委把總,又有額外外委,都是頂小的武官,幫助千把的。　他們這些官,都在本營的一塊兒駐劄麼？　不是,這又都分塘,分汛,散駐幾十里之內。　都有家眷麼？　兵丁們。　那倒是父母兄弟、妻子兒女,永遠團圓在一塊兒的。　是了。

第十四章　分汛分塘

（對）堆·積　　○　　○　　對·面。

您纔說這些小武官,千總、把總、外委們,都分塘、分汛,是怎麼分法？　各省的地方,分文官的府、廳、州、縣、汛,那是文官地方官,你說他幹甚麼？　文官所管的地方,也是武官所管的地方,就爲汛地。　啊。　假比一個知縣的地方,方圓百十里,這和知縣同城的,就必有一個武官的營頭兒,或是都司,或是遊擊們,不定。　啊。　他那中軍守備,也有同城的,也有離城幾里、幾十里駐劄的。　啊。　存城的兵若干,分到各汛去若干。　那汛上有兵,也有官麼？
　　汛官就是千、把、外委們,存城的有存城的官,分汛有分汛的官。　汛都在甚麽地方呢？　都在大村莊、大鎮店上。　啊。　一汛之官兵若干,又分到各塘的兵若干①。　塘上還有官麼？　沒有了,每塘就是十來個兵或五個兵。爲甚麽都分開呢？怎麽不在一處呢？　若是都堆積在一塊兒,那地方上有事誰管呢？　有甚麽事？　事多了,那彈壓村鎮,趕集買賣的時候,人多沒有官兵行麽？護送行旅,遞送公文,沒有塘兵行麽？所以必得分開,不能天天幾百人對面兒②,都在一塊兒聚着。　是了,這也是一定的制度啊。　是。

第十五章　汛官責任

（退）推諉。　○　骸快。　進退。
　　定制分塘佈汛,把這些小武官帶兵去各處駐劄,也是會同文官,管理地方的制度啊。　不錯。你想,比方有一家兒被盜,丟了好些東西,或是行路的被路劫,搶奪了行李盤費去了,地方文武得趕緊派差役、派兵,給他們緝捕賊盜去。某處地方失事,就把某處的文武官的職名,通報了上司,各武職汛地所管,不能互相推諉,這是各人的責任,誰不各顧考成③,不快快的拿賊去呢！　比方那賊偷了,搶了,他骸快,跑到別處去了,怎麽辦？　那跑到那兒,那兒也有汛地的官兵,只要得着鄰汛的文書,可以彼此訪拿,所以各汛塘有汛房,有塘房,都寫着"盤查奸宄""護送行旅""嚴拿惡棍""驅逐流娼"的四塊大牌,並且都有槍礮器械,一處一處的,星羅棋布,此呼彼諾,都有個很威嚴、很整齊嚴肅的聲勢。　這些兵不操演麼？　平常各操演各汛的技藝,每年有合操的時候,那叫跑陣,也有說跑隊的地方,各省不同。　操演甚麽？　不過是九進步十聯環

---

　　①　一汛之官兵若干,又分到各塘的兵若干：底本作"一汛之塘兵到分又官各若,干若,的兵干",據東京博文館藏本 617 頁改。
　　②　對面兒：當面。
　　③　考成：在一定期限內考核官吏的政績。

的槍礟,步伐整齊,進退合式,操完了,各回汛地去。　是了。

第十六章　出師兵制

（敦）敦厚。　○　打盹兒　遲鈍。

　　我想操演兵丁,步伐整齊,槍礟有準,都是為出兵打仗用的,不是麼?　可不是麼!　比方有出兵的事,這各省綠營的兵,怎麼個去法呢?　那是按本營的兵數,假如本營的兵一千的大數兒①,奉上司來文,派三百或五百出兵去,本營的營官就挑選精壯的叫他們去。　那些在汛在塘的兵呢?　不論在城、在汛、在塘,都可以挑選,以足了奉調的三百五百的數兒為准。在官之中,派一個守備,幾個千、把,幾個外委,幾個額外外委,比如三百名約官五六員,五百兵約官十來員不定,必須紀律嚴明,營伍曉暢,又要性情敦厚的官,纔可以派了帶兵去呢!太嚴恐不得兵心,太寬怕不能約束,所以得斟酌選派。　他們走了,這底缺②的汛官的事,誰管呢?　派別的小官們署理。　三百或五百名兵和官之外,沒別人麼?　有餘丁,有長夫。那餘丁,是豫備途中兵或死或革退,出了兵缺補兵的;長夫是移營用的,軍營夜晚,兵丁們換替着睡,換替着打盹兒,長夫、餘丁可以打更熬夜,雖是個粗人,也得心靈性巧纔行,若是性情糊塗,遇事遲鈍,當長夫也不行。　有多少人呢?　比方一百兵,有一二十個人跟了去不定。　是了。

註　釋

〔勞師之儀〕順治十三年題准,凡凱旋,將軍等盛服候陞殿賜宴。康熙元年議定,凡大兵凱旋,皇帝陞殿筵宴。雍正二年,青海告捷,陞殿受賀。乾隆十四年,大兵凱旋,上陞殿,經畧並叅贊大臣等謝恩,引官弁兵丁等皆入宴,賞賚優渥。○康熙二十一年,大將軍等凱旋,駕臨蘆溝橋,往迎。○乾隆二十五年,定邊將軍等凱旋,上駐蹕黃新莊,親行郊勞。

---

① 大數兒:大概的數目。
② 底缺:空出來的官位。

第十七章　軍營糧銀

（吞）吞吞吐吐·　·屯·田　○①　褪·手·

出兵打仗的事，有好些個規矩，您都知道麼？　那我可不敢說是知道，因爲我也沒出過兵，不懂得怎麼爲打仗，然而據我看，兵部《中樞政考》和《京報》的摺奏上所說的大概的規矩，也知道一點兒。　那麼檢②您知道的說。　太平無事，文官安撫百姓，治理田賦，武官申明紀律，操練兵丁，緝捕盜賊，也爲的是民安靜無事，那是很好的了。　是麼。　比方有賊匪鬧起來，或是殺人放火，搶擄百姓，或是戍官據城，謀爲不軌，那時候，本城專管的文武官，立刻通稟上司。上司們派兵剿捕，一面把賊匪情形，一五一十的專摺奏明，奏的話，必得詳詳細細的說，不許吞吞吐吐的說，那所派調的兵，必是附近的營分先到。我聽，自古說："三軍未發，糧草爲先。"這出兵的事，不得先發粮草麼？　現今都是發銀子，比方鹽菜銀子、口粮銀子，給兵們買着喫。　那兒買去？　有買賣街，是另外做小買賣的人，豫備喫喝兒的東西，在營外賣。　兵拔了營走呢？　他們也跟着走，兵到那兒剳營，他們也住下。　這也是定例麼？　這是聽見出兵的人們回來說的，定例總是糧草爲要，比方軍務日子太多，還許敎兵丁們一面屯田，一面打仗呢！　那麼人人都得會耕種了？　那是軍令，叫且耕且戰，誰敢褪手③不動呢！　是麼。

註　釋

〔口糧銀〕派調京城滿洲兵丁，由京起程，每兵給騎馬一匹，每六名給行李車一輛，其自良鄉起，至沿途各站，更換車輛，按每兵二名連跟役一名給車一輛，無車處，每車一輛折馬四匹。○各省駐防滿兵出征，乘騎本身官馬，如遇馬匹疲乏，無馬更換之處，每兵二名連跟役給車一輛，無車，每車一輛改給馬四匹或騾四頭。○各省綠營、外委馬兵出征，乘騎本身官馬，如遇疲乏，無馬更換之處，每兵三名連軍裝給車一輛，不能行車之處，車一輛改馬騾四。○各省綠營步守兵丁出征，並無官馬，每兵四名連軍裝給車一輛，無車處，車一輛改馬騾四。○綠營出師外省，每兵一

---

① 底本此處只有空白，無"○"，酌加。
② 檢：撿，義爲"挑選"。
③ 褪手：褪手於袖，做出事不關己的姿態。

名月支約在五兩上下,擄菜折銀,及夫價等在內。○出師官兵支給鍋帳,一品官連跟役給鍋帳四頂副,二三品官連跟役給鍋帳三頂副,四五品官連跟役給鍋帳二頂副,六品以下官連跟役給鍋帳一頂副。兵丁四名,鄉勇五名,長夫十名,各合給鍋帳一頂副。

第十八章　銀牌獎功

(冬)．冬夏。　○　懂‥得　動．靜．

　　軍營的兵丁們,也眞苦罷? 俗言說:"養軍千日,用軍一時。"一年到頭,春秋冬夏的銀子米養活着兵,所爲甚麼呢?爲得是他給國家出力,比方打仗不懂得効命疆塲,竟知道喫糧,養活家口①,那還算兵麼? 不錯。 而且出兵去又得一分銀子,所以俗言又說:"外有行糧,家有坐糧。"一個兵兩分糧,這是一個便宜;走的時候,又有行裝銀子,又是一個好處;沿路地方官供應夫馬,劄營有餘丁、長夫伺候買東西做飯,自己身不動,膀不搖,喫了喝了,明天又走,這又是一個舒服;比方到了鬧事的賊匪那兒,或是賊聞風遠颺,或是四散奔逃,沒個動靜兒,更用不着打仗了,這又是一個放心;及至眞和賊接仗,幺麼②小醜,大兵一到,立刻槍礮齊施,如同滾湯潑老鼠一樣,大獲全勝,這就是大功,或說打仗奮勇,賞給銀牌,或說殺賊無算,保舉翎頂。有一出兵的時候是一個小兵兒,回來的時候,就作了大人了的。這麼看起來,兵的便宜寔在很大了。而且人都誇獎說,這是奮勇爲國家出力的人,怎麼不體面呢? 照您這麼說,好極了。

註　釋

〔銀牌〕以銀鑄之牌,或數兩,或一二兩,或數錢,大小輕重不同,形扁,或若葫蘆,有鑄成之字,曰某將帥賞字樣,所以獎功者。兵及小武官得之者必懸系胸前,以誇示於人焉。○凡對敵之時,有賞賚事宜,以獎其功,即如攻城,亦有分別。攻克府城者,將登城五人給賞,第一名賞銀二百五十兩。第二名賞銀二百兩,第三名賞銀一百五十兩,第四名賞銀一百兩,第五名賞銀五十兩,攻克州城、縣城,以次遞減,每以五十兩爲率。

---

① 家口:家屬,家中人口。
② 幺麼:妖魔。

第十九章　軍功賞賜

（同）通・達　　會・同　　統・帥　　・疼　痛．

照您說起來，出兵的人都是福氣了。　真是有造化的。　那麼不幸，若是死在敵人的手裏呢？　那眞是萬幸，那名爲陣亾，更有好處了。　甚麼好處？　官陣亾呢，追封、追贈，給他的大官銜；兵陣亾呢，有卹賞銀子，並且凡陣亾的人，子孫就得一個世職的官。　甚麼官？　世職的官可多，常行得的是雲騎尉。　幾品？　五品。　文官，武官？　世職的官，都是武官。　這世職，子孫作幾代呢？　那爲世襲，子子孫孫永世襲的，爲世襲罔替。也有襲一代兩代的，襲完了，又給一個恩騎尉。世襲罔替，永遠襲的，都是看功勞大小。　都是陣亾的人得麼？　有功就可以得，不必必得陣亾，況且受傷不死的人，也有好處。　甚麼好處？　受傷之後，先叫通達醫理的人給他調治，一面帶兵的官，查驗傷痕輕重，分頭二三等，參贊的大人們會同統帥，一面記功，一面咨明兵部，議功得賞，或銀子，或保舉，及至疼痛的利害，死了，那爲傷亾，又得好大的獎賞，你說好不好？我說的。　說完了。　完是還沒完呢，咱們編的《平仄編》第十四段兒可是完了？　那麼往下還有請問的事呢。　請說。

註　釋

〔世職〕世爵等級，其等有八，曰公，曰侯，曰伯，曰子，曰男，曰輕車都尉，曰騎都尉，曰雲騎尉。自公至輕車都尉，又各有三等。凡授爵，自雲騎尉始，如雲騎尉加一雲騎，則合爲騎都尉，再加，爲騎都尉兼一雲騎尉，再加，爲三等輕車都尉，遞加至一等輕車都尉兼一雲騎尉，再加則爲三等男。積雲騎尉二十有六，爲一等公。○凡公侯伯，皆按其勳閥，褒錫嘉名，以垂永世，如嘉勇公，果勇侯之名。○凡軍功議叙，由兵部覈定等第，移吏部疏請授爵。以戰功議叙者，視其所得功牌之等第及本官之大小爲率，而議給以雲騎尉爲始。如統兵之叅贊、都統、副都統，本係一二品大員，得一等功牌二，再得二三四五等功牌各一，授雲騎尉；三品者，得一等功牌三，再得二三四五等功牌各一，授雲騎尉；六品者，得一等功牌四，再得二三四五功牌各一，授雲騎尉。俱核其功牌爲法，必一二三四五等皆全，方授爵，或不全，有可抵算者，準以上等功牌一作下等功牌二，下等者不得積算上等，若前後兩任所得，亦準合算焉。○以攻城議叙者，視城之大小，攻之難易，分六等。一等城池，第一登城者，授一等輕車都尉，第二授二等輕車都尉，第三授三等輕車都尉，第四授騎都尉兼一雲騎尉，第五授騎都尉，第六授雲騎尉，每以六人爲率。二等城池，以四人爲率,第一授三等輕車都尉,以次遞減,餘倣此。○〔世襲罔替〕國初,開創功臣,策勳錫爵,爰及苗裔,與河山共永爲世襲罔替。定鼎以來,凡忠誠宣力,懋建軍功,膺授封爵者,或世襲罔替,或承襲數世,咸有等差。授爵以雲騎尉始,至一等公止,其承襲次數,按所授之爵,亦自雲騎尉爲始,賞授雲騎尉者,應承襲一次止,至一等公,則應承襲二十六次止。

第二十章　世職官名

（雜）腌臢　雜亂　咱的　○

又到了《平仄編》第十五段兒①,紙短話長,剩了兩段兒了,問的事還多着的呢,怎麼好？　撿要緊的說罷。　那麼,請問這世職的事罷。　可以。　世職的官,到底有多少樣兒？　五等爵位,是公侯伯子男,這都是大世職。　這公,也是和王公的公一樣麼？　不一樣,王公的公是宗室,和蒙古王公們的公一樣,這公是軍營的軍功得的封爵。　幾品呢？　那都算是出了品了,子男還算二品官呢麼。　五等以下呢？　男爵以下是輕車都尉,內中也分等次,以下是。　等等兒說以下,輕車都尉是幾品？　三品。　以下呢？　騎都尉是四品,雲騎尉是五品,恩騎尉是七品。　往下沒有了？　沒有了。　這世職的話,我記得您從前說過似的。　大同小異的多說兩回,也沒要緊,因爲您和我說起軍功來,所以不能不說,也因你又問的緣故。　論起作世職官的人來,雖然頭上戴着頂兒,喫着俸祿,若是想起祖父立功或是因陣亡得的,他心裏一定難過得利害。　那也不能不心裏頭腌臢②。　"腌臢"倆字,怎麼講？　就是心裏悲慟的意思。　那麼,他怎麼好呢？　也只好循分供職,該當的差使好好兒去當,該辦的公事就得井井有條,不叫他雜亂無章,那就是報答皇恩,無忝祖德了。　若是能這麼勤愼供職,可咱的③不好呢？　可不是！

註　釋

〔王公〕清朝顯祖本支爲宗室,伯叔兄弟之支爲覺羅。宗室有爵,凡十四等,曰和碩親王,曰世

---

① 第十五段兒:指《語言自邇集·練習燕山平仄編》第 363 組－395 組,第 363－393 組以 TS 爲起首輔音,第 394－395 組以 TZ 爲起首輔音。

② 腌臢:原指髒,不潔淨。此處指心情不痛快。

③ 咱的:據章首"咱"的聲調,"咱的"或爲"怎的"的變讀。

子,曰多羅郡王,曰長子,曰多羅貝勒,曰固山貝子,曰奉恩鎮國公,曰奉恩輔國公,曰不入八分鎮國公,曰不入八分輔國公,曰鎮國將軍,曰輔國將軍,曰奉國將軍,曰奉恩將軍。○皇子生十五歲,由宗人府請封,其爵級出自欽定。○親王中世襲者有八家,皆開國之元勳,國初立八貝勒共議國政者即是也,俗稱之鐵帽子王,喻其罔替。其餘王公,不得世襲,稱之不入八分王公,按其遞降之例,親王嫡子封爲世子,世子嫡子封爲郡王,郡王嫡子封爲長子,長子嫡子降襲貝勒,貝勒嫡子降襲貝子,次弟遞降,竟至奉恩將軍。以下閒散宗室,皆用四品頂戴,俗曰黃帶子。黃帶子有罪降一等,俗曰紅帶子。帶子者,腰間所繫腰帶也。〔內蒙古王公〕凡蒙古王公,皆係理藩院衙門管理,其封爵有五等,曰親王,曰郡王,曰貝勒,曰貝子,曰公。公又分二,曰鎮國公,曰輔國公。秩視宗藩,世襲罔替。自扎薩克外,皆屬散秩。公主之子、親王之子弟,授一等台吉,惟土默特左翼、喀喇沁全部稱塔布囊;郡王之子、郡王貝勒之子弟,授二等台吉;縣主郡君縣君之子、貝子公之子弟,授三等台吉;台吉之子弟概授四等,均品如其等。俟十八歲入班供職,若簡用扎薩克,則秩皆一等,應襲爵之親王長子秩視公,郡王貝勒長子視一等台吉,貝子公長子視二等台吉。如長子不稱襲爵,於餘子內擇其優者,報理藩院奏聞,屆期承襲。○科爾沁,親王郡王各四人,貝勒二人,貝子一人,鎮國公二人,輔國公六人;扎賚特,貝勒一人;杜爾伯特,貝子一人;郭爾羅斯,鎮國公、輔國公、一等台吉各一人,敖漢,郡王二人,貝子一人,輔國公二人;奈曼,郡王一人;翁牛特,郡王、貝勒、貝子、鎮國公各一人,巴林,郡王一人,貝子二人,輔國公一人;扎魯特,貝勒二人,鎮國公一人;喀爾喀左翼,貝勒一人;阿祿科爾沁,貝勒一人;克西克騰,一等台吉一人;土默特,貝勒貝子各一人,附喀爾喀貝勒一人;喀喇沁,郡王一人,貝子二人,鎮國公一人,輔國公二人,一等塔布囊一人;烏朱穆秦,親王、貝勒、鎮國公、輔國公各一人;阿霸垓,郡王二人,貝子、輔國公各一人;蒿齊忒,郡王二人;蘇尼特,郡王二人,貝勒、輔國公各一人;阿霸哈納爾,貝勒、貝子各一人;四子部落,郡王一人;喀爾喀右翼,貝勒一人,貝子二人,鎮國公一人;吳喇忒,鎮國公二人,輔國公一人;毛明安,貝勒、一等台吉各一人;鄂爾多斯,郡王一人,貝勒二人,貝子三人,輔國公、一等台吉各一人;歸化城土默特,輔國公一人。〔軍功封爵〕見上同字世職註釋。○綠營人員,有身先士卒,殺賊陣亾者,提督給騎都尉兼一雲騎尉;總兵給騎都尉;副將以下,把總經制外委以上,俱給雲騎尉;襲次定時,俱給與恩騎尉,世襲罔替。候補人員陣亾,照實任官階議給世職。

第二十一章　黃馬褂制

（擦）．擦 抹．　　○　　　○　　　○

立功的官,除了得保舉,得賞賜世職,還有甚麼？　　那都不一樣,有打仗立功的,得特賞的。 比方白玉柄的小刀子、荷包、四喜的玉搬指兒、翎管兒①,隨皇上的旨意。 那眞算是優等的功勞,得這些東西,榮耀的很了。 還有呢! 甚麼? 賞穿黃馬褂。 黃馬褂是甚麼? 黃顏色的馬褂兒。 甚麼人能穿得着的? 甚麼人也不能穿,就是領侍衛內大臣和內大臣、前引十大臣、護軍統領、侍衛班領,他們可以穿,也是遇見有皇上巡幸的時候纔穿,爲的是扈從鑾輿,體面好看。 啊。 至於大臣、侍衛們和文武衆臣們,或是因大射②中箭,或是有大功勞,纔賞賜穿呢! 我看見教塲操演的兵丁們有好幾百人,都穿黃馬褂兒,那和這個纔說的,有分別麼? 你看見的,大約是正黃旗的兵們操演罷。 不錯,那一天是鑲黃正黃旗操演。 那是正黃旗兵們的號褂③,那沒要緊。 是了,不錯。 一來也不能有那麼些穿黃馬褂兒的人,二來他們隨便就用那馬褂兒袖子擦抹槍桿兒,若是特賜的,能那麼着麼? 一定是您說的號褂了。 對了。

註　釋

〔黃馬褂〕凡領侍衛內大臣、內大臣、前引十大臣、護軍統領、侍衛班領,皆服黃馬褂,巡幸扈從鑾輿,以爲觀瞻。 其御前乾清門大臣、侍衛及文武諸臣,或以大射中侯,或以宣勞中外,上特賜之,以示寵異。

第二十二章　賞賜勇號

（在）栽　種　　○　宰·殺　在··家

軍營裏得功的賞賜,還有甚麼? 還有勇號。 勇號是甚麼? 就是巴圖魯④。 巴圖魯是甚麼? 巴圖魯是滿洲話,就是勇的意思。 這麼說,這勇號怎麼賞法呢? 打仗的人,或是十分勇敢,或是連獲大勝,或是一人獨探

---

① 翎管兒:清代官吏禮帽上用來固定翎子的管子。
② 大射:爲祭祀擇士而舉行的射禮。
③ 號褂:舊時兵卒、差役等所穿的制服。
④ 巴圖魯:本源自蒙語,意爲勇士。 清初,滿族、蒙古族有戰功者多賜此稱。 在巴圖魯稱號之前,復冠他字爲"勇號",冠以滿文如搏奇、烏能伊之類者,謂之清字勇號。 後來也用於漢族武官,冠以漢文英勇、剛勇之類者,謂之漢字勇號。

地穴，破賊地雷，或屢次殺賊無算，他的功居多，就賞他勇號。也有特旨賞的，也有統帥保奏請賞的。　賞的人多，怎麼分別呢？　照漢話說，賞一號必有一個字，或是甚麼勇，甚麼勇巴圖魯。比方有一位揚侯爺，他從前賞的是"烏能伊巴圖魯"。　烏能伊，是甚麼話呢？　嗜，那烏能伊是滿洲話，繙譯漢字，是"誠然"的意思，所以他就爲誠勇巴圖魯。也有專賞一個漢字的，比方強勇巴圖魯之類，隨旨意的賞賜，臣下不敢定。　得了這個勇號的，有甚麼誇耀的？　外省的漢官，得了之後，撤兵回任的時候，可以多一對官銜牌，寫上這勇號。　得的也少罷？　從前老年不多，近些年，招勇平長髮賊的時候，不但官得，兵升起來的，得勇號的也不少。　您說招勇，是甚麼？　是募民人來當練勇打仗，所以栽種莊稼的農人、宰殺猪羊的屠人和讀書的士子，都來當勇來了。　他們在家的時候，也都會武麼？　不會罷，也是招募了之後練成的。　是了。

註　釋

〔軍功賞賜〕大兵所到之處，或敵人挖掘溝壍，安設木柵，排列挨牌相敵，或大列陣勢相敵。我兵勞苦攻戰，敵人不動時，兵丁有能於衆營內挺身前進，衆營尾後敗敵者，首人賞銀五十兩，授爲守備；第二人賞銀四十兩，授爲千總；第三人賞銀三十兩，授爲把總；該省缺出，即准先用。若齊力交鋒之際，有能於本營內越衆衝鋒，本營尾後克敵者，首人賞銀三十兩，授爲千總；第二人賞銀二十兩，授爲把總；遇該營缺出，即准先用。○若遇水戰，有能躍入敵船，殺敗賊衆，得獲船隻者，驗明船隻大小，分爲三等。如係頭等船隻，首人賞銀一百兩，授爲都司；第二人賞銀八十兩，授爲守備；第三人賞銀六十兩，授爲千總；第四人賞銀四十兩，授爲把總；本船首頭官加三級，同戰官加二級。係二等船隻，首人賞銀八十兩，授爲守備；第二人賞銀六十兩，授爲千總；第三人賞銀四十兩，授爲把總；本船首領官加二級，同戰官加一級。係三等船隻，首人賞銀六十兩，授爲千總；第二人賞銀四十兩，授爲把總；本船首領官加一級，同戰官紀錄一次，各照職銜，准其先用。如係空船小船，及敗走船隻者，不在授官給賞之例。○官兵陣傷者，頭等傷給銀三十兩，二等傷給銀二十五兩，三等傷給銀二十兩。士兵陣傷者，照此例減半給賞。其受傷未分等第，官兵俱照三等例給銀二十兩。○殉難陣亡官兵卹賞，提督給銀八百兩，總兵給銀七百兩，副將給銀六百兩，叅將給銀五百兩，遊擊給銀四百兩，都司給銀三百五十兩，守備給銀三百兩，守禦所千總給銀二百兩，營衛千總給銀一百五十兩，把總經制外委給銀一百兩，應得祭葬，由兵部行文禮工二部議奏。額外外委、馬兵給銀七十兩，步兵給銀五十兩，餘丁給銀二十五兩。○陣亡兵丁應給之銀並無妻子親屬承受者給銀二兩，該總督、巡撫、提督、總兵、委官致祭。○若八旗陣亡官員卹賞，公侯伯及領侍衛內大臣、內大臣、內外都統將軍、左副將軍、一等子，賞銀一千一百兩，二等子一千零五十兩，三等子一千兩，男九百五十兩，前鋒統領、護軍統領、步軍統領、內外副都統等九百兩，營總翼長三品叅領等官七百五十兩，以下至七八品官二百餘兩，各有差；陣亡之前鋒、護軍、親軍、領催及執纛人，卹銀二百兩，甲兵一百五十兩，未披甲礮手一百三十兩，各部落未披甲、通事一百兩。○出征立所給功牌，可以積算等次，議賞世職。○功牌式樣，由兵部頒給。頭等者長二尺八寸，二等者長二尺四寸，三等者長二尺二寸，四等者長二尺，五等者長一尺八寸，俱以紫綾爲面，用潔白厚紙，裱襯一層爲裏，四邊雕印螭紋，凡填寫功績、年月日處，即用兵部朱印鈐記，並編次號數，對清給發。○官銜牌，京外文武各官各有儀仗，如傘、扇、旗、棍之類，其外又有官銜牌。然京中惟王府於府中遇其喜慶大節陳設，其出府及餘官在街，除引馬跟馬之外，大小官皆無用儀仗者。外省官不論大小，則無不用儀仗者，俗曰執事，其官銜牌則以木爲之，高約五尺餘，長柄之上寫某官字樣，有勇號者亦書之，每一大官約十數對焉。

〔招勇平長髮賊〕洪秀全倡亂粵西，自道光三十年到同治三年，計十有五年，竊據金陵亦十二年，流毒海內，僭稱僞號，百姓遭其荼毒，慘不忍言。同治三年官軍攻破僞都，誅剿搜殺，三日夜火光不絕，斃賊十餘萬人。凡僞王、僞主將、天將及大小酋目約三千餘名，死於亂兵之中都居其半，死於水火者居其半，拔出難民數十萬人，其僞宮女縊于前苑內者不下數百人，死於城河者不下二千人，奪獲僞玉璽二方、金印一方。查粵匪之變，蹂躪及十六省，淪陷至六百餘城，面其凶酋悍黨，皆堅忍不屈。金陵城破，十餘萬賊無一降者，至聚衆自焚而不悔，實爲古今罕見之劇寇也。然卒能次第蕩平，剿除元惡，固多賴募勇之力焉。詳見《平定粵匪紀略》一書，茲不多贅。〔勇〕近年清法搆釁之時，各省勇數三十餘萬，費餉不下二千餘萬兩。○直隸三千餘人。○淮軍二萬二千餘人。○山東七千餘人。○河南一萬二千餘人。○山西五千餘人。○江蘇三萬一千餘人。○安徽五千餘人。○江西七千餘人。○清淮三千餘人。○福建九千餘人。○臺灣六千餘人。○浙江一萬餘人。○廣東二萬一千餘人。○廣西二萬九千餘人。○雲南四萬二千餘人。○四川一萬一千餘人。○陝西一萬三千餘人。○甘肅一萬三千餘人。○新疆二萬餘人。○伊犂一萬七千餘人。○盛京三千餘人。○吉林一萬一千餘人。以上總計三十餘萬人。〔編制〕勇軍編制，各省大同小異，概以勇十人爲一隊，什長一人管之，以八隊爲一哨，哨官一人、哨長一人管之，而有以三哨爲一營者，或有以五六哨爲一營者，營官一人統之。故一營勇數，少者三百餘人，多者五六百餘人。此外仍有伙夫長、伙夫從炊事、長夫事運搬，又合數營者，歸統領或總統管轄。今舉吳大澂所部親軍一營，以示一例。○親軍左營步隊，營官一人，哨官五人，哨長五人，什長四十人，正勇四百五十人，伙夫四十六人，長夫一百四人，共計六百五十一人。○甘肅新疆地方不稱營而稱旗，一旗比一營，勇數較少，馬步旗制，例在於後。○馬隊一旗，統帶官一人，哨官二人，先鋒四人，領旗十一人，親兵二十七人，護勇八人，馬勇七十二人，長夫二十五人，馬夫六十五人，共計二百十五人；額馬百二十七匹，步隊一旗，管帶官一人，哨官三百人，什長二十八人，親兵四十人，護勇十五人，正勇二百五十二人，長夫百三十三人，共計四百七十二人。〔給養〕各省又大同小異，今舉一例。○步隊營官，月支薪水銀五十兩，公費銀一百兩，哨官月支薪水銀十八兩，哨長月支薪水銀九兩，什長四兩五錢，親兵四兩二錢，護勇四兩二錢，正勇三兩九錢，伙夫三兩，長夫三兩，馬隊添加馬乾銀三兩而已。

第二十三章　長江水師

（才）．猜想．　　．才幹．　　．雲彩．　　菜．飯．

自古以來，"兵可百年不用，不可一日不備。"這兩句話，是不錯。　是麼，一旦之間，衝鋒打仗，平日若是不練好了，那①那·兒能得力呢！　所以說了。可是滿洲蒙古漢軍的兵爲旗兵不是？　啊。　綠營是漢兵。　是。　北方江河湖海少，綠營和滿洲駐防都是陸地操演不是麼？　講的是安營下寨，聚草屯糧，這都是陸地的兵的事。　那麼有水的地方呢？　有水的地方，另有水師營的兵船。　那河標的兵，我這麼猜想着，就是河裏打仗的兵們罷？　那是管黃河，屬河道總督管的，不是水師營。　那·爲水師呢？　大江有長江水師，也是新設的，有二十來年了，從湖南湖北，直通兩江地方，都是一個營有一位提督和幾位總兵管。　那和陸地不同罷？　那另一番的才幹，是要明白天上的風色，看早晚雲彩的氣色，和水裏的溜口、沙線，船上礮位，水手的好歹，兵丁的能耐風波不能，都得察考到了，纔能作那個大人呢！　這些船上的兵們，整年在船上，喫的菜飯怎麼辦呢？　那飯一定有口糧，菜自然在碼頭上可以買了。如今長江有了這水師營，兩岸比從前一定熱鬧罷。

註　釋

〔長江水師〕長江數千里之險。咸豐三年七月，因髮逆擾亂，江西多爲賊據，郭嵩燾獻議於江忠源曰，東南各省州縣，多阻水，江湖一日遇風，賊舟瞬息可達數百里，官兵陸路躡之，其勢當不及，長江數千里之險，遂獨爲賊所有，且賊上犯以舟楫，而官軍以營壘禦之，求與一戰而不可得，宜賊勢之日肆猖獗云云。江忠源大韙之，即日具疏，請飭湖南、湖北、四川，仿照廣東拖罟船式，各造戰艦數十，飭廣東制備礮位以供戰艦之用，奉旨允行，長江水師之議自此始。○咸豐三年八月，曾國藩在湖南衡州時，廩生彭玉麟、湘陰外委楊載福，奉檄各募水勇領一營，彭楊受命治水師自此始。○四年正月，湖廣總督吳文鎔，戰歿黃州，髮逆之船乘勝上犯，武昌戒嚴。上諭，此時惟曾國藩統帶礮船兵勇，迅速順流而下，直抵武昌，可以扼賊之坑，令曾國藩兼程赴援。初國藩在衡州創立水師，前無成法，嘗疏言礮船一件，不宜草率從事，必中能載千餘斤之礮，兩傍

---

① 那：底本對本章正文的幾個"那"字進行了聲調標注，照錄。

能載數百斤之礮,又須購買洋礮廣礮,募水勇練習云云。並每遇廣東員弁及能行船之人,周咨博采,屢更其制,厥後乃稍仿廣東拖罟、快蟹、長龍之式,增置槳座,命守備成名標監督之。另檄同知褚汝航夏鑾等,分設一廠於湘潭,既成軍,邀長沙黃冕觀之,冕獻言曰:"吾出入兵間十餘年,所見軍容整齊,無及此者。然長江千里,汊港紛岐,賊船易匿,江南小戰船曰三板者,每營請添十號,以備搜剿港汊之用。"國藩韙之,即日改定營制,每營置快蟹一,營官領之,長龍十,曰正哨,三板十,曰副哨,快蟹槳工二十八人,櫓八人,長龍槳工十六人,櫓四人,三板槳工十人,每船另置礮手三人,艙長一人,頭工二人,柁工一人,副柁二人,水師之制,於是大備。迨聞江忠源、吳文鎔相繼殉節,乃經營東征,募水師五千人,以褚汝航爲總統,而成名標、諸殿元、楊載福、彭玉麟、鄒漢章、龍獻琛等分統之。〇同治七年,大學士兩江總督曾國藩等,奏補長江水師各缺,陳奏未盡事宜,兵部議覆章程十條,一須發關防條記,二酌留鹽卞充餉,三裁撤水勇日期,四派船巡查私鹽,五酌定礮械旗幟,六更換缺額官階,七議裁舊日缺額,八各省督撫節制,九核定疏防處分,十各營輪流更調,於是長江水師營制大備矣。〇長江水師,設提督一員爲主,而在湖南北及江西、蘇、皖五省境內,仍各歸五省督撫節制。〇曰提標,駐劄安徽太平府,提標中軍中營,前營金陵營,左營裕溪營,右營蕪湖營,後營大通營,水師官兵共二千六百十餘員名,戰船百六十五隻;曰岳州鎮,總兵官一員,駐劄湖南岳州府城外,鎮標中營,前營陸溪營,左營沅江營,後營荊州營,水師官兵共二千九十餘員名,戰船百三十二隻;曰漢陽鎮,總兵官一員,駐劄湖北漢陽府城外,鎮標中營,前營田鎮營,右營巴河營,後營簰州營,水師官兵共二千九十餘員名,戰船百三二隻;曰湖口鎮,總兵官一員,駐劄江西湖口縣城外,鎮標中營,前營安慶營,左營吳城營,右營華陽營,後營饒州營,水師官兵共二千五百五十餘員名,戰船百六十一隻;曰瓜州鎮,總兵官一員,駐劄江南江都縣瓜州鎮,鎮標中營,前營江陰營,左營三江營,右營孟河營,水師官兵一千八百七十餘員名,戰船百十五隻;曰狼山鎮,駐劄通州,轄內洋海門營、內洋通州營,水師官兵共五百餘員名,戰船二十四隻。〇每歲提督半年駐于岳州府,半年駐于太平府,春季,岳州、漢陽二鎮會同於洞庭湖,秋季,湖口、瓜州、狼山三鎮會同于江寧府黃天蕩,豫備提督閱操。〇長龍戰船,頭礮二位,各重八百斤、千斤不等;邊礮四位,各重七百斤。梢礮一位,重七百斤;舢板戰船,頭礮一位,重七百斤、八百斤不等;梢礮一位,重六百斤、七百斤不等;兩邊轉珠小礮二位,重四五十斤不等。此外洋槍、鳥槍、刀矛,各器械,隨宜分配。〇旗幟,悉以船上之桅旗並梢旗爲主。凡桅上用方旗,長龍船桅旗長一丈二尺,寬七尺,舢板船桅旗長九尺,寬六尺,上半節俱用紅色,下半節俱用白色,或畫北斗,或畫太極圖,或畫如意之類,提鎮各標各畫一樣,以示區別。船梢用尖角旗、長龍梢旗長一丈一尺,寬九尺,舢板梢旗長九尺,寬七尺,均寫明某標某營某哨字樣。此外各標、各營哨或桅上添一小旗,或船頭設一小旗,或寫姓號爲記,顏色制度各聽其便。〇水師以船爲家,不准登岸居住,然永遠駐劄一處,恐經年累月,船不動移,而至廢弛朽壞,所有各水師營船,每半載更調一次,副將與副將之營互調,叅將與叅將之營互調,遊擊與遊擊之營互調,每營調居客汛二次,駐紮一年,又調回本汛一次,駐半年,互調之遠近,提督酌定。〇口粮舊制,凡水兵月支一兩,至二兩爲止。迨髮逆不靖,募水勇每月三兩六錢,礮手舵工稍增，又因銀賤米昂，有每月加爲三兩九錢者。同治三年，金陵克復，濱江五省戰事大定，旋議將前募之水勇，改爲經制之水兵，而設長江水師之營，於是水兵月銀二兩七錢爲定章焉。

第二十四章　水師捕寇

（贊）　簪　子　偺　們　攢　錢　　參贊

水師兵船，別處還有沒有？　別處也有的地方兒多，比如貴州有都江地方，那兒的水雖不大，有一個武營，也管陸軍，也有水師。　那是小地方兒。大的如兩江地方、安徽地方，如今有了長江水師了，那原來也有有水師的地方。還有滿洲駐防沿海的地方，新近也都有另改海船礮船的，安設水師，豫備巡察水路，緝捕賊盜。　水路也有水賊麽？　怎麽沒有？有一年，我聽見說，有一隻商船，在河路裏，被水賊劫奪了好些個貨物去。還有大江裏有上任的官，帶着家眷，上下好些人丁，那個船挽在一個碼頭上，半夜裏，來了兩隻賊劃子①，把官船搶劫了好些個行李衣裳，連婦女們的簪子、首飾都拿去了，一點兒沒留，寔在是可惡，可殺。　那麽如今偺們比方要走水路，都得小心罷？　如今不怕，海裏有火輪兵船，專巡海盜，長江有水師營，河路地方，也都有分巡的船，那還怕甚麽？　等着我，明兒個，多多兒攢錢，雇一隻船，各處兒逛一逛江、河、湖、海去，看看各處水師營的船去，好不好？　你若是去，我跟你去。　你也沒去過麽？　我還是那一年上新疆、西路地方一個大人的任上去，出過一次外②，水路總沒坐過海船，所以要去瞧瞧。　你說那位大人，是西路甚麽官？是一位叅③贊大臣。　啊。

註　釋

〔水師別處又有〕水師之兵，向例如江南、山東、浙江、福建、廣東、湖北、臺灣，凡濱海有江河之處，各設有水師，分外海、內河。迨設長江水師以後，曾國藩等議江蘇水師事宜之疏，謂擬酌改江南外海水師營制，查江南水師，向分外海、內河，外海兵六千餘名，官百一十八員，內河兵八千

---

① 劃子：小船。
② 出過一次外：去過一次外省市。
③ 叅：底本如此，不同於篇首例詞的"參"。

餘名,官一百三十餘員,其船數,則無可稽考。前道光二十四年,前督臣壁昌奏稱江南舊例,營船二百七十五隻,業已破廢不堪,另造舢板船一百三十五號,大舡船十二號等語,約而計之,其船裝載不過二千數百人,額定之兵,尚有萬餘人無船可載,有水師之名,無舟楫之寔,不能不大爲變通,講求寔際,水師之多少,宜以船隻之多少爲斷,無船則兵無用武之地,官爲虛設之員。欲定水兵之額數,必先籌口糧之餘款兼籌修船之經費,外海船隻須用廣艇、紅單、拖罾之類,每造一號,須數千金,夾底者或萬餘金,而火輪兵船用款尤鉅,下而舢板小艇需費亦繁。竭力辦理,不過百餘船,裝兵三千餘人而止,則不能不大裁舊制之兵,酌減舊設之官者,勢也。且舊制水師,亦如陸營之例,有馬戰守粮等名目,平日或兼小貿營生,或借手藝糊口,尚不足以自存。今若責令常住船上,不得不稍從優厚,長江水兵月粮已支二兩七錢,今議江蘇水師,亦宜仿照長江之例,外海則尚須畧增,不獨江蘇爲然也。即沿海各省,整頓水師,均須核算餉項,如使新餉果浮於原數,即應兼裁陸兵,以酌濟水兵之餉云云。酌議江蘇水師事宜,營制各條,疏請節部臣詳細會議焉。〔巡察水路,緝捕賊盜〕江海有會哨,如江南、江西沿江各營汛,巡船上下,往來巡緝,每月彼此會哨二次。自長江水師設立之後,分布江面,都司守備以下,以坐船爲衙署,以哨兵爲專汛之官。營官爲本轄之官,遇有搶劫案件,專汛哨官係何職名,照例叅劾,以安江面,而利民船來往。○海洋如福建、浙江各鎮,巡查洋面,每年按月均有定期。如福建海壇鎮,於四月初一日,八月初一日,與金門鎮會哨於涵頭港之類。各鎮會哨之期,責成該管各巡道,豫赴會哨處所,俟兩鎮到齊後,當面取結具報,如各鎮玩偸安,並不親赴會哨,該道立即據實揭叅。倘該道有託故不親身前往,或通同捏飾者,一併叅辦。然海洋會哨各省會哨官,遇兵部酌定之期,倘有風大難行,准該提鎮等選定日期,豫行關會,仍將會哨日期報部查覈,不必拘於部定日期,冒險失事。○有巡洋官兵,或以三個月爲一班,或以六個月爲一班,輪班巡哨出洋,俱各省水師總兵,統率將領弁兵親身出洋,遇有失事,分晰開叅。○有稽查漁船出入之例,如福建漁船之桅,聽其用雙用單,各省漁船,止許單桅,舵工水手不得過二十人,廣東漁船水手不得過五人,取魚不許越出本省境界。欲造船者,先報明該州縣,查取澳里甲族、各長、鄰佑保結,方許成造。造完之日,州縣驗明印烙字號,然後給照。照內將船主年貌、姓名、籍貫,及作何生業,開填入照。欲出洋者,十船編爲一甲,一船爲匪,餘船皆坐罪。取其連環保結,並將船結字號,於大小桅篷及船旁大書深刻,仍於照後多留餘紙,俟出口時,即責成守口官將該漁船前往何處,並在船舵工、水手,年貌、姓名籍貫,查明填寫入照,鈐蓋印戳,並將人數登記號簿,准其出口入口。如查填失實並失於盤查,或受賄者,或藉端勒捐,照例議處治罪。○有稽查商漁船隻桅篷之例,出海商漁各船,自船頭起,至鹿耳梁頭止,並大桅上截一半,各照省分油桅,船頭兩舷,刊刻某省、某州縣、某字、某號字樣。福建船用綠油漆飾,紅色鈎字。浙江船用白汕油漆飾,綠色鈎字。廣東船用紅油漆飾,青色鈎字。江南船用青油漆飾,白色鈎字。其篷上大書州縣、船戶姓名,每字俱徑尺,藍布篷書白色字,篾篷、白布篷用濃墨書寫,字不許模糊、縮小,沿海汛口官員及出洋舟師,實力稽察。

第二十五章　新疆官制

（慚）．參．考．　慚．愧．　悽．慘．　儺．頭

您說起西路的事來，我可有好些請教的事了。　那個事可很多，三言兩語也說不完，而且我也不很知道，不過是參考有人作的書，和耳聞老人說的話，對不對你還得另外打聽。　豈敢，豈敢！您太謙了。我請問您，口外不都是蒙古地方麼？　啊。　西路呢？　從前是厄魯特，本也是蒙古根兒，明末清初的時候，他們在西路一天比一天的強大，在伊犂和塔爾巴哈臺各處，又得了青海，還用兵入藏裏，得了那兒的喀木地方。康熙年間大兵去征討他們，那時候，康熙爺御駕親征三次，纔平定了他們。雍正年間又平定一回。末後①，乾隆年間纔設官鎮守。　您說一兩處的大概。　伊犂，有伊犂將軍，節制南北兩路的官兵。別處有參贊大臣，有領隊大臣，有烏魯木齊的都統、副都統，又有綠營的提督，在那一帶地方安府設州，治理回民，所以為新疆。　為人也真得出外見一見世面，不然，在家裏一輩子，也真慚愧得很，彷彿個娘兒們似的。　如今天下太平，可以愛那兒去那兒去，都可以。比若那未曾平定以先，老人們說，那軍營裏打仗、殺賊，死屍遍地，可也真是悽慘的利害，沒甚麼可去的。那總是人的刼數，也是那些不好的儺頭賊②造反的緣故。　不錯③。

註　釋

〔厄魯特〕昔準噶爾厄魯特，今伊犂未滅時，分統四衛拉特，皆有大台吉主之，亦稱汗，餘小台吉皆汗之宗屬為之。其臣下謂之宰桑，大臣稱圖墨什，其次稱札爾扈齊，佐圖墨什理事者。其汗所屬人戶曰鄂拓克，台吉所屬曰昂吉，猶言部分也。守邊界之人曰札哈沁，司礮者曰包沁，包者礮也，以鐵為腔，駕於駝背以施放者。俗最重黃教，凡決疑定謀，必咨於喇嘛而後行。人生六七歲，即令識喇嘛字，誦喇嘛經，病則先延喇嘛誦經，而後服藥。若大台吉有事諷經，則其下爭輸貨於喇嘛以為禮。俗不習耕作，以畜牧為業，饑食其肉，渴飲其酪，寒衣其皮，馳驅資其用，皆取

① 末後：後來。
② 儺頭賊：品質惡劣的賊子。
③ 錯：底本作"是"，據文義及東京博文館藏本646頁改。

給於牲畜。回部天山南路人苦其掠，歲賦以粟。然其貧人，則但食乳茶度日，畜牧之外，歲以熬茶西藏爲要務焉。

第二十六章　平定回疆

（葬）貪贓　佾們　〇　葬埋

不說閒話兒，那新疆地方，不是也多回子①麽？　那回子的地方，大概東西六千多里，南北一千多里，在天山的南路。從隋唐以來，漸漸的興起那教來，到元朝的時候更興盛了，他們祖國叫天方。康熙年間，噶爾丹敗了之後，有在伊犁被獲②的回子頭目來投，康熙爺待他們很好，打發人護送到哈密。以後到乾隆年間，他們又造反，派了大兵去平服，追剿的追剿，招降的招降，把滋事頭兒誅滅了，就分定回疆的官兵，各處駐劄。　都是在甚麼地方呢？　比方喀什噶爾、葉爾羌、英吉沙爾、和闐，這是西路；東路是烏什、阿克蘇、庫車甚麼的，還有哈密、土魯番一帶。各城所轄的回城，或五六個，或十幾個，或二十多個，不一樣。安換防的官兵，彈壓鎮守，設錢局鑄錢，在那個地方行使。從前回回們在準噶爾的時候，取他們的錢粮過重，如今歸了王化，二十分取一分，官不貪贓多取，民人彼此相安。雖說是回教，也和佾們一樣，受國家的恩典，倒算是很富厚的地方。聽說他們不喫猪肉，是不是？　那是他們教裏的規矩，不但那個，他們過年的禮和死人葬埋的禮，都和漢人不一樣。　也都是他們教規，對不對？　可不是！

註　釋

〔新疆形勢〕國家既平準噶爾，凡天山以南諸回部素爲準夷所苦者，一時如解倒懸，歸化恐後。厥後餘孼未靖，逆回搆亂，征討臣服，疆域彌逷，拓西域數萬里而遙。今之新疆，即古之西域，出肅州嘉峪關而西，過安西州，至哈密，爲新疆門戶，天山橫亙其間，南北兩路，從此而分。由哈密循天山之南，迤邐西南行，曰土魯番，曰喀喇沙爾，曰庫車，曰阿克蘇，曰烏什，曰葉爾羌，曰和闐，曰英吉沙爾，曰喀什噶爾，是爲南路；由哈密踰天山之北，迤邐由北而西，曰巴里坤，曰古城，

---

① 回子：回族，回族人。
② 被獲：底本作"被貨"，據文義酌改。

曰烏魯木齊，曰庫爾喀喇烏蘇，曰塔爾巴哈台，曰伊犂，是爲北路。〔新疆城堡〕伊犂向無城，準噶爾時本行國。乾隆二十年，平準噶爾，大兵防守者，結營而居。二十九年，始於伊犂河北岸，度地創築，名惠遠城，爲新疆第一重鎭。所屬城八，曰惠寧城，地名巴彥岱；曰綏定城，地名烏哈爾里克；曰廣仁城，地名烏克爾博羅索克，俗呼大蘆草溝；曰瞻德城，地名察罕烏蘇，俗呼清水河；曰拱宸城，地名霍爾果斯；曰熙春城，亦巴彥地，俗呼城盤子；曰塔爾奇城；曰寧遠回城，地名固爾札。○塔爾巴哈台城，初在雅爾地方，乾隆二十九年所築，三十一年因其地冬雪大，官兵難以駐守，移東二百里，於楚呼楚地方新築一城，名綏靖，易其地名爲塔爾巴哈台。○庫爾喀喇烏蘇城，乾隆四十六年所築，名慶綏城，居烏魯木齊西境。○烏魯木齊向無城，乾隆三十一年創築於紅山之側，名廸化，三十七年，去廸化城西八里築一城，名鞏寧，駐滿營官兵，而廸化城則以綠營兵駐之。所屬各城，自庫爾喀喇烏蘇、古城、巴里坤、土魯番四大城而外，其城堡居之東路者凡十三，居西路者凡十四，居南路者一。其東路十三，曰惠來堡，爲六道灣；曰屢豐堡，爲七道灣；曰輯懷堡，爲古牧地；曰阜康城，爲阜康縣治；曰惠徠堡，爲吉木薩三台；曰育昌堡，地名雙岔河；曰時和堡，地名柳樹溝；曰愷安城，地名吉木薩，爲縣丞治；曰保惠城，與愷安城毗連；曰古城；曰靖寧城，爲奇台縣治；曰木壘城；曰鎮西城，爲巴里坤漢城，鎮西府及宜禾縣治此。西路十四，曰宣仁堡；曰懷義堡；曰頭屯所堡；曰寧邊城，爲昌吉縣治；曰寶昌堡；曰樂金堡，蘆草溝所堡；曰景化城，地名呼圖壁；曰康吉城，地名瑪納斯，爲綏來縣治；曰綏寧城，與康吉城毗連，南北相對，中設靜遠關；曰綏來堡；曰遂成堡；曰豐潤堡；曰安阜城，地名精河，爲烏魯木齊極西之境，接伊犂界。南路一，曰嘉德城，地名喀喇巴爾噶遜。○喀什噶爾，舊有城爲回酋瑪哈墨特所屬之地，後其子大和卓木據城叛，乾隆二十四年討平之，官兵就其城駐守，今名舊城，回衆居之。二十七年，於舊城之西北二里許，臨河創築一城，名徠寧。○英吉沙爾舊有城，乾隆二十四年後，駐官兵於城中。○葉爾羌舊有城，爲回酋瑪哈墨特世居之地，後其子小卓木據城叛，乾隆二十四年討平之，以官兵駐守。○和闐舊六城，六霍集占作亂時，攻陷三城，乾隆二十四年戡定其地，官兵駐守六城，以伊里齊爲首，即今和闐城也。○烏什依山爲城，爲回部長霍集斯世居之地。乾隆二十四年討平回部，霍集斯入居京城，授爵郡王，乃以別城伯克轄之。三十年，逆回賴黑木圖拉據城叛，官軍討定之，明年重築新城。○阿克蘇舊有城，乾隆二十四年戡定後，以官兵駐守，曰拜城，在阿克蘇城東四百五十里。○賽里木城，在拜城東八十里，地據雪山之麓，群山環繞，氣候較寒。○庫車舊有城，以柳條夾沙土築成，依山爲基，最固。乾隆二十四年戡定後，以官兵駐守城外，有頹城一段，土人言，即漢時屯兵之所也。○喀喇沙爾舊有地，乾隆二十二年，大軍定伊犂，設官兵駐守。○庫爾勒城，在喀喇沙爾城西南一百五十里，地方遼闊，開都河環繞其境，有魚蝦蒲葦之利。○布古爾城，在庫爾勒城西四百五十里，後霍集占之亂，逃亾畧盡，城南皆戈壁，山塲豐美，多野牲，然只馬行四五日如是，再南則沮洳，近蒲昌海矣。○土魯番舊有城，爲回部長額敏和卓世居之地，以被準噶爾侵掠，避居魯克沁，乞內附。雍正九年，遣兵守護之，準噶爾回部既平，封郡王爵，名廣安城，城在烏魯木齊南境，歸烏魯木齊都統節制。○哈密舊有城，爲回部長額貝都拉世居之地，苦準噶爾侵虐，乞內附，後封貝子爵。〔近況〕同治年間回匪之亂,新疆全土官軍皆潰,欽差大臣左宗棠督率鍊勇數萬。光緒二年遂陷噶什噶爾,全疆蕩平。凱旋後,仍留楚湘皖蜀勇軍二萬餘名,以充邊防,而資鎮壓。嗣後光緒八年,將新疆併於甘肅,即於甘肅設立巡撫二員,其一駐烏魯木齊,着劉錦棠補授兵部侍郎新疆巡撫,駐紮烏魯木齊。又於天山南路,設立州廳縣,改廸化州,升爲廸化府,哈密以西,天山南北兩路,悉歸新疆巡撫節制,共設二府三道五廳十縣。於是伊犁將軍之權,與各省駐防將軍無異,而天山南北兩路兵權,亦盡歸劉錦棠一手管理,實可謂一大變通也。

第二十七章　新疆遣戌

(倉)．倉．庫．　　．瞞．藏　　○　　○

您到過新疆各處麼？　沒都去過,有一個朋友他去過,到今兒他給我寫信,還常提那兒的地方兒的事呢！　比方回疆出甚麼？　出玉,和闐的玉是出名的,葉爾羌也有,少一點兒。　還有甚麼？　說是出回布、回錦、回絨,那材料兒都很結寔。再有就是羊,很賤。在那兒過日子,食物不大很貴。　可是,我見《京報》上有發遣新疆的,那是甚麼罪過兒？　本來新疆,是很遠的邊界,所以有犯了軍流罪的,多有改發新疆的。或是官員們失守城池,從死罪上減等,發到新疆的,或是倉庫的虧太多,問了罪,改發新疆効力贖罪的。　他們這些罪人,到了那兒作甚麼？　常人不說,不過是遣戌的意思。若是官犯,到了那兒,幾年的工夫,有赦,亦可以赦回來。或是在那裏出力,有功,上司大臣們也不敢瞞藏他們的好處,奏明可以赦回來。還有在那兒,又作起小官兒來的呢！　啊,那兒的官,也很難作罷？若不是精明强幹,撫綏得宜的才能,我想不行。　不錯,若是好好兒的治理回子,您想怎麼會又反了呢！　後來又反了麼？　又反了,等我畧說一說。　很好。

第二十八章　回疆重定

(早)．週．遭　穿．鑿　．來．得早．　造．化．

怎麼好好兒的,回民又反了呢？　自從乾隆年間平定之後,各大臣們統受伊犁將軍節制,每年所取的錢粮、土貢也很輕,回回教的人們都很感德畏威,大家尊重官吏,不敢放肆。及至年深日久,大臣們賢否不齊,所管的司官、章京們,也都養尊處優,他們就在回官的裏頭,要這個,要那個。　要甚麼呢?　所有每天飲食的東西,穿戴的材料兒,都常和阿奇木伯克①們要,伯克又藉這個辦差的名色,就和四週遭兒的回戶們歛取科派,慢慢的一天比一天的利害起來了。　都是某官和某回戶要,您細細的說說他們的名字。　你怎麼這麼穿鑿②呢?這也不過大概論那一件事就是了,誰知道他們的名兒姓兒,一準是誰呢?總是靠着離伊犁將軍遠,沒人察他們,他們就一天一天的擅作威福。還有小官兒們,更搜括的利害,叫回女們輪流來當差,大約是來得早,當一天差,又回去得晚,太欺負回子了,所以回子們就都有了怨心。那時候,嘉慶、道光之間,有一個回子名叫張格爾,趁着大臣們待回子不好,他就造起反來,直到道光八年,纔平定了。以後民人們和回民們,纔又算是造化了。　那事情也很多罷?　軍需打仗的事,自然不是一句話完的。

註釋

〔錢糧土貢〕見下伯克注下。〔阿奇木伯克〕凡回部之久經內屬者,一如蒙古之制,設札薩克以理旗務。其哈拉沙以西諸回城,皆設伯克,其秩以三品至七品爲差,其綜理城村庶務者,曰阿奇木伯克,伊沙噶伯克貳之;掌田賦者,曰噶雜那齊伯克,尚伯克職掌同;回民買賣田宅產業,掌其質劑,平其爭訟,並收其稅入者,曰密圖瓦里伯克;整飭回教者,曰摩提沙布伯克;掌兵馬册籍,兼遞送文檄者,曰都營伯克;理刑名者,曰哈子伯克;導水泉以資灌漑者,曰密拉布伯克;董匠作營造之事,曰訥克布伯克;又有明伯克,以分領回衆頭目;有阿爾把布伯克,以司徵比;有巴濟格爾伯克,以評市價;有克勒克雅拉克伯克,以権商稅;有雜布提摩克塔布伯克,以掌經典;有什呼爾伯克,以供行人芻粮路費;有巴克瑪塔爾伯克,以典園林蔬果;有達魯罕伯克,以警斥堠;有帕提沙布伯克,以司巡邏偵緝及主守罪人;有塞衣得里伯克,以平治道塗。哈拉沙拉,三四品伯克各二人,五六品伯克各四人,七品伯克十人。○庫車,三四品伯克各一人,五六品各二人,七品伯克十有四人。其他各處,三品至七品,一人至三十餘人,各有差。○管理臺站回子頭目,哈密、阿克蘇、喀什噶爾、葉爾羌、和闐各一人,闢展、哈拉沙拉各二人。○凡回疆田賦,回地不計頃畝之多寡,率以籽種爲度。官田歲徵其十之五,次者十之二,民田十之一,厥有常額,所納麰麥穀麻之屬不一色,惟其土之宜,各城同。喀什噶爾、葉爾羌、和闐,於歲粮之外,並徵普兒有差。普兒,見下文。○雜賦,銅鉛以供鼓鑄,硝硫磺以供軍器火藥,綿花紅花以供織染。水碓之徵,雜

---

① 阿奇木伯克:清代官名,新疆回部各伯克中官階最高者。
② 穿鑿:較眞兒。

粮與普兒各半；各果園之徵，本色與折色各半。○權税，外藩商人在回部貿易者，三十分抽一，皮幣二十分抽一；回部商人自外藩易者，二十分抽一，皮幣①十分抽一。其牲畜貨物不及抽分之數者，視所直低昂，以普兒折算。○凡土貢，哈密以乾瓜、葡萄、紬帕、佩刀，闢展同，闢展之羅布淖爾以哈什翎毛、水獺皮，喀什噶爾以黃金、緑葡萄、金絲緞、毛毯及木瓜、蘋果、秋梨、石榴諸果品，葉爾羌以黃金、葡萄，和闐以黃金，歲有常額，和闐之哈拉哈什玉隴哈什以玉，無常額。○凡權量，回俗以内地重十斤者爲一查拉克，八查拉克爲一噶爾布爾，八噶爾布爾爲一帕特瑪，計一帕特瑪之數，得内地倉斛五石三斗。其錢曰普兒，計一普兒之重，得内地庫平二錢，值銀一分，每普兒百文爲一騰格，值銀一兩。○普兒，以紅銅爲之，其輪廓孔方，鼓鑄之法一如内地，面用國號通寶漢字，以葉爾羌、阿克蘇諸地名回字附於背。

第二十九章　回疆章程

（草）．操　練．　　馬··槽　　草·木．　　○

　　纔説的重定回疆的事，固然不能細説，然而把那要緊的地方，也可以畧説一二，可以不可以？　　那可以行。那時候，有名的大人是長齡，因爲這個功勞封了公爵。還有個楊芳，是貴州人，封了他果勇侯，都是賞戴雙眼花翎。那一回軍需，用了三萬六千來兵，用了一千多萬兩銀子。之後有一位大人，名叫那彦成，也是辦那個軍務的，奏明好些個章程，都很好。　　大約是操練兵馬，鎮守回疆的事了罷？　　倒也不竟是那一樣，他請把各處的弊病去淨，年終叫伊犂將軍考察各大臣的功過。還有增俸禄、養廉，許帶家眷，把叛回的地産歸官收租，每年的粮五萬六千多石，給五城的兵餉三萬八千多石之外，餘賸一萬八千多石呢，新墾的地還不在其内，都作爲增加各官養廉、鹽菜銀之用。有餘，可就變價買米，擱在倉裏頭，增添卡堡，練兵備邊，這好些個法子。　　都准行了麽？　　都准行了。　　那麽，以後兵的口粮一定充足，馬的馬槽裏，也是滿滿兒的草豆了，大臣們、官員們也够過日子的了，也就不能再有事了罷？　　後來可倒平安，只是到了這如今二十年來，又有回民造反、地方不平安的那個事。　　爲甚麽？　　嗐，人非草木，誰能無過呢！也是辦理不善的縁故罷了。　　啊。

---

①　幣：底本作"弊"，據上文改。

第三十章　回疆新創

（則）○　　·則·例·。　　○　　　○

近年不是說回疆都平定了麼？　如今算是都平安無事之秋了,那前些年,從那時候到今,二十來年了。　是怎麼件事呢？　那時候同治初年,南幾省有長髮賊造反,地方本來是多事之秋。那陝西、甘肅一帶,和關外的回子,就都鬧起事來,把各處蹂躪的十分了,雖然官兵堵剿,賊勢利害,不能一時撲滅,鬧了好些年,後來纔平定了。　關外的回子們,也都佔了城麼？　各處駐防的官兵傷亾的不少,各處城池也都屬了他們,後來纔收復的。　甚麼人功勞大？　就是那位左中堂①,他先平長髮賊,後來專辦新疆和甘肅、陝西各處的軍務,先把陝甘平了,然後出關收復各路的城池,幫他辦事的,就是劉錦棠劉大人,如今各處平定,新改定了好些則例。　甚麼事呢？　就是要安設大官,比方巡撫、臬司甚麼的。　那不是要和各省的規矩一個樣了麼？　就是那個意思,可還沒定準兒呢,就是先改設道府的以下的好些官了。　將來都治理妥了,自然就望永遠平安了,若是眞都設立妥了,自然盼望永遠沒事了。　多偺纔能治理完了呢？　那你得天天看《京報》,自然有甚麼新例就知道了。

第三十一章　征定金川

（策）○　　○　　○　　·計·策·。

自古以來,武功卓著,寔在屬本朝了。　是麼。　還有甚麼時候,有打仗的事,可以說說麼？　平定各處的事,可也多了,我想起乾隆年間一件事來,也是征服土司的事。　那兒？　征定金川。　金川在那兒？　在小金沙江的上游,有大金川,小金川。　怎麼為金川呢？　兩個金川,都是挨河,山有金礦,所以有這個名字。　是了。　那兒人住的都是石磵。從康熙年間,那兒土司歸附了,後來他的後代,隨大兵征西藏,立過功勞,後來鬧起事來,官兵去征剿。那個地方有多大？　纔千數里大。　用了多少日子的兵？　聽說用了五年的

---

① 左中堂：晚清重臣左宗棠。

兵，用了七千萬的餉銀。　怎麼這麼難呢？　一來天時多雨、多雪，地勢多山、多嶺，而且他們金川的人，多在碉裏住，官兵用礮打碎了碉，他們也不走，好些日子纔可以得一個碉。好容易，那些帶兵的大人，用計策出勁旅，纔平定了。那幾位大人出名呢？　岳鍾琪和阿桂，還有傅恒，這都是有名的。　啊，那碉怎麼個樣兒？　就是石頭做的，彷彿卡房一樣，有樓那麼高。那時候兒，乾隆爺在香山，也設石碉，挑選兵丁們，演習攻碉的法子。以後，健銳營的兵，就立在香山那兒了。　是了。

註　釋

〔征定金川〕金川爲漢冉駹地，隋置金川縣，唐屬雅州，明隸雜谷安撫司。高峯插天，層巒廻複，中有大河，用皮船筰橋通往來，山深氣寒多雨雪，所種惟青稞蕎麥，番民皆築石碉以居，與綽斯甲布等九土司接壤。康熙中內附，後莎羅奔以土舍率兵，從岳鍾琪征羊岡有功，雍正元年授爲安撫司。莎羅奔既得官，自號大金川，以舊土司澤旺爲小金川，於是有兩金川之稱，莎羅奔尋以女阿扣妻澤旺，旺懦，爲妻所制。乾隆十一年，莎羅奔劫澤旺部，十二年，又攻革布什咱及明正土司，時總督慶復用兵，草率完局，頗不當上意。巡撫紀山主用兵，上壯其請，紀山命副將張興倉率進兵，爲所敗。上知紀不足爲，而慶復以他事被逮，乃命張廣泗改督川陝，剿金川。張固宿將，初征苗，所向披靡，視金川若苗等，慷慨謂旦夕可奏功，調兵三萬，分兩路，由川西進者攻河東，由川南入者攻河西諸碉卡，賊衆警服，累請降，張毀書辱使，務搗其巢。又忌副將馬良柱未請命而戰，檄馬還，易以他將。賊乃乘隙築巨碉，蓄粮養銳，我兵阻險不得進。廣泗泥前奏之可旦夕成功也，不敢據寔入告，仍以期於冬盡殄滅爲言。至十三年春，諸將多失事，廣泗復以增兵練餉爲請，上疑其妄，乃命大學士訥親，往督師。起岳鍾琪自廢籍，授總兵銜，命由丹壩取勒烏圍，廣泗由西嶺取噶喇依，訥親固近臣望族，負上恩寵，銳意滅賊，論軍中期以三日取噶喇依，違者按軍法。諸將身踏鋒刃，總兵任舉等戰死，訥親自是不敢言戰，仍倚廣泗，而廣泗復輕訥親，遂陽奉而陰忮之，諸將無所禀承，率觀望不前，訥親密劾張廣泗，祖庇黔兵等事。時莎羅奔之弟良爾吉僞來降，廣泗信之，留軍中，以故動靜皆泄於賊。越半載，無尺寸功，上大怒，逮張、訥先後明正典刑。命傅恒爲經略，將八旗勁旅，復調吉林、黑龍江諸軍從傅恒。臨行，上親禱明堂，張黃幄以宴傅，上親酌之酒，命於御道前上馬，設大將旗鼓，軍容甚肅。傅既至軍，變易張訥弊法，壁壘一新，又偵知良爾吉之奸，召至幕中，責其貳心之罪，立置於法。又於雪夜攻克堅碉數處，查其道路險峻，非人力所易施，據寔奏聞，上知群鼠穴鬭，無須勞我兵力。會孝聖憲皇后中降懿旨，以休兵息民爲念，賊亦懼，乞岳鍾琪代請降，傅乃命岳往諭賊。岳率從者十三人，直入噶喇依賊巢，莎羅奔等裹甲持弓矢以迎，岳目莎羅奔，故緩其轡，笑曰："汝等猶識我否？"衆驚曰："果我岳公也！"皆伏地請降，導入帳中，手茶湯以進，岳飲盡，即宣布天子威德，群番歡呼，頂佛經立誓，椎牛行炙，留岳宿帳中，岳解衣酣寢如常。次日，莎羅奔率子郎卡入傅營降，傅擁蓮幕，諸將士佩刀環侍。岳引二酋入，跪啓事，傅坐受岳拜，始呼二酋入，撫以威德，二酋戰慄無人色，匍匐而出，謂其下曰："吾儕平日視岳公爲天神，傅公乃安受岳公之拜，天朝固未可量也！"金川遂平，傅岳二人奏凱旋，上郊勞於黃新庄，行抱見禮，封傅恒爲忠勇公，賜雙眼花翎，四團龍補，寶石頂，紫韁轡。復岳鍾琪舊爵，加"威信"二字，以寵異之。〇金川之役，敵多築堅碉於絕壁懸崖上，官軍屢攻弗克。上命制雲梯，命八旗子弟演習，隸健銳營，再征金川時，卒收雲梯之功。

第三十二章　西藏形勢

（賊）〇　·賊匪·　〇　〇

　　各處地方遼闊，當初平定，也是不容易啊！　一來朝廷的天威，二來官兵的勇猛出力，所以戰功卓著，各處纔能平定。而且自國初以來，也不止平金川，征回疆這些事，比方西邊的西藏地方，當初撫綏的時候，也不容易。　西藏是那兒？　西藏，古來就是吐蕃，元朝、明朝爲烏斯藏，那兒的人叫唐古特①，也叫土伯特。從四川往那麼去，有前藏、中藏、後藏，北邊和河源爲界，南邊挨大金沙江，西邊是雪嶺，東西有六千餘里，南北有五千多。　離北京有多遠兒呀？離京大約一萬四千多里呢罷。　就是起四川可以去麼？　起四川、陝西、雲南，有三條路，都可以去。　那徃西離那兒近？　過去後藏很徃西，就是中印度了。　那麼那兒人都知道佛教了，一定。　那自然，離印度近，怎麼能不知道呢？所以佛經很多，那些番僧們住的地方，沒有城池。　從古就有麼？　有是早有，從唐太宗的時候，把公主下嫁吐蕃贊普，好佛蓋廟，以後西藏纔通中國了。到了元朝，更尊敬番僧，封他們爲帝師，管那個地方。　以後呢？　以後到了明朝，看那個地方地寬，人利害，恐怕有變成賊匪不好人似的，所以也准他們世襲那元朝所封的封號，爲的是好管理那些個番僧。　是了。

註　釋

〔烏斯藏〕烏斯藏，即古佛國。今分爲前後兩藏，自四川打箭爐，西行七十驛，至前藏，又十二驛，至後藏，又十二驛至濟隴，又三十驛，至石宿橋，爲後藏邊地，過橋以西，則廓爾喀矣。

---

① 唐古特：清代對青海西藏地區及當地藏族的稱謂。

第三十三章　平定西藏

　　(怎)○　　○　　怎:麼　○
　　纔說的西藏的事,後來怎麼着？　明朝的時候,西藏的番僧們,來進京朝貢的,許他們世襲封號,還請他們一個僧叫哈立麻,到京裡來。　幹甚麼？給皇上家念經超度。　啊。　他們雖是都是番僧,有兩樣兒,分黃教紅教,教主死後能轉世,知道前世的事。　哼。　本朝起太宗文皇帝,崇德二年起,他們就去過盛京進貢。順治初年,他們也常遣使進金佛、誦珠兒爲貢。九年上冬天,他們教主來京裏來了,朝廷給他們蓋西黃寺,叫他們住。　待他們也好啊。　後來康熙年間,他們彼此爭轉生坐床①的那個事,就滋起事來。　怎麼爲轉生坐床？　就是番僧們說,我死了,那一輩子託生爲某人。趕到到了某人家,果然生下小孩兒,生而能言,說我是某番僧託生的,所以衆人,就佩服尊敬他,請他坐床,就是和尚升坐說法的意思。　眞麼？　那是他們那麼說,誰能知道呢？　滋起事來,怎麼樣呢？　後來朝廷發兵,有大將軍帶兵攻伐,各蒙古兵,也隨大兵入藏。他們那不好的人,和官兵打仗,官兵勝了,他們有好些投降的,以後纔平定了。　啊。

註　釋

〔西藏番僧〕前藏有呼圖克圖,曰達賴喇嘛,相傳爲宗喀巴高徒,世世轉輪爲之,每將死,則自言其往生之處,其弟子如言物色之,得嬰兒,即奉以歸,謂前喇嘛所託生也,其眞僞不可知。而準噶爾,喀爾喀,及内部落各蒙古王公,皆尊信之,爲佛教大宗。後藏班禪額爾德呢,其名位視賴喇嘛稍次,而諸蒙古番八,亦崇奉惟謹,此二藏古吐蕃地。元世祖時,有八思巴,尊爲帝師。明成祖時,有哈麻立,册爲大寶法王,未嘗待以屬禮也。清朝太宗文皇帝時,達賴喇嘛知大東有聖人出,遣使踰萬里來朝賀。後爲額魯特所劫,聖祖仁皇帝命皇十四子允禵爲大將軍,統兵入藏,收復其地,擁達賴喇嘛歸,坐床於布達拉,以爲綏安蒙古之計。初番目頗羅鼐,以功封王,統兩藏事,後其子米爾默特叛,奪爵,於是達賴喇嘛及班禪額爾德呢以教主兼國事,倚清朝以爲重。有丹津班珠爾者,本班禪部下頭人以罪被黜,竄入廓爾喀,結其酋喇特木巴珠爾,後復以通商事。後藏人倚班禪勢,不與值,遂相結怨,突入後藏據之,此乾隆五十三年事也。上命四川總

---

① 坐床:喇嘛活佛轉世繼位的儀式。

督鄂輝、成都將軍成德,統兵剿之,又以理藩院侍郎巴忠諳番語,命臨軍。巴忠自恃近臣,不復爲鄂成所統屬,自遣番人與廓爾喀講和,願歲納元寶一千錠,贖其地,廓爾喀欲立券約爲信,達賴喇嘛不可,而巴忠欲速了其局,遂如約而歸。逾年,廓爾喀頭人索歲幣,達賴喇嘛弗與,有呈進表文,語不恭順,復爲駐藏大臣普福,匿不以聞。廓爾喀頭人遂劫藏中頭目瑪爾沁爲質,復擁兵入後藏擄掠。駐藏大臣保泰擁兵不救,並欲棄前藏,達賴喇嘛不可輕棄重器。事聞,上震怒,巴忠畏罪投河斃,褫保泰爵,改命粵督福康安,領侍衛內大臣海蘭察爲大將軍,統索倫、吉林,及川陝諸路兵討之,饋餉則命大學士孫士毅主藏東路,駐藏大臣和琳主藏西路,濟隴以外,則惠齡主之。五十七年春,福由青海進兵,時青草未茂,馬皆瘠疲,糧餉屢絕,運糧布政使景安,受和伸指,欲絕其餉。賴福行速,四旬至前藏,以四月乙未出師,先遣領隊大臣成德、岱森保,由聶拉木進,總兵諸神保駐絨轄,防其抄襲後路,福海二帥,與賊戰於擦木,又戰於瑪爾轄,直抵濟隴,成德亦由聶拉木轉戰而入,凡賊所侵後藏地悉復。六月庚子,入賊境,賊舉國來拒於噶多溥,福帥分前隊爲三,令海帥統之,又分前隊爲二,福自統之,遣護軍統領台斐英阿,在木古拉山與賊持,福由間道冲賊營,海繞山出賊營後,與福合,克木城石卡數十,追奔至雍雅,俘其頭人某。成德亦克鐵鎖橋,進至利底。福又檄諸神保至利底以壯軍威,於是舉國洶懼,遣人乞降,福曰:"是緩我兵也,嚴檄斥之!"七月庚子,裹糧再進,歷噶勒拉堆補木特帕朗古橋甲拉古拉集木集等處,七百餘里,六戰皆捷,殺四千餘人,至熱鎖橋。福以爲勢如破竹,甚驕滿,擁肩輿,揮羽扇督戰,我兵皆解橐韄,負火槍以息,賊乘間入,遂敗,台斐英阿死之,武弁多陣亡者。賊復遣人乞和,福遂允其請,賊獻所掠金瓦寶器,令大頭人噶木第瑪達特塔巴等齎表,恭進馴象、番馬,及樂工一部,上鑒其誠,乃許降。八月丁亥班師。〔轉生〕喇嘛道行至高者,曰胡圖克圖,轉世者曰胡畢爾罕。

第三十四章　金瓶掣佛

（參）．參．差　　○　　○　　○

那麼這藏裏,也有官員治理他們麼?　有駐藏的大臣。　如今還是那麼樣麼?　從乾隆年間,定準到如今,還是那麼樣,每年大臣們,有巡查各藏的時候。　他們番僧們說轉世到底是眞的麼?　番僧也就是叫喇嘛,他們說,有一位起頭兒的一世,二世出後藏,三世出前藏,四世出於蒙古,五世出前藏,六世出於裏塘,都不是一個地方,一個族類。到了乾隆末年,那大喇嘛每每就多半是出於蒙古王貝勒的子弟,慢慢的就更有了毛病了。　甚麼毛病?　往往這位轉世的纔死,就有人指稱說是某王的福晉,有了孕了,一定那轉世的大喇嘛去投胎,生下來必知道前世的事的,這些個謠言。　後來生下來,眞是那個大喇嘛托生的麼?　那兒呀!生下來可生下來了,是一個女孩兒。　可笑極了,有甚麼法子呢？ 乾隆爺聖明，知道他們的那些弊病，所以造了一個金瓶，叫人送到中藏大招寺。到了快要大喇嘛轉世的時候，各處來報托生的很多，參差不齊，不知誰是眞的，就把各處報的名字，擱在金瓶之內，那兒大臣會同管廟的僧人，掣①出誰來，誰就是眞的。 這是很好的法子了。

註　釋

〔轉世〕西藏之喇嘛，自宗喀巴，興揚黃教。其徒達賴喇嘛、班禪額爾德呢，率言永遠轉世，以嗣其教。行之日久，徒衆稍有道行者，亦踵其轉生之說，以致呼畢勒罕（即轉世者）多如牛毛。蒙古王公，有利其寺之貨產者，乃請託達賴喇嘛，指其子姪爲之乳，互相承受，與中國世襲無異。純皇帝知其弊，因習久難革，命制金奔巴瓶，設于吉祥天母前，遇有呼圖克圖圓寂者（即有道行之喇嘛死），即揀其歲所產之聰慧者，書名於簽，令達賴喇嘛會同駐藏大臣，封名於瓶而掣之，掣出者，即爲呼畢勒罕，弊乃絕，人謂活佛掣籤云。

第三十五章　蒙古信佛

（增）.增　減. 　○　怎.麼　餽.贈.

　　您總說的乾隆爺，把一個金瓶送到藏裏去，可是很好的法子。 不但那兒有，聽說城裏頭，雍和宫也有呢！ 作甚麼用？ 藏裏頭，是爲掣大喇嘛的，這城裏的，是掣蒙古活佛的。那札薩克②蒙古所奉的胡圖克圖③的呼畢勒罕④要出世的時候，先報明理藩院和住京的章嘉胡圖克圖⑤，去掣他的名字。 眞麼？ 雍和宫有一個大御碑亭，碑上有乾隆御筆，說喇嘛的事，也有這金瓶的事，還有一部書，是《聖武記》⑥，也說這個事。 這個法子，元朝、明朝都未必有罷？ 沒有，寔在是好法子。 那碑上還有甚麼話？ 說元朝很尊重喇嘛，比方民人們有罵喇嘛的，就割他的舌頭；打喇嘛的，就要把民人們的手也給毀

---

① 掣：抽籤。
② 札薩克：清代對蒙古地區旗長的稱呼。內屬蒙古各旗一般不設，外藩蒙古各旗由清政府就旗內王公中委派一人充任。該詞源自蒙語"札撒"一詞，意爲"支配者""尊長"。
③ 胡圖克圖：清王朝授予藏族及蒙古族喇嘛教大活佛的稱號。源自蒙語音譯，原意爲有壽者。
④ 呼畢勒罕：喇嘛教中活佛轉世再生，亦指活佛傳位的制度。源自蒙語音譯，意爲轉世或化身。
⑤ 章嘉胡圖克圖：清代掌管內蒙古地區喇嘛教格魯派最大轉世活佛。
⑥ 《聖武記》：清魏源所著，記載了清初至道光年間平定各邊疆地區的軍事事件。

了；甚至喇嘛的車到街上，和王妃爭道，這麼個樣兒的尊敬。　啊。　說本朝重黃教喇嘛們，不過是蒙古人們都敬重他們。所以國家，也就柔遠人①的意思。　蒙古人怎麼個敬重喇嘛？　那王貝勒們，蒙古人年年給廟裏的香資有例，誰敢隨便增減？至於喇嘛給蒙古人治病念經，說怎麼着，就怎麼着，還得各盡其力，額外餽贈禮物銀錢呢！　那麼喇嘛喫蒙古人的財了。　可不是！

註　釋

〔大喇嘛〕凡喇嘛道行至高者，曰胡圖克圖，轉世者，曰胡畢勒汗，其秩之貴者，曰國師，曰禪師，次曰札薩克大喇嘛、副札薩克大喇嘛、札薩克喇嘛，又次曰大喇嘛、副喇嘛、閒散喇嘛、札薩克喇嘛，以上給印，餘給劄付，其徒有德木齊格思規格隆班第之差。陝甘洮泯諸寺，住持番僧，曰都綱，曰僧綱，曰僧正，各給劄付，有不守戒規者，論如法。京師總管喇嘛班第，札薩克大喇嘛一人，副札薩克大喇嘛一人，札薩克喇嘛四人，大喇嘛十有八人，副喇嘛七人，閒散喇嘛十人。〇歸化城札薩克大喇嘛一人，副札薩克大喇嘛一人，札薩克喇嘛六人，多倫諾爾札薩克大喇嘛一人，大喇嘛一人，副喇嘛二人。〇盛京實勝寺，大喇嘛一人。永安寺，大喇嘛一人。瑪哈噶喇樓，大喇嘛二人。東西南北四塔，大喇嘛各一人。〇西勒圖庫倫，札薩克大喇嘛一人，札薩克喇嘛四人。西安廣仁寺大喇嘛一人。〇五臺山，札薩克喇嘛一人。射虎川臺麓寺大喇嘛一人，屬五臺山札薩克喇嘛管轄。〇科爾沁以下二十四部落，大喇嘛各一人。〇西寧大喇嘛，察汗諾們汗一人。〇松山報恩寺，大喇嘛達克隆胡圖克圖一人。〇紅山堡報恩寺，都綱一人。〇河州普綱寺、靈慶寺、弘化寺，都綱各一人。〇西寧縣西那寺、塔爾寺、劄藏寺、元覺寺、沙衝寺、仙密寺、佑寧寺，僧綱各一人。〇碾伯縣，瞿曇寺、弘通寺、羊爾觀寺、普化寺，僧綱各一人。〇大同衛廣化寺，僧綱一人。〇歸德所二疊闌寺，僧綱一人。〇洮州衛禪定寺，國師一人（停襲）。垂巴廟、瑪尼寺、著落族，僧綱各一人。閻家寺、龍元寺、圓成寺，僧正各一人。

第三十六章　路劫宜防

（層）．蹭一．．聲上．了．房　．層次。　〇　．蹭．蹬．

　　照您這麼說，蒙古人是信佛了？　信佛。　他們信佛是很好的人了。怎麼？　佛法不是教人爲善麼？　爲善念經的很不少，作惡行兇、作賊的，也不少呢！　蒙古地方，不是毡子帳房多麼？作賊可容易偷了，不用挖窟窿盜洞

---

①　柔遠人：安撫遠邦的民衆。

的了。　啊。　也不用"蹭"一聲上了房,揭瓦打人了。　啊,然而他們不是那麼着麼,是馬賊多。　馬賊是騎着馬麼?　騎馬,俗叫馬達子①,走道兒的很得小心那個。　有多少人呢?　那也不定,也有成群搭夥的,也有三五成群的。　啊。　遇見客人,他們就拿刀動仗的,要路劫。　都是那一帶多呢?　關東道兒上,蒙古口外道兒上,都常有。　如今還是那麼着?　這些年好多了,有官兵和勇常在各處彈壓,不是麼?　啊。　那些兵、勇住的地方,馬賊們也就不敢出來了,並且官兵們也各處搜拿,更不敢出來了。　那麼放心大膽的去行路了。　可也得小心,雖然是官兵搜拿了好些治罪示衆,然而走路的人也還是得小心,不可大意。　怎麼叫小心,怎麼叫大意?　這你還不懂得麼?小心是謹愼,大意是不留神。　怎麼用"小大"二字呢?　那是說話的層次,沒甚麼大講頭兒②,不過說話裏的字眼兒,多有比方的意思就是了。　是了。　比如說功名蹭蹬③,是功名遲的意思,其實"蹭蹬"倆字,不是走道兒慢麼?不錯。

第三十七章　理藩院政

（作）．作·房　　·昨日．　左·右．　作·為
您和我所說的這些日子話,也真不少了。　寫的也有一本子了罷?　都說全了麼?　等我想想,全是不能,還早野④着的了,但是要緊的,也都說到了。　公事我知道了好些,私事也知道了不少。　知是知道,然而有不知道的呢!　甚麼?　某衙門辦甚麼事,某地方出甚麼,某舖子裏賣甚麼,某作房做甚麼,某處甚麼古蹟兒,都知道麼?　那真不能,而且您也好些沒說的呢!我都說的,不差甚麼了罷?　沒有,沒有,還有呢!比方公事裏,衙門名兒,您說完了麼?　起那一天直到昨兒,大概全了罷?　沒有。　那麼你說。　您昨日說的蒙古屬那衙門管?　理藩院。　卻又來,這一個衙門,您就還沒說

---

① 馬達子:此處指做馬賊的北方少數民族。
② ……頭兒:綴於動詞之後,表示必要、值得做某事。
③ 功名蹭蹬:比喻因頓、失意之窘境。
④ 野:此字或爲衍字,照錄。

呢！　你如何想到這兒？　我們街坊有一個人，在理藩院當差，所以知道這衙門名兒，您沒說到。　那可以找補着說，本來蒙古是屬理藩院管，那衙門也有堂官，是尚書。　還有左右司甚麼的麼？　不那麼分，有王會司、柔遠司、徠遠司、理刑司、旗籍司、典屬司，這些個專管蒙古朝覲，各處蒙古王公世襲一切的蒙古政事、詞訟案件，或是應當議論，如何辦理，或是察例酌準駁斥，一一的都得這衙門辦，總得明白蒙古文意。　不認得蒙古字，作爲①認得，行不行？　那不行。

註　釋

〔理藩院〕理藩院，古典屬國也。國初置蒙古尚書一人，侍郎二人，秩視六部，漢院判一人，秩三品，蒙古郎中、員外郎、主事若干人，漢知事四人，主事二人，經歷二人。康熙中，盡裁漢員，惟滿員獨存，司蒙古內外部落諸務，分司六，曰旗籍司、王會司、典屬司、理刑司、柔遠司、徠遠司。○旗籍司，專管內四十八部落疆域，襲封譜族、族制，折其部族畛域，勿使侵佔，其滋畜牛羊諸物，視其土之寒暖可種植者，許其自率蒙古人丁以耕。每旗都統一人，秩二品，副軍二人，秩三品，命諸王公自選其宰之良者授之，而部臣歲課其政令，有不職者易之，暴戾者罪之，並飭其王公焉。○王會司，掌朝貢、會盟、聘享、武備諸政，藩王充補近侍者歲一朝，餘則三歲一朝，各於歲終分班入觀，分其名位，給以廩餼。凡朝，郎官領入大內，按其爵秩，列於宗室王公下，朝見如儀，元旦、上元（正月十五）復如之。歲朝，上宴諸藩於紫光閣，郎官領進，宴於階次，奏樂，拜謝如儀，賞賚有差，貢則視其土之所宜黍禾皮帛以及牛羊諸物，部臣受貢。翌日宴其使於署中，俸幣則視宗室王公之半，有勳業者加之。各部落有荒饉者，部長捐金以救，乏則告於方伯，請賑於朝，許以驛傳視其途而賫之。○典屬司，掌外汗四部落，北入瀚海，西絕羌戎。青海、西藏諸土屬，各分視其畛域，奠其土宇，教以德化，理其政績、旗制、會盟，咸如內藩，屯戍將帥士卒，食其屯用，乏則請餉濟之。○柔遠司，掌外盟諸部朝覲、宴享、聘納諸儀。汗諸長四歲一朝，薄海諸長三歲一朝，都爾伯特、西藏諸部長不限以年，五歲請命於朝，許則入觀。貢期，汗三歲一貢，西藏間歲一貢，各視其土之所宜，汗貢馬駝羊羯諸物，西藏、青海貢藏香、氆氌、馬、駝，其享使頒賞俱如內藩。○徠遠司，掌回部疆土、分封朝會、聘享諸政，嘉峪關外回部數萬里，悉統屬之，其有王爵二，咸如蒙古諸藩，餘則置伯克司之。伯克者，回中長吏也，各秩有差，三年考其政績，優者褒以幣帛，劣者付屯戍大吏治之，戶口丁數，皆藏其籍，三載更之，回俗以十爲數，計一帕，得中土五石有奇。錢曰普兒，皆委伯克鑄。田賦以種爲則，官田什取其五，次者什二，民田什一，有常賦焉。關稅三十取一，皮幣二十取一，其畜產餘物，各視其多寡以徵之。歲貢皮、幣、果、

---

① 作爲：作假，實行欺騙。

蔬、金刀、毛毯，納以歲終，俸幣，視秩授田，以代俸薪，長吏三百畝，中士百畝，下士八十畝，丁二十五畝，有屯戍伯克均其糧以差之。外藩如布魯特、哈薩克、安集延、愛烏汗諸屬國，皆置驛使以通其語，朝聘、宴享，悉如朝鮮儀制。○理刑司，掌蒙古諸刑名，自死刑之外，罪止鞭扑，不及流徒，而以牛馬作贖，罰數惟五及九，遞以加之，富者或倍之，貧無力者，設誓畢之。○六司郎中、員外郎、主事，或二三人、三五人不等，皆以滿蒙人補授。筆帖式，滿洲三十六人，蒙古五十餘人，漢軍六人，其司務、司庫，皆秩視部院，但無漢人耳。

第三十八章　蒙古年班

（錯）˙揉˙搓　　˙矬˙子　　○　　錯˙˙失

　　蒙古人屬理藩院管，您說一倆樣兒，可以罷？　每年口外蒙古有年班，冬天來。　幾月裏？　進十月門兒①就有來的，到了京，由理藩院照料他們，該報到的，該朝覲的，照規矩辦。　他們來了，在那兒住？　有外舘，有內舘。　外舘在那兒？　在安定門外頭，黃寺兒東邊兒。　那地名兒叫甚麼？　就叫外舘。　內舘在那兒？　在交民巷，中御河橋北邊兒，西岸路西，名字叫達自舘的，那衚衕兒裏頭。　他們騎馬來了？　自然是。　騎駱駝，帶帳房、水桶，到了舘地，搭起帳房來，自己埋鍋造飯。　喫甚麼？　羊肉奶子、小米飯、粥甚麼的。　駱駝也彷彿駝煤的那個麼？　那爲熟駱駝②，他們騎的是生駱駝③。那麼高，怎麼騎呢？又是生駱駝，必定鬧手④，他們敢騎麼？　不論怎麼鬧手的駱駝，到了他們手裏，那駱駝就由着他們的性兒揉搓⑤。　高些兒的人，還可以搆得着騎，那矬子⑥也能騎麼？　蒙古人矬的也少，況且高的也搆不着，所以不論高矮，他們騎的時候兒，都是叫駱駝跪下，騎上了，再叫他跕起來走。
　　啊，眞能幹。　他們還帶好些個貨物來呢！所以那內外舘，都有官人照管，恐怕他們丟了東西，弄出個錯失來，那算誰的呢！　那自然該當小心照管的。

---

① 進十月門兒：剛一到十月份。
② 熟駱駝：有經驗的專門馱重物的駱駝。
③ 生駱駝：經驗尚少，沒有馱過重物的駱駝。
④ 鬧手：牲畜不馴服。
⑤ 揉搓：擺弄。
⑥ 矬子：身材矮小的人。

是麽。

註　釋

〔蒙古年班〕凡來朝班次,扎薩克暨散秩王公,分爲三班,周而復始。○凡貢道,科爾沁、扎賴特、杜爾伯特、郭爾羅斯,由山海關;土默特、喀喇沁、敖漢、奈蔓、扎魯特、阿祿科爾沁、翁牛特、喀爾喀左翼,由喜峯口;烏朱穆秦、巴林、阿霸垓、蒿齊忒、阿霸哈納爾、克西克騰,由獨石口;四子部落、蘇尼特、毛明安、喀爾喀右翼,由張家口;吳喇忒、歸化城土默特、鄂爾多斯,由殺虎口,均馳驛往來。○凡貢物,每旗進羊一腔,乳酒一埕。〔外蒙古年班〕喀爾喀、厄魯特,及駐扎額濟內之土爾古特,分四班。○青海蒙古分四班。○都爾伯特、西藏不分班,閱數年奏請,得旨則來覲。○凡貢期,喀爾喀、厄魯特、土爾古特、青海,各如其朝覲之班,西藏間年一貢,附達賴喇嘛以進。○貢道,喀爾喀、厄魯特、土爾古特由張家口、獨石口、喜峯口,青海由西寧,西藏由四川打箭爐。○貢物,喀爾喀、厄魯特以駝馬湯羊,土爾古特、青海以藏香、氆氌、馬,西藏貢與達賴喇嘛同,達賴喇嘛之貢有佛像、金經、銀塔、五色帕、八吉祥,別具壽帕、珊瑚、琥珀、數珠、藏香、氆氌之類。○回部土貢,見早字門。

第三十九章　蒙古貿易

　　（走）○　　○　　·行　走·　　奏　事·

　　您說蒙古人們冬天來,帶甚麽貨物呢?　也沒甚麽別的,就是山雞,又叫野雞,和風雞,就是殺了的雞,凍起來的。　還有甚麽?　有黃羊、黃油,就是牛奶油和奶餅兒,還有野貓,這都是喫的。　沒別的了?　還有羊毛氈子舖炕,倒比咱們這兒的結寔多了,來到這兒,咱們這兒人都搶着買。　他們不買這兒的東西麽?　作這些買賣都在內舘地方,所以內舘的那兒,也有好些個舖子賣東西。　甚麽舖子?　也賣帽子,也賣衣裳材料兒,和一切零星玻璃料貨,比方鼻烟壺兒、烟袋、皮烟荷包這些個。　沒有體面的麽?　武職補子、朝珠、頂珠兒,紅的、藍的也都有。　這賣給蒙古官罷?　他們有王公、貝勒們,都愛買。　蒙古人都是在口外作官不是麽?　也有留京在侍衛上行走的,賞他城裏的差使,那是朝廷的恩典。　他們本處陞遷補的事,也有了自然。那些事都是由他們辦妥了,報理藩院,查考明白了,該奏事的奏明,該咨覆的咨覆。　這年班來了,多咱纔回去呢?　總得過了年,正月底的時候,纔慢慢的一起兒一起兒的回去呢!　啊。

第四十章　蒙古筵宴

（湊）○　　○　　○　　湊。合

　　蒙古人到京後，也得國家的賞賜罷？　有賞筵宴的禮，也賞別的，比方綢緞之類，那筵晏都是很體面的。　甚麼時候賞？　年底一次，正月內二次，聽說筵宴之後，就該陛辭出京回去了。　筵宴的時候，有甚麼熱鬧麼？　那咱們沒去當過那個差，那兒知道呢？倒是聽說，年底有奏樂的事，都是歌唱國家昇平的事，有滿洲曲兒，有喜起舞、慶隆舞。那喜起舞，是十個侍衛官，穿一品朝服，舞蹈歌曲的，穿豹皮褂，戴貂帽，有樂工擊打紅簸箕，隨着唱的聲兒。　慶隆舞呢？　丹墀底下人，穿虎豹異獸形狀，另外有八個人騎竹馬跑着，追拿箭射，大宴的時候都有。你想蒙古人的大官們，蒙恩賞筵的時候，豈不是也能看見麼？　他們眞是有造化的，能見這樣兒大世面，受這樣大恩典哪！　那是國家的燕饗，恩待他們的恩典。　他們來的時候，去的時候，都是冷天哪？　他們最怕冷，六七月裏聽說還穿皮襖呢！　本來那沙漠之地，是冷的地方兒。如今他們來，也是三五個人湊合着住民房，用蒙古帳房的也少了，所以內外舘的地方，到了冷天，買賣都好。　是了。

註　釋

〔賞筵宴〕凡燕饗，以歲除日，新正十四日、十五日，各賜宴一次，餘日五旗王府，各設燕一次，自王貝勒以下至長史護衛等官咸與焉。○賞賚，親王白金四百三十兩，各部落同。惟科爾沁親王五百有二兩。郡王三百十有七兩，各部落同，惟科爾沁札薩克圖郡王三百九十兩。貝勒二百三十八兩，貝子百五十兩，公一百十有七兩，掌旗務台吉七十六兩，散秩台吉一二品者六十三兩，三四品者五十三兩。〔筵宴的時候〕外蕃蒙古，歲除及正月十五日賜宴，奏請命進酒大臣，內務府內管領預備筵九十席，宴於保和殿及正大光明殿。屆時，鴻臚寺、理藩院引蒙古王公台吉入，領侍衛內大臣，序王公班次，八旗一二品武職亦與焉。皇上陞殿，樂奏隆平之章，蒙古王公、武大臣各就席，行一叩禮，坐，丹陛清樂作，奏海宇昇平之章。尚茶正率侍衛等擧茶案，由中道進，至簷下，正中北嚮跪，注茶於碗，進茶大臣奉茶入中門，群臣皆就本位跪，進茶大臣由中陛升至御前，進茶，退，西立，皇上飲茶，與宴臣僚咸行一叩禮，進茶大臣跪受茶碗，由右陛降出中門，衆皆坐，侍衛等分授與宴臣僚茶，皆於本位一叩飲畢，復行一叩禮，尚茶正撤茶案退，樂止。展席冪，乃進酒，如進茶儀。進酒大臣出，尚膳正率所屬，進膳，殿廷清樂奏萬象清寧之章，尚膳正奉旨分賜食品各席遍。樂止，奏慶隆舞、揚烈舞，以次畢，殿內奏喜起舞，上簡召王公大臣及朝鮮等國使臣賜酒，群臣咸跪受，一叩卒飲，朝鮮國俳進，百伎並作，退。尚膳正升，徹御筵降，與宴之王公大臣等謝宴，行一跪三叩禮，丹陛大樂作，奏治平之章。皇上還宮，鴻臚寺、理藩院引外藩及百官以次退。○按凡大燕饗，選侍衛之便捷者十人，咸一品朝服，舞於庭際，謂者豹皮褂、貂帽，用國語奏謌，皆敷陳國家憂勤開創之事，樂工擊箕以和，謂之喜起舞。又於庭外丹陛間，作虎豹異獸形，扮八大人騎偶馬，作逐射狀，頗沿古人儺禮，謂之慶隆舞。以上二舞皆國家舊有，至今除夕上元筵宴，皆沿用之。○每歲上元後一日，即正月十六日，欽點大學士、九卿之有勳勩者，宴於奉三無私殿，名廷臣宴，蒙古王公皆預焉。

第四十一章　善撲營兵

（租）．租賃。　　手‥足　　祖‧宗　　○

蒙古人來的時候，所住的民房也是租賃的罷？　那內外舘一帶，平日本來不開舖子，都是關閉着，到了他們蒙古人來的時候，可就都開了，所以有舖房裏借住的，也有租賃民房的。　他們領了筵宴，瞧了奏的樂，聽了歌的滿洲曲兒，回去也感念皇恩哪！　不但聽曲兒，還看蹟跤的呢！　蹟跤是甚麼？　蹟跤也叫撩跤①，定制，選八旗有大勁兒的兵，彼此二人揪扭拉拽，誰先躺下爲輸，不躺下的爲贏。　那麼那個勁兒，都在手足是了？　啊，竟練的是手推脚勾的勁兒，遇有大燕享的時候，就獻那個本事。左右翼八旗裏，一翼一個，彼此揪扭，名叫撩跤，也有本處旗兵，和外來的蒙古人撩跤的。　贏了的，怎麼樣？　得皇上賞茶、賞綢子。　您怎麼知道？　這東城有個大佛寺廟，咱們這左翼東四旗的兵，平日就在那裏頭練撩跤，到了操演的日子，也到營裏伺候大人們看操。　操演甚麼？　就是撩跤。　那麼說，他們是一個營了？　可不是！這個營名兒叫甚麼？　叫善撲營。　從多喒設立的？　那是朝廷祖宗以來就設立的罷，也聽說是康熙年間立的。　是了。

註　釋

〔蹟跤〕定制，選八旗勇士之精練者，爲角觝之戲，名善撲營。凡大燕饗，皆呈其伎，或與外藩部

---

① 撩跤；摔跤，角力。

之角觝者爭較優劣,勝者賜茶繒以旌之。

第四十二章 蒙古樸風

（粗）粗細。　〇　〇　喫醋。

蒙古的地方,他們所住的城池房子,到底是怎麼個樣兒呢？　我和你說過,蒙古人沒有瓦木磚石蓋的房子,都是用氈房,名叫蒙古包,"包"字就是房屋的意思。　城池呢？　更沒有了,所以蒙古人,本是衆游牧的大名字,這蒙古人是用一個氈房,查看那兒有水草,就在那兒住。　都在甚麼地方？　東邊從盛京、黑龍江、和直隷的邊外；西邊在山西、陝西、甘肅邊外,也分旗分部落,有幾千里的地方。本朝國初到如今,蒙古都很受國恩,有公主下嫁結親的,有分班入朝進貢的,人也都樸寔忠厚。　不是也有作馬賊的麼？　那不能說準是那兒的人,內地奸匪,出口外作賊、搶人的也有,遇見過路人車馬,不論好歹粗細,他們都搶劫了去,有人就說是蒙古人不好了,那也不定。　啊。　他們的風俗,聽說不論主客,有客來,掀啓房帳尋飯喫,尋奶子喝,尋水喝。喫完了,天晚可以隨便借宿,主人還替客放馬、看馬呢！　有一句話不當說,若是帳房裏有蒙古娘們兒,客怎麼樣？　那也不怎麼樣,也是恭恭敬敬,那主人也沒疑惑,沒嫉妒,不喫醋掉歪①,借端②訛詐的,眞是有太古之風。　這麼說,他們人眞是樸寔了。　是麼。

註　釋

〔蒙古地方〕凡疆理科爾沁等二十五部落之地,東至盛京黑龍江,西至厄魯特,南至長城,北至朔漠,袤延萬有餘里。〔分旗〕旗制,科爾沁六旗,扎賴特、杜爾伯特均一旗,郭爾羅斯二旗,敖漢、奈曼均一旗,翁牛特、巴林、扎魯特均二旗,喀爾喀左翼、阿祿科爾沁、克西克騰均一旗,土默特二旗,喀喇沁三旗,烏朱穆秦、阿霸垓、蒿齊忒、蘇尼特、阿霸哈納爾均二旗,四子部落、喀爾喀右翼均一旗,吳喇忒三旗,毛明安一旗,鄂爾多斯七旗,歸化城土默特二旗。〇封爵,見卷八雜字部。〔下嫁〕凡尚主者,或遇主先薨逝,如未別娶,仍稱額駙,給以俸幣,已別娶者停止。〇會盟,

---

① 掉歪：調皮搗蛋,不聽話,出壞主意。又作"調歪"。
② 借端：假託事由,借口某件事。

簡稽軍寔,巡閱邊防,清理刑名,編審丁册。每三年,由理藩院疏列大臣銜名,請簡命四人以往,各扎薩克以時赴盟長所在,罰後至者,科爾沁、扎賴特、杜爾伯特、郭爾羅斯四部落十旗爲一會,盟於哲里穆;敖漢、奈曼、翁牛特、巴林、扎魯特、喀爾喀左翼、阿祿科爾沁、克西克騰八部落十一旗爲一會,盟於召烏達;喀喇沁、土默特二部落五旗爲一會,盟於卓索圖;烏朱穆秦、阿霸垓、蒿齊忒、蘇尼特、阿霸哈納爾五部落十旗爲一會,盟於錫林郭爾;四子部落、喀爾喀右翼、吳喇忒、毛明安四部落六旗爲一會,盟於烏蘭察布;鄂爾多斯七旗爲一會,盟於伊克召。每會設盟長、副盟長各一人。歸化城土默特會盟集於本城,不設盟長,聽簡命大臣裁決。

第四十三章　青海蒙古

（揩）鑽幹。○纂·修　揩住。

　　如此說,樸寔的人,必都是純善的多了。作官當差,必是小心謹愼,不會鑽幹①逢迎。作買賣呢,一定是公平交易,不會明欺暗騙了。　可不是麽！　本來您纔說的蒙古人,他們的樸寔忠厚,寔在是有古風了。　是麽。　從古到今,蒙古是怎麽出處呢？　那你買一部《蒙古源流考》,細細的看,就知道了。　那裏頭,都說的明白麽？　那當日②是考察的清楚,纂修的明白,就是那些名目得細看。　那等後來再說,還有甚麼可告訴我的麽？　還有青海蒙古。　在那兒？　在西安府西邊三百多里,那個海水,周圍七百多里,周圍都是山環繞着,所以水也不流,裏頭有山島,船不能走,凍冰的時候纔可以過去呢！　那就是書上說的弱水③罷？　就是弱水,圍着海住的本是番人④,後來變爲蒙古,本朝安撫平定,也編旗,封他們爲郡王、鎮國公,到如今永遠臣服。聽說每年有西省的大臣,到青海去閱邊,和那些人見面賞賜他們,他們都望着朝廷,遠遠的謝恩典。　啊。　這些蒙古的事,人名也多,事情也多,地方名字也都是蒙古話,若是憑我嘴裏告訴你,你揩⑤住筆要寫,還找不着漢字的音呢！　眞

---

①　鑽幹:鑽營。
②　當日:昔日,從前。
③　弱水:古水名。由於水道淺或當地人不習慣造船而不通舟楫,古人往往認爲是水弱不能載舟,因稱弱水。
④　番人:少數民族或外邦人。
⑤　揩住:攥,握。

難，我還是瞧書去好。

註　釋

〔外蒙古地方〕國初蒙古北部喀爾喀三汗同時納貢，厥後朔漠蕩平，庇我宇下，與漠南諸部落等。承平以來，懷柔益遠，北踰瀚海，西絕羌荒，青海、厄魯特、西藏、準噶爾之地，咸入版圖，其封爵、會盟、屯防、游牧，俱隷理藩院典屬司。○疆理喀爾喀後路，土謝圖汗部，東至肯特山，接車臣汗部界，西至翁金河，接賽因諾顏部界，南至瀚海，通蘇尼特界，北接俄羅斯界，至京二千八百里。○喀爾喀東路，車臣汗部，東至厄爾得尼拖羅海，西至插漢齊老臺，南至他爾袞柴達木，北至翁都爾汗，至京三千五百里。○喀爾喀西路，扎薩克圖汗部，東至翁克西爾哈兒朱忒，西至喀喇烏蘇、俄落克諾爾，南至阿爾察喀喇托輝，北至推河，接賽因諾顏部界，至京四千里。○喀爾喀、賽因諾顏、扎薩克親王部，東至博羅布林哈蘇鄂倫，西至庫爾薩牙索郭圖厄格嶺，南至車車爾齊克，北至齊老屯河，至京三千里。○青海，即庫車諾爾四部落，東至陝西、西寧洮岷邊境，西至西藏，南至四川松潘，北至肅州安西府，袤延三千餘里，至京五千七十里。○賀蘭山厄魯特，東至陝西寧夏，西至甘州，南至涼州各府邊境，北至瀚海，袤延七百里，至京五千里。○烏蘭烏蘇厄魯特、推河厄魯特，屬喀爾喀賽因諾顏部轄，疆理同。○額濟內土爾古特，東至古爾鼐，西至陝西肅州邊境，南至三岔河，北至坤都侖湖，袤延八百里，至京五千里。○都爾伯特（舊屬準噶爾四衛拉特之一），原駐額爾齊斯，因資其耕牧，移其部烏蘭于古木，在喀爾喀疆理之內。○烏魯木齊，東至巴里坤，東南接辟展界，西至博羅塔拉，西南接伊犁界，南至天山，踰山接哈拉沙拉界，北至塔爾巴哈臺，通俄羅斯界，東北至額爾齊斯，西北至齊爾，通哈薩克界，至京九千八百九十里。○伊犁，東至辟展，西至吹塔拉斯，南至天山，踰山接回部諸城界，北至烏里雅蘇台，通哈薩克界，至京萬八百二十里。○游牧察哈爾，東至克西克騰，西至歸化城土默特，南至太僕寺牧場及山西大同、朔平二府邊境，北至蘇尼特及四子部落，袤延千有餘里，至京千里。○西藏之地有四，曰衛，曰藏，曰喀木，曰阿里，轄六十餘城，東至四川邊境，西至大沙海，南至雲南邊境，北至青海，東西六千四百餘里，南北六千五百餘里，至京萬四千餘里。○旗制，喀爾喀四部落，後路土謝圖汗部二十旗，東路車臣汗部二十三旗，西路扎薩克圖汗部十有七旗，賽因諾顏扎薩克親王部二十二旗。青海四部落，厄魯特二十一旗，回特三旗，土爾克特四旗，喀爾喀一旗，部各散處，不分畛域。賀蘭山厄魯特一旗，烏蘭烏蘇厄魯特二旗，推河厄魯特一旗，額濟內土爾古特一旗，都爾伯特十有四旗，游牧察哈爾八旗。○封爵喀爾喀後部，土謝圖汗一人，親王二人，郡王一人，貝勒二人，輔國公七人，一等台吉八人。○東路車臣汗一人，親王、郡王各一人，貝勒貝子各二人，鎮國公、輔國公各三人，一等台吉十有三人。○西部，扎薩克圖汗一人，貝勒一人，鎮國公三人，輔國公六人，一等台吉九人。○賽因諾顏，即扎薩克親王一人，親王一人，郡王二人，世子一人，貝勒二人，鎮國公二人，輔國公八人，一等台吉九人。○青海，親王一人，郡王三人，貝勒一人，貝子二人，鎮國公一人，輔國公一五人，一等台吉十有六人。○賀蘭山厄魯特，貝勒一人,鎮國公一人。○烏蘭烏蘇厄魯特,貝子二人。○推河厄魯特,一等台吉一人。○額濟內土爾古特,貝勒一人。○都爾伯特、特古斯、庫魯古汗一人,親王、郡王各一人,貝勒二人,貝子四人,輔國公二人,一等台吉五人。○西藏輔國公三人,一等台吉一人,噶卜倫四人,代賁五人,第巴三人,堪布一人。○會盟,喀爾喀土謝圖汗部二十旗爲一會,盟於汗阿林。車臣汗部二十三旗爲一會,盟於克魯倫巴爾河屯。札薩克圖汗部十有七旗爲一會,盟於扎克畢賴塞欽畢都里也諾爾。賽因諾顏部二十二旗爲一會,盟於齊齊爾里克。以飭邊防,訓士伍,簡軍實,及比丁讞獄,各副將軍歲於所部舉行,間歲則以土謝圖汗、車臣汗兩部落爲東路,札薩克圖汗、賽因諾顏兩部落爲西路,遣軍營參贊大臣二人分往會核,統聽定邊左副將軍裁決,青海厄魯特聽西寧駐劄大臣,都爾伯特聽定邊左副將軍,游牧察哈爾聽都統各裁決,具疏以聞。

第四十四章　總理衙門

（竄）馬·驘·①　　攢湊。　○　　逃竄。

　　蒙古地方,往北是那兒？　那就是俄羅斯國的地方了,這到如今說俄國,就是那兒。　那麼俄國和中國來往行文書,也是由理藩院麼？　從前是由理藩院,如今各國通商的多了,所以另外有一個衙門管各國的事。　那個衙門是甚麼名兒？　名兒是總理各國事務衙門。　也有堂官了？自然。　有。　是幾位尚書、侍郎,和六部一樣的規矩麼？　沒有一定的官制,都是特派的,王爺大人們,也是六部和各衙門的大人裏選派的。　有司官們了。　有,也是部院衙門裏的司官選派的,他們當差使,若是好了,可以得保舉。　幾年一保舉？二年一次,保的很優。　這衙門在那兒？　在崇文門內,東單牌樓北邊兒路東,東堂子衚衕。　從前各國未通商以前,這個衙門沒有,不是麼？　啊,不錯。　那時候,那個衙門的地方兒是甚麼？　是鐵錢局,再往先是一位大人的宅子,聽說。　是了,我有一天,走到那東堂子衚衕西口兒外頭,瞧見口兒裏頭,一匹跑報②的馬驘出來,徃南跑了。有人說,總理衙門跑文書的,一定就和您說的這個話一樣了。　是麼。　他們辦甚麼公事？　通商的事,比方洋人來,十八省地方遊歷,或是各口岸通商,或是有本地人攢湊本錢,夥開洋行,與洋人有交涉,或是虧本逃竄跑了的洋行,外省各國領事官,報了欽差,都來這衙

---

① 驘:騾。
② 跑報:使者騎着快馬奔跑報信。

門商量着辦。　是了。

第四十五章　習學西法

（嘴）一..堆　　○　　嘴‥脣　犯..罪.。

　　總理各國事務衙門，除了堂官、司官，還有甚麼人？　也是書辦、衙役、皂隸們，和別衙門一樣。　再沒別的了？　還有學生。　學生念甚麼書？　他們是學泰西國的學問①。　他們各國文字和中國不一樣，怎麼本地人能學他們的學問呢？　那得先學話。　您說給我聽一聽。　這個衙門，設立了二十來年了，所有的學生，都是八旗的子弟挑選的。　怎麼挑選？　那一年那衙門門口兒出着一張告示，我瞧見有一堆人圍着看，我也看了一看，是說，叫八旗年青的子弟十幾歲的人，送到那衙門去，先叫他們寫字背書，或是作一篇文章，大人們挑選那好的，就留下他們，在衙門裏了。　是了，留下怎麼當差，怎麼學本事呢？　叫他們學話，學外國的語言文字。　學外國話，那得舌頭俐儸，嘴脣②兒清楚，不然難學罷？　可不是！叫他們，口齒清的學話，有記性的，心裏活動的，或是學話，或是學各樣兒學問，每天有飯喫，雞、鴨、魚、肉的，廚子伺候，每月膏火銀子，學成了，還可以保他們有功名當差。　不好的呢？那還用說麼？俗語說：“王子犯法，庶民同罪。”不論甚麼人，若是有犯罪的，一定得懲治。比方他們，只於尋常懶惰，也就可以逐出不用了就是。

註　釋

〔泰西學問〕總理各國衙門設有同文館，即係同治初年設立，延聘西人作爲教習，挑選八旗子弟及進士、舉人、五貢等出身者，學習算學、天文、格物、公法、化學、醫學，並英、法、俄、獨等四國語言文字，由其洋文而及諸學者，共須八年。年齒稍長，無暇肄及洋文，僅藉譯本而求諸學者，共須五年。各給薪水十兩，以資津貼，俾其內顧無憂，用志不紛。按月考試一次，分別甲乙，優者記功，劣者記過。每屆三年舉行大考一次，分別等第，高等者立予奏獎，並隨同出使各國欽使出洋，以備差遣試用；下等者照常學習，仍俟下屆考試，再行查看。

---

①　泰西國：舊泛指西方國家，一般指歐美各國。
②　脣：底本如此，不同於篇首例詞的“脣”。

第四十六章　西學各館

（催）催逼　・隨他去　○　萃・集

　　纔說的那些個學西國法子的、話語的那些個學生，都是甚麼人敎，甚麼人催逼着他們學呢？　那催逼着學是提調官，是中國的老爺們，那敎的是敎習，是西國的先生們。　那舘叫甚麼名字？　同文舘。　所學的，能分開說麼？　可以說，是天文舘，學天文的事；化學舘，學物質分解變改的事。　怎麼改變，您知道麼？　我不會，說一個比方罷，比方冰怎麼就能化水，蠟點着怎麼能化烟的那些個事。　啊，還有甚麼？　還有醫學舘，學醫道的事。　也是西國的醫學麼？　那自然，學的是西學麼，本處的醫學家也是沒有好的，但是庸醫也很多，所以你的病好了，是他的能耐，不好了，說是你的命運。俗言還說："大夫治得了病，治不了命。"好歹的隨他去，他只管得他的脈禮，就完了。　不說這個，那舘中還有甚麼？　還有演算法，算的是加減乘除，和語言文字那些事罷。　如今有多少學生？　總有幾十人，一年比一年的學生們功課勤，好些個人材萃集在那兒，學出來，都是有用的。　是如今西學，本來於事多有益處的。

第四十七章　西學之難

（尊）尊重　○　搏・節　○

　　這文人們多讀書，再能學會了西國學問，將來出去作官爲宦，治民帶兵，想必都是出類拔萃的了。　是麼，自然總好罷！　那麼，如今念書的翰林學士，都喜愛西學麼？　也不然，那從前纔起頭兒設立同文舘的時候，本來是要用正途的翰林學士舉人們去學，那時文人們只知道尊重斯文，以文章詞賦、道德仁義爲貴，有好幾個人說，學巧工①是工人的事，學天文是算學生的事，可以不用讀書人去，故此到現在還是八旗學生去學。　他們到這時候兒怎麼樣？　固然也有羨慕的了，比從前，然而到底不以爲然，還是以尚氣節、敦仁義爲美。

---

① 巧工：高超精湛的工藝。

西學也沒有說教人不尚氣節,不敬仁義啊! 那總是讀書人們的高傲罷了,所以纔不以西學為好。 如今別處有學的沒有? 在南省也有大臣們,派了好些人去外國去,學製造、造機器、電報、醫學那些事,如今有回來的了。 不常去學麼? 我想是一來或是撙節①經費,不能常去,再者回來的學會了就可以轉教別人了,何必再去呢!

第四十八章　神機營兵

（寸）村　莊　　存　亾　忖量　　尺寸

　　國家的公事,都是因時制宜纔好。 可不是!文官武官應辦的事,都是得因時制宜,若是應變通不變通,竟拘守常例,於事也無益。 是麼。 所以該添設的就得添設,該裁改的就得裁改,總是於國計民生有益就好。比方從前,老年有一個營,名神機,後來裁撤了,如今又添設了。 這也是武官們操演兵的地方了? 是,八旗的兵。 從八旗挑選的麼? 倒不是,是從八旗各營的兵丁裏和官員裏挑那些個精壯有力的兵和精明強幹的兵,合在一處挑選,教習天天訓練的,比別營的兵都強。 有多少人呢? 共總一萬幾千人罷。 所練的是甚麼? 槍礮技藝,雖然也是和別營彷上彷下②,然而差的多,也有洋槍、洋礮,馬上的火槍、擡槍,真能命中致遠。那幾年也派出去搜剿賊匪,保護各處,都很有用,並且紀律嚴明,路上所過鄉鎮村莊,都能秋毫無犯。 好麼,設兵所以衛民,比方有賊匪來了,民的生死存亾都在兵的手心兒裏,兵不好行麼! 不錯。所以如今那神機營的帶兵官,頗講究紀律,都教兵丁們思想朝廷養育的恩,也得忖量自己的一家大小都是仗着錢粮養活,所以必得練習武事精通純熟陣法步法,都有個尺寸,不可虛糜粮餉纔好。 是。

註　釋

〔神機營〕按神機營設立係同治元年,其衙署在東單牌樓北米市南頭煤渣衚衕,皆選八旗官兵,

① 撙節:節省,節約。
② 彷上彷下:相仿,差不多。

分場練習，其營制則欽派王大臣管理，現係醇親王、劻貝勒、及大學士左宗棠管理。○官兵皆選于各旗營，每月除本營應得俸餉銀米之外，俱另有口分銀，馬兵每月人馬共銀七兩，步兵一兩五錢，洋槍步兵二兩，官員自四兩至二十兩各有差。○平日在京城內各場分練，春於二朋起，六月止，秋於八月起，十一月止，俱移往京城之外城永定門外，南苑劄營操演，不許回家。其所操演之技，則有槍礮、擡槍及一切技藝，並洋槍、洋礮等諸技，隨時訓練。○現在馬步兵丁計二十四隊，共官兵壹萬三千六百七十四員名，係其舊式者十三隊，曰圓明園馬隊，官兵共四百二十員名，曰健銳營馬隊，官兵共四百二十員名，曰外火器營馬隊，官兵共四百二十員名，曰內火器營馬隊，官兵共四百二十員名，曰左翼驍騎營馬隊，官兵共四百二十員名，曰右翼驍騎營馬隊，官兵共四百二十員名，曰左翼前鋒護軍營馬隊，官兵共四百二十員名，曰右翼前鋒護軍營馬隊，官兵共四百二十員名，曰中營步隊，官兵共二百五十員名，曰圓明園抬槍隊，官兵共一千員名，曰左翼驍騎營抬槍隊，官兵共五百員名，曰右翼驍騎營抬槍隊，官兵共五百員名，曰幼丁隊，官兵共六百二員名，曰八旗漢軍排槍隊，官兵共六百二員名，曰八旗漢軍礮隊，官兵共四百員名，係舊制威遠銅礮。係其洋式者十一隊，曰威遠捷字隊，官兵共八百員名，曰威遠勝字隊，官兵共八百員名，曰威遠精字隊，官兵共八百員名，曰威遠銳字隊，官兵共八百員名，曰威遠健字隊，官兵共一千員名，曰威遠利字隊，官兵共一千員名，曰威遠駿字馬隊，官兵共四百二十員名，曰威遠驤字馬隊，官兵共四百二十員名。各威遠步隊，各有洋礮四尊。曰威遠震字礮隊，官兵共四百二十員名，曰礮三十二門。○以上除圓明園馬隊、抬槍隊駐圓明園，外火器營馬隊、利字隊駐藍靛廠，健銳營馬隊、健字隊駐香山外，餘駐京城。

第四十九章　兵丁夜操

（宗）大。宗　　○　　總‥名　　縱‥容

　　我還要討教。　豈敢，說甚麼，您？　聽您說的神機營，如今設了多少年了？　二十來年兒。　他們的槍礮不必說是好的，但是他們洋槍礮，是怎麼學的？　那是那前些年，派人到天津去，學來的西法操演，學成了，回來轉教別的兵。　他們在京裏那兒操演？　各城門外頭，都有各旗的教場，他們操演的時候，找寬闊的教場去操演，雖然雜技、長矛、大刀、長槍也有，大宗兒還是槍礮當先。　天天操麼？　也有在各場子裏演習的時候，也有下教場操練的時候，也有到永定門外海子裏住着的時候，總名還都是操演的倆字。　上海子住多少日子呢？　一年有六七個月在那兒住。　甚麼時候去？　二月裏去，六月裏熱，回來，八月去，冬天回來。大概上海子去，城裏頭也有城裏的兵，各處駐劄。　海子裏操演甚麼？　也是那些槍礮陣法，餘外有夜操，也是槍礮聯絡，刀矛整齊,並且有躥坑跳坎的那樣兒練脚步。兵丁們晝夜辛勤,官員們管轄的整肅,一毫不縱容他們偷安懈怠。　這本是練軍之法,寔在是該當如此。是麽。

　　自邇集平仄編
　　四聲聯珠第八卷終

第九卷

(葱)第一章	公私書名		(子)第二章	人事不同
(次)第三章	茶社閒人		(瓦)第四章	小本營運
(外)第五章	產煤之山		(完)第六章	開鑛風俗
(往)第七章	各省在京		(爲)第八章	釐卡抽釐
(文)第九章	熱在中伏		(翁)第十章	冷在三九
(我)第十一章	城鄉房式		(武)第十二章	房屋之分
(牙)第十三章	京中棚舖		(涯)第十四章	京都八景
(羊)第十五章	雇車規矩		(要)第十六章	宿店規矩
(夜)第十七章	野地住宿		(言)第十八章	水路買舟
(益)第十九章	相見禮節		(音)第二十章	小竊宜防
(迎)第二十一章	繁華宜愼		(約)第二十二章	茶肆衆人
(魚)第二十三章	窮藉富活		(原)第二十四章	養贍貧人
(月)第二十五章	正音爲要		(雲)第二十六章	習話宜勤
(有)第二十七章	分話別類		(用)第二十八章	聯話完結

第一章　公私書名

(葱)　葱　蒜　　依　從　　○　　○

咱們從那些日子一起頭兒說話兒起，直談到如今，也是好幾個月的工夫了。　有半年多了。　說的公私事的話兒，世路人情和官差公務，您都說完了麼？　公事呢，有舊例、新例，也都說了個大概；私事呢，不過是人情物理，也說了個大概，那兒能完呢？　以公事而論罷，怎麼能知道全呢？　那是這麼着，買一部《大清會典》，查考定例；買一部《大清一統志》，查考地輿；買一部《縉紳》，就是文武爵秩的書，是紅皮子的，查考官員姓名。　有更換官員時候呢？　那《縉紳》是按四季更換，可以隨時買新的。再要明白公事，買《資政全書》《刑錢指掌》《福惠全書》，都是治理百姓州縣官們用的。　武官呢？　看《中樞政考》，還有古書《武經》《登壇備究》①《心畧》②和《營伍約編》③，都是治理兵丁們的事，武官們得知道。若是講究應酬，買《酬世錦囊》④《留青新集》⑤《天下路程》⑥《都門紀略》⑦這幾種書。沒事的人，看《花鏡》⑧，可以栽花種樹，知道百花的性質。　您別抬舉我了，我那兒能沒事去栽花種樹的快樂去呢？別說種花，我連種菜、種瓜、種葱蒜的空兒，和那個半畝閒地方兒都沒有，也就是仗着這一管筆喫飯，倒是您說的買別的書名兒，我倒可以依從買了看看倒好。

註　釋

〔大清會典〕⑨康熙二十三年釐定會典，雍正五年考衷條系，乾隆甲申重修，嘉慶年間又修。其書具載朝廊典禮，官司事例，文武衙門一切戶口田土，兵馬錢糧備載詳細，瞭如指掌。〔大清一統志〕各省地輿，山川田土，歷代地方人物土產等類。〔縉紳〕文武官員，爵秩姓名，各處學校，疆里風俗產物等類。〔資政全書〕治理民事一切檔。〔刑錢指掌〕州縣等官，刑名田賦之書。〔福惠全書〕治理州縣一切規則。〔中樞政考〕係武職一切則例屬兵部。〔武經〕古兵書孫吳所著。〔登壇備究〕係武官臨陣兵書。〔心畧〕亦武官臨陣兵書。〔營伍約編〕專論治理綠營之書。〔酬世錦囊〕專論書信及往來一切儀節。〔留青新集〕此書有各種文章，如詞學文學，應酬一切書函、匾、聯、銘、讚、備載於中。〔天下路程〕一名示我周行，各省道里遠近，歷歷如繪。〔都門紀略〕京師一切方輿，人物古跡名勝里俗等類。〔花鏡〕專論栽花種樹畜馬等事。〔附錄〕京師有書林，在正

---

① 《登壇備究》：即《登壇必究》，成書於明末的軍事著作。
② 《心畧》：此書具體指哪一部兵書無法確定，或爲清代著作《施山公兵法心略》。
③ 《營伍約編》：此書具體信息不詳，若按本章後"註釋"部分所載，此書爲治理綠營之書。
④ 《酬世錦囊》：清鄒可庭輯，大致成書於清乾隆年間，書中選編了應答、請求等各種應酬文章。
⑤ 《留青新集》：清陳枚輯，大致成書於康熙年間，卷首題"應酬第一書"字樣，書中選編了壽文、應酬詩等各種應酬文章。
⑥ 《天下路程》：即《示我周行》，見第八卷第一章"《示我周行》"條。
⑦ 《都門紀略》：清楊靜亭著，刊行于道光年間，是一部生活指南手冊性著作，主要供外省來京的行旅客商所用。
⑧ 《花鏡》：清陳淏子著，成書於康熙年間，介紹了各種觀賞類植物的鑒賞及種植方法，同時還簡要介紹了鳥獸蟲魚的養殖法。
⑨ 此段註釋中，底本均將書名用"〔〕"表示，照錄。

陽門琉璃廠，凡古今一切有名書籍，皆可於此物色之。亦城內東四牌樓隆福寺，亦有書舖，凡尋常之書，亦可購買，其公事之書，則若〔六部成語〕乃六部中所用之成語，如吏部之升遷調補，兵部之兵馬錢糧等類，皆係滿漢之語，有〔大淸律例增修統纂集成〕，乃大淸之律例全書，他如〔戶部則例〕〔禮部則例〕等類。又〔科場條例〕〔學政全書〕，爲鄉會試及學政使者考試文武秀才之書，〔八旗通志〕詳論八旗之事，〔滿洲源流考〕〔蒙古源流考〕論滿蒙之源，〔資治通鑑〕〔紫陽綱目〕〔易知錄〕皆史書。若子書則有〔老子〕〔莊子〕〔文中子〕〔荀子〕〔楊子〕〔鶡冠子〕計諸子百家，浩如烟海，欲得其梗槪，則有〔經餘必讀〕一書，節略其要，而刪其繁，購而閱之，可知端倪。若各省府廳州縣，皆各有志書，備載各處公私可志之事。至若〔燕居筆記〕〔日下尊聞錄〕〔剪燈新話〕〔新齊諧〕等類，則私志聞見之事，或畧述京師之風俗，或分論里巷之俗規，而推其要者，則莫如〔紅樓夢〕一書，爲人人膾炙於口，其中物理人情，尤爲至詳且盡，且皆北京官話，易助語言。近又出〔兒女英雄傳〕一書，亦頗有益公私之聞見。至若〔聊齋志異〕一書，則皆鬼狐訛傳，殊覺無補人事，然酒酣耳熱之際，醉取一卷讀之，亦可娛情適性。其他若〔一夕話〕〔解人頤〕諸書，雖係閒文，頗可助學，至〔笑林廣記〕一書，則直爲噴飯之物矣。以歌詞諭之則有〔十種曲〕〔補天石〕諸塡詞，而稱爲詞中之領袖者，則有〔西廂記〕〔牡丹亭〕二書，實爲情文兼至，欲得觀歌詞端倪，而又不必多購，則莫如〔綴白裘〕一書，備具諸詞，瞭若指掌。欲知來往尺牘信函，則有〔小倉山房尺牘〕，以觀其敘事之簡淨圓活，有〔尺牘一隅〕，以習其規矩之方嚴莊正，有〔胭脂牡丹〕〔秋水軒〕等尺牘，以効其花樣，〔飲香尺牘〕，以閱其俗稱；至若〔繡虎〕，則似老腐，不過大塊文章而已。欲知天地自然之山川，古跡之名勝，則購〔類腋〕一書，分天地人物四部。欲知天時人事、物理今古事宜，則有〔幼學〕一書，撿閱爲便。其〔太平廣記〕〔續太平廣記〕〔廣輿記〕〔廣事類賦〕，皆似帙卷繁冗，亦可閒中一覽。近世有新出之書，爲〔俞樾全書〕，頗稱博雅。然經史之學，欲求有益公事，莫如閱〔同治中興京外奏議約編〕及〔求闕齊弟子記〕〔平定粵匪記畧〕諸書。及〔歷代職名表〕，證古考今，可明各衙官之制度。設公餘無事，則取〔東周列國志〕〔三國志〕〔封神演義〕〔西遊眞詮〕〔水滸傳〕，作爲解醉醒睡之助，亦無不可。若〔四書〕〔五經〕〔時文〕〔試帖詩〕，則爲士子誦讀課藝之書，願否觀之，亦聽其便可耳。以上畧舉數書，以爲此章註釋之附錄，爰論公私書名，則汗牛充棟，言之難憶。聞有報舘，欲印〔古今圖書集成〕一書，及早物色之，則亦於淸國之書，不僅見一斑矣。

第二章　人事不同

（子）資·格·　○　子·孫　寫·字·

　本來人是不少，都分個各有各事，作官呢，講的是文武兩途資格深資格淺。　那是自然，何爲資格呢？倒要請問。　　就是當差的年分樣兒，日子多了爲深，少了爲淺。　啊。　　作買賣，也講行貨爲商，居貨曰賈，俗還說大買賣、小買賣兒,這是官商兩樣兒人。　還有呢？　手藝人,俗說耍手藝的,也分銀匠、銅匠、鐵匠、錫匠、木匠,木匠裏還有大木匠、小木匠呢,大木匠爲大木作,是蓋房的,小木匠爲小器作,又叫楠木作,爲的是作小玩物的座兒、小匣子、小盤、小架兒之類。還有箍桶匠、棺材匠、櫃箱舖、刻字舖,都是木匠,可是其中不同。還有瓦匠、油漆匠、裱糊匠、鐘表匠、毛毛匠①,是作皮桶子②的,染匠是染綢緞布疋的,車匠、船匠,一言難盡。　還有甚麼？　還有醫、卜、星、相,醫是大夫,卜是算卦的,星是算命的,相是相面的。　我看見街上手裏拿兩塊板兒,吧呀吧的打,那是作甚麼的？　那是修脚的。　那挑挑兒③有小銅鑼兒,叮兒噹兒的,那是作甚麼的?那是賣甚麼的麼？　那是鋦碗兒的④,破磁器傢伙,他們可以鋦上。　啊。　這些手藝人,都是父親作甚麼,他子孫也自小兒學世傳的多。寫字、畫畫兒,不在其內麼？　寫字不算,畫畫兒的算畫匠,還有寫眞的。

註　釋

〔手藝人〕作手藝之人,其工資之例不一,有以月計者,有以日計者,然牽算每日約得銀二錢餘,而其中金銀瓦木諸工藝之粗細不同,故工資之多寡,不亦不同也。〔修脚的〕有浴堂,俗曰澡堂,人入堂浴畢,其堂中有修脚之人,以小細且長之利刃,代客修去兩足甲,名曰｜｜｜⑤。此等人亦携刃入市巷,手搖雙板,以爲鬻藝之令。人聞其板聲,有因足甲長欲修者,則呼入門使修之。亦有在大市之中,或樹陰之下,或屋壁之隅,結席棚以俟客至,而代之修者,俱名曰｜｜｜。〔鋦碗兒的〕荷一擔,擔有雙箱,箱上有小銅鑼,響以爲令,人有破碎之磁器,彼皆能鋦之之法,以小金鋼石,鑽鑿磁爲小孔,另以銅錢小釘,釘於磁上,牽補其磁,使完好,能盛物如初,名曰｜｜｜的。

第三章　茶社閒人

(次)．齜·着·牙·兒笑．　·磁器．　彼·此·　次·序．
我有句話要問您。　甚麼？　京城裏這麼大的地方兒,有多少人？　有

---

① 毛毛匠:做皮桶子的匠人。
② 皮桶子:做皮衣用的成件毛皮。
③ 挑挑兒:擔着挑子(的人)。
④ 鋦碗兒的:將破碎的盆兒碗兒等瓷器、陶器鋦好的匠人。
⑤ 底本用三條豎杠指代前文之"修脚的",下文亦以豎杠表示前文的釋義名物。

多少萬,那不敢說準知道,我知道的就是倆人罷。 怎麼纔倆人呢? 我也是聽見老年人們說,一個朋友問那一個朋友說:"這天下有多少人?"那一個朋友說:"倆人。"這一個問:"怎麼纔倆人?"那一個朋友說:"求名和求利,這麼倆人。"所以我今日個①也說倆人,對不對? 可不是那麼着麼!天下人不過是求名求利而已。 倒是一樣兒,這城裏城外這麼些人之中,可就是兩樣兒人。 那兩樣兒? 旗人、民人兩樣兒,民人也說漢人。 那大典禮節不必說了,您也說過的了,他們平常習氣風俗,有甚麼分別呢? 城內旗人住的多,城外民人住的多,當差作官的不必說了,常行人,旗人一早兒講究喝茶,老年的老頭兒們更是一早兒上茶舘,彼此閒談,有時默坐着,或是看着來往出入茶舘的人,他就不言不語的,齜着牙兒笑,手裏拿着鼻烟壺兒,也有瑪瑙的,也有水晶的,也有燒料的,也有磁的。 怎麼爲磁? 就是盤子、碗,磁器的那個磁,作的鼻烟壺兒。喝完了茶,回家喫飯,飯後又上茶舘兒,見了熟人,彼此讓坐讓茶,最講究尊卑長幼的次序,喝一天,晚上回去很清靜。 那漢人們呢? 等等兒,咱們《平仄編》十五段兒也完了,往下接着說罷,好些個話呢!

註　釋

〔茶舘〕茶舘有三等。上等曰大茶舘,亦賣滿漢點心、酒飯一切,有名者,地安門外之天滙,東安門外之滙豐。其次者二葷舖,亦賣飯便食物。又其次爲小茶舘,只賣清茶而已。人有應議之事,多於茶舘內品茶而論之云。

第四章　小本營運

(瓦)·刨　挖　·娃·娃　甎瓦·　·鞋襪·

這又到了《平仄編》十六段兒②了,這一段兒的字眼兒完了,就沒了,找兩樣兒天時、人事、物產、風俗,說一說罷。 那一樣兒都要緊,我也願意您說,就是先把纔說的接着說說纔好。 我纔說的,那旗人沒事的,一天到晚在茶舘

---

①　今日個:今兒個,今天。

②　十六段兒:指《語言自邇集・練習燕山平仄編》第 396 組－420 組,第 396 組－404 組以 W 爲起首輔音,第 405 組－420 組以 Y 爲起首輔音。

兒。至於中年的,除了差使操演之外也可以各有各的營運兒。或是作一個小買賣,擺一個小攤兒賣零碎兒物件,賣酒,賣果子,或是挑一個挑兒,賣小孩兒們喫的糖兒果兒的。最苦的,也有出城挑白薯,回家煑熟了賣,賣一天,到晚上,又出城去刨挖去,除去給人家的本兒,每天也得幾百錢的利餬口。 爲甚麼這麼苦呢? 家裏老的少的、妻子、老婆孩兒,一大群,懷裏還有喫奶的娃娃。 娃娃是甚麼? 就是孩子,南邊說娃娃,也說娃子,也說小娃兒,北邊也有說娃娃的時候。 啊。 況且一家子住的房子,喫的米粮,日用那一用兒不得錢,人多錢粮缺少,不得缺的不夠,得了的也是不足,衣裳鞋脚,能整齊麼?房錢、水錢,能不給麼?近年房子少,房東不管修理,北方大雨時行,房漏屋塌墙倒了,還得自己買磚①瓦,顧了房子,那衣裳鞋襪,可就不用想穿了,而且見天還得照常喫飯,您想他不找小營運行麼?

第五章　產煤之山

(外) 歪正。　○　舀水。　內外。
這京城裏小買賣兒的人,我見有挑挑兒的,有推小車子的。 還有跨筐兒的,跨盤子的,不一樣。 有一樣兒推小車子的,也不是賣菜,也不是賣甚麼,是滿滿的推着一車子黃土,那是賣了作甚麼用的? 那是賣了和煤的。 和煤? 煤不是一塊一塊的硬塊子麼,怎麼拿土和法呢? 那煤有硬煤,有頓煤,硬煤是塊子,頓煤是末子,那塊子你瞧見過,砸成小塊兒,擱在火爐子裏弄火。那末子必得攪黃土,拿水和了,有用煤模兒磕煤繭兒②的,有搖煤球兒的。從前老年平常人家兒都是燒煤繭兒,如今煤舖裏都管搖煤球兒,把和了的煤末子,搖成一個個的煤,核桃大的球兒,晒乾了賣,可是不論歪正,搖圓了就行。那煤繭兒呢? 那是買到家裏來,還得舀水再和,也是搖成煤球兒燒。 煤出在那里? 西山、北山、南山,都是在西山一帶那兒都有煤窰,有硬煤,有渣子,有末子,有烟煤,有紅煤,南山的比北山的好。京城內外人家兒,家家戶戶,都

---

① 磚:篇首例詞作"甎","磚"的異體字。
② 煤繭兒:被製成繭形的煤球。

燒的是煤火，出了外城，和各鄉和十八省，都是燒柴火的多，燒煤的很少。　煤從山裏來，是怎麼運來呢？　是用駱駝馱來，也有騾、驢馱，或是大車拉的，還是駱駝馱的多。　啊。

註　釋

〔煤〕煤有頓硬之分，頓者煤末也，硬者塊也。賣食物之舖，多用硬煤，常人炊爨，則多用軟煤。然於冬日亦有用硬煤者，蓋硬煤之值昂也。冬日用西洋大火爐，則非紅煤不可，紅煤者硬煤中之質美而值昂者也。

第六章　開壙①風俗

（完）水·灣·兒　　　完·全　　早·晚·　　千·萬·

外省地方，和京城外四鄉，怎麼都燒柴火的多，燒煤的少呢？　總是出煤的地方兒少罷，所以燒柴。　甚麼柴？　各樣雜樹爲硬柴，也叫劈柴，各樣草爲頓柴，高粮桿兒爲柴火。　爲甚麼不多找出煤的地方呢？　一來有山的地方少有煤，二來不能亂開，都有規矩。　甚麼規矩？　比方開煤窰，總得開山壙，那有壙的地方，還得於那地方的人的風水無礙，纔能開呢！開的時候，招商報官，試辦，好些個費事的地方兒。　怎麼爲有礙風水？　這一城或一家，不論大小，四圍附近的一座山、一個水灣兒，自古有的都爲風水，後人不可亂動亂改，總得保護着，叫那山水永遠不動，完完全全的纔好。　山水完全怎麼好？那一城的人，或一家的人，就都平安無事。若是一亂開亂改亂動了，那可不定早晚，就有不順當的是非的事來了。所以一輩一輩的，祖父相傳，人家兒附近有甚麼山水樹木，都是千萬不許亂動，恐怕不吉利，於風水有礙的。　開金銀銅錢的地方兒，也是那麼着了？　一個煤窰尚且不能亂開，別的那還用細說麼？一定也是不能隨便的了。　是了。

---

①　壙：卷首目錄作"礦"。

第七章　各省在京

（往）汪洋　　王公　　來往　　忘記

我問過您京師地方旗人漢人的分別，旗人平常的人，您說過了幾樣兒，那漢人們，不作官不讀書的，他們作甚麼買賣？又不行作甚麼呢？　那以京城而論，是五方雜處，那省的人都有。比方三江的人、兩湖的人，那本地是守着江湖太近，雖是一片汪洋，然而魚米之鄉，來京的人少。作官的不算，那作書辦們的，可是浙江南省們的多；衙門裏當差皂隸衙役，是本地順天的人多；給王公大人們抬轎的，是山東人們多。頂苦的山東人，是挑水、送報，再者飯莊子、飯舘子、猪肉舖、米舖子，都是山東人們做那些個買賣。山西人是開烟兒舖、錢店、銀局、銀行的多。陝西人是賣皮貨和估衣的多。安徽人是賣茶葉的多。河南人在京作買賣的很少。雲南、貴州的人更沒有在京作買賣的。江西人在京的少，可是在南幾省作買賣的多。直隸人在京多有開布舖的，有作木匠的。賣羊肉，是京東的回回。賣古董的，是附近京外的人。本京人是開鐘表舖、滿洲餑餑舖、冥衣舖，當裱糊匠，還有厨子、茶房，各茶舘兒跑堂兒的多，說不完。各省來往不定，不常在京的，那不必細說了，就是說了你也未必記得住。　可不是！說多了我都忘記了，也是白饒。　是麼。

註　釋

〔送報〕有報房，凡每日上諭旨意及内外臣工奏摺，皆刷印，逐戶送閱，是爲《京報》。

第八章　釐卡抽釐

（爲）微弱　　行爲　委員　爵位

人在世界上，掙錢養家，寔在也不容易。　可不是！俗語說："養家一樣，道路各別。"有坐轎的，有抬轎的，有伺候人的，有使喚人的。　是麼，那兒能一樣呢！　家道殷寔，從小兒胎裏紅，懂得甚麼稼穡艱難，懂得甚麼物力艱難？茶來伸手，飯來張口。若是家道貧寒，再身子單薄，力量微弱，肩不能擔擔，手不能提籃①,養活不了家,人家還有笑話,說他們家祖宗必是行為不好,所以纘積作②的兒孫這樣貧窮。　嗐,不說這些個,還是說努力上進,或是有好手藝,或是做大買賣的好。　大買賣好是好,也是不大容易,費本兒,費心思,費氣力,而且如今又多一番釐金。　釐金是甚麼？　買賣人上稅,你是知道的。那我知道。　釐金是本稅之外,又多上一回,名曰抽釐。　也在本稅關上抽取麼？　不是,稅關之外,各處分開的,小路岔道口兒,或是水路的分河汊子的地方兒,另派委員,按貨之多少,畧畧抽取,彷彿上稅,就為抽釐。　是了,畧抽一點兒,也不要緊罷。　雖是那麼說,那些劣員辦理不善,就任意多抽多取,買賣人誰敢不答應呢？幸而那有爵位的大員們時時訪察,有多收多抽的,就重辦那委員們的罪,畧好一點兒。　是了。

註　釋

〔釐金〕舊例只有關稅,近年因軍需費繁,故酌設釐稅之關,酌取商賦,以助軍餉。

第九章　熱在中伏

（文）溫·和　　·文武·　安穩　　問·答

　　光陰似箭,日月如梭,我和您咱們倆人,起春天到如今,天天在一塊兒說話兒,如今也够半年多了。　又快冷了。　您愛春天,愛冬天,還是愛夏天？春天天氣溫和,不冷不熱,還是春天好。夏天熱,秋天悽慘得慌,冬天可就太冷了,就是念書、寫字、拉弓、射箭,不論學文武藝那樣兒,冬天也天太短,沒有工夫兒,所以更不愛冬天。　冬天不但短而且還眞冷,有下雪的時候兒,有凍冰的地方兒。　到了數九,可就更冷了,俗語說"冷在三九,熱在中伏"麼。　這兩句,我都不大明白,怎麼三九,怎麼中伏,是甚麼時候兒？　我可以告訴你,先說中伏罷。　可以。　每年有一個夏至的節氣日子,你知道？　知道,那就是天長到頭兒了那一天。　是從那一天,往後看第三個庚日,是初伏,第四個

---

① 籃：底本作"藍",據文義改。
② 積作：積惡作孽。

庚日是中伏,第五個庚日是末伏。中伏日熱的利害,白日不能作工夫幹事,晚上睡覺也不能安穩,而且蚊子、臭蟲、虼蚤咬人,餘外還有毒蟲子,比方蜈蚣、蠍虎子、蠍子之類。　是了,熱可是眞不好受,這熱在中伏我知道了,共總三伏有多少天?　有三十天的時候,有四十天的時候,那得看立秋的日子再定規,總是秋後必有一伏,所以有四十天的。你問別人有答應不上來的,他說皇曆印錯了字了。　嘻,隨問隨答是很難,這"問答"倆字,人生不大容易的。

註　釋

〔夏天熱〕京師夏日之熱,亦甚可畏。聞前數年,六七月間,騾馬有熱死者,且夏日每多暑症,霍亂病,故人于夏日宜慎之。

第十章　冷在三九

(翁)老·翁　　○　　○　　水·甕·

您說光陰似箭,眞是那麼着,暑去寒來,到了冬天,這北邊怎麼個冷法?告訴過你的,冷在三九麼。　您細說說。　冬天十一月裏,有一個冬至節,天短到頭兒了。從那一天起,九天爲一九,一九一九的,直數到九九,共總八十一天,就爲完了九了,也就到了次年的二月初十前後兒了。　等我算一算,九九八十一天,可不是九天爲一九麼!　那數九的頭兩天還好些,到了三九,眞是冷極了。有年紀的老翁,貂帽狐裘的還好,常行的老者,沒錢的,一數了九,直不敢出門兒,所以有俗歌說:"一九二九,凍死老狗。"　人麼,怎麼說是狗呢?一來歌兒得合轍壓韻,二來也是笑老人凍的,如同凍狗子①一樣。　啊。　三九四九,伸不出手,也說三九四九,袖難出手。　五九六九呢?　五九六九,河邊看柳,那因爲到了正月初了,立春了,柳眼兒要開了,柳芽兒要黃了,所以這麼說。到了七九,又不同了,說七九河開。　河不凍了?　是。　八九呢?八九雁來,往下是說,九盡無凌絲②,完了九沒有一絲兒冰了。　啊。　還說反凍十八天,是九盡之後,還有十八天,又凍冰了爲反凍。　也像冬天河裏凍

---

① 凍狗子:寒季所生的小狗,因冷而常尖叫不休。
② 凌絲:因寒冷形成的冰錐、凌錐。

那一尺三寸多厚麼？　不,不過是屋裏盆底兒水甕裏,凍一層皮兒就是了。那麼三九天,眞難過呀！　好過,多弄火爐子。

註　釋

〔三九〕冬至以後,九日爲一九,則冷將至極矣。惟三九則更寒,非重裘不可。○三九,則河凍冰極厚,約尺餘。京城城門外,多在護城之河中所凍之冰,取冰置於土窖中,以爲次年夏日之用,然以城內十汊海爲佳。

第十一章　城鄉房式

（我）窩・巢・　　○　　你・我・　　坐・臥・

我有個法子過冬,冷也不怕。　怎麼着？　蹲在家裏烤火,多咱暖和了,多咱再出門兒,好不好？　那是得沒事人兒在家裏,白日明窗亮槅①、火爐子、手爐、脚爐、火盆,暖暖和和兒的,喝一個酒兒,瞧一個書兒,敢則好。咱們住着一個窩巢,這一間裏,厨、茶房、待客廳,都在其內,一個小花盆爐子,火裏跑出耗子來,不差甚麼,那能暖和哪！　你我還不至於那麼着,然而也都是不能常在家裏就是了。　就是作官爲宦、大買賣客人,也不能一冬竟在家裏,喫喝自如,坐臥由性,也還得搪②風冒雪的去幹甚麼呢！何況咱們,而且在家裏,冬天房子也是透風。　這房子是怎麼蓋的？爲甚麼透風呢？　用松木作柱子、檁是頂好的,雜木是次的,楊柳木更次了。周圍磚砌墻,房頂兒的瓦是用石灰和泥土,擱在席箔上很嚴密,因爲風高,所以還是透風,故此俗語說:"沒有不透風的墻。"可是比方作事不能瞞人的意思,然而也可以知道房子透風的事。若是到南省房上的瓦,不用灰土砌,都是浮擺着,因爲風不大,所以不碍。至於鄉下的房子,土房多,不用瓦,周圍房頂一概是土,不過墻上有幾根木檁,就是了。那不冷麼？　他們用柴火燒炕,也不大冷。　啊。

---

① 亮槅:能透光的花格長窗。

② 搪:抵、頂。

第十二章　房屋之分

（武）·房·屋　有··無　·文武·　萬·物·。
　　論起人住的房子來，我有一件事要問。　甚麼？　怎麼爲房子？怎麼爲屋子？分開開麼？　總論房子，細說屋子。比方有客到我家裏來，我說謙遜話兒，就說我這兒房屋窄小，閣下可以隨便坐，您可以隨便坐，這是房屋聊着說。或是有人買了一處房子，那就是總論，可以說房子。　房子不論大小，都是說房子啊？　比方說，那一家兒的房子很好，正房五間，東廂房三間，西廂房三間，倒座兒①南房三間，這都可以說房，又不用"子"字兒了。若是到了"屋子"倆字，是細說房子裏②頭。比方說："您明兒有了錢，爲甚麼不裱糊裱糊屋子呢？""您這三間屋子，都得裱糊了。"或說："您那屋裏的桌③子，攔在窗戶底下，寫字倒很亮素，我的那屋子裏，骯髒不乾淨。"　那麼外爲房子，裏爲屋子了？大約是那個規矩，可是拾掇屋子和拾掇房子，眞是差多了。拾掇屋子，是打掃舖設床椅，牆上掛畫兒之類，拾掇房子，是修理改造拘抿換瓦之類。　是了，我明兒有了錢，也拾掇拾掇。　拾掇房子，自然得有錢，若是拾掇屋子，不論你錢財有無，就是破房子，你也得天天掃地，天天拾掇。我不敢比那作文武官的，講究屋子乾淨，然而我是天天拾掇屋子。　眞怪，樹木和石頭、土就能蓋房子。老天爺生萬物，是給人用的麼。　是了。

註　釋

〔蓋房子〕京師城內皆瓦房，而樓房甚少。有平頂之房，曰平臺，只塗石灰而無瓦。又有無瓦之房，曰灰棚，則貧人多以此爲屋。鄉間多以土磚爲房，曰土房，無瓦而以草土代之，故又曰草屋。

①　倒座兒：與正房或上房相對的房屋。
②　裏：底本作"裹"，據文義改。
③　桌：底本作"卓"，據文義改。

第十三章　京中棚舖

（牙）丫·頭　　牙齒·　　·文雅·　　壓·倒·

夏天我到了一家兒，他們家有倆錢兒，房子前頭，見天的地方兒用席蓋了一個席房子，可又四面兒進風，瞧得見天，那叫甚麼房？　你好怯啊！那叫天棚，是用蘆席搭的，爲的是涼快。有錢的，每年四月裏搭，八月十五中秋節後拆，年年是那麼着。棚底下有魚缸、花盆，所以俗言誇獎有錢的，夏天是說他們家天棚、魚缸、石榴樹、肥狗、胖丫頭，這也是一半奚落那暴發富的意思。　各省人都用棚麼？　在京的用的多，南邊沒有，而且出京不遠兒，就沒人會搭。那棚匠亦眞能，他能上棚頂兒上，跨着杉槁架子，嘴裏用牙齒咬着繩子，來往的走那麼搭。　牙齒兒上能有多大勁呢？　也就是咬一根兒，腰裏掖一根兒，別的都拉上去，攔在架子上。京城夏天，花廳兒、書房裏，屋子拾掇得了，擺設兒乾淨，東西也都很文雅。若是太陽照進去一晒，就不好了，所以搭天棚的多。

風颳不躺下麼？　那都搭的很結實，那兒能躺下呢？可也有一年沒影兒的大風①，把天棚都颳倒了，並且還壓倒了好些墻頭兒，那也不能常有。　這棚匠都是那兒的人？　都是本京人，那個舖子爲棚舖，有紅白事，家裏屋子少，就可以在院子裏搭棚，也是那個舖子管。　是了。

第十四章　京都八景

（涯）○　　天·涯　○　　○

我見天的竟在這京城裏租的房子住着，寔在也悶的利害。　悶的慌，爲甚麼不逛逛去呢？　上那兒逛去？　這京城四外不遠兒，好些個景致兒呢！雇一個牲口騎着，各處瞧瞧去，好不好呢？　都是甚麼景致兒？　有八景。　有名兒麼？　有。一個是太液晴波，和瓊島春雲，這兩個景致兒，不用出城，在西安門裏頭，金鰲玉蝀橋上，跕着瞧就看了。還有西山霽雪，京城西邊兒一帶總

---

① 沒影兒的大風：出乎預料、很大的風，沙塵飛揚，看不清對面人物。

名西山,雖然另外有好些名兒,然而那很高的地方兒有了雪傾時,三五天不能化,晴光一片,白茫茫的好看的很。 還有甚麼? 一個叫玉泉垂虹,就是玉泉山。一個叫蘆溝曉月,在彰儀門,就是廣安門外頭三十里地一道大河,就是永定河,也說渾河,從西山外來的水,有一條長橋,盡是石頭做的,石欄上獅子無數,河邊寬闊,每年在那兒演礮。 說景致兒罷,還有甚麼? 有一個薊門烟樹,就是古蘇門。還有居庸疊翠,就是居庸關。還有一個金臺夕照,在朝陽門外二里,共總是八景。你雖然各省去過,海角天涯都瞧見過,這八景怕你沒瞧見過罷? 蘆溝橋我前兒倒走過一遍,就是忘了數橋上的石頭獅子了,再去數。 哈哈!那沒要緊。

第十五章　雇車規矩

(羊) 央 求　牛 羊　養 活　各 樣。

我雖然愛走走逛逛,可就是走不動。 走不動雇車。 題起雇車來,城裏頭不要緊,這若是出外雇長車,我還真不會雇,總得央求本地的朋友們給雇。那沒甚麼要緊,那有車行管。 車行在那兒? 前門外頭,有車店、騾店,到了那兒說:"辛苦掌櫃的。"他必說:"請坐。"你就說,要用幾輛車,到某處去。他必說要多少價錢,你就駁他說:"怎麼這麼貴?"他或是說:"不敢多要,如今飯食貴,趕車的嚼用①大。況且騾子喫的多,這騾子不是像別的牲口,餒猪狗牛羊似的那麼隨便養活,騾子是總得多加草料,還有釘掌、打鬃、挑建②,各樣的零碎兒都得錢,您別駁價兒。" 我說甚麼呢? 你說:"也不能,你說一是一,說二是二啊?我給你多少錢一輛罷!"比方他再落一點兒,你再添一點兒,添來添去,講妥了,他必問多咱走,若是一半天走,沒要緊,若是日子多了,五天之外,他必說早晚行市不同,到那天長落都不定。再者還有一件,定規準了那一天走,那一天你若是不走,可得包嚼裹兒,有一天算一天,那是規矩。還有趕車的飯,我們管不管,也得說明白,路上酒錢,那兒給說妥了,他給寫一張車票,趕到

---

① 嚼用:日常生活支出。
② 挑建:修正打理套車的車軸處。

寫了之後，給他幾兩銀子的定錢。雇騾子也是一樣。　是了，領教了。

註釋

〔車店〕南城外多車店，然往山東、直隸、山西、陝西、河南等處者多；北城外，則往口外者多；東城外，則往關東者多。雇車必宜在店中，蓋車夫之良否，車店給吾以票，終保其送吾至彼也。若自與車夫議價，則車店弗管矣，萬一有誤，則無可追究矣。

第十六章　宿店規矩

（要）　腰骸・　　遙遠・　咬一口・　討要・

俗語說："人是地裡仙，十天不見走一千。"眞是今兒在這兒，明兒不定在那兒。　左右不過在店裏住罷了。　住店有甚麼規矩？　走過旱路的，都知道，本來在車馬上一天，渾身是乏透了，腰骸是酸疼的，盼到店比盼家還覺好啊似的。一進了門，有打雜兒的給拉着車進去。你下了車，到了上房裏，叫他打洗臉水、漱口水，他必拿茶壺來，你把自己帶着的茶葉擱上，叫他去沏。他必和你說閒話兒，問："您起那兒來呀？"或是說："路途遙遠，您覺乏不覺啊？"回來就問你喫甚麼飯。　我說甚麼呢？　你說："你們這兒有甚麼飯？有大米飯沒有？"　大米是甚麼？　就是白米。　啊。　他或是說有，或說現煮，或說沒米飯，就是餅麵，你可以斟酌要。　菜呢？　也先問他，叫他說甚麼甚麼菜，咱們揀可喫的要。比方你不愛喫那些個，可以教他現宰一隻雞叫他賣，可是叫他賣爛，別咬一口比石頭還硬。及至弄得了，喫完了，得給飯錢和店錢。　沒別的了？　小菜兒錢擱在鹹菜碟兒裏，茶水錢擱在茶碗裏。　啊。　還有早飯，每天進店喫飯餧牲口，那名爲打尖，不給店錢，不過跑堂的討要幾個小菜兒錢就是了，也給幾個茶水錢。　飯錢呢？　那是喫一樣兒算一樣兒，和晚飯一樣。　是了。

第十七章　野地住宿

（夜）。噎住。老··爺。野·地。半·夜。

俗語也有句話說："前不巴村兒，後不巴店兒。"那是怎麼講？　那是走到曠野荒郊，前無村後無店，左右沒一個人兒，就剩自己一個車，或是一幫車，或是一個人兒的意思。　那若是黑了，怎麼好？　那就得打野盤兒①。　怎麼爲打野盤兒？　在那兒車馬不動，一夜就爲打野盤兒，有一年我在南邊回來，走到河南道兒上，就打了一回野盤兒，可了不得。天是黑了，肚子是餓了，離店還有三十里，路又生，牲口也乏了，而且天又下起雨來了，萬萬的不能走了，把車卸了，餧上牲口，燈籠也點不着，沒影兒的大風，颳的氣都噎住了出不來。有個跟人說："老爺這野地裏，怎麼雨裏有火呀？"我在車上坐着，眞是火一團一團的，我們又怕路刧有賊，又盼有個人兒來纔好。　那有甚麼時候兒？　十二點多鐘了，我帶着一個子兒表②，劃了一根洋取燈兒③，瞧了瞧。　半夜三更，那兒能風裏雨裏有火呢？　敢則是鬼火兒，好害怕。後來天亮了纔走了。到了店，衣裳車都濕了，這是打野盤兒的苦處。　不說這個，您說那鬼火兒，不是鬼火，是朽骨的光氣，不知道的說是鬼火。　俗都那麼說，只好以訛傳訛罷。然而出外很難哪！

第十八章　水路買舟

（言）。喫·烟。·言語·。眼·睛。·河沿·兒。

我若是不愛走旱路，要雇一隻船坐，起水路裏走，這雇船怎麼雇？　那你若是到了水旱碼頭的地方兒，就有船行，他那兒管寫船。　怎麼爲寫船？　和北邊雇車一例，他寫一張船票，寫着從某處到某地方，船價若干等等這些話。　是了，彷彿一張合同似的。　不錯，若是雇小船兒，道兒又不遠，那不用費

---

① 打野盤兒：在戶外隨意露宿。
② 子兒表：小懷錶。
③ 洋取燈兒：火柴。

事，不用船行亦可。　怎麼着？　那是你裝作沒事人兒，嘴裏叼着一烟袋，在河邊兒上來回的走，就雇了。　嘴裏喫烟，怎麼就能雇船呢？　那是說，彷彿沒事兒的人似的，不是烟能雇，還得人言語呢！　怎麼言語法兒？　那回空①的小客船兒，在船頭上，倆眼睛都瞅着來往的人，必問您"要船哪？"或是"往那兒去呀？"你站在河沿兒上，就問他，上某處多少錢，彼此問答，講妥了，可有一樣兒要緊。　甚麼？　或是包飯，或是自己做。包飯是一天多少錢，喫船家的飯，自己做，是自己買米借他的鍋灶，先得說明白了。　那一樣兒好？　那都可以，包呢省事，做呢省錢。　是了。

第十九章　相見禮節

（益）作　揖　益處　○　易　經

若是我不論走到那一省，見了不認得的人，我怎麼稱呼？　北京多說"您"，外省多說"你老"，文墨人說"閣下"。　嘴裏說，身子手怎麼樣？　身子灣一灣，那爲蝦腰兒，手拱一拱，就得了。　見了認得的人呢？　那總是作揖，是通行的禮，然而這作揖是漢禮兒。　作揖是怎麼着？　倆手攔在一塊兒，舉起來，又往脚面上去，腰可是灣着，然後再直起來，就爲作揖。　旗禮兒呢？不作揖麼？　旗人見了，都是請安。　請安是怎麼着？　是把右邊一條腿兒，跪在地下。　不跪兩條腿兒麼？　那爲雙腿安，是很大的禮，在頂尊頂高的長輩前，也有請雙腿兒的。　還有甚麼？　不論旗漢，都有磕頭的禮，是雙腿跪下，把腦袋往地下一碰啊似的，爲磕頭，拜人是一跪三叩首。　叩首是甚麼？　就是磕頭的文話。到了拜神，是三跪九叩首，作小官兒見大官，外省也是磕頭，兵丁見本管官也是如此。但是新年壽日，大喜慶纔磕頭呢。　我也用不着給磕頭的人的地方兒，見了人作揖拱手，謙恭着點兒就完了。　好，滿招損，謙受益，謙恭自然得益處。　您說的這倆句"謙受益"的話，是《禮記》上的，是《詩經》上的？　也不是《禮記》《詩經》，也不是《易經》，大約是《書經》上的罷，我也忘了。　總是謙恭好，就結了。

---

① 回空：車、船等將貨物運到目的地以後，空着回去。

第二十章　小竊宜防

（音）聲音　　金·銀　　勾引·　用印·

那一天我到了前門外頭一個飯館子裏喫便飯。來着的時候兒，遇見一個很乾淨體面穿好衣裳的人和我拱手兒，我就和他一塊兒說了半天的話兒，他拿出一個鼻烟壺兒給我聞，說了半天閒話兒。他走了之後，我的一個表，一個烟袋荷包，都沒了。我和飯舘子人要，他們不管，都笑話我不小心不留神，我也沒法子，就走了。　那是你叫小掠①偷了去了。怎麼爲小掠呢？他也本來是一個賊，專在人群兒裏偷人的東西，他拿一把剪子或是刀子，把人的身上帶的荷包、表，都可以剪了去。並且叫你一滴聲音也聽不見，一點覺乎②也不覺乎，就是你懷裏揣着東西，不論金錢財寳，都可以取了去。所以這北京城，越熱鬧的地方兒，越得小心，見了越體面好衣裳的人，越得留神，魚龍混雜，尊貴人也有，別得罪他。就像你碰見的那個，也是好衣裳的，那可就是小掠，故意兒那麼打扮，比方他偷不着你，必要用話兒勾引你喫喝嫖賭，和鴉片烟，怎麼好怎麼好的事，必叫你上了他的套兒，纔算撩開手③。　官府不禁止他們麼？　滿街都有營城司坊的告示，寫得了告示，用印、紅筆標判了，貼在街上，嚴拿他們，也是難拿。　那麼總得各人小心了。　是那麼着。

第二十一章　繁華宜愼

（迎）應該　迎·接　沒影·兒　報·應

這北京城，到底甚麼地方兒熱鬧？　還是前門外頭，也說前三門。那前三門，就是正陽門和崇文門、宣武門，正陽門就是前門。　前門我倒常去喫飯喝酒，都便宜。　依我說，除去有給朋友賀喜送行和接風的這些事，可以上飯舘子請他喫飯，平常一個人兒，前門可以不必去。　我先問您，接風是甚麼？

---

① 小掠：扒手。
② 覺乎：感覺。
③ 撩開手：撒手，比喻罷休。

朋友纔到，應該迎接的，治酒迎賓，就爲接風。　啊，再問您，怎麼前門去不得？

那是繁華之地，除去請客或被人請，和買東西之外，竟爲走逛那地方，眞是得小心。一來花街柳巷多，二來喫喝穿戴的東西太多太廣，你見了眼饞，一定多花錢。不但你，就是外省人不論誰，若是到了這兒，沒有準主意，幾天的工夫兒，就能剩了一個赤條條的光人兒。我說的不是沒影兒的瞎話，都是有據有兌的。我一個朋友，從外省回來，帶着幾千銀子，在前門住了兩個來月，都花淨了不算，連衣裳褲子都賣沒了，抱着肩兒，成了老花子①了。人家看見了，都說他父母沒作好事，所以老天爺，都給他這樣的報應。本地人尚且如此，外鄉人更不得小心麼！　那一定是。

第二十二章　茶肆衆人

（約）約會。　〇　〇　音樂。

這京城地方很寬大，比方要尋找朋友談一談，寔在也難。住的地方兒，彼此相離的近，還好一點兒，若是離得遠，從西城走到東城，十幾里的，還不够走道兒的工夫兒呢！　有要緊的事，可以先期順便定規告訴，或是約會下定一個茶舘見，也可以。　茶舘是賣茶的地方兒了？　也賣茶，也賣便飯，所以喝茶的人，都是各有各事。一樣是沒事的閒人兒，清早上茶舘兒喝早茶兒，不爲甚麼，其餘或是買賣人，或是有官差的官人，或是有私事借錢還帳的人，或是路過此處，肚子餓了，隨意喫便飯兒，這些事。　那茶舘兒門口兒，也有好些棹子、板橙，有人穿着綠衣裳，還有大鼓大號筒擱在那兒，坐在那兒唱茶，是甚麼人？　那是鼓手，也叫樂人，俗叫吹鼓手。在那兒等着迎接嫁粧②的，名叫迎粧鼓手，是嫁娶的時候兒，男家打發了去的。所以他們預備音樂的傢伙，在那茶舘門口兒，等候着嫁粧來了，好吹打着引導着走。　沒別的喝茶的人了？　還有一宗拉縴的③。　甚麼叫拉縴？　或是買賣房產，租典房子，他們作中人，他們能知道某街某處誰家的房，要典要租，要買要賣，你我要租房，也可和他打

---

① 老花子：泛指乞丐，並不一定是年老的乞丐。
② 粧：底本作"妝"，據文義酌改。
③ 拉縴的：爲雙方牽引撮合的一種職業（或人）。

聽。　那狠便宜了。　是麼。

第二十三章　窮藉富活

（魚）．愚　．濁　　．魚　．鰕　　．風雨．　　預．備．

　　自來說，士農工商，各司其事，這本地我見有一宗窮苦的人，給人挑着挑子，還有背着包袱，有人跟着他，那是做甚麼的？　那名叫賣力氣的，你看那宗人，是愚濁的多不是麼，也有奸險的，得小心。　怎麼？　本來他們是見天在熱鬧街兒上，等着賣力氣，見有人拿着沉重東西，挑着重擔子，或是有人在市上買了猪肉、雞鴨、螃蟹魚鰕等類，或是乾菜果子甚麼的，他就說給您挑了去罷，拿了去罷，你就可以雇他給你挑，或是拿了去，也不很貴。那老寔人，不用說了，若是遇見一個奸詐的，你不緊跟着他，他就許①拿了跑了，你還不知道呢！所以得緊跟着他，你瞧見的大約是這一項人。　大概是罷。　他們一年到頭的，不論好天歹天，也不管風雨多大，都得在街頭兒上伺候着，預備人雇，就是大雪地裏，道路泥濘難走的時候見，也得出去等人。　看來這些人，沒有恒產，所以如此罷？　可不是！一者這個地方，地窄人稠；二來到底錢容易看不得，說錢緊，沒買賣。然而俗語說："大河有魚，小河有鰕。"還是錢多，所以能養活窮人，不然，若比方鄉下，能有這麼些苦人麼？

第二十四章　養贍貧人

（原）．冤　屈　　．原．來　　遠．近．　　願．意．

　　本來俗語說："走遍天下錢好，喫遍天下鹽好。"可見不論是誰，一天沒錢不行。世上人也有無才無能的，他發了財，有學問能幹的反倒受窮，真是冤屈死了人。　嗐，俗言說："萬般皆有命，半點不由人。"你命裏原來該窮，有本事，又能奈何？沒法子。然而國家待窮人，可寔在是有大恩典，沒有想不到的。　都是甚麼？　有年成荒旱、水災、蝗蟲、大雨下潦了的，隨時發銀子，截留漕米，放

---

①　許：也許，或許。

賑濟。那放賑的法子，有些樣兒，比方散放錢、散放粥飯、散放棉衣，或以工代賑，這都是有了水旱爲災的時候兒的事，平常也有待窮人的法子。　甚麼？　州城府縣的城外，都有棲流所，預備遠近的沒產業的飢民來住；養濟院，養活有殘疾的、孤苦的人；又有育嬰堂，乳養窮人不要的小孩兒。　不論旗民一樣麼？　旗人之中，凡鰥寡孤獨的，又都另有養贍錢粮，每人每月一兩五錢銀子，另外有米。　是了。　還有設立粥廠，每年冬天三四個月，直到明春，天天捨粥養活窮人，也有官的，也有善人公捐設立的，也捨棉衣棉袴，官私都有，所以窮人倒都願意冬天，彷彿有靠似的。　是了。

第二十五章　正音爲要

（月）子·曰　乾·噦　○　·年月·

　　說來說去，說到窮人身上了。　貧乃士之常，而且不論甚麼人，那"富貴"二字，一來不容易得，得了也未必能長，天天兒年年兒，銀子不離手，好喫好喝的不離口，寔在難哪！當初古人也說："安貧樂道。"並且發財，也得順理，你忘了上《論語》上，子曰"飯蔬食飲水，樂亦在其中"的話了嗎？　您別和我談文了，何苦招我噁心發乾噦①，我還是學一點兒俗話好。　你要學俗話，就得念學俗話的書。　甚麼書？　有一部《正音撮要》②的書，那裏頭俗語、官語都有，還有把四書譯成俗話的幾段兒。　甚麼人用的？　是廣東、福建各省的人用的，因爲他們本處土音、土話、土字眼兒，都沒有人懂，後來或是作官，或是出外爲商，或是教學，或是應酬朋友，不但京裏人不懂他的話，那兒的人都不大明白，所以有這個書，預備給他們念。　也得請人教罷？　到了那裏，就有那裏地方人可以教他們。比方他們在北京城住的年月兒久了，他們也會把"那裏"倆字改說"那兒"了，其寔"那裏"倆字是官話，處處人都懂，"那兒"二字是京城一帶的俗話。　領教領教。

---

①　乾噦：噁心欲嘔吐，但却吐不出東西。
②　《正音撮要》：清高靜亭著，刊行於道光年間（成書或爲嘉慶年間），此書將北京話作爲"正音""官話"，列舉了很多北京話詞彙及句子，以供外地人（尤其是廣東、福建等地）學習使用。

第二十六章　習話①宜勤

（雲）．頭　量　．雲彩．　　應允　　氣運．

　　我來到這兒這麼些日子了，我也請過人教我念書，到如今也還是不大十分會說這兒的口音，而且分音分聲好些個累贅，顧了記，忘了說，顧了說，忘了音，顧了音，忘了聲，打開書本兒，鬧得我頭暈眼花，心裏越急越不會。　您念的是甚麼書？　我念的是《自邇集》。　那一部書很好啊！分音的輕重，有出氣、無出氣，聲的上平、下平、上聲、去聲，而且他那漢字的字母，都聯成小話兒、單語兒、散語兒，你念完了麼？　《散語》②念完了，這現在念《續散語》③呢！昨兒、前兒這兩天沒得念，因為下連陰雨，天上黑雲彩太厚，所以我屋子裏黑，瞧不見，若不然，也就早念完了。　是麼。《續散語》之外有甚麼？　《談論篇》④一百章，念了麼？　那還沒念呢，本來教的先生，教我先念《談論篇》，我看話太多難念，故此我沒應允他。　那可是你自悞了，學話不得多念麼？應允他不應允他，與他何干呢？而且那個話條子，都是從滿洲話裏譯出來的，一章章的，一段段的，很好的意思。　有人說，話老一點兒。　雖然有一半個字兒不順的，可以改一改。然而話沒有甚麼老的，而且國家的氣運，一代比一代興盛，老年的話，都是如今的規矩，怎麼會不好呢！勸你快念罷。　可以可以。

第二十七章　分話別類

（有）．憂．愁　　香．油　　有．．無　　左．右．

　　古人說，"三更燈火五更雞。"也是讀書人自己憂愁，不能勤學，所以有引錐

---

① 話：分卷目錄中作"活"。
② 《散語》：指《語言自邇集·散語章》（31—73頁）。
③ 《續散語》：指《語言自邇集·續散語》（112—131頁）。
④ 《談論篇》：指《語言自邇集·談論篇》（132—214頁），《談論篇》在整部書中比較特殊，它是根據乾隆年間滿語教科書《清文指要》（1789年）所改編，雖已儘量修改，但仍有一些詞彙及句式與當時的北京話有一定出入，本章下文也提到："有人說，話老一點兒。雖然有一半個字兒不順的，可以改一改。"

刺股的、囊螢映雪的。我可雖然沒那麼大志氣，然而我念書，不但白天，晚上也必要念到二三更天，十二點鐘纔睡呢！費點油、蠟算甚麼？用功要緊。　是，很好，你點的蠟燈，是油燈？　是油燈。　是燈油，是香油？　都不是，是煤油。　煤油好亮。　您纔說燈油是甚麼？香油是甚麼？　燈油是菜子兒做的油，常人家兒點的，香油是芝蔴做的。　是了，人家兒不論貧富有無，都得點燈罷？不然怎麼分得出前後左右、東西南北呢？　所以說了，說正經的，你還是多讀書好。　我是一面讀書，一面也學着說這兒的話。　這兒的話有好幾樣兒，有文話，有官話，有俗話，有外話①，有匪話，有土音，有俗音，有變音，有鄉談，有文理，有比方，有本義，有俗言，有俗語，有成語，有格言，有直說，有歇後語，有直比方，有對面兒比方，有許多說不盡的，再要議論問答、打聽、考究、審斷、譏諷、笑談、誇獎、讚美，都要帶出神氣，或是手式，你那兒能一會兒就會呢？"世間無難事，只要有心人。"沒不行的。　那敢則好。

註　釋

〔文話〕言語之有文義者，如稱人曰閣下，久未見曰久違，自謙曰豈敢，誇人曰久仰，事成曰已有端倪，未成曰事敗矣，以此類推，皆莊重多文之詞曰文話。〔官話〕南北通行，人皆易明，如稱人曰老兄或吾兄，久未見曰許久未見，自謙曰不敢，誇人曰久聞大名，事成曰已有頭緒，未成曰所辦未成，以此類推，皆直捷明白之詞曰官話。〔俗語〕各以其地之宜順口而出者，如北京俗話稱人曰您，南方則曰儞老人家，或儞老；久未見曰這一程子沒見，南方多曰這一向沒有見面；自謙曰我不行，南方及他處或曰我不能辦，或曰那裡，或曰沒有沒有；誇人曰聞名聞名，南方及他處則曰未想到見着你老，或萬幸萬幸；事成則曰成了，南方及他處則曰慰貼了；未成則曰不行了，南方及他處，則曰沒弄慰貼。各隨其地土之自然，初未能強以彼易此，曰俗話。〔外話〕北京多外話，乃市井俚言，多輕薄不正之語，如稱人曰某子，某者以其姓而別之，如訥子、塔子、福子、恩子、玉子、松子，此皆旗人之姓也，漢人則曰二張、大李、小陳、老蘇，或張老大、李老二，或直曰"嘿"一字；久未見則曰六年沒見了；自謙則曰我不成；誇人則曰眞高，或有儞的；事成則曰整了；未成則曰裂了，或散了。以此等之人皆驕矜不遜之態，而言時搖首咂舌，非話之正，故曰外話。〔匪話〕市井不經之語，非正人君子之所宜言，如稱人曰漢子，漢子者乃婦之夫也，彼則稱人如是，近於戲謔矣，或小東西子，或兒子，或大朋友；久未見曰還那麼大兒；自謙則曰我出來的晚；誇人則曰高，或冒橛子高，或這一手兒高，或啊我沒起瞧儞；事成則曰湊上了；未成則曰吹了。

---

① 外話：街頭市井裏所說的粗言俗語。

語多戲謔不近人情,非言之正,故曰匪話。〔土音〕如色字本四惡切,土音讀時矮切,藥字本於惡切,土音讀於傲切;綠字本音絡,土音讀慮;白字本音駁,土音讀拜之下平之類。〔俗音〕如共總,俗音訛爲歸租巍;豈有此理四字,俗音爲秋此理,將豈有二字,直作秋字;八字,惟十八,二十八,至九十八,皆爲上平,而八歲則皆云下平,爲拔歲;七字則七歲等下平,讀其歲,而十七至九十七,皆上平等類。〔變音〕一字而變爲數聲,如不字,在不是、不必、不用、不到、不去、不在、不貴、不賤、不至於如此、不上那兒去,以上之不字,皆讀下平,蓋上一字爲不字,下一字係去聲也;若不能、不行、不平、不長、不當、不多、不愁、不難,下一字爲上平下平者,則上之不字,皆讀去聲;下一字若上聲者,上之不字,亦讀去聲,如不可、不敢、不肯、不走、不取、不美、不好、不打、不買、不想、不久、不滿、不苟且等類是也。一之一字有數變,如下字爲上下平者,則上之一字讀去聲,如一天、一心、一年、一門、一盤、一人、一身、一家、一升米、一斤肉之類是也;下字爲去聲者,則上之一字讀下平,如一個、一事、一去、一任、一案、一塊之類;下字係上聲,則上之一字亦係去聲,如一水、一轉、一眼、一手、一腿、一口、一斗米、一尺布之類是也。二去聲在一處相連者,則下一字讀上平,如快快兒的、慢慢兒的之類是也。二上聲在一處,則上一字多讀下平,如飲酒則爲銀酒,好歹則爲毫歹之類是也。〔鄉設〕各省皆有,乃本地土音土語,即如北京稱人爲您之類。〔文理〕直用輕書史册之語爲言,如謂人不可驕而宜謙,則曰滿招損謙受益;謂人不可太過,則曰日中則昃,月盈則虧;稱人則曰斗山望重,自謙則曰管見一斑;或如毋不敬,固所願也;一之已甚,其可再乎;可謂孝矣;多聞慎行;巧者勞,而智者憂;多多益善等類。每官話中,隨意可夾用一二句,務期上下文相合聯絡爲貴。〔比方〕如論人勢大恐有搖損,則曰樹大招風;謂老人龍鍾將死,則曰風裏燈之類。〔本義〕即比方之對面,直論其事,而無譬語也,如水能滅火,米可爲飯之類,係語似比方,而係直論水米之功,非借譬也。〔俗言〕里俗相傳之言,如"寧可信其有,不可信其無",又"將在謀而不在勇,兵在强而不在多"之類,皆自成爲一語,不能加減一字。〔俗語〕里俗之成語,論事說話,每夾一二句於其中,如"上不虧君,下不虧民",謂作事公平也;"飛不高,跌不重",謂名利不多强求,安我本分也;"手心膲膲,手背膲膲",言人須存恕道也;"胖子不是一口兒喫的",言富者積蓄,及學者之才能,皆非一日之功也。〔成語〕即俗語之有文義者,如"君子不與命爭,凡事三思,免致後悔""古往今來,男大當婚,女大須嫁""越不聰明越快活"之類。〔格言〕良箴也,如"守分安常""人棄我取""要好兒孫必讀書吃虧""人平不語,水平不流""不自欺"之類。〔直說〕直論也,如"和尚無兒孝子多""沒病死不了人"之類。〔歇後語〕此語每以二句爲率,上一句爲解,下一句爲主,然言者每只言上一句。其言甚多,姑錄一二。如"秃子當和尚——將就材料兒",謂截長補短,以所有者爲有也;如"秃子腦袋上的蝨子——明擺着",謂事之人所共見也之類。然此等語,多粗鄙,近於外語,不習亦可。〔直比方〕論事而引譬,如"樹大陰涼兒大",謂富則業廣,而事亦多也;"大筆寫大字,大人做大事",謂人之行爲不苟也;"喫遍天下鹽好,走遍天下錢好",謂財用宜民也。〔對面比方〕隱喻之詞,如"家雞打得團團轉,野雞打得繞天飛",謂繼母之不能服其前妻之子也;"大風吹倒梧桐樹,自有傍人話短長",謂公論在人也。○以上各種之言語,寔非一日之功所能習,亦非一日之功所能述,惟在學之者之善以擇之,勤以聽之，諺云："鐵打房梁磨繡鍼，工夫到了自然成。"其學話之謂乎。

第二十八章　聯話完結

（用）平·庸·。①　　　·容　易·。　　永·遠·。　　使·用·。

看起來，說說笑笑，談談論論，彷彿很不要緊的，極平庸很容易②的事，可是真難真費事的事。　誰說不是呢！　我從此要打算一面學話，一面知道字音字聲、話的分門別類、事情的輕重和風俗美惡，一舉三得，怎麼想個法子，可以就知道永遠不忘呢？　有法子，就把咱們這所談的，所寫的，《自選集》裏《平仄編》的四聲的聯話兒，一篇一篇的，訂成一本兒小書兒，沒事看看，也就可以隨便使用了。　怎麼這些日子談的寫的，不少了麼？　已經都完了，到了末末了兒了。　《平仄編》十六段兒都完了？　都完了。　謝謝您，真是勞動③您了！　豈敢！您原說的，是每天的咱們在這屋裏，寫一篇兒，念一點兒，談一談，學一學麼，不知不覺，已經六七個月了，《平仄編》都完了。雖然聯完了，可以給初學的看，他還將就着可以看，若論我的拙嘴笨舌，不懂世事，編出來的這樣兒的書，給學過話的眾位朋友們瞧，一定說，這樣平庸容易，永遠使用，恐怕沒用，還得另請高明人改正纔行呢！　太謙了，謝謝！

自選集平仄編
四聲聯珠卷之九終

---

① 庸：底本此字處於上平聲位置，聲調標注或有誤，照錄。
② 底本"容易"二字無兩點，據章首例詞加。
③ 勞動：勞累，多用於客氣語。

俗語註釋

第一卷註釋

阿[①] 是阿：是，然也。阿，語助辭。是阿，即然也哉之意[②]。　不大幾天兒：爲日無幾。　順嘴兒：由口隨意而言之謂。　怪難說的：怪，很也。如怪好、怪熱、怪愛之類。　一點兒：些須也。　說慣了：習以爲常也。　可有一層：可，但也，惟也。但有一節也。　那倒不然：倒，却也。　所以了：此處之所以，即不錯之意。

愛　話條子：編成之話也。　我可沒有工夫：可，則也。吾則無暇也。亮素：明也。　一塊兒：一處也。

安　假裝：佯爲也。　一盪：一次也，指遊行之一次言。　費話着的哪：費話，難言也。着的哪，語助辭。猶云難言也哉。　打聽：探聽也，偵也。　沒有準兒：無定也。　甚麼的：之類也。　咕噔：車聲也，此處指車之顛簸言。　發暈：頭昏也。　有趣兒：有味也。　好看着的哪：好看，美觀也。着的哪，見上。

昂　前程：路途之前程也，此處爲在官職之解，蓋在官人欲官之遠大，故官人以官職而言者，皆云前程二字。　差不多：幾似也。　別說：慢道也，慢云

---

① 每段註釋前的黑體字是指每章的代表字，具體見分卷目錄。例如"阿"字爲第一卷第一章的代表字，其後一段的註釋爲第一章第一卷中詞語的解釋，以此類推。

② 底本的註釋部分，被釋詞爲大字，後面的解釋部分爲小字豎排雙列，爲行文便利，均改作大字，被釋詞與解釋部分以冒號隔開。有的被釋詞在底本中有圓點標注，有的沒有，均照錄，下同。

也,姑且勿論也。　不行:無成也。　誰說:孰謂也。　一來:一則也,一者也。　二來:二則也,二者也。　別忙:勿忙也,又勿憂之意。

傲　不:否也。　叫作:名爲也。　也打夜作麽:也,亦也。　拆洗:毁舊衣再濯之,而重縫之使新也。　做夜活:凡婦女鍼黹之工,名爲做活。夜工,｜｜｜。　夜消兒:消此良夜之意,南方夜食曰宵夜,北京曰｜｜｜。　可有吃的:可有之可,作却字解。　熬夜:以水置釜中火煎之曰熬,久熬則水盡,一夜不眠,亦如煎水使盡然,以漸而直至天明也。　耍錢:賭博也。

乍　一研:每遇研也。　多大:其大幾何也。　一拃:布指爲度也。　乍見:初見也。　人家:他人也,彼也。　惱你:憾爾也。

茶　怎麽好:奈之何也。　竟貪頑兒:竟,只也,只喜嬉戲也。　可幹:何爲也。　比如:譬如也。　都別碰:皆勿動也。

窄　今兒:今日也。　怎麽會:如何能也。　甚麽叫齋戒:何爲齋戒也。　差不多:所差無幾也。　嗐:嘆詞也,嗚呼也。　纔帶呢:纔,始能也。　帶不着,帶得着:不能帶,及能帶也。　可是:則也。

柴　有拿字紙:拿,用也。　燒着了:燃之也。　罪過兒:罪也。　爺們:男人等也。　娘兒們:婦女等也。　樣册兒:女工繡花,多有先於紙上畫出各色花樣諸式,夾之以册,備於取樣者,爲｜｜｜。

斬　漆黑:黑也,如漆之黑也。凡形容顏色,如謂白曰雪白,紅曰鮮紅,綠曰碧綠,黃曰焦黃,藍曰瓦藍,紫曰麴紫之類,皆加一字於色。　說着頑兒:戲言也。　稱得起:足可稱爲也。

產　不錯,然也。　不是啊:豈非乎也。　好幾樣:其類甚多也。　瞧不出來:不能辨之也。　怕不行:怕,恐也。　撇了:棄之也。

章　那兒:何處也,又那讀去聲,則作彼處解。　恭喜:此向人賀喜之意。故凡問官,則曰｜｜何衙門;向商,則曰｜｜何處,此處只云｜｜,半語也。　還不錯:尚可爲也。　多心:疑怪也。　纔有喫的:始有食者也。　簡直的:直也。　渾身:周身也。

唱　門口兒:門前也。　認得:識之也。　新近:近日也。　捨不得:難割愛也,難舍之也。　沒法子:無策可施也,無術也。

兆　太陽剛冒嘴兒:謂日方始出也。太陽,日也。剛,方始也。冒,直上出也。

嘴，口端也。日初出一半，如口端之纔露一半然也。　睡不着：難成寐也。
　　呸：唾之也。　別說了：勿云也，不必多言也。　啐我：唾我也。　大清早起：猶云當此極早之清晨也。　別混說：勿胡言也。　倒是：語助辭。○敢則之意也。　早起：清晨也。　偏要說：定欲言也。偏之爲言定也，蓋他人止之，而我則一定欲如此也。　招呼：路遇相呼也。　可了不得：寔在難了其事也。　死鬼：亾人也。　明兒個：明日也。　找一找：尋也，試尋之也。　吉利話：吉詞也。　順當：平順也。

吵　熱鬧：鬧熱也。　吵嚷：喧嘩也。　報喜的人：亦隸役之類，有升遷官職，則群譁於門。　老鴰：烏鴉也。　對了：然也。

這　壞了官了：免官也。　可不是：寔是也，誠然之意。　笑話：嘲哂之也。敢則好：却甚美也。敢則二字如却原來之意。　眞：誠能也。　大造化：指福言，謂造物者，造其命中有此大福也。又沒造化三字，乃反此之言也。

車　起早：陸行也。　好走：路易行也，指路途中之險惡，及有無賊盜而言。破站：一日之途程，爲二日之行。　拉扯：牽連也。　照應：扶助也。　半道兒：半途也。

這　這兒那兒：此處彼處也。○那字去聲。　帶兒字的：帶，加也。　這塊兒：此一方也。　單指：獨指也。

眞　地動：地震也。　鄉親：同鄉里之人也。　可不是：誠然也。　趕着：速也，即刻也。　沒塌：未傾圮也。　街坊：鄰里也。　好些個：許多也。都想法：皆設策也。　當房子住：當，作爲也，以爲房而使之居也。　不理會：忽畧而未覺也。

臣　好好兒的：無故也。　叫誰參了：被何人所劾也。　那兒能好好兒的：何能無故也。　你別混噴怪：爾勿悞怪之也。　寔在難說了：誠然難言也。　　相干：關係也。　他白念了書了：白，枉自也，徒然也。　碰他的命運罷：碰，隨其所遇也。

正　一天兒開一天兒封：同日開同日封也。　可有一句話：惟有一言也。

成　怎麽這麽熱鬧：如何如此鬧熱也。　官稱兒：在官之所呼也。　難着的哪：難之甚也。

吉　前些年：前數年也。　反亂：叛亂也。　雞犬不留：屠城之慘甚也。　難

|奇|受：難爲情也。　別說了：勿再言也。
買東西：買物也。　不够：不敷用也。　照着：依也，仿也，依仿其例也。　奇怪了：異哉也。　也是那麼着：亦然也。　不大戴了：不常戴，不多戴也。
|家|材料兒：材也，指未成衣之紬緞布帛而言。　這一程子：此一向也，□者也。　賤些兒：微覺價低也。
|恰|街坊家：鄰家也。　鬧賊了：被竊也。　打那麼來的：從何而至也。　道兒：路途也。　晌①午：正午也。　丫頭：幼婢也。　掐花兒：摘花也。　影影綽綽：隱隱也。　張望：覷也。　踹道：探路也。　趕到晚上：薄暮也。　甚麼瞧不見呢：何物不可見乎。　拏住賊了沒有：捕得賊乎未。　算是好啊：尚爲善也。　本家兒：家主也。　打更的人：夜擊柝守夜之人也。　一嚷：即呼也。　怎麼樣：如何也。　堵着園門兒：圍其門也。　把賊：將賊也。　管得着：爲其所屬也。　留一點兒神：用心防之也。
|楷|整天的：每日也。　寫在個兒：寫成字形也。
|江|從運河這麼來的：自運河一帶而至也。　舒服得利害：身體暢快之甚也。
|槍|打號兒：口作呼號聲也。　挖窟窿盜洞：穴壁也。　黑下：夜晚也。
|交|嚼過兒：費用也。　總得：定欲也，必須也。　一五一十的：一一也。　手脚子大：奢也。　多咱：何日也，他日也。
|巧|擺渡：渡舟也。　裝不下：難以載也。　任憑你：任爾也。　搭：建也。　高粱桿兒：高粱之幹也。　好些根兒：許多根也。　顫微顫微的：物之顫動也。
|街|本地生人麼：生於此地也乎。　我倒是：我却是也。　尊大人：指其父言，乃稱之之辭。　民詞：民人之訟事也。　管的可多：管理的却多也。　打官司：涉訟也。　還得：尚須也。　所以說了：誠哉是言也之意。
|且|見天：每日也。　四兩半勷：支那之秤，以十六兩爲一勷，半勷爲八兩，四兩半勷，言其少也。　人人：人皆也。　便家：方便也。　胎裏紅：紈袴子弟也，即自生於世即富貴者。　姨奶奶，姨太太：妾之稱也。妾本稱姨，少

---

① 晌，正文作"晌"。

年爲奶奶,老年爲太太。又常人之妾爲姨奶奶,官之妾爲姨太太,其稱謂不一。　誰說不是呢:孰謂非乎。

見　兩遭:數次也。　羅漢:佛弟子已死者。　原先:昔日也。　施主:僧謂俗人之施錢於廟者,曰施主。　滿關:官兵領取俸餉曰關,滿關者十成也。　手頭兒:手中之意。　寬綽:富也。　手頭兒素:手內無餘資也。　寫佈施:世人入廟拜佛,僧家請助錢曰佈施,僧以冊請書名記其錢,曰寫佈施。　就窮了:窮,貧也,言貧之極也。就窮了,言即貧矣。

欠　一步倒不開:言事多滯澁之意,蓋日用拮据也,謂暫難順行而前也。　轉借:請乞借於人,而借於我。　倒過這一步去:以君之錢,爲我此一時之需之意。　一個大:一文錢也。　官項:公款項也,官用之銀也。　放帳:放債也。　張羅:籌畫也,舖張也,此謂代我各處籌之於人之意也。○他處張羅,亦作扶助解,代勞解。　別提:勿云也。　罷咧:口氣詞,而已也,此處言爾我而已,非比他人之泛泛也。　該欠:欠人之債曰該錢。故云該欠,言該當還人之意也。　別人:他人也。

知　當差使:在官從事之謂也。　該班:入值也,每日值宿若干人爲一班,若干班周值。　單子:凡人名物數寫於一紙,謂之單子。　歌兒:謠詞也。　怎麼說呢:作何解乎。　到底:畢竟也,究竟也。　快高升了罷:以祝人遷官之語。快,速急也。高升,上遷也。了罷,口氣詞,作矣乎之意解。　整年家:終年也。　還早着的呢:尚早也。

尺　不大不小:中也。　紅赤赤:言紅色之甚者曰紅赤赤,白之甚者曰白花花,綠曰綠森森,黑曰黑漆漆,黃曰黃塊塊之類。　書套:書套以布爲之。　秀士:士子也,俊秀入學校之謂也,可以考舉人,又名生員。　可是:却當也。　眼睛不行:目昏也,視茫茫也。

斤　素的:無花紋也。　材料:衣料之未成衣者。

親　娶媳婦兒:娶妻也。　娘家:婦之母家也。　兩日酒:三朝之筵也。　會親:親戚相聚晤也。　都給拜禮:俱賜拜見之禮物也。　是那麼着不是:是如此乎。　過起日子來了:從此度日矣。　累贅:贅瘤之意,言難矣之意。　公婆:翁姑也。　多着的呢:甚多矣哉。　狗嗄:犬吐也。

井　竟在家裏來着麼：竟，只也。只在家中而已乎，言未出門也。
輕　那是這麼着：此事是如此，請盡其說之意。　各人行雨：自己行雨。　不過是這麼着：却是如此，此發語辭，下文云云。　紅白事：婚姻嫁娶爲紅事，喪葬爲白事。
角　愁眉不展：蹙眉也。　也不能說得出口來：難以出諸口也。　一臺戲：優人演戲，則登臺演之，言人事如一場戲也。　外人：陌路人也，他人也。　倒是：口氣詞，豈能也。　看淡點兒：視世事勿過眞也。　早晚這兩天：此數日間也。　角色：戲場之諸般人也，一作脚色。
却　幾兒：幾時也，即何日之意。　前兩天：數日前也。　都好走：都，皆也。好走，謂風雨之阻，及賊盜之刦，無所可慮也，非指路途險言。　纔到：初至不久也。　當天：即日也。　一把：一柄也。　清官：廉吏也。
酒　昨兒晚上：昨夕也。　一會子：多時也。　月亮：月也。　後來：然後也。　院子：院落也，宇也。　黑上來了：漸黑了。　多半拉：大半也。　打法器：僧家之鐘鼓樂器曰法器。打者，擊也。　知會：以公文告之也。　算不出來：不能算出也。　書經胤征：見《書經》，古禮，日月有食，則伐鼓以救之，今亦然，故曰救護云。
秋　悶的慌：寂寞難堪也。　敞亮：地寬也，天空地闊之義。　自己各兒：己也。　打上些個糧食：穫多稼也。　官不差民不擾：官無索遍賦，民自相安於無事也。　快別那麼說：速勿爲是語也。　別的不別的：世事姑勿論也。　給得了：能與之也。　一個不凑手：設有錢力不足之時也。　白饒：徒然也。　比卯：收賦官照限點比人到也。　糗了：飯臭壞而水乾也。　抹糕：稠粥爲之糕也。
窘　南邊人：南省之人也，亦曰南方人。　很斯文：極文雅也。　搬家：遷居也。　一間：房之一室爲一間。　很闊：極富饒也。
窮　放出去的：除授者也。
桌　擺得下：能陳列也。　安在兩邊墻上：安者，置也。凡以物堅置於他物中，使不動搖曰安。
綽　耍大刀：舞大刀也。　武場：考試武技之場也。　看熱鬧的人：傍觀者也。　擠滿了：擁擠甚衆也。

畫　十四五兒的：十四十五日也。　　多噆：何日也。本云多早晚，音合訛爲多噆也。　　畫兒：繪圖也。　　砂子燈帶響鐘兒的：以紙爲燈，外有人物之形，中有紙囊，實以土砂、機動使砂轉則鐘鳴。　　白日裏：晝也。　　沒得細看：未能詳觀之也，未能熟視也。　　逛燈的人：遊燈之人也。　　好熱鬧：甚繁華哉之意。　　人山人海：言人衆多之意。　　可眞了不得：可眞者，寔在之意也。了不得者，危乎之意也。

抽　分得出貴賤來的：可以辨其貴賤也。　　衣裳上分：以其衣之形色而辨也。　　便衣兒：便服也。　　人群兒裏：稠人廣衆之中也。　　抽查：衆中取一曰抽。　　衣帽年：重衣飾之世也。　　瞧得起：尊重之也。　　笑話：哂笑之也。　　不對：不合禮也。　　認假不認眞：喜虛詐，不尚誠寔也。　　心田：心地也。

句　捐納：輸錢納粟，而國家償以官，曰捐納官。　　花錢：費用錢也。　　撈回去：水中取物曰撈，必急取始得，遲則物難撈之出水矣。此撈字，乃喻捐納得官之人，必皆急斂於民，以償其所失也。　　餘外：此外也。　　還要發財：尚欲富也。　　烟舘：群聚食鴉片之肆，最易藏奸宄也。　　賭局：博奕塲也。　　多弄錢：多取財也。　　怕鬼：人死之魂魄曰鬼，俗人嘗云人之魂來矣，多畏之，故云。　　俗論：世俗之談也。

取　拉替身兒：枉死之鬼，亦必令一人枉死，曰拉替身。　　抹脖子死的：刎頸而亡者。　　服毒死的：飲藥而亡者。　　碰死的：觸柱壁而亡者。　　燒死的：焚死者。　　跳在河道溝渠裏死的：投河及諸水中亡者。　　跳井死的：投井亡者。　　屈死鬼：枉死之鬼也，死於非命也。　　轉世托生：此佛氏之輪回之說也。　　半夜三更：夜半也，丙夜也。夜有五更，曰甲一更也，曰乙二更也，曰丙三更也，曰丁四更也，曰戊五更也。　　上街：入市也。　　空屋子：無人之室也。　　墳圈子：叢墓之所，俗以墓中多鬼，故畏之。　　底根兒：本來也，原本也，始也。

捐　令親：稱人之所親，加令字，如曰令尊，其父也；令堂，其母也；令兄，其兄也；令弟，其弟也；令郎，其子也；令愛，其女也。令姊、令妹，皆加令字，此處親字，指外戚言，如舅氏，姑姊妹之夫等，皆曰｜｜。　　前程：官階也，行途之程以喻官之升途也。　知縣班:知縣,邑令也。班,其等列也。　沒下過場:未經考試之人也,凡考試必入考塲,故云。　報効:以錢財報効於國也。　議叙:部議其報効之多寡,而叙用以官也。　官親:官之親戚曰｜｜。　掣肘:牽制其手,難辦事也。　舍親:自稱其所親,加舍字,然卑於己者,始用之,如舍弟、舍妹、舍姪,皆用舍。泛論其外戚,亦曰舍親。若子女及婿,皆不用舍字,曰小兒、小女、小婿,即稱妾亦曰小妾。尊於己者,則用家字,父曰家父,亦爲家嚴,或曰家君;母曰家母,亦曰家慈;伯曰家伯,伯之妻曰家伯母;叔曰家叔,叔之妻曰家叔母,兄嫂曰家兄家嫂,姊曰家姊。尊於己者,死後曰先,如先父、先叔之類。卑於己者,死後曰亡,如亡弟、亡兒之類。　家眷:眷屬也。

全　白問一問:試問之也。　因果應報:佛氏之言,謂人有因於前世,故有果於今生。報應者,天以吉凶報人之善惡者也。　帖兒:一紙字也,片楮也。

第二卷註釋

絕　養活:畜養也。　撅嘴兒:口唇向上也。　公驢配母馬:公者,牡也。母者,牝也。　不搭配:不配偶也。　撩蹶子:馬之後蹄蹶起傷人也。　奸猾:詭詐也。　倔喪:耿直之甚者。　倒自由:倒反覺之意。

缺　別提那匹馬了:勿再言彼一馬矣。提,言也。　參將:武三品官名。　了不得:危甚也。　前失:馬前蹄躓跌也。　掉下來了:墜下也,落下也。　慣騎馬慣跌跤:善乘馬者,常不免跌落也。凡人於其本類之工作,每多有錯誤過失者,皆爲慣騎馬慣跌跤。　你可說麼:吾亦云然也,孰謂不然也。　沒摔着那兒呀:曾不跌傷何處乎。　又叫賊:叫,被也。　扎了一槍:扎①,刺也。　保住命了:幸未傷命也,幸未死也。　可沒死:可,但是也。　瘸骸:跛足也。　部裏:兵部處也。　傷冊:軍營受傷,則書寫其傷於册,以達兵部。

君　娘娘:本婦人尊稱,南方之言也。亦稱女神,亦稱皇后,皆爲｜｜。　別

---

① 底本作"札",據被釋詞改。

的不別的：他且勿論。

群　我說呢：吾亦云然。　成群搭夥的：合衆也。

爵　輩輩兒爲官的：代代居官也。

却　多大歲數：年幾何也。　那倒不論：此事則不必論也。

主　全叫拿出去：叫，令也。叫字有二解，此處爲令也，亦有作被字解之處，如叫他打了。

出　總得：必須也。　和雞：和，及也。　賠出來呢：償之也。　都是那麼着：皆然也。　幾家兒：數家也。　宅子：房屋也。　很體面：極美也。　拾掇：修飾也。

抓　帶信：郵寄書信也。　從那麼帶：由何處也。　信行：專作郵寄之舖肆。　包送：給以錢若干，而保送也。　沒甚麼要緊：無關要害也。○非難也。　了不得：甚畏之也。　大約：大概也。　尖嘴縮腮：口尖而腮縮也。　雞爪子：雞距也。

欻　題起：題，一作提。○論到也。　老人們說了：父老相傳也。　老天爺：天公也。　閃：電也。　自然哪：然也。　不那麼說：不如此語也。

拽　遠是遠：遠則遠耳。　鬧着玩兒：兒戲也。　拿手拽泥：以手擲泥也。　跩啊跩的：鴨行之左右搖擺之態也。　船幫：船身也。　纜：舟之纜索也。

揣　扛粮：以肩荷粮袋也。　肩膀兒上：肩之上也。　灌一袖子灌一懷：米入袖入懷中也。　懷揣：懷中藏也。　瞧不出來：觀之不覺也。　泡：浸之也。

專　可也有一句俗語說：但亦有一諺云。　大夫個個兒：醫者人人也。　瘧子：瘧疾也。　瞧：此處之瞧字作治病解。

穿　歪打正着：言凡事不求其得而反得之意。　說着玩兒：戲言也。　這一程子：此一向也，邇來也。　好些兒了沒有：畧愈平否。　倒見好：尚覺好也。　串通一氣：通同舞弊也。　傳眞方兒賣假藥：其所言之藥方則固爲眞，其所賣之藥則假也。

壯　好幾輛關東大車：好，幾許之多也，言許多輛自關東之大車也。　山貨屋子：賣木石之肆也。　棚杆子舖：京師有巧工，以木杆豎立爲屋架，以蓆蓋之即是舖也。　齊齊截截：齊整也。　有多長：其長幾何。　東三省：吉林省、黑龍江省,及盛京省也。　箭桿子:矢身也。　不得用弓箭麼:不得者,豈不當也。

琳　拉弓射箭:習射也。　可了不得:危乎殆哉也。　差一點兒:幾乎也。沒叫箭把我射死:沒叫者,未被也。連上文差一點兒,沒叫箭把我射死者,言幾乎被流矢射死我也。言未被者,反言之也。　炕:土床也。　胡說白道:胡言亂語也。　跟前兒:面前也。　家雀兒:雀也。　沒甚麼勁兒:無多力也。　可也不是玩兒的:但亦非兒戲也。

追　一口氣不來:呼吸絕也。　任甚麼:不論何也。　扛起來:肩荷之也。扔:擲也。　狐狸甚麼的:狐狸等也。　揎的揎:逐者逐之也。　整天整夜:竟日夜也。

吹　不:否也。　常行人家兒:常人也。　但是也得:然亦當也。　看地方兒來:視地勢而爲之。

准　轉眼:瞬息也。　作官:爲官也,居官也。　哼:畧諾之詞。　是呀:然之詞。　由着自己的性兒:任其自便也。

春　都是徃上長不是:非皆向上生長乎。　所以人也是那麼着:故人亦如是也。　起頭兒:始也。　末了兒:末也,終也。　繁缺簡缺:官之定額曰缺,人衆處曰繁,少曰簡,繁簡其缺之名。　那兒能一樣呢:何能一例乎。

中　題到:論至也。　錢糧:指賦言。　命案:有關人命之事也。　仵作:驗屍傷之隸役也。　死了的算命案不是:算者,以爲也。言死者被人所殺,即爲命案也乎。

充　收生婆:將生嬰孩之時,侍產母之老媼也。　誰說不是呢:吾亦云然也。車驚:駕車之馬驚逸也。　鐵銃子:火槍之小者。　沒想到:不料也,出於意外也。

擣　可不是:諾詞,然之之意。　馬扯手:韁也。　栽了那兒了沒有:栽跌也,言跌傷其身之何處乎。　給擢了:被擢也。　一半天:頃刻也,爲時無幾也。　算是:大概也。

額　第二段兒:第二節也。　想着方法兒:設策也。　也給擢折了:亦被擢折也。　軟鐵:精煉之鐵也。　演一演:試練習之也。　大人:上官之稱。

俗語註釋　417

營汛：武官及兵，每營有所分佈者曰汛。　　庫裏頭：庫內也，藏兵器之屋曰庫。

恩　挑兵：選兵也。　　巡閱營伍：指欽差巡閱營伍者之來而言。　　就算是：亦爲也。　　那算是：却是也。　　可了不得：甚危也，寔危甚也。　　打他的腿：杖責其股也。

哼　錯了：有過失也。　　褂子：禮服之外衣也。　　摘了帽子：脫帽也。　　那不打死了麽：豈不責之死乎，立斃杖下之意。　　嘴裏哼啊哼的：口內呻吟之聲。　　了不得：殆哉。　　可怕極了：甚可畏也。

兒　誰說好作呢：孰爲易爲乎。　　挨打：受責也，受刑杖也。　　這半天：多時之意。

法　這又該說第三段了：此後則當論第三節矣。　　咱們又得說一點兒甚麼呢：爾我又當畧論何事也耶。　　琺藍：以銅爲質，鑄瓶罉①等物，而炙以藍色者曰琺藍器。　　俗人：世之常人也。

反　兩門：二氏也。　　還俗：僧人蓄髮同俗。　　喫素：不食肉也。　　瘋：癲也。　　想法子喫飯就是了：設策謀食而已。

方　可惜了兒的：惜哉也。　　好好兒的：無故也。　　奶地出家：奶乳也，言食乳之時出家也。

非　叫起他們來：呼之使衆醒而出也。　　對了：相符也。　　不對：不符也。　　掌櫃的：主舖者也。　　黑更半夜：黑夜也。　　沒事還找事呢：無事尚欲生事也。

分　一輩兒一輩兒的：代代也。　　一塊兒：一處也。　　說笨了：不善詞令也。　　穴：窀穸也。　　有職分：居官之人也。

風　石頭砌一個墳頭兒的：以石封墓頂者。　　可也有土的：但亦有土者。　　老爺子：老翁也。　　老太太：老婦人之稱也。　　上上下下：兼主僕而言也。　　好幾十個人：好，許多之意。　　叫好些裁縫：叫，呼令也。好些，許多也。裁縫，成衣工也。　　趕孝衣：趕，急爲之也，孝衣，喪家子孫之白服也。　　你別着急：爾勿自取煩惱之意。　　靈牌兒：父母死後，以木爲主，而祀之

---

① 罉：樽。據《玉篇·缶部二百四十三》：“罉，與樽同。”

也。　話頭：言語之所接續上下文者也。

佛　人活着：人生在世也。　這一口氣：此一呼吸也。　這麼看起來：如此觀之。　迎門兒：堂前也。　都是盼着：皆盼望也。　那可誠然：斯言誠然也。

否　這麼說起來：如此觀之。　哄人：欺人也。　眞是那麼着：誠哉是言也。　搭天橋破地獄：佛氏之事也。　你怎麼說着說着：爾爲何現言現語之際也。　又撰起文來了呢：又作文語耶。　闊人：富人也。　別打哈哈：勿作戲謔言。　紅事：嫁娶之事也。　白事：喪葬之事也。　打執事的人：執儀仗者，紅白事俱用之。　賣力氣的窮人：自食其力之貧人也。

夫　知道說娶媳婦兒的：吾固知之，然此處名之，曰娶媳婦兒的。　還走得開麼：豈能足容多人之行乎。　拉幌繩：儀杖之纛傘甚高大，故系以繩，一人舉之，二人牽之。

哈　難爲你：慰人受勞苦之言。　混說白道瞎謅胡咧的：混說白道，亂言妄語也。瞎謅胡咧，作杜撰解。　別竟瞧哈哈笑：勿作壁上觀，勿作旁觀晒也。　氣死人不償命：此成諺也，言令人怒死，而使致怒死者，不干已事也。　蝦蟆墊棹①腿兒，乾臆肚兒：此一句爲歇後語，皆以上一句解下一句。此蝦蟆一句，即作乾臆肚兒之注解也。蓋乾臆肚者，乃蝦蟆被壓於棹足之下，徒自怒而身不由己也，喻人之敢怒而不敢言之意。蝦蟆怒則脹其腹，臆即脹也。棹腿，案之足也。乾者，徒然也。　了不得：甚矣哉也。　這個數貧嘴：乞人中，有以數百十字爲一句，作歌以乞錢者，俗謂之數貧嘴。　誰攔着你哪：孰阻爾乎。　哈吧狗兒掀簾子，嘴兒挑着：此亦歇後語也。哈吧狗，小犬也。以口啓簾而入戶，喻人口侫也。　哈什馬：關樂所產大蝦蟆。

害　有甚麼錯的地方兒：有何錯處。　竟管言語：盡言之。　小末因由兒：末節也。　萬沒法子：萬分無術也。　好說好說：言重之意，言君之言，寔爲過謙，吾不敢當也。　字眼兒：字樣也。　不露馬脚：有以竹爲馬，而圍以布，前後作馬首尾形，布中有人行，若馬走者，而風吹布起，則露人脚矣，此

---

① 棹：正文作"桌"。

喻不露痕跡之意。　得虧：幸而也。　根生土長的孩子：生於本地者。
走南闖北：東西南北人也。　世面：世事也。人之多見多聞者，俗曰見世
面。　利害：危甚也。

寒　雖是難到，不是麼：不是麼三字，猶如焉字解，言雖謂難到焉，此口氣詞也。
　終久：究竟也，畢竟也。　碼頭：口岸也。　好容易：猶云好不容易也，
即非易也。　攏了岸：傍近岸而泊也。　那風直颳了五天五夜：其風竟五
晝夜不息。

硶　愛坐船愛坐車：愛，喜也。　舒心：心安無事也。　跕着的房子躺着的地：
言立之者房也，臥之者地也，言產業多也。　住不了的房子：房多而有餘，
不勝其住也。　月間喫租子：每月得房租之錢以養生也。　敢則是：原來
是也。　舒服：心閑也，心閑而自足也。　喫不了：食用而有餘也。　喫
瓦片兒：即吃房租錢之俚語也。　過日子：度日也。　累得慌：不堪其勞
也。　出外：遠行爲客也。

好　那可多了：若計之則多矣。　扁方兒：橫簪也。　辯嘴：口角分爭也。
黑　敢則是那麼着：誠然如此。　養活家小兒：畜其妻子也。　可說得就是
哪：吾亦云然。
很　不在乎：非所關乎也。　在乎：有所關也。　錫鑞：單謂錫也。
恒　娘兒們：婦女也。　心眼兒窄：量度窄也，淺見也，識短也。　這眞算是孝
女了：此寔爲之孝女矣。　可了不得：寔乃危甚也。
河　上司：上官也。　牌坊：以石爲坊。　過門：于歸也。　跟了去：言隨夫
死也。　趕着過去：急適夫家也。
後　上了歲數兒：年齒加長也。　喘不過氣兒來：氣促喘難轉也。　身子結
寔：身健也。
戶　都是誰管這個事：皆爲孰司其事。　涮一涮：滌也。　續點兒開水：畧加
熱水也。　一邊兒喝一邊兒說：且飲且談也。　他是這麼着：此發語辭，
爲其故却是如此之意。　鄉約保正總甲：皆於鄉村爲首長者之名目也。
　這是一：此一也。　都願意：皆願也。　龍虎榜：中式舉士標名姓之榜，

曰龍虎榜。　幫輳①：幫助也，湊也。　盤川：盤費也。　好大家體面：衆皆得有榮耀也。

花　好些個老頭兒：許我老者。　可也關係着：可也，但亦也。　你說那個：君言及此。　洋扣綢兒：洋綢、扣綢，皆綢屬。　逛青兒：踏青之遊也。　河沿兒上：河岸也，沿河也。　滑了一個觔斗：路滑跌一跤也。　弄了一身的黃泥：弄者，以致之之意。　話敗人：以言遭踢人也。　鄉老瓜子：腦瓜子，謂頭也，此言鄉愚之嘴臉也。　白帽盔兒：鄉人之煖帽，多用白毡，故云。　不隨合兒了：非同類也。　作苦活：苦生計也。　直率：耿直也。　沒心眼兒：直而無忌也。

壞　種莊稼：種田圃也。　麵：麥粉也。　別省：他省也。　交租子：租子，賦也。

換　荒年：饑歲也。　年成：年之收穫也。　所用不着：一切不成用也。　青黃不接：謂舊穀已沒，新麥未收，正二三月之時也。　大口小口：老幼也，大人孩童也。　一晃兒：轉瞬也。

回　跟官的：官之僕也。　營運兒：生計也。　負苦：自食其力之貧人也。　哄弄：欺哄也。　到他的腰裏：入其私囊也。　弄百姓的錢：設法取斂民財也。　過後半輩兒的日子去呢：爲度下半世之計也。

混　呈子禀帖：皆以下與上白事之文也。　看着不要緊：人視之雖微。　這是一樣兒：此爲一節。　長隨：常侍本官之人。　作弊：舞弊也。　大約也許有：間或有之也。　下水船：下流之船，言速也。

紅　一塊兒：一處也。　可也眞是那麼着：則亦誠然如是焉。　銅胎：胎，質也。　打得了：爲就也。打之爲言鑄也。　一打磨：加以琢磨也。　謠言：造謠以惑人也。

火　剗口子：缺口之處也。　可大可小：或大或小皆可。　不好帶：不易攜之也。　很大的勁兒：極大之力也。　沒死活的砸：砸，擊也。言極力擊之之意。　一拉風箱：風箱，鐵工扇火之物。一拉風箱，言鼓動風箱也。　火着了：火燒着也。　打成條兒：鑄爲條也。　這半天：爲時可有半日

---

① 輳：正文作"湊"。

也。　算是聯完了:準爲聯絡畢矣。

第三卷註釋

西　也眞該歇歇兒了:亦誠當稍憩矣。　嗓子:喉也。　顫微:聲弱無力也。我和您要着吃:吾將向君索食也。　實落:誠篤無虛也。　鬧虛:盡作客套也。　裝假:亦客套之意。　大客:貴客也。　不飽不歇筷兒:未飽不止箸也。　好麼:言君能果然則吾幸甚也。　也得有點兒局面:亦當畧有客氣纔見禮貌,不可過於疎忽也。　眞相好:誠爲知己之友也。　可是這城裏請客:可是,然則也。　還是在那兒:還是,抑或也。　外頭:言街市也,指酒肆言。　一應俱全:一切皆全有也。

夏　請人吃飯:宴賓也。　除去飯莊子之外:舍飯莊子之外。　多着的了:甚多也。　門口兒:門前也。　南北碗菜:菜分南北之欵式也。　十錦餃子:各色之餃子也。餃子,點食名,以面爲之。　應時小賣:按四時各式小碗、小碟之菜也。小賣者,對上碗菜而言。　美味餛飩:餛飩,湯點心也。你又不是瞎子:言爾並非瞽目者。　你大睜着倆眼兒:爾雙目烱烱然也。我的請兒:言我爲主人也。

向　眞個的:發語辭,然則之意。　多喒:幾時也,他日也。　東兒:東道主也。沒工夫:無暇也。　搬着屁股作嘴,不知香臭:以臀爲口,不識香臭之人。喻人之糊塗極也。　叫你還席呢:令爾亦宴吾乎。　我怕是您要下食:吾恐爾欲下食也。下食者,網鳥之人,先設餌以誘鳥,鳥食之則網張,而鳥被捕矣。喻宴客者,將有求於客也。　好心當作驢肝肺了:市有鬻畜臟腑者,蓋賤者之食也,猪羊者爲貴,驢者次之,而又人多惡之,故有此語,喻人不以我之美意爲美也。　我偏要請你:偏要,定欲也。　不懂交情:不明交友之道也。　撂開手:撂放去手也。凡事置而不問,或始辦而終置之,皆曰撂開手,此處作與友絶交解。　也別掛火:也別,亦勿也。掛火,動生怒也。羞怒也,自慚而怒也。　俏皮話兒:作妙語嘲人也。　別管誰請誰:無論何人請何人也。　公道處:小酒肆也。飲者先給錢,後飲酒,故云。　這一陣兒:斯際也。　有是那兒都有:言有則無處不有也。　辦過那個方向兒來了：爾悟明其地之東西南北何向乎。　辨過點兒來了：畧明悟焉。

小　南席：南方之席也，多以清淡爲味。　四鮮：四水果也，如桃杏梨藕之類，各以時而設，然必以四，故曰四鮮。下四同。　四乾：如瓜子松子杏仁核桃落花生龍眼栗之類。　四蜜：以蜜所釀之果，如蜜瓜蜜棗之類，皆爲蜜果。　四冷暈：四樣涼腥也，如涼雞肉脯鹹魚乾蝦之類。　四熱小碗兒：熱葷之小品也。以上皆必以四爲度。　四點心：皆以面爲之。　海味：如魚之翅、燕之巢，及一切海中之魚物可食者。　學徒：各舖肆之習藝者，皆曰學徒。　打算盤：尚儉也，從省也。　背地裏：暗中也，言退而後言也。

些　無盡無休：無涯盡也，言無所底止也。　強些兒：差勝也。　攢盒：盒形圓，諸小盤聚於盒中，曰攢盒。　擱菜：置菜也。　克食：此二字，滿洲語也，譯漢語爲恩典，言皇上恩賜食也。

先　金晃晃的：金色輝煌也。　哎呀那巧了是：哎呀，開口詞。測度之前，每有此語，如云噫之意。那巧了是一句，作彼蓋爲之三字解。　我說不上來：我不能名之也。　哈喇：凡油物之味敗難咽者，曰｜｜。無油者或曰臭，或曰餿，亦各皆敗味之意，而不言｜｜也。

心　藤蘿餅玫瑰餅：皆以其花，加糖爲之。　五毒兒餑餑：俗以端陽日爲毒日，言世有五毒，乃蠍子、蠍虎子、蛇、蝦蟆、蜈蚣也，俱能傷害人，而以蠍爲最大，須以五月五日，以藥制之。又俚俗訛傳有五毒爲妖，作人形以惑人，道教張天師以符鎮之，故今端陽日，尚有以黃紙硃書一符貼於門者。又五月五日，凡婦女花飾及食物，多有繪五毒蟲之形者，故曰五毒兒餑餑云。　我尋一兩個嚐嚐：尋者，告乞也。言我乞一二枚，試嚐其味也。

姓　可我沒告訴你麽：可，然則也，言然則吾未嘗明告爾乎。　同仁堂：藥肆名，在正陽門外大柵欄，京師有名之熟藥舖也。　兩頭見星宿的走：言雞鳴而行，日入猶行之意。　那麽早走那早晚兒下店：言如此之早，如此之晚始宿也。

學　題名道姓：言明其人之姓名也。　沒有不透風的墻：言墻壁雖厚，風必能過，喻事之難於不令人知之意。　鐵褲子放屁，三年還要臭出來：言以鐵爲袴,雖三年之久,臭味猶出,喻惡事之久,終必露泄也。　舌頭底下壓死人:言以舌之微小,能壓人死也,喻有人之被毀被讒而死也。　老江湖:謂人之老練也,一生游于四方,諸事歷練也。　軟的欺硬的怕:欺善怕惡也。　敬光棍怕財主:光棍,匪徒也。財主,富人也。言匪徒之惡,則畏而敬之,富人之強則恐而懼之也。　嘴甜心苦:言甘而心惡也。　上頭說話腳底下使絆子:外言甘而內心險,明和暗害,有如以阱陷人者也。絆子,絆馬足之索。　快別那麼說:快爲禁令速止之詞。早勿作此語也。

修　好俊:甚美也,又美哉也。　拾掇拾掇:修理之也。　掏:探取也。　連糊棚:連,並也。棚,項棡也。糊,以紙飾之也。　多花:浪費也,多用也。　就算得了:即爲可止也。　收拾:修理也。　白收拾了:枉自修也。　作領袖:爲首也。衣之領,衣之袖,皆其所總括之要處也,故云。

兄　不到一處一處迷:此系俗諺,言有一地未至,即有一地未知也。　另外再單租:單,獨也。　攢:逐也。　東西兩廟:東城有隆福寺,西城有護國寺,二廟各有定日,百貨雲集成市,俗曰東西兩廟。　擺攤子:列貨於地,以爲市者。　死地方兒:一定之處也。　地方兒錢:地之租價也。

須　都是那麼着:皆然也。　那也必須給管街道的人手裏說明白了:其亦當向司街市人處言明可也。

喧　放編砲:編礮,見註釋。祭神開市多用之。　辯嘴:口角爭論也。　怪道:無怪乎也。

雪　沒准主意:無定見也。

巡①

衣　單在公服上看:單,獨也。　可是有好大的分別呢:艮亦有所分別之甚者焉。

染　這更是笑話兒了:此又誠爲戲言矣。

嚷　嚷嚷:吵鬧之意,即喧嘩也。　我打聽了打聽:吾一詢之也。　大老爺:一二三品稱大人,四五品稱大老爺,以下稱老爺。又大老爺,爲官之總稱。　金表:表者,時辰表也,俗省去時辰,只曰表。金表,金爲之者也。　表

---

① 底本如此,後無註釋之詞語。

売子：表之外皮也。　瓢子：瓢子本瓜腸之名，今借爲表內之稱。　打架：爭鬥也。　瘋跑：急行曰跑。瘋跑，言若瘋顛然。　稱職：人與其官品相合也。

繞　墜脚兒：凡串珠之末端所綴之石，曰墜脚兒。　燒料：玻璃琉璃等物，皆以火煉成，故曰燒料。　一掛：物之以線穿，而可掛帶者，曰一掛。　不用說別的：他姑無庸論及也。　一大堆：言物之多也，此言多銀也。　可不是：孰謂不然。　也得小心：亦宜戒愼也。　一個不小心：苟或一失愼之意。　繞住了：纏繞不移也。　一使勁：一用力也。　你可就：爾亦即便之意。　砸了：器之磁玉瓦等之質者，落地擊碎曰砸。

熱　有好幾樣兒：有多式也。　我說不上來：吾難以言語形容之也。　我畫給你瞧罷：吾爲繪形，與汝觀之。　就是這麼個樣兒：即如此圖式也。　你瞧見了：言爾見此所繪之圖乎，口氣詞也。　那我倒看見過：其式吾却嘗已見之也。　可是甚麼人：但是何人。　那是這麼着：其故却是如此。　定規：作主之意。

人　這纔能：如此始能也。　貪贓：喜苞苴也。　壓糧冒餉：兵丁有死亡，虛懸其額，而不補人，以其餉銀，自入私囊，曰壓糧冒餉，此武官之弊也。　上司：上官也。　來告：來訴也。　糸辦：劾之也。　官官相護：官與官互暗助也。　了他的責任：盡其職也。

扔　念書的：習文者。　拉弓的：習射者。　道兒：途也。　扔棄了：擲棄之者。　抄家產入官的：籍沒其家私也。　好好兒的：平白無故也。　巧了：大約也，此處亦作甚至解。　打不成米連口袋都丟了：兵丁赴倉領取米糧，曰打米。口袋，囊橐也，執口袋以往，米未得於手，而反失其口袋也，喻失官又得罪也。　毛病：弊也。　要了命的：致身死亡者。　還有呢：亦有之。　一看好害怕：見而生畏也。

日　說了半天：以上所論者之意。　百姓：黎民也。　告狀：涉訟也。　這個法子好：此計甚善。

若　耍籐牌甚麼的麼：耍，舞也。籐牌①，盾之類。甚麼的，猶云等類也。　會

---

① 底本作"牌"，據被釋詞及東京博文館藏本29頁改。

寫的麼：能書者乎。　是這麼着：發語辭，其故則有說焉。　文才：學問也。　有一點兒：畧有也。　升官的道兒快：升途速也。

肉　我可還要問您一件事：吾則尚欲有一事請問於君。　愛上那個衙門：喜上何衙門也。　揉的一聲：形容聲音之詞，此指物之忽然疾過之聲。　也是得：亦當也。　門裏出身：世傳也。　骨肉子弟：族中人之意。

如　也都是辦些個甚麼呢：也都是，亦皆也。辦些個甚麼呢：言其所辦者，亦皆爲何事也乎。　現在不題：茲姑勿論也。　單說：只言也。　您細細兒的說一說：君請詳示之。　比方：譬如也，此指假如某某之意。　如貼：如意妥貼之意。　傻：癡也。　強入：強與硬入之意。　順着腦袋流汗：其顙有泚也。

軟　可是還有一樣兒：但尚有一事也。　哼：畧諾之口氣。　等一等兒：君暫勿言也。　起頭兒：始也。　辦法：辦事規則也。　變價：官賣易錢也。　都得：皆當也。

瑞　怎麼沒有呢：焉能爲無乎。　這麼看起來：如斯觀之。　敢則是不少：寔多也，誠爲不少也。　粗糙：粗鹵也。　他能寫一筆好字：彼筆下，儘可善書，且字佳也。　雖是那麼說：言雖如此。

潤　看事作事：相機而動也。

榮　說下就下：下，指雨也。說下就下，謂天欲雨即雨也。　要晴一會兒就晴：言天欲晴立刻即晴也。　笨：遲鈍也。　光着脚：赤足也。　滾熱：極熱也。滾字本有滾水之說，即沸騰之意。　地方官也那麼着麼：言司土者亦如此乎。　關：閉門也。　說甚麼呢：尚有何可言者乎。

嘎　倆巴掌拍不到一塊兒叫你嘎嘎的笑：人大笑則必鼓其掌，此言雙掌鼓不合，蓋謂絕倒之極，竟令雙手難以擊於一處也，嘎々，大笑聲。　可就求雨去了：即往祈雨也。　那也是該當的呀：此亦當然者也。　你聽着罷：爾試聽之。　刁生劣監：刁惡之秀才，惡劣之監生。　踢球：以泥石爲丸，而足蹴之以角勝負。　打嘎兒：以木爲棗核形，復以一長杵擊之，以博勝負。
　　嘎雜子：此罵人語也，人之扭性，古怪異常，不近人情者，以此罵之，但其何義未詳。一說，嘎雜與各自音聲相近，故謂其偏於一己不聽人者，爲｜｜｜云。　不說這個怎麼樣罷：此事姑勿論，其故畢竟如何也。　就硬把：即强將也。　都給脫了：俱爲去之。　日頭地裏：日中也。　圍着廟轉：廟外圍繞也。　他怎麼樣呢：彼如何也。　肚子裏咕嚕咕嚕的：腹中作鳴也。　雞嘎嘎蛋兒：雞下卵亂叫之聲。　到了黑了：至薄暮之時也。

卡　犯禁：違禁令也。　犯私：私即私貨也。

改　各有各的地方兒：各有其地也。　等一等兒我就告訴你：爾少待，吾即明以語爾矣。

開　您倒得把外官衙門的樣兒都告訴我：君但須將外官衙署之式，皆以語我可也。　我就見了世面了：吾亦開眼界矣。　攢着太陽很蔭：遮日成蔭太甚也。　拾掇：修理也。　然而幾天兒：然而五日京兆之意，謂爲日無幾也。　扔下一走兒呢：委而去之也。　對了：然也。

甘　甚麼日子：何日也。　後頭：後面也。　一天到晚：終日也。　幾次吹打：幾次，數次也。吹打，作樂也。言吹管打鼓之意。　放亮礮：各省有官之處，每日黎明必響一礮，曰亮礮。放，施也。　七下兒：七聲也，擊七聲也。　外頭：外面也。　用印甚麼的：用印，官文蓋印也。甚麼的，一切也。　黑下：薄暮以後也。　三通：三次也。　看着樂：傍觀爲樂。　整天：竟日也，終日也。　整夜：終夜也。　不好管：難治也。　本事：才幹也，能事也。　眞是那麼着：誠然如此。

看　都得顧大體：皆須留心保全大局也。　舒服：平安也。　能耐：能爲也。　掙下的：勤以所得者。　拿命換了來的：以性命所易者。　好好兒的看守着：善爲守之也。　從小兒：自幼也。　五品官兒在頭上：言五品頂戴在其首也。　一輩子：終身也。　輕輕兒的扔了：謂易於擲之也。　叫別的子姪襲了：被其族中分支弟兒之子承襲也。　他也在家裏閒①着抱孩子呢：彼亦在家無事，抱兒而已，此誚語也，誚人之無所事之事也。　眞是可惜：誠爲可惜也。　新近：近日也。　就是那兒罷：即彼處乎。　就是那兒：即彼處也。

剛　剛纔：適間也，頃者也，適也。　所說過的：其已告言者也。　您都暫且算明白了罷：君總姑且自爲已明之者可也。　檢您知道的：選君之所知者。

---

① 閒：底本作"間"，據正文酌改。

可以不可以：可不可乎。　怎麼不可以：何爲不可。　可就無法了：即無術矣。　也有法子：亦可以有術也。　不混說：不妄言也。　打聽：訪詢了。　等我想一想：容吾思之也。　先說吃的裏頭要緊的罷：先言食物中之要者可也。　作苦活：傭工苦力之人。　擡槓：舁死人者。　打執事：執儀仗者。

炕　頭行兒：爲事務之首要者。　怎麼個樣兒：其形若何。　熬粥：炊粥也。貼餅子：以麵團爲餅而以釜烙之，曰貼。　老頭兒：老者也。　還結實呢：身尚健矣。　高粱不是聽說可以造酒麼：高粱，則吾曾聞，可用以造酒者非乎。　火炕：以土爲床，穴其中，以火通之，曰火炕，又曰熱炕。　很舒服：眞自由有似享福然也。

告　我城裏頭怎麼沒見：吾於城中，如何未見之。　老爺們：泛稱爲官者曰｜｜。　怕的是：所恐者也。　我打過：吾曾沽之矣。　喝過：曾飲之矣。用藥泡：用藥浸也。　泡得了：浸熟，浸成。　記得好些呢：所知者多矣。

考　好人：無病之人。　上年紀的人：年老者也。　別較眞兒：勿過穿鑿也，言凡事勿太認眞也。

給　如此看來：如是觀之。　可就是一個燒酒就是了：然則是亦燒酒一類而已。　可不是那麼着麼：誠如是而已。　不像燒酒那麼利害：不似燒酒如彼之性烈也。　差得遠了：相去天淵也。　對不對：然乎，非乎。　可是我打聽打聽：然則吾爲詢明之可也。　你細說說：君詳言之。　可以：畧允許之詞。

刻　就彷彿白米之中不是有一種糯米麼：即或如白米中，有爲糯米者一種，抑非乎。　戀和：稠也，米水相和也。　可又有一樣兒：即又有一說焉。

根　桃奴兒：其形較桃小，故有奴之名。　大葉子白：其葉大而色白，故名。五家香：香，聞之遠之意。　可口兒：合口味也，宜於口也。　不好喫：難食也。　尖兒上：謂桃頂也。　鸚哥嘴兒：謂其桃唇紅，有如鸚哥嘴之紅也。鸚哥，鸚鵡之俗名也。　又脆又甜：脆而且甘。　那我倒吃過：其桃則吾却曾已食之也。　眞是中看不中吃：誠爲可目視無足口食也。　嬲哏：二人戲謔作態，對笑對耍，務取人之笑樂者曰｜｜。

肯　熟透了：已爛熟也。　　纔好吃：食之味始美。　　可是苦澀：即味苦而且澀也。　　誰吃生的呢：孰肯食不熟之果乎。　　按扁了：手平壓之使作扁形。　　擱在醋和辣芹椒的裏頭：置於醋及辣芹椒之中，辣芹椒，辛菜之名。　　一揹子：凡物之聚束於一處者，曰｜｜｜。　　一個大：一文錢也。　　纔好呢：始爲美也。

更　各有各的好處：各有其妙。

坑　用牙磕開：以牙齒叩破也。　　解悶兒：釋悶也。

各　大廠院子：寬闊之院虛地也。　　歲數兒大的：年多者。　　年輕些兒的：年稍少者。　　你瞧好不好：爾見之以爲美不美。　　影格兒：師書字式，令徒上加一紙，覆照影描者，曰｜｜｜。　　各自各兒有各自各兒用處：各有各適其用之處也。

可　眞可惜了兒：誠爲可惜，又惜乎哉。　　我活了這麼大：吾自有生以來。　　沒吃過藕：未嘗食藕也。　　缺典：言有缺也，若言惟有此缺也，蓋自嘲之言。　　就像我罷：以我而論可也。　　雖然吃過些個東西：雖經食嘗頗有其物也。　　那可以：其尚爲可也。　　所以說不上來：是以難即爲言。　　一切全強：一切皆美。　　可是南邊兒又沒有：即又南方所無者。　　出在那兒：產於何方。

狗　吉祥話兒：吉利之辭也。　　我算是都明白了：以吾爲已皆知可也。　　那藕到底是那兒出的多呢：其藕則畢竟何處所產最多。　　不是有個南北海麼：君未聞乎，有謂南北之海者。　　可是乾淨極了：即其潔清則已莫加焉者矣。　　了不得，你越發糊塗了：甚矣，爾愈惛矣。　　怎麼吃不得：如何不可食也。　　雪白：稱白之甚者，曰｜｜。　　小狗兒的，別哭：此撫疼小兒之語，蓋其可愛可疼，有如小狗然也，非冒語也。別哭，勿哭也。　　吃糖罷：可食糖也。　　頑意兒：玩物也。

口　摳破了：以手指挖破也。　　還有倒的一樣兒糖人兒：倒，傾也。言亦有糖汁傾成之一種糖人焉。

第四卷註釋

古　娘兒們：婦女等也。　　坐月子：蓐婦也。　　鄉風兒：俚俗也。　　這麼個論兒:如此之俗例也。　底子:渣滓也。　累在一塊兒:重壘一處也。

苦　反倒:反却也。　掉牙:齒落也。　瞎費話:無故勞唇乏舌也。　那個人吃了可好啊:其物人食之,應必善矣。　養活小雞子:畜雞也。　小小雞子:雞雛也。　觔斗:跌仆之形也。　磕碰:觸傷也。　小窟窿兒:小孔也。　蒼蠅在雞子兒上抱着:蠅棲于雞卵,有如抱形,故曰抱。

瓜　愛吃零碎兒:三餐茶飯之外,食果餌,爲零碎。　嚼得動:能嚼爛也。　骨立:烹物不甚爛者,曰｜｜。　躉:躉即零之對。商貨一總全買曰｜。

跨　不用想賣我的錢:不須爾望賣得我錢也,我決不買之意。　他是這麼着:其故則如此也,此乃發語辭,下文有話。　嘎嘎兒:物名,其兩端尖細,成棗核形。　掰開:手分開也。　鴨子房兒:鴨圈也。　出買賣:聚商之處,曰出買賣。　侉子:村夫也,謂其貌之有拙笨之意也。

怪　別的都算素的:他物皆爲素也。　坑繃拐騙:皆詐取人財之名。

快　就貴起來了:其價日昂也。　攉痒痒兒:搔癢也。　口皮:口外之羊皮也。　西皮:陝西之羊皮也。　甚麼皮不皮的:勿徒云皮是皮非也。

官　這皮子有好幾樣兒麼:此皮類,亦有多種乎。　別的細毛兒:其他如爲輕裘者。　那不能細說:其皆難以詳言也。　西皮桶兒:裘料之未成衣者曰桶兒,或桶子。　毛板兒:板者,鞹也。　二毛剪鑪:即粗羊皮,其毛梢係剪後再生者。

寬　可是南北都有馬麼:即爲南北皆有馬乎。　京城也是那麼着:都中亦然。　手頭兒寬綽:所貯富裕也。　手頭兒窄:囊無餘資也。

光　這樣兒的費話:如此之贅言也,不宜多言而言之意也。　耳朶:耳也。　拉磨:牽磨也。　公驢母馬:牡驢牝馬也。　銅什件兒:鞍轡之上之銅飾也。　開大了眼了:眼界加寬也。　那一定:其必然也即誠然如此之意。

況　南方去不了:南方非可去也。　不用交代了:凡人言語中,恐將有礙於人,故發言之前飾言云,此非我之言,乃聞之他人也。或云此非諷君之言,詈君之語,勿相疑於我。非我之造言,乃實有此事等語。此處上文,彼言現成兒笑話兒,故此答之以此語也,言勿作此交代之言爲分辯也。

規　繞着灣兒罵他呢:曲言以詈彼也。

愧 眉目不清：此畫工語，喻人之言宜明，不可不明也。　賠不了了尋死的：無力賠償，而自盡也。　一正壓百邪：言能苟正則諸邪不難制伏。　我們不論那些個：吾等不欲論及其他也。　狐是論了兔呢：言狐之事已言之矣，兔事則又何如耶。　頑意兒：戲具也。　以兔爲嘲笑：世俗以男色龍陽爲兔子。

棍 用白灰畫一個圈兒：以石煅灰，色白可以飾墻，曰白灰。此言以白灰之水，繪一圓圈於墙。　相傳說是狼怕圈兒：俚俗傳云狼畏圓圈，故繪圈以袪之。　笑話兒了：君言乃戲言耳。　褥子：床上之褥也。　老山老嶺：深山也。　可怎麼個拿法呢：即將如何擒之也。　刨一個陷坑：掘一阱也。

困 人喝了去暑：飲之袪暑也。　三月清明節：一歲有二十四節氣，一月二節氣，即立春、冬至之類是也。清明，三月之節氣也。　秋天收成：秋日收穫也。　城外莊稼地裏種不是：是城外田圃之地種之者乎否。　住家兒：住戶也。　坤道：乾爲天，坤爲地，乾爲陽，坤爲陰，乾爲男，坤爲女，故此坤道者，即指婦女而言也。　老娘兒們小姑娘兒：老婦幼女等也。　種莊稼：種田地五穀也。　難說：此處作豈能解。　地寬綽：地寬有餘也。　也倒醒眼解悶兒：却亦醒目釋悶也。

工 看起來：如是論之，若此觀之。　而且還得在行：而且尚須個中人明其理。　倒運：人無時運也。　單說：只論也。　原先：昔日也。

孔 攪和在裏頭：和於其中也。　聽說：嘗聞之也。

果 少了又不够哪：少是又不足焉。　別說那個話：勿作是言。　還是呀：若然也。　那行麼：其可行乎。　您也別說那個話：君亦勿作是言。　收元結果：終也。　還是得：尚須也。　我算說不過你：吾且作爲語塞。　說正經的罷：言正論可耳。

闊 算起來：以此論之，如是觀之。　不用論別的：姑勿云其他。　鐵鍋：釜也。　你怎麼改了說話竟愛辯別了：爾如何變性，每與人言，只好辯乎哉。　我不和你抬死槓了：吾不與爾深辯矣。彼此辯駁，俗曰抬槓。抬死槓，一味深辯也。　別着急：勿急怒，勿發嗔也。　砰啊磅的：錘鐵之聲。　鴉沒雀靜兒的：寂靜無聲也，闃靜無人也。　熟鐵：煉鐵而錘成之物，如釘斧刀鋤之類也。　生鐵：溶鐵爲汁，鑄成之物，如鐘釜盆爐之類也。　說來說去：總而言之。　使不開了：不能通行也。

拉　着實費心了：實費君心矣，又深勞君心矣。　天上一句地下一句：言言語之支離也。　東拉西扯：語言無一定之文。　邋遢人：不潔淨之人也。不拾掇：不拭抹也，不修治也。　促織兒：蟋蟀也。　螞蚱：蝗屬，不害稼者。　蝲蝲蛄：土蟲之名，即螻蛄。　可巧：恰巧也。　打靶：槍矢試的侯，曰打靶。

來　酥脆：凡物質之柔膩而易碎者，曰｜｜。　石頭子兒：石子也。　鵝卵石：石子之大者，形似鵝卵。

懶　金咧銀咧：咧作也字解。　鹽是鹹的不是：鹽非鹹味者也乎。　難為你說，你真明白：難得爾而有斯言，既言之，則爾真為曉事者矣也。　可海鹹河淡麼：語所謂海鹹河淡，孰不知之乎。　懢憵：懢憵，疎懈意。　紅地兒：紅質也。

浪　零零碎碎：瑣屑之物。　開化鹽：雲南有開化府。

老　挨着山近的人：傍山近者，近山之人。　挨着海近的人：傍海近者，近海之人。

勒　小蟲兒：凡螻蟻之類，皆曰小蟲兒，亦曰小蟲蟻兒。　尾巴：尾也，俗曰尾巴。　螫：蠍尾有鉤，刺人曰螫。　咬人：噬人也。　擺翎子：小如針尖，噬人最毒。　爛木頭：朽木也。

累　成了精了：為妖作怪之意。　說的有鼻子有眼兒：言之鑿鑿有據也。　不是一回半回了：非止一次矣。　累次三番：屢也。

冷　題到：論及也。題一作提。　城外頭：郊外也。　種着：所種也。　講究的是：所尚者則。　蔭涼兒：樹陰也。　照着墳墓：遮蔭也。　不叫日頭晒着的意思：不令日曝之意也。　這一說：如此言之。　南西門：即右安門，外城也。　包種樹木：包者，保。人欲植松柏樹，則彼代種植而保活也。　要種樹：欲植樹也。　縱有：縱然有也，即雖然有也。　一磊一磊的：堆積成落之狀。　擺着：列陳也。　可是：但是也。　發愣：癡立也。

立　城裏人家兒：城中住戶。　好看不好看：是美觀乎否。　又獎又大的：獎，粗也。粗而且巨之意。　開板：破木為板片也。　就叫：叫作名為解。那我倒見了：彼物吾却嘗見之矣。　擱的：所置者。　一排一排的：所排

　　　　立者。　站在那兒的:立於彼處者。　那兒不是:其物非也。　可不是:
　　　　誠是也。　盛興:時尚之意。　小笑話兒:微爲戲謔之語也。　擋住:遮
　　　　住也。　瞧不見前頭:難以遠望也。
倆　　眞個的我正要問:眞個的三字,乃發語辭,如然則意。　山背子:以柳荆之
　　　　條編高篝,盛炭盛菓,以肩負者,曰山背子。　背:負之也。　早起:早晨
　　　　也。　生火:作火也。　沒有煤多:不若煤之多。　那自然是罷:理誠如
　　　　此矣。　這兒燒煤的多麼:此處以煤作火爲炊者多之故耳。
兩　　細膩:精細也。　通身:一切也。　攪和着吃:相兼而食也。　一回麪一
　　　　回米:一次面一次米也。　到了住家兒了:言到及人住門戶也。　就飯:
　　　　下飯也。　過日子:度日也。
了　　那還用你說:此何須爾言也,言自然一定之意。
列　　這一陣兒:此間時刻也,爲談論移時之意。　說着正經的話兒:正言正論
　　　　之際也。　您總愛說笑話:君一味喜笑談爲謔。　閒着沒事兒:閒暇無事
　　　　之時也。　因話兒題話兒:以此言而及彼言也。　罷咧:而已也。　瞎說
　　　　白道:信口胡言也。　那麼請說:既然則請言之。　自言自語:自語也。
　　　　挨冷受凍:挨,亦受也。　雪打:雪撲雪侵之意。　直到第二年:直至次年
　　　　也。　毒日頭晒:烈日曝也。　這纔回來:然後始回。　大家夥兒:眾人
　　　　也。　團團圓圓過年:聚全團圞而度歲也。　一個人兒過年:獨一人度歲
　　　　也。　你眞沒我好:爾誠不及吾也。　有了氣了:帶有怒氣也。　吧的一
　　　　聲:聲之音也。　就打了蕎麥一個嘴巴:嘴巴者,以手掌批其臉也,言責蕎
　　　　麥以掌而批其臉也。　沒想到:不料及也。　打歪了:打之致其身傾也。
　　　　咮也一聲:刀入肉之聲。　劃了一下子:劃,划也。劃一刀也。　長嚴
　　　　了:長,生也。嚴,密也。其患生肌而密也。　瞎咧咧:胡言也。　咧嘴:
　　　　解頤也。　就算我沒白說:即爲我未徒言也。　細瞧瞧:細觀之也。　對
　　　　不對:然否。　我沒工夫:無暇及此也。　說正經的罷:言正言之論可耳。
連　　別說閒話兒了:勿及閒談也。　桿兒:幹也。　趕到長成了:及至生成之
　　　　時也。　矮一點兒:畧低也。　蒸:釜上有屜,置食物於中曰蒸。　烙:灸
　　　　於釜中也。　塔:即佛氏之浮屠也。　瓶塞兒:瓶口之塞也。

林　照如今官話說:按如今官話而言。　有那麼一講:亦有此一說。　刺①心刺肝:粗糲下咽使心胃不安也。　挽着多少糧船:挽,泊也。　那可那兒能數得過來:其數則不勝其數也。

另　眞也不少:誠然不少也。　可是北邊的強:可是,即是也。強,勝也。　您這一程子:君此一向也。　我可眞沒空兒:我即誠然無暇也。　打頭呢:爲首也。　晒乾了:曝之使乾也。　青水杏兒:杏子之未熟者。

略　可是見天:即每日然也。　愛吃零碎兒:喜零食也。　都是偏乎愛吃甚麼:皆係偏於喜食何物也。　奶子烏他:奶子,牛乳也。奶子烏他,爲牛乳所製之餅也。烏他大約係蒙古語。　高庄兒:柹之形高者。　又麵淡:軟綿也,棃肉本粗脆,惟白棃軟綿如細麫,最可口也。　可倒有個頑意兒:却亦有可玩賞者也。

留　人腦袋:人首也。　悄默聲兒:悄無言也,不言而默默然也。　偷偷兒的:暗暗也。　一遛兒:脫滑而去也。　稀爛賤的東西:極賤之物。　當作希罕物兒:以爲罕見之物。

駱　蜜呀似的那麼甜:其甘如蜜。　嘻可歎:嗚呼可歎。　大離話:大懸隔之言也。

陋　大宗兒:物之多而大者,曰丨丨丨。　用醬醬:以醬浸之也。

律　要飽:言欲飽也。　青白小菜:青菜白菜之小蔬菜也。　倒算是:反以爲也。　味兒辣:味辛也。　又渾氣:且臭惡也。　粗寔:粗也。　半截兒:其一半也。　都是白兒:皆爲葱之白也。　費勁:費力也。

戀　你竟講究了菜了:爾只論及菜矣也。　菜可多了:菜即多焉矣。　那兒講究的完呢:何能論之盡乎。　說兩樣兒隨意兒:任君自擇,論數種可也。　說上這麼一車的菜名兒:一車,言多也。何須論到如此之多之菜名也。　很對勁:極相投也。

略　老天爺:天之神也。　很可吃呢還:尚可食也。　跟着:隨後也。　熟透了:爛熟了。　葡萄泡的:泡,浸也。

掄　摘就摘:言摘則摘耳。　倒有打棗兒的:却有敲棗者。　混掄:亂舞也。

①　刺:正文中作"剌"。

對了：然也。　渾圖着：渾言而不分也。

略路　吉祥話兒：喜慶之詞也。　不差甚麼：此處作幾乎解。
這自來的：從來凡也者也。　借字抄音：借字而取其音也。　燉雞肉：醬油微水，以烹曰燉。　賽粟子：賽，勝也。　一嘟嚕：纍纍然，重垂之形。
　彷彿：略相似也。　管他甚麼呢：無論其爲何物也。

亂　總還是以糧良爲貴：約而言之，仍係以糧爲貴重。　安打籠：打籠，以竹爲之，中置一鳥，懸於樹，他鳥飛至籠上，機動鳥陷入籠，而得之。安打籠之安，設置之意。　有人拿槍打：人用火槍擊之。　或是落着的時候：或係棲於沙上之時。　也可以拿：亦可捕之。　都差不多：皆所差無幾，若相似然。　够了够了：足矣足矣。　說點兒別的罷：畧論其他可也。　也好：亦可也，亦佳也。

第五卷註釋

倫　手藝：工人也。　刨一個坑兒：掘一穴也。　說着頑兒罷：言以戲耳。那兒能像你說的：何能如爾之所言哉。　囫圇着說的：此句作概而論之解。　隔里不同風：言地僅一里隔，風俗便不同。　那可了不得：作甚矣哉其事也解。　不論怎麼沒論兒的人：沒論兒者，不求甚解之人也。言無論如何不求甚解之人。　花錢：費錢也。　那可話長了：其即一言難盡也。

龍　給我聽聽：與我聽之。　不躭悮工夫：不俄延也。　賣力的：自食其力者。　閒丁兒：無事業之人。　打扮：裝飾也。

馬　老家兒：父母也。　腿脚兒不俐儸：足行不捷便也。　好一點兒：畧美也。　那可不同：其即必異矣也。

買　快死的時候：瀕死之時也。　你也別較眞兒：爾亦勿過於穿鑿求是也。　瞧了氣之後：氣絕之後也。　結寔棺材：堅固之棺木也。　這一說：如此言之。　那算準了：此則誠然也。

慢　那麼說：如此說。　停放在床上：人死之後，易床置屍也。　和木板搭舖睡：以及木板架爲床睡也，俗曰搭舖。　盡故意兒的：極其故意也。　延

俗語註釋

纏：久病曰延纏。

忙　探喪道惱：弔唁也。　有的主兒：富人也。　沒的主兒：貧人也。　落了白事：有死喪也。　糊塗蠻纏：愚而無禮之意。

毛　鉸：剪也。　巧了是那麼着：大約如此。　小牲口兒：小畜也。　俗論兒：俗之訛傳成例也。　所以了：吾亦云然。

美　俗論了不得：俗論也甚矣哉。　殃榜：術士榜寫死人之生年月日時，及亾年月日時，並擇日令喪家殯葬之，其榜曰殃榜。　直彷彿不能：眞若不可然也。　飛磚洒砂子：擲石擲土也。　刷拉刷拉的：砂土聲。　詐屍哩出殃咧的鬧：或詐屍或出殃等說之謠言百出也。

門　也倒有趣：却亦有趣。　門扇：門戶之總名。

夢　難道說明白人也信麼：豈爲智者亦信之乎。　是這麼着：其故則如此。　隨鄉兒入鄉兒：凡事從俗之意。　很霸道：很者，極也。霸道者，利害之甚也。　那倒也不必管他了：其却亦無足深論也。　擱：擱，置也。　人在人情在：言人未死，則親友皆相親也。蓋世態人情炎涼多變之意也。

米　大米色的紙：紙之色如米，而紙又闊大也。　領帖：言領弔唁之帖也。帖，束帖也。弔唁者以束帖書其奠儀物也。　伴宿：殯葬之前一日，曰伴宿。　眯瞪眼兒：細其目，朦朧以看也。　趕到一閉眼：及至一死。　擺弄：調度之意。

苗　設位：安設亾人之神位也。　悶燈：燈上有罩，蒙其光者。　開路：言開引亾魂之迷路也。　念一會兒經：誦經片刻也。　可又不同了：即又不同矣。　鬧鬧吵吵：喧嘩也。　哭的嚷的：啼哭者，呼號者。　彷彿有急事似的：若者急事有然。　一打聽敢則是死了人報廟兒：及至詢之，乃知人死往告於廟者也。

滅　燒紙：焚紙錢也。　無來由沒要緊的話：無根底，又無關緊要之事也。　幹甚麼呀：有何所爲乎。　你聽着雖是無關緊要不是麼：君聽之雖若無關緊要者然。　所以我起根兒上說起：是以吾自其始而言之。　有一點兒眞禮呢：畧有禮之本然也。　就是作得了的菜：即已備成之餚饌也。　那像幹甚麼的呢：其似爲何事者焉也。

面　哈喇洋呢：皆西國運來之毛帛名。　軸頭：凡字畫裱幅，下端橫木，曰軸頭。　沒力量的人:貧人也。

民　可是太費錢:然却甚過費也耶。　很貴:其價昂甚。　法臺:高座也。
法器:僧家樂器曰法器。　這是一:其故一也。　花完了:用盡錢也。
誰說不是呢:孰云不然耶。　說的是呢:吾亦云然也。

名　那看家當兒來:家當兒,家計也,言此則宜自視其家之貧富有無而爲也。
靈在家的日子多:靈指棺木言。　單數兒:奇偶之奇也。　所以然:其故
也。　超度:佛家謂起拔亾魂使升天,曰∥。　他是這地方兒的風俗:
其則此處之風俗歟。　又盡了人情:其盡我之心也。

謬　誰又信呢:孰其能信之乎,謂無人信也,吾亦不信焉之意。　喪棚:喪家蓆
棚曰∥。　那也不過是那麼件事就是了:其亦無非一具文而已矣也。

末　可不是麼:然也。　頭行兒:其要者也。　樣車:言亾人之車,具而無所乘
者也,下轎馬同。　靈旛:引魂之旛,旛旛架,昇以三十二人,或二十四人。
銘旌:似旛之式,亦昇之如昇旛,但繫以五色綢而書其亾人或男或女之官
銜姓氏諱等字樣者。　本家兒:其喪家也。　駕靈:孝子在棺前,若駕車
之馬然。　頂喪:孝婦在靈後,若以頭頂棺然。

謀　你得知道:得字,作當字解,言爾當知之也。　開了缺:官去而未補曰缺。
開,缺出也。　多支一天:支即仍保無事苟免過去之意,言多隱一日也。

木　可不是:然也。　雙親:父母也。　模樣兒:形像容貌也。　那叫影:其名
爲影,影者容之意。　傳代:世傳也。　神主牌位:以木爲牌,書父之官
名,母之姓氏,即如書皇清誥封光祿大夫張府君某名之神主字樣者云。
拜祖:新婦入門,三日後,出城拜墓曰∥。　脫孝:釋服也,服滿脫孝服
也。　看墳人:墳丁也,即守墓者。

那　我和您商量:吾與君謀。　說一點別的好不好:畧論他事何如。　愛說甚
麼說甚麼您出主意:喜論何事,即論何事,君其主之可也。　那麼着:既如
此也。　可有一宗:惟有一焉也。　要說一個媳婦兒:欲娶一妻也。要,
欲也。說,媒妁說合也。媳婦兒,婦也,妻也。　姑娘:女子之稱。　是個
人家兒裏藏着的閨女:乃人家深處所藏之女也。　不是滿街擺的東西:非
沿街所陳列之物也。　找:尋也。　說在這兒哪:可以云此物在此焉也。
在那兒哪:在彼焉也。　拏賊:捕盜也。　底下的下人:在下之人也,即

僕婢也。　但是他在那裏頭：惟彼居於其中也。　謝禮：謝儀也，即酬謝之財物。　往往從中壞事：每於其中敗事。　是靠不住的：難恃也，不可以信任也。

奶　某家的小人兒：某家之子弟也。　人有出息兒：其人有所上進也。　沒有外務：無一切博奕飲酒狎妓等事也。　父母性兒好：父母性善也。　沒脾氣：無惡性也，又無偏於好惡之心也，即性善之意也。　妯娌們：妯娌，兄弟之妻也，們者，輩也。　下塲：入考試之塲也。　金榜題名：考試中式秀才舉人進士，皆以榜書其名，金者美其名也。　連中三元：秀才中式舉人，首名曰解元；舉人中式進士，首名曰會元；進士又得一甲一名，爲狀元，曰三元。　造化：言天地造化也，此言其人被造化之美也。　性格兒溫存：性溫柔也。　必興家：必使男家興盛也。　將來必過了門能孝順公婆：過門，于歸也。公婆，翁姑也。言他日于歸後，必孝其翁姑也。　兩親家：男女父母，彼此相稱親家。　和氣：相和也。　天花亂墜：佛說法，則天花亂墜，此喻媒言之巧也。　奶：乳也。　混花：浪費也。　耐時：耐貧也。　對式：相投也，門戶相合也。

男　帖兒：以紅紙書男女之生年月日時者。　嫂子：嫂也。　悄默聲兒：無語無聲也。　放定：以禮物送與女家爲定也，見下文。

囊　鐲子：手上之飾也。　知會：告知也。　插戴起來：簪之於首曰插，飾之於手亦曰戴，起來者謂使之完全也。　嘟囔：咄咄書空之意，口中自言，含糊不明也。　抱怨：懷憾也。　攮了一刀子：刃刺也。　沒法子：無術也。　齆鼻子：鼻塞語言不便者。　咬舌兒：舌不活便者。

鬧　嘻：歎聲，嗚呼也。　照你這麼說：若果如君此言也。　怨命罷了：怨命而已也。　可作父母的也萬不肯錯配了：即爲父母者，亦固不肯以男女亂配，其必三思而行者矣也。　對勁：相合也。　好漢癩漢：美丈夫，醜男子。　論起父母養兒女來：論及爲父母者之生養子女也。　眞不容易：誠爲難甚。　分好些樣兒：分有幾多式樣也。　錢出急家門：言人急於成事，需錢必多，不似緩圖而省錢也。　撓着錢的時候：撓着二字，形容鷹爪攫物也，意取其急欲得錢，有如撓手迎抓之形耳。　爉①籤兒：小燭臺也。
　銅酒幌子：賣酒家之望子，以銅爲之者。　油幌子：賣油家之望子，以銅爲之者。　打造：鑄造也。　不對姑娘的勁兒：不合女子之意願也。　心裏醃髒煩惱：心中不乾淨也。即心中鬱悶，而煩惱不舒坦也。　看不得：不宜於視之也。　白熱鬧熱鬧了一會子眼睛：虛罟娛目耳。

内　果盤：大磁片也，約徑尺餘，週三尺余，以盛果品者。　花瓶：插花之瓶也，供花之尊也，亦甚大。　用得着的：可需用者。　那都得買：其必皆買。江西九江府去定燒去呢：江西九江府，即產磁地方。定燒，謂定令照依所指式樣燒造也。　玩意兒：一切古玩。　盆景兒：以珠玉爲花，供於玉盆者。　大大小小零零碎碎的：一切瑣屑之物也。　沒別的了：其他無所有也。　外面皮兒：其外面人，能見之者。　内囊兒：其内裏所藏，如箱籠中之衣飾之類，人難覘之者。　那算準了：其爲一定者。　都好辦：皆易措置也。　怎麼將就一點兒就行了：不論如何，稍爲大畧就小則何難之有也。　總得慢慢兒的豫備：必須從緩徐以爲備可也。　都是甚麼呢到底是：然則畢竟皆爲何物耶。　脚底下：足之下也。　鞋鞋脚脚：履襪之屬。　你想得多少東西：君思須若干之物。　裁縫：成衣工也。　吹口之力就得：吹口之力者，咄嗟而辦也。就得者，即能有之也。　有錢使的鬼推磨：此成語，言人有錢即鬼，不難使其轉磨也，喻錢之神通廣大也。　打夜作：作夜工也。　總得的快：尚可速成也。　沒錢兒的哪：沒錢兒的即貧者也。哪者，作乎字解。　得他作娘母子的：得者，必須也。他者，指女作娘母子的。言爲其母者也。　一鍼一鍼的戳：戳，刺也，見其用針之非易也，而鍼鍼密密以縫，其更可知也。　戳了來的工錢：其母爲他人作衣履，所得之工價。　再給他女孩兒作衣裳：再者，然後也，又始也。　這是一半會兒：此係頃刻之間。　一半句話：片言也。　那不得一個工夫兒呢：何事不時需乎。　是麼：誠然，也。

嫩　多有那麼着的：多有爲如此者。　回頭：少後也。　還得：尚須也。　潑出水：灑出水也。　人家的人了：他家之人矣。　拿水淹死：以水使溺死

---

① 爉：正文中作"蠟"。

俗語註釋　439

也。　誰還哄弄你：孰又欺誑爾。　掐死：扼其喉而死之也。　搶能鬭勝：爭勝也。搶，奪先意。　必得說：人皆必如是言。　出得了我的門兒，進得了你的門兒：指女之粧奩言，此女之父母之言也。言此粧奩，能出自吾門，而能入於君門，則他人視之，不以爲物薄也。　打扮：裝飾也。　敢則好了：則誠幸甚矣。

能　又算個甚麼好兒呢：則亦爲何等之美好乎。　說固然是那麼說：言雖如此。　打算盤：以算盤計也，作咨嗇意。　書古上見過：古書有之。　地的字兒：地之契也。　幌子：舖肆門前所懸者，如酒家則懸葫蘆之類。　土坯：以土泥爲磚，可以砌壁者。　可了不得：甚矣哉。

你　看家當兒來：視其家之貧富也。　鬧賠送：富者之粧奩也，粧奩之富也。　過了門之後：于歸之後。　替己：私自貯藏之財物也。　那兒藏不住呢：何處不可藏之也。　八擡：二人一擡，計八擡。　扛了來：肩荷而至。

娘　百數兩銀子：約百金上下之銀。　舖蓋：衾也。　可是單着：即是覆置而不成衾者。

鳥　行茶：見下文。　怪不得：難怪也。　出閣：出閨也，即于歸也。　堆滿了：積滿也。　所不明白：所者，一切也。　擠眉弄眼：使眼色也，即目語也。　嘴裏嘟嘟囔囔的：咄咄也口中暗語也。　四六句兒：暗指而謔之也。　說玩話：戲言也。　摳他：揶揄之也，戲之也。　哼哼唧唧：沈吟竊語，以戲之也。　按頓兒喫：以時飲食也。　婆家：夫家也。婆者，姑也。

捏　我聽見您這麼一說：吾聞君如此論之也。　拜了堂之後：女子于歸拜見翁姑，入門拜天地，及夫婦交拜一切，總之曰拜堂。　打水：汲水也。　粧害臊：佯爲羞愧也。　捏捏弄弄的：害羞作態，舉動多拘滯而不暢也。　粧傻：佯爲癡呆。　七姨兒、八老老、嬸子、大媽、姑姑、舅母的：姨者母之姊妹也。外祖母曰老老，即母之母也。七八者諸輩之名，父之弟曰叔父。叔之妻曰叔母，亦曰嬸母，俗曰嬸子。父之兄曰伯父，俗曰大爺。伯之妻曰伯母，俗曰大娘，大娘亦曰大媽。父之姊妹曰姑，亦曰姑母，俗曰姑姑。母之兄弟之妻，即母之嫂，曰舅母，其夫即舅氏也。以上統謂女客之多也。　填箱：填謂納實其中也，女客來遺物以粧女，而以其物入於其箱也，見下文。　香珠兒：以香末爲珠，貫以線而懸衣衿以避穢。　留茶留飯：客自至而留之待以酒食,則曰留飯,｜｜｜總而言之也。　忙不過來:言忙極少無暇也。　得勁:得力也,此謂女何能泰然自安也耶,即女子羞愧之態。　到了兒:至終也,究竟也,畢竟也,終之也,到底也,其後也。　到是時候兒:屆期也,時至也。　出門子:于歸也。　回門:于歸之後,或九日或四日、六日,偕歸母家一日,曰回門。　好得過來呢:漸如其初也。　姑奶奶:女子于歸後,女家呼以姑奶奶稱之,但凡是時｜｜｜多驕,故下文云有脾氣矣。

念　那兒還能有脾氣呢:何至尚有驕態乎。　當頭人:其夫也。　沒出息兒:不上進也。　只好認命:安於其命可也。　天仙:天女仙娥也。　不出衆:言其夫之凡庸也。　爺爺兒:呼夫爲｜｜。　也將就了:亦稍可也。　不好的年月:歲荒也。　丫頭、丫鬟即小使女也。　捻匪:匪徒之名,亂民之謀叛者。　整天家:終日也。　白頭兒到老:言夫婦偕同白髮保終也。　一輩子:一世也。　別說是娘兒們:無論其爲婦女輩。　就是個爺們:即指丈夫云。

您　安分是便宜:言人能安守本分,自便益也。　旁岔兒:岐路也。　一早兒:清晨也。　候光:等候光降也。　您納:你老同,呼人之尊稱也。

寧　別院兒:他處院落也。　後院兒:房後之院落也。　老媽兒:老婢之稱,即僕婦也。　娘兒們:婦女也。　頭兒:爲頭之人也。　落保:爲中保人也。

虐　嘴頭兒花哨:口侫也。　擔沉重兒:謂任重也,擔干係也。　棹牙子:棹案四邊雕花,曰花牙。　數落他一頓:責之也。　鼓手:樂人也。　好說話兒的公婆:性善之翁姑也。

牛　人家女家:人家,他人。　好容易:何其不容易也。　够姑娘後半輩兒使的了:够,足也。言足敷其女下半世之用也。　起頭兒:始也,當初也。　興來興去:崇尚日久也。　外面皮兒:外貌浮文也。　妞兒:幼女之稱也。　現現成成:現成也。　自己各兒:自己也。　嫁出去的女兒,潑出去的水:女嫁出門,如水之灑出也。　那要管也沒法子:其欲管辦,實亦無由可管辦也。　小姑子:夫之妹,呼爲小姑。

挪　遷兌挪移:遷者,移也。兌者,交也。即挪移之法也。挪移者以此錢爲彼錢也,亦即不外遷兌之道也。　有錢兒的:富者也,富家也。　沒錢兒的:

貧家也,常人家也。　叫其有兒:諸物但有其物爲有而已,可不論其所有之美惡厚薄也。粧奩之備,有衣,布帛不論;有器具,粗木桐梓不論也。喫喝嫖賭鴉片烟:喫喝者,嗜酒食也。嫖者,狎妓也。賭者,博奕也。鴉片烟,嗜洋藥也。　產業乾了:乾者盡也,如水之乾涸也。　日子緊了:度日艱難也。　喫喝兒沒了:食飲難繼也,絕食斷炊也。　硬把姑娘的嫁粧賣了:硬把,強將也。　眼瞅着也萬沒法子:束手無策之意也,此言婦雖明明目視其夫賣己之粧奩,亦無可奈何之也。　一文不值半文的:貴物而賤售也,此謂窘迫無暇待價之情。　就給淹蹇了:物美而受人作賤曰淹蹇。｜｜,本困頓失志貌,此處當受作賤看。　你又有甚麼法子:此你字指新婦言,新婦其能有何術以禁之耶。　再說東西罷咧:再說作而且看。東西,物也。罷咧,而已也。言而且此只一物而已,非新婦本身也。　也沒有這一篇兒例:書之一頁爲一篇,此言一篇作一則,或作一章看。　末末了兒:末後也終尾也。　光人兒:物已盡而空有一身也。　骰子:博陸之六色彩具也。　奶奶兒:妻也。　吊死了:自縊也。

耨　擺完了:陳列畢也。　說不出口來:難以出口也。　半語子:半語也。說粗極粗說細極細:以粗論之,則鄙俚極粗;以細論之,則情理極細。　圓房兒:夫妻同房也。

女　到一塊兒:聚於一處。　那可就了不得了:其即危甚矣也。

奴　雞一嘴鴨子一嘴:你一言我一語之意。　不差甚麼,把大牙都笑語掉了:不差甚麼,幾乎也。把大牙都笑掉者,言人之笑甚,幾將大牙皆被笑動笑墮下來也。　聽見風兒,就是雨兒的:謠傳風聞,添造百出也。　不清楚:其行蹤詭秘,曖昧不清也。　有枝兒,添葉兒:外生枝節也。　彷彿他活眼兒見似的:若其親自明覩者然。　給這麼一手兒:令其遇見若此一着也。　竹籃兒打水一場空:言以籃汲水,則水漏不留,喻事落空也。

暖　該掐的掐:掐,爪夾也。即摘去之也。　別竟拉籠工夫了:勿再延宕時候也。　愛拉絲:喜延宕也。　話擠話:因言及言。　掐頭去尾:刪其繁冗也。

嫩　坐等兒:坐以待之也。　俏皮小夥兒:妙年之人,俊美少年也。　他是這麼着:其理則又有一說焉也。　所以舉動的少:故如此舉行者少也。　拉得下臉來的少:言不羞愧者寡也。　紅着個臉兒:赧其顏也。　臉皮兒薄:易羞也。　害臊:怕羞也。　老着個臉兒去:厚其顏也。

濃　又是怎麼回事;其又是何等事也。囘事,即一囘事也。　一個上年紀:一年老者。　擦胭抹粉兒的:面施脂粉者。　青水臉兒:面不施脂粉者。　堂客:女客也。　擺弄:耍物以待之意,即挪揄而待之也。

訛　帶道兒:引路也。　關婆的性:關即門關之關,言可關住其姑之性也。

偶　吹打半天:作樂多時也。半天猶云半日也,謂其時久也。　轎腔兒:轎身也。　受氣:被虐也。　嘔氣:爭論口角亦皆||之類。

罷　已經是已經了:事已至此矣也。　急不如快:言不如急而且速也。　粗枝大葉:畧言而不必詳也。　題一題就結了:略言及之,即可完事矣也。　沒話:諸事平安也。　八九不離十兒:即差不多也,言其爲人雖不十分美,亦可有其八九分之美。　抓尖兒賣快:諸事越衆顯功賣才,邀寵也。　背晦:龍鍾老昏也。　當小菜兒:小菜,家常鹹菜之屬,言其姑虐婦視同草芥也。　婆婆嘴碎,媳婦耳聾:姑話雖多,婦但作聾,以忍之也。

怕　找補着:補也。　二十四拜都拜了,何在乎一拱手兒呢:言拜已多拜矣,何惜於多此一揖乎,喻己多言,何惜片言也。　半路兒死了:言至半世先而死也。　攀人家兒:爲之選婿攀高也。　扒高枝兒:高攀之意。　像猴兒扒桿兒:如猴孫緣高竿也。　填房:女子嫁人繼室者曰||。

拜　先走一步:先死也。　擗開了揉碎了:剖解詳言之意。

派　一屁股蹶下:粗魯人上坐,惟有隨便隨意一去就坐,如同一臀一闊之勢也。

半　喫醋:俗謂妻妒曰||。　佛堂:供佛之室。　直不管妾的事:直不管者一慨不與聞也。　長的俏皮:生來美貌。　整半拉月:言足十五日半月也。　哥兒:北俗呼人少年稱||。

第六卷註釋

盼　信口兒瞎說:順口胡言也。　好些個不明白的:許多難明之處。

幫　打把式:武本事之舞拳也,世有舞拳乞錢者,此喻向人乞貸也。　馬牌子:送公文之馬夫也。　橫着的哪:兇橫之極。　白碰:撞人而無人罪之也。

旁　牲口:此指馬言,牛羊六畜皆爲｜｜。　胖子:身體肥奘之人。　那巧了:是替跑報的人吹嗙罷:巧了,或是也,又大概也。吹嗙,誇示也。言其或代跑報馬者自誇也乎。　誰知道呢:孰能知之也。言是否如此孰其知之乎。　且不管那個:姑勿論之也。　可叫馬給顛壞了:即被馬顛僡矣也。

包　夥計:同伴也。　道緊:路途多盜也。　有個山高水低兒:言恐有不測之事也。　搭幫走:約伴人同行,曰｜｜｜。假如甲往南行爲官,乙亦南行爲商,乃約同行路,以防盜賊也。　累了累贅:言人多不便也。　大天大亮:天大明也。　巳飯時:早十點鐘曰｜｜｜。

跑　怯小武官兒:怯者,畏葸之意。凡鄉人初入城市,多所未識而目炫心搖,自不相安之狀,曰怯。　鄉老兒進皇城頭一遭了:言鄉人初次入都也。　還得好記性兒:尚須善記者。　唱戲:演劇也。　古兒詞小說:一名古人詞,皆極鄙俗之詞,其既云詞而又爲小說者,蓋其詞之尤爲細小者乎。　闊人兒:富者也。　沒錢的:貧士也。　賠墊不起了:言其所得之俸,不敷其差之用。　好客易:豈易易哉也。　告假:請假也。　告病:引疾而去也。

北　對不對:然乎否乎。　有能耐:有才能也。

陪　橫豎:橫之豎之,總歸如此之意也。　五更天:夜有五更,一、二、三、四、五更也。｜｜｜即寅刻,天未明時也。　總得出被窩兒:言必須出衾也,謂蚤起也。衾俗曰被窩,故云。　披衣裳:人每早起出衾,必先披衣裳,故云。　下半天:自午至酉爲｜｜｜。　晌午歪:午後也。　滿打着:縱許也,盡教也。　三下五除二:此算法之語,用以算會計也。　爲錢算帳:因財操會計也。　愁早起的巴結晚上的:早起的,早炊之飯也。晚上的,晚餐也。巴結,勉力以求之意。此貧人言。　偺們也還不至於那麼着:吾人亦尚不至於斯矣。
也起不了早:亦難蚤起也。

本　成家:娶妻也。　別玩笑:勿戲謔也。

盆　家長里短兒的:家中瑣事也。　不藏奸:藏奸,言知而故作不知以欺人。　泡湯:以羹汁加於飯也。　噴水:以口噴水。　棹椅板橙:棹與椅及長橙也。　暖和:溫也。　噴香酥脆:噴香,馨香撲鼻也。食物之細膩易碎者,曰酥脆,又凡物質之易斷者,亦可以云脆,如玻璃之類。

迸　沒銅:市井俚語,謂無錢曰｜｜。　小玩藝兒:小玩物也,此處牛骨工作小物,如簪杖等類,皆曰｜｜｜｜。　打牙汕嘴兒:聞言戲嘲,無一正論,曰｜｜｜｜｜。　撒土攘烟兒:小孩童在車轍中,故散土揚塵,自相欺嬉弄,曰｜｜｜｜｜。

朋　做菜:手治餚饌也。　沒學過厨子:未習割烹之事也,厨子者,庖人也。可就不如送人倆錢兒:其即不若遺人少許錢也。　有錢就有朋友沒錢沒人理:富則多友,貧則人離之意。　怪不得《京報》上說:難怪《京報》中云云也。　餉鞘到京:各省解京之兵餉銀,乃皆元寶大錠,以二十錠爲一鞘,計一千兩。鞘者,木身鐵箍,若刀鞘然,故曰｜。　對了:然也。　那一路都得小心罷:此去沿途諸須戒愼可也。　解官:隨餉押解之官。

必　過日子:度日也。　打不怕人罵不怕人只怕禮兒賓得住人:言杖責言譴,俱不足以畏人,惟有一禮之道,可以齊整人,可以管束人,人可不怕得乎,禮其眞可怕者也。

皮　一肚子韜略:滿腹韜畧也。　然而竟有勁兒也不行:但只有力量亦未爲得也。　看不得那行伍出身:勿輕視彼由兵而得官也。　知疼着熱:察情識趣,同甘同苦之意。　大漢仗兒:身偉也。　獘:粗也。　空大老泡兒:言空有一身大,而無寔處用也。

表　分外的:更加也。　等等兒:少待也。語次,遇有傍言,而未便爲答則曰｜｜｜,吾將有他言也。

票　傻子:癡人也。　別有渣兒就是了:使無劣跡而已。

別　憋悶:一心鬱結,無所舒出也。　王子犯法庶民同罪:言即王子之貴,至犯法罪與民同,一例罪之也。　老頭兒:老者也。　癟嘴兒老太太兒:癟嘴,人老腮垂口縮之貌。老太太兒,老婦人之稱。　彆扭:反戾以違也。　誰也不怕:無可畏者。

撇　爲人不作虧心事半夜敲門心不驚:言人無愧於心,則即有夜半叩門,而直指其名呼之者,心亦不驚也。　有個風吹草動:或有風聲鶴唳之時。　擎①開在九霄雲外了:捨去天外,言忘之已絕也。　輕容易:言輕易也。　好好兒的:無故也。

---

①　擎:正文中作"撇"。

扁　不論山南海北：言無論何處何方也。　也是那麼着：亦如此也。　又圓又扁的東西：言錢形也。

片　方向的可否：凡修工，須先視其方位所向，可修與否，然後動工也。　也不敢諞拉：亦弗敢自誇也。　片段兒：一處一處之工作尺寸也。

賓　開口子：河水決口也。

貧　他們好的呢：渠輩若果善人也。　劙出去摒命：言樂於死，直視今生不過一死耳。

兵　可以和那有的人家兒：宜於有此書者之家也，承上文言。　慢慢兒的找着了瞧去：容緩搜得而觀之也，又物色得之而觀之也。

憑　擱東西：放下物也。　拿傢伙：取器具也。　斯斯文文兒的：文雅貌，即從容而不忙也。　不敢有個大聲兒：弗敢使之有聲焉也。　咕叮咕咚的走：行走急慌，蹊履隨步作響聲。　哌①打：拍物聲。　砰磅：大擊聲。　那算準了：其誠然矣。　子頂父缺：子襲父之職任也。

波　自然是：此處作問辭，言然乎也。　蓋造：建造也。　燒柴火：炊薪也。　那還用說麼：其豈尚須言乎也。

破　挨着山：依山也。　土坡兒：山岡也。　做活的：縫工者。　婆娘：婦人也，此二字南方語。　家長里短兒：家常瑣事也。　很有趣兒：頗有趣味可樂之處也。　筐籠兒：柳條所編，筐筥之類，此言活計｜｜｜，乃女工用之散盛針線者。　唱唱咧咧的囘去：詠而歸也。

不　等等兒：少待也。　那倒不錯：其却誠然。　知道倒知道告訴你你信不：知則知矣，告諸爾，爾其信乎。

剖　再重一重，還有話說：再申言之，以其尚有他論也。

不　沒別的了：其他無有也，此處問人口氣，作無他乎解。

普　舖蓋：衾裯也。　號筐：考場各號房，盛文具之筐也。　題名錄：中式舉人，進士之名册也。　都傳開了：名皆遍聞也。

洒　一撒手兒：縱筆之意，他處作一直之意解。　書歸正傳：言不必多贅，但言其正可耳，此語乃途說小書之人，常有此言，蓋其書外之論，仍須歸論本傳爲正之意也。　我彷彿一眼瞥着：我似覺曾畧一經目也。

---

① 哌：正文中作"呱"。

賽　纔能下去呢:指水退言。　這是一:此其一也。　門的兩顋頰:門之左右也。　有兩大堆土:有二堆高之土也。
散　俗論兒:俚俗之論也。　坐轎用黃絆:乘肩輿則其肩杠用黃繩絆之也。
桑　壓得住:位尊而能使下人服也。　練嗓子:習其喉聲也。
掃　陰涼兒:樹陰也。　無精打采的:無精神而不高興也。　事不提神:提,助起之意,事未助動人興也。　打不起精神:精神難振也。　每天家:即每日也。
嗇　月科兒裏的小孩子:生來一月之內之小兒也。　拉屎:出大便也。　嘶嘶的叫狗:嘶嘶呼犬之聲。　城根兒:城墙之下曰城根,內曰內城根,外曰外城根。　寒暑勻停:勻停,均平也。
森　多少日子一升殿:幾許日升殿一次也。　會試的年頭兒:會試之年也。
僧　門封:以紅紙書官銜懸於門之內者,曰｜｜。
索　算是在大內伺候差使:算是二字,作亦可謂解。　裡頭進得去麼:其內可能入乎也。　鬧着玩兒:鬧以爲戲也。
搜　我白打聽打聽:吾試問之也。　老頭兒:老者也。　我連咳嗽:連,並也。
素　眞好記性兒:此反語,謂其善忘也。　小時候兒吃多了猪腦子了所以忘性兒大:言幼時所食猪腦多,是以善忘也,俗謂猪腦令人忘。　你是沒把我的話擱在心上:爾則未將我言置之於心也。　那兒話那兒話:是何言也,是何言也。　濶車濶馬:言車馬之富麗也。　快車快馬:言車馬富麗,而馳驟之快速也。
算　按部就班:本言官人之按其部,循其班,此喻守本分也。　滋味都咂透了:言世味嘗遍盡到之意。
碎　看景不如聽景:言凡景物,眼看不如耳聞也,蓋聞者有餘,看者盡矣。　常人能喝得着麼:言常人亦能得飲其泉乎。　山根兒底下:山麓也。　涼氣兒渹的:渹,浸也。　手底下的零碎事情:吾現在手辦之雜小事務也。　逛一盪:言遊一次也。　遠遠兒的:遙隔也。
孫　百十多年:百餘年也。　原先老年:原先,昔年也。老年,舊日也。　不用說別的:他姑勿論也。　不是和天宮似的麼:其非與天上帝居相似者乎。
送　毛骨竦然:心一動懼之際,有如毛骨聳立之意。　沒個主擎骨兒:無主可倚也。　又難受:心又不安也。　渾身上下不得勁:一身無力,不能支持也。

殺　好快：何其速也。　眼下：目下也，即現在也。　死打忩了啃了：言相毆者，只一味手打，未曾想計，而竟忩其口咬之一着也。　拿剪子尕一點兒：用剪刀畧剪去之也。

曬　包東西：裹物也。　交官：交納於官也。　那兒：何處也。　私地方兒：非公所也。

第七卷註釋

山　這一陣：此時之已往者，頃者也，邇者也，自昨至今之意，此半日也。　本來是：原來也。　西城根兒：山麓俗曰山根，｜｜｜｜者，西之城麓者也。　雷閃：閃，閃電也。

賞　戶婚田土喧鬧官司：因爲戶口婚姻田畝地土等事，分辯口角，以致涉訟也。　詳到城上去辦：詳，公文名，乃下官申上官文曰詳文。城上，指巡城御史也。　一塊兒：一同也。　晌午歪：午過少後也。

少　堆卡：即巡街兵之派之小房也。　堆子：即堆卡也。　有買現成兒喫的：有買市賣之食而食者。　弄火：作火也。　打槍：放火槍也，燃火槍也。　旗子：旗也。

舌　四周圍：四面也。　往下呢：其下也。呢，語助。　再往下：又其下也。　辯嘴打架：口角爭鬥也。　小買賣兒：肩擔背負之小販也。

身　四外：城之四方外也。　打官司：涉訟也。　又養靜：且靜間以養身也。　尋常官司：常行訟事也。　差徭：民間出丁應役也。　不得謹慎呢：得讀上聲，作當字解。

生　根生土長：本地土着生長之人。　所以都知道一點兒半點兒的：是以皆畧有所知也。　這纔說的：此適所言者。　晴天土乾潑水：京城內皆土道，晴天風揚土起，則須灑水以鎮之。　拾掇黑泥：拾掇，收拾也。京城土黑，雨則黑泥。　自己門口兒：自家門前也。　爬在地下：伏於地也。　掛幌子：舖肆幌子，如錢舖則懸錢形幌子，酒舖則掛葫蘆之類也。　立幌竿：掛幌子之大木杆也。　賸下：其餘也。　沒報：未報也。

事 各按本旗地段住:各依本旗住地分段而居也,京城地分界八旗分住,故云。　衚衕兒;街巷也。　怪道呢:先怪後悟之詞,無怪乎也。　總得有一個大小事情:必須有一或大或小營生之道也。

手 有那個道路就是了:有其一道路而已矣,即指升途云也。　妻兒老小:妻子老幼人丁也。　人的嚼裹:人之食用也。

書 弓馬:步射、騎射二者。　巴結:此處作勉教其子上進意。　關領餉銀:兵丁領銀爲關領。　怪得:無怪也。　搭錢:兵餉銀錢兼支也,以錢交足金銀之數曰｜｜。

刷 一來得弓馬嫻熟:得,上聲,須也。言一則須弓馬熟練也。　漢仗魁偉:漢杖,身量也。魁偉,高大威武也。　嘴巧:佞口能言也。　拙口笨腮:口遲嘴鈍也。

衰 或走或騎馬:言時行步,時乘馬也。　嘆:訝聲,歎詞噫同。　還摸不着:尚得之難也。　怎麼呢:何以言之也。　一對一對的走:駢行引導也。　摔東西:擲物也。　跑跑顛顛的:跑,疾走。顛,身揚也。即急行之貌。　打燈籠的:執燈者。　打提爐的:執提爐者,香爐繫銅鎖以提者,曰提爐。　不但得自然:言不但其須意態自如也。得,上聲,須也。　一點兒不敢草率:絲毫不能草率也。　某人底下:某人名下也。　倆字:即二字也。

拴 比方纔說的:即如適所言者也。　虎城:虎牢也。　口外解了來的:言自口外送至者。　再把他弄上來:然後縛之使出也。　網車:車上有鐵網者。　攔在圍場中間兒:置於圍場當中也。　狗跳跳蹧蹧:犬躍也。

雙 好些遊人逛青兒:許多遊人踏青也。　歇凉兒:憩息樹陰也。　那不離圓明園不遠兒麼:疑問口氣,其非距圓明園不遠乎也。　三里地:三里路程也。　有熟人麼:有相識者否也。　舊街坊:昔日之街鄰也。　雙生兒:孿生也。　別的熟人沒有:其他無相識也。

水 說來說去:反復言論之意。　有六里來遠:言有六里許也。

順 也不說就是三五下裏:亦無非僅有三五處而已。　遠一點兒:畧遠也。　得過山那一邊兒去呢:得,上聲。言須逾山往後去也。　準日子:一定之期也。　報帖:報告之字。　成羣搭夥:聚衆結伴也。　挨餓:受飢也。　造化:幸福也。　順當:平順妥當也。

俗語註釋

說 您和我這些日子所說的:君與吾於此日間所論者。 有一點兒記不住怎麼好:似多遺忘,奈之何。 大概的影子模兒:影子模兒者,規模也。 比方題起廟來:假如一論及廟則云云。 月亮的光兒:月之光也。 趕廟:集市也,自此廟而馳,以往彼廟,爲連日集市也。 擺攤子:席地陳物而露賣者曰｜｜｜。 衚衕裡:小巷內也。 不差甚麼到了鄉下必有一個小廟兒:以鄉村而論,則多有小廟焉。

絲 等一等兒:姑緩言之也。 完是完了:畢則畢矣也。 可顯着多一點兒:即似稍也。 怪累贅的:殊覺可煩也。 着實:實々在々也。 借光:荷賜也,分君餘潤之意。 了不得了:何其甚矣也承上言,荷賜之甚也。 了不得你題起光字來:此了不得,仍作甚矣解,言甚矣予之忘言,其有光祿寺衙門之事也。

大 對不對呀:然乎,否乎。 怎麼不言語您:君何不語也。 你想够編的麽:君試思之,其豈足編者乎。 先儘着要緊的說:且先務將其所最急者言。

他 子兒:子粒也。 在那兒裝着:在彼處存貯也。 管收放:司出納也。 兵丁們喫不了的米:兵食之有餘之米也。

歹 好年頭兒:豐歲也。 百姓們養了兒子自小兒:民人生子其自幼時也。

太 算起來:如是言之。 那兒能裝得下呢:何能盡以載之也。 一輩子:一世也。 趕脚:驅使驢馬之脚夫也。 挑肩:肩荷背負者,總名｜｜。 扛擡:肩荷曰扛,對舁曰擡。

單 雞蛋望鵝卵石上碰:以卵投石也。

炭 毛病:弊也,又有所摘指亦曰｜｜。 新月芽兒:一鈎新月也。

當 可是一入了教:其即一入其教也。 窮人:貧者也。

湯 後來:其後也。 倒茶:斟茶也。 倒水:傾水也。

道 外國娘兒們:外邦婦女人輩也。 底下人:下人也。 一吵翻:群譁也。 一會兒的工夫:頃刻也。 差點兒:幾乎也。 一擣線頭兒:擣,摺也。 追窮事之根由,有如有搯線窮緒也。

逃 稍微的比天主教好些兒:微覺勝於天主教也。 鐵打:鐵鑄,又鐵制也。 末了兒:終尾也。

得 話叨叨兒:多言也。滔滔不斷之言也。 是麼:然也。

特 起頭兒打鬼:爲打鬼之始也。 活佛:即大喇嘛,大教主也,俗曰活佛。

登了基：登基，皇上即位也。

得 就結了：而已之意，言我亦觀其鬧熱而已耳也。 耍貨兒：兒童玩物。

等 有不很多：有則有之，但不甚多也。 叫甚麼名兒：其名爲何。 上千上萬的：以千以萬計也。 熬夜：有事故意不眠曰熬。 說也可笑極了：言之亦寔有可笑之處也。 說是等候會神仙呢：其云在此伺候與神仙相晤也。 有多大：其大若何。 不給人牽馬墜鐙：不爲人執鞭之意。

疼 想頭：想念也。 可是和您打聽一件事：其即與君敢問一件事之意。 住持：守廟主僧，曰││。 可不是麼：誠然也，吾亦云然之意。 像那：即如也。 可也好：即亦佳也。 可也是：即亦是也。 門口兒：門外也，門前也。 吵得慌：極其喧嘩之意。

的 走走逛逛的：間遊也。 因話提話兒：因言及言也。 我怕你關在城外頭：吾恐君被閉出於城門之外也。 前不着村兒後不着店兒：前不及村落，後不及客舍，進退維谷也。 又不是傍不相干兒：亦非以路人相視也。 陌路人：路人也。 咂咂：鼓舌讚美聲。

替 門臉兒：城門之前。 大映壁：門前屏墻，所以擋車馬者。 那兒知道：孰料也。 替工兒：替代也。

弔 膏火：讀書之油火錢。 喜容兒：寫眞之影像也。

挑 你算哪：君試思之也。 又繞回去：折回也。

疊 往北拐灣兒：折而之北也。 等等兒：少待也。 您得慢慢兒的走我趕不上：君宜緩行，予難追隨也。 燒香還願：焚香酬神也。祈神許酬，得如所願，則其所許以酬神，俗爲還願。

貼 通着通州麼：達於通州乎也。 在一塊兒麼：在一處乎也。 不：否也。 可是眞得東西結實：其即總須物質堅實方可。 估①咚的：車行觸顛之聲，言恐爲車顛毀也。 車上的什件兒：車上銅鐵之飾也。

第八卷註釋

店 聞話兒：聞言也。 倒是：却是也。 另外和別人打聽：另再詢之他人也。

---

① 估：正文中作"咕"。

甚麼呀到底兒:其斯畢竟何事耶。　山南海北的道兒:言各處各方,隔遠之路也。　大關節目:大約節畧也。　搷量搷量:揣測之也。　這個工夫兒:此際也。　都在那兒:俱在彼處也。

天　差不多了:所差無幾也。

定　多少旗兵:言多甚旗兵也。　在那一塊兒:在何處也。　我不大知道細底:予未深知其詳也。　碰釘子:凡事爲人所阻,曰｜｜｜,此言勿隨口亂言,恐人非爾也。　老師傅:年老之師也,此借喻書所素載之意。　必沒錯兒:必不致誤也。　就手兒:順便也。　沒事兒查一查:暇時查也。　那兒能行呢:其何能爲也。

聽　這些個:此等也。　餘外:此外也。　那沒法子:是無術可治也。

丟　看守甚麼官東西:守何官物也。　就得小心:即須愼之也。　天天兒:每日也。　有事沒事都得防範:無論有無事故,皆宜防之也。　萬一丟失了:設或有失也。　寔在是不能說:寔難言也。　可不是:孰云不然也。　有笑話兒:有戲言者也。　擡槓:昇棺者。　打執事:執儀仗者。　也鬧着玩兒:亦相謔也。　發呀呟:揶揄之也。

多　蹦碰跳躍:皆躍也。　又不是妞妞:妞々,小女子稱。　打扮:粧飾也。　花朵兒似的:如花之美也。　所以了:誠然也。　外面見:外貌也。

妥　有個:有一也。　可就是這個:即便此也。　你說糊塗話:爾言愚甚也。　可其中:即其中也。　比別的兵:較他兵也。　託情:夤緣囑託也。　喫燒餅賠唾沬:燒餅,熟食之極賤者。唾沬,口液也。言食賤物亦須費液并下也,喻凡事不能徒得之意。

豆　管的着麼:能管乎,可以管理乎。管者,治理之意。　可少:即少也。　那自然:是誠然也。　知根兒:知其根底也。　就兜底子一挖苦:兜底子,底沈渣滓,一裹舉盡也。挖苦,一作挖酷,言語刻毒也,言盡人隱私,譭謗窮至之意。　小的:兵民當官自稱。

頭　那還用說:此何須言也。　怎麼着:如何也。　有沒有的:亦有無有者也。　打搶的事:盜劫也。　打架:鬬毆也。　打官司:涉訟也。　處分:官有公罪,部議其罰之,謂之｜｜。文職吏部議,武職兵部議。

妒　總兵呢:呢字,此處爲問辭,猶云總兵當如何耶。　不得一樣:不同也,有別也。

土	也就可以算到了頭兒了：亦可謂之作官至極品也。　別的左右甚麽的營：其他左云右云等名之營。　算是可以歇一歇操練自己的弓馬了：亦可以稍息其所自習之騎射矣之意。　連他一塊兒看：並其本身之技一同視之也。　怎麽樣：如何也。　整天整夜：終日終夜。　摸不着水喝：不能得水飲也。
短	對不對：然乎，否乎。　可倒不錯：即却無錯誤也。　吃喝却斷絕了：絕粮也。　無才行麽：武官無才其可乎。　也對：亦然。
團	又怎麽分呢：又當如何別之乎。　是這麽着：其例則又有說焉之意。　哼：嗯諾聲。　所以說千把千把的：所謂千把之稱者。　都是頂小的：皆爲極小者。　在一塊兒：在一處也。
對	是怎麽個分法：係爲如何分別乎。　你說他幹甚麽：君言及此有何用也。　方圓百十里：周圍百十里也。　武官的營頭兒：武職之營地也。　大村莊大鎮店上：凡鄉地有村莊，有鎮店，商貨列肆較爲鬧熱者，曰鎮店。上者，地也。　村鎮趕集：凡各村莊鎮店，皆各有日期，如三八日，或二七日，及五十等日，貨集一處爲市，粮米布帛，一切貨物皆有，而其按日按處赴市者，曰趕集。　對面兒：覿面之意，言人聚一處也。
退	失事：即被賊盜也。　誰不各顧考成：言孰不自保其責任乎，考其功曰考成。
敦	換替着：更代之意。　打盹兒：伏几而睡也。　打更：自黃昏後至黎明，分爲五更，每更有兵擊柝，曰｜｜。　心靈性巧：謂人聰慧也。
吞	出兵：出師也。　打仗：交鋒也。　有賊匪鬧起來：有賊匪滋事也。　一五一十的：一一悉之也。　詳詳細細：詳言也。　吞吞吐吐：言語蹇澀不暢貌。　不得先發糧草麽：得，上聲，作當解，言不當以粮草爲先務乎。　喫喝兒的東西：飲食之物。　褪手：袖手也，言袖手旁觀也。
冬	養活着：養之也。　爲得是：所以爲也。　不懂得効命疆場：不明効命死戰。　竟知道喫糧：只圖食糧餉也。　那還算兵麽：此豈謂之兵乎。　身不動膀不搖：坐食之意。　滾湯潑老鼠：言以熱湯灌入鼠穴，喻必勝也。　小兵兒：末卒也。
同	有造化的：有幸福者。

俗語註釋　453

雜　還多着的呢:尚多也。　等等兒說以下:且緩言以下之事也。　腌臢:心中傷感悲痛之意。　好好兒的去當:循分供職也。　可咱的不好呢:其即如何不好乎。

擦　那都不一樣:其皆各異也。　甚麼人能穿得着的:何等人可以得服之也。

在　官銜牌:儀仗紅牌,書其官銜者。

纔　那那兒能得力呢:其何能得力乎。　所以說了:誠然,吾亦云然。　可是:其即也。

贊　怎麼沒有:何爲無有也。　賊划子:小賊船也。　一點兒沒留:此處作席捲一空解。　都得小心罷:皆宜愼之可也。　如今不怕:今時無所慮也。　那還怕甚麼:其尙何爲可慮也。　等着我明兒個多多的攢錢:待吾異日多有積蓄也。　各處兒逛一逛:各處遊玩也。　好不好:君以爲然否。　大人:大官之稱。

慚　三言兩語也說不完:非一言可以蔽之也。　對不對:是否也。　見一見世面:見知世上情態之意。　彷彿個娘兒們似的:若婦人然。　可以愛那兒去那兒去:可隨吾意之所欲遊之處而遊也。　劫數:佛氏謂,若干年世必有一刀兵水火之災,其數難逃,爲｜｜。　儳頭賊:俗以人惡劣可輕賤者,曰儳頭人。

葬　把滋事頭兒:將爲亂之賊首也。　倒算是:此却可謂也。

倉　虧空:虧欠也。　又作起小官兒來的呢:復爲小吏者焉。　我想不行:竊思恐難爲也。　您想怎麼會又反了呢:君思彼何又能復叛也乎。　後來又反了麼:厥後復叛也乎。　又反了:復叛矣也。　等我畧說一說:待吾畧爲述之也。

早　好好兒的:無故也。　又反了呢:又叛也乎。　要這個要那個:勒索無厭也。　四週遭兒:四周圍也,四方也。　慢慢的:漸以及也。　一天比一天的利害起來了:日益加甚也。　纔又算是造化了:始復可有幸矣。

草　也可以畧說一二:亦可以約畧言之也。　可以不可以:是可不可之意。　那可以行:其可以爲也。　餘剩一萬八千多石呢:呢作焉字解。　也是滿滿兒的草豆了:草豆亦皆充滿矣也。　可倒平:尚爲平安也。　嘻:嗚呼同。

則　如今筭是:算是作可謂解。　是怎麼件事呢:爲何等事。　可還沒定準兒

	呢:其即尚未定確焉也。　若是真都設立妥:若誠能皆設立妥協也。　永遠沒事的了:永無事矣也。　多喒纔能治理完了呢:何日始能治理事畢乎也。
策	可也多了:即亦多矣也。　纔千數里大:大約千里耳。　好容易:好不容易也。
賊	有是早有:有則久已有之也。　爲的是好管理那些個番僧:以其便於治彼衆番僧也。
怎	後來怎麼着:其後如何。　小孩兒:嬰兒也。　真麼:誠然乎也。　誰能知道呢:熟能知之乎也。
參	送到藏裏去:送往西藏地去也。　毛病:弊端也。　那兒呀:否也,豈其有之意。　生下來可生下來了:生即得生矣也。
增	很好的法子:妙法也。　不但那兒有:不獨彼處有之也。　藏裏頭:西藏地內也。　說怎麼着就怎麼着:言喇嘛云何,衆即聽何,言無不從也。　還得各盡其力:尚須各盡其力也。
層	蹭一聲上了房:蹭者,躍起之聲,言躍而登屋也。　揭瓦打人:言取起屋瓦以擊人也。　走道兒的:行路之人。　很得小心那個:極宜慎之於此。得,上聲。　放心大膽的行路了:言行路無虞也。　可也得小心:得,上聲。即亦當慎之。　字眼兒:字樣也。
作	寫的也有一本子了罷:言所寫成者,亦將有一卷也乎。　還早野着的了:尚早遠也。　作房:工肆做工之處也。　我都說的不差甚麼了罷:我所言者,皆大概畢全矣。　沒有沒有還有呢:尚未尚未尚有焉也。　却又來:與所以了同,誠然之意。　那可以找補着說:言此可補叙也。　不那麼分:不如是分也。　行不行:可不可乎。　那不行:其不可也。
錯	進十月門兒:入十月之初也。　熟駱駝:常行使作之駱駝也。　生駱駝:未經負重之駱駝也。　那麼高:如此之高也,言駱駝身高難騎也。　必定鬧手:鬧手,蹶劣難馭之意。　就由着他們的性兒:即任人之意也。　揉搓:謂指使駕馭也。　高些兒的人:謂身署長者。　還可以搆得着:人尚可及也。　真能幹:誠有才能也。
走	倒比咱們這兒的結寔多了:却較吾鄉之物堅固者多矣也。　都搶着買:皆爭先買也。　也有了自然:自當亦有之乎也。　多咱纔回去呢:何日方回

去也。　一起兒一起兒的回去呢:陸續而回去也。

湊　年底一次:歲暮一次也。　那咱們沒去當過那個差那兒能知道呢:此則吾等未經從公於此,何能知之乎。

祖　可就都開了:即便皆開市矣也。　躓跤也叫橑①跤:二人相撲角力曰││。

　　有大勁兒的兵:有大力之兵丁也。　揪扭拉拽:揪扭,手相持也。拉拽,相牽引也。　躺下:仆地也。　那麼那個勁兒:如是言之其力也。

粗　放馬:牧馬也。　不喫醋掉歪:不嫉妬而尋隙有妬言也。

揢　揢住筆:手握筆也。

竄　這個衙門沒有不是麼:此衙門豈非未之有也。　跑報的馬:驛站送公文之馬也。　攢湊:集合也。

嘴　還有甚麼人:尚有何等人也。　別衙門:他衙門也。　再沒別的了:更無有他者也。　有一堆人:多人圍立也。　寫字背書:或試其書法,或令背誦其書也。　怎麼學本事呢:如何習業乎。　舌頭俐儷:口舌靈便也。　嘴唇兒清楚:口齒分明也。　心裏活動的:心有機變者。

催　催逼着他們學呢:督課而促令其學也。　脈禮:醫者之所得之錢也。

尊　那從前纔起頭兒:其于昔時,始起之初也。

寸　比方從前老年:假如昔年。　仿上仿下:言所見無幾也,相似也。

宗　說甚麼您:君有何言也。　二十來年兒:幾二十年也。　那是那前些年:此則在昔諸年也。　大宗兒:此處作其要解。　天天操:每日操演也。

第九卷註釋

葱　咱們從那些日子:爾我自昔者。　一起頭兒說話兒起:自初說之日起。　有半年多了:已半載餘矣也。　也都說了個大概:亦皆畧畧言之一過也。　也說了個大概其②:亦一言其大畧也。　那兒能完呢:何能即畢乎也。　怎麼能知道全呢:何能全知也。　是紅皮子的:書卷之表面卷套皆紅

---

①　橑:正文中作"撩"。
②　其:正文無此字。

者,曰｜｜｜。　若是講究應酬:其若以應酬爲事也。　沒事的人:閒人也。　你別擡舉我了:君勿高誇予也。　我那兒能沒事:予何能爲閒人。　空兒:閒暇之日也。

子　都分個各有各事:皆各自有其各本分之分也。　作官呢:以爲官論也。　講的是文武兩途:主以文武分職爲論也。　小玩物的座兒:凡小瓶小盒等物,對製其座以安之者爲｜｜。　皮桶子:裘料也。　吧呀吧呀的打:木板相擊之聲。　挑挑兒:肩擔擔子也。　叮兒當兒的:此銅鑼相擊之聲。

次　倆人:二人也。　怎麼纔倆人呢:爲何只二人乎。　對不對:然乎,否乎。　可不是那麼着麼:不過如此而已也。　倒是一樣兒:却有一節。　一早兒:清晨也。　老頭兒:老者也。　齜着牙兒笑:微笑露齒貌。　好些個話呢:可言者尚多也。

瓦　一天到晚:終日也。　各有各的營運兒:各自有各其謀生之事。　挑白薯:肩擔白薯也。　衣裳鞋脚:衣履也。　能整齊麼:言豈能整齊乎也。　能不給麼:言豈能不與人房値水錢也乎。　可就不用想穿了:其即便不必思穿衣履矣也。

外　跨筐兒的:提籃者也。　跨盤子的:大木盤兩端繫繩掛項者,曰｜｜｜｜。　和煤:以黃土雜煤者,曰｜｜,和煤團成小球,以便於炊火也,煤有黃土,則火旺而有力云。　弄火:作火也。　煤模兒煤繭兒:以木爲模,約三寸許成方,即煤範也,其所範出之和煤,曰煤繭兒。

完　劈柴:即碎薪也,斧析之薪,曰｜｜。　高粱桿兒:即高粱之幹也。　不多找出煤的地方呢:何不多尋產煤之處乎也。　不順當的是非的事:不順當,作不平安解,言事欠平安,故有此口角是非也。　所以一輩一輩的:世代相傳也。　別的還用細說麼:其他何尚須詳言之乎也。

往　書辦:書吏也。　大人:大官之稱。　頂苦的:極苦者。　烟兒舖:舊烟葉之舖也。　皮貨:裘料也。　估衣:現成衣件也。　作買賣:爲商賈也。　餑餑:麫食點心也。　當裱糊匠:作裱糊匠也,所以飾棚窗者。　茶房:人家宴客,有司茶司酒之人,以供客。　跑堂兒的:茶舘飯舖,伺候來客,奔走其事者,曰｜｜｜。　也是白饒:徒費饒舌意。

爲　掙錢養家:勤以得錢養其家也。　養家一樣道路各別:言謀生養家,養即皆同,士農工商,其道不一也。　從小兒胎裹紅:生富家子,天領福大,謂之胎裏紅。　茶來伸手飯來張口：言茶飯隨至隨受坐享其富也。　肩不能擔擔手不能提籃：謂前富後貧身不能力作也。　積作：言其作惡積多之意。　費本兒：費本錢也。　岔道口兒：岐路口也。　誰敢不答應呢：孰敢不允諾乎也。

文　秋天悽慘得慌：言秋日極其悽慘也。　天長到頭兒了：天長之極也。　白日不能作工夫幹事：晝間不能作工作事也。

翁　天短到頭兒了：天短之極也。

我　那是得沒事人兒：此則必須無事人也。　喝一個酒兒瞧一個書兒：或飲酒或看書也。　敢則好：其却為美也。　一間窩巢：言斗室也，僅容一身，即貧人之居也。　小花盆爐子：以花盆當火爐，以燒煤也。　火裏跑出耗子來：耗子，鼠也，爐中棲鼠，喻火微也。此貧人自嘲其缺煤少也。　搪風冒雪：沐風櫛雨也。　透風：風入屋也。　薦箔：以薦為箔，所以承瓦者。

武　分得開麼：能別之乎也。　細說屋子：詳言之則為屋也。　謙遜話兒：謙詞也。　倒座兒：位北面南為正房，坐其直南朝直北者曰倒座，以其反例相對有此名。　亮素：爽亮也，又明亮也。

牙　有倆錢兒：稍富之意。　見天的地方兒：屋外院地也。　瞧得見天：可以覿天也。　你好怯啊：爾何畏縮若甚耶。　天棚魚缸石榴樹肥狗胖丫頭：此富家夏景也，謂其家有天棚，有水缸飼魚，有盆種石榴樹，而其狗與婢亦俱飽肥也。　暴發富：暴富之家也。　多大勁呢：其有許多力乎也。　風颳不躺下麼：其被風吹能不傾倒乎也。　沒影兒的大風：其風大無比之意。

涯　悶得慌：極其無聊也，鬱悶也。　逛逛去：出遊也。　好不好呢：美不美也。　演礮：操演槍礮也。　瞧見過：曾見之也。　怕你沒瞧見過罷：恐爾未曾見也。

羊　愛走走逛逛：喜遊也。　走不動：不善徒步而行也。　嚼用大：日用多費也。　釘掌：馬蹄釘鐵也。　打鬃：剪飾其鬃也。　挑建：車軸套輪之處，有碎鐵，曰｜｜者修之也。　您別駁價兒：君勿論難其值也。　說一是一說二是二：一言無更改之意。　落一點兒：畧減也。　添一點兒：畧增也。　添來添去：逐漸加增也。　多咱走：何日行也。　到那天長落都不定：至期其價增減皆難豫必。　可得包嚼裏兒：即須供我日用也，凡僱車定期而不行,則每日所須之費,僱主自賠。　酒錢:賞酒資也。
要　渾身是乏透了:一身倦極也。　打雜兒的:店中傭人所以借雜役者。　覺乏不覺乏啊:知倦也否也。　回來:少焉也。　叫他說甚麼①菜:令其言某菜某菜之名也。　可噢的要:有爲旨者,命取之也。　打尖:行路入店食早飯曰||。
夜　一幫車:偕同一行之車,曰|||。　那若是黑了:如此若及日暮也。
言　水旱碼頭:口岸也。　合同:凡夥作商賈者,皆先同立文約曰||。　嘴裏叼着一袋烟:口含烟管也。
益　見了認得的人呢:若見素識者則何如也。　到了拜神:論及拜神也。　總是謙恭好就是了:總須謙恭爲美而已矣。
音　荷包:佩囊也。　表:時辰表也。　覺乎:知覺也。　越得留神:益須小心。　碰見:遇見也。　必叫你上了他的套兒:一定使爾入其圈套墮其術中也。　纔算撩開手:始能釋手也。　是那麼着:誠當如是也。
迎　眼饞:見物思得爲||。　多花錢:多費也。　沒有準主意:心無定見也。　赤條條的光人兒:孑然一身也。　沒影兒的瞎話:無稽之談也。　有據有兒的:有據之言。　抱着肩兒:聳肩而雙手抱之,丐者之相也。　成了老花子了:成乞丐矣也。
約　約會下:約訂也。　拉縴:舟上牽纜曰|||,喻作中人彼此牽合以就也。
魚　賣力氣:苦力傭工也。　見天在熱鬧街兒上:每日在市也。　看不得:勿徒視也。　錢緊:物力艱難也。
原　他發了財:彼暴富也。　反倒受窮:反爲貧人也。　眞是冤屈死了人:寔爲冤抑之至也。　有本事又能奈何,沒法子:即有才有能,可奈之何,亦寔無術可治也。　捨粥:羹米爲粥,以施貧人也。　彷彿有靠似的:若有所恃者然。
月　說來說去:言論之間也。　天天兒:每日也。　年年兒:每年也。
雲　何苦招我惡心:言何必一定使我心惡欲嘔也,此嘲其過於舞文也。　發乾嘔:嘔吐有聲無所出曰|||。　字眼兒:字之音聲也。　不大明白:不甚明也。

---

① 底本有兩個"麼",據正文酌刪。

有　好些個累贅：有許多煩冗致累也。　打開書本兒：展開書卷也。　不得多
　　念麽：不當多讀乎也。　怎麽會不好麽：何能不美也。
用　您點的是爉①燈是油燈：言爾所燃之燈，其係插燭之燈，或燃油之燈也，點
　　燈即燃燈也。　啊那兒能一會兒就會呢：其何能立刻即能之乎也②。
　　沒不行的：無不成者也。　那敢則好：其却誠美矣。　到了末末了兒了：
　　至終矣也。

自邇集平仄③編
四聲聯珠俗語註釋終

---

① 爉：正文中作"蠟"。
② "用"字下的前兩個被釋對象在正文中出自上一章，應歸爲前字"有"之下，此處或因排版有誤所致。
③ 仄：底本作"灰"，據前文及文義酌改。

"早期北京話珍本典籍校釋與研究"
叢書總目錄

早期北京話珍稀文獻集成

（一）　日本北京話教科書匯編

《燕京婦語》等八種	四聲聯珠
華語跬步	官話指南・改訂官話指南
亞細亞言語集	京華事略・北京紀聞
北京風土編・北京事情・北京風俗問答	
伊蘇普喻言・今古奇觀・搜奇新編	

（二）　朝鮮日據時期漢語會話書匯編

改正增補漢語獨學	修正獨習漢語指南
高等官話華語精選	官話華語教範
速修漢語自通	無先生速修中國語自通
速修漢語大成	官話標準：短期速修中國語自通
中語大全	"內鮮滿"最速成中國語自通

（三）　西人北京話教科書匯編

尋津錄	北京話語音讀本
語言自邇集	語言自邇集（第二版）
官話類編	言語聲片
華語入門	華英文義津逮
漢英北京官話詞彙	北京官話初階
漢語口語初級讀本・北京兒歌	

（四）清代滿漢合璧文獻萃編
清文啓蒙　　　　　　　　　清話問答四十條
一百條·清語易言　　　　　清文指要
續編兼漢清文指要　　　　　庸言知旨
滿漢成語對待　　　　　　　清文接字·字法舉一歌
重刻清文虛字指南編
（五）清代官話正音文獻
正音撮要　　　　　　　　　正音咀華
（六）十全福
（七）清末民初京味兒小說書系
新鮮滋味　　　　　　　　　過新年
小額　　　　　　　　　　　北京
春阿氏　　　　　　　　　　花鞋成老
評講聊齋　　　　　　　　　講演聊齋
（八）清末民初京味兒時評書系
益世餘譚——民國初年北京生活百態
益世餘墨——民國初年北京生活百態

早期北京話研究書系
早期北京話語法演變專題研究
早期北京話語氣詞研究
晚清民國時期南北官話語法差異研究
基於清後期至民國初期北京話文獻語料的個案研究
高本漢《北京話語音讀本》整理與研究
北京話語音演變研究
文化語言學視域下的北京地名研究
語言自邇集——19世紀中期的北京話（第二版）
清末民初北京話語詞彙釋